תלמוד בבלי

— מהדורת נאה —

בבא מציעא חלק א

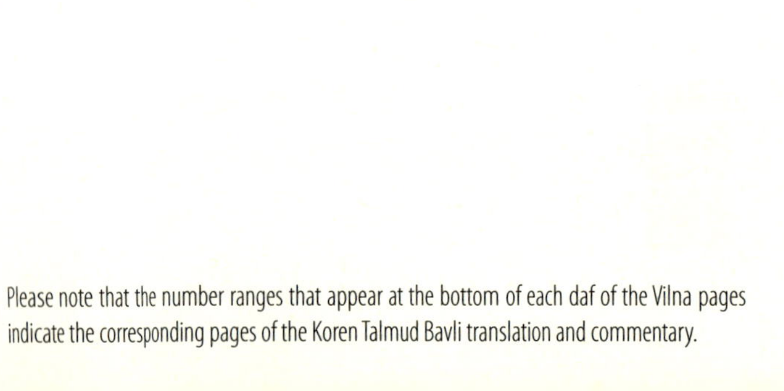

Please note that the number ranges that appear at the bottom of each daf of the Vilna pages indicate the corresponding pages of the Koren Talmud Bavli translation and commentary.

תלמוד בבלי

הוצאת קורן ירושלים

מהדורת נאה

מסכת בבא מציעא
דף ב. עד דף כא.

COMMENTARY BY

Rabbi Adin Even-Israel
Steinsaltz

EDITOR-IN-CHIEF

Rabbi Dr Tzvi Hersh Weinreb

EXECUTIVE EDITOR

Rabbi Joshua Schreier

•

STEINSALTZ CENTER
KOREN PUBLISHERS JERUSALEM

Please note that the number ranges that appear at the bottom of each daf of the Vilna pages indicate the corresponding pages of the Koren Talmud Bavli translation and commentary.

שנים

***[א]אוחזין** בטלית, זה אומר: אני מצאתיה, וזה אומר: אני מצאתיה. זה אומר: כולה שלי, וזה אומר: כולה שלי. זה ישבע שאין לו בה פחות מחציה, וזה ישבע שאין לו בה פחות מחציה, ויחלוקו. [ב]זה אומר: כולה שלי, וזה אומר: חציה שלי. האומר כולה שלי – ישבע שאין לו בה פחות משלשה חלקים, והאומר חציה שלי – ישבע שאין לו בה פחות מרביע, זה נוטל שלשה חלקים, וזה נוטל רביע. *[ג]היו שנים רוכבין על גבי בהמה, או שהיה אחד רוכב ואחד מנהיג, זה אומר: כולה שלי, וזה אומר: כולה שלי – זה ישבע שאין לו בה פחות מחציה, וזה ישבע שאין לו בה פחות מחציה, ויחלוקו. בזמן שהם מודים, או שיש להן עדים – חולקין בלא שבועה.§ **גמ'** למה לי למתנא: "זה אומר אני מצאתיה וזה אומר אני מצאתיה, זה אומר כולה שלי וזה אומר כולה שלי"? ליתני חדא! חדא קתני: זה אומר אני מצאתיה וכולה שלי, וזה אומר אני מצאתיה וכולה שלי. וליתני: אני מצאתיה, ואנא ידענא דכולה שלי! אי תנא אני מצאתיה, הוה אמינא: מאי מצאתיה – ראיתיה, אע"ג דלא אתאי לידיה – בראיה בעלמא קני. תנא כולה שלי – דבראיה לא קני. ומי מצית אמרת מאי מצאתיה – ראיתיה? *והא אמר *רבנאי: ○"ומצאתה" (דברים כב) דאתאי לידיה משמע! אין, ומצאתה דקרא – דאתא לידיה משמע, ומיהו תנא – לישנא דעלמא נקט, ומדחזי ליה אמר: אנא אשכחית, ואע"ג דלא אתאי לידיה, בראיה בעלמא קני. תני כולה שלי – [ד]דבראיה בעלמא לא קני לה. וליתני כולה שלי ולא בעי אני מצאתיה! אי תני כולה שלי הוה אמינא: בעלמא דקתני מצאתיה – בראיה בעלמא קני. תנא אני מצאתיה והדר תנא כולה שלי – דממשנה יתירה אשמעינן דראיה לא קני. ומי מצית אמרת חדא קתני? והא זה וזה קתני: "זה אומר אני מצאתיה וזה אומר אני מצאתיה, זה אומר כולה שלי" וכו'! אמר רב פפא ואיתימא [עיין רש"ל] רב שימי בר אשי, ואמרי לה *כדי: *רישא במציאה, [ה]וסיפא במקח וממכר. וצריכא, דאי

שנים אוחזין בטלית. דוקא אוחזין, דשניהם מוחזקים בה ואין לזה כח בה יותר מזה. שאילו היתה ביד אחד לבדו – הוי אידך המוציא מחבירו, ועליו להביא ראיה בעדים שהיא שלו, ואינו נאמן זה ליטול בשבועה. **זה אומר** כולה שלי. בגמרא מפרש למאי תנא תרתי. **זה ישבע.** מפרש בגמרא (תורה אור) (דף ג.) שבועה זו למה. **שאין לו בה** פחות מחציה. בגמרא (דף ה:) מפ' אמאי תקון כי האי לישנא בהך שבועה. **וזה אומר** חציה שלי. מודה הוא שהחצי של חבירו, ואין דנין אלא על חציה. הלכך, זה האומר כולה שלי ישבע כו' כמשפט הראשון. מה שהן דנין עליו – נשבעין שניהם שאין לכל אחד בו פחות מחציו. ונוטל כל אחד (ב"ב קע.) חציו. היו שנים רוכבין כו'. לאשמועינן אתא, (א) דרכוב ומנהיג שניהם שוין לקנות בהמה מן ההפקר. בזמן שהן מודין. בגמרא (דף ח.) מפרש [דבהאי] אשמעינן דהמגביה מציאה לחבירו קנה חבירו. **גמ'** ראיתיה. קודם (שהגבהתי רש"א) *שהגבהת אותה. בראיה קני. מדקתני יחלוקו. **תנא** כולה שלי. בחזקה גמורה, שהגבהתי תחילה, ואתה [לקמן ח.] תפסת מידי משזכיתי בה. והאמר [דף קיג:] רבנאי. בבבא קמא ב"הגוזל ומאכיל"*. ומצאתה **דאתא** לידיה משמע. ואפי' הכי "אחיך" ולא גוי. ולא תימא. כי מיעט רחמנא גוי, היכא דלא אתאי לידיה, דישראל לא מיחייב למטרח עלה ולאהדורה. אבל אתא לידיה – מיחייב להחזירה, דאבידתו אסורה. תנא **לישנא** דעלמא נקט. אי לא הדר תנא "כולה שלי" הוה אמינא. מאי "מצאתיה" דקתני תנא – לשון בני אדם אחז במשנתנו, ולא לשון המקרא, והרבה בני אדם קורין לה מציאה משעת ראיה. **בעלמא** דקתני מצאתיה. בכ"מ ששנינו שהמוצא מציאה קנאה, הוה אמינא (לקמן כז. ב"ק קיג:) דמציאה קני לה משעת ראיה. דלא אשמעינן שום תנא דלא קני לה אלא (רבינא רש"ל) בהגבהה, להכי אשמעינן הכא ממשנה יתירה. **והא** זה וזה קתני. גבי "מצאתיה" תנא "זה אומר" וגבי "כולה שלי" קתני "זה אומר" ואי חדא הוא, הכי איבעי ליה למיתני. זה אומר מצאתיה וכולה שלי. במקח וממכר. קניתיה מיד פלוני. ודוקא מקח וממכר הוא דאמרינן יחלוקו בשבועה, דאיכא למימר שניהם קנאוה ולשניהם נתרצה המוכר. אבל זה אומר. "אני ארגתיה" וזה אומר. "אני ארגתיה" – לא יחלוקו, דודאי חד מינייהו רמאי הוא, ותהא מונחת עד שיבא אליהו. דמורה

שנים אוחזין בטלית. איידי דאיירי ב"הגוזל בתרא" (ב"ק דף קיט.) מחלוקת נסורת נגר ובעל הבית, דקתני "במעצד הרי אלו שלו ובכשיל הרי אלו של בעל הבית", תני הכא נמי דיני חלוקות. ואע"ג דבתרי מסכתא אין סדר למשנה*, ואיכא מ"ד "כולה נזיקין לאו חדא מסכתא הוא" – ה"מ לענין מחלוקת ואח"כ סתם, לפי שרבי לא היה לומד כסדר אלא כמו שהיו חפצים התלמידים. אבל כשחברם – על הסדר חברם, וצריך בכל מסכתא טעם למה נשנית אחר שלפניה כדדייק בריש מסכת שבועות (דף ב.) "מכדי תנא ממכות קסליק" כו' וכן בסוטה (דף ב.).

ויחלוקו • תימה: דמאי שנא מהיא דארבא, דאמר: "כל דאלים גבר"? פרק "חזקת הבתים" (ב"ב דף לד: ושם). וי"ל: דאוחזין שאני, דחשיב כאילו כל אחד יש לו בה בודאי החצי, דאנן סהדי דמאי דתפיס האי – דידיה הוא, וכן ב"מנה שלישי" דמדמי בגמרא לטלית חשיב ההוא שהנפקד תופס בחזקת שניהם כאילו הם עצמם מוחזקים בו, לכך משני: דהתם ודאי דחד מינייהו הוא, ואין החלוקה יכולה להיות אמת, ולכך יהא מונח. אבל טלית, דאיכא למימר דתרוייהו הוא – יחלוקו, וכן "שנים אדוקים בשטר" דמדמי לקמן (דף ז.) למתני' – משום דשניהם אדוקים בו, דהחלוקה יכולה להיות אמת, דאפשר שפרע לו החצי. ובמנה אין דרך שיקנה החצי אחרי שהוא ביד חבירו, אבל בארבא, אע"ג דאפשר שהיא של שניהם, כיון דאין מוחזקין בו – הוי דינא: "כל דאלים גבר". ולסומכוס, אע"ג דאין מוחזקין בו, ואין החלוקה יכולה להיות אמת, היכא דאיכא דררא דממונא, פירוש: שבלא טענותיהם יש ספק לבית דין – יחלוקו.

וזה נוטל רביע. וא"ת: יהא נאמן דחציו שלו, מיגו דאי בעי אמר "כולה שלי" כדאמרי' בגמ' (לקמן דף ח.) האי מיגו גופיה לפטרו משבועה, אי לא משום דאיערומי קמערים! ומפרש ריב"ם, דמיגו להוציא לא אמרי', דבחציו השני מוחזק זה כמו זה. והא [ד"ה אמאי] ד"חזקת הבתים" (ב"ב דף לג: ושם*) דגחין ולחיש ליה לרבה: "אין, שטרא זייפא הוא, ומיהו, שטרא מעליא הוה לי בידי, ואבד" והימניה רבה להוציא, במיגו דאי בעי אמר "שטרא מעליא הוא" – ☉התם היינו טעמא, משום דאפי' הוה שתיק, רק שלא היה מודה שהוא מזוייף, היה נאמן. החתימה היתה נכרת לעומדים שם. ורב יוסף אית ליה, דאפילו מיגו לא הוה כיון שטענה ראשונה שהוא [לקמן ח.] טוען בהאי שטרא הוא שקר, ואין לומר מיגו אלא היכא שטענתו ראשונה היא אמת, מיגו שהיה טוען אחרת, ולכך אינו מיגו אפילו להחזיק, כגון בעובדא קמייתא. וא"ת: ונימא דאין ספק מוציא מידי ודאי, דהאומר "כולה שלי" יש לו בודאי חציה, והאומר "חציה שלי" ספק אם יש לו בה כלום, כדאמרינן בפרק "החולץ" (יבמות דף לח.) ספק ויבם שבאו לחלוק בנכסי סבא, ספק אמר: "אנא בר מתנה אנא, ואית לי פלגא", ויבם אמר: "את ברא דידי, ולית לך ולא מידי", הוה ליה יבם ודאי, וספק – ספק, ואין ספק מוציא מידי ודאי?! וי"ל: דהתם יבם שהוא בנו של סבא הוי ודאי יורשו, ולא יוציא הספק מספק ממונו. אבל הכא אין סברא, מה שהוא ודאי בחציו שיועיל לו לחציו השני. **בראיה** בעלמא קנה. אע"ג דקתני במתני' (לקמן דף ט:): ראה את המציאה ואמר לחבירו "תנה לי" דלא קנה בראיה; וכן: ראה את המציאה ונפל עליה (לקמן דף י.) קתני נמי דלא קני! מאי למדחי: כיון דאמר "תנה לי" או שנפל עליה, גלי דעתיה דלא ניחא ליה למקני עד שיגיע לידו. **דבראיה** בעלמא לא קני. והא דאמרי' בפרק "הבית והעלייה" (לקמן דף קיח. ושם) הבטה בהפקר קני – היינו שעשה מעשה כל דהו, כגון שגדר גדר קטן. **והא** זה וזה קתני. איכא דוכתי דפריך כי האי גוונא, ואיכא דוכתי דלא פריך. [עי' תוס' בכורות דף לא: ד"ה א"כ]: אי

א א מיי' פ"ט מהלכות טוען ונטען הל' ז סמג עשין צה טוש"ע ח"מ סי' קלח סעיף א:
[ב"ק קב.]
ב ב מיי' שם הלכה א טוש"ע שם סעיף ב:
ג ג מיי' שם הלכה ז טוש"ע שם סעיף א:
ד ד מיי' פי"ז מהלכות גזילה ואבידה הל' א סמג עשין עד טוש"ע ח"מ סי' רסח סעיף א:
ה ה מיי' פ"כ מהלכות מכירה הל' ד ועיין בהשגות ובמ"מ סמג עשין פב טוש"ע ח"מ סי' רכב סעיף א:

רבינו חננאל

שנים אוחזין בטלית זה אומר אני מצאתיה וכו'. ואקשי' עלה למה לי למתנא תוב זה אומר כולה שלי הלא באומרו אני מצאתיה משמע דכולה שלי היא. ופרקי הא אתא לאשמועי' דבראיה בעלמא לא קני לה למציאה. הא לא מיבעיא דהא אמר רבינא ומצאתה דאתאי לידיה משמע. דברי רבינא בהגוזל בתרא הל' אין פורטין מתיבת המוכסין ופשוטה היא. ואוקימנא למתני' רישא במציאה וסיפא דקתני זה אומר כולה שלי בקנייתא בשטוען אני קניתיה ונתתי דמיה לבעליה

הגהות הב"ח

(א) רש"י ד"ה היו וכו' אתא דרכוב ומנהיג:

גליון הש"ם

תום' ד"ה וזה כו' התם ה"ט וכו'. עיין לקמן דף קטז ע"א תוס' ד"ה והא:

עין משפט נר מצוה

ו א מיי' פ"כ מהלכות מכירה הלכה ד ועיין בהשגות ובמ"מ סמג עשין פב טוש"ע ח"מ סי' רכב סעיף א:

גמרא

דְּאִי תָּנָא מְצִיאָה — הֲוָה אָמִינָא: מְצִיאָה הוּא דְּרָמוּ רַבָּנַן שְׁבוּעָה עֲלֵיהּ, מִשּׁוּם דְּמוֹרֵי וְאָמַר: חַבְרָאי לָאו מִידֵּי חָסַר בָּהּ, אֵיזַל אִתְפֵּיס וְאִתְפְּלִיג בַּהֲדֵיהּ. אֲבָל מִקָּח וּמִמְכָּר, דְּלֵיכָּא לְמֵימַר הָכִי — אֵימָא לָא. וְאִי תָּנָא מִקָּח וּמִמְכָּר, (א) הוּא דְּרָמוּ רַבָּנַן שְׁבוּעָה עֲלֵיהּ מִשּׁוּם דְּמוֹרֵי וְאָמַר: חַבְרָאי דָּמֵי קָא יָהֵיב, וַאֲנָא דָּמֵי קָא יָהֵיבְנָא. הַשְׁתָּא דִּצְרִיכָא לְדִידִי אֶשְׁקְלֵיהּ אֲנָא, וְחַבְרַאי לֵיזִיל לִטְרַח לִיזְבַּן. אֲבָל מְצִיאָה, דְּלֵיכָּא לְמֵימַר הָכִי — אֵימָא לָא, צְרִיכָא. מִקָּח וּמִמְכָּר? *וְלֶחֱזֵי זוּזֵי מִמַּאן נָקַט! לָא צְרִיכָא, [א]דְּנָקַט מִתַּרְוַיְיהוּ, מֵחַד מִדַּעְתֵּיהּ וּמֵחַד בע"כ, וְלָא יָדְעֲנָא מִי הוּא מִדַּעְתֵּיהּ וּמִי הוּא בְּעַל כּוֹרְחֵיהּ לֵימָא מַתְנִי' דְּלָא כְּבֶן נַנָּס, דְּאִי בֶּן נַנָּס הָאָמַר:* כֵּיצַד אֵלּוּ וָאֵלּוּ בָּאִין לִידֵי שְׁבוּעַת שָׁוְא! אֲפִילּוּ תֵּימָא בֶּן נַנָּס: הָתָם — וַדַּאי אִיכָּא שְׁבוּעַת שָׁוְא, הָכָא — אִיכָּא לְמֵימַר דְּלֵיכָּא שְׁבוּעַת שָׁוְא, אֵימוּר דְּתַרְוַיְיהוּ בַּהֲדֵי הֲדָדֵי אַגְבְּהוּהּ. לֵימָא מַתְנִי' דְּלָא כְּסוּמָכוֹס, דְּאִי כְּסוּמָכוֹס — הָאָמַר: *מָמוֹן הַמּוּטָּל בְּסָפֵק — חוֹלְקִין בְּלֹא שְׁבוּעָה. וְאֶלָּא מַאי — רַבָּנַן, הָא אָמְרִי הַמּוֹצִיא מֵחֲבֵירוֹ עָלָיו הָרְאָיָה! הַאי מַאי? אא"ב רַבָּנַן, הָתָם דְּלָא תָּפְסֵי תַּרְוַיְיהוּ — אָמְרוּ רַבָּנַן הַמּוֹצִיא מֵחֲבֵירוֹ עָלָיו הָרְאָיָה, הָכָא דְּתַרְוַיְיהוּ תָּפְסֵי — [פָּלְגִי] לָהּ בִּשְׁבוּעָה. אֶלָּא אִי אָמְרַתְּ סוּמָכוֹס, הַשְׁתָּא וּמָה הָתָם דְּלָא תָּפְסֵי תַּרְוַיְיהוּ — חוֹלְקִין בְּלֹא שְׁבוּעָה, הָכָא דְּתַרְוַיְיהוּ תָּפְסֵי לָהּ — לֹא כ"ש? אֲפִי' תֵּימָא סוּמָכוֹס; כִּי אָמַר סוּמָכוֹס — שֶׁמָּא וְשֶׁמָּא, אֲבָל בָּרִי וּבָרִי — לֹא אָמַר. *וּלְרַבָּה בַּר רַב הוּנָא, דְּאָמַר: אָמַר סוּמָכוֹס אֲפִילּוּ בָּרִי וּבָרִי, מַאי אִיכָּא לְמֵימַר? אֲפִי' תֵּימָא סוּמָכוֹס, כִּי אָמַר סוּמָכוֹס — הֵיכָא דְּאִיכָּא דְּרָרָא דְּמָמוֹנָא, אֲבָל הֵיכָא דְּלֵיכָּא דְּרָרָא דְּמָמוֹנָא — לָא. וְלָאו קַל וָחוֹמֶר הוּא? וּמָה הָתָם דְּאִיכָּא דְּרָרָא דְּמָמוֹנָא לְמָר, וְאִיכָּא דְּרָרָא דְּמָמוֹנָא לְמָר, וְאִיכָּא

רש"י

דמורה ואמר. מורה היתר לעצמו לאחוז בה בלא משפט. לאו מידי חסר. אינו מפסיד כלום, בחנם באה לו, ואף בלא טורח. אבל מקח וממכר דליכא למימר הכי. ואע"ג שזה גם הוא נתן את המעות למוכר, כדאוקמינן לקמן דנקט מתרוייהו, חד מדעתיה וחד בע"כ, וכשיחלוקו יטול זה חצי מעותיו וזה חצי מעותיו, אפ"ה חסרון הוא אצלו, דאי לא הוה צריך לה לא הוה מהדר אבתרה למזבנה. וזה שבא לחלוק וליתן חצי דמים — שלא כדין מחסרו. דמי קא יהיבנא. דמים אני רוצה ליתן. אבל מציאה דליכא למימר. חברי ילך וימצא אחרת, זה ודאי מחסרו ממון. ולחזי זוזי ממאן נקט. נשאל את המוכר ממי קיבל דמיה. דתניא בקדושין (דף עג:). נאמן בעל המקח לומר "לזה מכרתי ולזה לא מכרתי". ואע"ג דמסיים: "בד"א שמקחו בידו אבל אין מקחו בידו אינו נאמן", שלא נתן לב לדבר כל כך להיות זכור, מאחר ששניהם חזרו אחריו בפיסוק דמיה — הא אוקימנא התם בדנקט זוזי מתרוייהו, מחד מדעתיה ומחד בע"כ, דכיון דלא עליה רמיא לאסהודי, לא דק כולי האי להיות נזהר, משהלכו מלפניו, הי מדעתיה והי בע"כ. אבל היכא דלא קיבל דמים אלא מחד — מידכר דכיר ליה. לא צריכא דנקט זוזי מתרוייהו. ה"ג. "ולא ידעינן מהי מדעתיה ומהי בעל כורחיה" ולא גרסי' "ולא ידע", דאפי' ידע בזו אין המוכר נאמן משהלכו, כדמוקי התם. מתני'. דמשבע לתרוייהו וחד משתבע לשיקרא. דלא כבן ננס. במסכת שבועות (דף מה.) גבי חנוני על פנקסו, אלו ואלו באין לב"ד על מנת לישבע אחד מהם לשוא. אמר בעל הבית לחנוני. "תן לבני חטים בדינר ועלי לשלם", או "לפועלים בסלע מעות שאני חייב בשכרם ועלי ליתן סלע". הוא אומר "נתתי" והוא אומר "לא נטלתי", ושניהם תובעין את בעה"ב — שניהם נשבעין ונוטלין מבעל הבית. אמר בן ננס, כיצד אלו ואלו באין לידי שבועת שוא? אלא שניהם נוטלין בלא שבועה. אימור בהדי הדדי אגבהוה. למציאה, וכל אחד ואחד סבור "אני הגבהתיה תחילה וכולה שלי" — וכי משתבע על חצייה קושטא משתבע. ולענין מקח וממכר נמי, שמא לשניהם נתרצה. כסומכוס. דבבא קמא, גבי שור שנגח את הפרה ונמצא עוברה בצדה (דף מו.). עליו הראיה. בעדים, ואי לא — לא גבי מידי, והכא חולקין [בשבועה]. ה"ג. אי אמרת בשלמא רבנן התם דלא תפסי תרוייהו אמור רבנן כו', הכא דתפסי תרוייהו פלגי בשבועה, אלא אי אמרת סומכוס, ומה התם דלא תפסי תרוייהו אמר סומכוס פלגי בלא שבועה — הכא דתפסי תרוייהו לא כל שכן. תרוייהו תפסי. ואין כאן מוציא מחבירו. בשבועה פלגי לה. כיון דמחסר גופיינא במה שחבירו תופס, דהאי תפיס בכולה והאי תפיס [בכולה] לא קים להו לרבנן להוציא ממון מחזקתו בכדי, כדאמרי' התם: לרבנן דבעי ראיה הצריכום שבועה. שמא ושמא. כי התם דקתני. נמצא עוברה בצדה, ואין ידוע אם עד שלא ילדה נגחה, אם משילדה נגחה ולא מת הולד מחמת הנגיחה אלא מאליו, וכיון דכל חד "שמא" טעין, ליכא למרמי עלייהו שבועה. דרבה בר רב הונא. בפרק "השואל" לקמן (דף ק.). דררא דממונא. חסרון ממון, שאם יפרע זה שלא כדין — הוי חסרון ממון, ואם נפטרו שלא כדין — נמצא זה חסר ולד פרתו. ומה התם דאיכא דררא דממונא כו'. איזה מהן שמפסיד החצי שלא כדין, אתה מחסרו ממון. ואיכא

תוספות

אי תנא מציאה. משום דמורה ואמר חבראי לאו מידי חסר לכך תפיס, אע"ג שיודע שחבירו מצאה ורמו רבנן שבועה עליה כדי שיפרוש. אבל מקח וממכר דליכא למימר הכי, שאם יודע שחבירו קנאה לא הוי תפיס, ומדתפיס בה סבור שלו הוא ונתרצה המוכר, כדמסיק לקמן, דנקיט זוזי מתרוייהו, אימא לא ישבע דמשום שבועה לא יפרוש, שהרי סבור הוא לומר אמת קמ"ל דאפ"ה ישבע. והיכא שודאי אינו סבור לומר אמת כגון דקא טעין כל אחד "אני ארגתיה" שאחד מהן טוען שקר במזיד או כגון "שנים אדוקין בשטר" שלקמן (דף ז.) התם פשיטא דיחלוקו בשבועה דע"י שבועה ודאי יפרוש דחשיד אממונא לא חשיד אשבועתא.

ולחזי זוזי ממאן נקט. פרש"י: נשאל למוכר ואע"ג דאין המוכר נאמן, כשאין מקחו בידו, כדאי' ב"עשרה יוחסין" (קדושין דף עג: ושם ד"ה בד"א): "ה"מ בדנקיט מתרוייהו אבל בדנקיט מחד נאמן אפילו אין מקחו בידו". וגרסינן בתר הכי "ולא ידעינן". ובחנם דחק לפרש כן. דהכא פריך שפיר, דאע"ג דאין מקחו בידו נאמן הוא כעד אחד, ואמאי שניהם נשבעין? אותו שהמוכר מסייעו יפטר משבועה, ואידך ישבע שבועה דאורייתא! והשתא גרס שפיר, ולא ידע, דאי ידע הוה נאמן כעד אחד! ומיהו, ה"מ לשנויי דליתיה קמן דנשייליה. ור"י מפרש: דנשאל להם ממי קבל המוכר המעות, שאין אנו חושדין אותו לשקר בזה לומר "נתתי" והוא לא נתן. וגם הם אינם חלוקים אלא למי נתרצה המוכר, אבל בנתינת המעות אינם חלוקין.

לימא מתני' דלא כבן ננס. מצינו למימר דידע שפיר דמתני' אפשר דתרוייהו בהדי הדדי אגבהוה, ומ"מ פריך שיחלוקו בלא שבועה אחרי שאפשר לבא לידי שבועת שוא, ומשני: התם ודאי איכא שבועת שוא.

התם דלא תפסי תרוייהו. כ"א האחד ואע"ג דאפי' בעומדת באגם אית להו לרבנן המוציא מחבירו עליו הראיה, מ"מ מיקרי האחד תפיס מחמת חזקת מריה קמא. ואית דגרס התם: דחד מינייהו הוא.

היכא דאיכא דררא דממונא. פירשו שבלא טענותיהם יש ספק לב"ד — דיש לאחד תביעה על חבירו בלא טענותם, כגון בשור שנגח את הפרה (ב"ק דף מו.), ומחליף פרה בחמור *אחרי שהספק נולד מעצמו דין הוא שיחלוקו אפילו בלא שבועה. [לקמן ק.]

ומה התם דאיכא דררא דממונא. ואיכא למימר כולה דמר, לא פריך. אלא אי סומכוס ס"ל כרבנן דבן ננס דלא חיישי לשבועת שוא דלבן ננס אדרבה, היכא דאיכא למימר כולה דמר פלגי בא שבועה משום דאיכא בודאי שבועת שוא.

ומה התם דאיכא דררא דממונא. בפרק "ח"ה" (ב"ב דף לה. ושם) גבי ארבא, דאמר רב נחמן כל דאלים גבר, פריך מהמחליף פרה בחמור דיחלוקו, ומשני: התם איכא דררא דממונא — ולא פריך: ומה התם דאיכא דררא דממונא ואיכא למימר כולה דמר יחלוקו גבי ארבא, דאיכא למימר דתרוייהו הוא, ואין חולקין, אלא כל דאלים גבר, כדפריך הכא! היינו משום דלענין חלוקה סברת דררא דממונא היא טובה, מאחר שספק גמור הוא בלא טענותם — דין שיחלוקו. אבל ארבא, אע"ג דאפשר דתרוייהו היא כיון דליכא דררא דממונא, ואין אוחזין, הוי דינא כל דאלים גבר. אבל לענין שבועה אין מועיל סברת דררא דממונא לחלוק בלא שבועה, אחרי שהוא בודאי של אחד מהם, סברא הוא שיחלוקו בשבועה — אולי יודה אחד מהם. התם

רבינו חננאל

ואמרי אי הכי נשאל למוכר למי מהן מכר וממי קבל דמיה ושנינן באומר לא ידעתי ואמר ששניהן תבעוה ממני לקנותה ואמרתי להן מי שיתן לי דמיה הרי היא מכורה לו ונתן לי א' מהן דמים והא' השליך המעות לפני ולקחו הטלית ואיני יודע מי מהן שנתן ומי שהשליך כגון זה שנינו שניהן נשבעין וחולקין. וכיון שא' הוא שקנה והא' טוען בשקר ותני תנא שניהן נשבעין ונוטלין מכלל דהאי תנא לא חייש לשבועת שוא של אחד מהן. מתני' דלא כבן ננס דאי בן ננס הא חייש וקתני שניהן נוטלין בלא שבועה. דברי בן ננס הן בשבועות פרק כל הנשבעין שבתורה הלכה וחנוני על פנקסו. ודחינן אפי' תימא בן ננס [הכא] איכא למימר דלמא תרוייהו בחדא אגבהוה וה"ה בקנייתא שניהן כא' קנאוה ואין ביניהן שבועת שוא. תוב אמרי' לימא מתני' דלא כסומכוס דאמר ממון המוטל בספק חולקין בלא שבועה דתנן שור שנגח את הפרה ונמצאת עוברה בצדה וכו'. ואמרי' בגמ' אר"י אמר שמואל זו דברי סומכוס אבל חכמים אומרים זה כלל [גדול] בדין המוציא מחבירו עליו הראיה. תניא נמי הכי שור שנגח את הפרה ונמצא עוברה בצידה ואינו יודע אם עד שלא נגחה ילדה ואם משנגחה ילדה משלם ח"נ לפרה ורביע נזק לולד דברי סומכוס וחכ"א המע"ה. ואמרי' אלא מאי מתני' אינה כסומכוס אלא כרבנן אמאי נשבעין והא המוציא מחבירו עליו הראיה אמרי. ופרקי היכא דתפיס חד ואידך טעין עליה אמור רבנן המע"ה. הכא דתרוייהו תפסי לה אמרי רבנן חולקין בשבועה. אלא אי אמרת סומכוס השתא ומה התם דלא תפסי תרוייהו וכו'. דברי רבה בר [רב] הונא דאמר סומכוס אפי' ברי וברי בהמחליף פרה בחמור בפ' השואל את הפרה ודברי ר' חייא בר אבא אמר סומכוס אפי' ברי וברי כרבה בר [רב] הונא בסוף פ' המניח את הכד.

מסורת הש"ס

קידושין עד.

שבועות מה.

[ב"ק לה: וש"נ]

שם לה: [ע"ש] (ודף מו.) לקמן ק.:

הגהות הב"ח

(א) גמ' ואי תנא מקח וממכר. ה"א התם הוא דרמו:

וְאִיכָּא לְמֵימַר כּוּלָּהּ לְמָר, וְאִיכָּא לְמֵימַר כּוּלָּהּ לְמָר, אָמַר סוּמָכוֹס: מָמוֹן הַמּוּטָּל בְּסָפֵק חוֹלְקִין בְּלֹא שְׁבוּעָה. הָכָא, דְּלֵיכָּא דְּרָרָא דְּמָמוֹנָא, דְּאִיכָּא לְמֵימַר דְּתַרְוַיְיהוּ הִיא — לֹא כ"ש? אֲפִילּוּ תֵּימָא סוּמָכוֹס, שְׁבוּעָה זוֹ מִדְּרַבָּנַן הִיא, כִּדְרַבִּי יוֹחָנָן. דְּאָמַר ר' יוֹחָנָן: *[א]שְׁבוּעָה זוֹ תַּקָּנַת חֲכָמִים הִיא, שֶׁלֹּא יְהֵא כָּל אֶחָד וְאֶחָד הוֹלֵךְ וְתוֹקֵף בְּטַלִּיתוֹ שֶׁל חֲבֵירוֹ וְאוֹמֵר שֶׁלִּי הוּא. לֵימָא מַתְנִיתִין דְּלָא כְּרַבִּי יוֹסֵי, דְּאִי כְּרַבִּי יוֹסֵי — הָא אָמַר:* א"כ מַה הִפְסִיד רַמַּאי? אֶלָּא, הַכֹּל יְהֵא מוּנָּח עַד שֶׁיָּבֹא אֵלִיָּהוּ. אֶלָּא מַאי — רַבָּנַן? כֵּיוָן דְּאָמְרִי רַבָּנַן: הַשְּׁאָר יְהֵא מוּנָּח עַד שֶׁיָּבֹא אֵלִיָּהוּ, הָא נַמִי כִּשְׁאָר דָּמֵי, דִּסְפֵיקָא הִיא! הַאי מַאי? אִי אָמְרַתְּ בִּשְׁלָמָא רַבָּנַן, הָתָם דְּוַדַּאי הַאי מָנֶה דְּחַד מִינַּיְיהוּ הוּא — אָמְרִי רַבָּנַן: יְהֵא מוּנָּח עַד שֶׁיָּבֹא אֵלִיָּהוּ, הָכָא דְּאִיכָּא לְמֵימַר דְּתַרְוַיְיהוּ הוּא — אָמְרִי רַבָּנַן פָּלְגִי בִּשְׁבוּעָה. אֶלָּא אִי אָמְרַתְּ ר' יוֹסֵי הִיא, הַשְׁתָּא וּמַה הָתָם דִּבְוַדַּאי אִיכָּא מָנֶה לְמָר וְאִיכָּא מָנֶה לְמָר — אָמַר ר' יוֹסֵי יְהֵא מוּנָּח עַד שֶׁיָּבֹא אֵלִיָּהוּ, הָכָא דְּאִיכָּא לְמֵימַר דְּחַד מִינַּיְיהוּ הוּא — לֹא כ"ש? אֲפִי' תֵּימָא ר' יוֹסֵי, הָתָם — וַדַּאי אִיכָּא רַמַּאי, הָכָא — מִי יֵימַר דְּאִיכָּא רַמַּאי? אֵימָא תַּרְוַיְיהוּ בַּהֲדֵי הֲדָדֵי אַגְבְּהוּהָ. אִי נַמִי, הָתָם קָנֵיס לֵיהּ רַבִּי יוֹסֵי לְרַמַּאי כִּי הֵיכִי דְּלוֹדֵי, הָכָא מַאי פְּסֵידָא אִית לֵיהּ דְּלוֹדֵי? תֵּינַח מְצִיאָה, מִקָּח וּמִמְכָּר מַאי אִיכָּא לְמֵימַר? *אֶלָּא מְחַוַּורְתָּא כְּדְשָׁנִינַן מֵעִיקָּרָא. [נ"ל חמא] בֵּין לְרַבָּנַן וּבֵין לְר' יוֹסֵי, הָתָם *גַּבֵּי חֶנְוָנִי עַל פִּנְקָסוֹ דְּקָתָנֵי [ב]זֶה נִשְׁבָּע וְנוֹטֵל וְזֶה נִשְׁבָּע וְנוֹטֵל, מ"ש דְּלָא אָמְרִינַן נַפְקֵיהּ לְמָמוֹנָא מִבעה"ב, וִיהֵא מוּנָּח עַד שֶׁיָּבֹא אֵלִיָּהוּ, דְּהָא בְּוַדַּאי אִיכָּא רַמַּאי? אָמְרִי: הָתָם הַיְינוּ טַעְמָא, דְּאָמַר לֵיהּ חֶנְוָנִי לבעה"ב: אֲנָא שְׁלִיחוּתָא דִּידָךְ קָא עָבְדִינָא, מַאי אִית לִי גַּבֵּי שָׂכִיר? אע"ג דְּקָא מִשְׁתַּבַּע לִי לָא מְהֵימַן לִי בִּשְׁבוּעָה, אַתְּ הֶאֱמַנְתֵּיהּ, דְּלָא אָמְרַתְּ לִי בְּסַהֲדֵי הַב לֵיהּ. וְשָׂכִיר נַמִי א"ל לבעה"ב: אֲנָא עֲבַדִי עֲבִידְתָּא גַּבָּךְ, מַאי אִית לִי גַּבֵּי חֶנְוָנִי? אע"ג דְּמִשְׁתַּבַּע לִי לָא מְהֵימַן לִי, הִלְכָּךְ תַּרְוַיְיהוּ מִשְׁתַּבְּעִי וְשָׁקְלִי מִבַּעַל הַבַּיִת.§ *תָּנֵי רַבִּי חִיָּיא: [ג]"מָנֶה לִי בְּיָדְךָ" וְהַלָּה אוֹמֵר: "אֵין לְךָ בְּיָדִי כְּלוּם", וְהָעֵדִים מְעִידִים אוֹתוֹ שֶׁיֵּשׁ לוֹ חֲמִשִּׁים זוּז — נוֹתֵן לוֹ חֲמִשִּׁים זוּז, *וְיִשָּׁבַע עַל הַשְּׁאָר, שֶׁלֹּא תְּהֵא הוֹדָאַת פִּיו גְּדוֹלָה מֵהַעֲדָאַת עֵדִים, מִק"ו. וְתַנָּא תּוּנָא: "שְׁנַיִם אוֹחֲזִין בְּטַלִּית זֶה אוֹמֵר אֲנִי מְצָאתִיהָ" וכו'. וְהָא הָכָא, כֵּיוָן דְּתָפֵיס — אֲנַן סָהֲדֵי דְּמַאי דְּתָפֵיס הַאי דִּידֵיהּ הוּא, וּמַאי דְּתָפֵיס הַאי דִּידֵיהּ הוּא, וְקָתָנֵי יִשָּׁבַע! מַאי "שֶׁלֹּא תְּהֵא הוֹדָאַת פִּיו גְּדוֹלָה מֵהַעֲדָאַת עֵדִי' מִק"ו"? שֶׁלֹּא תֹּאמַר: הוֹדָאַת פִּיו הוּא דְּרַמְיָא רַחֲמָנָא שְׁבוּעָה עֲלֵיהּ, כִּדְרַבָּה. *דַּאֲמַר רַבָּה: מִפְּנֵי מָה אָמְרָה תּוֹרָה [ד]מוֹדֶה מִקְצָת הַטַּעֲנָה יִשָּׁבַע — חֲזָקָה, אֵין אָדָם מֵעִיז פָּנָיו בִּפְנֵי בע"ח, וְהַאי בְּכוּלֵּיהּ בָּעֵי דְּנִכְפְּרֵיהּ, וְהָא דְּלָא כַּפְרֵיהּ — מִשּׁוּם דְּאֵין אָדָם מֵעִיז פָּנָיו, וְהַאי

רש"י

וְאִיכָּא לְמֵימַר כּוּלֵּיהּ דְּמָר. וְעוֹד: עַל כָּרְחָךְ אוֹ כּוּלֵּיהּ דְּמָר אוֹ כּוּלֵּיהּ דְּמָר, אֲפִילּוּ הָכִי חוֹלְקִין בְּלֹא שְׁבוּעָה. הָכָא דְּלֵיכָּא דְּרָרָא דְּמָמוֹנָא. וְעוֹד, דְּאִיכָּא לְמֵימַר דְּתַרְוַיְיהוּ בַּהֲדֵי הֲדָדֵי אַגְבְּהוּהָ. לֹא כ"ש. דְּחוֹלְקִין בְּלֹא שְׁבוּעָה. וְתוֹקֵף. אוֹחֵז. דר' יוֹסֵי. לְקַמָּן בְּ"הַמַּפְקִיד" (דף לז.): שְׁנַיִם שֶׁהִפְקִידוּ אֵצֶל אֶחָד, זֶה מָנֶה וְזֶה מָאתַיִם, זֶה אוֹמֵר מָאתַיִם שֶׁלִּי וְזֶה אוֹמֵר מָאתַיִם שֶׁלִּי. וְקָאָמַר ת"ק: נוֹתֵן לָזֶה מָנֶה וְלָזֶה מָנֶה, וְהַשְּׁאָר יְהֵא מוּנָּח עַד שֶׁיָּבֹא אֵלִיָּהוּ. אָמַר ר' יוֹסֵי: א"כ מַה הִפְסִיד הָרַמַּאי, וְלָמָּה יוֹדֶה? הֲרֵי קִיבֵּל אֶת שֶׁלּוֹ! אֶלָּא הַכֹּל יְהֵא מוּנָּח, וְיַפְסִיד הָרַמַּאי. וְה"נ יְהֵא מוּנָּח. הָא נַמִי כִּשְׁאָר דָּמְיָא. דְּהָתָם עַל מָנֶה הַשֵּׁנִי הֵם דָּנִין, וְאֵלּוּ דָּנִין עַל הַטַּלִּית כּוּלָּהּ. דְּחַד מִינַּיְיהוּ הוּא. וְאֵין לוֹמַר יַחֲלוֹקוּ. הָכָא דְּאִיכָּא לְמֵימַר דְּחַד מִינַּיְיהוּ הוּא. וְאֵין לַחֲבֵירוֹ חֵלֶק בָּהּ — לֹא כ"ש דְּלֵית לֵיהּ יַחֲלוֹקוּ? מַאי פְּסֵידָא אִית לֵיהּ. לְמִי שֶׁאֵין לוֹ חֵלֶק בָּהּ אִם תְּהֵא מוּנַּחַת. דְּלוֹדֵי. שֶׁאֵין לוֹ חֵלֶק בָּהּ, כְּשֶׁיּוֹדֶה מַה יִּטּוֹל? מִקָּח וּמִמְכָּר מַאי אִיכָּא לְמֵימַר. הָא אוֹקִימְנָא דְּקִיבֵּל דָּמִים מִתַּרְוַיְיהוּ, וְאִי הֲוָה אָמְרִינַן יְהֵא הַטַּלִּית וְהַדָּמִים מוּנָּחִים — אִית לֵיהּ פְּסֵידָא לָרַמַּאי, וְיוֹדֶה עַל הָאֱמֶת קוֹדֶם שֶׁיַּפְסִיד. הָתָם הַיְינוּ טַעְמָא. דִּשְׁנֵיהֶם נִשְׁבָּעִין וְנוֹטְלִין — דְּחֶנְוָנִי אוֹמֵר לְבַעַל הַבַּיִת: אֲנָא שְׁלִיחוּתָא דִּידָךְ עָבְדִי, וְנָתַתִּי לְפוֹעֶלְךָ מָמוֹן שֶׁצִּוִּיתַנִי. מַאי אִית לִי גַּבֵּי שָׂכִיר. לְעַרְעֵר. לָא מְהֵימַן לִי. אֵינִי מַאֲמִינוֹ בִּשְׁבוּעָה. אֲנִי אוֹמֵר שֶׁהוּא רָשָׁע, וְאֵין לִי לְהַאֲמִין אָדָם בִּשְׁבוּעָה עַל כָּרְחִי, אֶלָּא אִם כֵּן הֶאֱמַנְתִּיו מִתְּחִילָּה לְהַפְקִיד אֶצְלוֹ אוֹ לְהַתְנוֹת עִמּוֹ. אַתְּ הֵימַנְתֵּיהּ. וְאַתָּה הוּא שֶׁקִּילְקַלְתָּ, וְאֵין לִי לְהַפְסִיד בְּקִלְקוּלְךָ שֶׁיִּהְיוּ מְעוֹתַי מוּנָּחִין עַד שֶׁיָּבֹא אֵלִיָּהוּ. וְיִשָּׁבַע עַל הַשְּׁאָר. כְּדִין מוֹדֶה מִקְצָת הַטַּעֲנָה, שֶׁאָמְרָה תּוֹרָה יִשָּׁבַע, כְּדִילְפִינַן בִּשְׁבוּעוֹת (דף לט:) מִ"כִּי הוּא זֶה". וְאע"ג דְּזֶה לֹא הוֹדָה — הֲרֵי יֵשׁ עֵדִים בְּמִקְצָת, וְלֹא תְּהֵא הוֹדָאַת פִּיו גְּדוֹלָה לְחַיְּיבוֹ עַל הַשְּׁאָר שְׁבוּעָה מֵהַעֲדָאַת עֵדִים. מִקַּל וָחוֹמֶר. לְקַמָּן מְפָרֵשׁ מַאי ק"ו. וְתַנָּא תּוּנָא. וְתַנָּא דִּידַן סַיְּיעָתָא לְדִידִי. זֶה אוֹמֵר כו'. וְקָתָנֵי שְׁנֵיהֶם יִשָּׁבְעוּ. אֲנַן סָהֲדֵי דְּמַה דְּתָפֵס הַאי. הַיְינוּ פַּלְגָּא. דִּידֵיהּ הוּא. שֶׁהֲרֵי מוּחְזָק הוּא בְּפָנֵינוּ, וַהֲרֵי הוּא תּוֹבֵעַ אֶת כּוּלָּהּ, וַחֲבֵירוֹ כּוֹפֵר אֶת כּוּלָּהּ, שֶׁאוֹמֵר: כּוּלָּהּ שֶׁלִּי וְאַף מַה שֶּׁאַתָּה תָּפוּס בְּיָדְךָ. וְהָנוּ מְעִידִין אוֹתוֹ שֶׁיֵּשׁ לוֹ בָּהּ מִקְצָת, וּמְחַיְּיבִים אֶת חֲבֵירוֹ שְׁבוּעָה עַל הַשְּׁאָר — דְּהַיְינוּ חֲצִי שֶׁעִיכֵּב לְעַצְמוֹ. מַאי לֹא תְּהֵא הוֹדָאַת פִּיו גְּדוֹלָה מֵהַעֲדָאַת עֵדִים. מֵהֵיכִי תֵּיתֵי לָן לְמֵידַק, דְּתִיפּוֹק אַדַּעְתִּין דִּתְהֵא הוֹדָאַת פִּיו גְּדוֹלָה מֵהַעֲדָאַת עֵדִים, דְּאִיצְטְרִיךְ לְתַנָּא לְמֵילַף מִק"ו דְּלֹא תְּהֵא הוֹדָאַת פִּיו גְּדוֹלָה. מִפְּנֵי מָה אָמְרָה תּוֹרָה כו'. וְלֹא חֲשָׁשׁוּ כְּמֵשִׁיב אֲבֵידָה לְפָטְרוֹ שֶׁלֹּא כָּפַר בְּכוּלּוֹ.

וְהַאי

תוספות

התם ודאי איכא רמאי. לכך קנים ליה גם במה שהוא שלו בודאי. אבל הכא – אימור תרוייהו בהדי הדדי אגבהוה, דליכא רמאי, דכל חד סבור שהוא הגביה קודם. **אי** נמי התם קנים כי היכי דלודי. אבל הכא אפילו איכא ודאי רמאי, כגון שזה אומר "אני מלאתיה היום" וזה אומר "אני מלאתיה אתמול" – מודה דיחלוקו, ולא אמרינן יהא מונח עד שיבא אליהו – דבשביל כך לא יפרוש, דהא אינו מפסיד כלום.

אלא מחוורתא כדשנין מעיקרא. נוכל לומר *דהדר ביה, ולא סגי בטעמא דמפסיד הרמאי לבד, דלא קנים ר' יוסי אלא היכא דאיכא ודאי רמאי ואית ליה פסידא. אבל היכא דאיכא רמאי וליכא פסידא – לא יקנוס, כדמשמע לישנא ד"א"כ מה הפסיד הרמאי"? מיהו, לשון "אלא" משמע דהדר לגמרי. וכן בסמוך, דפריך בין לרבנן בין לרבי יוסי נימא יהא מונח, אף על גב דהתם לית ליה פסידא לרמאי.

גבי חנוני נמי יהא מונח. לר"ע דאמר (יבמות דף קיח:), בלקח מחמשה ואינו יודע מאיזה מהם לקח, נותן לכאו"א – לא פריך אמאי נותן לכאו"א? יהא מונח! דהתם הוה ליה למדכר, ואיהו דאפסיד אנפשיה.

ולא אמרת לי הב ליה בסהדי. תימה: לימא ליה בעל הבית: לתקוני שדרתיך ולא לעוותי. אע"ג דלא אמר ליה הב ליה בסהדי – היה לו מעצמו להשים על לב, כדאמרינן בפ' "הכותב" (כתובות דף פה.) גבי אבימי דהוי מסיקי ביה זוזי בי חוזאי ושדרינהו ביד (*רבא) [נ"ל חמא] ופרענהו, ואמר להו: הב לי שטרא, ואמרו ליה: הנך סטראי ניניהו. ומסיק התם דלא שנה א"ל "שקול שטרא והב לה זוזי" ולא שנא "הב זוזי ושקול שטרא" – מחייב השליח, משום דאמר ליה לתקוני שדרתיך ולא לעוותי! וי"ל: דהתם כיון דהזכיר לקיחת השטר – כאילו אומר עשה באותו ענין שיבא השטר לידך. אבל הכא לא הזכיר עדים כלל.

מפני מה אמרה תורה כו'. פי': יהא נאמן במגו, דאי בעי כופר הכל. או נילף מהכא דלא נימא מגו בעלמא. ומשני: דאין זה מגו, דאין אדם מעיז פניו לכפור הכל, הואיל וחבירו מכיר בשקרו. אבל במקום שיכול להעיז, כגון בבנו ואמר מנה לאביך בידי והאכלתיו פרס – נאמן במגו, דאי בעי כפר הכל כד,איתא פ"ב דכתובות (דף יח. ושם), ובפרק "שבועת הדיינים" (שבועות דף מב.). וא"ת: כופר הכל מנלן דפטור? ואין לומר מטעם חזקה דאין אדם מעיז, דהא אפי' במקום שיכול להעיז פטור, כגון בבנו. ואפילו מודה מקצת פטור התם, מגו דאי בעי כפר הכל! ואין לומר דילפינן מדאיצטריך למכתב שעד אחד מחייבו שבועה, ואי כופר הכל חייב, מאי נפקא מינה מעד אחד, הא בלאו הכי חייב. דהא איצטריך במקום שהוא אינו תובע כלום, ואינו יודע, והעד מעיד שהוא גנב או שאביו הלוה לו? וי"ל: *דמ"כי הוא זה" משמע דגזירת הכתוב הוא, דדוקא מודה מקצת הטענה חייב, ולא כופר הכל*.

בכוליה

עין משפט נר מצוה

ז א מיי' פ"ט מהלכות טוען ונטען הלכה ז סמג עשין לה:

ח ב מיי' פט"ז מהלכות מלוה ולוה הלכה ה סמג עשין לד טוש"ע ח"מ סי' נא סעיף א:

ט ג מיי' פ"ד מהל' טוען ונטען הלכה י סמג עשין לה טוש"ע ח"מ סי' עה סעיף ד:

ס"א דלא הדר ביה לגמרי אלא דלא סגי

י ד מיי' פ"א שם הל' א סמג עשין שם טוש"ע ח"מ סי' פז סעיף א:

רבינו חננאל

ואסקי' לשמעתי' אפי' תימא סומכוס שבועה זו דקתני במתני' מדרבנן היא דאמר ר' יוחנן שבועה זו תקנת חכמים היא. סוגיא דשמעתין בגמרא דשור שנגח את הפרה כסומכוס. תוב אמר לימא מתני' דלא כר' יוסי דאמר בפ' המפקיד א"כ מה הפסיד הרמאי אלא הכל יהא מונח עד שיבוא אליהו ויאמר למי הם. ושנינן אפי' תימא ר' יוסי התם ודאי איכא רמאי אבל הכא די"ל תרוייהו בהדי הדדי אגבהוה וכו' ואקשי' תוב לר' יוסי ולרבנן הא דתנן גבי חנוני על פנקסו שחנוני אמר נתתי והפועל אמר לא לקחתי ושנינו שניהן נשבעין ונוטלין מבעה"ב והא הכא דודאי איכא רמאי ולא אמרו הכל יהא מונח עד שיבוא אליהו. ודחינן התם היינו טעמא משום דיכול פועל למימר אנא לך עבדי עבידתא הב לי אגראי מאי אית לי גבי חנוני. חנוני אמר ליה לבעה"ב אנא שליחותך עבדי וכו'. תני ר' חייא מנה לי בידך והלה אומר אין לך בידי כלום והעדים מעידין אותו חמשים נותן לו חמשים וחייב שבועה על השאר שלא תהא הודאת פיו גדולה מהעדאת עדים מק"ו. ותנא תונא. פירושו והתנא שנאה. כלומר שנינו במשנתינו כשמעתיה דר' חייא דתנן שנים אוחזין בטלית וכו'. [מאי] שלא תהא הודאת פיו גדול' מהעדאת עדים וכו' אמרה תורה מודה מקצת הטענה ישבע שנאמר אשר יאמר כי הוא זה. ודרשינן לזה אשר יאמר כי הוא הוא שאתה טוענני (זה בלבד) יש לך אצלי זה בלבד שנמצא מודה במקצת הלכך ישבע. הנה בהודאת פיו במקצת שהיא קלה חייב שבועה העדאת עדים שהיא חמורה ממנה לא כ"ש שיהיה חייב.

וע"ע אריכות בזה בתוס' ב"ק קז. ד"ה עירוב

מסורת הש"ס

[לקמן ה:]

לקמן לז.

[שבועות מה.]

[עי' תוס' לקמן ה. ד"ה ר' חייא]

עיין תוס' שבועות לג: ד"ה אתו

כתובות יח. גיטין נא: ב"ק קז. שבועות מב: [לקמן ה:]

[לקמן ה.]

גליון הש"ס

גמ' אלא מחוורתא. קשיא הא תוס' ד"ה ולאו וכו' כתבו ומיהו הו"מ לשנויי דליתא קמן דנשייליה אם כן איך ההכרעה כדשנינן מעיקרא דלמא מו"מ מיירי בנקט זוזי מחד וליתא קמן דנשייליה ושייך ביה טעמא כי היכי דלודי:

9–12

עין משפט
נר מצוה

וְהַאי בְּכוּלֵּיהּ בָּעֵי דְּלוֹדֵי לֵיהּ, וְהַאי דְּלָא אוֹדֵי — אִשְׁתַּמּוֹטֵי הוּא דְּקָא מִישְׁתַּמֵּט מִינֵּיהּ, סָבַר עַד דְּהָווּ לִי זוּזֵי וּפָרַעְנָא לֵיהּ. וְאָמַר רַחֲמָנָא: רְמֵי שְׁבוּעָה עֲלֵיהּ כִּי הֵיכִי דְּלוֹדֵי לֵיהּ בְּכוּלֵּיהּ. אֲבָל הַעֲדָאַת עֵדִים, דְּלֵיכָּא לְמֵימַר הָכִי — אֵימָא לָא, קמ"ל ק"ו. וּמַאי ק"ו? וּמַה פִּיו שֶׁאֵין מְחַיְּיבוֹ מָמוֹן — מְחַיְּיבוֹ שְׁבוּעָה, עֵדִים שֶׁמְּחַיְּיבִין אוֹתוֹ מָמוֹן — אֵינוֹ דִּין שֶׁמְּחַיְּיבִין אוֹתוֹ שְׁבוּעָה. וּפִיו אֵין מְחַיְּיבוֹ מָמוֹן? וְהָא *[א]הוֹדָאַת בַּעַל דִּין כְּמֵאָה עֵדִים דָּמֵי! מַאי מָמוֹן — קְנָס. וּמַה פִּיו [ב]שֶׁאֵין מְחַיְּיבוֹ קְנָס — מְחַיְּיבוֹ שְׁבוּעָה, עֵדִים שֶׁמְּחַיְּיבִין אוֹתוֹ קְנָס — אֵינוֹ דִּין שֶׁמְּחַיְּיבִין אוֹתוֹ שְׁבוּעָה. מַה לְּפִיו — שֶׁכֵּן מְחַיְּיבוֹ קָרְבָּן, תֹּאמַר בְּעֵדִים שֶׁאֵין מְחַיְּיבִין אוֹתוֹ קָרְבָּן! הָא לָא קַשְׁיָא, רַבִּי חִיָּיא כְּרַבִּי מֵאִיר סְבִירָא לֵיהּ, דְּאָמַר: עֵדִים מְחַיְּיבִין אוֹתוֹ קָרְבָּן מִקּ"ו. *דִּתְנַן: אָמְרוּ לוֹ שְׁנַיִם אָכַלְתָּ חֵלֶב וְהוּא אוֹמֵר לֹא אָכַלְתִּי, רַבִּי מֵאִיר מְחַיֵּיב, וַחֲכָמִים [ג]פּוֹטְרִים. אָמַר רַבִּי מֵאִיר: אִם הֱבִיאוּהוּ שְׁנַיִם לִידֵי מִיתָה חֲמוּרָה, לֹא יְבִיאוּהוּ לִידֵי קָרְבָּן הַקַּל? אָמְרוּ לוֹ: מָה אִם יִרְצֶה לוֹמַר מֵזִיד הָיִיתִי — יִפָּטֵר. אֶלָּא, מַה לְּפִיו — שֶׁכֵּן מְחַיְּיבוֹ אָשָׁם. אָשָׁם הַיְינוּ קָרְבָּן. אֶלָּא, מַה לְּפִיו — שֶׁכֵּן מְחַיְּיבוֹ חוֹמֶשׁ! הָא לָא קַשְׁיָא, רַבִּי חִיָּיא כְּרַבִּי מֵאִיר סְבִירָא לֵיהּ, כִּי הֵיכִי דִּמְחַיֵּיב לֵיהּ קָרְבָּן מִקּ"ו — מְחַיֵּיב לֵיהּ חוֹמֶשׁ מִקַּל וָחוֹמֶר. אֶלָּא מַה לְּפִיו — שֶׁכֵּן אֵינוֹ בְּהַכְחָשָׁה וּבַהֲזָמָה, תֹּאמַר בְּעֵדִים שֶׁיֶּשְׁנָן בְּהַכְחָשָׁה וּבַהֲזָמָה! אֶלָּא, אָתְיָא מֵעֵד אֶחָד. וּמַה עֵד אֶחָד שֶׁאֵין מְחַיְּיבוֹ מָמוֹן — מְחַיְּיבוֹ שְׁבוּעָה, עֵדִים שֶׁמְּחַיְּיבִין אוֹתוֹ מָמוֹן — אֵינוֹ דִּין שֶׁמְּחַיְּיבִין אוֹתוֹ שְׁבוּעָה. מַה לְּעֵד אֶחָד — שֶׁכֵּן עַל מַה שֶּׁהוּא מֵעִיד הוּא נִשְׁבָּע

תֹּאמַר

וְהַאי בְּכוּלֵּיהּ בָּעֵי דְּלוֹדֵי כו'. וְכִי תֵּימָא: מִגּוֹ דַּחֲשִׁיד אַמָּמוֹנָא חֲשִׁיד אַשְּׁבוּעָתָא, וְלָא נִרְמֵי עֲלֵיהּ שְׁבוּעָתָא? לָא חֲשִׁיד אַמָּמוֹנָא, לְפִי שֶׁבִּרְצוֹנוֹ הָיָה מוֹדֶה בְּכוּלּוֹ, אֶלָּא שֶׁאֵין בְּיָדוֹ לִפְרוֹעַ, וְסָבַר: עַד דְּהָוֵי לִי [זוּזֵי] וּפָרַעְנָא לֵיהּ. **דְּלֵיכָּא** לְמֵימַר הָכִי. שֶׁהֲרֵי כָּפַר בְּכוּלּוֹ, וְנֵימָא מִגּוֹ דַּחֲשִׁיד אַמָּמוֹנָא חֲשִׁיד אַשְּׁבוּעָתָא. **פִּיו שֶׁאֵינוֹ מְחַיְּיבוֹ מָמוֹן.** בְּהוֹדָאָתוֹ, וּלְקַמֵּיהּ מְפָרֵשׁ לָהּ. **מְחַיְּיבוֹ שְׁבוּעָה.** עַל הַשְּׁאָר. **עֵדִים שֶׁמְּחַיְּיבִין [אוֹתוֹ] מָמוֹן.** כַּמָּה שֶׁהֵעִידוּ. **אֵינוֹ דִּין שֶׁיְּחַיְּיבוּהוּ שְׁבוּעָה.** עַל הַשְּׁאָר. **הוֹדָאַת בַּעַל דִּין כְּמֵאָה עֵדִים.** בָּרַיְיתָא הִיא בַּתּוֹסֶפְתָּא דְּבָבָא מְצִיעָא בְּפֶ' רִאשׁוֹן. **פִּיו אֵינוֹ מְחַיְּיבוֹ קְנָס.** דְּיָלְפִינַן (ב"ק דף עה.) מִקְּרָאֵי דְּמוֹדֶה בִּקְנָס פָּטוּר, "אֲשֶׁר יַרְשִׁיעוּן אֱלֹהִים" — פְּרָט לְמַרְשִׁיעַ אֶת עַצְמוֹ. **פִּיו מְחַיְּיבוֹ קָרְבָּן.** דִּכְתִיב: "וְהִתְוַדָּה אֲשֶׁר חָטָא וְהֵבִיא" (ויקרא ה). **עֵדִים אֵין מְחַיְּיבִין אוֹתוֹ קָרְבָּן.** אִם (א) *מַכְחִישִׁין אוֹתוֹ, דִּכְתִיב (שם ד): "אוֹ הוֹדַע אֵלָיו" וְלֹא שֶׁיּוֹדִיעוּהוּ אֲחֵרִים. **אָמְרוּ לוֹ שְׁנַיִם אָכַלְתָּ חֵלֶב.** שׁוֹגֵג. **וְהוּא אוֹמֵר לֹא [אָכַלְתִּי].** פָּטוּר, שֶׁהָיָה יָכוֹל לוֹמַר "מֵזִיד הָיִיתִי" וְיִפָּטֵר מִן הַקָּרְבָּן. אַף כְּשֶׁאָמַר "לֹא אָכַלְתִּי" — פָּטוּר דְּמָה לוֹ לְשַׁקֵּר. **חוֹמֶשׁ וְאָשָׁם.** אִם נִשְׁבַּע וְכָפַר מָמוֹן וְהוֹדָה, כְּתִיב: "מִכֹּל אֲשֶׁר יִשָּׁבַע עָלָיו לַשֶּׁקֶר" וגו' (שם ה). **אֵינוֹ בְּהַכְחָשָׁה וּבַהֲזָמָה.** אִם הוֹדָה לוֹ בְּמָנֶה, וּבָאוּ עֵדִים וְהִכְחִישׁוּהוּ, לוֹמַר אֵינְךָ חַיָּיב לוֹ כְּלוּם — אֵינוֹ נִפְטָר בְּכָךְ, דְּהוֹדָאַת בַּעַל דִּין כְּמֵאָה עֵדִים. **שֶׁיֶּשְׁנָן בְּהַכְחָשָׁה וּבַהֲזָמָה.** שֶׁאִם בָּאוּ שְׁנַיִם עֵדִים וְהִכְחִישׁוּם אוֹ הֱזִימוּם — אֵין זֶה מְשַׁלֵּם מָמוֹן עַל פִּיהֶם. **מְחַיְּיבוֹ שְׁבוּעָה.** טְעָנוֹ חֲבֵירוֹ "מָנֶה לִי בְּיָדְךָ", וְהוּא אוֹמֵר "אֵין לְךָ בְּיָדִי כְּלוּם", וְעֵד אֶחָד מְעִידוֹ שֶׁהוּא חַיָּיב לוֹ — הֲרֵי זֶה נִשְׁבָּע לְהַכְחִישׁ אֶת הָעֵד, דִּכְתִיב (דברים יט): "לֹא יָקוּם עֵד אֶחָד בְּאִישׁ" וגו' לְכָל עָוֹן וּלְכָל חַטָּאת הוּא דְּאֵינוֹ קָם, אֲבָל לִשְׁבוּעָה קָם (שבועות דף מ.). **מַה לְּעֵד אֶחָד.** כְּלוֹמַר: הֵיכִי יָלְפַתְּ שְׁבוּעָה דִּשְׁנַיִם מִשְּׁבוּעָה דְּעֵד אֶחָד? מַה לְּעֵד אֶחָד — שֶׁכֵּן עַל מַה שֶּׁהָעֵד מֵעִיד הוּא נִשְׁבָּע לְהַכְחִישׁוֹ.

תֹּאמַר

בכוליה בעדי דלודי ליה. מה שפירש רש"י כיון דחשיד אממונא היכי נשבע, נימא מגו דחשיד אממונא חשיד אשבועתא, ומשני: דמשתמיט, ולא חשיד. ועל זה תימה: דהא מסיק לקמן (דף ו.) דחשיד אממונא לא חשיד אשבועתא. ואין לומר דהיינו דרבנן, לפי שראו שהיתה שבועה חמורה עליהם, אבל מדאורייתא – חשוד לזה חשוד לזה, דהא לקמן מייתי מרב נחמן דמשביעין אותו שלש שבועות, ואחד מהן שלא שלחתי בו יד. ומשמע ב"הגוזל קמא" (ב"ק דף קו: ושם) דהוי – דאורייתא. וכן בנסכא דר' אבא (שבועות דף לג:) משמע דאי אמר לא תפסתי – היה נשבע להכחיש את העד שבועה דאורייתא, מדאמר: מתוך שאינו יכול לישבע – משלם. דאשבועה דרבנן לא אמר הכי. לכן י"ל: ובכוליה בעי דלודי ליה – כלומר: מאחר דאין מעיז, א"כ אמת הוא שאין חייב לו יותר, ולמה ישבע? יהא נאמן במגו, דאי בעי כופר הכל! ומשני: דאין זה העזה, דאשתמוטי קמשתמיט. ואם תאמר: כופר הכל נמי אשתמוטי קא משתמיט, ואינו העזה, כדאמרי' בפ' "שבועת הדיינין" (שבועות דף מ:) אמר רב נחמן: כופר הכל משביעין אותו שבועת היסת, משום חזקה דאין אדם תובע אלא א"כ יש לו עליו. ופריך: אדרבה, אין אדם מעיז פניו בפני ב"ח! ומשני: אשתמוטי קא משתמיט. וי"ל: דמ"מ העזה יש יותר בכופר הכל מבכופר חצי, וליכא מגו.

אבל העדאת עדים דליכא למימר. כל כך משתמיט, כיון שכפר הכל, אימא: כיון דחשוד הוא לגזול – חשוד נמי אשבועתא, קמ"ל ק"ו דלא הוי גזלן בהכי, דאשתמוטי קא משתמיט. דהכופר במלוה כשר לעדות, ואע"ג דאמרי' לקמן (דף ו.) דלא אמרינן מגו דחשיד כו' – מ"מ גם התנא אשמעינן דלא אמרינן מק"ו מפיו ועד אחד. ואם תאמר: אמאי אצטריך לטעמא דאשתמוטי? לימא: אי לאו ק"ו – ה"א הודאת פיו גדולה מהעדאת עדים, משום שכן אינו בהכחשה ובהזמה, כדפריך לקמן. ולקמן נמי, הוה ליה למפרך: מה לפיו – שכן משתמיט! וי"ל: דהכא דאתא לפרושי דהודאת פיו גדולה מהעדאת עדים ניחא ליה למינקט טעמא דמשתמיט, דסברא הוא דמטעם זה ישבע בהודאת פיו ולא בהעדאת עדים. וחומר שאינו בהכחשה ובהזמה ניחא ליה למנקט לקמן לסתור ק"ו, שכן דרך הגמרא למפרש פירכא על קל וחומר ולא מסברא. לכך לא מייתי לקמן סברא דמשתמיט. **מה** לפיו שכן מחייבו קרבן **תאמר בעדים** כו'. פי': שכן מחייבו קרבן אפילו העדים מכחישין אותו, ואומרים לאו חלב הוא אלא שומן, דאי אין העדים מכחישין אותו – היכי קאמר תאמר בעדים כו'? עדים נמי מחייבין אותו קרבן אם אינו מכחשן. ואפילו עד אחד, אם אינו מכחישו מחייבו קרבן. וזאת הסוגיא סוברת כלישנא דפרק "אמרו לו" (כריתות דף יב. ושם) דמפרש טעמייהו דרבנן דלקמן, דאמרו לו "אכלת חלב" והוא אומר "לא אכלתי" – דפטור, משום דאדם נאמן על עצמו יותר ממאה איש. ולכן פיו מחייבו קרבן, אפילו עדים מכחישין אותו. ועדים אין מחייבין אותו קרבן אם מכחישן. דלאידך לישנא דמפרש טעמייהו דרבנן דמתרך דיבוריה, ואמר דלא אכלתי שוגג אלא מזיד, ומיירי דכשאמר "לא אכלתי" לא בדקנו אותו היאך היה דעתו, אבל להכחיש העדים – אינו נאמן. א"כ חשיבי עדים מפיו, שכל חייבוהו קרבן אפי' מכחישן, והוא לא מחייב עצמו קרבן אם היו מכחישין אותו, ואתי רבי חייא אפילו כרבנן. **רבי** חייא **כר"מ סבירא** ליה. וא"ת: א"כ נימא ק"ו דר"מ, אם הביאוהו לידי מיתה – יביאוהו לידי שבועה הקלה?! וי"ל: דאיכא למפרך, דמה למיתה – שכן על מה שהן מעידין הוא מת, תאמר גבי שבועה – שעל מה שהוא כופר הוא נשבע, כדאמרי' לקמן. **מה** אם ירצה לומר מזיד הייתי. ללישנא דאדם נאמן על עצמו יותר מק' עדים – האי "אם ירצה לומר" לדבריו דר"מ קאמרי, *(כדתניא) [כדאיתא] בפרק "אמרו לו" (שם דף יב. ושם) דלאידך לישנא טעמא דנפשייהו קאמרי, ואין לפרש ומה אם ירצה לומר כו' שיהא נאמן לומר לא אכלתי, מגו דאי בעי אמר מזיד הייתי – דהא מגו במקום עדים הוא, אלא כלומר: אף מה שאמר לא אכלתי יכול לתרץ דבריו, ולומר לא אכלתי שוגג אלא מזיד. ומיירי דכשאמר לא אכלתי לא בדקו אותו איך היה דעתו, ולבסוף אומר שמזיד היה. וסברי רבנן דמה שאמר לא אכלתי – כך היה דעתו שלא אכל שוגג אלא מזיד. ולר"מ אע"פ שלבסוף אמר מזיד הייתי – אין בכך כלום, דהכי אמר (בתורת כהנים) אמר רבי מאיר: אם בתחלה אמר מזיד הייתי – שומעין לו, אם היה דן עמו כל היום ובאחרונה אמר מזיד הייתי – אין שומעין לו. ואם תאמר: והיאך נאמן לומר מזיד הייתי? הא אין אדם משים עצמו רשע, כדאמר בפ"ק דסנהדרין (דף ט: ושם) גבי פלוני רבעני לרצוני! וי"ל: דאין נאמן לפסול עצמו, אבל הכא עושה תשובה, ואינו רוצה להביא חולין לעזרה.

אשם היינו קרבן. לרבי מאיר עדים מחייבין אותו אשם. תימה: דבמתני' ד"ד' שומרין" (שבועות דף מט. ושם) תנן: "היכן שורי"? נגנב, "משביעך אני" ואמר אמן, והעדים מעידים אותו שאכלו – משלם כפל. הודה מעצמו – משלם קרן וחומש ואשם. אבל על פי עדים אין משלם חומש ואשם. וכן תנן בפרק "הגוזל קמא" (ב"ק דף קח.), ומוקי לה בפרק "הגוזל קמא"* כר"מ. וי"ל: דסוגיא דהכא דלרבי מאיר עדים מחייבין אותו אשם לא יעמיד ההיא משנה כר"מ, אלא כדבעי לאוקמה התם כשאכלו טריפה. וההיא סוגיא דהתם דסבר דלרבי מאיר עדים לא מחייבי אשם – משום דגבי אשם כתיב 'והתודה' לא סבר כסוגיא דהכא, דאשם היינו קרבן, ויליף במה הצד מפיו ועד אחד, כדמסיק הכא.

עד

יא א מיי' פ"ו מהלכות טוען ונטען הל' ג טוש"ע ח"מ סימן פא סעיף ח:

יב ב מיי' פ"א מהלכות גניבה הל' ה ופ"ג שם הל' ז ופ"א מהלכות טוען ונטען הל' טז יז טוש"ע ח"מ סי' פז סעיף כו:

יג ג מיי' פ"ג מהלכות שגגות הלכה א סמג עשין ריג:

רבינו חננאל

והיאך זו חמורה מזו דהא אע"פ שהודאת פיו מחייבתו ממון דקי"ל הודאת בע"ד כק' עדים דמי אינה מחייבתו קנס דקי"ל מודה בקנס פטור הודאתו במקצת הטענה מחייבתו שבוע' העדאת עדים שמחייבתו קנס אינו דין שיחייבוהו שבועה במקצת. ופרכינן מה לפיו שכן מחייבתו קרבן. שנאמר והיה כי יאשם לאחת מאלה והתודה אשר חטא עליה והביא את אשמו לה' וגו'. תאמר בעדים [שמעידין] עליו שחטא אין מחייבין אותו קרבן למה שאם ירצה אמר מזיד הייתי ואין קרבן למזיד ואם יודה להם כי שוגג הייתי בהודאתו מתחייב ולא בעדות העדים. ודחי' הא לא קשיא דר' חייא כר"מ ס"ל דאמר עדים מחייבין אותו קרבן דתנן בכריתות (פ' ד' מחוסרי כפרה) אמרו לו שנים אכלת חלב והוא אומר לא אכלתי ר"מ מחייב א"ר מאיר אם הביאוהו ב' לידי מיתה חמורה לא יביאוהו לידי קרבן הקל אמרו לו ומה אם ירצה לומר מזיד הייתי כלומר מה תועיל עדותם אם ירצה לומר מזיד הייתי וכו' וחזר לפרך פירכא אחריתי מה לפיו שכן אינו בהכחשה ובהזמה כלומר אם יודה שלויתי מפלוני מנה ביום פלוני במקום פלוני ויבואו עדים ויעידו כי שם היינו עמך בו ביום באותו מקום שאמרת ולא לויתה אתה ממנו כלום אחר הוא שלוה או אם יאמרו לו אותו היום היית עמנו במקום פלוני רחוק מזה המקום יותר ממהלך יום והוא מכחישם דכל כי האי גוונא אמרי' הודאת בע"ד כמאה עדים ואין העדים יכולין להכחישו ולא להזימו ולפיכך כשמודה מקצת הטענה חייב תאמר בעדים שישנן בהכחשה ובהזמה נמצא כח העדים פחות מהודאת פיו כך בחיוב שבועה כח העדים פחות הוא מהודאת פיו. ונדחה זה הק"ו וחזרנו לפרק דרך אחרת. ומה עד א' שאין מחייבו ממון מחייבו שבועה שנאמר לא יקום עד אחד באיש לכל עון וגו' ודרשינן ליה לכל עון ולכל חטאת הוא דאינו קם אבל קם הוא לשבועה עדים שמחייבין אותו ממון אינו דין שיחייבוהו שבועה. ודחי' מה לעד א' שכן על מה שהעיד הוא נשבע וכו'.

מסורת הש"ס

[תוספתא פ"א קדושין סה: גיטין מ: סד.]

[מכחיש אותן כצ"ל]

יבמות פז: כריתות יא:

מהרש"א

דף קו:

הגהות הב"ח

(א) רש"י ד"ה עדים וכו' אם מכחישן דכתיב או הודע כצ"ל ותיבת אותו נמחק:

תֵּאמַר בְּעֵדִים, שֶׁעַל מַה שֶּׁכָּפַר הוּא נִשְׁבָּע! אֶלָּא אֲמַר רַב פַּפָּא: אָתֵי מִגַּלְגּוּל שְׁבוּעָה דְּעֵד אֶחָד. מַה לְּגִלְגּוּל שְׁבוּעָה דְּעֵד אֶחָד שֶׁכֵּן שְׁבוּעָה גּוֹרֶרֶת שְׁבוּעָה, תֵּאמַר בְּעֵדִים דְּמָמוֹן קָא מְחַיְּיבֵי! פִּיו יוֹכִיחַ. מַה לְּפִיו — שֶׁכֵּן אֵינוֹ בְּהַכְחָשָׁה. עֵד אֶחָד יוֹכִיחַ, שֶׁיֶּשְׁנוֹ בְּהַכְחָשָׁה וּמְחַיְּיבוֹ שְׁבוּעָה. מַה לְּעֵד אֶחָד — שֶׁכֵּן עַל מַה שֶּׁמֵּעִיד הוּא נִשְׁבָּע, תֵּאמַר בְּעֵדִים שֶׁעַל מַה שֶּׁכָּפַר הוּא נִשְׁבָּע! פִּיו יוֹכִיחַ. *וְחָזַר הַדִּין: לֹא רְאִי זֶה כִּרְאִי זֶה, וְלֹא רְאִי זֶה כִּרְאִי זֶה, הַצַּד הַשָּׁוֶה שֶׁבָּהֶן — שֶׁעַל יְדֵי טַעֲנָה וּכְפִירָה הֵן בָּאִין וְנִשְׁבָּע. אַף אֲנִי אָבִיא עֵדִים, שֶׁעַל יְדֵי טַעֲנָה וּכְפִירָה הֵם בָּאִין — וְנִשְׁבָּע. מַה לְּהַצַּד הַשָּׁוֶה שֶׁבָּהֶן — שֶׁכֵּן לֹא הוּחְזַק כַּפְרָן, תֵּאמַר בְּעֵדִים שֶׁכֵּן הוּחְזַק כַּפְרָן! וּבְעֵדִים מִי הוּחְזַק כַּפְרָן? *וְהָאֲמַר רַב אִידִי בַּר אָבִין אֲמַר רַב חִסְדָּא: [א]הַכּוֹפֵר בְּמִלְוֶה — כָּשֵׁר לְעֵדוּת, בְּפִקָּדוֹן — פָּסוּל לְעֵדוּת. אֶלָּא, פָּרֵיךְ הָכִי: מַה לְּהַצַּד הַשָּׁוֶה שֶׁבָּהֶן — שֶׁכֵּן אֵינָן בְּתוֹרַת הֲזָמָה, תֵּאמַר בְּעֵדִים שֶׁיֶּשְׁנָן בְּתוֹרַת הֲזָמָה! הָא לָא קַשְׁיָא, רַבִּי חִיָּיא תּוֹרַת הֲזָמָה לָא פָּרֵיךְ. אֶלָּא דְּקָאָמַר וְתַנָּא תּוּנָא, מִי דָּמֵי? הָתָם — לַמַּלְוֶה אִית לֵיהּ סָהֲדֵי, לַלֹּוֶה לֵית לֵיהּ סָהֲדֵי דְּלָא מָסֵיק לֵיהּ וְלָא מִידֵי, דְּאִי הָווּ לֵיהּ סָהֲדֵי לַלֹּוֶה דְּלָא מָסֵיק לֵיהּ וְלָא מִידֵי — לָא בָּעֵי רַבִּי חִיָּיא לְאִשְׁתַּבּוּעֵי. הָכָא, כִּי הֵיכִי דַּאֲנַן סָהֲדֵי (א) בְּהַאי — אֲנַן סָהֲדֵי בְּהַאי, וַאֲפִילּוּ הָכִי מִשְׁתַּבְּעִי! אֶלָּא, כִּי אִיתְּמַר וְתַנָּא תּוּנָא — אַאִידָךְ דְּרַבִּי חִיָּיא אִיתְּמַר. דְּאָמַר ר' חִיָּיא: מָנֶה לִי בְּיָדְךָ, וְהַלָּה אוֹמֵר: אֵין לְךָ בְּיָדִי אֶלָּא נ' זוּז, וְהֵילָךְ — חַיָּיב. מַאי טַעְמָא — הֵילָךְ נַמִי כְּמוֹדֶה מִקְצָת הַטַּעֲנָה דָּמֵי, וְתַנָּא תּוּנָא: "שְׁנַיִם אוֹחֲזִין בְּטַלִּית". וְהָא הָכָא, כֵּיוָן דְּתָפֵיס — *[אֲנַן סָהֲדֵי דְּמַאי דְּתָפֵיס] הֵילָךְ הוּא, וְקָתָנֵי יִשָּׁבַע. וְרַב שֵׁשֶׁת אָמַר: [ב]הֵילָךְ פָּטוּר. מ"ט — כֵּיוָן דַּאֲמַר לֵיהּ הֵילָךְ, הָנֵי זוּזֵי דְּקָא מוֹדֵי בְּגַוַּיְיהוּ — כְּמַאן דְּנָקֵיט לְהוּ מַלְוֶה דָּמֵי, בְּאִינָךְ חֲמִשִּׁים — הָא לָא מוֹדֵי, הִלְכָּךְ לֵיכָּא הוֹדָאַת מִקְצָת הַטַּעֲנָה. וּלְרַב שֵׁשֶׁת קַשְׁיָא מַתְנִיתִין! אָמַר לָךְ רַב שֵׁשֶׁת: מַתְנִיתִין תַּקָּנַת חֲכָמִים הִיא. וְאִידָךְ: אִין, תַּקָּנַת חֲכָמִים הִיא. וּמִידֵי, אִי אָמְרַתְּ בִּשְׁלָמָא מִדְּאוֹרַיְיתָא הֵילָךְ חַיָּיב — מְתַקְּנֵי רַבָּנַן שְׁבוּעָה כְּעֵין דְּאוֹרַיְיתָא, אֶלָּא אִי אָמְרַתְּ מִדְּאוֹרַיְיתָא הֵילָךְ פָּטוּר — מְתַקְּנֵי רַבָּנַן שְׁבוּעָה דְּלֵיתָא דִּכְווֹתָהּ בִּדְאוֹרַיְיתָא? מֵיתִיבִי: סְלָעִים

רש"י

תאמר. בשבועה דעדים, שאינו נשבע על מה שהעידו אלא על מה שלא העידו, ועל כפירתו הוא נשבע ולא אהעדאתן. ומנין לך להחמיר כל כך? מגלגול שבועה דעד אחד. אם נתחייב לו שבועה ע"י עד אחד כדאמרינן, והיתה עליו טענה אחרת שלא היתה מוטלת עליו שבועה — מגלגלין אותה עם שבועה זאת, ונשבע על שניהן. דגלגול שבועה דאורייתא היא, דילפינן לה בקידושין (דף כז:) מ"ואמרה האשה אמן אמן". הרי שעל מה שלא העיד העד הוא משביעו. שכן שבועה גוררת שבועה. עד לא חייבו שבועה אלא על מה שהעיד, והשבועה גוררת שבועה. תאמר בעדים הללו, שהחמשים שהעידוהו הם מחייבין אותו לשלם, ואין כאן שבועה לגרור על ידה שבועה על השאר. [קידושין ה: כח. וש"נ] פיו יוכיח. מודה מקצת הטענה, שעל מה שכופר ופיו לא הודה הוא נשבע. טענה וכפירה. זה טוען וזה כופר, הן באין לדין. לא הוחזק כפרן. על מה שכפר אינו מוחזק כפרן, שמא לא כיחש, שהעד אינו נאמן להכחישו ולהחזיקו כפרן. תאמר בעדים. שמאחר שכפר הכל, והם העידו על החמשים — הוחזק כפרן, ולא נאמר נאמניהו על השבועה. [לקמן ה:] ב"ק קה: [וש"נ] [שבועות מ:] הכופר במלוה. בין על כולה בין על מקצת, ובאו עדים והעידוהו עד שלא נשבע. כשר לעדות. ולא אמרינן גזלן הוא, והתורה אמרה (שמות כג) "אל תשת רשע עד". דכיון דמלוה להוצאה ניתנה — דלמא צריך להוציאה, וסבר עד דהוה לי [זוזי] ופרענא ליה. ואי מודינא ליה השתא — יתבעני מיד. אבל הכופר בפקדון, אפי' על מקצת, ובאו עדים והעידוהו — פסול לעדות, דמאי הוה ליה גבי פקדון לאשתמוטי נפשיה? ושמא תאמר אבד ממנו ואשתמיט ליה עד דמשכח ליה, לקמן בפירקין (דף ה:) מוקמינן בדאתו סהדי ואמרי: ההיא שעתא בידיה נקיט ליה. בתורת הזמה. לשלם קנס, ד"כאשר זמם" דעד אחד שהוזם פטור. רש"ל ופיו גבי הודאה כל שכן דלא שייכא הזמה כלל. תאמר בעדים. אם הוזמו בחמשים שהעידו משלמין ממון. תורת הזמה לא פריך. אינה חשובה לו פירכא, דכיון דעד אחד ישנו בהזמה — ליבטל עדותו *בעדות שני עדים, אם הוה לן למימר בעדים משום דישנן בהזמה לא יחייבוהו שבועה — הוה לן למימר נמי בעד אחד לא יחייבהו שבועה, דהא ישנו בהזמה ליבטל עדותו. ואי משום דאין משלם קנס — אין בזו יפוי כח להאמין עדותו. [נ"ל כעדות] אלא דקאמר ותנא תונא. אלא אם יש לך להשיב על דברי רבי חייא כך יש לך להשיב, דקאמר: ותנא תונא, והביא ראיה לדבריו ממשנתינו — מי דמי? התם. בדרבי חייא. למלוה אית ליה סהדי. דמסיק ביה חמשים. ללוה לית ליה סהדי. באינך חמשים שאינו חייב לו עליה: אי הוה ליה כו'. כגון אילו העידו העדים חמשים חייב וחמשים פרע, בכה"ג לא הוה אמר ר' חייא דצריך לישבע על השאר. מתני' כי היכי דאנן סהדי להאי. דחלוקה שלו. אנן סהדי להאי. דחלוקה שלו, ולמה הצריכוהו חכמים שבועה? ש"מ טעמא לאו משום מודה מקצת הטענה הוא כר' חייא, ואינה שבועה דאורייתא, אלא תקנת חכמים שלא יהא כל אחד הולך כו'. והילך. לא [א] הוצאתים, והן שלך בכל מקום שהם. חייב. לישבע על השאר, ולא אמרינן הני דקמודי ליה בגוייהו, הואיל ואיתנהו בעינייהו — כמאן דנקיט להו דמי. אלא כשאר מודה במקצת הוא, וחייב. ותנא תונא כו'. קס"ד דלר' חייא טעמא דמתני' משום דאנן סהדי דמאי דתפיס דיליה הוא, והוי כמנה לי בידך והלה אמר אין לך בידי כלום, והעדים מעידים אותו שיש לו חמשים. וכי אידך דרבי חייא דמחייב ליה שבועה דאורייתא. והא הכא. דהך העדאת עדים אנן סהדי דמאי דתפיס האי הילך הוא, שהרי בפנינו הוא. וקתני. דמחייב שבועה אאחרא, וה"ה להודאה במקצת. תקנת חכמים היא. ולא משום העדאת עדים. וכדפרכינן לעיל: כי היכי דאנן סהדי להאי אנן סהדי להאי. אי אמרת בשלמא מדאורייתא חייב. כלומר, גבי שבועה דאורייתא, כגון בהודאה במקצת. סלעים

תוספות

עד אחד יוכיח שישנו בהכחשה ובהזמה. שפיר גרס הכא ובהזמה כיון שע"י הזמה דבורו בטל. ואין להקשות: מה לפיו — שכן אינו משלם בהזמה, תאמר בעדים שמשלמין בהזמה. ואז לא יכול לומר עד אחד יוכיח *שמשלם, כי מה שהעד אינו משלם כשהוא מוזם — אינו חומרא, אלא לפי שבעדותו אינו מחייבו ממון, לכך הואיל ודיבורו בטל — חשיב ישנו בהזמה. ובסמוך על "מה הלד" פרכינן ליה, משום דעל מה הלד פרכינן פירכא כל דהו. ורבי חייא אפי' על מה הלד לא פריך ליה, משום דמה שאינו משלם העד כשמוזם, זהו גריעותו, לפי שלא היה כח בעדותו לחייב ממון.

הצד השוה [שבהן] שע"י טענה כו'. וא"ת: *כופר הכל יוכיח, שע"י טענה וכפירה פטור! ויש לומר: דבהלד השוה שבהן יש טענה חשובה דכשמודה מקלת, או עד מכחישו — נראה דמשקר, ולכך יש שבועה.

ותנא תונא אאידך דר' חייא. אנן סהדי דמאי דתפיס האי כו'. פרש"י: כיון דהוי כהעדאת עדים משתבע מדרבי חייא קמייתא. וקשה: כיון דלא מצי לאוכוחי הך ברייתא דהילך אלא מכח קמייתא, לימא ותנא תונא אקמייתא! לכך י"ל: דאנן סהדי לאו דוקא, דמאי דתפיס מחשבינן ליה השתא טפי מהעדאת עדים, וחשיב כאילו מודה ליה דדידיה הוא. אך [ב]קשה: דמ"מ איכא למיפרך, דמתני' כי היכי דהאי מודה להאי האי נמי מודה להאי, ואפ"ה קמשתבעי, כדפריך אקמייתא, ומאי תיקן? וי"ל: דהשתא נמי מוכח מכח טעמא דבסמוך אי הילך פטור — לא הוי מתקני רבנן שבועה דליכא דכוותה באורייתא. אבל לרבי חייא קמייתא, כי נמי בהעדאת עדים פטור מתקני רבנן שבועה במתני', דחשיב הודאה במאי דתפיס חבריה. ודוחק, דלפ"ז הא דלא קאמר ותנא תונא אקמייתא — משום דמאי דתפיס חשיב כהודאה, וזו לא היתה פירכתו למעלה, אלא מטעם כי היכי דאנן סהדי להאו כו'. **ורב** ששת אמר הילך פטור. נראה שהלכה כרב ששת, דבפ' "השואל" (לקמן דף ק.) גבי עבד קטן פריך: ועוד הילך הוא. אך בספר חפץ משמע ד"הילך" חייב [וע' תוס' ב"ב קכח: ד"ה הלכתא].

*ושמ"מ דהילך פטור. וא"ת: יהא נאמן בשלם, דמיגו דבעי אמר שתים? וי"ל: כיון דהילך פטור, אם יאמר שתים — הו"ל כופר הכל, ואין אדם מעיז. ולר"ע לא הוי עזות, דמסיע ליה סטרא. לעולם

רבינו חננאל

אלא תיתי מגלגול שבועה דעד אחד ונדחה גם זה. ואתינן לרבויה מפיו ועד אחד. ואמרי' הכי מה פיו שאין מחייבו קנס מחייבו שבועה עדים שמחייבין אותו קנס לא כל שכן. ופרכינן מה לפיו שכן אינו בהכחשה כמו שפירשנו למעלה. עד אחד יוכיח שכן ישנו בהכחשה ומחייבו שבועה. מה לעד אחד שכן על מה שהעיד עליו הוא נשבע תאמר בעדים שעל מה שכפר הוא נשבע פיו יוכיח שמשלם במה שהודה ונשבע על מה שכפר וחזר הדין וכו'. ופרכי' (מי) [מה] להצד השוה שבהן שכן לא הוחזק כפרן פי' אם כפר הלוה והעיד עליו עד אחד לא הוחזק כפרן שנאמר לא יקום עד אחד באיש וגו'. וכן אם כפר וחזר והודה לא הוחזק כפרן כדרבא דאמר רבא אדם קרוב אצל עצמו ואין אדם משים עצמו רשע תאמר בעדים שאם כפר ובאו עדים והעידו עליו [שחייב] שהוחזק כפרן ונפסל. ודחי' לה הכי וכי מי שכפר במלוה נפסל והאמר רב חסדא הכופר במלוה כשר לעדות והא דר' חייא מלוה היא ונדחית זו הפירכא. וחזרנו לפרך פירכא אחרת. מה להצד השוה שבהן שכן אינו בתורת הזמה א) פיו כדאמרן למעלה. עד אחד אינו בתורת הזמה שהתורה אמרה ועשיתם לו כאשר וגו' וכיון שאין עדות עד אחד אלא לשבועה ואי אפשר להשביע העד זו השבועה נדחת תורת הזמה מעליו שאין אתה יכול לקיים ועשיתם לו כאשר זמם וגו' וכדתנן [בריש מכות] מעידים אנו באיש פלו' שהוא בן גרושה וכו' ולעולם אין תורת הזמה אלא בשנים ועד שיזומו שניהם. בוא וראה כיון דאמר רב [סס ג ע"א] עד זומם משלם לפי חלקו מקשי' עליה והתניא אין משלמין ממון עד שיזומו שניהן ותריצנא להא דרב באומר העדנו והוזמנו בבית דינו של פלו' ונתחייבנו ממון כי האי גוונא משלם אבל כשיוזם עד אחד אין שם תשלומין. ותנן נמי ור' שמעון אומר מה שנים אין נהרגין עד שיזומו שניהן אף שלשה עד שיזומו שלשתן. ופרקי' דלמא רבי חייא תורת הזמה לא פריך כלומר אין זו פירכא. פי' ר' חייא תורת הזמה לא פריך אמר לך רבי חייא לא נדחת תורת הזמה מעד אחד מפני כחו של עד אחד אלא מפני שעד אחד אינו בא אלא לשבועה וכשיוזם אינו יכול להשביעו השבועה שזומם לעשות לאחיו וכיוצא בו נדחית תורת הזמה בשני עדים שהעידו על כהן שהוא בן גרושה וכו'. ואתינן ב) לאוקמה לדר' חייא כמתניתין ולא דמיא דהא מתני' כי היכי דאנן סהדי להאי דכל מה דתפים בהאי טלית דידיה הוא הכי [נמי] אנן סהדי לאידך. ג) ותוב מתני' במאי דמסהדי (שהרי) [סהדי] דהוא דיליה עליה נשבע ותופס. לאפוקי דר' חייא דעל מה שכופר הוא נשבע. אלא אי איתמר והתנא שנאה על אידך דר' חייא דאמר מנה לי בידך והלה אומר אין לך בידי אלא ג' והילך חייב מאי טעמא דאע"ג דאמר ליה הילך כיון דעדיין לא נתן מודה מקצת הטענה הוא ותנא תונא שנים אוחזין בטלית וקתני ישבע והא אנן סהדי דבמאי דתפים הילך הוא וקתני ישבע ש"מ דאפי' אמר ליה הילך מודה מקצת הטענה הוא וחייב. ורב ששת אמר הילך פטור דכיון דאמר ליה הילך כמאן דפרע להו דמי ובשאר הא לא מודה ליה ולא מידי הלכך לאו מודה

א) עי' בס"מ כאן שהעתיק לדברי רבינו בזה באריכות יותר. ב) נראה דל"ל ואתינן לתרויי להא דאוקמא לעיל לדברי חייא כמתני' דלא דמיא וכו'. ג) מדברי רבינו אלו נראה מוכח דהס' לו גי' אחרת בסוגיין דדחי דלא דמי למתני' נמי בזה דהתם במאי דמסהדי סהדי הוא נשבע וכו'

עין משפט נר מצוה

יד א (מיי' פ"ב מהל' טוען ונטען הל' ב) טוש"ע ח"מ סימן נב ס"ד ועי' בב"י:

טו ב מיי' שם פ"א הל' ג סמג עשין לה טוש"ע ח"מ סי' פז סעיף א וסי' עה סעיף ו [וכ אלפס כאן ופ"ו דשבועות דף לט]:

הגהות הב"ח

(א) גמ' דאנן סהדי להאי אנן סהדי להאי ואפילו:

גליון הש"ס

תום' ד"ה הלד וכו' כופר הכל יוכיח. עיין תשובות מהריב"ל ח"א כלל ג' דף טו ע"א ובתשובות פנים מאירות ח"ב סימן קסט:

הגהות הגר"א

[א] רש"י ד"ה והילך לא הוצאתים כו'. נ"ב אבל הר"ן חולק ע"ז וכתב דהא מלוה להוצאה ניתנה ודוקא בפקדון הדין כן (ועמ"ש רבינו בח"מ סי' פ"ז ס"ק י"ז): [ב] תום' ד"ה ותנא כו'. אך קשה כו' נ"ב והרז"ה מפרש דלאו משום הודאה מסייע ליה ממתני' דודאי מתני' אין בה הודאה כלל אלא דרב ששת דפוטר בהילך ס"ל דמזומנים בידו כמאן דנקיט להו כאילו כבר בידו והא מתני' דבידם ומזומנין לחלוק ליחזי כאילו כבר חלקו ואין כאן שבועה דהמע"ה ועי"ל ו' א' ודלא כרש"י ד"ה והילך שכתב בכל מקום כו' דדוקא בפקדון הדין כן (ועמ"ש שם בס"ק י"א):

טז א מיי' פ"ד מהל' טוען ונטען הל' ה סמג עשין צה טוש"ע ח"מ סי' פח סעיף לב:

יז ב מיי' שם פ"ה הל' א סמג שם טוש"ע ח"מ סי' צה ס"א:

יח ג (מיי' פ"ד שם הל' ה) סמג שם טוש"ע ח"מ סי' פח סעיף לב:

יט ד ה ו מיי' פ"ה שם הל' ג סמג שם טוש"ע ח"מ סי' צה סעיף ה:

סְלָעִים, דִּינָרִין. מַלְוֶה אוֹמֵר: חָמֵשׁ, וְלֹוֶה אוֹמֵר: שָׁלֹשׁ. ר"ש בֶּן אֶלְעָזָר אוֹמֵר: הוֹאִיל וְהוֹדָה מִקְצָת הַטַּעֲנָה – יִשָּׁבַע.* ר"ע אוֹמֵר: [א]אֵינוֹ אֶלָּא כְּמֵשִׁיב אֲבֵידָה, וּפָטוּר. קָתָנֵי מִיהַת רשב"א אוֹמֵר: הוֹאִיל וְהוֹדָה מִקְצָת הַטַּעֲנָה – יִשָּׁבַע. טַעְמָא – דַּאֲמַר שָׁלֹשׁ, הָא שְׁתַּיִם – פָּטוּר, וְהַאי שְׁטָר דְּקָמוֹדֵי בֵּיהּ – הֵילָךְ הוּא, וש"מ: הֵילָךְ פָּטוּר! לָא, לְעוֹלָם אֵימָא לָךְ: שְׁתַּיִם חַיָּיב, וְהַאי דְּקָתָנֵי שָׁלֹשׁ – לְאַפּוּקֵי מִדְּר' עֲקִיבָא דְּאָמַר מֵשִׁיב אֲבֵידָה הָוֵי וּפָטוּר, קמ"ל דְּמוֹדֶה מִקְצָת הַטַּעֲנָה הָוֵי וְחַיָּיב. אִי הָכִי, רשב"א אוֹמֵר הוֹאִיל וְהוֹדָה מִקְצָת הַטַּעֲנָה יִשָּׁבַע? אַף זֶה יִשָּׁבַע מִבְּעֵי לֵיהּ! אֶלָּא, לְעוֹלָם שְׁתַּיִם פָּטוּר, וְהֵילָךְ חַיָּיב. וְשָׁאנֵי הָכָא – דְּקָא מְסַיַּיע לֵיהּ שְׁטָרָא. אִי נַמִי, *מִשּׁוּם דַּהֲוָה לֵיהּ שְׁטַר שִׁעְבּוּד קַרְקָעוֹת – *[ב]וְאֵין נִשְׁבָּעִין עַל כְּפִירַת שִׁעְבּוּד קַרְקָעוֹת. אִיכָּא דְּמוֹתִיב מִסֵּיפָא: ר"ע אוֹמֵר: אֵינוֹ אֶלָּא כְּמֵשִׁיב אֲבֵידָה וּפָטוּר. טַעְמָא – דַּאֲמַר שָׁלֹשׁ, הָא שְׁתַּיִם – חַיָּיב. וְהָא שְׁטָר (*כֵּיוָן) דְּקָא מוֹדֵי בֵּיהּ כְּהֵילָךְ דָּמֵי, ש"מ הֵילָךְ חַיָּיב! לָא, לְעוֹלָם אֵימָא לָךְ שְׁתַּיִם נַמִי פָּטוּר, וְהַאי דְּקָתָנֵי שָׁלֹשׁ – לְאַפּוּקֵי מִדְּרשב"א, דְּאָמַר מוֹדֶה מִקְצָת הַטַּעֲנָה הָוֵי וְחַיָּיב, קמ"ל דְּמֵשִׁיב אֲבֵידָה הָוֵי וּפָטוּר. הָכִי נַמִי מִסְתַּבְּרָא: דְּאִי סָלְקָא דַּעְתָּךְ שְׁתַּיִם חַיָּיב – בְּשָׁלֹשׁ הֵיכִי פָּטַר לֵיהּ ר"ע? *הַאי אַעֲרוּמֵי קָא מַעֲרִים, סָבַר: אִי אָמִינָא שְׁתַּיִם – בָּעֵינָא אִשְׁתַּבּוּעֵי, אֵימָא שָׁלֹשׁ, דְּאֶהֱוֵי כְּמֵשִׁיב אֲבֵידָה – וְאִיפָּטַר. אֶלָּא ש"מ: [ג]שְׁתַּיִם נַמִי פָּטוּר. אֶלָּא קַשְׁיָא לְרַבִּי חִיָּיא! שָׁאנֵי הָתָם, דְּקָא מְסַיַּיע לֵיהּ שְׁטָרָא. א"נ, מִשּׁוּם דַּהֲוָה לֵיהּ שְׁטַר שִׁעְבּוּד קַרְקָעוֹת, וְאֵין נִשְׁבָּעִין עַל כְּפִירַת שִׁעְבּוּד קַרְקָעוֹת. מְתִיב מָר זוּטְרָא בְּרֵיהּ דְּרַב נַחְמָן: *[ד]טְעָנוֹ כֵּלִים וְקַרְקָעוֹת, הוֹדָה בַּכֵּלִים וְכָפַר בַּקַּרְקָעוֹת, הוֹדָה בַּקַּרְקָעוֹת וְכָפַר בַּכֵּלִים – פָּטוּר. הוֹדָה מִקְצָת קַרְקָעוֹת – פָּטוּר. [ה]מִקְצָת כֵּלִים – חַיָּיב. טַעְמָא – דְּכֵלִים וְקַרְקָעוֹת, דְּקַרְקַע לָאו בַּת שְׁבוּעָה הִיא. הָא כֵּלִים וְכֵלִים דּוּמְיָא דְּכֵלִים וְקַרְקָעוֹת – חַיָּיב. הֵיכִי דָּמֵי? לָאו דַּאֲמַר לֵיהּ הֵילָךְ, וש"מ הֵילָךְ חַיָּיב! לָא, לְעוֹלָם אֵימָא לָךְ כֵּלִים וְכֵלִים נַמִי פָּטוּר, וְהָא דְּקָתָנֵי כֵּלִים וְקַרְקָעוֹת – הָא קמ"ל: הוֹדָה בְּמִקְצָת כֵּלִים – חַיָּיב אַף עַל הַקַּרְקָעוֹת. מַאי קמ"ל – זוֹקְקִין? *תְּנֵינָא: [ו]זוֹקְקִין הַנְּכָסִים שֶׁאֵין לָהֶן אַחֲרָיוּת אֶת הַנְּכָסִים שֶׁיֵּשׁ לָהֶן אַחֲרָיוּת לִישָּׁבַע עֲלֵיהֶם! הָכָא – עִיקָּר, הָתָם – אַגַּב גְּרָרָא נַסְבָהּ. וּלְמַאן

לעולם שתים חייב. וא"ג דשתים חשיב ליה רבי עקיבא משיב אבידה, דכשאמר שתים נראה יותר נאמן, לפי שהשטר מסייעו. לעולם שתים פטור והילך חייב. וא"ת: כיון דהילך חייב, כי אמר נמי שתים – אינו כופר הכל, וכי אמר שלש – יהא נאמן במיגו, דאי בעי אמר שתים, ומאי טעמא דרשב"א? וי"ל: דס"ל דמה שהשטר מסייעו אינו טוען ברצון, לפי שנראה שמחמת השטר מודה. ואם לא היה השטר – היה כופר הכל. אין נשבעין על כפירת שעבוד קרקעות. וא"ת: למ"ד בפרק "גט פשוט" (ב"ב דף קעה:) שעבודא דאורייתא, מודה מקצת הטענה למה נשבע? הא כופר שעבוד קרקעות! וי"ל: שמחל לו השעבוד, או שאין לו כלל קרקעות אפי' משתעבדי. אבל לרבי יוחנן, דאמר בפ' "שבועת הפקדון" (שבועות דף לז: ושם ד"ה ואין) כופר בממון שיש עליו עדים – חייב קרבן, שיש עליו שטר – פטור, משום דכופר שעבוד קרקעות. דבעדים לא חשיב כופר שעבוד קרקעות, אע"ג דסבר ר' יוחנן שעבודא דאורייתא – היינו משום כיון שהפקיעו חכמים השעבוד במלוה ע"פ משום פסידא דלקוחות – חשיב כאילו מחל לו השעבוד. ומיירי דאית ליה משעבדי ולית ליה בני חרי, דאי אית ליה בני חרי – אפי' יש עליו עדים פטור. ואי לית ליה אפי' משועבדים, אפילו יש עליו שטר – חייב. אין נשבעין על כפירת כו'. לספרים דגרסי בברייתא ר"ע, אין להקשות: הא ר"ע דריש ריבויי ומיעוטי פ"ק דשבועות (דף ד: ושם ד"ה רבי) ובפרק "ג' מינים" (נזיר לה. ושם) ומאן דדריש ריבויי ומיעוטי אינו ממעט קרקעות כ"א שטרות, כדמוכח בפרק "הגוזל בתרא" (ב"ק דף קיז:), והיכי קאמר הכא אין נשבעין על כפירת שעבוד קרקעות? וי"ל: שיש לו שום מיעוט למעט קרקעות. וכן צ"ל לקמן בפ' "השואל" (דף ק: ושם ד"ה ר"מ) אליבא דר"מ דאית ליה נשבעין אעבדים ולא אקרקעות, ואע"ג דעבדים הוקשו לקרקעות לכ"ע, דמהאי טעמא עבד נקנה בכסף בפ"ק דקדושין (דף כב:) אלא דר"מ דריש ריבויי ומיעוטי להוציא שטרות, ויש לו שום מיעוט למעט קרקעות, ואותו מיעוט אין למעט עבדים, אע"ג דהוקשו לקרקעות כדמוכח ב"מרובה" (ב"ק סג. ושם ד"ה וחד) דמאן דדריש בריבה ומיעט וריבה צריך שני מיעוטי לקרקעות ועבדים. ואע"ג דרשב"א היה תלמידו של ר"ע – אין לחוש מה שחולק עמו °והוזכר *)קודם, דכעין זה מצינו לקמן (דף ז.) גבי שנים אדוקים בשטר, דפליג רבי עם רשב"ג אביו. ויש ספרים דגרסי הכא ר' יעקב. הא כלים וכלים חייב. הוה מצי לשנויי בחפר בה בורות שיחין ומערות, כדנסמוך. [הודה במקצת כלים חייב. וא"ת: יהא נאמן במיגו דאי בעי כפר בכלים, והיה מודה במקצת קרקעות! וי"ל: שמא חפץ בקרקעות יותר] ס"א.

*) [ע' תוס' סוטה ז. ד"ה בן עזאי]

סְלָעִים דִּינָרִין. שְׁטָר שֶׁכָּתוּב בּוֹ: פְּלוֹנִי לָוָה מִפְּלוֹנִי סְלָעִין, וְלֹא פֵּירֵשׁ כַּמָּה. וְכֵן שְׁטָר שֶׁכָּתוּב בּוֹ דִּינָרִין סְתָם. אֵינוֹ אֶלָּא כְּמֵשִׁיב אֲבֵידָה. מִדַּהֲוָה לֵיהּ לְמֵימַר שְׁתַּיִם. וְהַשְּׁטָר מְסַיְּיעוֹ, דְּכֵיוָן דְּלֹא פֵּירֵשׁ נִיכָּרִים הַדְּבָרִים שֶׁשְּׁנַיִם הָיוּ – לְכָךְ לֹא הוּצְרַךְ לְפָרֵשׁ. דְּמִיעוּט סְלָעִים ב', וְכֵיוָן דְּאָמַר ג' – מֵשִׁיב אֲבֵידָה הוּא, וַחֲכָמִים פָּטְרוּ אֶת מֵשִׁיב אֲבֵידָה מִן הַשְּׁבוּעָה, דִּתְנַן: הַמּוֹצֵא אֶת הַמְּצִיאָה לֹא יִשָּׁבַע וכו' (גיטין דף מח:). טַעְמָא דַּאֲמַר שָׁלֹשׁ. קס"ד הַשְׁתָּא דְּמַיְיתֵי תְּיוּבְתָּא מִדְּנָקַט פְּלוּגְתַּיְיהוּ בְּשָׁלֹשׁ וְחָמֵשׁ, וְלֹא נָקַט וְלֹוֶה אָמַר שְׁתַּיִם. ש"מ: בִּשְׁתַּיִם לֹא מְחַיֵּיב לֵיהּ רשב"א, וּכְדִמְפָרֵשׁ וְאָזֵיל. דְּכֵיוָן דְּכָל הוֹדָאָתוֹ בִּשְׁטַר כְּתוּבָה, דִּשְׁטָר נַמִי שְׁתַּיִם מַשְׁמַע, וְכָל מַשְׁמָעוּת הַשְּׁטָר הֵילָךְ הוּא – שֶׁהֲרֵי הַקַּרְקָעוֹת מְשׁוּעְבָּדִים עַל כָּךְ. אֲבָל כִּי אָמַר שָׁלֹשׁ סְלָעִים – שְׁלִישִׁי מִלְוֶה ע"פ הוּא, דְּלָאו בִּשְׁטַר כְּתוּבָה, וְאֵין הַקַּרְקָעוֹת מְשׁוּעְבָּדִים, וְלָאו הֵילָךְ הוּא. ה"ג וּשְׁטָרָא דְּקָמוֹדֶה הֵילָךְ הוּא. ול"ג: כֵּיוָן דְּקָמוֹדֶה בֵּיהּ. דִּבְלָאו הוֹדָאָתוֹ נַמִי כָּל שְׁטָרֵי הֵילָךְ הוּא. וה"פ: וּמַאי דְּקָמוֹדֶה בֵּיהּ – דִּכְתוּב בִּשְׁטָר הֵילָךְ הוּא. לְאַפּוּקֵי מִדְּר"ע כו'. דְּאִי תְּנָא שְׁתַּיִם לֹא הֲוָה פָּלֵיג ר"ע. א"ה. דִּבִשְׁתַּיִם נַמִי חַיָּיב, אַמַּאי תְּנָא הוֹאִיל וְהוֹדָה מִקְצָת הַטַּעֲנָה יִשָּׁבַע? רשב"א אוֹמֵר אַף זֶה יִשָּׁבַע מִבָּעֲיָא לֵיהּ! וְשָׁמְעִינַן דְּלֹא מֵשִׁיב אֲבֵידָה חָשִׁיב לֵיהּ. וּמִדְּנָקַט הוֹאִיל – מַשְׁמַע דְּחִיּוּבָא מִשּׁוּם דְּגָרַס לְעַצְמוֹ, שֶׁהוֹדָה בְּמִקְצָת. דְּהַשְׁתָּא הוּא דְּהָוְיָא הוֹדָאָה, מִשּׁוּם דְּסֶלַע שְׁלִישִׁי לָאו הֵילָךְ הוּא. אֲבָל שְׁתַּיִם – לֹא הָוֵי הוֹדָאָה, מִשּׁוּם הֵילָךְ. אֶלָּא לְעוֹלָם כו'. אֶלָּא אִי אִית לָךְ לְתָרוּצֵי – תָּרֵיץ הָכִי: לְעוֹלָם כִּדְקָאָמְרַתְּ, הָא שְׁתַּיִם פָּטוּר. וְטַעְמָא לָאו מִשּׁוּם הֵילָךְ, דְּהֵילָךְ בְּעָלְמָא חַיָּיב. וְשָׁאנֵי הָכָא דְּקָא מְסַיַּיע לֵיהּ שְׁטָרָא. הָעֵדִים הַחֲתוּמִים עַל הַשְּׁטָר מְעִידִין כִּדְבָרָיו שֶׁלֹּא הָיוּ אֶלָּא שְׁתַּיִם, וּלְכָךְ לֹא פֵּירְשׁוּ מִנְיָינָן, הִלְכָּךְ א"צ שְׁבוּעָה. א"נ. לְהָכִי לֹא הָווּ שְׁתַּיִם הוֹדָאָה לְחַיְּיבוֹ שְׁבוּעָה – לְפִי שֶׁהַשְּׁטָר אוֹמֵר כֵּן, וּשְׁטָר הָוֵי שִׁעְבּוּד קַרְקָעוֹת. וּכְשֵׁם שֶׁאֵין נִשְׁבָּעִין עַל כְּפִירַת קַרְקָעוֹת, כָּךְ הוֹדָאָתָן אֵינָהּ מְבִיאָה לִידֵי שְׁבוּעָה. דְּקַרְקָעוֹת אִמְעוּט מִתּוֹרַת שְׁבוּעָה, בְּמַסֶּ' שְׁבוּעוֹת פֶּ' "שְׁבוּעַת הַדַּיָּינִין" (מב:). אֲבָל כִּי אָמַר מַלְוֶה חָמֵשׁ וְלֹוֶה שָׁלֹשׁ – אִיכָּא כְּפִירָה וְהוֹדָאָה בְּמַה שֶּׁאֵין כָּתוּב בַּשְּׁטָר. הָא שְׁתַּיִם. דְּלֵיכָּא מֵשִׁיב אֲבֵידָה. חַיָּיב. מִדְּלֹא תְּנָא פָּטוּר בִּשְׁתַּיִם, וְנֵימָא טַעְמָא מִשּׁוּם הֵילָךְ. מוֹדֶה מִקְצָת הָוֵי. וְאֵינוֹ מֵשִׁיב אֲבֵידָה, דְּאִיעֲרוּמֵי קָמַעֲרִים, דְּלַחֲזָקֵיהּ בְּנֶאֱמָן. קמ"ל. כֵּיוָן דְּבִשְׁתַּיִם נַמִי פָּטוּר – לֵיכָּא לְמֵימַר אִיעֲרוּמֵי מַעֲרִים, אֶלָּא מֵשִׁיב אֲבֵידָה הָוֵי. הָכִי נַמִי מִסְתַּבְּרָא. דְּבִשְׁתַּיִם פָּטוּר. וְאֶלָּא קַשְׁיָא לְרַבִּי חִיָּיא. דְּהָא אִיכָּא לְמֵידַק מִינֵּהּ דִּשְׁתַּיִם פָּטוּר, כִּדְאָמְרִינַן דְּאִי ס"ד כו'. שָׁאנֵי הָכָא. הַאי דְּקָאָמַר שְׁתַּיִם פָּטוּר – טַעְמָא לָאו מִשּׁוּם הֵילָךְ, אֶלָּא דְּקָא מְסַיַּיע לֵיהּ שְׁטָרָא. טְעָנוֹ. חֲבֵירוֹ בְּב"ד כֵּלִים וְקַרְקָעוֹת. פָּטוּר. דְּלֹא כְּפִירָתוֹ וְלֹא הוֹדָאָתוֹ מְבִיאָתוֹ לִידֵי שְׁבוּעָה. לְמ"ד חַיָּיב. אַף עַל הַקַּרְקָעוֹת לִישָּׁבַע, כִּדְאָמְרִינַן לְקַמָּן: שֶׁהַנְּכָסִים שֶׁאֵין לָהֶן אַחֲרָיוּת זוֹקְקִין אֶת הַקַּרְקָעוֹת לִישָּׁבַע עֲלֵיהֶן, מִשֶּׁנִּתְחַיֵּיב לִישָּׁבַע עַל הַמִּטַּלְטְלִין זוֹקְקִין וּמְגַלְגְּלִין עִמָּהֶם שְׁבוּעַת קַרְקַע. דּוּמְיָא דְּכֵלִים וְקַרְקָעוֹת. שֶׁכֵּלִים שֶׁהוֹדָה עֲלֵיהֶם מוּנָּחִים לְפָנֵינוּ, וְא"ל הֵילָךְ. זוֹקְקִין. הַמִּטַּלְטְלִין זוֹקְקִין הַקַּרְקָעוֹת לִישָּׁבַע ע"י גִּלְגּוּל. תְּנֵינָא. בְּקִדּוּשִׁין (דף כו.): הַנְּכָסִים שֶׁאֵין לָהֶן אַחֲרָיוּת זוֹקְקִין אֶת הַנְּכָסִים שֶׁיֵּשׁ לָהֶן אַחֲרָיוּת לִישָּׁבַע עֲלֵיהֶם. הָכָא עִיקָּר. שֶׁמִּשְׁנָה זוֹ שְׁנוּיָה בְּמַסֶּכֶת שְׁבוּעוֹת (דף לח.). הָתָם. בְּקִדּוּשִׁין. אַגַּב גְּרָרָא נַסְבָהּ. דְּאַיְירֵי הָתָם נְכָסִים שֶׁאֵין לָהֶם אַחֲרָיוּת נִקְנִין עִם נְכָסִים שֶׁיֵּשׁ לָהֶן אַחֲרָיוּת בְּכֶסֶף בִּשְׁטָר וּבַחֲזָקָה, וְאַגַּב דְּאַיְירֵי דְּנִקְנִין עִמָּהֶם תְּנָא בַּהֲדֵיהּ זוֹקְקִין אוֹתָן לִישָּׁבַע עֲלֵיהֶם. לְמַאי

[ב"ב קכח:] [שבועות לז:] [כתובות פז:] ועי' בס' ת"ח שמקיים גי' הספרים [לקמן ח.] שבועות לח: מ. לקמן ק: קדושין כו. שבועות לח: מ:

רבינו חננאל

מודה מקצת הטענה הוא ומתני' תקנת חכמים היא וכר' יוחנן. מיתיבי סלעין דינרים וכו'. פי' שטר שכתוב בו סתם פלוני חייב לפלוני סלעים או דינרין. מלוה אמר ה' סלעים חייב לי ולוה אמר ג' ר' שמעון בן אלעזר אומר הואיל והודה מקצת הטענה ישבע. ודייקי' טעמא דהודה בג' הא הודה בב' פטור מאי טעמא דשטר כיון דמודה במלוה בשטר כי הילך דמי דקיימא לן מלוה בשטר תורתו כקרקע והמודה בקרקע הילך הוא ודייקי' דבשתים פטור קשיא לר' חייא. ופריק לא ואפילו הודה בשתים חייב והאי דקתני ג' לאפוקי מדר' עקיבא דאמר הודאתו בשלישית משיב אבידה הוי מיגו דאי בעי אמר תרתי כדכתיב בשטר סלעים ואמר ג' משיב אבידה הוא ופטור משבועה. ואקשי' אי הכי דר' שמעון אפילו בשתים מחייב והוא הדין לג' אף זה חייב לישבע היה לו לומר. ופרקי' לעולם שתים פטור ושאני הכא משום דמסייע ליה דכתיב בה סלעין וסתם סלעין שתים הן. אי נמי משום דהוי שטר שיעבוד קרקעות ואין נשבעין על כפירת שעבוד קרקעות. פי' נמצא המלוה טוענו ה' סלעין ועדי השטר מעידין שחייב לו סלעים לא פחות משתים לדברי ר' חייא דאמר מנה לי בידך והלה אומר אין לך בידי כלום ועדים מעידים אותן נ' נותן לו ונשבע על השאר וכל שכן בשמודה לו במקצת היה מן הדין לחייבו שבועה גם בשמודה בשתים ואמר לך ר' חייא כי קאמינא במלוה על פה אבל במלוה בשטר דשעבודיה על הקרקע כאילו קרקע בה' סלעין הוא דטעין ומודה לו במקצת מן הקרקע ובשאר כופר בו. ותנן אין נשבעין על הקרקעות וכשם שאם יטען עליו שדה זו בידך שלי הוא והלה כופר בו אין חייב שבועה עליה כך הטוען על חבירו בשעבוד קרקעות והלה כופר בו אין חייב שבועה על כפירתו. ור' שמעון סבר הא דטעין עליה בה' סלעין תרתי מינהון בשטרא ותלת מינהון על פה כפר בתלת פטור כדתנן מנה לי בידך והלה אומר אין לך בידי כלום פטור. הודה אחת מן השלש חייב. ומותבינן תוב מדברי ר' עקיבא דפטר בג' וכל שכן בב' והנה דפריש להו שטרא הילך הוא וקתני פטור *) קשיא לרבי חייא. ופריק שאני הכא דקא מסייע ליה שטרא. אי נמי משום דהוי ליה שטר שעבוד קרקעות כו'. כדפרשינן לזה לעילא. ש"מ דדברי הכל הודה בשתים פטור כי פליגי בשמודה בג'. ר' עקיבא סבר מיגו דאי בעי אמר שתים ואמר ג' משיב אבידה הוי ופטור דכי אמרה תורה כי הוא זה רשמעינן מיניה מודה מקצת הטענה חייב הא פריש רבה טעמא דקרא דאמר מפני מה אמרה תורה מודה מקצת הטענה ישבע חזקה אין אדם מעיז פניו בפני בעל חובו והאי בכוליה בעי דליכפריה וכו' והאי כיון דאית ליה עליה שטרא לא יכול לכפור בכל לית עליה הדין דינא הלכך פטור הוא. ור' שמעון סבר לא שנא אלא הרי הוא ככל טענתא דעלמא הכופר בכל פטור והמודה במקצת חייב. תוב אקשינן מהא טענו כלים וקרקעות וכו'. ופשוטה היא. פי' הכא עיקר התם אגב גררא נסבה. הכא בשבועות דקתני הודה במקצת כלים מיגו דנתחייב שבועה בכלים נשבע גם על הקרקע בזקיקה זה מקום עיקרו. והתם בקידושין פ"א דקתני זוקקין את הנכסים שיש להם אחריות לישבע עליהם [אגב] גררא נסבה. ומקשי'

*) לפנינו הגי' הא שתים חייב וש"מ דהילך חייב ולאמנם רבינו נראה דגרים וכ"ש בשתים וד' רבינו ז"ל הובא בש"מ כלן בשמו ע"ש.

גליון הש"ס

תוס' ד"ה אין וכו' והוזכר קודם. עי' תוי"ט פ"ג משנה י דבכורים:

ולמאן דאמר הילך פטור, אמאי איצטריך קרא למעוטי קרקע משבועה? הא כל קרקע הילך הוא! אמר לך: איצטריך קרא היכא דחפר בה בורות שיחין ומערות. א"נ: [א] היכא דטענו כלים וקרקעות, והודה בכלים וכפר בקרקעות. ת"ש, *דתני רמי בר חמא: ארבעה שומרין צריכין כפירה במקצת והודאה במקצת: שומר חנם והשואל, נושא שכר והשוכר. היכי דמי – לאו דא"ל הילך? לא, דאמר ליה: ג' פרות מסרתי לך ומתו כולהו בפשיעה, וא"ל איהו: חדא – לא היו דברים מעולם, וחדא – מתה באונס, וחדא – מתה בפשיעה, דבעינא שלומי לך, דלאו הילך הוא. ת"ש, דתני אבוה דרבי אפטוריקי לדרבי חייא קמייתא: "מנה לי בידך" והלה אומר "אין לך בידי כלום", והעדים מעידים אותו שיש בידו חמשים זוז, יכול ישבע על השאר – ת"ל °"על כל אבדה אשר יאמר כי הוא זה" – על הודאת פיו אתה מחייבו, ואי אתה מחייבו על העדאת עדים! מתניתא קא רמית עליה דר' חייא? ר' חייא תנא הוא, ופליג. והא קרא קאמר! ההוא *למודה מקצת הטענה. ואבוה דר' אפטוריקי אמר לך: כתיב הוא וכתיב זה – חד למודה מקצת הטענה, וחד להעדאת עדים דפטור. ואידך: חד למודה מקצת הטענה, וחד [א]למודה ממין הטענה. ואידך: מודה ממין הטענה לית ליה, (א) [א] וסבר ליה כר"ג, דתנן: *[ב]טענו חטין והודה לו בשעורין – פטור, ור"ג מחייב.§ ההוא רעיא דהוו מסרי ליה כל יומא חיותא בסהדי, יומא חד מסרו ליה בלא סהדי, לסוף אמר להו: לא היו דברים מעולם. אתו סהדי אסהידו ביה דאכל תרתי מינייהו. א"ר זירא: אם איתא לדר' חייא קמייתא – משתבע אשארא. אמר ליה אביי: אם איתא משתבע? והא גזלן הוא! א"ל: שכנגדו קאמינא. השתא נמי, דליתא לדר' חייא – נחייביה מדרב נחמן. דתנן:* "מנה לי בידך" – "אין לך בידי" – פטור. *ואמר רב נחמן: [ג]משביעין אותו שבועת היסת. דרב נחמן תקנתא היא, ותקנתא

שמות כב

רש"י

למאי איצטריך קרא למעוטי קרקע משבועה. דילפינן לה מכלל ופרט בשבועות (דף מג:), ולקמן בפרק "הזהב" (דף נז:). וחפר בה בורות שיחין ומערות. דלאו הילך הוא, שהרי קלקלה. אי נמי. להיכן דהודה בכלים, דלאו הילך הוא. ואשמועינן דאינו נשבע אכפירת (שעבוד) קרקעות. ד' שומרין. שבועה האמורה בהן בשומר חנם שנגנבה הימנו, ושומר שכר שנאנסה, ובשואל שמתה מחמת מלאכה. צריכין כפירה במקצת והודאה במקצת. כפירה לא הויא אלא בכופר ממש: או "לא היו דברים מעולם", או "החזרתי לך". הודאה לא הויא אא"כ הודה ממש שיש לו בידו, שחייב להחזיר לו. נמצא שאין חיוב שבועת השומרים באה אלא אם כן טען שלש פרות: באחת כפר לו, ובאחת הודה לו שישנה בידו, והשלישית אומר לו נאנסה. או אם שומר חנם הוא – אומר לו בשלישית נגנבה, דמחייב עליה שבועה האמורה בפרשה (שמות כב) שלא שלח ידו במלאכת רעהו. דאילו שבועה דכפירה – אין זו שבועה האמורה בשומרים. ובלאו כפירה נמי לא תחייביה שבועת שומרים, דכתיב בשומר חנם: "כי הוא זה" דמיניה נפקא לן (שבועות לט:) שמודה במקצת וכפר במקצת. ולאפוקי מת"ד דבבבא קמא ב"הגוזל [קמא]" (דף קז.) עירוב פרשיות כתוב כאן, וכי כתיב "כי הוא זה" – לאו אשומר חנם דכתיב גביה קאי, אלא א"אם כסף תלוה". ואשמועינן האי תנא דבשומרים נמי בעינן כפירה והודאה, והשבועה האמורה בפרשה על פרה שלישית. היכי דמי. פרה של הודאה. לאו. דקיימא קמן, ואמר ליה: קחנה בכל מקום שהיא, דהיינו הילך. אידך מתה לה באונס. ועליה הוא נשבע שבועת שומרין. וחדא מתה לה בפשיעה. היא של הודאה, ולאו הילך הוא. ת"ש דתני אבוה דרבי אפטוריקי. ת"ש מינה תיובתא. לרבי חייא קמייתא. כלומר: ת"ש לדרבי חייא קמייתא, דאמר לעיל שלא תהא הודאת פיו גדולה מהעדאת עדים כו'. אשר יאמר וגו'. מודה לו במקצת, מכלל דכופר במקצת. וכתב בההוא לעיל מיניה: "ונקרב בעל הבית אל האלהים" ודרשינן לקמן (דף מח:) ונקרב לשבועה. ההוא. מיבעי ליה להודאת מקצת דמחייבא עליה שבועה, ואתיא העדאת עדים מינה בקל וחומר כדלעיל, דליכא קרא יתירא דתדרוש מיניה מיעוטא. וחד להעדאת עדים. למעוטה. וחד להודאה ממין הטענה. דבעינן שתהא הודאה ממין טענת כפירה, שאם טענו סאה של חטים והודה לו בשעורים – פטור. אם איתא לדרבי חייא. אם הלכה כמותו. אמר ליה אביי ואם איתא לדרבי חייא משתבע האי. בתמיה. והא גזלן הוא. וכי אמר רבי חייא במלוה, אי נמי בפקדון שלא שלח בו יד ואבד ממנו – דאיכא למימר אשתמוטי משתמיט. לשכנגדו קאמינא. אם שבועה מוטלת עליו – נשבע שכנגדו ונוטל, כדאמרינן בשבועות (דף מד:) שהחשוד על השבועה תקנו חכמים שכנגדו נשבע. השתא נמי. כי ליתא לדר' חייא, ואין כאן הודאה במקצת. נחייביה. שבועת היסת מדרב נחמן, וישבע שכנגדו ויטול. היסת. שבועה שהסיתו חכמים לכך להסיתו להודות. וטעמא מפרש בשבועות (דף מ:): חזקה אין אדם טוען אא"כ יש לו בידו. דר"נ תקנתא היא. דהא מדאורייתא לא רמי שבועה עליה. ותקנתא

רש"ל מ"ז

לקמן לח. ב"ק קז.

[שבועות לט:]

לקמן ק: ב"ק לה: שבועות לח: מ. (כתובות קח)

שבועות לח:

[שם מ: לקמן ו.]

[לב: מז. וב"ב לג:]

תוספות

למ"ד הילך פטור קרא אמאי איצטריך כו'. תימה: גם למ"ד הילך חייב, אמאי איצטריך קרא למעוטי? הא בקרקע לא שייך משתמיט. וכן [פר"י] לקמן, דכי כופר במקצת קרקע פטור הוא, דנאמן הוא מטעם דאין אדם מעיז, כיון דלא שייך הכא אשתמוטי קא משתמיט. ושמא גם בקרקע שייך קצת אשתמוטי קא משתמיט, כי שמא משכנה, וסבר עד דהוה לי זוזי ופרענא ליה. אמאי איצטריך קרא למעוטי. תימה: הא ליכא קרא מיותר למעוטי קרקעות, אלא מכלל ופרט וכלל ממעטינן להו, וכלל ופרט וכלל אצטריך למעוטי שטרות! וי"ל: דקשיא ליה אמאי אילטריך תנא למילף קרקעות מכלל ופרט, כיון דהילך פטור! וא"ת: לימא דאילטריך למעוטי משבועה דעד אחד. מיהו, י"ל: משום דמתני' דאין נשבעין על הקרקעות מיירי בשבועה דמודה במקצת. א"נ דטענו כלים וקרקעות. מהכא משמע דטענו חטין ושעורים, והודה באחד מהן דחייב – דדוקא כלים וקרקעות פטור, הא חטין ושעורים – חייב. וכן סברי שמואל ורבי יוחנן לחד לישנא, פרק "שבועת הדיינין" (שבועות דף מ.). שומר חנם. פטור מכל חוץ מפשיעה, ושואל חייב בכל חוץ ממתה מחמת מלאכה, ונושא שכר והשוכר במקצת חייב ובמקצת פטור. ולכך תנא להו כסדר זה, ולא שנאם כסדר כתיבתם. וא"ת: ואמאי לא מקשה מכמה משניות *דזה אומר עד הזיז וזה אומר עד החלון, ועשרה גפנים לשבועות (דף מג:). וממתניתין ד"השואל" (לקמן דף צז: ושם), דזה אומר שאולה וזה אומר שכורה, דמיירי בפקדון – הא הילך הוא! וי"ל: דניחא ליה לאקשויי מכל ד' שומרין. רבי חייא תנא הוא ופליג. אי גרס לעיל (ג.) *א"ר חייא – א"ש. ואפילו אי גרסינן תני ר' חייא, י"ל דהכי קאמר: דאפילו לא הוה ברייתא – תנא הוא ופליג. והודה בשעורים פטור. אף מן השעורים, כדמוכח שלהי "המניח" (ב"ק דף לה: ושם ד"ה לימא). מסרי ליה בסהדי. ומיירי דאמרי ליה "אל תחזיר אלא בעדים", דאל"כ – הא קי"ל (כתובות יח.) המלוה את חבירו בעדים א"צ לפרעו בעדים. אי איתא לדרבי חייא. נראה *דהלכה כרבי חייא, דהא לעיל מוקי לה כרבנן דר"ג, דהלכה כוותיהו. כדפריך שלהי "המניח" (ב"ק שם) מאי קמ"ל – תנינא. וכן בפ' "השואל" (לקמן ק. ושם) פריך: אמאי? טענו חטין והודה לו בשעורים הוא! וכן סברי רב ושמואל בפ' "שבועת הדיינין" (שבועות דף מ. ושם). אע"ג דקאמר הכא "אם איתא" – הכי נמי אשכחנא פ' *(אע"פ) (כתובות דף נט), דקאמר: אם איתא לדרב הונא, דאמר יכולה אשה שתאמר לבעלה איני ניזונת וכו'. ובפרק "שני דייני גזירות" (שם דף קז:) פסיק כרב הונא*). תימה: אפי' אי איתא לדרבי חייא, לא משתבע הכא דאסהידו עליה דאכל תרי מינייהו, דמה להצד השוה שבהן – שכן לא הוחזק כפרן, תאמר הכא דהוחזק כפרן, כדפריך לעיל (ד.) והכא לא שייך משתמיט! ושמא י"ל: אחרי שלמד שיש שבועה בהעדאת עדים במלוה, מעתה אין לחלק בין מלוה לפקדון. שכנגדו קאמינא. *וא"ת: מאי שנא דנחשוד על השבועה שכנגדו נשבע ונוטל, אמאי לא אמרינן מתוך שא"י לישבע – משלם, כדאמר גבי חמשין ידענא וחמשין לא ידענא (לקמן דף לח.), ובנסכא דר' אבא (שבועות דף*)? וי"ל: הכא אי אמרי' משלם – לא שבקת ליה חיי, דכל העולם יביאוהו לידי שבועה ויטלו כל אשר לו. ועוד: דהתם אמר ליה שבועה דאורייתא אית לי עליך, או תשבע או תשלם. אבל הכא – הוא ברצון ישבע, אם ניחנו, ולכך לא ישלם. אין לך בידי פטור וא"ר נחמן. מהיכא משמע דהלכה כלישנא קמא דפ' "שבועת הדיינים" (שם דף מח. ושם ד"ה מאן) דלא בעי דררא דממונא, אלא אי' כופר הכל חייב שבועת היסת. מדלא מייתי הכא סיפא דנתתיו לך פטור. וכן פירש בשערים דרב האי. ואי טוען איני יודע בכל – ישבע שאינו יודע.

*) [וע"ע תוס' שבועות מו. ד"ה בטוענו]

ותקנתא

עין משפט נר מצוה

[א] [רב אלפס כאן ובשבועות פ"ו דף שה]

רש"ל

כ א מיי' פ"ג מהל' טוען ונטען ה"ח סמג עשין צה טוש"ע ח"מ סי' פח סעיף ז:

כא ב מיי' שם הלכה ח ופ"א שם הל' ג ופ"ט מהל' ג"מ הלכה יא סמג שם טוש"ע שם סי"ב וסי' ת ס"ד:

כב ג מיי' פ"א מהלכות טוען ונטען ה"ג סמג שם טוש"ע שם סי' עה ס"ז וסי' פז סעיף א:

גליון הש"ס

תוס' ד"ה רבי חייא וכו' אר"ח א"ש. עיין נדה דף כו ע"א ברש"י ד"ה אמר אביי: ד"ה אי וכו' דהלכה כר"ח. עיין שבועות דף מו ע"א תוס' ד"ה בטוענו: ד"ה שכנגדו. וא"ת מ"ש. יש לעיין איך תלי הקושיא כאן הא דין זה ערוך במתני' רפ"ז דשבועות דשכנגדו חשוד נשבע ונוטל והו"מ להקשות שם במקומו:

עי' ג"י כאן ובגמ' שם

הגהות הב"ח

(א) גמ' דסבר ליה כרבן גמליאל:

הגהות הגר"א

[א] גמ' (וס"ל כר"ג דתנן טענו חטין והודה לו בשעורין פטור ור"ג מחייב) תא"מ:

רבינו חננאל

ומקשי' על רב ששת מהא דתני רמי בר חמא בהגוזל קמא הלכ' נתן לו את הקרן. ד' שומרין צריכין כפירה במקצת והודאה במקצת ואלו הן שומר חנם והשואל נושא שכר והשוכר והא בהאי דקא מודה ליה הילך וקתני דחייב. ודחי רב ששת לא לעולם הילך פטור והאי כגון דטעין ליה ג' בהמות מסרתי לך ומתו להו כולהו בפשיעותך וחייב אתה בשלשתן ואמר לו השומר חדא לא היו דברים מעולם זו היא כפירה במקצת. וחדא פשעתי בה ומתה ואני חייב לשלמה לך זו היא הודאה במקצת ואינו הילך דהא ליתא בעינא אלא אני חייב לשלם קאמר ליה. וחדא מתה לה באונס וסבר רמי דהאי דחייבה תורה לשומר שבועה בטענת אונסין מדכת' כי יתן אל רעהו חמור או שור או שה וכל בהמה לשמור וטען השומר מת באונס או נשבר או נשבה שבועת ה' תהיה בין שניהם. צריכה כפירה והודאה במקצת כשאר כל חייבי שבועה שבתור' כדכתיב אשר יאמר כי הוא זה ופירושו אשר יאמר הנתבע כי הוא שאתה טועני אינו כולו אמת אלא זהו בלבד שנמצאת כפירה במקצת והודאה במקצת ואי אתה מוצא כפירה במקצת והודאה במקצת ושבועה באונסין אלא בטוען ג' פרות מסרתי לך כמו שפירשנו למעלה אבל אם יטען עליו בשתים והלה טוען חדא לא היה דברים מעולם וחדא מתה באונס כפירה איכא הודאה ליכא ואי טוען חדא מתה בפשיעה וחדא באונס הודאה איכא כפירה ליכא הלכך לא משכחת כפירה במקצת והודאה במקצת וחיוב שבועה באונסין אלא בטוען ג' פרות מסרתי לך כו'. ואע"ג דפריק רבי חייא כל קושיא דאקשן עליה וסוגייא כוותיה רהטא כרב ששת קיימא לן דהוא בתרא ותוב מדקתני לה בפ' השואל היו לו עבדים ומכר אחד הלוקח טוען הגדול קניתי והמוכר אמר הקטן מכרתי ישבע המוכר שהקטן מכר ואמרי' אמאי ישבע מה שטענו לא הודה לו כי בגדול טוענו והוא לא הודה לו בגדול אמאי ישבע ועוד הילך הוא ועוד אין נשבעין על העבדים ש"מ מדתני לה גבי הלכת' פסיקתא הילך נמי הלכת' הוא דפטור. ומקשי' תוב אקמייתא דר' חייא מהא דתני אבוה דר' אפטוריקי מנה לי בידך והלה אומר אין לך בידי כלום והעדים מעידים עליו בנ' יכול ישבע על השאר וכו'. ופרקי' ר' חייא נמי תנא הוא ופליג על התנאים. והאי קרא דגמיר מיניה אבוה דר' אפטוריקי דריש ליה ר' חייא הכי אשר יאמר כי הוא [זה] מכאן דבעינן הודאה ממין הטענה ומקצת הטענה. אבל אבוה דר' אפטוריקי הני תרי קראי חד ש"מ דאין נשבעין בהעדאת עדים וחד למקצת הטענה אבל ממין הטענה לא בעי. וקיימא לן בהא כר' חייא. ההוא רעיא דהוו מסרי ליה כל יומא חיותא בסהדי יומא חד מסרו ליה בלא סהדי אמר לא היה דברים מעולם אתו סהדי אסהידו דאכל תרי מינייהו אמר רבי זירא אי איתא לדר' חייא כלומר אילו נתברר לי דהלכתא כר' חייא בהא הייתי דן אותו לשלם השנים שאכל ולישבע על השאר שבועה דאורייתא דכיון שהוא גזלן ישבע שכנגדו ויטול. ומקשה לר' זירא אפי' הכי אי ליתא לר' חייא נחייביה מדתנן מנה לי בידך והלה אומר אין לך בידי כלום פטור. ואמר רב נחמן ומשביעין אותו שבועת היסת מדרבנן. ופריק לה דרב נחמן תקנתא היא מדרבנן ותקנתא לתקנתא לא עבדינן כלומר נעשה עוד תקנה על זו דרב נחמן להישבע כנגדו ויטול כולי האי תקנת' לתקנתא לא עבדינן

*וְתַקַּנְתָּא לְתַקַּנְתָּא לָא עָבְדִינַן. וְתֵיפּוֹק לֵיהּ *דַּהֲוָה לֵיהּ רוֹעֶה, *וְאָמַר רַב יְהוּדָה: [א]סְתָם רוֹעֶה פָּסוּל! לָא קַשְׁיָא, [ב]הָא – דִּידֵיהּ, הָא – דְּעָלְמָא. דְּאִי לָא תֵּימָא הָכִי, אֲנַן חֵיוָתָא לְרוֹעֶה הֵיכִי מָסְרִינַן? וְהָא כְּתִיב °"לִפְנֵי עִוֵּר לֹא תִתֵּן מִכְשׁוֹל"? (ויקרא יט) אֶלָּא: *חֲזָקָה, אֵין אָדָם חוֹטֵא וְלֹא לוֹ. § "זֶה יִשָּׁבַע שֶׁאֵין לוֹ בָּהּ פָּחוֹת מֵחֶצְיָהּ" [וכו']. § עַל דְּאִית לֵיהּ מִשְׁתַּבַּע אוֹ עַל דְּלֵית לֵיהּ מִשְׁתַּבַּע? אָמַר רַב הוּנָא, [ג]דְּאָמַר: שְׁבוּעָה שֶׁיֵּשׁ לִי בָּהּ, וְאֵין לִי בָּהּ פָּחוֹת מֵחֶצְיָהּ. וְנֵימָא: שְׁבוּעָה שֶׁכּוּלָּהּ שֶׁלִּי! וּמִי יָהֲבִינַן לֵיהּ כּוּלָּהּ? וְנֵימָא: שְׁבוּעָה שֶׁחֶצְיָהּ שֶׁלִּי. מֵרַע לֵיהּ לְדִיבּוּרֵיהּ. הַשְׁתָּא נַמִי מֵרַע לֵיהּ לְדִיבּוּרֵיהּ! דְּאָמַר: כּוּלָּהּ שֶׁלִּי, וּלְדִבְרֵיכֶם – שְׁבוּעָה שֶׁיֵּשׁ לִי בָּהּ, וְאֵין לִי בָּהּ פָּחוֹת מֵחֶצְיָהּ. וְכִי מֵאַחַר שֶׁזֶּה תָּפוּס וְעוֹמֵד, וְזֶה תָּפוּס וְעוֹמֵד, שְׁבוּעָה זוֹ לָמָּה? *אָמַר ר' יוֹחָנָן: שְׁבוּעָה זוֹ תַּקָּנַת חֲכָמִים הִיא, שֶׁלֹּא יְהֵא כָּל אֶחָד וְאֶחָד הוֹלֵךְ וְתוֹקֵף בְּטַלִּיתוֹ שֶׁל חֲבֵירוֹ, וְאוֹמֵר שֶׁלִּי הוּא. וְנֵימָא: מִיגּוֹ דַּחֲשִׁיד אַמָּמוֹנָא חָשִׁיד נַמִי אַשְּׁבוּעֲתָא! [ד]לָא אָמְרִינַן מִיגּוֹ דַּחֲשִׁיד אַמָּמוֹנָא חָשִׁיד אַשְּׁבוּעֲתָא. דְּאִי לָא תֵּימָא הָכִי – הַאי דְּאָמַר רַחֲמָנָא מוֹדֶה מִקְצָת הַטַּעֲנָה יִשָּׁבַע, נֵימָא: מִיגּוֹ דַּחֲשִׁיד אַמָּמוֹנָא חָשִׁיד אַשְּׁבוּעֲתָא! הָתָם אִשְׁתַּמּוּטֵי קָא מִשְׁתַּמֵּיט לֵיהּ, *כִּדְרַבָּה. תֵּדַע, *דְּאָמַר רַב אִידִי בַּר אָבִין אָמַר רַב חִסְדָּא: הַכּוֹפֵר בְּמִלְוֶה – כָּשֵׁר לְעֵדוּת, בְּפִקָּדוֹן – פָּסוּל לְעֵדוּת. אֶלָּא הָא *דְּתָנֵי רָמִי בַּר חָמָא: אַרְבָּעָה שׁוֹמְרִין צְרִיכִין כְּפִירָה בְּמִקְצָת וְהוֹדָאָה בְּמִקְצָת: שׁוֹמֵר חִנָּם וְהַשּׁוֹאֵל, נוֹשֵׂא שָׂכָר וְהַשּׂוֹכֵר, נֵימָא: מִיגּוֹ דַּחֲשִׁיד אַמָּמוֹנָא חָשִׁיד אַשְּׁבוּעֲתָא! הָתָם נַמִי אִשְׁתַּמּוּטֵי קָא מִשְׁתַּמֵּיט, סָבַר: מַשְׁכַּחְנָא לְגַנָּב וְתָפֵיסְנָא לֵיהּ. א"נ: מַשְׁכַּחְנָא לֵיהּ בְּאַגַם וּמַיְיתִינָא לֵיהּ. אִי הָכִי, הַכּוֹפֵר בְּפִקָּדוֹן אַמַּאי פָּסוּל לְעֵדוּת? נֵימָא: אִשְׁתַּמּוּטֵי קָא מִשְׁתַּמֵּיט, סָבַר: עַד דְּבָחַשְׁנָא וּמַשְׁכַּחְנָא לֵיהּ. [ה]כִּי אָמְרִינַן הַכּוֹפֵר בְּפִקָּדוֹן פָּסוּל לְעֵדוּת – כְּגוֹן דְּאָתוּ סָהֲדֵי וְאַסְהִידוּ בֵּיהּ דְּהַהִיא שַׁעְתָּא אִיתֵיהּ לְפִקָּדוֹן בְּבֵיתֵיהּ וַהֲוָה יָדַע. א"נ: דַּהֲוָה נְקִיט לֵיהּ בִּידֵיהּ. אֶלָּא הָא *דְּאָמַר רַב הוּנָא: מַשְׁבִּיעִין אוֹתוֹ שְׁבוּעָה שֶׁאֵינָהּ בִּרְשׁוּתוֹ, נֵימָא: מִיגּוֹ דַּחֲשִׁיד אַמָּמוֹנָא חָשִׁיד אַשְּׁבוּעֲתָא! הָתָם נַמִי מוֹרֶה וְאָמַר: דָּמֵי קָא יָהֲבְנָא לֵיהּ. אֲמַר לֵיהּ רַב אַחָא מִדִּיפְתִּי לְרָבִינָא: וְהָא קָא עָבַר עַל לָאו °דְּ"לֹא תַחְמוֹד"! [ו]"לֹא תַחְמוֹד" (שמות כ) לְאֱינָשֵׁי *בְּלָא דָּמֵי מַשְׁמַע לְהוּ. וְאֶלָּא

ותקנתא. דִּכְשֶׁנֶּגְדּוֹ יִשָּׁבַע וְיִטּוֹל, דְּהָוְיָא נַמִי תַּקַּנְתָּא. דְּמִן הַתּוֹרָה מִי שֶׁעָלָיו לְשַׁלֵּם הוּא יִשָּׁבַע וְיִפָּטֵר מִן הַתַּשְׁלוּמִין, וְאֵין נִשְׁבָּע וְנוֹטֵל מִן הַתּוֹרָה. וְאוֹתָן הַמְנוּיִין בִּשְׁבוּעוֹת (דף מד:) – תַּקָּנַת חֲכָמִים הֵן. וְלִשְׁבוּעָה דְּאוֹרַיְיתָא – עֲבוּד רַבָּנַן תַּקַּנְתָּא, אֲבָל תַּקַּנְתָּא לְתַקַּנְתָּא לָא עָבְדִינַן. תורה אור וְתֵיפּוֹק לֵיהּ דַּהֲוָה לֵיהּ רוֹעֶה. אַדְּאַבַּיֵּי קָא מְתַמֵּהַּ, דְּקַשְׁיָא לֵיהּ וְהָא גַּזְלָן הוּא, וְתֵיפּוֹק לֵיהּ דִּבְלָאו הַךְ גְּזֵילָה פָּסוּל לִשְׁבוּעָה. דְּאָמַר רַב יְהוּדָה סְתָם רוֹעֶה. אֲפִילּוּ לֹא הוּעַד עָלָיו שֶׁגָּזַל. פָּסוּל. לְעֵדוּת, דִּסְתָמֵיהּ גַּזְלָן הוּא, שֶׁמַּרְעֶה בְּהֶמוֹתָיו בִּשְׂדוֹת שֶׁל אֲחֵרִים. דִּידֵיהּ. רוֹעֶה בְּהֵמוֹת שֶׁלּוֹ – פָּסוּל, דְּבִשְׁבִיל הֲנָאתוֹ רוֹעֶה אוֹתָן בְּשָׂדוֹת אֲחֵרוֹת. אֲבָל רוֹעֶה בְּהֵמוֹת הָעִיר בְּשָׂכָר, בִּשְׁבִיל הֲנָאַת אֲחֵרִים אֵינוֹ חוֹטֵא לְהַרְעוֹת עַד שֶׁיַּגִּיעַ לְמִרְעֶה הַמּוּפְקָר לַכֹּל. דְּאִי לָא תֵּימָא הָכִי. דְּלָא אָמְרִינַן עַל רוֹעֶה בְּהֵמוֹת דְּעָלְמָא שֶׁהוּא גַּזְלָן – אֲנַן חֵיוָתָא לְרוֹעֶה הֵיכִי מָסְרִינַן? עַל דְּאִית לֵיהּ מִשְׁתַּבַּע אוֹ עַל דְּלֵית לֵיהּ מִשְׁתַּבַּע. הַבָּא לִישָּׁבַע וְלִיטּוֹל חֶלְיָיהּ, צָרִיךְ הוּא לִישָּׁבַע שֶׁיֵּשׁ לוֹ בָּהּ חֶלְיָיהּ אוֹ לִישָּׁבַע שֶׁאֵין לוֹ בָּהּ פָּחוֹת מֶחֶלְיָיהּ. שֶׁמָּא אֵין לוֹ בָּהּ כְּלוּם, וְכִי מִשְׁתַּבַּע שֶׁאֵין לוֹ בָּהּ פָּחוֹת מֶחֶלְיָיהּ – בֶּאֱמֶת הוּא נִשְׁבָּע, שֶׁהֲרֵי אֵין לוֹ כְּלוּם. דְּבִשְׁלָמָא אִם הָיָה לוֹ בָּהּ שְׁלִישׁ אוֹ רְבִיעַ, וְהוּא נִשְׁבָּע שֶׁאֵין לוֹ בָּהּ פָּחוֹת מֶחֶלְיָיהּ – נִשְׁבָּע בְּשֶׁקֶר, שֶׁהֲרֵי יֵשׁ לוֹ בָּהּ שְׁלִישׁ שֶׁהוּא פָּחוֹת מֶחֶלְיָיהּ, וְאֵין לוֹ בָּהּ חֶלְיָיהּ. אֲבָל כְּשֶׁאֵין לוֹ בָּהּ כְּלוּם – נִשְׁבָּע הוּא בֶּאֱמֶת. שְׁבוּעָה שֶׁיֵּשׁ לִי בָּהּ. וְאִם תֹּאמְרוּ: שֶׁמָּא שְׁלִישׁ אוֹ רְבִיעַ, שְׁבוּעָה שֶׁאֵין לִי חֵלֶק בָּהּ פָּחוֹת מֶחֶלְיָיהּ. מִי יָהֲבִינַן לֵיהּ כּוּלָּהּ. הֲרֵי חֲבֵירוֹ תּוֹפֵס בָּהּ, וְאִם יַשְׁבִּיעוּהוּ עַל כּוּלָּהּ – הֲרֵי לַעַז לְבֵ"ד, מֵאַחַר שֶׁכּוּלָּהּ שֶׁלּוֹ וְהֵם אָמְרוּ יַחֲלוֹקוּ. מֵרַע לֵיהּ לְדִיבּוּרֵיהּ. דְּאָמַר בְּרֵישָׁא כּוּלָּהּ שֶׁלִּי, וְהָשְׁתָּא אָמַר בְּהֶדְיָא חֶלְיָיהּ שֶׁלִּי. דְּאָמַר כּוּלָּהּ שֶׁלִּי. תְּחִילָּה הוּא. וּלְדִבְרֵיכֶם. שֶׁאֵין אַתֶּם מַאֲמִינִים לִי בְּכוּלָּהּ – שְׁבוּעָה שֶׁיֵּשׁ לִי בָּהּ, וְאֵין לִי בָּהּ פָּחוֹת מֶחֶלְיָיהּ. וְנֵימָא מִגּוֹ דַּחֲשִׁיד אַמָּמוֹנָא חָשִׁיד כו'. אַדְּרַבִּי יוֹחָנָן פָּרֵיךְ, דְּאָמַר חֲשָׁדוּהוּ רַבָּנַן שֶׁמָּא יֵלֵךְ וְתוֹקֵף בְּטַלִּיתוֹ שֶׁל חֲבֵירוֹ, וְאוֹמֵר שֶׁלִּי הוּא. אִם חָשׁוּד הוּא בְּכָךְ – חָשׁוּד הוּא נַמִי לִישָּׁבַע. לָא אָמְרִינַן כו'. דַּחֲמִיר הוּא לְאֱינָשֵׁי אִיסּוּר שְׁבוּעָה מֵאִיסּוּר גְּזֵילָה. אִשְׁתַּמּוּטֵי מִשְׁתַּמֵּיט לֵיהּ. וְלָא חָשִׁיד אַמָּמוֹנָא. כִּדְרַבָּה. דְּאָמַר לְעֵיל: מִפְּנֵי מָה אָמְרָה תּוֹרָה כו'. תֵּדַע. דְּלָאו כְּגַזְלָן חָשְׁדִינַן לֵיהּ אֶלָּא כְּאִשְׁתַּמּוּטֵי בְּעָלְמָא. דְּאָמַר רַב אִידִי בַּר אָבִין הַכּוֹפֵר בְּמִלְוֶה. שֶׁבָּאוּ עֵדִים וְהֶחֱזִיקוּהוּ כְּכַפְרָן, שֶׁהֵעִידוּהוּ שֶׁהוּא חַיָּיב לוֹ. כָּשֵׁר לְעֵדוּת. אַלְמָא: לָאו דַּעְתֵּיהּ לְמִגְזְלֵיהּ, דְּנֵימָא "אַל תָּשֶׁת עֵד חָמָס" אֶלָּא לְאִשְׁתַּמּוּטֵי עָבֵיד. בְּפִקָּדוֹן פָּסוּל לְעֵדוּת. דְּמַאי אִשְׁתַּמּוּטֵי אִיכָּא? הֲרֵי לֹא נִיתַּן לְהוֹצָאָה, וּבְעֵין הוּא. וְאִם אָבַד – יִטְעוֹן שֶׁאָבַד וְיִפָּטֵר. וְלֵימָא מִיגּוֹ דַּחֲשִׁיד אַמָּמוֹנָא. דְּהַהוּא דְּאָמַר לֹא הָיוּ דְּבָרִים מֵעוֹלָם – כּוֹפֵר בְּפִקָּדוֹן הוּא. וְלֵיכָּא לְמֵימַר מִשְׁתַּמֵּיט. חָשִׁיד נַמִי אַשְּׁבוּעָה דִּידֵיהּ. דְּבִשְׁלָמָא אַשְּׁבוּעַת שׁוֹמְרִין, דְּהַהוּא דְּקָטָעֵין נֶאֶנְסָה, דְּחַיְּיבֵיהּ רַחֲמָנָא שְׁבוּעָה – אִיכָּא לְמֵימַר דְּלָא חָשִׁיד אַמָּמוֹנָא, אֶלָּא שֶׁמָּא פָּשַׁע בִּשְׁמִירָתָהּ וְחַיָּיב לְשַׁלֵּם אוֹנְסֶיהָ, וְסָבַר עַד דְּהָוֵי לִי זוּזֵי וּפָרַעְנָא לֵיהּ. אֶלָּא הַהִיא דִּכְפִירָה – הָא וַדַּאי כּוֹפֵר בְּפִקָּדוֹן הוּא, וּמְשַׁקֵּר, וְהֵיכִי מַשְׁבְּעִינַן לֵיהּ עֲלָהּ? הָתָם נַמִי אִשְׁתַּמּוּטֵי מִשְׁתַּמֵּיט. שֶׁאֲבָדָהּ מִמֶּנּוּ. וְסָבַר מַשְׁכַּחְנָא לְגַנָּב כו'. אִי הָכִי. בְּפִקָּדוֹן אִיכָּא לְמֵימַר מִשְׁתַּמֵּיט. דְּבָחַשְׁנָא. אֲחַפֵּשׂ. ה"ג: דְּהַהִיא שַׁעְתָּא הֲוָה גַּבֵּיהּ. וְלֹא גָּרַס: הַהִיא שַׁעְתָּא דְּאִשְׁתַּבַּע. דְּאָמַר רַב הוּנָא. לְקַמָּן בְּ"הַמַּפְקִיד" גַּבֵּי שִׁילֵּם וְלֹא רָצָה לִישָּׁבַע, אָמַר רַב הוּנָא: אִם בָּא לְשַׁלֵּם – מַשְׁבִּיעִין אוֹתוֹ שְׁבוּעָה שֶׁאֵינָהּ בִּרְשׁוּתוֹ, חָיְישִׁינַן שֶׁמָּא עֵינָיו נָתַן בָּהּ. הָתָם. לָא חָשִׁיד אַמָּמוֹנָא, דְּמוֹרֵי הֶיתֵּירָא לְמֵימַר דָּמֵי בָּעֵינָא לְמֵיתַב. הָא קָא עָבַר בְּלֹא תַחְמוֹד. מַה לִּי חָשׁוּד עַל לֹא תַחְמוֹד, מַה לִּי חָשׁוּד עַל לֹא תִגְזוֹל? נֵימָא: מִיגּוֹ דַּחֲשִׁיד עֲלֵיהּ חָשִׁיד אַשְּׁבוּעֲתָא!
מַשְׁבִּיעִין

ותקנתא לתקנתא. ומתוך שאינו יכול לישבע משלם לא שייך הכא, כדפרישית*. **על** דאית ליה משתבע כו'. ואע"ג דעל דעת ב"ד משביעין אותו – מ"מ לא הו"ל לתקן שבועה בלשון דלא משתמע שאיה שלו. **ונימא** שבועה שכולה שלי. לרבנן דבן ננס פריך, דלא חיישי לשבועת שוא.

כולה שלי ולדבריכם כו'. אף על גב דקאמר כולה שלי, לא משתבע שאיה שלו, שמרע לדיבוריה.

דחשיד אממונא לא חשיד אשבועתא.* נראה דהיינו טעמא משום דשבועה חמורה, כדאיתא ביומא (דף פו.) ובשבועות (דף לט.), שהעולם נזדעזע על "לא תשא". וא"ת: א"כ אמאי גזלן פסול לשבועה, דאמר שכנגדו נשבע ונוטל? וי"ל: דגזלן לא פסול לשבועה אלא מדרבנן, ולעדות הוא פסול מדאורייתא משום "אל תשת רשע עד". וי"מ בשם ה"ר יהודה חסיד: הא דחשיד אממונא כשר לשבועה – משום דשמא ע"י שבועה יפרוש מגזל. אבל גזלן ודאי, כמו שממון אינו פורש – ה"ה משבועה. ולא קשה מההוא רעיא דאסהידו ביה דאכל[(א)] מינייהו אמאי פסול, דבהנך תרי דאכל צריך לשלם, ומהשאר יפרוש על ידי שבועה. דמה שהוא משלם על ידי עדין – אין זה השבה מעליא, דעל כרחו משלם, והיינו טעמא דכופר בפקדון פסול לעדות.

ההיא שעתא דאיתיה בביתיה. ל"ג דאשתבע, דאי איכא סהדי דנשבע לשקר – במלוה נמי פסול, וכן משמע ב"הגוזל קמא" (ב"ק דף קז:) דמיירי בלא שבועה. **בלא** דמי משמע להו. וא"ת: תיפוק ליה מ"לא תגזול"?! וי"ל: לעבור עליו בשני לאוין. וא"ת: והא כי יהיב דמי נמי חמסן הוה, כדמוכח שלהי "הכונס" (שם דף סב. ושם), וחמסן פסול לעדות, כדכתיב "אל תשת ידך עם רשע להיות עד חמס", והפסול לעדות פסול לשבועה, דכל הנהו דחשיב בפסולי עדות בפרק "זה בורר" (סנהדרין דף כה: ושם) פוסל להו לשבועה בפרק "כל הנשבעין" (שבועות דף מה.)! וי"ל: דחמסן לא פסול לעדות אלא מדרבנן, מדתני בפרק "זה בורר": הוסיפו עליהם החמסנין. ולא פריך חמסן דאורייתא הוא, כדפריך אגזלן. וחמסן דקרא – דלא יהיב דמי. ושלהי "הגוזל" (ב"ק דף קיט.) דמייתי קרא ד"מחמס בני יהודה" אפי' אי יהיב דמי – אסמכתא בעלמא הוא. ואע"ג דהוסיפו עליהם החמסנין לפסול לעדות, וה"ה שפסול לשבועה – היינו חמסן שחטף לחטוף מיד ליד בידיעת הבעלים. אבל הכא – לא חטיף, אלא מעלים חמסנותו ואמר שנאבדה לו – לא פסיל.
אלא

[ע"א ד"ה שכנגדו]

כג א ב מיי' פ"י מהל' עדות הל' ד סמג לאוין ריד טוש"ע ח"מ סי' לד סי"ג [רב אלפס סנהדרין פ"ג דף רסא]:
כד ג טוש"ע ח"מ סי' קלח סעיף א:
כה ד טוש"ע ח"מ סי' לב ס"ג וע"ש [דהייט אם אין עדים שלקח ממון חבירו]:
כו ה טוש"ע שם ס"ד:
כז ו שם בהג"ה:

רבינו חננאל

עבדינן. ש"מ דאפילו היכא דליכא דררא דממונא בינייהו היה לך בידי ופרעתיך *) מחייב רב נחמן שבועת היסת. הא דאמר רב יהודה סתם רועה פסול ברועה בהמות שלו משום דמרעה אותן בשדות בני אדם אבל רועה בהמות אחרים חזקה אין אדם חוטא ולא לו. ואע"ג דאמר ר' זירא אי איתא לדר' חייא קמייתא לית לן למימר דדחאי לגמרי דהא אשכחן כי האי גוונא בתחלת פ' המדיר את אשתו שאמרו ואם איתא לדרב הונא אמר רב דאמר יכולה אשה שתאמר לבעלה איני ניזונת ואיני עושה וכו' שמראין הדברים שדחאה. וכבר מצינו בפ' שני דייני גזילות והיל' כרב הונא אמר רב דאמר יכולה אשה שתאמר איני ניזונת ואיני עושה שמעינן מיניה דכי האי גוונא אינה נדחת הילכך הלכתא כר' חייא בקמייתא: פיסקא זה ישבע שאין לו בה פחות מחציה וכו'. אוקימנא באומר כולה שלי ולדבריכם דלא יהביתו לי כולה שבועה שיש לי בה ואין לי בה פחות מחציה. אמר ר' יוחנן שבועה זו תקנת חכמים היא שלא יהא כל אחד תופס בטלית חבירו ואומר שלי הוא. ואסקי' לא אמרי' מגו דחשיד אממונא חשיד נמי אשבועתא והאי דאמר הכופר בפקדון פסול לעדות שנינן בדאיכא סהדי דההיא שעתא דכפר בה בב"ד הוה נקיט ליה **) אי הוה ידע היכא איתיה ברשותיה. הא דאמר רב הונא משביעין אותו שבועה שאינה ברשותו בתחלת פ' המפקיד.

*) ור"ל דאפי' בטוען אין לך בידי ג"כ חייב היסת וכל"ק דרב נחמן בשבועות מ'.
**) נראה דל"ל הוה נקיט ליה בידיה או הוה ידע וכו'.

[שבועות מח. מו.]
[סנהדרין כה:]
[קידושין סג: שבועות מב: ערכין כג.]
לעיל ג.
[לעיל ד. ב"ק קה: שבועות מ:]
[לקמן לה. ב"ק קז.]
לקמן לד:
[ע' תוספות סנהדרין כה: ד"ה מעיקרא]

הגהות הב"ח
(א) תוס' ד"ה דחשיד וכו' דאכל תרתי מינייהו אמאי פסול:

וְאֶלָּא הָא *דְּאָמַר רַב נַחְמָן: מַשְׁבִּיעִין אוֹתוֹ שְׁבוּעַת הֶיסֵּת, נֵימָא: מִיגּוֹ דַּחֲשִׁיד אַמָּמוֹנָא חֲשִׁיד אַשְּׁבוּעֲתָא! וְתוּ, הָא *דְּתָנֵי רַבִּי חִיָּיא: שְׁנֵיהֶם נִשְׁבָּעִין וְנוֹטְלִין מִבעה"ב, נֵימָא: מִיגּוֹ דַּחֲשִׁיד אַמָּמוֹנָא חֲשִׁיד אַשְּׁבוּעֲתָא! וְתוּ, הָא *דְּאָמַר רַב שֵׁשֶׁת: [א]שָׁלֹשׁ שְׁבוּעוֹת מַשְׁבִּיעִין אוֹתוֹ, שְׁבוּעָה שֶׁלֹּא פָּשַׁעְתִּי בָּהּ, שְׁבוּעָה שֶׁלֹּא שָׁלַחְתִּי בָּהּ יָד, שְׁבוּעָה שֶׁאֵינָהּ בִּרְשׁוּתִי. נֵימָא: מִיגּוֹ דַּחֲשִׁיד אַמָּמוֹנָא חֲשִׁיד אַשְּׁבוּעֲתָא! אֶלָּא: לָא אָמְרִינַן מִיגּוֹ דַּחֲשִׁיד אַמָּמוֹנָא חֲשִׁיד אַשְּׁבוּעֲתָא. אַבַּיֵּי אֲמַר: חָיְישִׁינַן שֶׁמָּא מִלְוָה יְשָׁנָה יֵשׁ לוֹ עָלָיו. אִי הָכִי, נִשְׁקוֹל בְּלָא שְׁבוּעָה! [ב]אֶלָּא: חָיְישִׁינַן שֶׁמָּא סָפֵק מִלְוָה יְשָׁנָה יֵשׁ לוֹ עָלָיו. וְלָאו אָמְרִינַן תָּפֵיס מָמוֹנָא מִסָּפֵיקָא, מִשְׁתַּבַּע נַמִי מִסָּפֵק! אֲמַר רַב שֵׁשֶׁת בְּרֵיהּ דְּרַב אִידִי: פָּרְשִׁי אֱינָשֵׁי מִסָּפֵק שְׁבוּעָה, וְלָא פָּרְשִׁי מִסָּפֵק מָמוֹנָא. מַאי טַעְמָא? מָמוֹן — אִיתֵיהּ בַּחֲזָרָה, שְׁבוּעָה — לֵיתֵיהּ בַּחֲזָרָה.§ בָּעֵי ר' זֵירָא: תְּקָפָהּ אֶחָד בְּפָנֵינוּ מַהוּ? הֵיכִי דָּמֵי? אִי דְּשָׁתֵיק — אוֹדוּיֵי אוֹדִי לֵיהּ, וְאִי דְּקָא צָוַוח — מַאי הֲוָה לֵיהּ לְמֶיעֱבַד? לָא צְרִיכָא, דְּשָׁתֵיק מֵעִיקָּרָא וַהֲדַר צָוַוח, מַאי? מִדְּאִשְׁתִּיק — אוֹדוּיֵי אוֹדִי לֵיהּ, אוֹ דִּלְמָא: כֵּיוָן דְּקָא צָוַוח הָשְׁתָּא — אִיגְּלַאי מִילְּתָא דְּהַאי דְּשָׁתֵיק מֵעִיקָּרָא סָבַר: הָא קָא חָזוּ לֵיהּ רַבָּנַן. אָמַר רַב נַחְמָן, ת"ש: [ג]בד"א — שֶׁשְּׁנֵיהֶם אֲדוּקִין בָּהּ, אֲבָל הָיְתָה טַלִּית יוֹצֵאת מִתַּחַת יָדוֹ שֶׁל אֶחָד מֵהֶן — הַמּוֹצִיא מֵחֲבֵירוֹ עָלָיו הָרְאָיָה. הֵיכִי דָּמֵי? אִי נֵימָא כִּדְקָתָנֵי — פְּשִׁיטָא! [א] אֶלָּא — שֶׁתְּקָפָהּ אֶחָד בְּפָנֵינוּ. לָא, הָכָא בְּמַאי עָסְקִינַן — [ד]כְּגוֹן דְּאָתוּ לְקַמָּן כִּדְתְפִיסוּ לָהּ תַּרְוַיְיהוּ, וְאָמְרִינַן לְהוּ: זִילוּ פַּלּוּגוּ. וּנְפַקוּ, וַהֲדַר אָתוּ כִּי תָּפֵיס לָהּ חַד מִינַּיְיהוּ. הַאי אָמַר: אוֹדוּיֵי אוֹדִי לִי, וְהַאי אָמַר: בִּדְמֵי אַגַּרְתִּי נִיהֲלֵיהּ. דְּאָמְרִינַן לֵיהּ: עַד הָשְׁתָּא חֲשַׁדְתְּ לֵיהּ בְּגַזְלָן, וְהָשְׁתָּא מוֹגַרְתְּ לֵיהּ בְּלָא סַהֲדֵי? וְאִיבָּעֵית אֵימָא — כִּדְקָתָנֵי, דְּאָתוּ לְקַמָּן כִּי תָּפֵיס לָהּ חַד מִינַּיְיהוּ, וְאִידָּךְ מְסָרֵךְ בָּהּ סְרוּכֵי. וַאֲפִילּוּ *לְסוּמָכוֹס, דְּאָמַר מָמוֹן הַמּוּטָּל בְּסָפֵק חוֹלְקִין בְּלָא שְׁבוּעָה — מוֹדֶה סוּמָכוֹס [ה]דְּסִרְכָא לָאו כְּלוּם הִיא. אִם תִּמְצֵי לוֹמַר תְּקָפָהּ אֶחָד בְּפָנֵינוּ מוֹצִיאִין אוֹתָהּ מִיָּדוֹ — הִקְדִּישָׁהּ אֵינָהּ מְקוּדֶּשֶׁת. אִם תִּמְצֵי לוֹמַר [ו]אֵין מוֹצִיאִין אוֹתָהּ מִיָּדוֹ — הִקְדִּישָׁהּ בְּלֹא תְּקָפָהּ מַהוּ? כֵּיוָן *דְּאָמַר מָר: [ז]אֲמִירָתוֹ לְגָבוֹהַּ כִּמְסִירָתוֹ לְהֶדְיוֹט דָּמֵי — כְּמַאן דִּתְקָפָהּ דָּמֵי, אוֹ דִּלְמָא הָשְׁתָּא מִיהָא הָא לָא תְּקָפָהּ, וּכְתִיב °"וְאִישׁ כִּי יַקְדִּישׁ אֶת בֵּיתוֹ קֹדֶשׁ" וגו' (ויקרא כז) *)מַה בֵּיתוֹ בִּרְשׁוּתוֹ — [ח]אַף כָּל בִּרְשׁוּתוֹ, לְאַפּוֹקֵי הַאי דְּלָא בִּרְשׁוּתוֹ. ת"ש, דְּהַהִיא

*) ע"ז סג. [ב"ק סח: ע"ש סט: חולין קלט. תמורה ט. כט: ערכין כח.]

מַסּוֹרֶת תּוֹרָה אוֹר

רש"י

מַשְׁבִּיעִין אוֹתוֹ. לְשֶׁאֵינוֹ מוֹדֶה בְּמִקְצָת. נֵימָא מִיגּוֹ. דְּמֵעִיז פָּנָיו לִכְפּוֹר הַכֹּל – לָאו לְאִשְׁתַּמּוּטֵי בָּעֵי, וְחָשׁוּד אַשְּׁבוּעָה. שְׁנֵיהֶם נִשְׁבָּעִים. גַּבֵּי חֶנְוָנִי עַל פִּנְקָסוֹ. וְקָשֶׁה לִי: אַמַּאי שְׁבָקָהּ לְמַתְנִי' דִּשְׁבוּעוֹת וּמַיְיתֵי לָהּ מִבָּרַיְיתָא. נֵימָא מִיגּוֹ. כֵּיוָן דְּחַד מִינַּיְיהוּ וַדַּאי חֲשִׁיד אַמָּמוֹנָא. שָׁלֹשׁ שְׁבוּעוֹת מַשְׁבִּיעִין אוֹתוֹ. לְשׁוֹמֵר חִנָּם שֶׁטּוֹעֵן נִגְנְבָה. שֶׁלֹּא שָׁלַחְתִּי בָּהּ יָד. לַעֲשׂוֹת מְלַאכְתִּי. דְּאִי שָׁלַח בָּהּ יָד – הָוֵי גַּזְלָן עָלֶיהָ וּמִיחַיֵּיב בְּאוֹנָסֶיהָ, וַאֲפִילּוּ נֶאֱנְסָה – בִּרְשׁוּתֵיהּ הִיא קַיְימָא, וְדִידֵיהּ הִיא. נֵימָא. גַּבֵּי שְׁבוּעָה שֶׁאֵינָהּ בִּרְשׁוּתִי, מִיגּוֹ דַּחֲשִׁיד אַמָּמוֹנָא שֶׁמָּא בִּרְשׁוּתֵיהּ הוּא וְכוֹפֵר בָּהּ – חֲשִׁיד נַמִי אַשְּׁבוּעֲתָא. אַבַּיֵּי אָמַר. טַעְמָא דְּמַתְנִי' לָאו כְּדְר' יוֹחָנָן. דְּאִי הֲוָה חֲשִׁיד לָן אַהוֹלֵךְ וְתוֹקֵף בְּטַלִּית חֲבֵירוֹ חִנָּם – הֲוָה לָן חָשׁוּד אַשְּׁבוּעָה. אֶלָּא: חָיְישִׁינַן שֶׁמָּא מִלְוָה יְשָׁנָה יֵשׁ לוֹ עָלָיו עַל זֶה, וּמַכִּיר בּוֹ שֶׁשְּׁכָחָהּ, וְיִכְפּוֹר בּוֹ. וְהוֹלֵךְ וְתוֹקֵף בְּטַלִּיתוֹ, וְנִשְׁבָּע שֶׁיֵּשׁ לוֹ בָּהּ דְּמֵי חֶלְיָהּ, וְטַלִּית זוֹ שֶׁלּוֹ – דְּהָא אֲפִי' גְּלִימָא דְּעַל כַּתְפֵּיהּ שַׁעְבֵּיד לֵיהּ. אִי הָכִי. אַמַּאי רָמוּ עֲלֵיהּ שְׁבוּעָה? כֵּיוָן דְּאִי לָא הָוֵי עֲלֵיהּ – לָא הָוֵי תָּפֵיס בָּהּ. נִשְׁקְלָהּ בְּלָא שְׁבוּעָה. לִגְבּוֹת מִלְוֶה שֶׁלּוֹ. וְלָא פָּרְשִׁי מִסָּפֵק מָמוֹנָא. אֲבָל מֵוַדַּאי דְּמָמוֹנָא פָּרְשִׁי, וּמַאן דְּלָא פָּרֵישׁ – חֲשִׁיד נַמִי אַשְּׁבוּעֲתָא. תְּקָפָהּ אֶחָד. הוֹצִיאָהּ מִיַּד חֲבֵירוֹ בְּחָזְקָה, וַהֲרֵי כּוּלָּהּ בְּיָדוֹ קוֹדֶם שֶׁנִּשְׁבְּעוּ. יוֹצְאָה מִתַּחַת יָדוֹ שֶׁל אֶחָד מֵהֶם. יוֹצְאָה (לְבַדּוֹ) לִפְנֵי ב"ד מִתַּחַת יַד הָאֶחָד שֶׁהוּא לְבַדּוֹ אָחוּז בָּהּ, וְלֹא חֲבֵירוֹ. הָרְאָיָה. בְּעֵדִים. כִּדְקָתָנֵי. שֶׁזֶּה לְבַדּוֹ אָחוּז בָּהּ וּבָא. אֶלָּא לָאו כו'. וְכִדְאוֹקְמִינַן דְּשָׁתֵיק וּלְבַסּוֹף צָוַוח. אֲפִי' לְסוּמָכוֹס כו'. כְּלוֹמַר: וְאַלִּיבָּא דְּסוּמָכוֹס דְּמֵיקֵל בַּחֲלוּקָה וְלֹא מַצְרִיךְ אֲפִי' שְׁבוּעָה אִיצְטְרִיךְ לְאַשְׁמוּעִינַן דִּבְכִה"ג מוֹדֵי סוּמָכוֹס, דַּאֲפִי' בִּשְׁבוּעָה לָא שָׁקֵיל, דְּהָא לָאו מָמוֹן הַמּוּטָּל בְּסָפֵק הוּא. דְּסִרְכָא לָאו כְּלוּם הִיא. וְאֵין שׁוּר שָׁחוּט לְפָנֶיךָ, וְלָא דָּמֵי לְגַמְלָא עוּבַּרְתָּא דְּלָדָה (ב"ק דף מו.). וְאת"ל. בְּאִיבַּעְיָא לְפָשׁוּט דְּמוֹצִיאִין אוֹתָהּ מִיָּדוֹ וְיַחֲלוֹקוּ. הִקְדִּישָׁהּ. בְּלֹא תְּקָפָהּ. אֵינָהּ מְקוּדֶּשֶׁת. דְּלָא אַלִּים הֶקְדֵּישָׁהּ מִתְּקָפָהּ. הָא לָא תְּקָפָהּ. וְאֵין יָכוֹל לְהַקְדִּישָׁהּ.

מַסּוֹרֶת

הקדישה בלא תקפה מהו. ומיירי נמי כגון ששתק בשעה שהקדיש, ולבסוף כששאלה הגזבר – צווח. ומבעיא ליה, כיון דאמירתו לגבוה כו' – הוה הקדש כתקפה, דכיון ששתק אודויי אודי ליה, והוה הקדש. ולא דמי לגזל ולא נתייאשו הבעלים דשניהם אין יכולין להקדיש, זה לפי שאינו שלו וזה לפי שאינו ברשותו – דכיון דאודי ליה הוי כפקדון שיש לו ביד אחרים, דיכול להקדיש, כדמוכח ב"המוכר את הספינה" (ב"ב דף עח.) גבי ההוא דאייתי קרי כו'. דאי לא קיילי דמייהו – הוי קדושות. או דלמא הקדש לא הוי כתקיפה, דלמה יצווח בשביל דבריו? ומייתי מההיא מסותא דהקדיש חד ושתק אידך, ומסקנא דלא הוי הקדש, אלמא: שתיקתו אינו כהודאה. *והא הכא דכי תקפה כהן כו'. נראה דהכי מיבעי ליה: במסותא כיון דמקרקעי היא, והוה דינא כל דאלים גבר. וכיון דאם תקפה האחד והקדישה כשהיא בידו – מסתמא תו לא פקע, אפי' חזר חבירו ותקפה ממנו. כי הקדישה בלא תקפה נמי הוי הקדש. או דלמא: כיון דאפי' גבר האחד, אם יכול השני לחזור ולתוקפה ממנו – זוכה, ה"ה הקדיש בלא תקפה לא יחול הקדש כלל, כיון דחבירו אם תקפה היה זוכה, דלא אלים הקדש מתקיפה. והשתא אייתי והא הכא אם תקפה

תוספות

אלא הא דאמר רב נחמן. תימה: הא הכא נמי משתמיט! וי"ל: דרב נחמן מחייב שבועת היסת אפי' היכא שתובעו, ואמר זה החפץ שהוא בידך שלי הוא, דלא שייך אישתמוטי. וכן פי' רב האי גאון, שמשביעין שבועת היסת אקרקעות אע"ג דלא שייך בהו אישתמוטי. וקשה: דבפ' "שבועת הדיינים" (דף מ: ושם ד"ה אישתמוטי) משמע דלא מחייב שבועת היסת אלא משום אישתמוטי, דקא פריך: אדרבה, אין אדם מעיז! ומשני דמשתמיט. וי"ל: כיון דבשאינו בעין משתמיט אף כשהוא בעין – לא פלוג רבנן. אי נמי, אקושיא דר' חייא סמיך. **דתני** ר' חייא. הקשה רש"י: אמאי לא מייתי מתני' דשבועות? וי"ל: דע"י ר' חייא שנאה רבי, כדמוכח התם (דף מז:).

שבועה שלא שלחתי בה יד. פרש"י: דאם שלח בה יד, אפילו נאנסה – חייב. ואף על פי דמשהחזירה פטור, כדקתני ב"המפקיד" (לקמן דף *לד) – מ"מ שמא נאנסה קודם שהחזירה. אבל קשה מאלהי "האומנין" (לקמן דף פג.) דקאמר: "ונשבר או נשבה אין רואה", הא יש רואה – יביא ראיה ויפטר, והא שמא שלח בה יד! וי"ל: שיפטר משבועה שנאנסה, אך ישבע שלא שלח בה יד. אי נמי, שלא שלחתי בה יד – אינו נשבע אלא ע"י גלגול שבועה שלא פשעתי בה, וכשיש רואה שנאנסה – פטור לגמרי. ור"ת מפרש: אפי' ע"י גלגול לא ישבע היכא שהיא מתה בפנינו, דאין מגלגלין אלא בדבר הדומה. דלמה י"ל שלח בו יד? דדוקא בשותפין שחלקו ונתחייב שבועה ממקום אחר מגלגלין – משום דמורי היתרא. ושבועה שלא שלחתי בה יד מפרש ר"ת שלא אכלה, דאינו בכלל שבועה שלא פשע בה ושאינה ברשותו.

ספק מלוה ישנה יש לו עליו. והיא דמשביעין אותו ג' שבועות, ודשניהם נשבעין ונוטלין – נמי חיישינן שמא מלוה ישנה יש לו עליו, ולכך אין לפוטרו בלא שבועה, וגם לא יטול בלא שבועה. אבל בגזלן ודאי וכופר בפקדון – אין להכשיר מטעם שמא ספק מלוה ישנה יש לו עליו.

ממון אפשר בחזרה. אם לא יזכור – יחזיר ולא יעכבנו מספק. אבל אין לפרש אם יזכור שאינו חייב לו יחזיר. אבל אם לא יזכור – יעכבנו, אע"פ שיודע שלא יזכור עוד. דא"כ גם מספק שבועה לא יפרוש.

אגרת ליה בלא סהדי. ואינו נאמן במיגו דאי בעי אמר "תקפה ממני", דמיגו במקום עדים הוא.

עין משפט נר מצוה

כח א מיי' פ"ו מהל' שאלה ופקדון הלכה א סמג עשין פח טוש"ע ח"מ סי' (רצו סעיף ח וסי') רצה סעיף ב:

כט ב טוש"ע ח"מ סי' לב סעיף ג:

ל ג ד מיי' פ"ט מהל' טוען ונטען הלכה יג ועי' בהשגות ובמ"מ טור ש"ע ח"מ סי' קלח סעי' ח:

לא ה מיי' שם הל' יב טוש"ע שם סעיף ה:

לב ו מיי' שם הל' יא טוש"ע שם סעיף ז:

לג ז מיי' פ"ט מהלכות מכירה הל' א סמג עשין פב טוש"ע י"ד סי' רנח סעיף יג:

לד ח מיי' פ"ו מהל' ערכין הל' כב סמג עשין קלב טוש"ע שם סעיף ז:

[אולי צ"ל דף מ: דהיינו בפלוגתא של ר' ישמעאל ור"ע]

רבינו חננאל

והא דאמר רב נחמן ג' שבועות משביעין אותו כו' הוא בפ' הגוזל קמא. ואסקי' פרשי אינשי מספק שבועה ולא פרשי מספק ממונא מאי טעמא ממון אפשר בחזרה. שבוע' לא אפשר בחזרה. בעי ר' זירא תקפה א' בפנינו מהו כו' ת"ש בד"א בששניהם אדוקין בה אבל אם היה יוצא מתחת ידי אחד המע"ה. ופשיטנא הכא במאי עסקינן דאתו לקמן שניהן אדוקין בה ואמרי' להו דינא הוא דפליגתו לה ואזלו והדרי כי תפים לה חד מנהון וטעין דאודי לי ואמר לי שקלא דידך היא. ואידך טוען אוגרתה ליה דאמרי' ליה עד השתא חשדת ליה בגזלן וטענת כולה דידי הוא ואתא הוא ותפים בהדאי וטעין בה והשתא אמרת אוגרתה ליה בלא סהדי שקרא אנת. אי בעית תימא לעולם דאתי לקמן כי תפים לה חד ואידך מסרך סרוכי דאמרי' אפילו סומכוס דאמר ממון המוטל בספק חולקין בלא שבועה מודה סומכוס דסרכא לאו כלום היא. אם תמצא לומר תקפה א' בפנינו מוציאין אותו מידו הקדישה אינה מקודשת. ואם תמצא לומר אין מוציאין אותה מידו הקדישה מקודשת. הקדישה בלא תקפה מהו מי אמרי' כיון דאמר מר אמירתו לגבוה כמסירתו להדיוט דמי כמאן דתקפה דמי או דלמא השתא מיהא הא לא תקפה. ת"ש דההיא

הגהות הגר"א

[א] גמ' אלא שתקפה אחד בפנינו. נ"ב וכה"ג דאי בשתיק לא מהני ראיה. ריטב"א וטור (ועמ"ש רבינו בח"מ סי' קל"ח ס"ק ט"ו דלא כמ"ש הש"ך שם בדעת הטור):

מסורת הש"ס

שבועות מ: [לעיל ה.]

שבועות מז:

ב"ק קז: ע"ש

[לעיל ב: וש"נ]

ע"ז סג. ב"ב קלג: קדושין כח: נדרים כט: תמורה כט: [תוספ' קדושין פ"א תוספתא ב"ק פ"ד תוספתא ערכין פ"ד]

[שייך לע"ב]

מַסּוּתָא דַּהֲווֹ מִנְצוּ עֲלָהּ בֵּי תְרֵי, הַאי אֲמַר: דִּידִי הוּא, וְהַאי אֲמַר: דִּידִי הוּא. קָם חַד מִינַּיְיהוּ אַקְדְּשַׁהּ. פָּרְשׁי מִינָּהּ רַב חֲנַנְיָה וְרַב אוֹשַׁעְיָא וְכוּלְּהוּ רַבָּנַן. וא"ל רַב אוֹשַׁעְיָא לְרַבָּה: כִּי אָזְלַתְּ קַמֵּיהּ דְּרַב חִסְדָּא לְכַפְרֵי בְּעֵי מִינֵּיהּ. כִּי אֲתָא לְסוּרָא, א"ל רַב הַמְנוּנָא: מַתְנִי' הִיא: *סָפֵק בְּכוֹרוֹת, אֶחָד [א]בְּכוֹר אָדָם וְאֶחָד [ב]בְּכוֹר בְּהֵמָה, בֵּין טְהוֹרִים בֵּין טְמֵאִים – הַמּוֹצִיא מֵחֲבֵירוֹ עָלָיו הָרְאָיָה. וְתָנֵי עֲלָהּ: [ג]אֲסוּרִים בְּגִיזָּה וּבַעֲבוֹדָה. וְהָא הָכָא, דְּאָמַר: תְּקָפוֹ כֹּהֵן – [ד]אֵין מוֹצִיאִין אוֹתוֹ מִיָּדוֹ, דְּקָתָנֵי: המע"ה, וְכִי לֹא תְּקָפוֹ – אֲסוּרִין בְּגִיזָּה וּבַעֲבוֹדָה. אֲמַר לֵיהּ רַבָּה: קְדוּשַּׁת בְּכוֹר קָאָמְרַתְּ – לְעוֹלָם אֵימָא לָךְ תְּקָפוֹ כֹּהֵן מוֹצִיאִין אוֹתוֹ מִיָּדוֹ, וַאֲפִילּוּ הָכִי אֲסוּרִים בְּגִיזָּה וּבַעֲבוֹדָה – דִּקְדוּשָּׁה הַבָּאָה מֵאֵלֶיהָ שָׁאנֵי. אֲמַר לֵיהּ רַב חֲנַנְיָה לְרַבָּה: תַּנְיָא דִּמְסַיֵּיעַ לָךְ, *הַסְּפֵיקוֹת נִכְנָסִין לַדִּיר לְהִתְעַשֵּׂר. וְאִי ס"ד תְּקָפוֹ כֹּהֵן אֵין מוֹצִיאִין אוֹתוֹ מִיָּדוֹ, אַמַּאי נִכְנָסִין לַדִּיר? נִמְצָא זֶה פּוֹטֵר מָמוֹנוֹ בְּמָמוֹנוֹ שֶׁל כֹּהֵן! אֲמַר לֵיהּ אַבַּיֵי: אִי מִשּׁוּם הָא לָא תְּסַיְּיעֵיהּ לְמָר. הָכָא בְּמַאי עָסְקִינַן – כְּגוֹן דְּלֵית לֵיהּ אֶלָּא תִּשְׁעָה וְהוּא, דְּמַה נַפְשָׁךְ, אִי בַּר חִיּוּבָא הוּא – שַׁפִּיר קָא מְעַשֵּׂר, אִי לָאו בַּר חִיּוּבָא הוּא – תִּשְׁעָה לָאו בַּר עִשּׂוּרֵי נִינְהוּ. הֲדַר אֲמַר אַבַּיֵי: לָאו מִילְּתָא הִיא דַּאֲמַרִי, דִּסְפֵיקָא לָאו בַּר עִשּׂוּרֵי הִיא, *דִּתְנַן: [ה]קָפַץ אֶחָד מִן הַמְּנוּיִין לְתוֹכָן – כּוּלָּן פְּטוּרִין. וְאִי ס"ד סְפֵיקָא בָּעֵי עִשּׂוּרֵי, לְעַשֵּׂר מִמַּה נַפְשָׁךְ; דְּאִי בַּר חִיּוּבָא הוּא – שַׁפִּיר מְעַשֵּׂר, וְאִי לָאו בַּר חִיּוּבָא הוּא – נִפְטַר בְּמִנְיָן הָרָאוּי. *דְּאָמַר (א) רָבָא: [ו]מִנְיָן הָרָאוּי פּוֹטֵר. אֶלָּא

מסותא. מֶרְחָץ. פָּרְשׁי מִינָּהּ. מִלִּרְחוֹץ בָּהּ. וַאֲמַר לֵיהּ רַב אוֹשַׁעְיָא לְרַבָּה גָּרְסִינַן. לְכַפְרֵי. שֵׁם מָקוֹם. כִּי אֲתָא לְסוּרָא. כְּשֶׁהָיָה עוֹבֵר דֶּרֶךְ סוּרָא* לֵילֵךְ לְכַפְרֵי. סָפֵק בְּכוֹרוֹת. כְּגוֹן בְּהֵמָה שֶׁיָּלְדָה, וְאֵין יָדוּעַ אִם בִּכְּרָה כְּבָר אִם לָא. אֶחָד בְּכוֹר אָדָם. כְּגוֹן שֶׁהִפִּילָה אִמּוֹ לְפָנָיו סָפֵק דָּבָר הַפּוֹטֵר בִּבְכוֹרָה, סָפֵק רוּחַ הִפִּילָה, וְהַבָּא אַחֲרָיו בְּכוֹר. בֵּין טְמֵאִין. כְּגוֹן פֶּטֶר חֲמוֹר. הַמּוֹצִיא מֵחֲבֵירוֹ כו'. קס"ד: אִם בְּיַד יִשְׂרָאֵל הֵן – הָוֵי כֹּהֵן מוֹצִיא מֵחֲבֵירוֹ עָלָיו הָרְאָיָה, וְאִם תְּקָפָהּ כֹּהֵן וְשָׁתֵיק יִשְׂרָאֵל, וַהֲדַר צָוַוח – הָוֵי יִשְׂרָאֵל מוֹצִיא מֵחֲבֵירוֹ. אֲסוּרִין בְּגִיזָּה וַעֲבוֹדָה. מִסָּפֵק, שֶׁמָּא קָדָשִׁים הֵם. דְּקָתָנֵי הַמּוֹצִיא. מַשְׁמַע בֵּין כֹּהֵן בֵּין יִשְׂרָאֵל. וְכִי לֹא תְּקָפוֹ. חָמוּר כֹּחַ הֶקְדֵּשׁ לְאוֹסְרָן בְּגִיזָּה וַעֲבוֹדָה. ש"מ: דְּאִת"ל תְּקָפוֹ אֵין מוֹצִיאִין אוֹתוֹ מִיָּדוֹ – הִקְדִּישָׁהּ מְקוּדֶּשֶׁת. לְעוֹלָם אֵימָא לָךְ. גַּבֵּי בְּכוֹר, דַּאֲפִילּוּ תְּקָפוֹ כֹּהֵן מוֹצִיאִין אוֹתוֹ מִיָּדוֹ – מִסְּתָמָא בְּחֶזְקַת יִשְׂרָאֵל הֵן, וּלְעוֹלָם הַכֹּהֵן קָרוּי מוֹצִיא מֵחֲבֵירוֹ. וְטַעְמָא דְּגִיזָּה וַעֲבוֹדָה – לָאו מִשּׁוּם דְּיֵהָא לַכֹּהֵן שׁוּם כֹּחַ בָּהֶן, דְּתִפְשׁוֹט מִינָּהּ לְהֵיכָא דְּאִי תְּקָפוֹ אֵין מוֹצִיאִין מִיָּדוֹ, הִקְדִּישָׁהּ הָוֵי הֶקְדֵּשׁ, אֶלָּא הָכָא מִשּׁוּם אִיסּוּר סָפֵק גִּיזַּת קָדָשִׁים וּקְדוּשָּׁה הַבָּאָה מֵאֵלֶיהָ שָׁאנֵי, שֶׁאִם בְּכוֹר הוּא – מֵאֵלָיו קָדוֹשׁ, וְאִיכָּא לְסַפּוּקֵי בְּהָכִי. אֲבָל גַּבֵּי מַסּוּתָא, דְּאֵין קְדוּשָּׁה בָּהּ אֶלָּא עַל פִּיו שֶׁל זֶה – אֵימָא לָךְ דַּאֲפִי' אִם תִּמְצֵי לוֹמַר תְּקָפָהּ אֵין מוֹצִיאִין, הִקְדִּישָׁהּ בְּלֹא תְּקָפָהּ – לֹא הָוֵי הֶקְדֵּשׁ, דְּאֵין יָכוֹל לְהַקְדִּישׁ דָּבָר שֶׁאֵינוֹ בִּרְשׁוּתוֹ. דִּמְסַיֵּיעַ לָךְ. דְּגַבֵּי סָפֵק בְּכוֹרוֹת, אִם תְּקָפָהּ כֹּהֵן – מוֹצִיאִין מִיָּדוֹ. הַסְּפֵיקוֹת. לְקַמָּן מְפָרֵשׁ בְּסָפֵק פִּדְיוֹן פֶּטֶר חֲמוֹר דְּמַפְרִישׁ עָלָיו טָלֶה לְאַפְקוּעֵי אִיסּוּרָא. וְהוּא לְעַצְמוֹ שֶׁאֵין צָרִיךְ לִיתְּנוֹ לַכֹּהֵן, שֶׁהַמּוֹצִיא מֵחֲבֵירוֹ עָלָיו הָרְאָיָה. וּפִדְיוֹן פֶּטֶר חֲמוֹר בַּר עִשּׂוּרֵי הוּא, אִם יֵשׁ לַכֹּהֵן י' פִּטְרֵי חֲמוֹרִים שֶׁנָּפְלוּ לוֹ מִבֵּית אֲבִי אִמּוֹ יִשְׂרָאֵל – מַפְרִישׁ עֲלֵיהֶם עֲשָׂרָה שֵׂיִין, וּמְעַשְּׂרָן, וְהֵן שֶׁלּוֹ. הִלְכָּךְ סָפֵק פִּדְיוֹן פֶּטֶר חֲמוֹר בְּיַד יִשְׂרָאֵל – נִכְנָס לַדִּיר עִם שְׁאָר טְלָאִים שֶׁלּוֹ לְהִתְעַשֵּׂר, וְאִי נָפְקָא בַּעֲשִׂירִי – לֵיפּוֹק. וְאִי ס"ד. יֵשׁ לַכֹּהֵן צַד זְכִיָּיה בּוֹ, נִמְצָא זֶה אִם יָצָא בָּעֲשִׂירִי – פּוֹטֵר מָמוֹנוֹ בְּמָמוֹנוֹ שֶׁל כֹּהֵן. לְמָר. רַבָּה, שֶׁהוּא רַבּוֹ. אִם בַּר חִיּוּבָא הוּא. אִי הַאי גַּבְרָא בַּר חִיּוּבָא הוּא לְעִשּׂוּרֵי, שֶׁפִּדְיוֹן זֶה לָאו פִּדְיוֹן פֶּטֶר חֲמוֹר שֶׁלּוֹ הוּא – הֲרֵי יֵשׁ לוֹ י' טְלָאִים, וְחַיָּיב לְעַשְּׂרָן – שַׁפִּיר קָמְעַשֵּׂר. אִי לָאו בַּר חִיּוּבָא הוּא. שֶׁפִּדְיוֹן זֶה שֶׁל כֹּהֵן לָא פָּטַר לֵיהּ מִידֵּי, דְּתִשְׁעָה לָאו בְּנֵי עִשּׂוּרֵי נִינְהוּ. לָאו מִילְּתָא הִיא דַּאֲמַרִי. דְּוַדַּאי סַיְיעְתָּא הִיא לְמָר. דְּאִי הֲוָה צַד זְכִיָּיה לַכֹּהֵן בֵּיהּ מִסָּפֵק, וְאִשְׁתַּכַּח דְּכָל הָנֵי טְלָאִים סָפֵק חַיָּיבִים בְּמַעֲשֵׂר סָפֵק אֵין חַיָּיבִים – מִסְּפֵיקָא לָא הָוֵי צָרִיךְ לְעַשּׂוּרִינְהוּ. *כִּדְקָאָמְרַתְּ לְעַשּׂוּרֵי מִמָּה נַפְשָׁךְ דְּכָל סָפֵק חַיָּיב סָפֵק פָּטוּר – לָאו בְּנֵי עִשּׂוּרֵי נִינְהוּ, וַאֲפִילּוּ הֵיכָא דְּאִיכָּא לְמֵימַר מִמָּה נַפְשָׁךְ. קָפַץ אֶחָד מִן הַמְּנוּיִין כו'. הָיָה מְעַשֵּׂר טְלָאִים וְהִתְחִיל לִמְנוֹת כְּשֶׁהָיוּ יוֹצְאִים בְּפֶתַח הַדִּיר, וְעַד שֶׁלֹּא הִגִּיעַ לַעֲשָׂרָה קָפַץ אֶחָד מִן הַמְּנוּיִין לְתוֹךְ הַדִּיר, וְאֵינוֹ מַכִּירוֹ. כּוּלָּם פְּטוּרִין. בֵּין אוֹתָן שֶׁיָּצְאוּ, בֵּין אוֹתָן שֶׁבְּתוֹךְ הַדִּיר. וַאֲפִילּוּ הֵן אֶלֶף שֶׁיָּצְאוּ – פְּטוּרִין (שֶׁהֵם) מִנְיַן הָרָאוּי, שֶׁכְּשֶׁמְּנָאָן הָיָה הַמִּנְיָן רָאוּי לְהַשְׁלִים וְלָבֹא לִכְלַל מַעֲשֵׂר. וְאָמְרִינַן בִּבְכוֹרוֹת וְהָכִי מַיְיתִינַן לַהּ: מִנְיָן הָרָאוּי פּוֹטֵר. וְאוֹתָן שֶׁבְּתוֹךְ הַדִּיר פְּטוּרִין מִשּׁוּם זֶה הַמְעוֹרָב, ד"כֹּל אֲשֶׁר יַעֲבוֹר תַּחַת הַשָּׁבֶט" אָמַר רַחֲמָנָא, וְלֹא שֶׁעָבַר כְּבָר. וְכָל חַד מִינַּיְיהוּ סָפֵק כְּבָר עָבַר הוּא. וְאִי ס"ד סְפֵיקָא. דְּאִיכָּא לְמֵימַר מִמָּה נַפְשָׁךְ בָּעֵי לְעַשּׂוּרֵי, שֶׁמָּא יַעֲשֶׂה כַּתּוֹרָה וּכְמִצְוָה – נְעַשְּׂרִינְהוּ לְהָנָךְ דִּבְתוֹךְ הַדִּיר מִמָּה נַפְשָׁךְ, כָּל י' שֶׁיּוֹצְאִין אִם מַעֲשַׂר שֶׁלָּהֶן בַּר חִיּוּב וְכָרָאוּי הוּא, כְּגוֹן שֶׁלֹּא יָצָא אוֹתוֹ הַקּוֹפֵץ לְתוֹכָן – שַׁפִּיר קָא מְעַשֵּׂר. וְאִי לָאו בַּר חִיּוּבָא. כְּגוֹן אוֹתָן עֲשָׂרָה שֶׁיָּצָא זֶה לְתוֹכָן, וְאֵין עֲשִׂירִי שֶׁלָּהֶן מַעֲשֵׂר. נִפְטְרוּ. מִן הַמַּעֲשֵׂר. בְּמִנְיָן הָרָאוּי. שֶׁכְּשֶׁמְּנָאָן א' ב' ג' הָיוּ בַּדִּיר טְלָאִים הַרְבֵּה שֶׁהָיוּ רְאוּיִן לְהַשְׁלִים, וּפוֹטְרִין מִנְיָינוֹ. דְּאָמַר רָבָא. בִּבְכוֹרוֹת (דף נט.). מִנְיָן הָרָאוּי פּוֹטֵר. הָיָה לוֹ י' טְלָאִים וּמָנָה חָמֵשׁ, וּמֵת אֶחָד מִן שֶׁאֵינָן מְנוּיִן – הַמְּנוּיִן פְּטוּרִין, וְשֶׁאֵינָן מְנוּיִן מִצְטָרְפִין לְגוֹרֶן אַחֵר, שֶׁיִּוָּלְדוּ לוֹ טְלָאִים עַד שֶׁיַּגִּיעַ זְמַן הַגּוֹרֶן וְיִצְטָרְפֵם עִם אֵלּוּ. אֲבָל הַמְּנוּיִין פְּטוּרִין בְּמִנְיָן הָרָאוּי. וְיָלֵיף לַהּ מֵ"אֲשֶׁר יַעֲבוֹר" וְלֹא שֶׁכְּבָר עָבַר, דְּמִשֶּׁעָבַר תַּחַת הַשֵּׁבֶט – שׁוּב אֵינוֹ מַעֲבִירוֹ פַּעַם אַחֶרֶת כְּשֶׁיִּוָּלְדוּ לוֹ טְלָאִים לְצָרֵף עִמָּהֶם. אֶלָּא

תקפה כהן אין מוציאין. ולכך, אפי' לא תקפה – אסורין בגיזה ועבודה מספק, משום דשמא יש לכהן חלק בו, ולכך יכול לתוקפה. אלמא: אפי' לא תקפה חשיב כאילו תקפה כבר, והקדישה בעודה בידו. ודחי רבה: דהתם, אם תקפה כהן מוציאין מידו, ואע"פ שאין לכהן בו כלום דאפי' כבר תקפה מוציאין מידו, ואפי' הכי אסורין בגיזה ועבודה – ועל כרחך משום דקודשה הבאה מאליה שאני. וא"ת: אמאי אין מוציאין מידו? והלא הבעלים יאמרו ליתן לכהן אחר! וי"ל: במכירי כהונה. ⊕א"נ: אינו יכול לתובעו רק טובת הנאה שיש לו בו, למ"ד טובת הנאה ממון. ומפרק ה"זרוע" (חולין דף קלג.) דאמר: בן לוי דחטף מתנתא – פרילותא הוא, משמע דאינו חייב לשלם – אין ראיה, דשמא איירי כשאכלו, כדאמרינן התם (דף קל:): המזיק מתנות כהונה או אכלן – פטור.

פוטר ממונו בממון כהן. [א] וכן הוא מסקנא, דאם תקפה כהן – מוציאין מידו. תימה: דבפ' "השואל" (לקמן דף קב: ושם) ובפרק "בית כור" (ב"ב דף קה. ושם ד"ה אבל) גבי אחד ששכר מרחץ מוקי שמואל הא דיחלוקו – בבא באמצע החדש, אבל בבא בסוף החדש – כולו לשוכר, והא מסיק הכא דמוציאין מידו! וי"ל: דהתם נכנס בהיתר – לכך מהניא תפיסתו, אבל הכא – לא בהיתר תפס כי אם בספק. והא דאמרי' בפ"ב דכתובות (דף כ. ושם ד"ה ואוקי) שנים החתומים על השטר ובאו אחרים ואמרו אנוסים היו כו' אין נאמנים. וסמכי דאוקי תרי בהדי תרי ואוקי ממונא בחזקת מריה. ואין נאמנין דקאמר, פרש"י: דאם תפס המלוה – לא מפקינן מיניה. נ"ל שתפס קודם שבאו עדים לפסול השטר – דהיינו קודם שנולד הספק. ועי"ל: דאין נאמנין – דלא מקרעינן ליה, ולא מגבינן ביה, ולא לענין תפיסה. **ותשעה** לאו בר עשורי נינהו. דאין צריך לצרפו לגורן אחר, דלא באו לעולם לכלל חיוב ודאי. ודוקא היכא דהוו עשרה מתחלה הוא דאיצטריך לצרפו לגורן אחר. **קפץ** כולן פטורין. תימה: דלבטל ברובא, וליחייבו כולהו במעשר! דהא לדבר שבמנין לא בטיל – היינו מדרבנן, וקבוע נמי אין שייך אלא בדבר שהאיסור וההיתר ניכרין וידועין, ולא ידע מאיזה לקח, כגון *ט' חנויות. ובריה נמי לא הוי, כדפרי' בחולין (דף לה*). ואין לומר שלא נשאר בעדר רק אחד – דליכא רובא, דלשון לתוכן לא משמע הכי. **לפטרו** במנין הראוי. תימה: דהכא לא שייך מנין הראוי, דלא שייך אלא היכא דאין כי אם עשרה והתחיל למנות, ומת אחד מהן ואין כאן י' – אפ"ה פטורים אותן שיצאו, ולא יצטרפו לגורן אחר, כיון שתחילת יציאתן היה ראוי להשלים המנין. אבל הכא, שיש בעדר הרבה, ישלים המנין ויהא עשירי וי"א קודש, ויקרא לשניהם עשירי מספק אם יש מנוי ביניהם אם לאו, וכן יעשה בכל אחד עשר, ובאחרונה שלא ישאר עשרה – יצטרפו לגורן אחר. ולא

לה א מיי' פ"א מהל' בכורות הלכה יט סמג עשין קמד טוש"ע י"ד סי' שה סעיף יג וסעיף כ:

לו ב מיי' שם פ"ב הל' כב ועי' בהשגות ובכ"מ ופ"ד מהל' בכורות הל' ז ופ"ה שם הל' ב סמג שם וסי' ריא טוש"ע י"ד סי' שכא סעיף י וסעיף יג וסי' שכו סעיף ח:

לז ג מיי' פ"א מהל' מעילה הל' ה סמג לאוין שא טוש"ע י"ד סי' שכו סעיף ח:

לח ד מיי' פ"א מהל' בכורות הל' ג סמג עשין קמד טוש"ע י"ד סי' שכו סעיף ח וע"ש בהגה"ה:

לט ה מיי' פ"א שם הלכה יד סמג עשין ריב:

מ ו מיי' שם הל' ח והל"ו סמג עשין שם:

הגהות הגר"א

[א] תוס' ד"ה פוטר וכ"ה מסקנא כו'. נ"ב וכ"כ ש"פ אבל הרמב"ם חולק וכתב הרשב"א למסקנא דלמפרש ספיקות ספק פ"ח אין ראיה דבפ"א לא זכה כהן ובכה כבר התחזק בה הבעלים כו' (ועמ"ש רבינו ביו"ד סי' שכ"ו ס"ק ב').

גליון הש"ס

גמ' המוציא מחבירו. עיין נדה כה ע"א תוס' ד"ה גבי: תוס' ד"ה והא כו' א"ה לתובעו. נראה שכן דעת רש"י בב"ק סו ע"א ד"ה עד שנכנסו:

[ועי' תוס' חולין לה. ד"ה ספיקו]

[ע' ד"ה מ"ט דרבנן]

[עי' תוס' מנחות עט: ד"ה ומתירין]

[טהרות פ"ד מי"ב נדרים יט.]

[ועיקר במשנה בכורות ט. ולכך הש"ס לקצר כמ"ש תוס' סוכה ז. ד"ה בית]

בכורות נח:

שם נט.

הגהות הב"ח

(א) גמ' דאמר רבה מנין הראוי:

נ"א כדקאמרי רש"ל

נ"ל משום רש"ל

רבינו חננאל

מסותא דהוו מנצו עליה בי תרי כל חד אמר דידי הוא קם חד מינייהו אקדשה והוו פרשי מינה רב חנינא ורב הושעיא וכולהו רבנן. ופשיט רב המנונא מהא דתנן ספק בכורות אחד בכור אדם ואחד בכור בהמה בין טהורין בין טמאין המוציא מחבירו עליו הראיה ותני עלה אסורין בגיזה ובעבודה. והא הכא אילו תקפו כהן אין מוציאין אותו מידו דקתני המע"ה ואע"ג דלא תקפן אסורין בגיזה ועבודה ש"מ דכל היכא דאילו תקפן אין מוציאין אותה מידו הקדישה בלא תקפה מקודשת. ודחי לה רב' ואמר לעולם אימא לך אפי' תקפן כהן (אין) מוציאין אותה מידו ואפ"ה אסורין בגיזה ועבודה דקדושת בכור קדושה הבאה מאליה היא ושאני מקדושה דמקדישין לה במילי. אמר ליה רב חנינא לרב' תניא דמסייעא לך שאם תקפן כהן מוציאין אותו מידו דתניא הספיקות נכנסין לדיר להתעשר וכו' ואמר ליה אביי הא לא מסייעא ליה הכא במאי עסקינן בדלית ליה אלא ט' וזה הספק דמה נפשך אי לא בכור הוא שפיר קא מעשר ואי בכור הוא בני ט' נינהו וט' לאו בני עשורי נינהו. ופשטינן לקמן דהני ספיקות לאו ספק בכורות הוא אלא ספק פטרי חמורים הן וכדרב נחמן דאמר בבכורות פ"א [דף יא] ישראל שיש לו י' פטרי חמורים מעשרן והן שלו ושם פירשנו שמועה זו. והדר ביה אביי ואמר לאו [מילתא] היא דאמרי דכל ספק לאו בר עשורי הוא מדתנן קפץ א' מן המנוין לתוכן כולן פטורין פי' כיצד מעשרן מכניס טלאים צאנו לדיר ומוציאן אחד אחד כדתנן כיצד מעשרן כונסן לדיר ועושה להן פתח קטן כדי שלא יוכלו שנים לצאת באחד ומונה בשבט א'ב'ג'ד'ה'ו'ז'ח'ט' והיוצא עשירי סוקרו בסיקרא ואומר ה"ז מעשר. ואם קפץ מאותן שהן חוץ לדיר ונכנס לדיר ונתערב בצאן שבדיר שעדיין לא נתעשרו ואינם יודעים איזהו. נעשו אותן ספק ונפטרו כולן ואם נאמר כי דין הספיקות להתעשר ממה נפשך אמאי אין מעשרין גם (לאו) [להו] ממה נפשך נעשרינהו ואם יצא עשירי זולתי זה שקפץ מן המנין שפיר ואם זה שיצא עשירי הוא זה שקפץ שהיא פטור ואין הפטור פוטר את החייב נפטרו במנין הראוי פי' מנין הראוי כגון שיש לו עשר צאן בדיר ורצה לעשרן ופתח להם הפתח שיצאו ועשירי יסקרהו בסיקרא והתחיל לצאת אחד אחד והוא מונה מי שיצא בתחלה קורא אחד והיוצא אחריו מנאו שני ואחריו שלישי וכן כולן עד שיצאו התשעה אלו התשעה כולן המנין פטרן שאין אחד מהן נקרא עליו שם עשירי והיוצא עשירי הוא הקדוש וכיון שכל אחד שיצא מן הדיר נשאר בדיר הראוי להיות *) בדיר נפטר היוצא מיד ואע"פ שקודם יסקרו בסיקרא קפץ מתוך הדיר ויצא לחוץ ונתערב עם המנוין התשעה נפטרו במנין הראוי למעשר אע"פ שלא יצא אחריהן עשירי הואיל ובשעה שיצאו במניינם היה בדיר מי שיעבור עשירי תחת השבט היוצא ראשון

*) אולי צ"ל הראוי להיות מעשר נפטר היוצא וכו'.

אֶלָּא מַאי אִית לָךְ לְמֵימַר – *עֲשִׂירִי וַדַּאי אָמַר רַחֲמָנָא וְלָא עֲשִׂירִי סָפֵק, הָכָא נַמִּי – עֲשִׂירִי וַדַּאי אָמַר רַחֲמָנָא וְלָא עֲשִׂירִי סָפֵק. א"ל רַב אַחָא מִדִּפְתִּי לְרָבִינָא: מַאי סְפֵיקוֹת? אִילֵימָא סָפֵק בְּכוֹרוֹת, °"יִהְיֶה קֹּדֶשׁ" אָמַר רַחֲמָנָא, וְלָא שֶׁכְּבָר קָדוֹשׁ. אֶלָּא: סְפֵק פִּדְיוֹן פֶּטֶר חֲמוֹר, וּכְדְרַב נַחְמָן. *דְּאָמַר רַב נַחְמָן אָמַר רַבָּה בַּר אֲבוּהּ: אייִשְׂרָאֵל שֶׁיֵּשׁ לוֹ עֲשָׂרָה סְפֵק פִּטְרֵי חֲמוֹר בְּתוֹךְ בֵּיתוֹ – מַפְרִישׁ עֲלֵיהֶן עֲשָׂרָה שֵׂיִין, וּמְעַשְּׂרָן, וְהֵן שֶׁלּוֹ. מַאי הָוֵי עֲלָהּ דְּמַסּוּתָא? ת"ש, דְּא"ר חִיָּיא בַּר אָבִין: הֲוָה עוּבְדָא בֵּי רַב חִסְדָּא, וְרַב חִסְדָּא בֵּי רַב הוּנָא, וּפְשַׁטָה מֵהָא דְּאָמַר רַב נַחְמָן: כָּל מָמוֹן שֶׁאֵין יָכוֹל לְהוֹצִיאוֹ בְּדַיָּינִין, הִקְדִּישׁוֹ – אֵינוֹ קָדוֹשׁ. הָא יָכוֹל לְהוֹצִיאוֹ בְּדַיָּינִין – הִקְדִּישׁוֹ קָדוֹשׁ, אע"ג דְּלָא אַפְּקֵיהּ? *וְהָאָמַר רַבִּי יוֹחָנָן: בגָּזַל וְלֹא נִתְיָיאֲשׁוּ הַבְּעָלִים – שְׁנֵיהֶם אֵינָם יְכוֹלִין לְהַקְדִּישׁוֹ, זֶה – לְפִי שֶׁאֵינָהּ שֶׁלּוֹ, וְזֶה – לְפִי שֶׁאֵינָהּ בִּרְשׁוּתוֹ. מִי סָבְרַתְּ בְּמַסּוּתָא מִטַּלְטְלִין עָסְקִינַן? גבְּמַסּוּתָא מִקַּרְקְעֵי עָסְקִינַן, דְּכִי יָכוֹל לְהוֹצִיאָהּ בְּדַיָּינִין – בִּרְשׁוּתֵיהּ קַיְימָא. תָּנֵי רַב תַּחְלִיפָא בַּר מַעַרְבָא קַמֵּיהּ דְּר' אַבָּהוּ: דשְׁנַיִם אֲדוּקִים בְּטַלִּית – זֶה נוֹטֵל עַד מָקוֹם שֶׁיָּדוֹ מַגַּעַת, וְזֶה נוֹטֵל עַד מָקוֹם שֶׁיָּדוֹ מַגַּעַת, וְהַשְּׁאָר חוֹלְקִין בְּשָׁוֶה. מַחֲוֵי לֵיהּ רַבִּי אַבָּהוּ: הוּבִשְׁבוּעָה. אֶלָּא מַתְנִיתִין, דְּקָתָנֵי דִּפָלְגִי בַּהֲדָדֵי, וְלָא קָתָנֵי זֶה נוֹטֵל עַד מָקוֹם שֶׁיָּדוֹ מַגַּעַת, הֵיכִי מַשְׁכַּחַתְּ לָהּ? אָמַר רַב פַּפָּא: ודְּתָפְסִי בְּכַרְכַּשְׁתָּא. אָמַר רַב מְשַׁרְשְׁיָא: ש"מ, זהַאי סוּדָרָא, כֵּיוָן דְּתָפֵיס בֵּיהּ שָׁלֹשׁ עַל שָׁלֹשׁ – קָרֵינַן בֵּיהּ °"וְנָתַן לְרֵעֵהוּ", דִּכְמַאן דִּפְסִיק דָּמֵי וְקָנֵי. וּמַאי שְׁנָא מִדְּרַב חִסְדָּא? *דְּאָמַר רַב חִסְדָּא: חגֵּט בְּיָדָהּ וּמְשִׁיחָה בְּיָדוֹ, אִם יָכוֹל לְנַתְּקוֹ וְלַהֲבִיאוֹ אֶצְלוֹ – אֵינָהּ מְגוֹרֶשֶׁת, וְאִם לָאו – מְגוֹרֶשֶׁת! הָתָם – כְּרִיתוּת בָּעֵינַן, וְלֵיכָּא. הָכָא – נְתִינָה בָּעֵינַן, וְהָא אִיכָּא. אָמַר רָבָא: *טאִם הָיְתָה טַלִּית מוּזְהֶבֶת – חוֹלְקִין. פְּשִׁיטָא! לָא צְרִיכָא, דְּקָאֵי דַּהֲבָא בֵּי מִצְעֵי. הָא נַמִּי פְּשִׁיטָא! לָא צְרִיכָא, דְּמִיקָּרַב לְגַבֵּי חַד. מַהוּ דְּתֵימָא, *דְּא"ל: פְּלוֹג הָכִי. קמ"ל, יְדְּא"ל: מַאי חָזֵית דְּפָלְגַתְּ הָכִי? פְּלוֹג הָכִי. § ת"ר: *שְׁנַיִם אֲדוּקִין בִּשְׁטָר, מַלְוֶה אוֹמֵר: שֶׁלִּי הוּא, וְנָפַל מִמֶּנִּי, וּמְצָאתִיו. וְלֹוֶה אָמַר: *שֶׁלְּךָ הוּא, וּפְרַעְתִּיו לָךְ. יִתְקַיֵּים הַשְּׁטָר בְּחוֹתְמָיו, דִּבְרֵי רַבִּי. רשב"ג אוֹמֵר: יַחֲלוֹקוּ. נָפַל לְיַד דַּיָּין – לֹא יוֹצִיאוּ עוֹלָמִית. ר' יוֹסֵי אוֹמֵר: הֲרֵי הוּא בְּחֶזְקָתוֹ. אָמַר מָר: יִתְקַיֵּים הַשְּׁטָר בְּחוֹתְמָיו. וְגָבֵי לֵיהּ מַלְוֶה כּוּלֵּיהּ? וְלֵית לֵיהּ מַתְנִי' "שְׁנַיִם אוֹחֲזִין" כו'? אָמַר רָבָא אָמַר רַב נַחְמָן: כבִּמְקוּיָּים – דִּבְרֵי הַכֹּל יַחֲלוֹקוּ, כִּי פְּלִיגִי – בְּשֶׁאֵינוֹ מְקוּיָּם. רַבִּי סָבַר: *למוֹדֶה בִּשְׁטָר שֶׁכְּתָבוֹ צָרִיךְ לְקַיְּימוֹ, וְאִי מְקַיֵּים לֵיהּ – פָּלֵיג, וְאִי לָא מְקַיֵּים לֵיהּ – לָא פָּלֵיג. מַאי טַעְמָא? חַסְפָּא בְּעָלְמָא הוּא. מַאן קָא מְשַׁוֵּי לֵיהּ לְהַאי שְׁטָרָא – לֹוֶה, הָא קָאָמַר דִּפְרִיעַ. וְרַבִּי שִׁמְעוֹן בֶּן גַּמְלִיאֵל סָבַר: מוֹדֶה בִּשְׁטָר שֶׁכְּתָבוֹ אֵין צָרִיךְ לְקַיְּימוֹ, וְאע"ג דְּלָא מְקַיֵּים לֵיהּ – יַחֲלוֹקוּ. "נָפַל לְיַד דַּיָּין לֹא יוֹצִיאוּ עוֹלָמִית", מַאי

רש"י

אֶלָּא מַאי אִית לָךְ לְמֵימַר. לָמָּה לֹא חִיְּיבוּהוּ לְעַשֵּׂר מִמָּה נַפְשָׁךְ. עֲשִׂירִי וַדַּאי. הִצְרִיךְ הַכָּתוּב לְעַשֵּׂר, וְלֹא הִצְרִיךְ לְעַשֵּׂר אֶת הַסָּפֵק. וְכָל עֲשִׂירִי שֶׁבְּכוּלָּן סָפֵק הֵן, שֶׁאֲפִי' יָצָא הַפָּטוּר בַּחֲמִישִׁי – שׁוּב אֵין הָעֲשִׂירִי קָרוּי עֲשִׂירִי אֶלָּא תְּשִׁיעִי, שֶׁהַפָּטוּר אֵינוֹ מִן הַמִּנְיָן. מַאי סְפֵיקוֹת. דַּאֲמָרַן לְעֵיל "הַסְּפֵיקוֹת נִכְנָסִין לַדִּיר לְהִתְעַשֵּׂר". סְפֵק פִּדְיוֹן פֶּטֶר חֲמוֹר. טָלֶה שֶׁהוּפְרַשׁ עַל סְפֵק פֶּטֶר חֲמוֹר, שֶׁאֲפִילּוּ הוּא פֶּטֶר חֲמוֹר וַדַּאי, אֵין בְּטָלֶה זֶה שֶׁל פִּדְיוֹן מִשּׁוּם קְדוּשָּׁה. עֲשָׂרָה שֵׂיִין. לְאַפְקוּעֵי אִיסּוּרַיְיהוּ לְמִשְׁרֵי לְהוּ בַּעֲבוֹדָה. עוּבְדָא הֲוָה בֵּי רַב חִסְדָּא וְרַב חִסְדָּא בֵּי רַב הוּנָא. מַעֲשֶׂה הָיָה וּבָא לִפְנֵי רַב חִסְדָּא, וְרַב חִסְדָּא הֱבִיאוֹ לִפְנֵי רַב הוּנָא. שֶׁאֵינוֹ יָכוֹל לְהוֹצִיאוֹ כו'. וְהַאי נַמִּי דְּקַוְּינַן לֵיהּ דְּאֵין יָכוֹל לְהוֹצִיאוֹ בְּדַיָּינִין, שֶׁאֵין לוֹ רְאָיָה בַּדָּבָר – אֵין הֶקְדֵּשׁוֹ קָדוֹשׁ. הָא יָכוֹל לְהוֹצִיאוֹ כו'. בִּתְמִיָּה. שֶׁאֵינָהּ בִּרְשׁוּתוֹ. וְהָא סְתָם גְּזֵלָה יְכוֹלִין לְהוֹצִיאוֹ בְּדַיָּינִין הוּא. בְּמַסּוּתָא מִטַּלְטְלִין. כְּגוֹן גִּיגִית. מִקַּרְקְעֵי. דְּכָל הֵיכָא דְּאִיתֵיהּ – בִּרְשׁוּת מָרֵי' קַיְימָא, דְּקַרְקַע אֵינָהּ נִגְזֶלֶת. וְשַׁפִּיר פְּשִׁיטְנָא מֵהָא, דְּאִי הֲוָה לֵיהּ רְאָיָה עָלֶיהָ הֶקְדֵּשׁוֹ הֶקְדֵּשׁ. בַּר מַעַרְבָא. מֵאֶרֶץ יִשְׂרָאֵל. מַחֲוֵי לֵיהּ. מַרְאֶה בְּאֶצְבְּעוֹתָיו כְּלַפֵּי מַעְלָה. בְּכַרְכַּשְׁתָּא. בִּגְדִילִין שֶׁבִּשְׁנֵי רָאשִׁין שֶׁקּוֹרִין ברניי"ש. ש"מ. מִדְּקָתָנֵי עַד מָקוֹם שֶׁיָּדוֹ מַגַּעַת קָנוּי לוֹ. הַאי סוּדָרָא. שֶׁל קוֹנֶה, שֶׁקּוֹנִין בּוֹ קִנְיָן. כֵּיוָן דְּתָפֵיס בֵּיהּ. מַקְנֶה, שָׁלֹשׁ עַל שָׁלֹשׁ – קָרֵינָא בֵּיהּ "וְשָׁלַף אִישׁ נַעֲלוֹ וְנָתַן לְרֵעֵהוּ". דִּכְמַאן דִּפְסִיק וְקָנְיֵיהּ מַקְנֶה. וְהַמֶּכֶר נִקְנֶה בּוֹ לַלּוֹקֵחַ. וְדוּקָא נָקַט שָׁלֹשׁ עַל שָׁלֹשׁ, דִּכְלִי בָּעֵינַן, דִּכְתִיב (רות ד): "נַעֲלוֹ", וּבְצִיר מִשָּׁלֹשׁ אֶצְבָּעוֹת לָאו בֶּגֶד הוּא, כִּדְאַשְׁכְּחַן גַּבֵּי טוּמְאָה. גֵּט בְּיָדָהּ. וּמְשִׁיחָה. שֶׁקָּשׁוּר בָּהּ בְּיָדוֹ, שֶׁאִם יֵשׁ כֹּחַ בְּאוֹתוֹ חוּט שֶׁיָּכוֹל לְנַתְּקוֹ לַגֵּט מִיָּדָהּ וְלַהֲבִיאוֹ אֶצְלוֹ. אֵינָהּ מְגוֹרֶשֶׁת. אַלְמָא לָאו נְתִינָה הִיא. כְּרִיתוּת. הַבְדָּלָה, שֶׁיִּהְיוּ מוּבְדָּלִים זֶה מִזֶּה, וַהֲרֵי אֲגוּדִים הֵם בְּחוּט זֶה. אִם הָיְתָה טַלִּית מוּזְהֶבֶת. כְּלוֹמַר: אֲפִילּוּ הִיא מוּזְהֶבֶת, חוֹלְקִים. פְּלוֹג הָכִי. לְרׇחְבָּהּ וִיהֵא הַזָּהָב לְאֶחָד מֵהֶם. קָא מַשְׁמַע לָן דְּא"ל כו' פְּלוֹג. לְאׇרְכָּהּ. שְׁנַיִם אֲדוּקִים בִּשְׁטָר. הַמַּלְוֶה וְהַלֹּוֶה. שֶׁלְּךָ הוּא וּפְרַעְתִּיו לָךְ. וְהֶחֱזַרְתָּ לִי, וּמִמֶּנִּי נָפַל. יִתְקַיֵּים הַשְּׁטָר בְּחוֹתְמָיו. קס"ד דְּהָכִי קָאָמַר: אִם הַשְּׁטָר כָּשֵׁר – שֶׁיְּקַיְּימוּהוּ חוֹתְמָיו, לוֹמַר כְּתַב יָדֵינוּ הוּא – הֲרֵי הוּא בְּחֶזְקָתוֹ. נָפַל הַשְּׁטָר לְיַד הַדַּיָּין. מַשְׁמַע דְּהָכִי קָאָמַר: אִם מְצָאוֹ דַּיָּין – לֹא יוֹצִיאוּהוּ אוֹתוֹ עוֹלָמִית מִיַּד דַּיָּין. וּלְקַמָּן פָּרֵיךְ: מַאי שְׁנָא דַּיָּין מֵאִינָשֵׁי דְּעָלְמָא? וְגָבֵי לֵיהּ מַלְוֶה כּוּלֵּיהּ. בִּמְקוּיָּם. שֶׁכָּתוּב בּוֹ הֶנְפֵּק, שֶׁנִּתְקַיֵּים כְּבָר בְּבֵ"ד וְהֵעִידוּ עֵדִים עַל חֲתִימַת יָדָן, וְכוֹתְבִין הַדַּיָּינִין בּוֹ: שְׁטָרָא דְּנָן נְפַק קֳדָמָנָא וְאַסְהִידוּ פְּלוֹנִי וּפְלוֹנִי עַל חֲתִימַת יְדַיְיהוּ, וְאַשְׁרְנוּהוּ וְקַיְּימְנוּהוּ כִּדְחָזֵי. כּוּלֵּי עָלְמָא ל"פ דְּיַחֲלוֹקוּ. דְּכִי אָמְרִינַן דְּיִתְקַיֵּים הַשְּׁטָר בְּחוֹתְמָיו – לָא לְמִגְבֵּי מַלְוֶה כּוּלּוֹ קָאָמַר, אֶלָּא לְמִגְבֵּי פַּלְגֵיהּ. וּפְלוּגְתַּיְיהוּ כְּשֶׁאֵינוֹ מְקוּיָּם, רַבִּי סָבַר אַף עַל פִּי שֶׁהַלֹּוֶה מוֹדֶה לֵיהּ שֶׁכָּתַב שְׁטָר זֶה וְלָוָה לוֹ מָעוֹת – צָרִיךְ הַמַּלְוֶה לְקַיְּימוֹ בְּחוֹתְמָיו, וַאֲפִילּוּ הַשְּׁטָר בְּיָדוֹ – נֶאֱמָן הַלֹּוֶה לוֹמַר פְּרַעְתִּיךָ, דְּכָל זְמַן שֶׁאֵינוֹ מְקוּיָּם מַאן קָמְשַׁוֵּי לֵיהּ שְׁטָרָא – לֹוֶה שֶׁמּוֹדֶה לוֹ שֶׁכְּתָבוֹ, הָא אָמַר דִּפְרִיעַ. אֲבָל מִשֶּׁהַשְּׁטָר מוּחְזָק עַל פִּי עֵדָיו – אֵין הַלֹּוֶה נֶאֱמָן לוֹמַר "פָּרַעְתִּי". הִלְכָּךְ, זֶה שֶׁשְּׁנֵיהֶם מוּחְזָקִים, אִי מְקַיֵּים לֵיהּ מַלְוֶה בְּעֵדוּת וּמְשַׁוֵּי לֵיהּ שְׁטָר מְעַלְּיָא – אֵין הַלֹּוֶה נֶאֱמָן בַּאֲמִירָתוֹ אֶלָּא עַל יְדֵי חֲזָקָה, זֶה שֶׁאָדוּק בּוֹ, וַהֲרֵי הוּא כִּשְׁאָר מְצִיאָה – וּפָלֵיג. וְאִי לָא לָא פָּלֵיג. שֶׁאֲפִילּוּ כּוּלּוֹ בְּיַד הַמַּלְוֶה נֶאֱמָן הַלֹּוֶה לוֹמַר "פָּרַעְתִּי". מַאי

תוספות

ולא עשירי ספק. אין להקשות: איצטריך קרא למעוטי ספיקא, *כדפריך במסכת חולין (דף כב: ד"ה איצטריך):

מפריש עליהן עשרה שיין. תימה: דבפ"ק דבכורות (דף יא.* ושם) אמרי' דשה אחד פוטר כמה פטרי חמורים, ומה לריך עשרה שיים? ותו: מאי קא משמע לן? מתני' היא: הספיקות נכנסים לדיר להתעשר! ותו: כיון דאמר מעשרן, מה לריך להשמיענו דהן שלו? פשיטא, כיון דמעשרן – דהן שלו. דאילו היו של כהן – לא היה מעשרן, דהוו להו כלקוח, דתנן (שם דף נה:): הלוקח והניתן לו במתנה – פטור. ואי קמ"ל דאע"ג דמעשרן עדיין הם שלו – פשיטא דמעשר בהמה של בעלים הוא.

מחוי ר' אבהו והשאר בשבועה. [א] נראה דלא גרסי' "והשאר". דאף במה שידו מגעת ישבע, כיון דנתקנה השבועה שלא יהא אדם הולך ותוקף – מטעם זה ישבע אף במה שהוא תופס. ומכל מקום שפיר מוכח בסמוך דבקנין מאי דתפיס כמאן דפסיק דמי, כיון דהכא לאחר שבועה נוטל כל מה שהוא תופס, אפילו יותר ממחצה, והשבועה היא בשביל הטענה ומפני התקנה.

אם יכול לנתקו. נראה דאם היתה ידה פתוחה בשעת שנתן גט לידה, ונשארה המשיחה בידו, וקפלה ידה בחוזק, שאם מושך המשיחה לא יוכל להביאו אצלו – שאינה מגורשת. שהרי כשנתן בידה קודם שקפלה ידה היה יכול להביאו אצלו, והקפילה לא עשה הוא אלא היא, והוה כטלי גיטך מעל גבי קרקע דאינה מגורשת, דלא קרינן ביה "ונתן בידה". והכא דקאמר אם אינו יכול להביאו אצלו דמגורשת – כגון שהיתה ידה קפולה, והוא תחב בידה כל כך בחוזק שאם ימשוך המשיחה לא יביא הגט אצלו. ור"ת (נמי) פירש: אם הגט כבד כל כך, שאם רוצה למשוך הגט אליו תנתק המשיחה – מגורשת. ומיירי בידה פתוחה, ולא קפלה ולא עשתה שום דבר. מאי

עין משפט נר מצוה

[נ"ל כדפריכות]

[ועי' תוס' שם ד: ד"ה ופודה וע"ע הטוב תוס' יח. ד"ה שכן]

מא א מיי' פי"ב מהל' בכורים הלכה כג סמג עשין קמז:

מב ב מיי' פי"ב מהל' ערכין הל' כד סמג עשין קלב טוש"ע ח"מ סי' שנד סעיף ו וטוש"ע י"ד סי' רנח סעיף ו:

מג ג מיי' שם הל' כג סמג שם טוש"ע י"ד שם [רב אלפס בב"ק פ"ה דף כ.]

מד ד ה ו מיי' פ"ט מהל' טוען ונטען הל' ט י סמג עשין לה טוש"ע ח"מ סי' קלח סעיף ב:

מה ז מיי' פ"ה מהלכות מכירה הל' ז סמג עשין פב טוש"ע ח"מ סי' קצה סעיף ד:

מו ח מיי' פ"ה מהלכות גירושין הל' טז סמג עשין נ טוש"ע אה"ע סי' קלט סעיף ב:

מז ט מיי' פ"ט מהל' טוען ונטען הל' י סמג עשין לה טוש"ע ח"מ סי' קלח סעיף ג:

מח כ מיי' פי"ד מהל' מלוה ולוה הל' יד סמג עשין צד טוש"ע ח"מ סי' סט סעיף טו:

מט ל מיי' שם וסמג שם טוש"ע ח"מ סי' פב סעיף א:

רבינו חננאל

ראשון ראשון נפטר. ובהדיא בבכורות פרק אחרון אמר רבא מנין הראוי פוטר. מאי הוי עלה דמסותא ת"ש והא דאמר רב [נחמן] כל ממון שאינו יכול להוציאו בדיינין הקדישו אינו קדוש. הא יכול להוציאו אע"פ שלא הוציאו קדוש. ומקשי' עלה והאמר ר' יוחנן גזל ולא נתייאשו הבעלי' שניהן אינן יכולין להקדישו זה לפי שאינו שלו וזה לפי שאינו ברשותו. וקי"ל דלא מקשינן לא ממשנה ולא מברייתא ולא ממימרא אלא אם היא הלכה. ועוד לא דחאוה להא דר' יוחנן אלא פירקו על דבריו ואמר מי סברת מסותא מטלטלא היא וקשיא עליה הא דר' יוחנן לא כי קאמר רב [נחמן] כל ממון שאינו יכול להוציאו בדיינין וכו' האי ממון קרקע הוא וכיוצא בו האי מסותא מקרקעא הוא דקי"ל קרקע אינה נגזלת ולעולם ברשותיה דמרא קיימא הלכך אם יכול להוציאה בדיינין ברשותיה קיימא ושפיר קא מקדיש. האי דקתני שנים אדוקין בטלית זה נוטל עד מקום שידו מגעת וזה נוטל עד מקום שידו מגעת והשאר חולקין בשוה ובשבועה אוקימנא בשאדוקין בטלית עצמו ומתני' דקתני חולקין הטלית שני חצאין ונוטל כל אחד חציה בשאדוקין בגימין שבקצותיה והן הנקראים כרכשתא. ופשוטה היא. דייק רב (אשי) [משרשיא] מינה מדקתני זה נוטל עד מקום שידו מגעת ש"מ דהאי סודרא כיון דתפים ביה ג' אצבעות על ג' אצבעות הרי הוא קנין לתופסן ואע"ג דלא פסיק כמאן דפסיק דמי ולא אמרי' עד דמשיך ליה כוליה לא קני ליה אלא אע"ג דלא משיך ליה לכוליה קני להוא דתפס וכן הלכה. אמר רבא אם היתה טלית מוזהבת והזהב קרוב לגבי חד ברחבה של טלית ואם יחלקוה לרחבה לשני חצאין יבא הזהב בחלקו של אחד יכול האחד לומר זה שבינינו לאורכה נחלקה כדי שנחלק בטלית ובזהב והדין עמו: ת"ר שנים אדוקין בשטר כו' אסיק' בשטר מקוים דברי הכל יחלוקו. ושאינו מקוים ומלוה אמר שלי הוא ונפל ממני ומצאתיו ולוה אמר שלך היה ופרעתיך ונתתי לך [וממני נפל] אם נתקיים בחותמיו יחלוקו דברי ר' דרבי קסבר מודה בשטר שכתבו צריך לקיימו וקי"ל כרבי. רשב"ג אומר אע"פ שאין יכול לקיימו

מסורת הש"ס

[בכורות נח:] · שם יח. · ב"ק סח: סנה. ע. קדושין נב. · גיטין עח. · לקמן ח. · [לקמן קז.] · ב"ב קע. · [שלי וכן איתא בהרי"ף והרא"ש וברבינו אשר אלפסי איתא שלך הוא ופרעתיו לך] · ב"ב קע. ודף קנב. כתובות יט. שבת עח: [לקמן עב:]

הגהות הגר"א

[א] תוס' ד"ה מחוי כו' נראה כו'. נ"ב והרמב"ם לא כתב כן אלא ע"י גלגול אבל הרא"ש הוכיח כדברי תוס' ע"ש:

גליון הש"ס **גמ'** במסותא מקרקעי. קשה לי הא עיקר החילוק בין מטלטלי למקרקעי דמטלטלין נגזלין וקם ליה ברשותיה דגזלן מקרי אינו ברשותו דהנגזל אבל קרקע אינה נגזלת ולא קם ברשותיה דגזלן. א"כ במטלטלין וגזל בלא קנין דלא קם ברשותיה דהנגזל ואינו חייב באחריותו וכלאיתא בב"ק עט ע"א במתני' הוי כקרקע דמנחי ברשותיה דהנגזל. וא"כ הכא במסותא דהגזילה במה דאמר דידי הוא וליכא קנין יכול להקדישו וצ"ע: **שם** התם כריתות בעינן. עיין כתובות נ ע"ב תוס' ד"ה ואי וצ"ע: **רש"י** ד"ה דכמאן וכו' דכלי בעינן. עיין לקמן מז ע"א ובתוס' ד"ה לאפוקי:

נ א מיי' פי"ח מהלכות גזילה ואבידה הל' יג סמג עשין עד טוש"ע ח"מ סי' סה סעיף ו וסעיף ז:
נא ב מיי' שם הל' יב ואף אם שניהם מודים דחיישינן לקנוניא וע"ש במ"מ:
נב ג ד טוש"ע ח"מ סי' סה סעיף טו:

מַאי שְׁנָא לְיַד דַּיָּין? אָמַר רָבָא, הָכִי קָאָמַר: [א]וְאַחֵר שֶׁמָּצָא שְׁטָר שֶׁנָּפַל לְיַד דַּיָּין, וְהֵיכִי דָּמֵי — (א) דִּכְתַב בֵּיהּ הֶנְפֵּק, לֹא יוֹצִיאוּ עוֹלָמִית. וְלָא מִיבַּעְיָא לָא כְּתַב בֵּיהּ הֶנְפֵּק, דְּאִיכָּא לְמֵימַר כְּתַב לִלְוֹת וְלֹא לָוָה. אֶלָּא אֲפִי' כְּתַב בֵּיהּ הֶנְפֵּק, דִּמְקוּיָּים — לֹא יַחֲזִיר, דְּחָיְישִׁינַן לְפֵירָעוֹן. וְרַבִּי יוֹסֵי אוֹמֵר: הֲרֵי הוּא בְּחֶזְקָתוֹ, וְלָא חָיְישִׁינַן לְפֵירָעוֹן. וְלָא חָיֵישׁ ר' יוֹסֵי לְפֵירָעוֹן? וְהָתַנְיָא: מָצָא שְׁטַר כְּתוּבָּה בַּשּׁוּק, בִּזְמַן שֶׁהַבַּעַל מוֹדֶה — יַחֲזִיר לָאִשָּׁה, אֵין הַבַּעַל מוֹדֶה — [ב]לֹא יַחֲזִיר לֹא לָזֶה וְלֹא *לָזֶה. רַבִּי יוֹסֵי אוֹמֵר: עוֹדָהּ תַּחַת בַּעְלָהּ — יַחֲזִיר לָאִשָּׁה, נִתְאַרְמְלָה אוֹ נִתְגָּרְשָׁה — לֹא יַחֲזִיר לֹא לָזֶה וְלֹא לָזֶה! אֵיפּוֹךְ, נָפַל לְיַד דַּיָּין לֹא יוֹצִיאוּ עוֹלָמִית — דִּבְרֵי רַבִּי יוֹסֵי, וַחכ"א: הֲרֵי הוּא בְּחֶזְקָתוֹ. אִי הָכִי קַשְׁיָא דְּרַבָּנַן אַדְּרַבָּנַן! שְׁטַר כְּתוּבָּה כּוּלָּהּ רַבִּי יוֹסֵי, וְחַסּוּרֵי מִחַסְּרָא וְהָכִי קָתָנֵי: אֵין הַבַּעַל מוֹדֶה — לֹא יַחֲזִיר לֹא לָזֶה וְלֹא לָזֶה, בד"א — שֶׁנִּתְאַרְמְלָה אוֹ שֶׁנִּתְגָּרְשָׁה, אֲבָל עוֹדָהּ תַּחַת בַּעְלָהּ — יַחֲזִיר לָאִשָּׁה, (ב) שר"י אוֹמֵר: עוֹדָהּ תַּחַת בַּעְלָהּ יַחֲזִיר לָאִשָּׁה, נִתְאַרְמְלָה אוֹ שֶׁנִּתְגָּרְשָׁה — לֹא יַחֲזִיר לֹא לָזֶה וְלֹא לָזֶה. רַב פַּפָּא אָמַר: לְעוֹלָם לָא תֵּיפוֹךְ, רַבִּי יוֹסֵי לְדִבְרֵיהֶם דְּרַבָּנַן קָאָמַר לְהוּ: לְדִידִי — אֲפִילּוּ נִתְאַרְמְלָה אוֹ נִתְגָּרְשָׁה נַמִּי לָא חָיְישִׁינַן לְפֵירָעוֹן, לְדִידְכוּ — אוֹדוּ לִי מִיהַת בְּעוֹדָהּ תַּחַת בַּעְלָהּ דְּיַחֲזִיר לָאִשָּׁה, דְּלָאו בַּת פֵּירָעוֹן הִיא, וַאֲמַרוּ לֵיהּ רַבָּנַן: אֵימוּר צְרָרֵי אַתְפַּסָהּ. רָבִינָא אָמַר: לְעוֹלָם אֵיפוֹךְ קַמַּיְיתָא. וְטַעֲמָא דְּרַבָּנַן הָכָא — מִשּׁוּם דְּחָיְישִׁינַן לִשְׁתֵּי כְתוּבּוֹת. וְרַבִּי יוֹסֵי לִשְׁתֵּי כְתוּבּוֹת לָא חָיֵישׁ. אָמַר רַבִּי אֶלְעָזָר:* מַחֲלוֹקֶת בְּשֶׁשְּׁנֵיהֶם אֲדוּקִים בַּטּוֹפֶס וּשְׁנֵיהֶם בַּתּוֹרֶף, [ג]אֲבָל אֶחָד אָדוּק בַּטּוֹפֶס וְאֶחָד אָדוּק בַּתּוֹרֶף — זֶה נוֹטֵל טוֹפֶס וְזֶה נוֹטֵל תּוֹרֶף. וְרַבִּי יוֹחָנָן אָמַר: לְעוֹלָם חוֹלְקִין. וַאֲפִילּוּ אֶחָד אָדוּק בַּטּוֹפֶס וְאֶחָד אָדוּק בַּתּוֹרֶף? וְהָתַנְיָא: זֶה נוֹטֵל עַד מָקוֹם שֶׁיָּדוֹ מַגַּעַת! לָא צְרִיכָא, דְּקָאֵי תּוֹרֶף בֵּי מִצְעֵי. אִי הָכִי, מַאי לְמֵימְרָא? לָא צְרִיכָא, דְּמִקָּרַב לְגַבֵּי דְּחַד. *מַהוּ דְּתֵימָא, א"ל: פְּלוֹג הָכִי, קמ"ל, דְּא"ל: מַאי חָזֵית דְּפָלְגַתְּ הָכִי? פְּלוֹג הָכִי. א"ל רַב אַחָא מִדִּפְתִּי לְרָבִינָא: לְרַבִּי אֶלְעָזָר, דְּאָמַר זֶה נוֹטֵל טוֹפֶס וְזֶה נוֹטֵל תּוֹרֶף, לָמָּה לֵיהּ? *וְכִי לָצוּר ע"פ צְלוֹחִיתוֹ הוּא צָרִיךְ? א"ל: [ד]לְדָמֵי. דְּאָמַר הָכִי: שְׁטָרָא דְּאִית בֵּיהּ זְמַן כַּמָּה שָׁוֵי, וּדְלֵית בֵּיהּ זְמַן כַּמָּה שָׁוֵי? בִּשְׁטָרָא דְּאִית בֵּיהּ זְמַן — גָּבֵי מִמְּשַׁעְבְּדֵי, וְאִידָךְ לָא גָּבֵי מִמְּשַׁעְבְּדֵי, יָהֵיב לֵיהּ הֵיאַךְ דְּבֵינֵי בֵּינֵי. וְיַחֲלוֹקוּ נַמִּי דְּאָמְרָן — שְׁנַיִם אוֹחֲזִין בְּטַלִּית הָכִי נַמִּי דְּפָלְגִי? הָא לְדָמֵי. דְּאִי לָא תֵּימָא הָכִי, הָא אַפְסְדוּהָ! הָא לָא קַשְׁיָא, דְּחַזְיָא

מַאי שְׁנָא לְיַד דַּיָּין. מֵאִישׁ אַחֵר. הָכִי קָאָמַר וְאַחֵר. שֶׁאֵינוֹ לֹא לֹוֶה וְלֹא מַלְוֶה. שֶׁמָּצָא שְׁטָר שֶׁנָּפַל. כְּבָר לְיַד הַדַּיָּין, וּמַאי נִיהוּ הָךְ נְפִילָה — דִּכְתִיב בֵּיהּ הֶנְפֵּק. לֹא יוֹצִיאוּהוּ מִיָּדוֹ. לֹא לֹוֶה וְלֹא מַלְוֶה, עַד שֶׁיָּבֹא אֵלִיָּהוּ, אוֹ עֵדִים שֶׁרָאוּ מִיַּד מִי נָפַל. לְפֵירָעוֹן. שֶׁמָּא אֱמֶת טוֹעֵן הַלֹּוֶה שֶׁפְּרָעוֹ. וְר' יוֹסֵי לֹא חָיֵישׁ לְפֵירָעוֹן. דְּמַאן דִּמְהַדְּרִי לֵיהּ שְׁטָר פָּרוּעַ — לְאַלְתַּר זָהִיר בֵּיהּ לְקוֹרְעוֹ, וְלָא מַשְׁהֵי לֵיהּ. שֶׁהַבַּעַל מוֹדֶה. שֶׁלֹּא נָתַן לָהּ כְּתוּבָּתָהּ. אֵין הַבַּעַל מוֹדֶה. שֶׁאָמַר פְּרַעְתִּי, וּמִיָּדִי נָפַל. עוֹדָהּ תַּחַת בַּעְלָהּ. שֶׁלֹּא גֵּרְשָׁהּ. יַחֲזִיר לָאִשָּׁה. דְּלָא עָבִיד אִינִישׁ לִיתֵּן כְּתוּבָּה קוֹדֶם גֵּירוּשִׁין. צְרָרֵי אַתְפְּסָהּ. מָעוֹת צְרוּרוֹת אוֹ כְּסָפִים מָסַר לָהּ לְיִחוּד כְּתוּבָּתָהּ כְּשֶׁנְּשָׂאָהּ, אוֹ לְאַחַר מִכָּאן, שֶׁלֹּא יַטְרִיחוּהָ יוֹרְשִׁים אִם תִּתְאַלְמֵן. לְעוֹלָם אֵיפוֹךְ קַמַּיְיתָא. וּדְקַשְׁיָא לָךְ דְּרַבָּנַן אַדְּרַבָּנַן — לָא תִּיקְשֵׁי, דְּטַעֲמַיְיהוּ דְּרַבָּנַן בִּכְתוּבָּה — לָאו מִשּׁוּם דְּחָיְישִׁינַן לְפֵירָעוֹן, דְּמַאן דְּפָרַע וְאַהֲדַר לֵיהּ שְׁטָרָא — לְאַלְתַּר קָרַע לֵיהּ. אֶלָּא מִשּׁוּם דְּחָיְישִׁינַן לִשְׁתֵּי כְתוּבּוֹת, שֶׁמָּא חָזַר וְכָתַב לָהּ כְּתוּבָּה אַחֶרֶת, שְׁנִיָּה לְאַחַר שֶׁנָּפְלָה זֹאת מִיָּדָהּ. וְאֵין הַבַּעַל מוֹדֶה דְּקָתָנֵי — לָאו בְּאוֹמֵר "פָּרַעְתִּי", אֶלָּא בְּאוֹמֵר "אַל תַּחְזִירוּ לָהּ" שֶׁיֵּשׁ בְּיָדָהּ אַחֶרֶת, וְתוֹצִיא עַל יוֹרְשַׁי שְׁטָר אַחַר שְׁטָר. מַחֲלוֹקֶת. הַאי יַחֲלוֹקוּ דְּקָאָמַר ר"ש [ב"ג] דְּמַשְׁמַע חוֹלְקִין בְּשָׁוֶה, כָּךְ שָׁמַעְתִּי מִשּׁוּם ר' יִצְחָק ב"ר מְנַחֵם, וְנִרְאֶה בְּעֵינַי. וּשְׁנֵיהֶם אֲדוּקִים בַּתּוֹרֶף. כְּלוֹמַר: אוֹ שְׁנֵיהֶם אֲדוּקִין בַּתּוֹרֶף. וְתוֹרֶף — גִּילּוּי שֶׁל שְׁטָר, מְקוֹם הַלֹּוֶה וְהַמַּלְוֶה וְהַמָּעוֹת וְהַזְּמַן. טוֹפֶס — שְׁאָר כָּל לְשׁוֹן הַשְּׁטָר. זֶה נוֹטֵל כו'. דְּמַאי דְּתָפֵיס דִּידֵיהּ הוּא, כִּדְקָתָנֵי לְעֵיל: זֶה נוֹטֵל עַד מָקוֹם שֶׁיָּדוֹ מַגַּעַת כו'. וּלְקַמָּן מְפָרֵשׁ לְמַאי מִיבָּעֵי לֵיהּ. וַאֲפִי' אֶחָד אָדוּק כו'. בִּתְמִיָּה. וְהָא תַּנְיָא עַד מָקוֹם שֶׁיָּדוֹ מַגַּעַת. שֶׁלּוֹ. דְּקָאֵי תּוֹרֶף בֵּי מִצְעֵי. וּמָר אָמַר חֲדָא, וּמָר אָמַר חֲדָא, וְלָא פְּלִיגִי. לְדָמֵי. מַעֲלִין בְּדָמִים כַּמָּה תּוֹרֶף יָפֶה מִן הַטּוֹפֶס. שְׁטָרָא דְּאִית בֵּיהּ זְמַן כַּמָּה שָׁוֶה. דְּתוֹרֶף עָדִיף מִטּוֹפֶס, דְּאִית בֵּיהּ מְקוֹם הַזְּמַן. דְּאִילּוּ שֵׁם הַמַּלְוֶה וְהַלֹּוֶה וְהַמָּעוֹת כְּתוּבִין אַף בַּטּוֹפֶס, שֶׁצָּרִיךְ לַחֲזוֹר מֵעִנְיָינוֹ שֶׁל שְׁטָר בְּשִׁיטָה אַחֲרוֹנָה, וְהוּא עִיקָּר, כִּדְתְנַן (ב"ב דף קסה:): כָּתוּב בּוֹ [מִלְמַעְלָה מָנֶה וּמִלְּמַטָּה מָאתַיִם]; מִלְמַעְלָה מָאתַיִם וּמִלְּמַטָּה מָנֶה — הַכֹּל הוֹלֵךְ אַחַר הַתַּחְתּוֹן, אֲבָל זְמַן לָא מִיהֲדַר. וְאִי מִשּׁוּם חֲתִימַת עֵדִים דְּהוּא תַּחַת הַטּוֹפֶס — הָא אִית לֵיהּ לְרשב"ג מוֹדֶה בִּשְׁטָר שֶׁכְּתָבוֹ — אֵין צָרִיךְ לְקַיְּימוֹ, וְהַאי מוֹדֶה שֶׁכְּתָבוֹ הוּא. דַּחֲזָיָא

מאי שנא ליד דיין. לספרים דגרסי בשנויא והיכי דמי — כגון דכתוב ביה הנפק. השתא לא ידע דנפל ליד דיין דהיינו הנפק, אלא סבור דהיינו שהדיין מצאו. ולכך בעי: מאי שנא דיין מאיש אחר? ולספרים דלא גרסי בתר הכי והיכי דמי כגון דכתוב ביה הנפק — ידע שפיר השתא דנפל ליד דיין היינו שכתוב בו הנפק, ומיבעיא ליה מאי שנא כתוב בו הנפק דלא יוציאו לעולם — הלא אם אין כתוב בו הנפק נראה דכ"ש הוא שלא יוציאו עולמית, דאיכא למימר שמא כתב ללות ולא לוה. ומשני: דלא מיבעיא קאמר.

בזמן שהבעל מודה יחזיר לאשה. דלא חיישינן לקנוניא. וליכא למיחש לשמא כתב בניסן ולא נשא עד תשרי — [*]דמנה ומאתים משתעבדי מן האירוסין אף בלא כתובה, דאירוסין קלא אית להו. ולקודם אירוסין ליכא למיחש דכתב לה. ותוספת נמי, לאביי דאמר עדיו בחתומיו זכין לו — א"ש. ור' אסי יעמיד כשהקנה לה.

דחיישינן לשתי כתובות. ובלאו איפוך לא מצי לאוקמא דרבי יוסי חייש לשתי כתובות — דא"כ עודה תחת בעלה אמאי יחזיר לאשה כשאין הבעל מודה?

מחלוקת פרש"י: דהיינו יחלוקו דקאמר רשב"ג. והדין עמו, שלא רצה לפרש פלוגתא דרבי ורשב"ג משום דהיכי קאמר אבל אחד אדוק בטופס כו' — משמע דהתם לא פליגי, וזה אינו. דגם שם אם אינו מקוים — לא שקיל לרבי מידי.

דאית ביה זמן כמה שוה. פרש"י: דמעות ולוה ומלוה לא שיימינן, דכתיבי נמי בשיטה אחרונה בטופס, והוא עיקר. דתנן (ב"ב דף קסה:): כתוב [בו] מלמעלה מנה כו'. ותימה: הא אין למידין משיטה אחרונה, ולכך עושין חזרת השטר! ומתני' דכתוב למעלה מנה — לא איירי בשיטה אחרונה. וגם פי' דבעדים לא שיימינן, דרשב"ג אית ליה מודה בשטר שכתבו אין צריך לקיימו. ופירושו תימה, דאם חשב אותו שאינו תופס עדים כאילו יש לו שטר בלא עדים — א"כ לרשב"ג נמי לא א"ש, דנהי דסבר דאין צריך לקיימו — מ"מ כשאין כלל עדי חתימה פסול. ועוד: במה עדיף תורף מטופס? כך השטר פסול בלא טופס כמו בלא תורף, דאם נמחק אפי' שיטה אחת מן השטר הוא פסול. אלא ודאי יש לומר דבמה שהשטר נפסל אין שמין דכך שוה כשתופס שיטה אחת מן הטופס כמו תופס לוה ומלוה ומעות ועדים. והשטר אינו כשר בלא זה כמו בלא זה. אבל זמן, שהשטר כשר בלא זמנו — שמין כמה שוה. ובירושלמי איכא, א"ר אלעזר הכל הולך אחר מי שתפוס עדים. ופליג אגמ' שלנו דמזכיר זמן, וסובר דעדי מסירה כרתי, והשטר כשר בלא עדי חתימה. ושמין כמה שוה שאין צריך לחזור אחר עדי מסירה. ולית ליה ההוא לישנא ד"ג"פ" (ב"ב דף קע.) דסבר רשב"ג עדי חתימה כרתי. **ויחלוקו** נמי לדמי. ואין חולקין את החוב כמו שכתוב בשטר, אלא כמו ששוה לו למכור מזה יפרע החלי. דאי לא תימא הכי, אלא חצי החוב ממש — גבי טלית מי חולקין ממש? הא אפסדוה! ולא גרסי' לא דפסקינן לשטרא דא"כ מה מביא מטלית? אדרבה, בטלית אם יחתכנו לשנים — אין פסידא כל כך, ואם יחתוך השטר — לא ישוה לכלום. ועוד: דפשיטא הוא דלא יחלוקו השטר לשנים, דאוקימנא לעיל פלוגתא דרבי ורבי שמעון בן גמליאל במודה בשטר שכתבו, אלא כדפרישית.
דחזיא

רבינו חננאל

לקיימו יחלוקו דמודה בשטר שכתבו א"צ לקיימו ואין הלכה כמותו. אדם שמצא שטר שכתוב בו קיום ב"ד לא יוציאו עולמית חיישינן שמא פרוע הוא דברי *) ר' יוסי וחכ"א הרי [הוא] בחזקתו וכ"ש המוצא שטר שאין בו קיום שלא יוציאו עולמית דחיישינן שמא כתב ללות ולא לוה: אמר ר"א מחלוקת בשניהן אדוקין בתופס ובתורף וכו' ור' יוחנן אמר לעולם חולקין והאי דקאי תורף בינייהו ואע"ג דמקרב לגבי דחד לא חיישינן אלא חולקים. פי' תורף כדתנן בפרק כל גט שנכתב שלא לשם אשה כו' הכותב תופסי גיטין צריך שיניח מקום שם האיש והאשה ומקום הזמן שטרי מלוה צריך שיניח מקום המלוה ומקום הלוה ומקום המעות ומקום הזמן זהו תורף והשאר תופס וזה שאמרו חולקין בשטר לא שיחתכוהו כי זה הפסד הוא אלא דמיו חולקין ושקלינן וטרינן בה טובא ואסיקנא הכי מהא דתנן היו רוכבין על גבי בהמה או א' רוכב וא' מנהיג וכו' עד ויחלוקו הכי נמי דפלגי לה ממש בשלמא בהמה טהורה חזיא לבישרא אלא בהמה טמא' אפסדוה אלא לדמי וכן הלכה. ואם היו שנים אדוקין בשטר זה בתורף וזה בתופס **). בשלמא שם המלוה והלוה והמעות יתכן לעמוד בהן עכשיו ואחר כך אם אבד השטר אין חוששין לו אלא הזמן שרוצה להיות בידו לטרוף ממשעבדי שמין כמה שוה שטר שיש בו זמן ויש לו לגבות ממשעבדי דבאין ללוה נכסים בני חורין ויש בו זמן טריף ממשעבדי ואם אין בו זמן אבד ממונו ומה שעולה בה השומא שקיל מי שהתורף בידו וכן הדין. ור' יוחנן לא חלק אלא בזמן שהתורף באמצע אבל בזמן שזה תופס בתורף וזה בתופס לא חלק שדמי כל השטר למי שבידו התורף והדין כאשר פירשנו ולדברי הכל כל דבר שאם יחלק יפסד שמין אותו בדמים וחולקין בדמים כדתנן בפ' השותפין אין חולקין את החצר עד שיהא בה כדי לזה וכדי לזה וכו' ואסיק התם בגמ' ת"ש זה הכלל כל שאילו יחלק ושמו עליו חולקין אותו ואם לאו מעלין אותו בדמים. ר' יוסי אומר הרי הוא בחזקתו. ומקשי' וכי ר' יוסי לא חייש לפירעון והתניא מצא כתובת אשה בשוק בזמן שהבעל מודה יחזיר לאשה אין הבעל מודה לא יחזיר לא לזה ולא לזה. ור' יוסי [אומר] עודה תחת בעלה יחזיר לאשה נתארמלה או נתגרשה לא יחזיר לא לזה ולא לזה. ופריק רבינא דהוא בתרא אפוך ואימא הכי נפל ליד הדיין כגון שכתוב בו קיום ב"ד לא יוציאו עולמית דברי ר' יוסי וחכ"א הרי הוא בחזקתו וטעמא דרבנן התם דאמרו לא יחזיר לא לזה ולא לזה לאו משום דחיישי לפירעון אלא משום דחיישי לשתי כתובות. ור' יוסי לשתי כתובות לא חייש. כיון

*) בגמ' איתא להיפך ואולי דרבינו העתיק כאן כפי המסקנא לקמן בסמוך. **) נראה דל"ל זה נוטל טופס וזה נוטל תורף ומסקינן דנ"מ משום הזמן דבשלמא וכו'.

הגהות הב"ח

(א) גמ' והיכי דמי כגון דכתב ביה הנפק: (ב) שם יחזיר לאשה דברי ר' יוסי שר"י אומר:

גליון הש"ס

תוס' ד"ה בזמן וכו' דמנה ומאתים משתעבדי. עי' לקמן יז ע"א תד"ה הטוען:

[נ"ל לזו]

[עי' תוס' חגיגה ו: ד"ה שאין להם]

[לקמן קז.]

[לקמן יג. ב"ק מט: כ"ב עו:]

דְּחַזְיָא לִקְטַנִּים. וְהָא דַּאֲמַר רָבָא: *אִם הָיְתָה טַלִּית מוּזְהֶבֶת חוֹלְקִין, ה"נ דְּפָלְגִי לָהּ? הָא אַפְסְדוּהָ! הָא לָא קַשְׁיָא, דְּחַזְיָא לִבְנֵי מְלָכִים. וְהָא דִּתְנַן: *הָיוּ שְׁנַיִם רוֹכְבִין עַל גַּבֵּי בְהֵמָה וכו', הָכִי נַמִי דְּפָלְגִי לָהּ? הָא אַפְסְדוּהָ! בִּשְׁלָמָא טְהוֹרָה — חַזְיָא לְבָשָׂר, אֶלָּא טְמֵאָה — הָא אַפְסְדוּהָ! [א]אֶלָּא — לְדָמֵי, הָכָא נַמִי — לְדָמֵי. אָמַר רָמִי בַּר חָמָא, זֹאת אוֹמֶרֶת: *[ב]הַמַּגְבִּיהַּ מְצִיאָה לַחֲבֵירוֹ — קָנָה חֲבֵירוֹ. דְּאִי סָלְקָא דַּעְתָּךְ לֹא קָנָה חֲבֵירוֹ — תֵּיעָשֶׂה זוֹ כְּמִי שֶׁמּוּנַּחַת עַל גַּבֵּי קַרְקַע וְזוֹ כְּמִי שֶׁמּוּנַּחַת עַל גַּבֵּי קַרְקַע, וְלֹא יִקְנֶה לֹא זֶה וְלֹא זֶה, אֶלָּא לָאו ש"מ: הַמַּגְבִּיהַּ מְצִיאָה לַחֲבֵירוֹ — קָנָה חֲבֵירוֹ. •אָמַר רָבָא, לְעוֹלָם אֵימָא לָךְ: הַמַּגְבִּיהַּ מְצִיאָה לַחֲבֵירוֹ — לֹא קָנָה חֲבֵירוֹ, וְהָכָא הַיְינוּ טַעְמָא — *מִגּוֹ דְּזָכֵי לְנַפְשֵׁיהּ זָכֵי נַמִי לְחַבְרֵיהּ. תֵּדַע, שֶׁאִילּוּ אָמַר לִשְׁלוּחוֹ צֵא וּגְנוֹב לִי, וְגָנַב — פָּטוּר. *[ג]וְשׁוּתָּפִין שֶׁגָּנְבוּ — חַיָּיבִין. מַאי טַעְמָא — לָאו מִשּׁוּם דְּאָמְרִינַן מִגּוֹ דְּזָכֵי לְנַפְשֵׁיהּ זָכֵי נַמִי לְחַבְרֵיהּ? ש"מ. אָמַר רָבָא: הַשְׁתָּא דְּאָמְרַתְּ (א) אָמְרִינַן מִגּוֹ, חֵרֵשׁ וּפִקֵּחַ שֶׁהִגְבִּיהוּ מְצִיאָה, מִתּוֹךְ שֶׁקָּנָה חֵרֵשׁ — קָנָה פִּקֵּחַ. בִּשְׁלָמָא חֵרֵשׁ קָנָה — דְּקָא מַגְבַּהּ לֵיהּ בֶּן דַּעַת, אֶלָּא פִּקֵּחַ בְּמַאי קָנָה? אֶלָּא אֵימָא: חֵרֵשׁ — קָנָה, פִּקֵּחַ — לֹא קָנָה. וּמַאי מִגּוֹ? מִגּוֹ דִּשְׁנֵי חֵרְשִׁין בְּעָלְמָא קָנוּ — הַאי נַמִי קָנֵי. *הַאי מַאי? אִם תִּמְצָא לוֹמַר הַמַּגְבִּיהַּ מְצִיאָה לַחֲבֵירוֹ קָנָה חֲבֵירוֹ — הָנֵי מִילֵּי הֵיכָא דְּקָא מַגְבַּהּ לֵיהּ אַדַּעְתָּא דְּחַבְרֵיהּ, הַאי — אַדַּעְתָּא דִּידֵיהּ קָא מַגְבַּהּ לֵיהּ, אִיהוּ לָא קָנֵי, לְאַחֲרִינֵי מַקְנֵי? אֶלָּא אֵימָא: [ד]מִתּוֹךְ שֶׁלֹּא קָנָה פִּקֵּחַ לֹא קָנָה חֵרֵשׁ. וְכִי תֵּימָא: מַאי שְׁנָא מִשְּׁנֵי חֵרְשִׁין דְּעָלְמָא — הָתָם [ה]תַּקִּינוּ לְהוּ רַבָּנַן דְּלָא *אָתֵי לְאִינְצוּיֵי, הָכָא — מֵימַר אָמַר: פִּקֵּחַ לָא קָנֵי, אֲנָא אֶקְנֵי? אֲמַר לֵיהּ רַב אַחָא בְּרֵיהּ דְּרַב אַדָּא לְרַב אַשִׁי: דִּיּוּקֵיהּ דְּרָמִי בַּר חָמָא מֵהֵיכָא? אִי נֵימָא מֵרֵישָׁא: "שְׁנַיִם אוֹחֲזִין בְּטַלִּית" הָתָם הַאי קָאָמַר כּוּלָּהּ שֶׁלִּי וַאֲנָא אַגְבַּהְתָּהּ כּוּלָּהּ, וְהַאי אָמַר כּוּלָּהּ שֶׁלִּי וַאֲנָא אַגְבַּהְתָּהּ כּוּלָּהּ. אֶלָּא מֵהָא דְּקָתָנֵי: "זֶה אוֹמֵר כּוּלָּהּ שֶׁלִּי וְזֶה אוֹמֵר כּוּלָּהּ שֶׁלִּי". הָא תּוּ לָמָּה לִי? אֶלָּא מִמִּשְׁנָה יְתֵירָה שְׁמַע מִינָּהּ: הַמַּגְבִּיהַּ מְצִיאָה לַחֲבֵירוֹ — קָנָה חֲבֵירוֹ. וְהָא אוֹקִימְנָא *רֵישָׁא בִּמְצִיאָה וְסֵיפָא בְּמִקָּח וּמִמְכָּר! אֶלָּא מִסֵּיפָא: "זֶה אוֹמֵר כּוּלָּהּ שֶׁלִּי וְזֶה אוֹמֵר חֶצְיָהּ שֶׁלִּי". הָא תּוּ לָמָּה לִי? אֶלָּא מִמִּשְׁנָה יְתֵירָה שְׁמַע מִינָּהּ: הַמַּגְבִּיהַּ מְצִיאָה לַחֲבֵירוֹ קָנָה חֲבֵירוֹ. וּמִמַּאי דִּבְמְצִיאָה? דִּלְמָא בְּמִקָּח וּמִמְכָּר! וְכִי תֵּימָא: אִי בְּמִקָּח וּמִמְכָּר — מַאי לְמֵימְרָא? אִיצְטְרִיךְ, סָלְקָא דַּעְתָּךְ אָמִינָא: הַאי דְּקָאָמַר חֶצְיָהּ שֶׁלִּי לֶהֱוֵי כְּמֵשִׁיב אֲבֵידָה, וְלִיפָּטַר, קָמַשְׁמַע לָן דְּהַאי *אִיעֲרוּמֵי קָא מַעֲרִים. סָבַר: אִי אָמִינָא כּוּלָּהּ שֶׁלִּי — בָּעֵינָא אִשְׁתַּבּוּעֵי, אֵימָא הָכִי דְּאֶהֱוֵי כְּמֵשִׁיב אֲבֵידָה, וְאִיפָּטַר. אֶלָּא מֵהָא: "הָיוּ שְׁנַיִם רוֹכְבִין עַל גַּבֵּי בְּהֵמָה". הָא תּוּ לָמָּה לִי? אֶלָּא מִמִּשְׁנָה יְתֵירָה שְׁמַע מִינָּהּ: הַמַּגְבִּיהַּ מְצִיאָה לַחֲבֵירוֹ קָנָה חֲבֵירוֹ. וְדִלְמָא הָא קָמַשְׁמַע לָן: דְּרוֹכֵב נַמִי קָנֵי! אֶלָּא מִסֵּיפָא: "בִּזְמַן שֶׁהֵן מוֹדִין אוֹ שֶׁיֵּשׁ לָהֶן עֵדִים — חוֹלְקִין בְּלֹא שְׁבוּעָה". בְּמַאי? אִי בְּמִקָּח וּמִמְכָּר — צְרִיכָא לְמֵימַר? אֶלָּא לָאו — בִּמְצִיאָה, וּשְׁמַע מִינָּהּ: הַמַּגְבִּיהַּ מְצִיאָה לַחֲבֵירוֹ קָנָה חֲבֵירוֹ. וְרָבָא אָמַר לָךְ: מִגּוֹ דְּזָכֵי לְנַפְשֵׁיהּ זָכֵי נַמִי לְחַבְרֵיהּ.§ "הָיוּ שְׁנַיִם רוֹכְבִין".§ אֲמַר רַב יוֹסֵף, אֲמַר לִי רַב יְהוּדָה: שְׁמָעִית

רש"י

דְּחַזְיָא לִבְנֵי מְלָכִים. לְבָנִים קְטַנִּים. **זאת אומרת.** מַתְנִי' דְּקָתָנֵי שְׁנַיִם שֶׁהִגְבִּיהוּ מְצִיאָה קְנָאוּהָ וְיַחֲלוֹקוּ, וּכְשֶׁמַּגְבִּיהַּ מַגְבִּיהַּ לָדַעַת שֶׁיִּקְנֶה בָּהּ חֲבֵירוֹ עִמֵּיהּ, ש"מ הַמַּגְבִּיהַּ מְצִיאָה כו'. וּלְקַמֵּיהּ פָּרֵיךְ: דִּיּוּקָא דְּרָמֵי בַּר חָמָא מֵהֵיכָא, מֵאֵיזוֹ בָּבָא מִמִּשְׁנָתֵנוּ הוּא לָמַד כֵּן? **ולא יקנה לא זה ולא זה.** וְכָל הָרוֹצֶה יַחְטְפֶנָּה מִיָּדָם.

[לעיל ז.] **לעולם אימא לך לא קנה חבירו.** הֵיכָא דְּמַגְבִּיהַּ לֹא נִתְכַּוֵּין לִקְנוֹת בָּהּ כְּלוּם. וְטַעְמָא אָמַר לְקַמָּן (דף י.) דְּהָוֵי תּוֹפֵס לְבַעַל חוֹב בִּמְקוֹם כו'.

[לעיל ב.] **והכא.** דְּקָתָנֵי בְּמַתְנִי' שְׁנַיִם שֶׁהִגְבִּיהוּ מְצִיאָה קָנוּ – מִגּוֹ דְּזָכֵי לְנַפְשֵׁיהּ זָכֵי נַמִי לְחַבְרֵיהּ. **תדע.** דַּאֲפִי' אָמַר לֹא קָנָה חֲבֵירוֹ הֵיכָא דְּהִגְבִּיהַּ כּוּלָּהּ לָדַעַת

[לקמן י.] חֲבֵירוֹ, הָכָא דְּהִגְבִּיהַּ לְעַצְמוֹ וְלַחֲבֵירוֹ – קָנֵי מִשּׁוּם מִגּוֹ. **פטור.** הַמְשַׁלֵּחַ פָּטוּר מִלְּשַׁלֵּם כֶּפֶל, דְּקַיְ"ל: אֵין שָׁלִיחַ לִדְבַר עֲבֵירָה לְהִתְחַיֵּיב שׁוֹלְחוֹ, אֶלָּא שָׁלִיחַ. דְּדִבְרֵי הָרַב וְדִבְרֵי הַתַּלְמִיד דִּבְרֵי מִי שׁוֹמְעִין? **ואילו שותפין שגנבו.** וְהָאֶחָד הוֹצִיאָהּ מֵרְשׁוּת בְּעָלִים לְדַעְתּוֹ וּלְדַעַת חֲבֵירוֹ, אָמְרִינַן בְּבָבָא

[לקמן ט: נדרים פח:] קַמָּא (דף עח:) דְּחַיָּיבִין. **השתא דאמרת מגו.** דְּזָכֵי לְנַפְשֵׁיהּ כו', חֵרֵשׁ

[שבת נג: ע"ש ב"ק עח:] וּפִקֵּחַ שֶׁהִגְבִּיהוּ מְצִיאָה – קְנָאוּהָ. אע"פ שֶׁהַגְבָּהָה שֶׁל חֵרֵשׁ אֵינָהּ הַגְבָּהָה לִקְנוֹת אֶלָּא מִפְּנֵי דַּרְכֵי שָׁלוֹם, כְּדִתְנַן (גיטין דף נט:): חֵרֵשׁ שׁוֹטֶה וְקָטָן יֵשׁ בָּהֶן גָּזֵל מִפְּנֵי דַּרְכֵי שָׁלוֹם. אֲפִילּוּ הָכִי אָמַר: מִגּוֹ דְּזָכֵי לְנַפְשֵׁיהּ כו'. **בשלמא חרש** קָנֵי דְּקָא מַגְבַּהּ לָהּ בֶּן דַּעַת. לְרֹאשָׁהּ הַשֵּׁנִי לְאוֹרֶךְ שְׁנֵיהֶם, וְרֹאשׁוֹ שֶׁל צַד חֵרֵשׁ לְגַבֵּי חֵרֵשׁ מִיהָא הָוְיָא הַגְבָּהָה

[לקמן ט.] כִּדְתַקּוּן לֵיהּ מִפְּנֵי דַּרְכֵי שָׁלוֹם. אֶלָּא פִּקֵּחַ בְּמַאי קָנֵי? לְגַבֵּי פִּקֵּחַ הָוֵי לְאִשָּׁה שֶׁהִגְבִּיהַּ הַחֵרֵשׁ כְּמוּנַּחַת עַל גַּבֵּי קַרְקַע, דְּהַגְבָּהָה דְּחֵרֵשׁ לָא קָנְיָא אֶלָּא מִדַּרְכֵי שָׁלוֹם בְּעָלְמָא. **ומאי מגו.** אִיכָּא לְמֵימַר הָכָא, דְּקָאָמַר: הַשְׁתָּא דְּאָמְרַתְּ מִגּוֹ – אָמְרִינַן מִגּוֹ, וְחֵרֵשׁ אַמַּאי קָנֵי?

[נ"ל ליתי] הָא לָא זָכֵי פִּקֵּחַ לְנַפְשֵׁיהּ דְּנֵימָא דְּזָכֵי נַמִי לְחַבְרֵיהּ, וְלָא הָוְיָא הַגְבָּהָה דְּפִקֵּחַ הַגְבָּהָה. **אם תמצא לומר.** כְּלוֹמַר: אֲפִי' אִם תִּמְצָא לוֹמַר הַמַּגְבִּיהַּ מְצִיאָה לַחֲבֵירוֹ כו'. **הכא אדעתא** דִּידֵיהּ קָא מַגְבַּהּ לֵיהּ. הַאי פִּיקֵּחַ. **דלא ליתי לאינצויי.** עִם הַחוֹטְפִים

[לעיל ב.] מֵהֶם. **מהיכא.** מֵאֵיזוֹ בָּבָא מִמִּשְׁנָתֵנוּ קָא דָּיֵיק לוֹמַר זֹאת אוֹמֶרֶת. **הא קאמר** כּוּלָּהּ שֶׁלִּי **ואנא אגבהתיה.** וְהֵיאַךְ נֹאמַר לֹא יִקְנֶה לֹא זֶה וְלֹא זֶה, וְיָבֹא אַחֵר וְיִטְּלֶנָּה. וַהֲלֹא כָּל אֶחָד

[לעיל ד:] טוֹעֵן אֲנִי הִגְבַּהְתִּיהָ, וְאֵין כָּאן מַגְבִּיהַּ מְצִיאָה לַחֲבֵירוֹ, וּמַה יֵּשׁ לוֹ לְהָשִׁיב? בִּשְׁלָמָא הַאי שֶׁכְּנֶגְדּוֹ הַמּוּחְזָק בָּהּ כָּמוֹהוּ – אָמַר לֹא הִגְבַּהְתָּ אַתָּה כִּי אִם אֲנִי, אֲבָל אַחֵר מִן הַשּׁוּק מַה יִּטְעוֹן? **ממשנה יתירה.** אָמְרִינַן דְּהַמַּגְבִּיהַּ מְצִיאָה כו'. וּמִשּׁוּם הָכִי אָמְרִינַן יַחֲלוֹקוּ, דְּאָמְרִינַן שְׁנֵיהֶם הִגְבִּיהוּהָ, וַהֲוָה לֵיהּ כָּל אֶחָד מַגְבִּיהַּ מְצִיאָה לוֹ וְלַחֲבֵירוֹ וְקָנֵי. דְּאִי מִשּׁוּם דְּלָא יָדְעִינַן הֵי מִינַּיְיהוּ מְשַׁקֵּר, וַהֲוָה לֵיהּ מָמוֹן הַמּוּטָּל בְּסָפֵק, וְחוֹלְקִין בִּשְׁבוּעָה מִשּׁוּם שֶׁלֹּא יְהֵא כָּל אֶחָד וְאֶחָד הוֹלֵךְ וְתוֹקֵף, כִּדְאָמְרִי' לְעֵיל (דף ג.) – הָא שָׁמְעִינָא לֵיהּ מֵרֵישָׁא. **דאהוי** כְּמֵשִׁיב **אבידה.** מִדַּהֲוָה מָצֵי לְמֵימַר כּוּלָּהּ שֶׁלִּי, וְאָמַר חֶצְיָהּ שֶׁלִּי. **וליפטר.** מִשְּׁבוּעָה. **ממשנה יתירה כו'.** כִּדְפָרֵישִׁית. **דרוכב קני.** וְאַע"ג דְּלָאו מְשִׁיכָה הִיא, שֶׁאֵינָהּ זָזָה מִמְּקוֹמָהּ, שֶׁאֵין מַנְהִיגָהּ בְּרַגְלָיו. **צריכא** לְמֵימַר. דְּהֵיכָא דִּלְקוּחָה בֵּין שְׁנֵיהֶם שֶׁיַּחְלְקוּהָ בְּלֹא שְׁבוּעָה. **אלא לאו במציאה.** וְאִיצְטְרִיךְ לְאַשְׁמוּעִינַן שֶׁאֵין אַחֵר יָכוֹל לְחוֹטְפָהּ, דְּמַגְבִּיהַּ מְצִיאָה לַחֲבֵירוֹ קָנָה חֲבֵירוֹ. **ורבא אמר לך.** בְּעָלְמָא הֵיכָא דְּלֹא נִתְכַּוֵּין הַמַּגְבִּיהַּ לִזְכּוֹת בָּהּ – לֹא קָנָה חֲבֵירוֹ. וּמִשְׁנָה יְתֵירָה דְּמַתְנִי' אַשְׁמוּעִינַן הַמַּגְבִּיהַּ מְצִיאָה לוֹ וְלַחֲבֵירוֹ קָנָה אַף חֲבֵירוֹ, דְּמִגּוֹ דְּזָכֵי לְנַפְשֵׁיהּ זָכֵי נַמִי לְחַבְרֵיהּ.

שְׁמָעִית

תוספות

דחזיא לקטנים. ופריך דטלית מוזהבת לא עבדי לקטנים. ול"ג דחזיא לתרווייהו – דא"כ מאי פריך מטלית מוזהבת?

ושותפין שגנבו. פי' בקונטרס: שהוציא לדעתו ולדעת חבירו, כדאיתא בב"ק (דף עח:). ואין נראה, דהתם בטביחה איירי, וטביחה אפי' אמר "לא וטבח לי" – חייב, דדרשינן (שם דף עא.): 'תחת' – לרבות השליח. אלא שותפין שגנבו שהגביהו שניהם.

ומאי מגו מגו דשני חרשין. תימה: מנלן? דלמא תרי מגו לא אמרי', דב' חרשין דקנו – היינו מטעם מגו דזכי לנפשיה זכי נמי לחבריה.

אלא מסיפא זה אומר כולה שלי וזה אומר חציה שלי. אית דל"ג הכא "הא תו למה לי", דממשנה גופה קא דייק, דקאמר חציה שלי, והיינו שהגביה עם חבירו ולפי דבריו לא יטול כלום. אלא ודאי מגביה מציאה לחבירו זכה. ופריך: ממאי דבמציאה דלמא במקח וממכר. והוא הדין דהוה מצי למדחי דהא דאמר חציה שלי כגון דאמר תפסתיה חציה בידי, או הגבהתיה כולה לקנות חציה, אבל עדיין היה מדקדק מיתורא דמתני'. לכך דחי ליה דאפי' מיתורא אינו יכול לדקדק. ולספרים דגרסי "הא תו למה לי". י"ל: דמשום דמגופא דמתני' לא מצי למידק, כדפרישית. אך קשה: אמאי קאמר דלמא במקח וממכר? אפילו מיירי במציאה מצי לדחויי כדדחי! וי"ל בדוחק: ממאי דבמציאה דלהכי לא מוקמת במקח וממכר – משום דלא משכחת חידוש אלא במגביה מציאה לחבירו, כי נמי איירי במקח וממכר יש חידוש, דלא נימא חשיב אבידה הוא. וה"ה אם מיירי במציאה לא יוכל להוכיח כלום.

מנהיג

עין משפט נר מצוה

נג א מיי' פ"ט מהלכות טוען ונטען הל' י סמג עשין לה טוש"ע ח"מ סי' קלח סעיף ד:

נד ב מיי' פי"ז מהלכות אבידה הל' ג סמג עשין עד טוש"ע ח"מ סי' רסט סעיף א:

נה ג מיי' פ"ב מהל' גניבה הל' יד סמג עשין עא טוח"מ סי' שנ:

נו ד ה מיי' פי"ז מהל' גזילה ואבידה הל' ד סמג עשין עד טוש"ע ח"מ סי' רסט סעיף ד:

רבינו חננאל

כיון שהעמיד רב פפא משנתנו דקתני יחלוקו בתפסי לה בכרכשתא דקדק רמי בר חמא ואמר זאת אומרת המגביה מציאה לחבירו קנה חבירו. רבא אמר לעולם לא קנה ומתני' היינו טעמא מגו דזכי לנפשיה זכי נמי לחבריה. תדע דאילו האומר לחבירו צא וגנוב לי פטור המשלח דקי"ל אין שליח לדבר עבירה ואילו שותפין שגנבו חייבין ושקלי' וטרי' בה ואסיקנא דוקיא דרמי בר חמא מסיפא דמתני' בזמן שהן מודין או שיש להן עדים כי שניהם ביחד מצאוה ושניהן אגב' אגבהוה בכרכשתא חולקין בלא שבועה ש"מ המגביה מציאה לחבירו קנה חבירו דהא תרוייהו מסייעי להדדי בעי' דנא דמגבהי לה. ורבא אמר לך שאני הכא מגו דזכי לנפשיה זכי נמי לחבריה. וקי"ל כרמי בר חמא והוא דאמר ליה זכי לי דהא ר' יוחנן קאי כוותיה ואמר המגביה מציאה לחבירו קנה חבירו ואם יקשה לך הא דתנן היה רוכב על גבי בהמה וכו' התם באומר תנה לי ולא אמר זכה לי. היו שניהם רוכבין על גבי בהמה וכו'.

גליון הש"ס

גמ' אמר רבא לעולם. עיין לקמן דף י ע"א תוס' ד"ה איתיביה ובנדרים דף ל"ד ע"ב בר"ן ד"ה אמר רבא:

הגהות הב"ח

(א) גמ' השתא דאמרי דאמרי' מגו:

שמעית מיניה דמר שמואל תרתי, °רכוב ומנהיג – חד קני וחד לא קני, ולא ידענא הי מינייהו. היכי דמי? אילימא רכוב לחודיה ומנהיג לחודיה – מנהיג לחודיה מי איכא מאן דאמר לא קני? אלא אי איכא למימר דלא קני – רכוב הוא דאיכא למימר. אלא, רכוב במקום מנהיג איבעיא ליה, מאי? רכוב עדיף – דהא תפיס בה, או דלמא מנהיג עדיף – דאזלא מחמתיה. אמר רב יוסף, אמר לי רב יהודה: נחזי אנן. *דתנן: [א]המנהיג סופג את הארבעים, והיושב בקרון סופג את הארבעים, ר"מ פוטר *את היושב בקרון. ומדאפיך שמואל ותני: וחכמים פוטרין את היושב בקרון, שמע מינה: רכוב לחודיה לא קני, וכל שכן רכוב במקום מנהיג. אמר ליה אביי לרב יוסף: הא זמנין סגיאין אמרת לן נחזי אנן, ולא אמרת לן משמיה דרב יהודה! א"ל: אברא, ודכרנן נמי דאמרי ליה: היכי פשיט מר רכוב מיושב – יושב לא תפיס במוסירה, רכוב – תפיס במוסירה, ואמר לי: רב ושמואל דאמרי תרוייהו [ב]מוסירה לא קני. איכא דאמרי א"ל אביי לרב יוסף: היכי פשיט מר רכוב מיושב? יושב – לא תפיס במוסירה, רכוב – תפיס במוסירה. א"ל: הכי תנא אידי: מוסירה לא קני. אתמר נמי, אמר רבי חלבו אמר רב הונא: *מוסירה, מחבירו – קנה, [ג]במציאה ובנכסי הגר – לא קני. מאי לשון מוסירה? אמר רבא: אידי אסברא לי – כאדם המוסר דבר לחבירו. בשלמא מחבירו קני – דקא מסר ליה חבריה, אלא במציאה ובנכסי הגר – מאן קא מסר ליה דליקני? מיתיבי: *"היו שנים רוכבין על גבי בהמה" וכו'. מני? אילימא רבי מאיר – השתא יושב קני, רכוב מיבעי? אלא לאו – רבנן, ושמע מינה: [ד]רכוב קני! הכא במאי עסקינן – במנהיג ברגליו. אי הכי היינו מנהיג! תרי גווני מנהיג. מהו דתימא: רכוב עדיף – דהא מנהיג ותפיס בה, קמ"ל. ת"ש: [ה]שנים שהיו מושכין בגמל ומנהיגין בחמור, או שהיה אחד מושך ואחד מנהיג, במדה

רש"י

שמעית מיניה דמר שמואל תרתי. שמעתי ממנו שני דברים: דין רכוב ודין מנהיג, באחד אמר לי קני ובאחד אמר לי לא קני, ולא ידענא כו'. אי נימא רכוב לחודיה. שאין אחר מנהיג עמו, ובא אחד מן השוק וחוטפו ממנו בפניו, ומושכה לקנותה. וכן מנהיג ואין רכוב עמו, ובא אחד וחוטפו ממנו בפניו לקנותה. וקאמר שמואל באחד מינייהו דלא קני, ומאן דחטף – שפיר חטף. ומבעיא ליה לרב יהודה בהי מינייהו. מנהיג לחודיה מי איכא למאן דאמר דלא קני. הא משיכה היא זו, ובהמה נקנית במשיכה, ומאי תיבעי ליה לרב יהודה. אי ודאי אמר שמואל באחד מינייהו דלא קני – ברכוב הוא דקאמר, דקסבר משיכה בעינן, שתעקור יד ורגל, כדאמרינן בקדושין (דף כב:). אלא רכוב במקום מנהיג. שניהם באים לפנינו זה רכוב וזה מנהיג, זה אומר כולה שלי וזה אומר כולה שלי. אמר שמואל: חד קני. ומבעיא ליה לרב יהודה היכא דאיתנהו לתרוייהו, הי עדיף? רכוב עדיף – דהא תפיס בה, וכי אמרינן משיכה קני – היכא דליכא רכוב, אבל במקום רכוב – לא. או דלמא מנהיג עדיף דקאזלא מחמתיה. והיא הגדולה בקנין. למאן אי לר"מ כו' עד לרבנן – לא גרס. נחזי אנן. אית לן למפשט משמעתא דמר שמואל בהי מינייהו אמר. המנהיג. בשור וחמור. פוטר. קסבר: לאו מידי עביד. ומדאפיך שמואל כו'. ש"מ סבירא לשמואל רכוב לאו מידי מעשה עביד, ומשום דיחיד ורבים הלכה כרבים – אפכה למתני' לאוקמה פטורא כרבנן. הכי גרסינן: שמע מינה ס"ל לשמואל רכוב לחודיה לא קני, ולא גרס לרבנן. והא זמנין סגיאין אמרת. להא שמעתין, נחזי אנן. ולא אמרת לן. אלא משמך למפשט ספיקו דרב יהודה. אברא. אמת, הוא אמר לי נחזי אנן, וזכור אני שאמרתי לו: היכי תפשוט מר רכוב מיושב בקרון. מוסירה. קבישטר"א. מוסירה אינה קונה. במליאה עד שיוליכנה, ותעקור יד ורגל. ואע"ג דבמכירה קני, כדתנן (קדושין דף כה:): בהמה גסה נקנית במסירה – לגבי מליאה לא קני, כדאמרינן טעמא לקמן בשמעתין. איכא דאמרי. רב יוסף משמיה דנפשיה קאמר: נחזי אנן. וא"ל אביי: היכי תפשוט רכוב כו'. אידי. שם חכם. מחבירו. מקח וממכר. בנכסי הגר. שמת ואין לו יורשין, וכל הקודם בנכסיו זכה בהן. ומהו לשון מוסירה. שמוסרין אותו בו לנוקה. אי נימא ר"מ. דאמר: היושב בקרון סופג את הארבעים. ומתני' יחידאה היא, ולית הלכתא כוותיה. השתא לר"מ יושב קני. דקאמר: היושב בקרון סופג את הארבעים. רכוב מיבעיא. ולמה לי לאשמועינן בתרתי? אלא לאו רבנן. ואשמועינן דיושב הוא דפטור, אבל רכוב – לא, ותיובתא לרב יהודה דפשט רוכב מיושב. במנהיג ברגליו. דקנייה במשיכה, שבועט בה ברגליו והולכת מחמתו כדרך רוכבי סוסים. היינו מנהיג. והו"ל למיתני: או שהיו שניהם מנהיגים. תרי גווני מנהיג. דאי אשמועינן בשני מנהיגים דיחלוקו – לא היינו יודעים להאי מהו דתימא כו'. חמור דרכו בהנהגה וגמל דרכו במשיכה. במדה

תוספות

מנהיג לחודיה מי איכא מאן דאמר לא קנה. אע"ג דלר"ש אית ליה בפ"ק דקדושין (דף כה: ושם) דבהמה [בין דקה בין גסה] אינה נקנית אלא בהגבהה, °מ"מ פריך מכח סתם מתניתין, דהא תנן אחד רכוב ואחד מנהיג כו'. והא דתנן בפ"ק דקדושין (שם) *בהמה גסה נקנית במסירה דברי ר"מ. ור"א – אף במסירה קאמר, וכ"ש במשיכה. וכן התם בגמ' דהיכא דמזכיר מסירה – הוי פי' אף במסירה. ובמקום שמזכיר משיכה דוקא ולא מסירה, ובלאו הכי צריך לומר כן התם.

רכוב הוא דלא קני. ומתני' דאחד רכוב – דאי לקמן במנהיג ברגליו.

רכוב עדיף דתפיס בה. °אין לפרש דתפיס ברגליו, או במה שיושב עליה, דהאי לא מיקרי תפיס בה, אלא במה שהוא תפוס במוסירה קרי תפיס בה. דהא בסמוך נקט האי לישנא וצריך לומר דתפיס בה ואזלא נמי מעט מחמתיה, או דלמא מנהיג עדיף דאזלא מחמתיה טובא. דאי לא מיבעיא ליה ברכוב אלא משום דתפיס בה גרידא – א"כ מה פושט בסמוך מיושב דפטור? והכי נמי דרכוב לא קני – והלא לענין כלאים אינו תלוי כלל בתפיסה, אלא באזלא מחמתיה, ולענין קנין אינו תלוי כי אם בתפיס בה, ולא באזלא מחמתיה.

או דלמא מנהיג עדיף כו'. תימה: דלפשוט ממתני' דמנהיג קונה במקום רכוב, ואי רכוב איירי במנהיג ברגליו – כ"ש דמנהיג עדיף, דאפילו במקום רכוב ומנהיג ברגליו קני, כ"ש בקמוס רכוב לחודיה! וי"ל: דמן המשנה אין להוכיח דקני מנהיג במקום רכוב, דאפילו לא קני מיקרי מוחזק. דכיון דמנהיג לחודיה שלא במקום רכוב קני – מקרי מוחזק אפי' במקום רכוב. ומ"מ, לקמן מוכיח שפיר ממתניתין דרכוב לחודיה קני, מאחר שקרוי מוחזק. דאי אפילו לחודיה לא קני – סברא הוא דאפי' מוחזק נמי לא הוי. וכן לעיל, דקאמר אילימא מהא שנים אוחזין האי אמר כולה אגבהתי', אבל שניס שהגביהו לא קנו – התם נמי, אע"ג דכמו שהם שניהם תפוסים לא קנו – מקרי מוחזק כיון דאם היה מגביה לחודיה, אילו לא היה חבירו תפוס בלד השני היה קונה – לכך איקרי מוחזק אפילו עם חבירו. °ומסיפא אין להוכיח דרכוב ומנהיג קנו שניהם זה במקום זה, דקתני אם היו שניהם מודים יחלוקו, דאין שניהם מודים שכך קנו אותה ביחד זה ברכיבה וזה בהנהגה, אלא שניהם בהנהגה או בקנין אחר.

רכוב לחודיה לא קני. נראה דרב יהודה היה מסופק אם שמע משמואל ברכוב לחודיה ומנהיג לחודיה, ואז פשיט ליה דרכוב הוא דלא קני, או אם שמיע ליה ברכוב במקום מנהיג ואז מספקא ליה הי מינייהו קני. דאי לא מספקא ליה אלא שמא משמואל ברכוב במקום מנהיג ותו לא, א"כ ס"ל לשמואל דרכוב לחודיה קני, והשתא פשיט רב יהודה דאפילו לחודיה לא קני.

מהו דתימא רכוב עדיף. פי': חזקתו עדיף, ויבטל את חזקת המנהיג, קמ"ל דשניהם מוחזקים ויחלוקו. אבל אין לפרש מהו דתימא דרכוב עדיף ויבטל את קנין המנהיג קמ"ל דשניהם קנו, כדפרישית לעיל. דאפילו לא הוי במקום רכוב – מקרי מוחזק, כיון דמנהיג לחודיה קני. וא"ת: לעיל, כי פריך השתא יושב קני רכוב מיבעיא, לישני דקא משמע לן דלא מבטל חזקת רכוב דתפיס בה ואזלא מחמתיה, את חזקת המנהיג! וי"ל: דאין צריך להשמיענו, דפשיטא דרכוב לחודיה בלא מנהיג ברגליו לא חשיב לבטל את חזקת המנהיג. דאי משום דתפיס בה – מנהיג נמי אזלא מחמתיה טפי מרכוב. אבל השתא דמיירי במנהיג ברגליו, דכיון דכל מה שיש במנהיג יש ברכוב, ועוד דתפיס בה יבטל את חזקת המנהיג, קא משמע לן ולפי מאי דאוקמינא השתא במנהיג ברגליו אתיא כרבנן, ולכל שכן כרבי מאיר.

מושך

עין משפט נר מצוה

נז א מיי' פ"ט מהלכות כלאים הלכה ט סמג לאוין רפב טוש"ע י"ד סי' רלז סעיף יב:

עיין רש"א

נח ב ש"ע ח"מ סי' קלז סעיף א וע"ש בטור וב"י:

נט ג מיי' פי"ז מהלכות אבידה הל' ו סמג עשין עד טוש"ע ח"מ סי' רעא סעיף ב:

ס ד מיי' פי"ז מהלכות אבידה הלכה ז ופ"ב מהל' מכירה הל' ו ופ"ט מהל' טוען ונטען הל' ז סמג עשין עד וסי' פב וסי' לה טוש"ע ח"מ סי' קלח סעיף א וסי' קלז סעיף ה וסי' רעא סעיף ג:

סא ה מיי' פי"ז מהל' אבידה הל' ה ועי' בהשגות ובמ"מ ובכ"מ סמג עשין עד טוש"ע ח"מ סי' רעא סעיף א:

רבינו חננאל

הא דאמרן רוכב ומנהיג חד קני וחד לא קני ואמר רב יהודה נחזי אנן מדתנן בפ' כלאי הכרם המנהיג סופג מ' וכו'. פי' המנהיג בשור (או) ובחמור ודש או חרש סופג מ' והיושב בקרון סופג מ' ר"מ פוטר את היושב בקרון. שמואל מפיך ותני היושב בקרון סופג מ' דברי ר' מאיר וחכמים פוטרין את היושב בקרון הנה היושב בקרון כמו רוכב הוא וכיון דפטרי ליה רבנן שמעינן מינה דלא *) הוא מנהיג הבהמה שרוכב עליה ולא מתעבידא מכחו ולא חרישה ולא דישה לפיכך הוא פטור הלכך רוכב לחודיה לא קני וכ"ש רוכב במקום מנהיג ודברים פשוטין הן. פי' מוסירה כגון פרומביא ואפסר כל בהמה בראוי לה. התופס במוסירה לא קני לא במציאה ולא בנכסי הגר דהא לא מסר ליה אחרינא אבל מוסירה מחבירו קני דהא מסר ליה חבריה. מיתיבי היו שנים רוכבין על גבי בהמה וכו'. ופרקי' במנהיג הבהמה שרוכב עליה (בקרקע) [ברגליו].

*) אולי צ"ל דלא הוי כמנהיג הבהמה כשרוכב עליה דלא איתעבידא מכחו ולא הוי כחרישה ודישה לפיכך וכו'.

גליון הש"ס

גמ' רכוב. עי' תוי"ט פ"י משנה ג' דנדרים ד"ה אביה ובעלה: תום' ד"ה מנהיג וכו' מ"מ פריך מכח סתם מתני'. כעין זה בכתובות דף ל"ה ע"א ומי איכא למ"ד חייבי מיתות שוגגי' חייבי' ובתום' שם: שם ד"ה רכוב וכו' אין לפרש. עיין תשובת מהר"ס די בוטון סי' ס"ג: שם ד"ה או וכו' ומסיפא אין להוכיח. קשה לי במה דאמרי' לעיל ע"א אלא מסיפא בזמן שהן מודים כו' וש"מ המגביה מציאה לחבירו מנ"ל דהן מודים קאי אהגביהו מציאה ומודים שהגביהו יחד ונוכיח מזה דהמגביה מציאה לחבירו קנה חבירו. דלמא קאי על אחד רוכב ואחד מנהיג דמודים שקנו יחד בזה ונוכיח מזה דרכוב במקום מנהיג קנה:

מסורת הש"ס

כלאים פ"ח מ"ג

[במשנה שם ליתא להך ג' תיבות את היושב בקרון]

[עי' תוס' ב"ב עה: ד"ה אחזה]

[לעיל ב.]

במדה זאת קנו. ר' יהודה אומר: לעולם לא קנה עד שתהא משיכה בגמל והנהגה בחמור. קתני מיהת: או שהיה אחד מושך ואחד מנהיג. מושך ומנהיג — אין, אבל רכוב — לא! הוא הדין דאפילו רכוב, והא דקתני מושך ומנהיג — לאפוקי מדר' יהודה, דאמר עד שתהא משיכה בגמל והנהגה בחמור, קמשמע לן דאפילו איפכא נמי קני. אי הכי ליערבינהו וליתנינהו: שנים שהיו מושכין ומנהיגין בין בגמל בין בחמור! איכא חד צד דלא קני, איכא דאמרי משיכה בחמור, ואיכא דאמרי [א]הנהגה בגמל. ואית דמותיב מסיפא: במדה זו קנה, במדה זו למעוטי מאי — לאו למעוטי רכוב? לא, למעוטי איפכא. אי הכי היינו ר' יהודה! איכא בינייהו צד אחד דלא קנה, אית דאמרי משיכה בחמור, ואיכא דאמרי הנהגה בגמל. ת"ש: [ב]אחד רכוב חמור ואחד תפוס במוסירה — זה קנה חמור וזה קנה מוסירה. שמע מינה: רכוב קני! הכא נמי במנהיג ברגליו. אי הכי נקני נמי רכוב במוסירה! אימא: זה קנה חמור וחצי מוסירה, וזה קנה חצי מוסירה. בשלמא רכוב קני — דקמגבהה ליה בן דעת, אלא תפוס במוסירה במאי קני? אימא: זה קנה חמור וכוליה מוסירה, וזה קני מה שתפוס בידו. *האי מאי? אם תימצי לומר המגביה מציאה לחבירו קנה חבירו — הני מילי היכא דקא מגבה ליה אדעתא דחבריה, האי — אדעתא דידיה קא מגבה ליה, איהו לא קני — לאחריני מקני? אמר רב אשי: [ג]זה קנה חמור ובית פגיה, וזה קנה מה שתפוס בידו, והשאר לא קנה לא זה ולא זה. רבי אבהו אמר: לעולם כדקתני, הואיל ויכול לנתקה ולהביאה אצלו. [ד]והא דר' אבהו *ברותא היא. דאי לא תימא הכי — [ה]טלית שהיא מונחת חציה על גבי קרקע וחציה על גבי עמוד, ובא אחד והגביה חציה מעל גבי קרקע, ובא אחר והגביה חציה מעל גבי עמוד, הכי נמי דקמא קני ובתרא לא קני, הואיל ויכול לנתק ולהביא אצלו? אלא, הא דר' אבהו ברותא היא. ת"ש, ר' אליעזר אומר: [ו]רכוב בשדה ומנהיג בעיר — קנה! הכא נמי מנהיג ברגליו. אי הכי היינו מנהיג! תרי גווני מנהיג. אי הכי רכוב בעיר מאי טעמא לא קני? אמר רב כהנא: לפי שאין דרכן של בני אדם לרכוב בעיר. אמר ליה רב אשי לרב כהנא: אלא מעתה, הגביה ארנקי בשבת, שאין דרכן של בני אדם להגביה ארנקי בשבת — הכי נמי דלא קני? אלא מאי דעבד עבד — וקני, הכא נמי, מאי דעבד עבד — וקני. אלא [ז]במקח וממכר עסקינן, דאמר ליה: קני כדרך שבני אדם קונין. ואי

רש"י

במדה זו. לקמיה מפרש למעוטי מאי. אי הכי. דלתנא קמא איפכא קני, אמאי קתני משיכה בגמל והנהגה בחמור? ליערבינהו וכו' מושכין ומנהיגין. איכא חד צד דלא קני. להכי לא מצי למתני בתרוייהו משיכה והנהגה. ותנא הכי: מושכין בגמל ומנהיגין בחמור, או שהיה אחד מושך ואחד מנהיג באחד מהן, אותו שדרכו בשניהם. במדה הזאת. קס"ד במשיכה או בהנהגה, בין בגמל בין בחמור. אחד תפוס במוסירה. ואינו מנהיג. ש"מ רכוב קני. שלא במקום מנהיג, וכיון דשלא במקום מנהיג קני כוליה, במקום מנהיג פלגי. נקני נמי רכוב במוסירה. שבראש החמור, שהוא תכשיט החמור וכחמור דמי. בשלמא רכוב. מצית למימר דקנה כהגבהת חבירו שהגביה ראשו השני מן הקרקע, דקא מגבה לה בן דעת. אלא תפוס במוסירה במאי קני. פלגא? והלא ראשה השני מונח במקומו, והגבהת הפקר לא קניא עד דעקר לכוליה. האי מאי. דקא אמרת הגבהת תופס במוסירה לא הויא הגבהה לדידיה, והויא הגבהה לאחריני, אפילו אם תימצי לומר כו'. ובית פגיה. קיבליי"ל בלע"ז, מה שבראש החמור, וכחמור דמי. מה שתפוס בידו. דמה שבתוך ידו הוי מגביה לגמרי. לא זה ולא זה. והבא לחוטפו יחטוף. כדקתני. זה קנה חמור וזה קנה מוסירה, אפי' בית פגיה של חמור. הואיל ויכול. התפוס במוסירה למושכו בכח, וינתק מראש החמור ויביאנו אצלו, דהואיל וראש החמור גבוה נוח להביאה אצלו בנתיקה אחת. ברותא היא. דאע"ג דיכול לנתק — לאו הגבהה היא. חציה על גב העמוד. דכיון דבמקום גבוה הוא, האוחזה בראשה השני נוח לו לנתק ולהביאה אצלו, דלא מחסר הגבהה. הכי נמי דקמא קני. דמכי אגבהה קניא כולה משום דיכול לנתקה — אם כן יש חילוק בשנים שהגביהו מציאה זה מכאן וזה מכאן, בין מקום גבוה למקום נמוך. דהיכא דשני ראשיה מונחים בקרקע — אין הגבהת של ראשון קונה כולה, שאין יכול לנתקו ולהביאו אצלו. מתוך שהוא ארוך ומונח בקרקע כל מה שהוא נותקו ומושכו אחריו נגרר הוא על גבי קרקע. והיכא דאחד מראשיה גבוה, כגון בראש החמור או על גבי עמוד — המגביה תחלה ראש שעל גבי קרקע קונה כולה, ואנן לא אשכחן תנא דמפליג. רכוב בשדה. בהמה של מציאה קונה, אבל לא בעיר. וטעמא מפרש לקמיה. ומנהיג אף בעיר קנה, וכ"ש בשדה. ש"מ: רכוב לחודיה קני כו'. אין דרכן. משום צניעותא. ואי

תוספות

מושך ומנהיג אין אבל רכוב לא. תימה: מנ"ל? דלמא כ"ש רכוב דתפיס ביה. ואי משום דשייריה — אטו בכל דוכתי תנא כולהו קניינין? וי"ל: דממשנה יתיר' קדייק, דליערבינהו ולתנינהו שנים שהיו מושכין או מנהיגים בין בגמל בין בחמור, ותו לא. מדקתני בלישנא יתירא — ש"מ דלמעוטי רכוב אתא. והיינו דפריך בתר הכי: וליערבינהו ולתנינהו. וא"ת: לעולם מנ"ל למעוטי רכוב? דלמא הא דלא ערבינהו — כדי לאשמועינן דמשיכה אורחא בגמל והנהגה בחמור, ואפ"ה, אחד מושך ואחד מנהיג בגמל לא מבטל משיכה דאורחא בגמל את ההנהגה דלאו אורחא. וכן בחמור איפכא. ולכך תנא בתר הכי אחד מושך ואחד מנהיג, ולא למעוטי רכוב! וי"ל: כיון שישמיענו שמשיכה והנהגה שניהם קנו בגמל ובחמור — פשיטא שאין אחד מבטל חבירו משום דהאי אורחיה והאי לאו אורחיה. אבל במתני' משמיענו שפיר שאין מבטל רכוב ומנהיג ברגליו את מנהיג לחודיה, לפי שיש ברכוב כל מה שיש במנהיג, ועוד: דתפיס בה. **אי** הכי ליערבינהו ולתנינהו. לפי מאי דס"ד דרכוב קני, ומשיכה והנהגה בין בגמל בין בחמור במדה זו קנה, אתא למעוטי שום קנין אחר, או רכוב במקום מנהיג. **אי** הכי היינו ר' יהודה. הוה מצי לאקשויי מגופה, דקתני: או שהיה אחד מושך ואחד מנהיג — ש"מ דבחד לד קני. **ונקני** נמי רכוב במוסירה. אי גרסינן "אי הכי", ה"פ: אי אמרת בשלמא כשאין מנהיג ברגליו ורכוב קני הבהמה משום דתפיס בה — א"ש דלא קני מוסירה, דבמטלטלין לא שייך קנין של מוסירה אלא בהגבהה או משיכה. אבל אי מיירי בנוהג ברגליו — לקני נמי מוסירה במשיכת הבהמה, אי אמרינן משוך בהמה זו וקני כלים שעליה קני. דלקמן מיבעיא לן אי קני אי לא קני, ליפשוט מהכא דלא מהני. **והשאר** לא קנה לא זה ולא זה. ואפילו אי אמרינן משוך בהמה וקני כלים שעליה קני. הכא, כיון דתפיס במוסירה לא קני — רכוב נמי לא קני, כדאמרינן אדעתא דידיה אגבהה איהו לא קני כו'. **דאי** לא תימא הכי טלית שחציה כו'. קצת קשה, מנ"ל שלא יחלוק רבי אבהו אף בזה? **הואיל** ויכול לנתקו ולהביאו אצלו. תימה: דמשמע דאם נתקה שהוא קונה כו', משום שעל ידו הוגבהה, למעלה משלם. ומאי שנא מעני המנקף בראש הזית (גיטין דף נט:), שאין בו גזל אלא מפני דרכי שלום? וכן פרק "הגוזל קמא" (ב"ק דף לא. ושם ד"ה והני מילי) הזורק סלע של חבירו לים — פטור, ומוקי לה בדאדיי' אדויי, אלמא: לא חשיב מה שהוגבהה על ידו, הואיל וסופו ליפול! וי"ל: דשאני הכא שתופס בידו אחד מן הראש. א"נ הכא איירי כשניתק מן העמוד אינו ארוך כ"כ שיגיע ראש השני לארץ ושלהי שילוח הקן (חולין דף קמא:) דקאמר זיל טרוף אקן דלגבהינהו ולקנינהו התם נמי הוגבהו על ידו יותר ממה שהיה תחילה שהרי קצת מפריחים למעלה לכך *קני. **אי** הכי רכוב בעיר מאי טעמא לא קני. אי גרסינן "א"ה", ה"פ: אי אמרת בשלמא לא מיירי במנהיג ברגליו — לכך בעיר לא קני, דלא אזלא מחמתיה, לפי שיש בני אדם שמדברים יחד ויש כמה דברים באמצע הדרכים. אלא אי אמרינן במנהיג ברגליו — א"כ אזלא מחמתיה טובא, ואמאי לא קני?

משוך

עין משפט נר מצוה

סב א מיי' פי"ז מהל' אבידה הל' ה ועי' בהשגות ובמ"מ סמג עשין עד טוש"ע ח"מ סי' רעא סעיף א:

סג ב ג מיי' שם הל' ז טוש"ע שם סעיף ג:

סד ד ה טוש"ע ח"מ סי' רסט סעיף ה וע"ש:

סה ו ז מיי' פ"ב מהל' מכירה הל' י ועיין במ"מ סמג עשין פב טוש"ע ח"מ סי קצז סעיף ה:

רבינו חננאל

פי' איכא חד צד דלא קני יש מי שאומר משיכה בחמור לא קני אבל בגמל בין במשיכה בין בהנהגה קני. ויש מי שאומר הנהגה בגמל לא קנה אבל חמור בין במשיכה בין בהנהגה קני. פי' פגיה רצועות של מוסירה הנתונות על לחייה ועל פדחתה. סוגיא דשמעתא טלית מונחת על גבי קרקע וחציה על גבי עמוד בא אחד והגביה חציה מעל גבי קרקע ובא אחר והגביה חציה שעל גבי עמוד א). רכוב אי קני אי לא קני ת"ש ר"א אומר רכוב בשדה קנה וכו' ודחי' התם במנהיג ברגליו אי הכי היינו מנהיג. ופרקי' תרי גווני מנהיג. ואסקי' במקח וממכר אי אמר ליה קני כדרך שבני אדם קונין אי ברשות הרבים רכוב קנה.

א) חסר פה בהעתקה ונראה דל"ל קנו תרוייהו.

גליונות

[לעיל ח.]

ס"א ברותא [ועי' פסחים יא. בגליון מהרי"ב]

[פי' במקום שטעו חכמים ולא דברו כהלכה לא רצה לגנותם ולומר טעו אלא אמרו ברותא היא כלומר דעת חיצונית היא. ערוך ערך בר ד']

[וע"ע תוס' כתובות לג: ד"ה ואי דלא מגלי]

[א]וְאִי רְשׁוּת הָרַבִּים הוּא [א] — קָנֵי, וְאִי אָדָם חָשׁוּב הוּא — קָנֵי, וְאִי אִשָּׁה הִיא — קָנְיָא. וְאִי אִינִישׁ זִילָא הוּא — קָנֵי. בָּעֵי ר' אֶלְעָזָר: הָאוֹמֵר לַחֲבֵירוֹ מְשׁוֹךְ בְּהֵמָה זוֹ לִקְנוֹת כֵּלִים שֶׁעָלֶיהָ מַהוּ? [ב]לִקְנוֹת? מִי אֲמַר לֵיהּ קְנֵי? אֶלָּא: מְשׁוֹךְ בְּהֵמָה זוֹ וּקְנֵי כֵּלִים שֶׁעָלֶיהָ, מַהוּ? מִי מְהַנְּיָא מְשִׁיכָה דִּבְהֵמָה לְאַקְנוּיֵי כֵּלִים, [ג]אוֹ לָא? אֲמַר רָבָא: אִי אֲמַר לֵיהּ קְנֵי בְּהֵמָה וּקְנֵי כֵּלִים מִי קָנֵי כֵּלִים? [ד]חָצֵר מְהַלֶּכֶת הִיא, וְחָצֵר מְהַלֶּכֶת לֹא קָנָה. וְכִי תֵּימָא כְּשֶׁעָמְדָה, וְהָא *כָּל [ה]שֶׁאִילּוּ מְהַלֵּךְ לֹא קָנָה — עוֹמֵד וְיוֹשֵׁב לֹא קָנָה. ⊕[ו]וְהִלְכְתָא — בִּכְפוּתָה. אֲמַרוּ לֵיהּ רַב פַּפָּא וְרַב הוּנָא בְּרֵיהּ דְּרַב יְהוֹשֻׁעַ לְרָבָא: אֶלָּא מֵעַתָּה הָיָה מְהַלֵּךְ בִּסְפִינָה וְקָפְצוּ דָּגִים וְנָפְלוּ לְתוֹךְ הַסְּפִינָה, הָכִי נַמִי דְּחָצֵר מְהַלֶּכֶת הִיא וְלָא קָנֵי? אֲמַר לֵיהּ: [ז]סְפִינָה מֵינָח נַיְיחָא, וּמַיָּא הוּא דְּקָא מַמְטוּ לָהּ. א"ל רָבִינָא לְרַב אַשִׁי: אֶלָּא מֵעַתָּה, הָיְתָה מְהַלֶּכֶת בִּרְשׁוּת הָרַבִּים וְזָרַק לָהּ גֵּט לְתוֹךְ חֵיקָהּ אוֹ לְתוֹךְ קַלְתָּהּ, הָכָא נַמִי דְּלָא מִגָּרְשָׁה? א"ל: [ח]קַלְתָּהּ מֵינָח נַיְיחָא, וְאִיהִי דְּקָא מְסַגְּיָא מִתּוּתָהּ.§

מתני' [ט]הָיָה רוֹכֵב עַל גַּבֵּי בְּהֵמָה וְרָאָה אֶת הַמְּצִיאָה, וְאָמַר לַחֲבֵירוֹ תְּנָה לִי, נְטָלָהּ וְאָמַר אֲנִי זָכִיתִי בָּהּ — זָכָה בָּהּ. אִם מִשֶּׁנְּתָנָהּ לוֹ אָמַר אֲנִי זָכִיתִי בָּהּ תְּחִלָּה — לֹא אָמַר כְּלוּם.§ **גמ'** *תְּנַן הָתָם: מִי שֶׁלִּיקֵּט אֶת הַפֵּאָה, וְאָמַר הֲרֵי זוֹ לִפְלוֹנִי עָנִי, רַבִּי אֱלִיעֶזֶר אוֹמֵר: זָכָה לוֹ, וַחֲכָמִים אוֹמְרִים: [י]יִתְּנֶנָּה לֶעָנִי הַנִּמְצָא רִאשׁוֹן. אֲמַר עוּלָּא אֲמַר ר' יְהוֹשֻׁעַ בֶּן לֵוִי: מַחֲלוֹקֶת מֵעָשִׁיר לְעָנִי, דְּר' אֱלִיעֶזֶר סָבַר: *מִגּוֹ דְּאִי בָּעֵי מַפְקַר נִכְסֵיהּ וְהָוֵי עָנִי, וַחֲזֵי לֵיהּ — הַשְׁתָּא נַמִי חֲזֵי לֵיהּ, *וּמִגּוֹ דְּזָכֵי לְנַפְשֵׁיהּ — זָכֵי נַמִי לְחַבְרֵיהּ. וְרַבָּנַן סָבְרִי: *[כ]חַד מִגּוֹ — אָמְרִינַן, תְּרֵי מִגּוֹ — לָא אָמְרִינַן. אֲבָל מֵעָנִי לְעָנִי — דִּבְרֵי הַכֹּל זָכָה לוֹ, דְּמִגּוֹ דְּזָכֵי לְנַפְשֵׁיהּ זָכֵי נַמִי לְחַבְרֵיהּ. אֲמַר לֵיהּ רַב נַחְמָן לְעוּלָּא: וְלֵימָא מָר מֵעָנִי לְעָנִי מַחֲלוֹקֶת, דְּהָא מְצִיאָה הַכֹּל עֲנִיִּים אֶצְלָהּ, וּתְנַן: הָיָה רוֹכֵב עַל גַּבֵּי בְהֵמָה וְרָאָה אֶת הַמְּצִיאָה, וְאָמַר לַחֲבֵירוֹ תְּנָה לִי, נְטָלָהּ וְאָמַר אֲנִי זָכִיתִי בָּהּ — זָכָה בָּהּ. אִי אָמְרַתְּ בִּשְׁלָמָא מֵעָנִי לְעָנִי מַחֲלוֹקֶת — מַתְנִיתִין

רש"י

וְאִי רְשׁוּת הָרַבִּים הוּא קָנֵי. בָּעִיר, דְּדֶרֶךְ לִרְכּוֹב שָׁם וְלֹא לְהַנְהִיג. פֶּן יִפְסְקוּ עוֹבְרֵי דְרָכִים בֵּינוֹ לְבֵין בְּהֶמְתּוֹ. **וְאִי אָדָם חָשׁוּב הוּא.** אֵין דַּרְכּוֹ לְהַנְהִיג בְּהֵמָה בְּרַגְלָיו, וְדֶרֶךְ כָּבוֹד לִרְכּוֹב עָלֶיהָ אַף בִּסְמְטָא שֶׁאֵין בְּנֵי אָדָם שָׁם. וְכֵן אִשָּׁה שֶׁאֵין בָּהּ כֹּחַ לֶאֱחוֹז הַבְּהֵמָה פֶּן תִּינָּתֵק הֵימֶנָּה. **וְאִי אִינִישׁ זִילָא הוּא קָנֵי.** שֶׁדַּרְכּוֹ לִרְכּוֹב לִפְנֵי כֹּל, אַף בְּלֹא דּוֹחַק, לְפִי שֶׁאֵינוֹ נָנוֹעַ. אֲבָל אָדָם בֵּינוֹנִי, כְּגוֹן שֶׁאֵינוֹ חָשׁוּב בְּעוֹשֶׁר וְאֵינוֹ בּוֹשׁ לְהוֹלִיךְ בְּהֵמָה בְּרַגְלָיו – אֵין דַּרְכּוֹ לִרְכּוֹב בִּסְמְטָא בָּעִיר, מִשּׁוּם לְנִיעוּת. **מְשׁוֹךְ בְּהֵמָה זוֹ עַל מְנָת לִקְנוֹת כֵּלִים שֶׁעָלֶיהָ.** בְּמִקָּח וּמִמְכָּר, וּמוֹכֵר לוֹ אֶת הַכֵּלִים וְלֹא אֶת הַבְּהֵמָה. **לִקְנוֹת מִי קָאָמַר לֵיהּ קְנֵי.** לִקְנוֹת מַשְׁמַע: אַתָּה הִתְכַּוֵּין לִקְנוֹת, אֲנִי אֵינִי מַקְנֶה לְךָ. **מִי קָנֵי כֵּלִים.** בִּמְשִׁיכָה דִּבְהֵמָה עִם הַבְּהֵמָה. דְּמִדְּקָא מִבָּעְיָא לָךְ בְּמוֹכֵר כֵּלִים בְּלֹא בְּהֵמָה – מִכְּלָל דִּבְמוֹכֵר שְׁנֵיהֶם פְּשִׁיטָא לָךְ (א) דְּמִדְּקָנֵי בְּהֵמָה קָנֵי כֵּלִים. **מִשּׁוּם תּוֹרַת חָצֵר.** דְּקַיְימָא לָן חֲצֵרוֹ שֶׁל אָדָם קוֹנָה לוֹ, וּבְהֶמְתּוֹ כַּחֲצֵרוֹ. וְהָא חָצֵר מְהַלֶּכֶת הִיא, וְחָצֵר מְהַלֶּכֶת לָא שָׁמְעִינַן דְּתִקְנֵי. דְּכִי אִתְרַבַּאי (גיטין דף עז.) מֵ"אִם הִמָּצֵא תִמָּצֵא בְיָדוֹ" גַּגּוֹ חֲצֵרוֹ וְקַרְפֵּיפוֹ אִתְרַבַּאי – דְּלָא נָיֵיד וְהָוֵי מִשְׁתַּמֵּר. **וְכִי תֵימָא כְּשֶׁעָמְדָה.** לְאַחַר שֶׁעָקְרָה יָדָהּ וְרַגְלָהּ. וְנִקְנֵית לוֹ הַבְּהֵמָה בִּמְשִׁיכָה, עָמְדָה וְלֹא הָלְכָה. וְנִקְנוּ כֵּלִים בַּעֲמִידָתָהּ דְּקָנָה לוֹ חֲצֵרוֹ. **כָּל שֶׁאִילּוּ מְהַלֵּךְ לֹא קָנָה כו'.** כְּלוֹמַר: כֵּיוָן דִּרְאוּיָה הִיא לֵילֵךְ – לָאו דּוּמְיָא דְּחָצֵר הִיא, וְאֵין קוֹנָה בְּתוֹרַת חָצֵר. **וְהִלְכְתָא.** הַאי דִּפְשִׁיטָא לֵיהּ דְּכִי אָמַר לֵיהּ "קְנֵי בְּהֵמָה וּקְנֵי כֵּלִים" קָנֵי. **בִּכְפוּתָה.** הִיא דִּפְשִׁיטָא לֵיהּ (ב) דְּדוּמְיָא דְּחָצֵר הוּא קָנֵי. וְכָל הֵיכָא דְּאָמְרִינַן בַּגְּמָרָא: וְהָאָמַר רָבָא כָּל שֶׁאִילּוּ מְהַלֵּךְ לָא קָנֵי כו' – מֵהָכָא קָאָמְרֵי לֵיהּ. **קַלְתָּהּ.** סַל שֶׁעַל רֹאשָׁהּ, שֶׁנּוֹתֶנֶת בָּהּ כְּלֵי מְלַאכְתָּהּ וְטָוְויֵ שֶׁלָּהּ. **ה"נ דְּלָא הָוֵי גִּיטָּא.** וְהָאֲנַן תְּנַן בְּמַסֶּ' גִּיטִּין (דף עז.): זָרַק לָהּ גִּיטָּהּ לְתוֹךְ חֵיקָהּ אוֹ לְתוֹךְ קַלְתָּהּ – הֲרֵי זוֹ מְגוֹרֶשֶׁת. **מתני' לא אָמַר כְּלוּם.** דַּאֲפִילּוּ אָמְרִי' הַמַּגְבִּיהַּ מְצִיאָה לַחֲבֵירוֹ לֹא קָנָה חֲבֵירוֹ, כֵּיוָן דִּיהֲבָהּ לֵיהּ – קַנְיֵיהּ מִמָּה נַפְשָׁךְ. אִי קַנְיֵיהּ קַמָּא דְּלֹא מִתְכַּוֵּין לְהַקְנוֹת לַחֲבֵירוֹ – הָא יַהֲבָהּ נִיהֲלֵיהּ בְּמַתָּנָה, וְאִי לָא קַנְיֵיהּ קַמָּא מִשּׁוּם דְּלֹא הָיָה מִתְכַּוֵּין לִקְנוֹת – הָוְיָא לֵיהּ הֶפְקֵר עַד דְּמָטְיָא לִידֵיהּ דְּהַאי, וְקַנְיֵיהּ הַאי בְּמַאי דַּעֲקָרָהּ מִידֵיהּ דְּקַמָּא לְשֵׁם קְנִיָּיה. **גמ' מִי שֶׁלִּיקֵּט אֶת הַפֵּאָה.** אָדָם בְּעָלְמָא שֶׁאֵינוֹ בַּעַל שָׂדֶה. דְּאִי בְּבַעַל שָׂדֶה – לֹא אָמַר ר' אֱלִיעֶזֶר זָכָה. דְּלֵיכָּא לְמֵימַר "מִיגּוֹ דְּזָכֵי לְנַפְשֵׁיהּ" דַּאֲפִילּוּ הוּא עָנִי מוּזְהָר הוּא שֶׁלֹּא לְלַקֵּט פֵּאָה מִשָּׂדֶה שֶׁלּוֹ, כִּדְאָמַר בִּשְׁחִיטַת חוּלִּין (דף קלא:): "לֹא תְלַקֵּט לֶעָנִי" – לְהַזְהִיר עָנִי עַל שֶׁלּוֹ. **מֵעָשִׁיר לְעָנִי.** שֶׁעָשִׁיר הוּא שֶׁלִּיקְּטָהּ לְצוֹרֶךְ הֶעָנִי. **מִגּוֹ דְּזָכֵי לְנַפְשֵׁיהּ.** דְּאִי בָּעֵי הֲוָה זָכֵי לְנַפְשֵׁיהּ אִם הִגְבִּיהַּ לְעַצְמוֹ. **חַד מִגּוֹ.** מֵעָנִי לְעָנִי. **וְלֵימָא מָר דַּאֲפִילּוּ מֵעָנִי לְעָנִי.** אָמְרִי רַבָּנַן דְּלֹא זָכָה לוֹ. **דְּהָא מְצִיאָה הַכֹּל עֲנִיִּים אֶצְלָהּ.** כְּלוֹמַר: הַכֹּל כְּשֵׁרִים לִזְכּוֹת בָּהּ כַּעֲנִיִּים בְּפֵאָה. **וּתְנַן.** הַמַּגְבִּיהַּ מְצִיאָה לַחֲבֵירוֹ לֹא קָנָה חֲבֵירוֹ, וְלָא אָמְרִינַן מִגּוֹ דְּאִי הֲוָה בָּעֵי הֲוָה זָכֵי לְנַפְשֵׁיהּ זָכֵי נַמִי לְחַבְרֵיהּ, כִּי מַגְבַּהּ לָהּ כּוּלָּהּ לְשֵׁם חֲבֵירוֹ. דִּתְנַן: הָיָה רוֹכֵב כו'. **וְאָמַר אֲנִי זָכִיתִי בָּהּ.** קס"ד: אֲנִי רוֹצֶה לִזְכּוֹת בָּהּ עַכְשָׁיו קָאָמַר, וּמוֹדֶה הוּא שֶׁמִּתְּחִילָּה הִגְבִּיהַּ לְשֵׁם חֲבֵירוֹ, וְקָתָנֵי זָכָה בָּהּ – אַלְמָא לֹא קָנָה חֲבֵירוֹ. **אִי אָמְרַתְּ בִּשְׁלָמָא מֵעָנִי לְעָנִי מַחֲלוֹקֶת.** דְּאָמְרִי רַבָּנַן: לָא אָמְרִינַן "מִגּוֹ דְּזָכֵי לְנַפְשֵׁיהּ זָכֵי נַמִי לְחַבְרֵיהּ" אֶלָּא הֵיכָא דְּהִגְבִּיהַּ לְדַעַת שְׁנֵיהֶם, כְּגוֹן שְׁנַיִם שֶׁהִגְבִּיהוּ מְצִיאָה, דְּאָמַר בָּהּ לְעֵיל (דף ח.) גַּבֵּי בִּזְמַן שֶׁהֵם מוֹדִים – חוֹלְקִים בְּלֹא שְׁבוּעָה. דְּטַעְמָא מִשּׁוּם מִגּוֹ דְּזָכֵי הַגְבָּהָה זוֹ לְנַפְשֵׁיהּ זָכֵי נַמִי לְחַבְרֵיהּ, אֲבָל מִגּוֹ דְּאִי בָּעֵי הֲוָה זָכֵי לְנַפְשֵׁיהּ זָכֵי לְחַבְרֵיהּ – לָא אָמְרִינַן.

מתני'

תוספות

משוך בהמה זו וקני כלים שעליה כו'. מבעיא ליה כיון דמשיכת הבהמה שהולכת מעצמה לא שייכא בכלים – לא יקנה הכלים. אבל אם אמר משוך קופה וקני כלים שבתוכה – פשיטא ליה דקני. ואם תאמר: תפשוט מברייתא ד"המוכר את הספינה" (ב"ב דף פה: ושם) דקתני: משך חמרין ופועלין לתוך ביתו – שניהם יכולין לחזור, אלמא דלא קני פירות במשיכת הבהמה! וי"ל: דהתם לא אמר ליה קני, לכך לא קני. [א"נ: התם כשמשך החמרין, ולא משך את החמור]. והא דקתני בין פסק וכו' – ה"ה אפי' פסק ומדד יכולין לחזור, אלא משום דסיפא מפליג בין פסק עד שלא מדד ובין מדד עד שלא פסק – נקט נמי ברישא האי לישנא. וכן צריך לתרץ בסיפא, דקתני: פרקן והכניסן לתוך ביתו, פסק עד שלא מדד – אין יכולין לחזור. ובעי למפשט מינה התם דכלי של מוכר ברשות לוקח לא קני המוכר, שהמקום קיים. אלמא: הכלי מתבטל אגב הרשות. משמע מטעם משיכה אינה קונה לפי שהוא בכליו של מוכר, וכי משני התם ומוקי לה שספכן מכליו של מוכר או במתכלי דתומי, משמע שאם היה בכליו של מוכר – לא היה קונה, אף על פי שהכניסן לתוך ביתו דהיינו משיכה. ואמאי? והא פשיטא לן במשוך קופה זו וקני כלים שבתוכה קני! אלא התם י"ל: משום דלא אמר ליה "קני" ואינו רוצה שיקנה אלא במשיכת פירות עצמן. ועוד מצינו למימר: דהתם משמע ליה שלא פסק עד אחר המשיכה, ולכך לא קניא במשיכה. וא"ת: אמאי נקט משוך בהמה זו ולא נקיט "קני"? אי משום דבקני פשיטא ליה דקני מטעם חצר, אע"פ שהיא מהלכת – א"כ במשוך נמי, אמאי מספקא ליה? כיון שהשאילה לו הרי היא כאילו היא שלו עד לאחר הקנין, ויקנה מטעם חצר! וי"ל: דכשא"ל "משוך" – לא השאיל לו הבהמה לקנות הכלים מטעם חצר, אלא במשיכת הבהמה. אי נמי; אי הוי בעי קני בהמה וכלים, והוה מהדר ליה דקני לא היה יכול לידע מזה שבמשיכת הבהמה יקנה הכלים, כי שמא מטעם חצר קני, ובכפותה. ולכך איבעי ליה במשוך.

ספינה מינח נייחא ומיא הוא דקא ממטו לה. אע"ג דבפ"ק דקדושין (דף לג.) אמרינן דתלמיד חכם רכוב כמהלך דמי – הכא חצר משום יד אתרבאי. והוה שפיר ⊕דומיא דיד, דמינח נייח, וממטו לה עם גופיה. וכן בפ"ק דשבת (דף ה: ושם ד"ה אגוז): אגוז צף ע"ג מים – לא הוי הנחה, אגוז בכלי וכלי צף על גבי מים, מהו? התם משום דדומיא דמלאכת המשכן בעינן, ולא היו מצניעין חפצים בדבר שהיה מתנענע ומתנדנד. אבל גבי קנייה, כיון שהוא דומיא דידו – קני. **ה"נ** דלא מגרשה. פרש"י: הא דתנן זרק לתוך קלתה מגורשת. ותימה: לוקמה בכפותה! ושמא נ"ל דוחק. א"נ: הכא מסברא פריך, כדפריך מספינה, ולא מכח משנה.

ולימא מר מעני לעני מחלוקת. ויחלוק בתופס לב"ח במקום שחב לאחרים, ולא מטעם מגו. דהא רב חסדא דקאמר כמו רב נחמן בסמוך: המגביה מציאה לחבירו לא קנה חבירו, אית ליה פרק קמא דגיטין (דף יא: ושם) דפליגי בתופס לבעל חוב, ולא מטעם מגו, עד דדחי ליה רב פפא דלמא במגו פליגי.

רב

עין משפט נר מצוה

סו א מיי' פ"ב מהל' מכירה הל' י סמג עשין פב טוש"ע ח"מ סי' קצז סעיף ה:
סז ב מיי' שם הלכה ח ועי' פי' במ"מ טוש"ע שם סעיף ו:
סח ג מיי' פ"ג מהל' מכירה הל' יג סמג עשין פב טוש"ע ח"מ סי' רג סעיף יד:
סט ד ה ו מיי' שם הל' יג יד סמג שם טוש"ע שם סעיף יג וטוש"ע אה"ע סי' קלט סעיף טז:
ע ז מיי' פ"א מהלכות זכיה ומתנה הל' ה סמג עשין עג טוש"ע ח"מ סי' רעג סעיף טו:
עא ח מיי' פ"ה מהלכות גירושין הל' ח וע"ש סמג עשין נ טוש"ע אה"ע סי' קלט סעיף י:
עב ט מיי' פי"ז מהל' גזילה ואבידה הל' ב סמג עשין עד טוש"ע ח"מ סי' רסט סעיף ו:
עג י כ מיי' פ"ב מהל' מתנות עניים הל' יט:

רבינו חננאל

וכן אם הוא אדם חשוב שאין דרכו להלך רגלי קנה ברכיבה. וכן האשה. וכן אי גברא זילא הוא קני. בעי ר"א האומר לחבירו משוך בהמה זו וקני כלים שעליה מהו אמר רבא אי אמר ליה קני בהמה וקני כלים שעליה מי קנו כלים במשיכה דבהמה אמאי חצר מהלכת היא ואסקי' והלכתא בכפותה. וכן ספינה דקפצו דגים בתוכה קנאם בעל הספינה דספינה מינח נייחא ומיא הוא דממטו לה. ואסיקו רב אשי ורבינא באשה מהלכת ברה"ר וזרק לה בעלה גיטא בתוך קלתה נתגרשה מאי טעמא קלתה מינח נייחא ואיהי מסגיא תות' הני כולהי לאו חצר מהלכת נינהו וכן הלכה: **ירושלמי** אמר רב הונא בשם רבנן [תני] תמן אשה שהיתה רוכבת על גבי בהמה ושנים מנהיגין אותה היא אומרת אלו עבדיי והבהמה והמשוי שלי וזה אומר זו אשתי וזה עבדי וזו חבילתי א) צריכה גט משניהן והיא משחררת את שניהן ושניהן משחררין זה את זה ובבהמה ובמשוי שלשתן שוין: **פיסקא** מתני' היה רוכב על גבי בהמה וכו' תנן התם בפאה פ"ד מי שליקט [את הפאה] ואמר הרי זו לאיש פלוני עני ר"א אומר זכה לו וחכ"א יתננה לעני הנמצא ראשון. ואמר מחלוקת מעשיר לעני וכו' ולימא מר מעני לעני מחלוקת דהא מציאה הכל כעניים הן אצלה. ותנן ראה את המציאה ואמר לחבירו תנה לי נטלה ואמר אני זכיתי בה זכה בה לעצמו אי אמרת בשלמא מחלוקת מעני לעני

א) וזה אומר זו אשתי וזה עבדי וזו חבילתי צריכה גט וכו' [ועי' בקדושין ס"ה ע"ב ובפרש"י שם וי"ל].

מסורת הש"ס

ב"ק יב. גיטין כא. עח.

פאה פ"ד מ"ט גיטין יא:

[ברכות מז. וש"נ]

[לעיל ח. נדרים פח:]

[תמורה יא:]

הגהות הב"ח

(א) רש"י ד"ה מי קני וכו' פשיטא לך דמדקני בהמה: (ב) ד"ה והלכתא האי וכו' דפשיטא ליה דכיון דדומיא:

הגהות הגר"א

[א] גמ' קני ואי. רשום קו על מלת קני ועל הוא"ו ממלת ואי וכ"כ הרא"ש ל"ג זה אבל הרמב"ם גורס כגירסא שלנו:

גליון הש"ס

גמ' והלכתא בכפותה. כעין זה ערכין ז' ע"א והלכתא דיתבי: **תוס'** ד"ה ספינה וכו' דומיא דיד דמינח תמוה לי דא"כ הגוף עצמה מקרי מהלך ואמאי מהני נותן גט על ראשה. גם אמאי בנתן גט ביד מקרי חצר מהלכת. הא היד מינח. אלא ע"כ דיד והגוף חד הוא אלא דאמרי' מה ידה שאינו מהלך היינו דאינו מהלך מהקונה דבכ"מ שהיא מהלך שם הוא הקונה משא"כ חצר דמהלכת מהקונה ועכ"ג:

מתני' רבנן היא. ואשמועינן רישא דהיכא דזכי ביה איהו אמרינן מגו. וסיפא אשמועינן דהיכא דלא זכי ביה איהו, מגו דאי בעי זכי – לא אמרי'. הא. מתני' דהכא מני. דאמר תחילה. האי "אני זכיתי בה" דקאמר – תחילה קאמר ליה: מתחילה הגבהתיה לצורכי ולא לצרכך. ולעולם המגביה מציאה לחבירו קנה חבירו, דומיא דמעני לעני. הכי נמי מסתברא. דזכיתי תחילה משעת הגבהה קאמר מתני'. מדקתני סיפא כו'. ואי תחילה דסיפא לאו משעת הגבהה קאמר, אלא אני זכיתי תחילה, קודם שנתתיה לך נתכוונתי לזכות בה. למה לי. למיתנא בה תחילה? פשיטא דאפי' לא אמר תחילה בפירוש מסתמא תחילה קאמר, דמי מצי למימר אני זוכה בה עכשיו? והלא אינה בידו. אלא לאו הא קמ"ל. דרישא דמתני' דקתני זכה בה – בדאמר תחילה, ואשמועינן סיפא דאם משנתנה לו טען לו אותה טענה, ואמר "אני הגבהתיה מתחילה לצורכי" – לא אמר כלום, דגלי דעתיה כשנתנה לו דאדעתיה דהאי אגבהה. ואידך. רב נחמן אמר לך דתנא סיפא תחילה. לגלויי רישא. למימר דווקא קתני, מדסיפא תחילה קתני ורישא לא תנא – דווקא הוא. סיפא. דלא אפשר בלא "תחילה", אמר "אני זכיתי תחילה קודם שנתתיה לך" – לא אמר כלום, דגלי דעתיה כשנתנה לו דאדעתא דהאי אגבהה. ורישא דלא אמר "תחילה" – ואפ"ה זכה בה. הוי תופס לבעל חוב במקום שחב לאחרים. כאדם הבא מאליו ותופס ממון חבירו בשביל חוב שיש לאחר עליו, ובא לקדם עד שלא יתפסנו בעל חוב אחר, ונמצא תופס זה חב בתפיסתו זאת את הנושים האחרים. חב לאחרים. מפסיד את האחרים. כמו: אין חבין לאדם (כתובות דף יא.). לא קנה. כדאמר בכתובות, דלאו כל כמיניה להיות קופץ מאליו וחב לאלו, מאחר שלא עשאו אותו הנושה שליח לתפוס. נכש עמי היום. דלא נשכר עמו אלא לניכוש ועידור, וכשהגביה המציאה אין זו ממלאכת בעל הבית. וקנאה פועל והוא יניכה לו משכרו שכר פעולת ניכוש ועידור כל שעת הגבהה. אמר לו עשה עמי מלאכה היום. כל מלאכה שהוא עושה מלאכת בעל הבית היא, וקנה בעל הבית. אלמא: המגביה מציאה לחבירו קנה חבירו. כי הדר ביה טעמא אחרינא הוא. הא דאמר דכי הדר ביה הרשות בידו – לאו משום דעד השתא לאו כיד בעל הבית הוא, אלא טעמא אחרינא הוא, שאינו שלו כעבד, שאם בא לעזוב לו שכרו מכאן ואילך ולחזור בו – יחזור בו. ואם תאמר משנתינו. דקתני אני זכיתי בה זכה בה, ומשמע לן אני זוכה בה עכשיו זכה בה, ואע"פ שהגביה לצורך חבירו – היינו טעמא משום דקתני ואמר לחבירו תנה לי, ולא אמר "זכה אתה לי בהגבהתך" נמצא שלא עשאו שליח להקנות בהגבהתה עד שעת נתינה, והרי קודם נתינה הדר בו זה משליחותו. קונות לו. אם יש סביבותיו דבר הפקר – אין אחר רשאי לתופסו. אמר אביי מותיב ר' חייא. עלה תיובתא מתני' דמסכת פיאה. ואמר רבא מותיב ר' יעקב. עלה מתני' דסדר נזיקין. נטל. אחד מן העניים. מקצת פיאה. שליקט כבר. וזרק (לה) על השאר. כדי לקנות. ליקנו ליה. דהא נפל לו עליה ארבע אמות דתקון ליה רבנן. בנפילה ניחא ליה דנקני. לא נתכוין לקנות בתורת תקנת חכמים, כסבור שנפילתו יפה לו. ה"ג

תורה אור

מתניתין מני – רבנן היא. אלא אי אמרת בעשיר ועני מחלוקת, אבל מעני לעני דברי הכל זכה לו – הא מני? לא רבנן ולא ר' אליעזר! אמר ליה: מתני' דאמר תחילה. הכי נמי מסתברא, דקתני סיפא: אם משנתנה לו אמר: אני זכיתי בה תחילה – לא אמר כלום. "תחילה" בסיפא למה לי? פשיטא, אע"ג דלא אמר תחילה – תחילה קאמר! אלא לאו, הא קמ"ל: רישא דאמר תחילה. ואידך: תנא סיפא לגלויי (א) רישא, סיפא דאמר תחילה, רישא דלא אמר תחילה. רב נחמן ורב חסדא דאמרי תרווייהו: *המגביה מציאה לחבירו – לא קנה חבירו. מאי טעמא – הוי תופס לבעל חוב במקום שחב לאחרים, *[א]והתופס לבעל חוב במקום שחב לאחרים – לא קנה. איתיביה רבא לרב נחמן: *[ב]מציאת פועל – לעצמו. במה דברים אמורים – בזמן שאמר לו בעל הבית נכש עמי היום, עדור עמי היום. אבל אמר לו: עשה עמי מלאכה היום מציאתו של בעל הבית הוא! א"ל: שאני פועל דידו כיד בעל הבית הוא. *והאמר רב: [ג]פועל יכול לחזור בו אפי' בחצי היום! אמר ליה: כל כמה דלא הדר ביה – כיד בעל הבית הוא, כי הדר ביה – [ד]טעמא אחרינא הוא, דכתיב °"כי לי בני ישראל עבדים" – *עבדי הם, ולא עבדים לעבדים. (ויקרא כה) אמר ר' חייא בר אבא אמר ר' יוחנן: *המגביה מציאה לחבירו – קנה חבירו, ואם תאמר משנתינו – [ה]דאמר תנה לי, ולא אמר זכה לי.§

מתני' [ו]ראה את המציאה ונפל עליה, ובא אחר והחזיק בה – זה שהחזיק בה זכה בה.§

גמ' אמר ריש לקיש משום אבא *כהן ברדלא: [ז]ארבע אמות של אדם קונות לו בכל מקום. (רס"ל) [מאי טעמא]? תקינו רבנן – דלא (ב) אתי לאנצויי. אמר אביי: מותיב ר' חייא בר יוסף פיאה, אמר רבא: מותיב ר' יעקב בר אידי נזיקין. אמר אביי, מותיב ר' חייא בר יוסף פיאה: *[ח]נטל מקצת פיאה וזרק על השאר – אין לו בה כלום, נפל לו עליה, פרס טליתו עליה – מעבירין אותו הימנה, וכן בעומר שכחה. ואי אמרת ארבע אמות של אדם קונות לו בכל מקום, נקנו ליה ארבע אמות דידיה! הכא במאי עסקינן – דלא אמר אקני. ואי תקון רבנן, כי לא אמר מאי הוי? °כיון דנפל – גלי דעתיה דבנפילה ניחא ליה דנקני, בארבע אמות לא ניחא ליה דנקני.
רב

רב נחמן ורב חסדא כו'. תימה דבשלהי "משילין" (ביצה דף לט. ושם: ד"ה הכא) אמר: מילא מים ונתן לחבירו, רב ששת אמר: כרגלי הממלא, ור"נ אמר: כרגלי מי שנתמלאו לו, ומסיק דבמגביה מציאה לחבירו פליגי, דמר סבר: קנה, ומר סבר: לא קנה. ומשמע דלרב נחמן קנה חבירו, ולכך הוי כרגלי מי שנתמלאו לו. ורש"י גרס התם מ"ס קני ומר סבר לא קני, ול"ג חבירו. וכולהו סברי לא קני חבירו, אלא רב נחמן סברי דמגביה נמי לא קני, ולכך כשלקח חבירו ממנו – קנאו [מן ההפקר, שמתכוין לקנות. אבל המגביה לא הגביה לקנות]. ורב ששת סבר: דקנה הממלא, דכיון דלא קנה חבירו הוא קנה, ולכך הוי כרגליו. ור"ת פי' דהתם רב נחמן מודה דקנה חבירו, דאינו חב לאחרים, שיש הרבה מים בבור. ועוד אומר ר"ת: דשפיר גרסינן חבירו, וסבר ר"נ לא קנה חבירו כי הכא, וגם הממלא לא קנה. ולכך, כשנתנם לו – קנאם, והוי כרגליו. ורב ששת סבר: קני חבירו מטעם מגו דזכי לנפשיה, וכיון דלא קנה חבירו אלא מטעם דזכי לנפשיה, ואי הוה זכי לנפשיה – הוי כרגליו. והשתא נמי דזכי לחבריה – הוי כרגליו ולא עדיף מיניה לענין תחומין, והוי כאילו זכה לנפשיה.
תופס לבע"ח במקום שחב לאחרים לא קני. מה שפרש"י משום דלא עשאו שליח – אין נראה, דבפ' "הכותב" (כתובות דף פד: ושם ד"ה אח) משמע גבי עובדא דיימר בר חשו דתופס לבע"ח במקום שחב לאחרים – לא קני, אפילו עשאו שליח.
איתיביה רבא לרב נחמן. אע"ג דלעיל (ד' ח.) דחי רבא דיוקיה דרמי בר חמא – משמע דסבר לא קנה חבירו, שמא קבלה הכא מר"נ.
יכול לחזור בו אפי' בחצי היום. וא"ת: ומאי קמ"ל? והלא בפרק "האומנין" (לקמן דף עז.) לא פליגי רבי דוסא ורבנן אלא דר' דוסא סברי דיד פועל על התחתונה, ורבנן סברי דידו על העליונה. אבל לכולהו יכול לחזור בו! וי"ל: דקמ"ל דיכול לחזור בו וידו על העליונה כרבנן, אפילו אם נתייקרו פועלים בחצי היום לאחר שחזר בו – לא יפחתו לו מחצי שכרו. ולכך מייתי מילתיה דרב, דכיון דידו על העליונה – א"כ אין ידו כיד בעל הבית. וכן מוכיח בפרק "האומנין" (שם) דסובר כרבנן בשכיר יום, ולא בקבלנות.
כי לי בני ישראל עבדים. [א] נ"ל דמ"מ מותר אדם להשכיר עצמו, דדוקא עבד עברי שאינו יכול לחזור בו ואינו יוצא קודם זמנו אלא בשטר שחרור, עובר משום "עבדי הם". **א"ר** יוחנן המגביה מציאה לחבירו קנה חבירו. ואע"ג דאית ליה לרבי יוחנן בפרק "הכותב" (כתובות דף פד: ושם ד"ה ואמר) ובפ"ק דגיטין (דף יא: ושם ד"ה התופס) תופס לבע"ח לא קני – היינו דוקא היכא דלא שייך מגו דזכי לנפשיה, דאין הלוה חייב כלום לתופס, אבל במציאה דאיכא מגו – קנה. **ולא אמר** זכי לי. וא"ת: דבפ"ק דגיטין (שם) קאמר ר' יוחנן כל האומר תנו כאומר זכו! וי"ל: דשאני התם, דדעת אחרת מקנה אותו.
ארבע אמות קונות לו בכל מקום. וא"ת: ב"אלו נערות" (כתובות דף לא: ושם ד"ה אי) דאמר גבי גונב כיס בשבת: היה מגרר ויוצא – פטור, דאיסור שבת ואיסור גניבה באין כאחד. וקאמר אי דאפקיה לרה"ר, איסור שבת – איכא, איסור גניבה – ליכא. ואמאי? הא ארבע אמות קונות לו! וי"ל: דבגניבה לא תקינו רבנן דקני, אלא במציאה, דלא ליתי לאנצויי, ובגט משום עיגונא. ולרב ששת דאמר בסמוך דברה"ר לא תקינו ארבע אמות אתי שפיר. **מעבירין** אותו הימנה. [ב]אפי' רשע לא מיקרי. ואע"ג דעני המהפך בחררה ובא אחר ונטלו נקרא רשע (קדושין דף נט. ושם ד"ה עני) – היינו משום דאפשר ליה למיטרח ולמיזבן ארעא אחריתי. אבל במציאה או בהפקר, דליכא למימר הכי אפילו רשע לא מיקרי [וע"ע תוספות בבא בתרא דף כא: ד"ה מרחיקין].

עד א מיי' פ"ב מהל' מלוה ולוה הל' ב סמג עשין צד טוש"ע ח"מ סי' קה סעיף א:
עה ב מיי' פ"ב מהל' שכירות הלכה יא ופי"ז מהל' גזילה ואבידה הל' יג סמג עשין עד טוש"ע ח"מ סי' ער סעיף ג ואפי' אמר לו עשה עמי מלאכה היום וע"ש:
ס"א
עו ג ד מיי' פ"ט מהל' שכירות הל' ד סמג עשין פט טוש"ע ח"מ סי' שלג סעיף ג:
עז ה מיי' פי"ז מהלכות גזילה ואבידה הל' ב סמג עשין עד טוש"ע ח"מ סי' רסח סעיף ו:
עח ו מיי' שם הלכה ח סמג שם טוש"ע שם סי' רסח סעיף ח:
עט ז מיי' פ"ד מהל' זכייה ומתנה הל' ט סמג עשין פב טוש"ע ח"מ סי' רסח סעיף ב וסי' רמג סעיף כב:
פ ח מיי' פ"ב מהלכות מתנות עניים הל' יח סמג לאוין רפד:

רבינו חננאל

מתני' דקתני זכה בה לעצמו המגביהה רבנן היא דאמרי לא קנה מי שליקטה לו אלא יתננה לעני הנמצא ראשון אלא אי אמרת מחלוקת מעשיר לעני אבל עני לעני דברי הכל זכה בה מי שנתלקטה לו מתני' מני לא רבנן ולא ר' אליעזר. ופרקי' דאמר תחילה פי' קודם שיגביהנה אמר לעצמי אני מגביהה כו' שאזכה בה אני. ודייקינן מדקתני סיפא אם משנתנה לו אמר אני זכיתי בה תחילה לא אמר כלום. פי' רישא וסיפא דאמר תחלה מיהו רישא פירש מקודם שיגביהנה אמר כי לעצמי אני מגביהה כדי שאזכה בה אני. וסיפא הגביה סתם ונתנה לו וטוען עכשיו כי אני אמרתי מתחילה כי לעצמי אני מגביהה לא אמר כלום. ואידך תנא סיפא תחילה לגלויי רישא [דלא אמר תחילה] רב נחמן ורב חסדא דאמרי תרוייהו המגביה מציאה לחבירו לא קנה חבירו מאי טעמא הוי תופס לבעל חוב במקום שחב לאחרים דלא קנה. ומותיב רבא לרב נחמן מציאת פועל לעצמו בד"א בזמן שאמר לו נכש עמי היום. אבל אמר לו עשה עמי מלאכה היום מציאתו לבעל הבית. ופריק רב נחמן שאני פועל דכל זמן דלא הדר ביה כיד בעה"ב דמי. *) והדר ביה רב נחמן דגרסי' בסוף מס' יו"ט איתמר מילא מים ונתן לחבירו [כו'] ר' נחמן [אמר] כרגלי מי שנתמלאו לו. ופריש בה רב נחמן סבר המגביה מציאה לחבירו קנה חבירו. ורב ששת אמר לא קנה חבירו. אמר רב חייא בר אבא א"ר יוחנן המגביה מציאה לחבירו קנה חבירו והוא דאמר ליה זכה לי. ואם תאמר משנתנו דלא אמר ליה זכה לי אלא תנה לי וקי"ל כר' יוחנן. ופי' רב פפא בהלכה דבתר הא דתניא פועל מציאתו לבעה"ב בששכרו ללקט לו מציאות היכי דמי דאקפי אגמא בכוורי וקי"ל כוותיה: **מתני'** ראה את המציאה ונפל עליה ובא אחר והחזיק בה זכה המחזיק בה. ואוקימנא ברה"ר דקא דחקי רבים לא תקינו ליה רבנן דליקנון ליה ד' אמות דידיה כי תקינו ליה רבנן ד' אמות בשדה דעלמא ובסימטא ובצידי רה"ר וכדומה להן דלא ליתו לאינצויי. אמר

*) דברי רבינו ז"ל אלו הובא גם בש"מ כאן בשם הרמב"ן ז"ל שכתב דרבינו כתב הכלל ביה ר"נ ע"ש ועי' בתוס' כאן ד"ה ר"נ.

[כת"ג ביצה לט:]
כתובות פד: גיטין יח:
[לקמן יב: קיח.]
ב"ק קטז: לקמן עז.
[ב"ק קטז: קדושין כב:]
לעיל ח.
נ"א כהונא
פיאה פ"ד מ"ג

הגהות הב"ח
(א) גמ' סיפא לגלויי רישא: (ב) שם דלא ליתי לאנצויי.

הגהות הגר"א
[א] תוס' ד"ה כי. נ"ל כו'. נ"ב והגמ"ר אוסר ביותר מעלם ועמש"כ רבינו בח"מ סי' של"ג ס"ק י"ב: [ב] שם ד"ה מעבירין. אפי' כו'. נ"ב וכ"ה ברש"י בקדושין (נ"ט א') חולק:

גליון הש"ס
גמ' כיון דנפל גלי דעתיה. עיין נדרים ל"ד ע"ב ברש"י ד"ה אמר רבא:

עין משפט נר מצוה

פא א ב ג מיי' פי"ז מהל' אבידה הל' ט ופ"ד מהל' זכייה ומתנה הל' ט סמג עשין עד טוש"ע ח"מ סי' רסח סעיף ב:

פב ד מיי' פי"ז מהל' אבידה הל' י ופ"ד מהל' זכייה ומתנה הל' ט ועי' בהשגות ובמ"מ סמג שם טוש"ע שם סעיף ה וסי' רמג סעיף כג:

פג ה מיי' פי"ז מהלכות אבידה הלכה י:

פד ו מיי' פ"ז מהלכות מעילה הל' ב טוש"ע ח"מ סי' תי סעיף ח וסי' קפב סעיף א בהגה"ה:

פה ז מיי' פ"ד מהלכות חובל ומזיק הל' כא סמג עשין ע טוש"ע ח"מ סי' תכד סעיף ט:

פו ח מיי' פ"ה מהל' גירושין הל' א סמג עשין כ טוש"ע אה"ע סי' קלט סעיף א:

גמרא

רב פפא אמר: אכי תקינו ליה רבנן ארבע אמות – [א] בעלמא, בשדה דבעל הבית – לא תקינו ליה רבנן. ואע"ג דזכה ליה רחמנא בגוה, כי זכה ליה רחמנא – להלוכי בה ולנקוטי פיאה, למיהוי חצירו לא זכה ליה רחמנא. אמר רבא, מותיב ר' יעקב בר אידי נזיקין: ראה את המציאה ונפל לו עליה, ובא אחר והחזיק בה – זה שהחזיק בה זכה בה. ואי אמרת ארבע אמות של אדם קונות לו בכל מקום, נקנו ליה ארבע אמות דידיה! הכא במאי עסקינן – דלא אמר אקני. ואי תקון רבנן, כי לא אמר מאי הוי? כיון דנפל עליה – גלי דעתיה דבנפילה ניחא ליה דנקני, בארבע אמות לא ניחא ליה דנקני. רב ששת אמר: בכי תקינו רבנן – בסמטא, דלא דחקי רבים, ברשות הרבים דקא דחקי רבים – לא תקינו רבנן. והא בכל מקום קאמר! כל מקום גלאתויי צידי רשות הרבים. ואמר ריש לקיש משום אבא *כהן ברדלא: קטנה אין לה חצר, ואין לה ארבע אמות. ור' יוחנן משום ר' ינאי אמר: דיש לה חצר ויש לה ארבע אמות. במאי קמיפלגי? מר סבר: *חצר המשום ידה איתרבאי, כי היכי דאית לה יד – חצר נמי אית לה. ומר סבר: חצר משום שליחות איתרבאי, וכי היכי דשליחות לית לה – חצר נמי לית לה. מי איכא מאן דאמר חצר משום שליחות איתרבאי? *והתניא: °"בידו" – אין לי אלא ידו, גגו חצירו וקרפיפו מנין? ת"ל: °"המצא תמצא" – מכל מקום. ואי סלקא דעתך חצר משום שליחות איתרבאי אם כן מצינו שליח לדבר עבירה, *וקיימא לן: אין שליח לדבר עבירה! אמר רבינא: היכא אמרינן דאין שליח לדבר עבירה – היכא דשליח בר חיובא הוא, אבל בחצר דלאו בר חיובא הוא – מיחייב שולחו. אלא מעתה, האומר לאשה ועבד צאו גנבו לי דלאו בני חיובא נינהו הכי נמי דמיחייב שולחן? אמרת: אשה ועבד בני חיובא נינהו, והשתא מיהא לית להו לשלומי. *דתנן: זנתגרשה האשה, נשתחרר העבד – חייבין לשלם. ירב סמא אמר: היכא אמרינן אין שליח לדבר עבירה – היכא דאי בעי עביד, ואי בעי לא עביד. אבל חצר, דבעל כרחיה מותיב בה – מיחייב שולחו. מאי ביניהו? איכא ביניהו כהן דאמר ליה לישראל צא וקדש לי אשה גרושה. אי נמי, איש דאמר לה לאשה: אקפי לי קטן. להך לישנא דאמר כל היכא דאי בעי עביד, אי בעי לא עביד – לא מיחייב שולחו, ה"נ אי בעי עביד אי בעי לא עביד – לא מיחייב שולחן. להך לישנא דאמרת כל היכא דשליח לאו בר חיובא – מיחייב שולחו, הני נמי כיון דלאו בני חיובא נינהו – מיחייב שולחן. ומי איכא למ"ד חצר לאו משום ידה איתרבאי? והתניא: *"ידה" – אין לי אלא ידה, גגה חצירה וקרפיפה מנין? ת"ל "ונתן" – חמכל מקום. לענין גט – כולי עלמא לא פליגי דחצר משום ידה איתרבאי, כי פליגי – לענין מציאה. מ"ס:

ילפינן

[גיטין עז:]

רש"י

ה"ג כי תקון ליה רבנן בעלמא. כגון בסמטא שהוא רשות לכל אדם, או ברה"ר או בצידי רשות הרבים והיא הפקר לרבים למשוך לתוכה הצריכין לצאת מן הדחק. לא תקון ליה רבנן. שהרי אין לאדם שם ד' אמות מיוחדות, שהרבה חברים יש לו בתוכה עומדים אצלו. קטנה אין לה חצר. אם זרק לה בעלה גט לתוך חצרה – לא קנתה לה חצרה להתגרש בו. וכן אם היתה עומדת ברה"ר וזרקו לה גט בארבע אמותיה. ואע"ג דגדולה מיגרשה, כדתנן (גיטין דף עח.): הזורק גט לאשתו בתוך ביתה כו', היתה עומדת ברה"ר וזרקו לה קרוב לה – מגורשת כו'. משום ידה אתרבאי. דכתיב: "ונתן בידה", וידה רשותה משמע, כדכתיב (במדבר כא): "ויקח את כל ארצו מידו". כי היכי דאית לה יד. דמשיודעת לשמור את גיטה מגורשת, דלא מיעט רחמנא אלא שוטה דמשלחה והיא חוזרת. משום שליחות איתרבאי. מדרבי רחמנא שליחות לאדם, כדתניא (קידושין דף מא.): "ושלח" – מלמד שהאיש עושה שליח, "ושלחה" – מלמד שהאשה עושה שליח, אתרבאי נמי חצרה דהויא לה כשלוחה. וכי היכי דשליחות לית לה. דתנן שאין הקטן עושה שליח, דכי כתיב שליחות בין בגיטין בין בפסח – "איש" כתיב בענין. ידו. "אם המצא תמצא בידו". גגו חצרו וקרפיפו מנין. שאם נכנסה שם ונעל בפניה לגונבה, שהוא חייב. א"כ מצינו תורת שליחות לדבר עבירה. לומר שלוחו כמותו, וחייב השולח במעשה השליח. וקי"ל בקידושין בפ"ב (דף מב:). בר חיובא הוא. שאף הוא מוזהר על הדבר, התם פטור השולח, דאמרינן ליה דברי הרב ודברי התלמיד דברי מי שומעין, ולא היה לו לעשות. דלאו בני חיובא נינהו. לשלם, כדתנן: הם שחבלו באחרים – פטורין (ב"ק פז.). דאי בעי עביד. את השליחות. וקדש לי אשה גרושה. ומשעת קידושין עובר משום "לא יקחו". אשה אינה באזהרת "לא תקיפו" לפי שאינה בבל תשחית פאת זקנך" כדאמר בקידושין (ד' לה:). והמקיף את הקטן חייב, שהמקיף באזהרה כניקף, דכתיב "לא תקיפו" – אחד הניקף ואחד המקיף במשמע במס' [נזיר] (דף מז:). וקטן דנקט משום דסתמא גדול לא שביק לאקופי נפשיה. תלמוד לומר ונתן מכל מקום. מדלא כתיב "ובידה יתנהו" – דרוש "ונתן" א"וכתב לה ונתן", אלמא משום ידה אתרבאי. דאי משום שליחות – הא כבר כתיבא הכא – כדתניא (ושלח) [ושלחה] – מלמד שהאשה עושה שליח, בקידושין בפרק ב' (דף מא.).

ילפינן

תורה אור

רש"ל כהנא

[גיטין עז:]

ב"ק סה: לקמן עו: גיטין עז.

[קדושין מב: וש"נ]

ב"ק פז.

שמות כב שם

תוספות

רבי יוחנן אמר יש לה ד' אמות. תימה: דלקמן מסיק משום דיליף מציאה מגט, אלמא שייך קנין ד' אמות בגט. ובפרק "הזורק" (גיטין דף עח: ושם ד"ה ר"י) קאמר ר"י: קרוב לה, אפילו מאה אמה ויכולה לשמרו – הוי גטו! וי"ל: דבד' אמות שלה אפילו יכול לשמור כמוה – מגורשת, וחוץ לד' אמות צריך שתוכל היא לשמרו. **ת"ל** המצא תמצא מ"מ. וא"ת: ונימא "המצא תמצא" – כלל, "בידו" – פרט, וכלל ופרט אין בכלל אלא מה שבפרט! וי"ל: שדי "ידו" בין "המצא תמצא", וה"ל כלל ופרט וכלל, כדאמרינן ב"מרובה" (ב"ק דף סד: ושם): כל מקום שאתה מוצא שני כללות הסמוכין זה לזה – הטל פרט ביניהם. וכן בסמוך גבי גט, דמרבה גגה מ"ונתן בידה" י"ל "ושלחה" – חזר וכלל. **ואי** משום שליחות **א"כ מצינו שליח לדבר עבירה**. וא"ת: מה צריך להוכיח מכא דאין שליח כו'? אמאי לא מוכיח מדאתרבאי חצר מקרא דידו, כדבסמוך גבי גט, מוכיח דחצר משום ידה איתרבאי, מדאתרבאי מקרא דידה. ולא עביד שום הוכחה! וי"ל: דבסמוך מכא התנא מוכיח, דמרבה גגה וחצרה כידה להתגרש אפילו בעל כרחה, או אפילו היא קטנה. ואי מטעם שליחות – לא היתה מתגרשת בעל כרחה ולא קטנה. אבל הכא – אי אפשר להוכיח מכא זה, דאפילו בידו אינו וקנה הגניבה בעל כרחו, ולא אם הוא קטן.

אין שליח לדבר עבירה. בפ' "האיש מקדש" (קדושין דף מג.) איכא דיליף משחוטי חוץ, דכתיב "הוא" ולא שלוחו. ואיכא דיליף משום דהוה ליה מעילה וטביחה שני כתובים הבאים כאחד. דיש שליח, ואין מלמדין.

אשה ועבד בני חיובא נינהו. ואם תאמר: והתנן פרק "הכונס" (ב"ק דף נט:): השולח את הבערה ביד חרש שוטה וקטן – פטור. ואמאי? והא לאו בני חיובא נינהו! וי"ל: דהתם משום דלאו בני שליחות נינהו.

אי בעי לא עביד. וא"ת: והא דתנן (ב"ק דף עט. ושם) היה מושכו ויוצא [ומת ברשות בעלים] – פטור, הגביהו [או הוציא מרשות בעלים ומת] – חייב. ופרש"י בלשון אחד שאמר גנב לשומר שור אחד יש לי בבית פלוני, קחנו ותהא עליו שומר חנם. הוציאו השומר מרשות בעלים ומת – חייב הגנב במשיכת השומר. ואמאי? והא אי בעי לא עביד! וי"ל: כיון שאין השומר יודע שהוא גנוב הוה ליה כחצר, דבעל כרחו מותיב ביה.

דאמר לישראל קדש לי אשה גרושה. וא"ת: ואפי' אמר לכהן נמי! וי"ל: דכהן מקרי בר חיובא, הואיל ואם מקדשה לעצמו – חייב. אבל ישראל אע"ג דעובר משום "לפני עור לא תתן מכשול" כשמקדשה לכהן, כיון דאי מקדשה לעצמו לא מיחייב – לא מקרי בר חיובא. וא"ת: מאי נ"מ, בין למ"ד אי בעי עביד ובין למ"ד שליח בר חיובא – לא לקי על הקדושין לרבא, דאמר ב"עשרה יוחסין" (קדושין דף עח.) קידש – אינו לוקה, בעל – לוקה! וי"ל: דכי בעל אח"כ לוקה אף על הקדושין, כדמוכח בריש תמורה (דף ה. ושם). א"נ, י"ל: דאף לרבא נפקא מינה דאי יש שליחות – חלין הקדושין, ואי אין שליחות – אין חלין הקדושין. **אקפי** לי קטן. וה"ה דהוה מצי למימר אקפי לי גדול, אלא – שהגדול לא יניח עצמו להקיף, כדאמר פרק "אלו הן הלוקין" (מכות דף כ:) דאחד הניקף ואחד המקיף חייב. ואע"ג דמוקי לה התם כי ניקף מסייע ליה בהדיה – היינו משום דבענין אחר לא לקי, דהוה לאו שאין בו מעשה, אבל הלאו עובר לעולם [ועיין תוס' שבועות ג. ד"ה ועל הזקן ותוספות נזיר נז: ד"ה ורב אדא].

רבינו חננאל

אמר ריש לקיש משום אבא כהן ברדלא קטנה אין לה חצר ואין לה ד' אמות. ור' יוחנן משום ר' ינאי אמר יש לה פי' האי דאמרי רבנן חצירו של אדם המשתמרת קונה לו שלא מדעתו וכן ד' אמות של אדם קונות לו בכל מקום הני מילי גדול תקינו ליה רבנן אבל לא לקטנה. ור' יוחנן אמר אפי' קטנה יש לה. ר' יוחנן אמר חצירה מכח ידה איתרבי כשם שיש לה יד וכל מה שיגיע לידה זכתה בו כך כל המגיע לחצירה זכתה בו. וריש לקיש אמר חצירה משום שליחות איתרבי כשם שאין שליחות לקטנה כך אין לה זכייה בחצר. איני והתניא אם המצא תמצא בידו אין לי אלא שנמצאת בידו ממש נמצאת בחצירו או בגגו או בקרפיפו מנין שחייב כאילו בידו ממש נמצאת ת"ל המצא תמצא מכל מקום הנה חצירו משום ידו איתרבי קשיא ליה לריש לקיש ואם תאמר גם משום שליחות נתרבה הא קי"ל אין שליח לדבר עבירה. פי' אע"ג דאמרי' שלוחו של אדם כמותו וכל מה שעשה השליח כאילו שולחו עשאו הני מילי בוולתי דבר עבירה אבל בדבר עבירה השליח חייב ולא השולחו וכיון שהחצר שליח בעלה הוא והוא שנמצאת הגניבה בה אמאי מיחייב בעלה שהוא השולח. ופריק רבינא אליבא דריש לקיש היכא אמרי' השולח פטור היכא דהשליח בר חיובא הוא אבל חצר דלאו בת חיובא היא מיחייב שולחה והוא בעל החצר. ואקשי' אי הכי האומר לעבד ולאשת איש צאו וגנבו דלאו בני חיובא נינהו כדתנן בפ' החובל לחבירו העבד והאשה פגיעתן רעה החובל בהן חייב הן שחבלו באחרים פטורין הכי נמי דמיחייב שולחן. ופרק' הני נמי בני חיובא נינהו דתנן נתגרשה האשה ונשתחרר העבד חייבין לשלם. בא רב סמא ופירק פירוק אחר ואמר כי אמרי' אין שליח לדבר עבירה כל היכא דאי בעי השליח עביד אי בעי לא עביד אבל חצר דעל כורחה עבדה מחייב שולחה. מאי איכא בין רבינא לרב סמא איכא בינייהו כהן שאמר לישראל לך קדש לי אשה גרושה או איש שאמר לאשה אקיף לי ראשו של קטן לרבינא כיון דהני לאו בני חיובא נינהו דאין ישראל מוזהר על הגרושה ולא אשה בהקפת הראש מיחייב שולחה. לרב סמא כיון דאי בעו עבדי אי בעו לא עבדי לא מיחייב שולחם. ומתמהינן מי איכא מאן דאמר חצר לאו משום ידה איתרבי והתניא וכתב לה ספר כריתות ונתן בידה. בידה אין לי אלא בידה ממש גגה חצירה וקרפיפה מנין שהנותן גט בהן כנותנו בידה הוא ת"ל ונתן מכל מקום. ואמרי' לענין גט כ"ע לא פליגי דהחצר משום ידה איתרבי דהא קרא בהדיא כתיב. כי

הגהות הגר"א

[א] גמ' בעלמא. נ"ב ג' הרי"ף בשדה דעלמא:

גליון הש"ס

גמ' רב ספא בר רקתא קמי' דרבינא משמי' דר' חייא בריה דר' אויא אמר. כ"ה בר"ן: תוס' ד"ה ר"י וכו' אלמא שייך קנין ד' אמות בגט. לא זכיתי להבין [illegible] הוי כיד. אבל חצר לא שייך [illegible] שקנו לו חכמים [illegible] ובגט הקנו לה רק [illegible] ובממון הקנו לה רק ד' אמות ונע"ג.

מתני' ראה אותן רצין אחר מציאה, אחר צבי שבור, אחר גוזלות שלא פרחו, ואמר: זכתה לי שדי — זכתה לו. היה צבי רץ כדרכו, או שהיו גוזלות מפריחין, ואמר זכתה לי שדי — לא אמר כלום.§

ילפינן מציאה מגט, ומר סבר: לא ילפינן מציאה מגט. ואיבעית אימא: בקטנה כולי עלמא לא פליגי דילפינן מציאה מגט, והכא בקטן קא מיפלגי. מר סבר: ילפינן קטן מקטנה, ומר סבר: לא ילפינן קטן מקטנה. ואיבעית אימא: מר אמר חדא, ומר אמר חדא, ולא פליגי.§

גמ' אמר רב יהודה אמר שמואל: והוא שעומד בצד שדהו. ותקני ליה שדהו, *דאמר ר' יוסי בר' חנינא: חצרו של אדם קונה לו שלא מדעתו! הני מילי בחצר המשתמרת, אבל חצר שאינה משתמרת, אי עומד בצד שדהו — אין, אי לא — לא. ומנא תימרא דחצר שאינה משתמרת, אי עומד בצד שדהו — אין, אי לא — לא דתניא: היה עומד בעיר ואומר יודע אני שעומר שיש לי בשדה פועלים שכחוהו, לא יהא שכחה, יכול לא יהא שכחה — תלמוד לומר (דברים כד) "ושכחת עומר בשדה" בשדה ושכחת, ולא בעיר. הא גופא קשיא: אמרת יכול לא יהא שכחה — אלמא הוי שכחה, ונסיב לה גמרא בשדה ושכחת ולא בעיר, אלמא לא הוי שכחה! אלא לאו הכי קאמר: בשדה שכוח מעיקרו — הוי שכחה, זכור ולבסוף שכוח — אין שכחה. מאי טעמא, דכיון דקאי גבה — הויא ליה חצרו, וזכתה ליה. אבל בעיר, אפילו זכור ולבסוף שכוח — הויא שכחה. מאי טעמא — דליתיה גביה דלזכי ליה. ממאי? דלמא גזירת הכתוב היא, דבשדה נהוי שכחה ובעיר לא נהוי שכחה! אמר קרא (שם) "לא תשוב לקחתו" — לרבות שכחת העיר. האי מיבעי ליה ללאו! אם כן נימא קרא "לא תקחנו". מאי "לא תשוב" — לרבות שכחת העיר. ואכתי מיבעי ליה לכדתנן: *שלפניו — אין שכחה, שלאחריו — יש שכחה, שהוא בבל תשוב. זה הכלל: כל שהוא בבל תשוב — שכחה, כל שאינו בבל תשוב — אינו שכחה! אמר רב אשי: אמר קרא (שם) "יהיה" — לרבות שכחת העיר. וכן אמר עולא: והוא שעומד בצד שדהו: וכן אמר רבה בר בר חנה: והוא שעומד בצד שדהו. איתיביה רבי אבא לעולא: *מעשה ברבן גמליאל וזקנים שהיו באים בספינה, אמר רבן גמליאל: עישור שאני עתיד למוד נתון ליהושע, ומקומו

ילפינן מציאה מגט. כי היכי דגבי גט אית לה חצר לקטנה, גבי מציאה נמי אית לה. ומר סבר לא ילפינן. ממונא מאיסורא. וגבי ממונא חצר מ"אם המצא" אתרבאי. ואיכא למימר דשליחות הוא, ומשום דאין שליח לדבר עבירה אצטריך למכתב התם. והכא בקטן פליגי. דלא אשכחן דרבי ביה חצר. תורה אור

מר אמר חדא כו'. ר"ש בן לקיש אמר לענין מציאה, ורבי יוחנן לענין גט. אי נמי: מר אמר קטן ומר אמר קטנה. **מתני'** אחר צבי שבור. דהוא דומיא דמציאה שאינו יכול לרוץ, ומשתמר בתוך השדה אם לא יטלוהו אחרים. גמ' אי עומד בצד שדהו אין. דעכשיו היא משתמרת על ידו. עומר שיש לי בשדה. שהנחתיו שם מדעתי, וסמכתי על הפועלים שיביאוהו ופועלים שכחוהו. לא יהא שכחה. אם חזר ושכחו. בשדה ושכחת. אם שכחתו בתוכך מן השדה — הוי שכחה, ולא ששכחתו משנכנסת לעיר. אלא לאו הכי קאמר בשדה שכוח מעיקרו כו'. בעוד האיש בשדה, עומר השכוח מעיקרו, ששכחו הוא תחילה לפועל — הוי שכחה, אבל זכור שהניחו שם מדעתו ולבסוף שכחו על ידי פועלים — לא הוי שכחה. אבל בעיר. משנכנס לעיר, אפילו זכור ולבסוף שכח — הוי שכחה, דליתיה גביה כו'. והכי קא נסיב ליה תנא לתלמודיה: יכול לא יהא שכחה — ת"ל: "בשדה ושכחת" (דברים כד) בעודך בשדה הוא דבעינן דשכחתיה אתה, ולא בעיר — לא בעינן "ושכחת". שאף שכחת פועלים עושה אותה שכחה. וממאי. דקרא הכי מתרץ, ומתני' הכי אמרה. דלמא גזירת הכתוב היא. דמשמע דבשדה יהא שכחה, אבל משבא בעל הבית לעיר — אין שכחתו ושכחת פועלים כלום, והכי קאמר: יכול יהא שכחה ת"ל כו'. שלפניו אין שכחה. בשכחת הקוצר קאי. יחיד שהתחיל לקצור מראש השורה, ושכח לפניו ולאחריו, שלאחריו הוי שכחה, שלפניו לא הוי שכחה. (שם) יהיה. "לגר ליתום ולאלמנה יהיה". עישור שאני עתיד למוד. נזכר שלא עישר מעשרותיו והוקשה לו ומיהר לעשרן כאשר הוא שם. נתון ליהושע. לרבי יהושע בר חנניא שהיה עמו בספינה, והוא לוי, ונוטל מעשר ראשון. כדאמרי' בערכין (דף יא:): (שם) מעשה ברבי יהושע שהלך לסייע את ר' יוחנן בן גודגדא בהגפת דלתות, אמר לו: חזור בך, שאתה מן המשוררים ואני מן המשוערים, ומשורר שסיער במיתה.

ילפינן מציאה מגט. האי ילפינן הוי °מדרבנן, דמציאת קטן לא הוי אלא מדרבנן, אפילו לרבי יוסי דאמר (לקמן דף יב.) גזל גמור — היינו מדבריהם. ולענין יד לא פליגי דילפינן אלא לענין חצר*.

זכתה לו. [א] נראה, אע"ג דלא אמר "זכתה לי" דזכתה לו, כדאמרי' לעיל (דף י.) אי תקון רבנן דלקני, כי לא אמר — מאי הוי? ואין לומר דהתם היינו משום דנפל לו עליה דגלי בדעתיה שרוצה לקנות, אבל הכא מי יימר דרוצה לקנות? דאדרבה משמע לעיל, דאי לא נפל קנה טפי, ואע"ג דלא אמר אקני. ועוד: דאמר רבי יוסי בר' חנינא חצרו של אדם קונה לו שלא מדעתו. אלמא: אע"ג דלא אמר קני. והכא נקט משום סיפא, דאפילו אמר כיון דרץ כדרכו — לא קני*.

היה צבי רץ כדרכו. ה"ה אפי' לצבי שבור, אם רץ אחריו ואין מגיעו. אלא אורחא דמילתא נקט, דכשרץ כדרכו אין מגיעו.

ה"מ בחצר המשתמרת. תימה, דבפ' "שור שנגח את הפרה" (ב"ק דף מט: ושם ד"ה והלכתא) אמר: משכונו של גר ביד ישראל ומת הגר כו' וזה קונה השאר כו'. ופריך: ותקני ליה חצרו, דאמר ר' יוסי בר' חנינא כו'. ומסיק: דליתיה. פי': למלוה בחצרו. וקשה: דהתם משמע דהוי בחצר המשתמרת, מדמייתי עלה מרבי יוסי בר חנינא דמייר במשתמרת, כדמוכח הכא. ועוד: דמסתמא ביתו ודאי משתמר הוא, ששמר שם המשכון. וא"כ, כי ליתיה נמי לקני! ועוד: אדפריך ליה מדרבי יוסי בר' חנינא — לפרוך ממתני'! ומיהו, זה נוכל לתרץ: דמתני' הוי משום דנתכוין לזכות בה, דאמר "זכתה לי", לכך מייתי מרבי יוסי בר' חנינא. [ב] וי"ל, דה"פ: דליתיה למשכון בחצר, אבל מלוה גם לפי המקשן מיירי דליתיה בחצר. ולכך לא פריך ממתני' כ"א מרבי יוסי בר' חנינא. וא"ת: פרק "הזורק" (גיטין דף עז: ושם ד"ה "והוא") דתנן: זרק לתוך ביתה או לתוך חצרה — מגורשת. משמע דמשתמרת, ואפילו הכי קאמר עולא והוא שעומדת בצד ביתה! וי"ל: דדוקא גבי גט דאיתיה בעל כרחה בעינן עומדת בצד ביתה, כדאמר בשמעתין.

זכור ולבסוף שכוח. פירוש: זכור בשעה שהשכחה מתחלת, שכבר שכחוהו פועלים, ולבסוף שכח גם הוא. ושכוח מעיקרו הוי כששכחו הפועלים שכח גם הוא. אבל מה שהוא זכור בשעה שהפועלים זוכרין — אין זה זכור ולבסוף שכוח, דאל"כ לא תמצא שכחה לעולם, דכששדהו מלאה עומרין יאמר "יזכה לי שדי".

דלמא גזירת הכתוב היא. פרש"י: ונגרוס יכול יהא שכחה. ותימה: לפי שרוצה לסתור ראייתי מגיה הברייתא? ותו: מה מתרץ לרבות שכחת העיר? ולהא בברייתא יליף דזכור ולבסוף שכוח לא הוי שכחה, דקתני יודע אני שפועלים שכחוהו. והכא דדריש לרבות שכחת העיר — יעמיד בשכוח מעיקרא! לכך י"ל: שאינו סותר ראייתו, אלא גמרא קשה לו על הברייתא מנ"ל למדרש מיעוטא על דיוקא דקרא, דדריש "בשדה ושכחת" דהיינו שכוח מעיקרא, אבל זכור ולבסוף שכוח לא הוי שכחה, ועל זה קאי מיעוטא לומר דבעיר אפילו זכור ולבסוף שכוח הוי שכחה, דלמא גזירת הכתוב היא דבשדה הוי שכחה שכוח מעיקרא, ולא בעיר והכי מסתברא טפי לאוקמי מיעוט אגופיה דקרא בשדה ושכחת ולא בעיר, והשתא משני שפיר לרבות שכחת העיר, וע"כ לא מני קאי אפשטיה דקרא.

זה הכלל. לאתויי קרן זוית.

עישור שאני עתיד למוד. פרש"י פרק קמא דקידושין (דף כו: ושם ד"ה מעשה) שהיה ירא פן יסמכו עליו בני ביתו שעישר, ויאכלו טבל, דמוקה על חבר שאינו מוציא מתחת ידו דבר שאינו מתוקן. וקשה: דהיינו דוקא בחבר שמת, או בהולך ואין בדעתו לשוב עד ימים רבים. ועוד: למה נתנס לרבי יהושע ולרבי עקיבא? יקרא להם שם ולא יותר. ועוד: דאין זה קריאת שם דלא אמר עשרה יהא מעשר, אלא אמר מעשר ראשון יהא נתון ליהושע, ופר"ת: דשנת הביעור היתה, וכבר הפריסם, והיה צריך להוציאם מתחת ידו ולתנם

רבינו חננאל

כי פליגי במציאה ר"י סבר ילפינן מציאה מגט ור"ל סבר לא ילפינן. איבעי תימא [בקטנה] כ"ע ילפינן מציאה מגט וכי פליגי בקטן ר"י יליף לקטן מקטנה כשם שזוכה חצירה של קטנה לקטנה כך זוכה חצר של קטן לקטן. ור"ל [ס"ל] ריבתה התורה החצר כיד לאשה ואפי' קטנה אבל לקטן לא. איבעי תימא כ"ע לא ילפי קטן מקטנה ור' יוחנן וריש לקיש לא פליגי אלא ר' יוחנן הורה בקטנה דיש לה חצר ויש לה ד' אמות וריש לקיש הורה בקטן דאין חצירו זוכה לו ולא ד' אמות שלו כך מסקנא דשמעתא: **פיסקא** ראה אותן רצין אחר המציאה וכו' עד זכתה לי שדי זכתה לו שדהו: **גמ'** והוא שעומד בצד שדהו. ואמרי' אמאי צריך להיות עומד בצד שדהו ותקני ליה שדהו כר' יוסי בר חנינא דאמר חצירו של אדם קונה לו שלא מדעתו ודחי' הני מילי בחצר המשתמרת אבל שדה שאינה משתמרת אי עומד בצד שדהו זכתה לו שדהו ואם אינו עומד שם לא זכתה לו שדהו. מנא הני מילי דתניא היה עומד בעיר ואומר יודע אני כי העומר שיש לי בשדה פועלים שכחוהו לא יהא שכחה יכול לא יהא שכחה ת"ל ושכחת עומר בשדה. בשדה ושכחת ולא בעיר. ופרישנא בשדה שכוח מעיקרו הוי שכחה זכור ולבסוף שכוח לא הוי שכחה מאי טעמא כיון דכי קאי בשדה וזכור לו זכתה לו שדהו ואע"ג דבתר הכי שכחו אינה שכחה שכבר זכתה לו שדהו וכאילו נטלו מאותה העת אבל בעיר אפי' זכור ולבסוף שכחו הוי שכחה מאי טעמא דהא ליתיה גביה בשדה דליזכי ליה שדהו ש"מ דאי עומד בצד שדהו זכתה לו שדהו ואי אינו עומד בצד שדהו לא זכתה לו שדהו. ואמרי' וממאי דמשום דלא הוה קאי בצד שדהו נעשה שכחה דלמא גזירת הכתוב היא *) דבשדה לא ניהוי שכחה. ובעיר כי האי גוונא זכור ולבסוף שכוח ליהוי שכחה מדכתיב לא תשוב לקחתו גמרינן מינה לרבות שכחת העיר. ונדחו הדברים האלו ואסקה רב אשי יהיה לרבות שכחת העיר. ולא נתברר כי אם עומד בצד שדהו זכתה לו שדהו ואי לא לא. וכן אמר עולא והוא שעומד בצד שדהו. איתיביה רבא מעשה ברבן גמליאל וזקנים שהיו באין בספינה. אמר

*) הדבר מבואר דרבינו היה גורס בגמ' דבשדה לא נהוי שכחה ובעיר נהוי שכחה דלאמר קרא וכו' והך דלאמר קרא הכל מן הקושיא היא ועי' בש"מ להביא ג"כ לד' רבינו וגרסתו ע"ש.

[וע"ע תוס' יבמות יט: ד"ה גמרינן]

[וע"ע תוס' בעירובין מט: ד"ה ולאמר]

הגהות הגר"א

[א] תום' ד"ה זכתה לו נראה כו'. נ"ב אבל הרמב"ם מחלק בין ד' אמות וחצר המשתמרת לחצר שא"מ (ועמ"ש רבינו בח"מ סי' רסח ס"ק י"א): [ב] שם ד"ה ה"מ כו' וי"ל דה"פ כו'. נ"ב וכן פי' הרי"ף בפ"ג דב"ב והרמב"ם:

גליון הש"ס

רש"י ד"ה ומר סבר וכו' ומשום דאין שליח לדבר עבירה. קשה לי דאם מסברא לא ידעינא דבחצר לא מקרי לדבר עבירה מהנך טעמים הנ"ל דלאו בר חיובא או דל"ש אי בעי עביד מנ"ל באמת דלמא גם בגניבה איתרבאי חצר משום ידו וצריך באמת דוקא בעומד בצד חצירו וצ"ע: **תום'** ד"ה ילפינן כו' מדרבנן. עיין תוס' יבמות יט ע"ב ד"ה גמרינן:

ב"ק מט: לקמן קב. קיח. חולין קמא:

פאה פ"ו מ"ד

מעשר שני פ"ה מ"ט קדושין כו:

פז א מיי' פי"ז מהלכות גזילה הל' י ופ"ד מהל' זכייה ומתנה הל' ט ועי' בהשגות ובמ"מ סמג עשין עד טוש"ע ח"מ סי' רסח סעיף ה וסי' רמג סעיף כג:

פח ב ג מיי' פי"ז מהל' גזילה הל' יא סמג עשין עד טוש"ע ח"מ סי' רסח סעיף ז:

פט ד ה מיי' שם הל' ח ופ"ג שם הלכה ח ופ"ה מהל' זכייה ומתנה הלכה ז ועי' בהשגות ובמ"מ ופ"ד שם הל' ט סמג עשין עד טוש"ע ח"מ סי' רסח סעיף ג וסי' רמג סעיף כו וסי' ערה סעיף כח וסי' שיג סעיף ג:

צ ו ז מיי' פ"ה מהלכות מתנות עניים הל' ב:

צא ח ט מיי' שם הל' י:

וּמְקוֹמוֹ מוּשְׂכָּר לוֹ. וְעִישּׂוּר אַחֵר שֶׁאֲנִי עָתִיד לָמוֹד נָתוּן לַעֲקִיבָא בֶּן יוֹסֵף, כְּדֵי שֶׁיִּזְכֶּה בּוֹ לַעֲנִיִּים, וּמְקוֹמוֹ מוּשְׂכָּר לוֹ. וְכִי רַבִּי יְהוֹשֻׁעַ וְרַבִּי עֲקִיבָא בְּצַד שָׂדֵהוּ שֶׁל רַבָּן גַּמְלִיאֵל הָיוּ עוֹמְדִין? אֲמַר לֵיהּ: *דָּמֵי הַאי מֵרַבָּנַן כִּדְלָא גָּמְרִי אֱנָשֵׁי שְׁמַעֲתָא. כִּי אֲתָא לְסוּרָא אֲמַר לְהוּ: הָכִי אֲמַר עוּלָּא, וְהָכִי אוֹתְבִיתֵיהּ. אֲמַר לֵיהּ הַהוּא מֵרַבָּנַן: רַבָּן גַּמְלִיאֵל מְטַלְטְלֵי אַגַּב מְקַרְקְעֵי הִקְנָה לָהֶם. רַבִּי זֵירָא — קִבְּלָהּ, רַבִּי אַבָּא — לֹא קִבְּלָהּ. אֲמַר רָבָא: שַׁפִּיר עֲבֵיד דְּלָא קִבְּלָהּ, וְכִי לֹא הָיָה לָהֶם סוּדָר לִקְנוֹת מִמֶּנּוּ בַּחֲלִיפִין? אֶלָּא — טוֹבַת הֲנָאָה אֵינָהּ מָמוֹן לִקְנוֹת מִמֶּנּוּ בַּחֲלִיפִין, הָכָא נַמִי — טוֹבַת הֲנָאָה אֵינָהּ מָמוֹן לִקְנוֹת עַל גַּבֵּי קַרְקַע. וְלֹא הִיא, *מַתְּנוֹת כְּהוּנָּה — נְתִינָה כְּתִיבָא בְּהוּ, חֲלִיפִין — דֶּרֶךְ מִקָּח וּמִמְכָּר הוּא. מִטַּלְטְלִין אַגַּב מְקַרְקַע — נְתִינָה אַלִּימְתָּא הִיא. רַב פַּפָּא אֲמַר: [א]דַּעַת אַחֶרֶת מַקְנָה אוֹתָן שָׁאנֵי. וּמְנָא תֵּימְרָא — דִּתְנַן: רָאָה אוֹתָן רָצִין אַחַר הַמְּצִיאָה כו', וְאָמַר רַבִּי יִרְמְיָה אָמַר רַבִּי יוֹחָנָן: [ב]וְהוּא שֶׁרָץ אַחֲרֵיהֶן וּמַגִּיעָן, וּבָעֵי רַבִּי יִרְמְיָה: בְּמַתָּנָה הֵיאַךְ? קִבְּלָהּ מִינֵּיהּ רַבִּי אַבָּא בַּר כָּהֲנָא: [ג]אע"פ שֶׁרָץ אַחֲרֵיהֶן וְאֵין מַגִּיעָן. מַאי טַעְמָא — לָאו מִשּׁוּם דְּדַעַת אַחֶרֶת מַקְנָה אוֹתָן שָׁאנֵי? אֲמַר לֵיהּ רַב שִׁימִי לְרַב פַּפָּא: הֲרֵי גֵּט, דְּדַעַת אַחֶרֶת מַקְנָה אוֹתָהּ, *וְאָמַר עוּלָּא: [ד]וְהוּא שֶׁעוֹמֶדֶת בְּצַד בֵּיתָהּ אוֹ בְּצַד חֲצֵרָהּ! שָׁאנֵי גֵּט [ה]דְּאִיתֵיהּ בְּעַל כָּרְחָהּ. מַתְקִיף לָהּ רַב שֵׁשֶׁת בְּרֵיהּ דְּרַב אִידִי, וְלָאו קַל וָחוֹמֶר הוּא: וּמָה גֵּט דְּאִיתֵיהּ בְּעַל כָּרְחָהּ — אִי עוֹמֶדֶת בְּצַד בֵּיתָהּ וּבְצַד חֲצֵרָהּ — אִין, אִי לָא — לָא. מַתָּנָה דְּמִדַּעְתֵּיהּ — לֹא כָּל שֶׁכֵּן! אֶלָּא אֲמַר רַב אַשִׁי

חָצֵר

רש"י

וּמְקוֹמוֹ מוּשְׂכָּר לוֹ. וְקִבֵּל מִמֶּנּוּ שָׂם שְׂכַר הַמָּקוֹם. דְּהָכִי קָתָנֵי סֵיפָא: נִתְקַבְּלוּ זֶה מִזֶּה שָׂכָר. וְכָל כָּךְ לָמָּה — כְּדֵי לִקְנוֹת מַעֲשֵׂר, שֶׁתְּהֵא חֲצֵרוֹ קוֹנָה לוֹ. לְפִי שֶׁהַמִּטַּלְטְלִין אֵין קוֹנִין אֶלָּא אוֹ בִּמְשִׁיכָה, אוֹ חֲצֵרוֹ תִּקְנֶה לוֹ. נָתוּן לַעֲקִיבָא. גַּבַּאי הָיָה, וְאוֹתָהּ שָׁנָה שְׁנַת מַעֲשַׂר עָנִי הָיְתָה. כִּי אֲתָא. רַבִּי אַבָּא לְסוּרָא אֲמַר לְהוּ כו'. מְטַלְטְלֵי אַגַּב מְקַרְקְעֵי הִקְנָה לָהֶם. וְלָאו מִשּׁוּם דְּתִקְנֵי לָהֶם מְקוֹמָם בְּתוֹרַת חָצֵר. שֶׁאֲפִילּוּ הִקְנָה לָהֶן חָצֵר אַחֶרֶת שֶׁאֵינָן בְּתוֹכָהּ — קָנוּ נַמִי, כִּדְתְנַן (קדושין דף כו.): נְכָסִים שֶׁאֵין לָהֶן אַחֲרָיוּת נִקְנִין עִם נְכָסִים שֶׁיֵּשׁ לָהֶן אַחֲרָיוּת בְּכֶסֶף, מִשֶּׁנָּתַן הַכֶּסֶף בִּשְׁבִיל הַקַּרְקַע וְהַמִּטַּלְטְלִין, אוֹ אֲפִילּוּ קַרְקַע בְּמֶכֶר וּמִטַּלְטְלִין בְּמַתָּנָה — נִקְנִין הַמִּטַּלְטְלִין בְּקִנְיַן הַקַּרְקַע בְּלֹא מְשִׁיכָה, כִּדְיָלְפִינַן בְּקִדּוּשִׁין (שם) מִ"וַּיִּתֵּן לָהֶם אֲבִיהֶם מַתָּנוֹת רַבּוֹת לְכֶסֶף וּלְזָהָב עִם עָרִים (א) בְּצוּרוֹת אֲשֶׁר בִּיהוּדָה". קִבְּלָהּ. לְהַאי תֵּירוּצָא. וְכִי לֹא הָיָה לָהֶן סוּדָר כו'. לָמָּה לוֹ לְקַבֵּל מֵהֶן מָעוֹת. אֶלָּא. סוּדָר מַאי טַעְמָא לָא — דְּטוֹבַת הֲנָאָה שֶׁהָיְתָה לוֹ לְרַבָּן גַּמְלִיאֵל בַּמַּעַשְׂרוֹת הַלָּלוּ. אֵינָהּ חֲשׁוּבָה מָמוֹן. דִּתְהֵא נִקְנֵית בַּחֲלִיפִין, דְּלֵיכָּא לְמֵימַר כִּי קָנָה לֵיהּ ר"ג לְהַאי סוּדָר אַקְנְיֵיהּ חֲלִיפִין דִּידֵיהּ בְּכָל מָקוֹם שֶׁהֵן, דְּכֵיוָן דְּאֵין לוֹ בָּהֶן אֶלָּא טוֹבַת הֲנָאָה, שֶׁבְּיָדוֹ לִתְּנוֹ לְכָל מִי שֶׁיִּרְצֶה — אֵין זוֹ חֲשׁוּבָה מָמוֹן לָחוּל עַל זוֹ קִנְיַן חֲלִיפִין. הָכָא נַמִי. גַּבֵּי קִנְיַן קַרְקַע. אֵינָהּ מָמוֹן לִקְנוֹת עַל גַּבֵּי קַרְקַע. בְּקִנְיָן שֶׁהַקַּרְקַע נִקְנֶה בּוֹ, אֶלָּא אַפְקוּרֵי בְּעָלְמָא אַפְקַר גַּבַּיְיהוּ. וְכִי אוֹגַר לְהוּ מָקוֹם — קָנְתָה לוֹ חֲצֵרוֹ בְּתוֹרַת חָצֵר, כִּשְׁאָר הֶפְקֵר. וְלֹא הִיא. מֵהַאי, דְּכִי לֹא הָיָה לָהֶן סוּדָר — לָאו רְאָיָה הִיא לְמֵילַף מִינָּהּ דְּאֵין טוֹבַת הֲנָאָה נִקְנֵית בַּחֲלִיפִין, וְעַל גַּבֵּי קַרְקַע דְּשַׁפִּיר אִיכָּא לְמֵימַר מִטַּלְטְלֵי אַגַּב קַרְקְעֵי הִקְנָה לָהֶן. וּדְקַשְׁיָא לָךְ לִקְנִינְהוּ בַּחֲלִיפִין. מַתָּנוֹת. שֶׁל כְּהוּנָּה וּלְוִיָּה וּמַעֲשַׂר עָנִי. נְתִינָה כְּתִיבָא בְּהוּ. כִּדְכְתִיב (דברים כו): "וְנָתַתָּה לַלֵּוִי" — זֶה מַעֲשֵׂר רִאשׁוֹן, "לַגֵּר לַיָּתוֹם וְלָאַלְמָנָה" — זֶה מַעֲשַׂר עָנִי. לְפִיכָךְ אָסוּר לְהַקְנוֹתָן בְּסוּדָר, דְּדֶרֶךְ מִקָּח הוּא, שֶׁזֶּה נוֹתֵן לוֹ כֵּלָיו תַּחְתֵּיהֶן, וְנִרְאֶה זֶה כְּמוֹכְרָן לוֹ. נְתִינָה אַלִּימְתָּא הִיא. מוּתָּר לְהַקְנוֹת מַתְּנוֹת כְּהוּנָּה עַל גַּבֵּי קַרְקַע. רַב פַּפָּא אָמַר. לְעוֹלָם בְּתוֹרַת חָצֵר קָנָאוּ, וַאֲפִילּוּ הָכִי לָא תִּקְשֵׁי לְעוּלָּא. דְּהָא דְּלָא בָּעֵינַן הָכָא עוֹמֵד בְּצַד הַשָּׂדֶה — מִשּׁוּם דְּדַעַת אַחֶרֶת מַקְנָה אוֹתָן, שֶׁרַבָּן גַּמְלִיאֵל הִקְנָה לָהֶן מִטַּלְטְלִין שֶׁהָיוּ לוֹ בֶּחָצֵר שֶׁלָּהֶן, וְלֹא מֵהֶפְקֵירָא קָנוּ, וְנוֹחָה מַתָּנָה זוֹ לִקְנוֹת, וְאע"ג דְּאֵין עוֹמֵד בְּצַד הַשָּׂדֶה. וְהוּא שֶׁרָץ אַחֲרֵיהֶן. הַצְּבִי מְהַלֵּךְ וְהַגּוֹזָלוֹת מְדַדִּין. וּמַתְנִיתִין דְּקָתָנֵי זָכְתָה לוֹ שָׂדֵהוּ — כְּגוֹן שֶׁהָיָה יָכוֹל לָרוּץ אַחֲרֵיהֶן, וּמַגִּיעָן קוֹדֶם שֶׁיֵּצְאוּ מִשָּׂדֵהוּ. ה"ג: וּבָעֵי ר' יִרְמְיָה בְּמַתָּנָה הֵיאַךְ. אִם הָיוּ צְבִי וְגוֹזָלוֹת שֶׁל אָדָם אֶחָד, וְהֵם בְּתוֹךְ שְׂדֵה חֲבֵירוֹ וְנוֹתְנָן בַּעֲלֵיהֶן לְבַעַל שָׂדֶה בְּמַתָּנָה — הֵיאַךְ הַדִּין? מִי בָּעֵינַן וְהוּא שֶׁרָץ אַחֲרֵיהֶן וּמַגִּיעָן, וְאִי לָא — לָא קָנֵי. וּמַאי נוֹתֵן לְמֵיהֲדַר בֵּיהּ, אוֹ לָא? קִבְּלָהּ מִינֵּיהּ רַבִּי אַבָּא. לְהָךְ בְּעָיָא מֵרַבִּי יִרְמְיָה, דְּשַׁפִּיר דָּק שֶׁיֵּשׁ חִילּוּק בֵּין מַתָּנָה לְהֶפְקֵר. וּבְמַתָּנָה אע"פ כו'. וְאָמַר עוּלָּא. בְּמַסֶּכֶת גִּיטִּין (דף עז:) גַּבֵּי הַזּוֹרֵק גֵּט לְאִשְׁתּוֹ בְּתוֹךְ בֵּיתָהּ אוֹ בְּתוֹךְ חֲצֵרָהּ. שָׁאנֵי גֵּט דְּאִיתֵיהּ בְּעַל כָּרְחָהּ. שֶׁהוּא נוֹתְנוֹ לָהּ וְלָא נִיחָא לָהּ לְמִגְרְשָׁה. וְלָאו קַל וָחוֹמֶר הוּא. מִן הַטַּעַם הַזֶּה יֵשׁ לָדוּן דְּכ"ש לְקִנְיָן אַחֵר. מָה גֵּט. דְּכִי אִיתָהּ בְּצַד חֲצֵרָהּ, וְלָא נִיחָא לָהּ לְמִקְנְיֵיהּ — אֲפִילּוּ הָכִי קַנְיָיא לָהּ חֲצֵרָהּ, אָמְרִינַן דְּאִי אִיתָהּ — אִין, אִי לָא — לָא. מַתָּנָה. דְּלֵיתָהּ בְּע"כ, דְּאִי אָמְרָה לָא בָּעֵינָא — לָא קַנְיָא. לֹא כ"ש. דְּכִי אָמְרָה בָּעֵינָא — צְרִיכָא שֶׁתְּהֵא בְּצַד חֲצֵרָהּ. אֶלָּא אָמַר רַב אַשִׁי. לָא תִּתְלֵי טַעְמָא מִשּׁוּם דְּאִיתָהּ בְּעַל כָּרְחָהּ. אֶלָּא, גַּבֵּי מַתָּנָה הַיְינוּ טַעְמָא דְּלָא בָּעֵינַן עוֹמֵד אֶצְלָהּ — דְּכֵיוָן דְּמִ"יָּדָהּ" אִתְרַבַּאי לָא גָּרְעָה מִשְּׁלוּחָהּ לְהֵיטִיב לָהּ. וְאִילּוּ שְׁלוּחָהּ שֶׁקִּיבֵּל לָהּ מַתָּנָה — מִי לָא קָנֵי לָהּ, וַאֲפִילּוּ אֵין עוֹמֶדֶת בְּצִדּוֹ, חֲצֵרָהּ נַמִי, לָא שְׁנָא. הִלְכָּךְ, גַּבֵּי מַתָּנָה דִּזְכוּת הוּא לָהּ — אֲנַן סָהֲדֵי דְּנִיחָא לָהּ שֶׁתְּהֵא שְׁלוּחָהּ וְקַנְיָיא לָהּ כִּשְׁלִיחַ. אֲבָל גַּבֵּי גֵּט, דְּחוֹב הוּא לָהּ — לָא נִיחָא לָהּ שֶׁתְּהֵא שְׁלוּחָהּ. הִלְכָּךְ, כִּי עוֹמֶדֶת בְּצִדָּהּ — עַל כָּרְחָהּ יָדָהּ הִיא, וְיָדָהּ קַנְיָא גַּבֵּי גֵּט עַל כָּרְחָהּ. וְאִי לָא — לָאו יָדָהּ הוּא, וְלָא שְׁלוּחָהּ הוּא. טַעְמָא דְּיֵשׁ חִילּוּק בֵּין גֵּט לְמַתָּנָה, וְאַף עַל גַּב דְּתַרְוַיְיהוּ דַּעַת אַחֶרֶת מַקְנָה אוֹתָן, מִשּׁוּם דְּהָךְ חָצֵר, אַף עַל גַּב דְּאִתְרַבַּאי מִשּׁוּם יָד, כִּדְאָמְרַן לְעֵיל (דף י:), לָא גָּרְעָה מִשְּׁלִיחוּת, דְּאִי נַמִי לָא אִתְרַבַּאי מִ"וְנָתַן בְּיָדָהּ" הֲוֵי נָפְקָא לָן חָצֵר מִשְּׁלִיחוּת. וְכִי אִצְטְרִיךְ לְרַבּוּיֵי מִשּׁוּם יָד — מִשּׁוּם קָטָן וּקְטַנָּה דְּלַאו בְּנֵי שְׁלִיחוּת נִינְהוּ, בְּתוֹרַת שְׁלִיחוּת אִצְטְרִיךְ, וְכָל הֵיכָא דְּאִיתֵיהּ לִשְׁלִיחוּת — אִיתֵיהּ לְדִין חָצֵר. הִלְכָּךְ, גַּבֵּי גֵּט דְּחוֹב הוּא לָהּ — אֵין חָבִין כו'. כְּלוֹמַר: אֵין אָדָם יָכוֹל לַעֲשׂוֹת שָׁלִיחַ לָחוּב אָדָם שֶׁלֹּא מִדַּעְתּוֹ, וַחֲצֵרוֹ נַמִי לָאו בְּתוֹרַת שְׁלִיחוּת מָצֵית לְאַתּוּיֵי דְּתִתְגָּרֵשׁ שֶׁלֹּא מִדַּעְתָּהּ. הִלְכָּךְ, בְּגֵט לָא תְּרַבְּיֵיהּ אֶלָּא מִשּׁוּם יָד, וּמָה יָדָהּ דִּסְמוּכָה לָהּ — אַף חֲצֵרָהּ בִּסְמוּכָה לָהּ.

גַּבֵּי

תוספות

ולתנם לבעלים. וזה המעשה דר"ג תנן במסכת מעשר שני (פ"ה מ"ו) גבי ביעור, דתנן התם: ערב הפסח של רביעית ושל שביעית היה הביעור, נותן תרומה ותרומת מעשר לכהן כו', מי שהיו פירותיו רחוק ממנו צריך לקרות להם שם. פירוש: שם הבעלים, שיקנה אותם ללוי ולכהן, ומעשה נמי בר"ג וזקנים כו'. וא"ת: ואמאי לא נתן תרומה גדולה, כדתנן בהך דמע"ש נותן תרומה ותרומת מעשר לכהן. שהרי ר"א בן עזריה היה עמו, כדקתני סיפא: עמד רבי יהושע ואמר תרומת מעשר שבו נתון לר"א בן עזריה! וי"ל: דתרומה גדולה טרם שנסע הפרישה ונתנה, לפי שקלה היתה להפריש דחטה אחת פוטרת את הכרי, וניטלת באומד. ועוד: שהתבואה היתה כבר ממורחת בביתו של ר"ג, כדמוכח בירושלמי. ותרומה גדולה מפרישה בשדה מיד אחר המרוח, כדאמרינן בירושלמי דמעשר שני מלא פירות בשדה מפוזרין מותרין משום גזל וחייבין במעשר, ופטורין מתרומה, דא"א לגורן שתיעקר אא"כ נתרמה תרומה ממנה.

נתון ליהושע. וא"ת: והא קנסינהו עזרא! וי"ל: דס"ל כר"ע, דאמר דקודם קנס דוקא ללוי, ואחר קנסא לכהן וללוי, כדאמר פ"ב דכתובות (דף כו. ושם ד"ה אין). ואם תאמר: ר' יוחנן בן גודגדא שאמר לר' יהושע חזר בך שאתה מן המשוררים ואני מן המשוערין (ערכין דף יא:), משמע שהיו שניהם לוים. ובשלהי "החליל" (סוכה דף נו:) אמרינן מגיפי דלתות שבמקדש היו נוטלין שכרן מלחם הפנים, ולחם הפנים אינו מותר אלא לכהנים! וי"ל: בג' מקומות היו הכהנים שומרים בבהמ"ק, כדאמרי' בריש מס' תמיד, ואותן מגיפי דלתות היו נוטלין שכרן מלחם הפנים.

מקומו מושכר לו. בסיפא קתני: שקבלו שכר זה מזה. וא"ת: אמאי קבלו שכר? היה לו להשאיל להם או להשכיר בחליפין! וי"ל: דשאלה ושכירות אינה נקנית בחליפין*. וכי בצד שדהו של ר"ג היו עומדין. וא"ת: והלא התבואה היתה בביתו של ר"ג, כדמוכח בירושלמי פרק ג' דמעשרות, וביתו של רבן גמליאל היה משתמר! ויש לומר: דלגבי זקנים לא היה משתמר, שלא היה הפסק בין תבואתו לתבואתן. ואם תאמר: שלהי "השואל" (לקמן דף קב.) גבי הזבל של בעל הבית מוקי לה בגמרא בתורי דאתו מעלמא, ובחצר דמשכיר, וכרבי יוסי בר' חנינא. והשתא, והלא השוכר משתמש בחצר, ואם כן הזבל משתמר לדעת השוכר בחצר, ואיך יזכה המשכיר בזבל תורי דאתו מעלמא? ויש לומר: שגם משכיר ביתו פתוח לאותו חצר, ומקרי עומד בצד שדהו [וע"ע תוספות גיטין עט: ד"ה פנימית].

חצר

עין משפט נר מצוה

צב א מיי' פ"ד מהלכות זכייה ומתנה הל' ח ופי"ז מהל' גזילה ואבידה הל' יא סמג עשין פב טוש"ע ח"מ סי' רמג סעיף כ וסי' רסח סעיף ד:

צג ב ג מיי' פי"ז מהל' גזילה ואבידה הל' יא סמג עשין עד טוש"ע ח"מ סי' רסח סעיף ד:

צד ד מיי' פ"ה מהלכות גירושין הל' ב ועיין במ"מ סמג עשין נ טוש"ע אה"ע סי' קלט סעיף א ב:

צה ה מיי' שם פ"א הלכה ב סמג שם טוש"ע אה"ע סי' קיט סעיף ג בהג"ה וסעיף ו:

רבינו חננאל

אמר רבן גמליאל עישור אחד שאני עתיד למוד נתון ליהושע (בן לוי) *) ומקומו מושכר לו זה מעשר ראשון. ועישור אחר שאני עתיד למוד זה מעשר עני נתון לעקיבא בן יוסף שהוא פרנס והוא יד לעניים ומקומו מושכר לו כדי שיזכה בו לעניים ונתקבלו שכר זה מזה וכי ר' יהושע ור"ע בצד שדהו של ר"ג היו עומדין. ופרקי' ר"ג מטלטלי אגב מקרקעי אקני להו ומכיון שקיבל ר"ג כסף שכירות הקרקע זכו הם בקרקע ובכל מה שבתוכו דקי"ל כשם שהקרקע נקנית בכסף ובשטר ובחזקה כך שכירות הקרקע נקנית בכסף ובשטר ובחזקה. ואמרי' אמאי לא אקני להו ר"ג האי מעשר אגב סודר. ואמרי' משום דעיקר המעשר ללוי הוא וכי מן השמים הקנוהו לו ואין לבעלים בו אלא טובת הנאה שהוא רשאי לתתו לאיזה לוי שירצה. וקי"ל דטובת הנאה אינה נקנית בחליפין **) דחליפין דרך מקח וממכר הוא כלומר מקבל הסודר ומקנה לו חפץ אחד ומתנות כהונה כיון דבהדיא כתיבא בהו נתינה הקנאה אגב קרקע נתינה אלימתא היא. רב פפא פירק פירוק אחר דעת אחרת מקנה אותם שאני. כלומר אם אדם מקנה לחבירו כלום דבר והדבר ההוא נתון בתוך שדה מקבל המתנה קנאו ואע"ג דאינו עומד בצד שדהו. ומקשי' עליה והרי גט דדעת אחרת מקנה אותה וקי"ל והוא שעומדת בצד ביתה או בצד חצירה. ופריק

*) נראה דל"ל שהיה לוי. **) נראה דחסר כאן וצ"ל ה"נ אינה ממון לקנות ע"ג קרקע ולא היא חליפין דרך וכו' נתינה אינו יכול להקנות בחליפין אבל הקנאה אגב קרקע וכו'.

הגהות הב"ח

(א) רש"י ד"ה כי אתא וכו' עריס בצורות אשר:

מסורת הש"ס

[עירובין טו. וש"נ]

[חולין קלב:]

גיטין עז:

[שייך לע"א]

[וכן ביבמות פו:]

[וע"ע תוס' קדושין כז. ד"ה ומקומו ועיין תוס' ערכין ל. בסד"ה כמו: ולא ידענא]

גמרא

חָצֵר אִיתְרַבַּאי מִשּׁוּם יָד, וְלָא גָּרְעָה מִשְּׁלִיחוּת. גַּבֵּי גֵּט דְּחוֹב הוּא לָהּ – *[א]אֵין חָבִין לְאָדָם אֶלָּא בְּפָנָיו. גַּבֵּי מַתָּנָה, דִּזְכוּת הוּא לוֹ – [ב]זָכִין לְאָדָם שֶׁלֹּא בְּפָנָיו. גּוּפָא, רָאָה אוֹתָן רָצִין אַחַר הַמְּצִיאָה וכו'. אָמַר רַבִּי יִרְמְיָה אָמַר רַבִּי יוֹחָנָן: וְהוּא שֶׁרָץ אַחֲרֵיהֶן וּמַגִּיעָן. בָּעֵי רַבִּי יִרְמְיָה: [א] בְּמַתָּנָה הֵיאַךְ? קִבְּלָהּ מִינֵּיהּ ר' אַבָּא בַּר כָּהֲנָא: אע"פ שֶׁרָץ אַחֲרֵיהֶן וְאֵין מַגִּיעָן. *[ג]בָּעֵי רָבָא: זָרַק אַרְנָקִי בְּפֶתַח זֶה וְיָצָא בְּפֶתַח אַחֵר מַהוּ? *אֲוִיר שֶׁאֵין סוֹפוֹ לָנוּחַ כְּמוּנָּח דָּמֵי, אוֹ לָא? אֲמַר לֵיהּ רַב פַּפָּא לְרָבָא, וְאָמְרִי לָהּ רַב אַדָּא בַּר מַתָּנָה לְרָבָא, וְאָמְרִי לָהּ רָבִינָא לְרָבָא: לָאו הַיְינוּ מַתְנִיתִין, רָאָה אוֹתָן רָצִין אַחַר הַמְּצִיאָה, וְאָמַר רַבִּי יִרְמְיָה אָמַר רַבִּי יוֹחָנָן: וְהוּא שֶׁרָץ אַחֲרֵיהֶן וּמַגִּיעָן. וּבָעֵי רַבִּי יִרְמְיָה: בְּמַתָּנָה הֵיאַךְ? וְקִבְּלָהּ מִינֵּיהּ רַבִּי אַבָּא בַּר כָּהֲנָא: בְּמַתָּנָה אַף עַל פִּי שֶׁרָץ אַחֲרֵיהֶן וְאֵין מַגִּיעָן. אֲמַר לֵיהּ: מִתְגַּלְגֵּל קָאָמְרַתְּ! שָׁאנֵי מִתְגַּלְגֵּל דִּכְמוּנָּח דָּמֵי.§

מתני' [ד]מְצִיאַת בְּנוֹ וּבִתּוֹ הַקְּטַנִּים, מְצִיאַת עַבְדּוֹ וְשִׁפְחָתוֹ הַכְּנַעֲנִים, [ה]מְצִיאַת אִשְׁתּוֹ – הֲרֵי אֵלּוּ שֶׁלּוֹ. [ו]מְצִיאַת בְּנוֹ וּבִתּוֹ הַגְּדוֹלִים, מְצִיאַת עַבְדּוֹ וְשִׁפְחָתוֹ הָעִבְרִים, מְצִיאַת אִשְׁתּוֹ שֶׁגֵּירְשָׁהּ אע"פ שֶׁלֹּא נָתַן כְּתוּבָּה – הֲרֵי אֵלּוּ שֶׁלָּהֶן.§

גמ' אָמַר שְׁמוּאֵל: מִפְּנֵי מָה אָמְרוּ מְצִיאַת קָטָן לְאָבִיו – שֶׁבְּשָׁעָה שֶׁמּוֹצְאָהּ מְרִיצָהּ אֵצֶל אָבִיו, וְאֵינוֹ מְאַחֵר בְּיָדוֹ. לְמֵימְרָא דְּסָבַר שְׁמוּאֵל קָטָן לֵית לֵיהּ זְכִיָּה לְנַפְשֵׁיהּ מִדְּאוֹרָיְיתָא? וְהָתַנְיָא: הַשּׂוֹכֵר אֶת הַפּוֹעֵל – יְלַקֵּט בְּנוֹ אַחֲרָיו, לְמֶחֱצָה לִשְׁלִישׁ וְלִרְבִיעַ – לֹא יְלַקֵּט בְּנוֹ אַחֲרָיו. רַבִּי יוֹסֵי אוֹמֵר: [ז]בֵּין כָּךְ וּבֵין כָּךְ יְלַקֵּט בְּנוֹ וְאִשְׁתּוֹ אַחֲרָיו. וְאָמַר שְׁמוּאֵל: הֲלָכָה כְּרַבִּי יוֹסֵי. אִי אָמְרַתְּ בִּשְׁלָמָא קָטָן אִית לֵיהּ זְכִיָּה לְנַפְשֵׁיהּ, (א) כִּי קָא מְלַקֵּט – לְנַפְשֵׁיהּ קָא מְלַקֵּט וַאֲבוּהּ מִינֵּיהּ קָא זָכֵי. אֶלָּא אִי אָמְרַתְּ קָטָן לֵית לֵיהּ זְכִיָּה לְנַפְשֵׁיהּ, כִּי קָא מְלַקֵּט – לְאָבִיו קָא מְלַקֵּט, (ב) אֲבוּהּ עָשִׁיר הוּא, אַמַּאי אִשְׁתּוֹ וּבְנוֹ מְלַקֵּט אַחֲרָיו? שְׁמוּאֵל טַעְמָא דְּתַנָּא דִּידַן קָאָמַר, וְלֵיהּ לָא סְבִירָא לֵיהּ. וְסָבַר רַבִּי יוֹסֵי קָטָן אִית לֵיהּ זְכִיָּה מִדְּאוֹרָיְיתָא? *וְהָתְנַן: [ח]מְצִיאַת חֵרֵשׁ, שׁוֹטֶה וְקָטָן – יֵשׁ בָּהֶן מִשּׁוּם גֶּזֶל מִפְּנֵי דַּרְכֵי שָׁלוֹם, רַבִּי יוֹסֵי אוֹמֵר: גֶּזֶל גָּמוּר. וְאָמַר רַב חִסְדָּא: *גֶּזֶל גָּמוּר מִדִּבְרֵיהֶן. נָפְקָא מִינָּהּ לְהוֹצִיאָהּ בְּדַיָּינִין. אֶלָּא אֲמַר אַבָּיֵי: עֲשָׂאוּהָ כְּמִי שֶׁהָלְכוּ בָּהּ נָמוֹשׁוֹת, דַּעֲנִיִּים גּוּפַיְיהוּ מַסְחִי דַּעְתַּיְיהוּ. סָבְרִי: בְּרֵיהּ דְּהֵיאַךְ מְלַקְּטִי לֵיהּ. א"ל רַב אַדָּא בַּר מַתָּנָה לְאַבָּיֵי: [ט]וְכִי מוּתָּר לְאָדָם לְהַרְבִּיץ אֲרִי בְּתוֹךְ שָׂדֵהוּ כְּדֵי שֶׁיִּרְאוּ עֲנִיִּים וְיִבְרְחוּ? אֶלָּא אֲמַר רָבָא:

עָשׂוּ

רש"י

גַּבֵּי מַתָּנָה דִּזְכוּת הוּא לוֹ זָכִין לוֹ לְאָדָם שֶׁלֹּא בְּפָנָיו. וְשֶׁלֹּא מִדַּעְתּוֹ, (ג) דַּאֲנַן סָהֲדֵי דְּנִיחָא לֵיהּ שֶׁתְּהֵא שְׁלוּחוֹ. הִלְכָּךְ, כִּי לֵיתֵיהּ בְּצַד חֲצֵרוֹ, דְּלֵיכָּא לְדַמּוּיֵי לְיָדוֹ דְּאֵינָהּ סְמוּכָה לוֹ – תֵּיפּוֹק לֵיהּ זְכִיָּיתָהּ מִשְּׁלִיחוּתָהּ, כִּי הֵיכִי דִּשְׁלוּחוֹ זוֹכֶה לוֹ שֶׁלֹּא בְּפָנָיו חֲצֵרוֹ נַמִי זוֹכֶה לוֹ שֶׁלֹּא בְּפָנָיו. וּמִיהוּ, גַּבֵּי מְגִילָּה כִּי לֵיתֵיהּ גַּבָּהּ, דְּלָא נָפְקָא זְכִיָּיתָהּ מִשּׁוּם יָד – לֵיכָּא לְרַבּוּיֵי מִשְּׁלִיחוּת. דְּגַבֵּי שְׁלִיחוּת אִיכָּא דַּעַת הַשּׁוֹלֵחַ אוֹ דַּעַת שָׁלִיחַ, אֲבָל חָצֵר – לֵיכָּא לֹא דַּעַת שׁוֹלֵחַ וְלֹא דַּעַת שָׁלִיחַ. הִלְכָּךְ בָּעִינַן *דַּעַת אַחֶרֶת מַקְנָה אוֹתוֹ. זָרַק אַרְנָקִי. וְהִפְקִירוֹ לְכָל הַקּוֹדֵם. שֶׁאֵין סוֹפוֹ לָנוּחַ. בְּתוֹךְ הָאֲוִיר. כְּמוּנָּח דָּמֵי. וּקְנָאוֹ בַּעַל הַבַּיִת הָרִאשׁוֹן, אוֹ לָאו כְּמוּנָּח דָּמֵי. לְהָכִי בָּעֵי: אֲוִיר שֶׁאֵין סוֹפוֹ לָנוּחַ בְּתוֹךְ הַבַּיִת, כְּמוּנָּח דָּמֵי. דְּאִילּוּ אֲוִיר שֶׁהָיָה סוֹפוֹ לָנוּחַ בְּתוֹךְ הַבַּיִת – פְּשִׁיטָא לָן דַּאֲפִילּוּ קָדַם אִישׁ אַחֵר וּקְלָטָהּ בְּתוֹךְ הָאֲוִיר – לֹא קָנָה, דְּמִשֶּׁנִּכְנַס לָאֲוִיר קְנָאוֹ בַּעַל הַבַּיִת. דִּתְנַן בְּמַסֶּכֶת גִּיטִּין (דף עט.): הָיְתָה עוֹמֶדֶת בְּרֹאשׁ הַגַּג וְזָרַק לָהּ גֵּט, כֵּיוָן שֶׁנִּכְנַס לַאֲוִיר הַגַּג – הֲרֵי זוֹ מְגוֹרֶשֶׁת. הוּא לְמַעְלָה וְהִיא לְמַטָּה, כֵּיוָן שֶׁיָּצָא מֵרְשׁוּת הַגַּג, נִמְחַק אוֹ נִשְׂרַף – הֲרֵי זוֹ מְגוֹרֶשֶׁת. וְאֵינוֹ מַגִּיעָן. אַלְמָא: מִתְגַּלְגְּלִים וְיוֹצְאִין הֵן, וְאֵין סוֹפָן לָנוּחַ, וְקָאָמַר דְּקָנָה לֵיהּ שָׂדֵהוּ.

מתני' מְצִיאַת בְּנוֹ וּבִתּוֹ הַקְּטַנִּים כו'. בְּנוֹ קָטָן – בַּגְּמָרָא מְפָרֵשׁ מ"ט. בִּתּוֹ הַקְּטַנָּה – בִּכְתוּבּוֹת (דף מו:) יָלְפִינַן לָהּ מִקְּרָאֵי, דִּקְטַנָּה וְאַף נַעֲרָה כָּל שֶׁבַח נְעוּרֶיהָ לְאָבִיהָ. מְצִיאַת עַבְדּוֹ וְשִׁפְחָתוֹ הַכְּנַעֲנִים שֶׁלּוֹ. שֶׁהֲרֵי גּוּפוֹ קָנוּי לוֹ עוֹלָמִית, כִּדְכְתִיב (ויקרא כה): "וְהִתְנַחַלְתֶּם" וגו'. מְצִיאַת אִשְׁתּוֹ. רַבָּנַן תַּקִּינוּ לֵיהּ מִשּׁוּם אֵיבָה. מְצִיאַת עַבְדּוֹ וְשִׁפְחָתוֹ הָעִבְרִים. בַּגְּמָ' פָּרֵיךְ: לֹא יְהֵא אֶלָּא פּוֹעֵל, דַּאֲמְרִינַן לְעֵיל (דף י.) מְצִיאָתוֹ לְבַעַל הַבַּיִת.

גמ' מִפְּנֵי מָה אָמְרוּ מְצִיאַת קָטָן לְאָבִיו. בִּשְׁלָמָא בִּתּוֹ וְאִשְׁתּוֹ – טַעְמָא מְפָרֵשׁ לְהוּ בִּמְקוֹמָן בִּכְתוּבּוֹת, אֶלָּא בְּנוֹ טַעְמָא מַאי? מְרִיצָהּ אֵצֶל אָבִיו. הִלְכָּךְ, כְּשֶׁמַּגְבִּיהַּ לְצוֹרֶךְ אָבִיו הִגְבִּיהָהּ. יְלַקֵּט בְּנוֹ אַחֲרָיו. מוּתָּר לִבְנוֹ שֶׁל פּוֹעֵל, אִם עָנִי הוּא, לִלְקוֹט אַחַר אָבִיו אֶת לֶקֶט הַנּוֹשֵׁר. אֲבָל אִם קִבֵּל הַפּוֹעֵל אֶת הַשָּׂדֶה לְמֶחֱצָה לִשְׁלִישׁ וְלִרְבִיעַ – עָשִׁיר הוּא, וַהֲרֵי הוּא כְּבַעַל הַבַּיִת בְּשָׂדֶה זֶה, וְלֹא יְלַקֵּט בְּנוֹ אַחֲרָיו, לְפִי שֶׁלִּקֵּט בְּנוֹ לְאָבִיו. בֵּין כָּךְ וּבֵין כָּךְ כו'. דְּאִם הָאָב עָשִׁיר – הַבֵּן עָנִי וְזוֹכֶה לְעַצְמוֹ. טַעְמָא דְּתַנָּא דִּידַן קָאָמַר. מִפְּנֵי מָה אָמְרוּ מְצִיאַת קָטָן לְאָבִיו. וְלֵיהּ לָא ס"ל. דִּמְצִיאַת קָטָן לְאָבִיו. מִדִּבְרֵיהֶם. מִפְּנֵי דַּרְכֵי שָׁלוֹם. וְנָפְקָא מִינָּהּ. מִדְּר' יוֹסֵי, הָא אָתָא לְאַשְׁמוּעִינַן דְּהֶחֱמִירוּ חֲכָמִים בְּתַקָּנָתָן כְּגֶזֶל גָּמוּר לְהוֹצִיאוֹ בְּדַיָּינִין. וְכֵיוָן דְּמִדְּאוֹרַיְיתָא לֵית לֵיהּ זְכִיָּיה – נִמְצָא אָבִיו גּוֹזֵל אֶת הָעֲנִיִּים. אֶלָּא אָמַר אַבָּיֵי. ר' יוֹסֵי נַמִי כְּתַנָּא דִּידַן ס"ל, דְּקָטָן לֵית לֵיהּ זְכִיָּיה. וְגַבֵּי לֶקֶט הַיְינוּ טַעַם, דְּכֵיוָן דְּיֵשׁ לוֹ לְפוֹעֵל זֶה בָּנִים וְאִשָּׁה – עֲנִיִּים עַצְמָן מִתְיָאֲשִׁי מִלֶּקֶט שֶׁלָּהּ, לְפִיכָךְ עֲשָׂאוּהָ כְּשָׂדֶה שֶׁהָלְכוּ בּוֹ הַנָּמוֹשׁוֹת, דִּתְנַן (פאה פ"ח מ"א): מֵאֵימָתַי כָּל אָדָם מוּתָּרִין בְּלֶקֶט – מִשֶּׁיֵּלְכוּ בּוֹ הַנָּמוֹשׁוֹת, לְקוֹטֵי בָּתַר לָקוֹטֵי. דְּמֵהַהִיא שַׁעְתָּא מַסְחוּ עֲנִיִּים דַּעְתַּיְיהוּ מִינֵּיהּ, וְהָכָא נַמִי מַסְחוּ דַּעְתַּיְיהוּ כו'.

עָשׂוּ

תוספות

חצר משום יד אתרבאי. ולכך כי הוי דומיא דיד – דהיינו כשהוא בצד חצרו קונה אפילו בע"כ, או אפילו קטנה *בידה. וכשאינה סמוכה לחצרה, דלא הוי דומיא דיד – לא תימא כי היכי דאין לו דין יד הכי נמי אין לו דין שליחות, אלא לא גרע משליחות. [ב] ובמידי דזכות כמו מתנה – קנה, ואפילו אינו עומד בצד חצרו, ואפילו אינה משתמרת. ובמציאה, דאין דעת אחרת מקנה אותה – בעינן משתמרת. ובגט, דחוב הוא לה – אפילו במשתמרת אינה מתגרשת, דלא עדיפא משליחות, דאין חבין לאדם שלא בפניו.

ויצא בפתח אחר. ל"ג ואפקריה, דהא חשיב ליה דעת אחרת מקנה אותו. דמייתי ראיה ממתנה. ואי אפקריה – אם כן מיד כשיצא הארנקי מידו היה הפקר, ובשעת זכייה ליכא דעת אחרת. אלא ל"ג ואפקריה, ולעולם היא שלו עד שיזכה בה אחר.

ואמר שמואל הלכה כרבי יוסי. תימה: דבפ' "כל הגט" (גיטין דף ל. ושם ד"ה כיחידאה) לא בעי שמואל לאוקמי מתניתין דהמלוה מעות את הכהן ואת הלוי [להיות מפריש עליהן מחלקן] כרבי יוסי, דכיחידאה לא מוקמינן. והכא פסיק הלכה כמותו! וי"ל: דדוקא הכא גבי לקט פסיק כוותיה מהאי טעמא, דמסתמא עניים גופייהו ניחא להו כו'. והא דאוקמי בפרק "כל הגט" (שם) כרבי יוסי – היינו רבי יוסי דפ' "הלוקח עובר פרתו" (בכורות דף יח. ושם ד"ה עשו) דאמר: כל שחליפיו ביד כהן – פטור מן המתנות. ומפרש טעמא בגמ' משום דעשו את שאינו זוכה כזוכה, דהוי דומיא דהמלוה מעות דהוו חליפין ביד כהן דהיינו מעות, ועשו כאילו זכה במעשר עצמו. והא דקרי ליה יחידאה, אע"ג דבבכורות לא פליג אלא ר"מ – מ"מ רבנן דפליגי עליה הכא גבי לקט, כ"ש דפליגי עליה התם גבי מתנות.

אי אמרת בשלמא דאורייתא. תימה: מנ"ל דלר' יוסי קטן זוכה מן התורה? וכן בסמוך, דפריך וסבר רבי יוסי מציאת קטן דאורייתא, ומנ"ל? ודלמא אינה אלא מדרבנן, ואביו לא זכה מיניה כלל, ולהכי מלקט אחריו! וי"ל: דמסתמא לא פליג ר' יוסי אכמה משניות דפרקין, ודפרק "חלון" (עירובין דף עט: ושם) ודמסכת מעשר שני (פ"ד מ"ד) דמייתי בפרק "התקבל" (גיטין דף סה. ושם) דכולהו משניות – יד בן כיד אביו. וא"ת: ונימא לעולם זכי לנפשיה מדרבנן, ובתר הכי זכי אבוה מיניה משום איבה, ומשום הכי מלקט! וי"ל: דמדרבנן אין סברא שיתקנו שתי זכיות, שיזכה הבן קודם ואח"כ יזכה האב ממנו. אלא, אי מדרבנן הוא – בשעת זכיית הבן בא לו זכיית האב, משום דבשעת הגבהה לוקחה להריצה לאביו. אלא ודאי זכה לנפשיה מדאורייתא, ואבוה זכה מיניה משום איבה, שסמוך על שלחנו. **ואבוה** עשיר הוא. לאו דוקא עשיר, אלא כלומר כיון שיש לו חלק בשדה – חייב בלקט, כדדרשינן לר"א פ"ק דגיטין (דף יב. ושם) "לא תלקט לעני" – להזהיר עני על שלו. ולרבנן נמי, או נפקא להו מקרא אחרינא, או תרתי ש"מ. **שמואל** טעמא דתנא דידן קאמר. וא"ת: אמאי לא אוקמא בטעמא דידיה, דסבר שמואל דזכי לנפשיה מדאורייתא, ומדרבנן אבוה זכי מיניה משום איבה, וכרבי יוסי? וי"ל: דקטן דקתני במתני' – משמע ליה בקטן ממש, ואע"פ שאינו סמוך על שלחנו. ואילו היה זוכה לעצמו מן התורה – לא היה להם לתקן שיזכה אביו, כיון דליכא איבה שהרי אינו סמוך על שולחנו. אלא ודאי לא זכי לנפשיה כלל אלא לאביו, שבשעת הגבהה המגביה לצורך אביו.

רבי

עין משפט נר מצוה

צו א ב מיי' פ"ה מהל' גירושין הלכה ב ופ"ד מהל' זכייה ומתנה הל' ב [רב אלפס כאן ובגיטין פ"ח דף קפז.]:

צז ג טוש"ע ח"מ סי' רמג סעיף כב:

צח ד מיי' פי"ז מהל' גזילה ואבידה הל' יג סמג עשין עד טוש"ע ח"מ סי' ער סעיף ב:

צט ה מיי' שם ופי"ב מהל' אישות הל' ג ופכ"א שם הל' א סמג שם וסי' מח טוש"ע שם וטוש"ע אה"ע סי' סט סעיף ג וסי' פד:

ק ו מיי' פי"ז מהלכות גזילה ואבידה הל' יג סמג עשין עד טוש"ע ח"מ סי' ער סעיף ב וטוש"ע אה"ע סי' פד:

קא ז מיי' פ"ד מהל' מתנות עניים הל' יא:

קב ח מיי' פי"ז מהל' גזילה ואבידה הל' יב סמג עשין עד טוש"ע ח"מ סי' ער סעיף א:

קג ט מיי' פ"ד מהלכות מתנות עניים הל' יג:

רבינו חננאל

ופריק רב אשי חצר איתרבי משום יד ולא גרעה משליחות גבי גט דחוב הוא לה אינה מגורשת אם זרק לה גיטה בעלה בחצירה אא"כ עומדת בצד חצירה כדתנן אין חבין לאדם אלא בפניו. אבל מתנה דזכות הוא לו אע"פ שאינו עומד בצד שדהו קנה כדתנן זכין לאדם שלא בפניו. ואסקי' צבי שבור וכיוצא בו אם רץ אחריהן ומגיען ואמר זכתה לי שדי זכתה לו שדהו והוא שעומד בצד שדהו. ואם היו תרבות והקנה לו אחד במתנה אע"פ אם ירוץ אחריהן אין יכול להגיעם כיון שעברו בתוך שדהו קנאם הואיל ומתגלגלין וקי"ל מתגלגל כמונח דמי: **מתני'** מציאת בנו ובתו הקטניה הרי הם שלו אמר שמואל מפני מה אמרו מציאת קטן לאביו שבשעה שמוצאה מריצה אצל אביו ואינה מאחרה בידו. למימרא דסבר שמואל דקטן לית ליה זכייה לנפשיה והתניא פועל ילקט בנו אחריו למחצה לשליש ולרביע לא ילקט בנו אחריו. פי' כיון שיש לו חלק בתבואת השדה אפי' *) הוה ליה עשיר. ותנן מי שיש לו מאתים זוז הרי זה לא יטול לקט שכחה ופאה ומעשר כו'. ר' יוסי אומר בין כך ובין כך אשתו ובנו מלקטין אחריו. ואמר שמואל הלכה כר' יוסי ואי אמרת לאביו הוא וזוכה אביו עשיר הוא. ודחי' שמואל טעמיה דתנא דידן קאמר וליה לא ס"ל. ושקלינו וטרינו לאוקומא דר' יוסי סבר אית ליה זכי' לנפשי' ולא איתוקמא אלא מדרבנן אית ליה זכייה לנפשיה.

*) אולי צ"ל ואפילו עני הוה ליה כעשיר.

מסורת הש"ס

[קדושין כג. וש"נ]

ס"א חצר המשתמרת רש"ל ורש"א

לקמן קב.

[זבחים כה:]

גיטין נט: שבועות מח.

[גיטין סא.]

הגהות הב"ח

(א) גמ' אית ליה זכייה לנפשיה מדאורייתא כי קא מלקט: (ב) שם ואבוה עשיר: (ג) רש"י ד"ה גבי מתנה וכו' דאנן סהדי דניחא. נ"ב אע"ג דקי"ל בב"ב דף יג ע"ב ודף קלח ע"א דקונה מתנות יחיה היינו היכא שמעצמו אומר זה אבל מסתמא אמרי' דניחא ליה ליקח במתנה וק"ל:

הגהות הגר"א

[א] גמ' במתנה היאך קבלה כו'. נ"ב פי' הרמב"ם דוקא כה"ג אבל בסיפא לבי רץ לא וצ"ע (ועי' מ"ש רבינו בח"מ סי' רס"ח ס"ק י"ב): [ב] תוס' ד"ה חצר ובמידי דזכות כו'. נ"ב כרב פפא ורמב"ם פסק כההוא מרבנן:

גליון הש"ס

תום' ד"ה ואמר וכו' והכא פסיק הלכה כמותו. עיין גיטין כ ע"א תוס' ד"ה והא.

*עָשׂוּ שֶׁאֵינוֹ זוֹכֶה כְּזוֹכֶה, מ"ט – עֲנִיִּים גּוּפַיְיהוּ נִיחָא לְהוּ, כִּי הֵיכִי דְּכִי אָגְרוּ לְדִידְהוּ נִלְקוֹט בְּנַיְיהוּ בַּתְרַיְיהוּ. וּפְלִיגָא (א) דְּר' חִיָּיא בַּר אַבָּא, דְּאָמַר רַבִּי חִיָּיא בַּר אַבָּא אָמַר רַבִּי יוֹחָנָן: [א]לֹא גָּדוֹל – גָּדוֹל מַמָּשׁ, וְלֹא קָטָן – קָטָן מַמָּשׁ. אֶלָּא: גָּדוֹל וְסָמוּךְ עַל שֻׁלְחַן אָבִיו – זֶהוּ קָטָן, קָטָן וְאֵינוֹ סָמוּךְ עַל שֻׁלְחַן אָבִיו – זֶהוּ גָּדוֹל. § "מְצִיאַת עַבְדּוֹ וְשִׁפְחָתוֹ הָעִבְרִים הֲרֵי הוּא שֶׁל עַצְמָן". § אַמַּאי? לֹא יְהֵא אֶלָּא פּוֹעֵל, *וְתַנְיָא: [ב]מְצִיאַת פּוֹעֵל לְעַצְמוֹ. בַּמֶּה דְּבָרִים אֲמוּרִים – בִּזְמַן שֶׁאָמַר לוֹ: נַכֵּשׁ עִמִּי הַיּוֹם, עֲדוֹר עִמִּי הַיּוֹם. אֲבָל אָמַר לוֹ עֲשֵׂה עִמִּי מְלָאכָה הַיּוֹם – מְצִיאָתוֹ לְבַעַל הַבַּיִת! אָמַר רַבִּי חִיָּיא בַּר אַבָּא אָמַר רַבִּי יוֹחָנָן: הָכָא בְּעֶבֶד נוֹקֵב מַרְגָּלִיּוֹת עָסְקִינַן, שֶׁאֵין רַבּוֹ רוֹצֶה לְשַׁנּוֹתוֹ לִמְלָאכָה אַחֶרֶת. רָבָא אָמַר: בְּמַגְבִּיהַּ מְצִיאָה עִם מְלַאכְתּוֹ עָסְקִינַן. רַב פָּפָּא אָמַר: [ג]כְּגוֹן שֶׁשְּׂכָרוֹ לְלַקֵּט מְצִיאוֹת. וְהֵיכִי דָּמֵי? דְּאַקְפֵּי אַגְמָא בְּבַוְורֵי. § *הַאי שִׁפְחָה הֵיכִי דָּמֵי? אִי דְּאַיְיתִי שְׁתֵּי שְׂעָרוֹת – מַאי בָּעֲיָא גַּבֵּיהּ? וְאִי דְּלָא אַיְיתִי שְׁתֵּי שְׂעָרוֹת, אִי אִיתֵיהּ לְאָב – [ד]דַּאֲבוּהּ הָוְיָא, וְאִי דְּלֵיתֵיהּ לְאָב – תֵּיפּוֹק בְּמִיתַת הָאָב. *דְּאָמַר רֵישׁ לָקִישׁ: אָמָה הָעִבְרִיָּה *קָנָה עַצְמָהּ בְּמִיתַת הָאָב מֵרְשׁוּת הָאָדוֹן מִקַּל וָחוֹמֶר! וְלָאו אִיתּוֹתַב רֵישׁ לָקִישׁ? נֵימָא מֵהַאי נַמִי תֶּיהֱוֵי תְּיוּבְתָּא! לָא, לְעוֹלָם דְּאִיתֵיהּ לְאָב, וּמַאי הֲרֵי הֵן שֶׁלָּהֶן – לְאַפּוֹקֵי דְּרַבָּה. § "מְצִיאַת אִשְׁתּוֹ". § גֵּירְשָׁהּ, פְּשִׁיטָא! הָכָא בְּמַאי עָסְקִינַן – [ה]בִּמְגוֹרֶשֶׁת וְאֵינָהּ מְגוֹרֶשֶׁת. *דְּאָמַר רַבִּי זֵירָא אָמַר שְׁמוּאֵל: [ו]כׇּל מָקוֹם שֶׁאָמְרוּ חֲכָמִים מְגוֹרֶשֶׁת וְאֵינָהּ מְגוֹרֶשֶׁת – בַּעְלָהּ חַיָּיב בִּמְזוֹנוֹתֶיהָ. טַעְמָא מַאי אָמוּר רַבָּנַן מְצִיאַת אִשָּׁה לְבַעְלָהּ – כִּי הֵיכִי דְּלָא תֶּיהֱוֵי לַהּ אֵיבָה, הָכָא – אִית לַהּ אֵיבָה וְאֵיבָה. §

מתני' *מָצָא שִׁטְרֵי חוֹב, אִם יֵשׁ בָּהֶן אַחְרָיוּת נְכָסִים – לֹא יַחֲזִיר, שֶׁבֵּית דִּין נִפְרָעִין מֵהֶן. אֵין בָּהֶן אַחְרָיוּת נְכָסִים – יַחֲזִיר, שֶׁאֵין בֵּית דִּין נִפְרָעִין מֵהֶן, דִּבְרֵי רַבִּי מֵאִיר. וַחֲכָמִים אוֹמְרִים: [ז]בֵּין כָּךְ וּבֵין כָּךְ לֹא יַחֲזִיר, מִפְּנֵי שֶׁבֵּית דִּין נִפְרָעִין מֵהֶן. §

גמ' בְּמַאי עָסְקִינַן? אִילֵימָא כְּשֶׁחַיָּיב מוֹדֶה? כִּי יֵשׁ בָּהֶן אַחְרָיוּת נְכָסִים אַמַּאי לֹא יַחֲזִיר? הָא מוֹדֶה! וְאִי כְּשֶׁאֵין חַיָּיב מוֹדֶה, כִּי אֵין בָּהֶן אַחְרָיוּת נְכָסִים אַמַּאי יַחֲזִיר? נְהִי דְּלָא גָּבֵי מִמְּשַׁעְבְּדֵי – מִבְּנֵי חָרֵי מִגְבָּא גָּבֵי! לְעוֹלָם [ח]כְּשֶׁחַיָּיב מוֹדֶה, וְהָכָא הַיְינוּ טַעְמָא: דְּחָיְישִׁינַן שֶׁמָּא כָּתַב לִלְוֹת בְּנִיסָן, וְלֹא לָוָה עַד תִּשְׁרֵי, וְאָתֵי לְמִטְרַף לָקוֹחוֹת שֶׁלֹּא כַּדִּין. אִי הָכִי, כׇּל שְׁטָרֵי דְּאָתוּ לְקַמָּן נֵיחוּשׁ לְהוּ הָכִי! כׇּל שְׁטָרֵי – לָא רִיעֵי, הָנֵי – רִיעֵי. אֶלָּא הָא *דִּתְנַן: [ט]כּוֹתְבִין שְׁטָר לַלֹּוֶה אַף עַל פִּי שֶׁאֵין מַלְוֶה עִמּוֹ, לְכַתְּחִילָּה הֵיכִי כָּתְבִינַן? נֵיחוּשׁ שֶׁמָּא כָּתַב לִלְוֹת בְּנִיסָן, וְלֹא לָוָה עַד תִּשְׁרֵי, וְאָתֵי לְמִטְרַף לָקוֹחוֹת שֶׁלֹּא כַּדִּין! אָמַר רַב אַסִּי:

בִּשְׁטָרֵי

רש"י

עָשׂוּ אֶת שֶׁאֵינוֹ זוֹכֶה כְּזוֹכֶה. אע"פ שֶׁאֵין לְקָטָן זְכִיָּיה בְּמָקוֹם אַחֵר – כָּאן עֲשָׂאוּהוּ כְּזוֹכֶה. מַאי טַעְמָא עֲנִיִּים גּוּפַיְיהוּ נִיחָא לְהוּ. בְּהַאי תַּקַּנְתָּא, דְּכִי אָגְרוּ לְהוּ לְדִידְהוּ כו'. וּפְלִיגָא. דִּשְׁמוּאֵל, דְּפֵירֵשׁ טַעְמָא דְּמַתְנִי' מִשּׁוּם דְּלֵית לֵיהּ זְכִיָּיה. אַדְּר' חִיָּיא בַּר אַבָּא. דְּאָמַר אַף גָּדוֹל שֶׁיֵּשׁ לוֹ זְכִיָּיה, אִם סָמוּךְ הוּא עַל שׁוּלְחַן אָבִיו – מְצִיאָתוֹ לְאָבִיו מִשּׁוּם אֵיבָה. אֲבָל אֵינוֹ סָמוּךְ עַל שׁוּלְחַן אָבִיו, אֲפִילּוּ הוּא קָטָן – מְצִיאָתוֹ שֶׁלּוֹ. לֹא יְהֵא אֶלָּא פּוֹעֵל. לֹא יְהֵא עַבְדּוֹ אֶלָּא שָׂכִיר בְּעָלְמָא, תַּנְיָא דִּמְצִיאָתוֹ לְבַעַל הַבַּיִת בִּזְמַן שֶׁלֹּא פֵּירֵשׁ לוֹ לְאֵיזוֹ מְלָאכָה שְׂכָרוֹ. וְעֶבֶד זֶה כְּשֶׁקְּנָאוֹ רַבּוֹ – לִסְתָם מְלָאכָה קְנָאוֹ. שֶׁאֵין רַבּוֹ רוֹצֶה לְשַׁנּוֹתוֹ. הִלְכָּךְ לָא נִיחָא לֵיהּ שֶׁיַּגְבִּיהַּ לוֹ מְצִיאָה, דִּמְצִיאָה מְעוּלָּה בְּדָמֶיהָ מִשְּׂכַר בִּיטּוּל מְלַאכְתּוֹ לָא שְׁכִיחָא. הִלְכָּךְ, אִי אִתְרְמֵי וְאַשְׁכַּח – שֶׁלּוֹ הוּא, וִישַׁלֵּם לְרַבּוֹ שְׂכַר בִּיטּוּלוֹ. עִם מְלַאכְתּוֹ. שֶׁלֹּא בִּיטֵּל כְּלוּם, הִלְכָּךְ לְעַצְמוֹ. רַב פָּפָּא אָמַר. הָא דְּתַנְיָא פּוֹעֵל מְצִיאָתוֹ לְבַעַל הַבַּיִת. שֶׁשְּׂכָרוֹ לְלַקֵּט מְצִיאוֹת. הַרְבֵּה. וְהֵיכִי דָּמֵי. דְּאִתְרְמֵי. דְּאַקְפֵּי אַגְמָא בְּבַוְורֵי. שֶׁצָּף הַנָּהָר חוּץ לִגְדוֹתָיו, וְצָפוּ הַדָּגִים שָׁם, וּכְשֶׁיָּבְשׁוּ הַמַּיִם הַיּוֹצְאִים נִמְצְאוּ שָׁם דָּגִים הַרְבֵּה. דְּאַקְפֵּי תַּרְגּוּם שֶׁל הֵצִיף, כְּדְמִתַּרְגְּמִינַן: "וַיָּצֶף הַבַּרְזֶל" – וּקְפָא *בַּרְזְלָא (מלכים ב ו). מַאי בָּעֲיָא גַּבֵּיהּ. הָא תַּנְיָא: יוֹצְאָה בְּסִימָנִין. דַּאֲבוּהּ הָוְיָא. מְצִיאָתָהּ, דְּהָא קְטַנָּה הִיא. וְאִי דְּלֵיתֵיהּ לְאָב. מַאי בָּעֲיָא גַּבֵּי הָאָדוֹן? תֵּיפּוֹק מִינֵּיהּ בְּמִיתַת הָאָב! מִקַּל וָחוֹמֶר. בְּפֶרֶק קַמָּא דְּקִדּוּשִׁין (דף טז.): מָה סִימָנִין שֶׁאֵין מוֹצִיאִין מֵרְשׁוּת הָאָב – מוֹצִיאִין מֵרְשׁוּת הָאָדוֹן, כְּדְיָלְפִינַן: "וְיָצְאָה חִנָּם" – אֵלּוּ יְמֵי בַּגְרוּת, "אֵין כָּסֶף" – אֵלּוּ יְמֵי נַעֲרוּת. מִיתַת הָאָב, שֶׁמּוֹצִיאָה מֵרְשׁוּת הָאָב, שֶׁאֵינוֹ מוֹרִישׁ לְבָנָיו מַה שֶּׁזָּכְתָה לוֹ תּוֹרָה בְּבִתּוֹ שֶׁיְּהֵא מַעֲשֵׂה יָדֶיהָ לָאַחִין, כִּדְיָלְפִינַן (כתובות דף מג.): "וְהִתְנַחַלְתֶּם אֹתָם לִבְנֵיכֶם" וְלֹא בְּנוֹתֵיכֶם לִבְנֵיכֶם – אֵינוֹ דִּין שֶׁמּוֹצִיאָה מֵרְשׁוּת הָאָדוֹן? וְלָאו אִיתּוֹתַב רַבִּי שִׁמְעוֹן בֶּן לָקִישׁ. בְּקִדּוּשִׁין (שם). לְאַפּוֹקֵי דְּרַבָּה. לְאַפּוֹקֵי שֶׁאֵינוֹ שֶׁל רַבָּהּ אֶלָּא שֶׁל אָבִיהָ. וְקָרֵי לֵיהּ שֶׁלָּהֶן – מִשּׁוּם דְּאָב מִינָּהּ קָזָכֵי. בִּמְגוֹרֶשֶׁת וְאֵינָהּ מְגוֹרֶשֶׁת. כְּגוֹן זָרַק לָהּ גִּיטָּהּ, סָפֵק קָרוֹב לָהּ סָפֵק קָרוֹב לוֹ בִּרה"ר. חַיָּיב בִּמְזוֹנוֹתֶיהָ. וּמִשּׁוּם הָכִי אִצְטְרִיךְ לְאַשְׁמוּעִינַן דִּמְצִיאָתָהּ שֶׁלָּהּ. דְּטַעְמָא מַאי אָמוּר רַבָּנַן מְצִיאַת הָאִשָּׁה כו'. מתני' אַחְרָיוּת נְכָסִים. שִׁעְבּוּד קַרְקָעוֹת שֶׁיִּגְבֶּה מֵהֶן. יַחֲזִיר וְלֹא יַחֲזִיר. טַעְמָא בַּגְּמָ' מְפָרֵשׁ. גמ' כְּשֶׁחַיָּיב מוֹדֶה. שֶׁהַלֹּוֶה מוֹדֶה שֶׁהַשְּׁטָר אֵינוֹ פָּרוּעַ. אַמַּאי לֹא יַחֲזִיר. אִם לִטְרוֹף לָקוֹחוֹת בָּא – בְּדִין הוּא טוֹרְפָן. מִמְּשַׁעְבְּדֵי. מִמְּקַרְקְעֵי שֶׁמָּכַר אַחַר כֵּן. הָנֵי רִיעֵי. הוֹאִיל וְנָפַל – אִתְרַע, דְּיֵשׁ לוֹמַר: אִם הָיָה כָּשֵׁר – הָיָה נִזְהָר בּוֹ.

בִּשְׁטָרֵי

תוספות

רבי יוחנן אמר לא גדול גדול ממש. [א] מפרש ר"ת: כי היכי דפליגי הכא פליגי נמי גבי עירוב. דתנן בפ' "חלון" (עירובין דף עט: ושם ד"ה ומזכה): ומזכה להם על ידי בנו ובתו. (ב) ולשמואל דאמר הכא קטן ממש – התם נמי גבי עירוב אינו זוכה, דידו כיד אביו. כיון דמציאתו לאביו ה"ה כל זכיותיו לאביו. ואמה העבריה, אע"פ שהיא קטנה – זכיא בעירובה, דמציאתה אינה לאדוניה. אף על גב דשמואל אית ליה פרק "התקבל" (גיטין דף סד: ושם ד"ה אלא) קטן זוכה לעצמו, ואינו זוכה לאחרים – הא משני: התם שאני שתופי מבואות דרבנן. והא דאמר שמואל פרק "מי שהוציאוהו" (עירובין דף מט. ושם ד"ה וקטן) דעירוב משום קנין, *ורבא אמר משום דירה. ואמר: איכא בינייהו קטן. הא פר"ח התם: דאית לית בית לקטן קאמר. ולא כפרש"י שפי' שאינו גובה העירוב, לפי שאינו זוכה ולר"י דאמר לא גדול גדול ממש – ה"ה דגבי עירוב נמי, דקטן ואינו סמוך על שולחן אביו – זוכה כאמה העבריה, וגדול סמוך על שולחן אביו אינו זוכה. וצריך ליזהר שלא לזכות העירוב ע"י בנות הגדול הסמוך לשולחנו, דקי"ל כרבי יוחנן לגבי שמואל, כדאמר פרק "מי שהוציאוהו" (שם מז:) ועבדו ושפחתו העברים, אע"ג דסמוכין על שולחנו – מציאתם לעצמם, וכן זוכין בעירוב, ולא הוי ידם כיד האדון. דלא שייך איבה אלא בבנו שדרכו לזונו תמיד, ואם לא יפרנסו אביו לא יפרנסנו אחר. אבל אדם אחר מעלמא, סמוך על שולחן חבירו חנם כגון יתום וכיוצא בו – אין סברא שתהא מציאתו לחבירו. וכ"ש עבד ואמה, שבשכר טרחם הם אוכלים. ובתו, אפילו נערה ואינה סמוכה על שולחן אביה – מציאתה לאביה משום איבה, דאי בעי מסר לה למנוול ומוכה שחין, כדאמר בפרק *"נערה" (כתובות דף מו ושם). *ולא כרש"י שפירש משום דכתיב "בנעוריה" – דההוא בהפרת נדרים הוא דכתיב, כדאיתא בפרק קמא דקדושין (דף ג: ושם) ופרק "נערה" (שם מו:). ואשתו דזכיא בעירוב, אף על גב דידה כיד בעלה – מוקי לה בסוף נדרים (דף פח:) דאית לה בית באותו מבוי, דמגו דזכיא לנפשה – זכיא נמי לאחריני.

במגביה מציאה עם מלאכתו. וא"ת: הא דתניא בפ"ק דקדושין (דף טז:) אמה העבריה מציאתה לאביה, ושכר בטלה לרבה, היכי מתוקמא אליבא דרבא? דאם הגביהה עם מלאכתו – ליכא שכר בטלה, ואם לא הגביהה עם מלאכתו – א"כ מציאה לאדוניה! וי"ל: דהתם ודאי צריך להעמיד בנוקבת מרגליות.

ששכרו ללקט מציאות. [ב] וה"פ דברייתא: בד"א – בזמן שאמר ליה עשה עמי באותו ענין, שהוא כמו נכש עמי היום. אבל אמר ליה עשה עמי מלאכה של מציאות כו'.

מאי בעיא גביה. דהיא נמי אינה יכולה למכור עצמה אחרי כן, כדאיתא בספרי. **ולא** לוה עד תשרי. פירוש: ועתה רוצה ללות בו, שיש לו טורח לכתוב שטר אחר, וגם כדי להרויח פשיטי דספרא. אבל אין לפרש שכבר לוה בו קודם שנפל – דא"כ מאי משני הני ריעי לפי שנפל, ויש הוכחה דמשום פסולו לא נזהר לשומרו – והא לוה בו כבר, ופשיטא שנזהר לשומרו. **כותבין** שטר ללוה אף על פי שאין מלוה עמו. וליכא למיחש למחזי לשקרא, כמו *באשרתא דדייני דאם כתבו קודם דנחזי חתימת יד סהדי (ג) פסולה. דהכא, כיון שהוא כותב חובתו – לא שייך מחזי כשקרא.

אביי

עין משפט נר מצוה

קד א מיי' פי"ז מהל' אבידה הל' יג סמג עשין עד טוש"ע ח"מ סי' ער סעיף ג:

קה ב ג מיי' פ"ט מהל' שכירות הל' יא סמג שם טוש"ע ח"מ סי' שם סעיף ב:

קו ד מיי' פי"ז מהל' אבידה הל' יג סמג עשין עד (וטוש"ע ח"מ סי' ער סעיף ג):

קז ה מיי' שם סמג שם טוש"ע ח"מ שם סעיף ב וטוש"ע אה"ע סי' פ:

נ"ל ורבה

קח ו מיי' פי"ח מהל' אישות הלכה כה טוש"ע אה"ע סי' צג סעיף ב:

קט ז ח מיי' פי"ח מהל' אבידה הלכה א סמג עשין עד טוש"ע ח"מ סי' סה סעיף ו:

קי ט מיי' פכ"ג מהל' מלוה ולוה הלכה ה ופכ"ד שם הל' ה סמג עשין צד טוש"ע ח"מ סי' לט סעיף יג:

קדושין טז.

[קונה את עצמה כצ"ל]

[כתובות מ:]

[ועי' תוס' כתובות מז. ד"ה משום איבה]

מסורת הש"ס

גיטין ל. בכורות יח.

לעיל י. לקמן קיח.

גיטין סד.

עי' רש"י זבחים ו. ד"ה קופיא

כתובות נג: ע"ש גיטין עד. ע"ש כ"ב מז: ע"ש

כתובות נח. [לקמן יז. יט.]

[ב"ב קסז:]

[כתובות כא:]

הגהות הב"ח

(א) גמ' ופליגא אדר' חייא: (ב) תום' ד"ה ר' יוחנן וכו' בנו ובתו הגדולים דלשמואל דאמר הכא: (ג) ד"ה כותבין וכו' ידי סהדי אתחימת ידייהו פסולה דהכא:

הגהות הגר"א

[א] תוס' ד"ה ר"י מפרש ר"ת כו'. נ"ב ורמב"ם חולק: [ב] שם ד"ה ששכרו וה"פ כו'. נ"ב והרמ"ה מפרש ששכרו סתם ומראה ללקט לו מציאות:

רבינו חננאל

ואסקה רבא עשו הקטן שאינו זוכה לעצמו מן התורה כזוכה מאי טעמא עניים גופייהו מחלי ליה דניחא להו דלנלקטון בנייהו בתרייהו דידהו ולפיכך אמר ר' יוסי בנו ואשתו מלקטין אחריו. פי' אינו זוכה כזוכה כדתנן פרק כל גט שנכתב שלא לשם אשה פסול. המלוה מעות את הכהן ואת הלוי ואת העני וכו' ואוקימנא אע"ג דלא אתו לידייהו כו'. ועולא אמר הא מני ר' יוסי היא דאמר עשו את שאינו זוכה כזוכה דתנן בבכורות כל שחלפין ביד כהן פטור מן המתנות וכו' עשו את שאינו זוכה כזוכה מאי טעמא עשאוה כשדה שהלכו בה הנמושות עניים גופיהו מסחו דעתיהו מההיא שדה אמרי בניו ואשתו דהאיך מלקטי בתריה פי' עשאוה כשדה שהלכו בה הנמושות כדתנינן מאימתי כל אדם מותרין בלקט ובשכחה ובפאה משהלכו בה הנמושות. ופליגא הא

דר' יוחנן דאמר לא גדול גדול ממש ולא קטן קטן ממש אלא [גדול] וסמוך על שולחן אביו זהו קטן. קטן ואינו סמוך על שולחן אביו זהו גדול אדשמואל. מציאת עבדו ושפחתו העברים הרי אלו שלהם. ומקשי' והתניא בפועל אם שכרו עשה עמי מלאכה מציאתו לבעה"ב ולא יהיה העבד כפועל ומשני ר' יוחנן בקונה עבד נוקב מרגליות דאין רבו רוצה לשנותו למלאכה אחרת דלאו עשה עמי מלאכה הוא אלא במלאכה זו בלבד לפיכך לא נשתעבד לאדונו אלא באותה מלאכה בלבד. רבא אמר במגביה מציאה זו עם מלאכתו דלא בטל ממלאכת רבו. רב פפא אמר כי קתני בפועל מציאתו לבעה"ב כגון דאקפי אגמא בבוורי ושכרו ללקוט לו בבוורי. ושפחתו. הא שפחה היכי דמיא אי דאייתי ב' שערות וכו' עד אמר לך ריש לקיש לעולם דאיתיה לאב ומציאתה לאביה היא והאי דקתני במתני' הרי אלו שלהן לאפוקי דרבה פי' למעט את ארוניה מציאתה. ויש אומר לאפוקי מהא דאמר רבא בפ' האשה נקנית זאת אומרת עבד עברי גופו קנוי באה משנתנו להוציא מזה הטעם של רבא. מציאת אשה שגירשה אע"פ שלא נתן לה עדיין כתובתה מציאתה שלה. אוקימנא במגורשת ואינה מגורשת פי' בתלמוד א"י אדם שגירש את אשתו ולא נתן לה כתובתה חייב במזונותיה עד שיתן לה פרוטה אחרונה. אמר ר' יוסי מתני' אמרה כן אמר ר' אושעיא שלא תאמר הואיל וחייב במזונותיה תהא מציאתה שלו לפום כן תני מציאת אשה שגירשה לעצמה: מצא שטרי חוב אם יש בהן אחריות נכסים לא יחזיר. ואמאי לא יחזיר דחיישינן שמא כתב ללות בניסן ולא לוה עד תשרי ואתי וטורף ללקוחות שלא כדין. אי הכי כל שטרי דעלמא נמי ניחוש הכי. והא' כל שטרי דעלמא לא ריעי הני כיון דנפלי ריעי. אלא הא דתנן כותבין שטר ללוה אע"פ שאין מלוה

א בְּשִׁטְרֵי הַקְנָאָה, דְּהָא שַׁעְבֵּיד נַפְשֵׁיהּ. אִי הָכִי, מַתְנִיתִין דְּקָתָנֵי אִם יֵשׁ בָּהֶן אַחֲרָיוּת נְכָסִים לֹא יַחֲזִיר וְאוֹקִימְנָא כְּשֶׁחַיָּיב מוֹדֶה, וּמִשּׁוּם שֶׁמָּא כָּתַב לִלְוֹת בְּנִיסָן וְלֹא לָוָה עַד תִּשְׁרֵי וְאָתֵי לְמִטְרַף לָקוֹחוֹת שֶׁלֹּא כַּדִּין, אַמַּאי לֹא יַחֲזִיר? נֶחֱזֵי, אִי בִּשְׁטַר הַקְנָאָה — הָא שַׁעְבֵּיד לֵיהּ נַפְשֵׁיהּ, אִי בִּשְׁטָר דְּלָא הַקְנָאָה — לֵיכָּא לְמֵיחַשׁ, דְּהָא אָמְרַתְּ כִּי לֵיכָּא מַלְוֶה בַּהֲדֵיהּ לָא כָּתְבִינַן. א"ל רַב אַסִי: אע"ג דִּשְׁטָרֵי דְּלָאו הַקְנָאָה כִּי לֵיכָּא מַלְוֶה בַּהֲדֵיהּ לָא כָּתְבִינַן, מַתְנִיתִין כֵּיוָן דִּנְפַל אִתְרַע לֵיהּ, וְחָיְישִׁינַן דִּלְמָא אִקְרִי וּכְתוּב. *אַבָּיֵי אֲמַר: עֵדָיו בַּחֲתוּמָיו זָכִין לוֹ, וַאֲפִילּוּ שְׁטָרֵי דְּלָאו הַקְנָאָה. מִשּׁוּם דְּקַשְׁיָא לֵיהּ: כֵּיוָן דְּאָמְרַתְּ בִּשְׁטָרֵי דְּלָאו הַקְנָאָה כִּי לֵיתֵיהּ לְמַלְוֶה בַּהֲדֵיהּ לָא כָּתְבִינַן — לֵיכָּא לְמֵיחַשׁ דְּאִקְרִי וּכְתוּב. אֶלָּא הָא דִּתְנַן:* מָצָא גִּיטֵּי נָשִׁים וְשִׁחְרוּרֵי עֲבָדִים, דַּיְיתִּיקֵי, מַתָּנָה וְשׁוֹבְרִים — הֲרֵי זֶה לֹא יַחֲזִיר, שֶׁמָּא כְּתוּבִים הָיוּ וְנִמְלַךְ עֲלֵיהֶם שֶׁלֹּא לִיתְּנָם. וְכִי נִמְלַךְ עֲלֵיהֶם מַאי הָוֵי? וְהָא אָמְרַתְּ עֵדָיו בַּחֲתוּמָיו זָכִין לוֹ! הָנֵי מִילֵּי הֵיכָא דְּקָא מָטוּ לִידֵיהּ, אֲבָל הֵיכָא דְּלָא מָטוּ לִידֵיהּ — לָא אָמְרִינַן. אֶלָּא מַתְנִיתִין, דְּקָתָנֵי: מָצָא שִׁטְרֵי חוֹב, אִם יֵשׁ בָּהֶם אַחֲרָיוּת נְכָסִים — לֹא יַחֲזִיר. וְאוֹקִימְנָא כְּשֶׁחַיָּיב מוֹדֶה, וּמִשּׁוּם שֶׁמָּא כָּתַב לִלְוֹת בְּנִיסָן וְלֹא לָוָה עַד תִּשְׁרֵי. בִּשְׁלָמָא לְרַב אַסִי, דְּאָמַר בִּשְׁטָרֵי אַקְנָיְיתָא — מוֹקֵי לָהּ בִּשְׁטָרֵי דְּלָאו אַקְנָיְיתָא, וְכִדְאָמְרִינַן, אֶלָּא לְאַבָּיֵי, דְּאָמַר עֵדָיו בַּחֲתוּמָיו זָכִין לוֹ מַאי אִיכָּא לְמֵימַר? אָמַר לָךְ אַבָּיֵי: מַתְנִי' הַיְינוּ טַעְמָא — ג דְּחָיֵישׁ לְפֵרָעוֹן וְלִקְנוֹנְיָא. וְלִשְׁמוּאֵל, דְּאָמַר: *לָא חָיְישִׁינַן לְפֵרָעוֹן וְלִקְנוֹנְיָא, מַאי אִיכָּא לְמֵימַר? הָנִיחָא אִי סָבַר לָהּ כְּרַב אַסִי, דְּאָמַר בִּשְׁטָרֵי הַקְנָאָה — מוֹקֵי (א) מַתְנִיתִין בִּשְׁטָרֵי דְּלָאו הַקְנָאָה, אֶלָּא אִי סָבַר כְּאַבָּיֵי, דְּאָמַר עֵדָיו בַּחֲתוּמָיו זָכִין לוֹ, מַאי אִיכָּא לְמֵימַר? שְׁמוּאֵל מוֹקֵי לְמַתְנִיתִין כְּשֶׁאֵין חַיָּיב מוֹדֶה. אִי הָכִי, כִּי אֵין בָּהֶן אַחֲרָיוּת נְכָסִים אַמַּאי יַחֲזִיר? נְהִי דְּלָא גָּבֵי מִן מְשַׁעְבְּדֵי, מִבְּנֵי חֲרֵי מַגְבֵּי גָּבֵי! שְׁמוּאֵל לְטַעְמֵיהּ, דְּאָמַר שְׁמוּאֵל, אוֹמֵר הָיָה רַבִּי מֵאִיר: שְׁטַר חוֹב שֶׁאֵין בּוֹ אַחֲרָיוּת נְכָסִים — אֵין גּוֹבֶה לֹא מִמְּשַׁעְבְּדֵי וְלֹא מִבְּנֵי חֲרֵי. וְכִי מֵאַחַר שֶׁאֵינוֹ גּוֹבֶה אַמַּאי יַחֲזִיר? אָמַר רַבִּי נָתָן בַּר אוֹשַׁעְיָא: *לָצוּר עַל פִּי צְלוֹחִיתוֹ שֶׁל מַלְוֶה. וְנַהַדְרֵיהּ לְהוּ לַלֹּוֶה לָצוּר עַל פִּי צְלוֹחִיתוֹ שֶׁל לֹוֶה! לֹוֶה הוּא

דְּאָמַר

בִּשְׁטָרֵי הַקְנָאָה. שֶׁמַּקְנֶה לוֹ נְכָסָיו מֵהַיּוֹם, בֵּין יִלְוֶה בֵּין לֹא יִלְוֶה יִגְבֶּה מֵהֶן לְאוֹתוֹ זְמַן מֵהַיּוֹם. אִי הָכִי. דְּבִשְׁטָרֵי דְּלָאו הַקְנָאָה לָא עֲבִידִי דְּכָתְבִי, אֶלָּא אִם כֵּן רָאוּ הַלְוָאַת הַמָּעוֹת מַתְנִי' דְּקָתָנֵי כו'. כִּי לֵיכָּא מַלְוֶה בַּהֲדֵיהּ. וְנוֹתֵן מָעוֹת בִּפְנֵיהֶם, לָא כָּתְבִינַן. אַבָּיֵי אָמַר. הָא דִּתְנַן: כּוֹתְבִין שְׁטָר לַלֹּוֶה בְּלֹא מַלְוֶה – אֲפִילּוּ בִּשְׁטָר דְּלָאו הַקְנָאָה נַמִי. וְאִי נַמִי אָתֵי לְמִיטְרַף מֵהָאִידָנָא; וְהוּא לֹא לָוָה עַד תִּשְׁרֵי – לֹא שֶׁלֹּא כַּדִּין הוּא, דְּעֵדָיו בַּחֲתוּמָיו זָכִין לוֹ, מִיּוֹם שֶׁחֲתָמוּהוּ זָכִין לוֹ הַשִּׁעְבּוּד וַאֲפִילּוּ לֹא הִלְוָה הַמָּעוֹת עַד תִּשְׁרֵי. וּלְהָכִי מוֹקֵי לֵיהּ אַבָּיֵי בְּהַאי טַעְמָא, מִשּׁוּם דְּקַשְׁיָא לֵיהּ כֵּיוָן דְּאָמַרְתְּ כו'. (ב) אֲבָל הַשְׁתָּא דִּתְנַן כּוֹתְבִין – חָיְישִׁינַן דִּלְמָא כָּתַב לִלְוֹת וְלֹא לָוָה, וּלְקַמֵּיהּ פָּרֵיךְ אַמַּאי לֹא יַחֲזִיר – הֲרֵי זָכוּ לֵיהּ עֵדָיו בַּחֲתוּמָיו, וְשַׁפִּיר טָרֵיף. דַּיְיתִּיקֵי. נוּסַח שְׁכִיב מְרַע. וּלְשׁוֹן דַּיְיתִּיקֵי – דָּא תֵּיקוּ, זֹאת תֵּיקוּם, דְּדִבְרֵי שְׁכִיב מְרַע כִּכְתוּבִין וְכִמְסוּרִין דָּמֵי. מַתָּנָה. מַתְּנַת בָּרִיא. וְשׁוֹבְרִין. פֵּרָעוֹן שְׁטָר. הָנֵי מִילֵּי הֵיכָא דְּמָטָא שְׁטָר לִידֵיהּ. וַאֲפִילּוּ לְאַחַר זְמַן זָכוּ לוֹ חוֹתְמָיו לִגְבּוֹת מִזְּמַן הַכָּתוּב בּוֹ. וְאִי קַשְׁיָא הָא דִּתְנַן (שביעית פ"י מ"ה): שְׁטָרֵי חוֹב הַמּוּקְדָּמִין – פְּסוּלִין, וְהַמְאוּחָרִין – כְּשֵׁרִין, בְּמַאי מוֹקֵי לָהּ אַבָּיֵי? תָּרֵיץ בְּמוּקְדֶּמֶת כְּתִיבָתָן לַחֲתִימָתָן, וּלְהָכִי פְּסוּלִין, שֶׁבָּא לִטְרוֹף מִשְּׁעַת כְּתִיבָה. א"נ, שֶׁכָּתְבוּ וַחֲתָמוּהוּ בְּתִשְׁרֵי, וְהֵם כָּתְבוּ בְּתוֹכוֹ נִיסָן שֶׁהוּא רֹאשׁ הַשָּׁנָה לִשְׁטָרוֹת. בִּשְׁלָמָא לְרַב אַסִי. דְּמוֹקֵי לְהַהוּא דְּכוֹתְבִין בִּשְׁטָרֵי אַקְנָיְיתָא. מוֹקֵי. מַתְנִיתִין בִּדְלָאו אַקְנָיְיתָא, וּלְהָכִי לֹא יַחֲזִיר. כִּדְקָאָמַר אִיתְרַע לֵיהּ, וְחָיְישִׁי' דִּלְמָא אִקְרִי וְכָתַב, וַהֲוָה לֵיהּ מוּקְדָּם וְלָכֵן הוּפְקַר לְהַשְׁלִיכוֹ. לְפֵרָעוֹן וּלְקְנוֹנְיָא. שֶׁמָּא פְּרָעוֹ, וּמִן הַלֹּוֶה נָפַל. וְהָא דְּקָא מוֹדֶה לֹא פָּרַעְתִּי – עֵצָה הִיא בֵּינֵיהֶם שֶׁל רַמָּאוּת לִטְרוֹף אֶת הַלָּקוֹחוֹת שֶׁלָּקְחוּ מִמֶּנּוּ קַרְקַע שֶׁלֹּא בְּאַחֲרָיוּת וְיַחְלְקוּ בֵּינֵיהֶם. וְלִשְׁמוּאֵל דְּאָמַר. לְקַמָּן. לָא חָיְישִׁינַן לְפֵרָעוֹן. בִּשְׁטָר הַנִּמְצָא, וַאֲפִילּוּ אֵין חַיָּיב מוֹדֶה. דְּאִם אִיתָא דִּפְרָעֵיהּ – מִקְרַע הֲוָה קָרַע לֵיהּ, דְּאָמַר שְׁמוּאֵל לְקַמָּן (דף טז:): הַמּוֹצֵא שְׁטַר הַקְנָאָה בַּשּׁוּק – יַחֲזִיר לַבְּעָלִים, וְכ"ש כְּשֶׁחַיָּיב מוֹדֶה מֵהַאי טַעְמָא גּוּפֵיהּ דְּמִיּוֹם פְּרִיעָתוֹ הוּא קוֹרְעוֹ. הִלְכָּךְ, לֵיכָּא לְמֵיחַשׁ לְאַחַר זְמַן לִקְנוּנְיָא, מַתְנִי' בְּמַאי מוֹקֵי לָהּ. הָנִיחָא כו'. וְאִי קַשְׁיָא, עַל כָּרְחָךְ לָא סְבִירָא לֵיהּ כְּאַבָּיֵי, דְּאִי כְּאַבָּיֵי ס"ל מַאי אִירְיָא שְׁטַר הַקְנָאָה? הָא לְאַבָּיֵי אֵין חִילּוּק בֵּין זֶה לָזֶה דַּאֲפִילּוּ דְּלָאו הַקְנָאָה נַמִי יַחֲזִיר, הוֹאִיל וּשְׁמוּאֵל לָא חָיֵישׁ לְפֵרָעוֹן – לָאו פִּירְכָא הוּא, דְּמוֹדֶה אַבָּיֵי בִּדְלָא מָטָא שְׁטָרָא לִידֵיהּ, כִּדְאָמְרַן, (ג) הִלְכָּךְ אִיכָּא לְמֵימַר כָּתַב לִלְוֹת וְלֹא לָוָה לְגַמְרֵי, וְלָא מָטָא לִידֵיהּ מֵעוֹלָם. שְׁמוּאֵל מוֹקֵי לָהּ כְּשֶׁאֵין חַיָּיב מוֹדֶה. בִּכְתִיבַת הַשְּׁטָר, שֶׁאוֹמֵר לֹוֶה לֹא כָּתַבְתִּי, וּמְזוּיָּף הוּא. וְא"ת: יִתְקַיֵּים בְּחוֹתְמָיו! כֵּיוָן שֶׁנָּפַל אִתְרַע לֵיהּ, וְאָמְרִינַן מִפְּנֵי שֶׁפָּסוּל הָיָה לֹא נִזְהַר, וּמְהֵימְנִינַן לֵיהּ לְהַאי.

אֵינוֹ

אביי אמר עדיו בחתומיו זכין לו. מכאן קשה לרש"י דריש מסכת ראש השנה (דף ג. ושם ד"ה לשטרות) דתנן: באחד בניסן ראש השנה למלכים, ומפרש בגמרא דנפקא מינה לשטרי חוב המוקדמים. ופרש"י: שאם לא קבעו יום לתחלת שנת המלך, אלא כל מלך לפי מה שעומד, פעמים שאין להבחין, כגון אם כתב בו בכסליו בשנת ג' למלך, ובאו עדים ואמרו כשחתמנו בו לא ראינו שהלוהו, אלא אמר הלוה לנו חתמו. כאותה ששנינו: כותבין שטר ללוה אע"פ שאין מלוה עמו, אבל ראינו שהלוהו אותה מלוה בתמוז בשנת ג' למלך, ואין אנו יודעים אם קודם לכן או אחרי כן; שאין אנו יודעים מתי עמד המלך אם בין *תמוז לכסליו של אחריו, והוה ליה כסליו תחלה – א"כ מוקדם הוא ופסול, או בין כסליו לתמוז של אחריו, והוה ליה מאוחר וכשר. והשתא שקבעו ניסן ר"ה – הוה ליה תמוז תחלה, ושטר מאוחר הוא וכשר. והשתא לאביי כה"ג לא מוקדם הוא, דעדיו בחתומיו זכין לו. ולרב אסי נמי, דלית ליה למה הוצרכו לעשות תקנה, כיון דלית ליה כותבין שטר ללוה אלא בשטרי הקנאה. ועוד: כי רגילות הוא שישכחו כל העולם והסופר וב"ד מתי עמד המלך, שהוצרכו לעשות תקנה בשביל כך? ועוד: דהוה ליה למימר דנ"מ טובא בכל שטרות שלא ידעו מאימתי לגבות כיון דאין יודעים מתי מתחלת שנת המלך. וע"ק יותר, אך אין מקומו הנה. ונראה לפרש: דנ"מ לשטרי חוב המוקדמים, היינו כגון שאם עמד המלך בכ"ט באדר, כשיגיע כ"ט באדר בשנה של אחריו פעמים יטעה הסופר ביום אחד, ויסבור שעמד המלך אשתקד באחד בניסן ויכתוב עתה בכ"ט באדר שנה ראשונה, ונמצא שטר זה מוקדם שנה שלימה, וזה פסול לכולי עלמא שכותב עתה שנה של אשתקד. אבל כשקבעו ניסן ר"ה – לא יטעה, דמיום שני לעמידת המלך שהוא ראש חדש ניסן כתב הסופר שנה שניה, ומשם ואילך עד ניסן הבא.

משום דקשיא ליה. לאביי תימה: דבשביל כך לא הוצרך לומר עדיו בחתומיו זכין לו, דאפילו יסבור דאין זכין כרב אסי, ומתניתין שכותבין שטר ללוה בשטרי הקנאה, ודלמא מיקרי וכתב לא אמרי' – יעמיד משנתנו בשחייב מודה, ולא יחזיר משום דחיישינן לפרעון ולקנוניא, כדאמר בסמוך! וי"ל: משום דקשיא לאביי לא ניחא ליה שנויא דרב אסי ומילתא באפי נפשה היא, ולא קאי אדלאמר אביי עדיו בחתומיו זכין לו. **היינו** טעמא דחיישינן לפרעון ולקנוניא. וסברי רבנן אחריות טעות סופר הוא, ולכך לא יחזיר, אפילו אין בו אחריות, וכן לרב אסי. תימה: אמאי קאמר משום דחיישינן לקנוניא? לימא משום דחיישינן שמא פרעו, וכבר נמחל שעבודו ועתה רוצה לחזור וללות בו, כדי להרויח פשיטי דספרא. ומלוה נמי רוצה בדבר שיטרוף מזמן מוקדם! וי"ל: משום פשיטי דספרא לא יפסיד ללקוחות ממון מרובה. אף על גב דרב אסי חייש לכתב ללות ולא לוה, ועתה רוצה ללות ומפסיד ללקוחות משום פשיטי דספרא – היינו משום שכבר נתן לסופר, ואינו רוצה להפסיד. ועוד: שסובר המלוה שילא הקול משעת כתיבה. אבל כשלוה ופרע – לא הפסיד, פשוט שנתן לסופר. ועוד: שירא המלוה ששמעו הפריעה, והלואה שנית לא נכתב השטר.

הא

קיא א מיי' פכ"ד מהל' מלוה ולוה הל' א ועיין מ"מ שהגיה בל"ע סמג עשין עד טוש"ע ח"מ סי' לט סעיף יג:

קיב ב מיי' פי"ח מהל' אבידה הל' א סמג עשין עד טוש"ע ח"מ סי' סה סעיף ו:

גי' רש"א בין כסליו לתמוז שלפניו ועי' רש"ל

רבינו חננאל

מלוה עמו ניחוש שמא כתב ללות ולא לוה. ופריק רב אשי בשטרי הקנאה דהא שיעבד נפשיה בחליפין ולא חיישי' לנתינת המעות אלא נשתעבד מעידנא ההיא דקנו מיניה בחליפין. אביי אמר עדיו בחותמיו זכין לו פי' כיון שאמר לוה לעדים העידו עלי שיש לפלוני עלי כך וכך וכתבו שטר בזה וחתמו בו זכו למלוה ואע"ג דלא קנו מן הלוה והוא דנפיק שטרא מידא דמלוה אבל אי לא נפיק שטרא מתותי ידיה דמלוה חיישינן דלמא אכתי לא מטא לידיה דמלוה ומתני' דאוקימנא בשחייב מודה דהאי שטרא מטא לידיה דמלוה מההיא שעתא דנכתב ומיניה נפל. אמר לך אביי כי הא גוונא בר"א נקיט שטרא מתותי ידיה דמלוה חיישינן לקנוניא ומשום הכי לא הימנינן בהודאתו דלוה. ולא אשכחן פירכא לא להא דאביי ולא להא דרב אשי ותרוייהו בעינן דמטא שטרא בידא דמלוה. והא דר' יוחנן לא הוי להו תיובתא דיכול רב אשי למימר לא אמר ר' יוחנן אלא בשטרי דלאו אקנייאתא ולאביי נמי לא הויא תיובתא דהא לדבריו דר' יוחנן שייכי. מיהו סוגיא דשמעתין כר' יוחנן סלקא דאמר מחלוקת בשחייב מודה ר"מ דאמר יחזיר סבר שטר שאין בו אחריות נכסין לא גבי ממשעבדי מבני חרי הוא דגבי וכיון דמודה ליה ליכא למיחש הלכך יחזיר. ורבנן סברי גבי אפי' ממשעבדי הלכך לא יחזיר דחיישינן לקנוניא אבל בשאין חייב מודה דברי הכל לא יחזיר דחיישינן לפרעון ותניא בהדיא כוותיה. שמואל מוקי לה לכולה מתני' בשאין חייב מודה אבל בשחייב מודה דברי הכל יחזיר כי עדיו בחתומיו זכין לו א) (וכל) בשטרי הקנאה דהא שעבד נפשיה. ובשטר שאין בו אחריות אע"פ שאין חייב מודה ב) ר"מ דאמר יחזיר למלוה לצור על פי צלוחיתו דכיון שאין בו אחריות נכסין אינו גובה לא ממשעבדי ולא מבני חרי.

אמר

א) אולי צ"ל וכ"ש בשטרי הקנאה. ב) נ"ל אמר ר"מ יחזיר למלוה וכו'.

לקמן [יט. כ.] לה:

לקמן יח. [גיטין כז.]

[לקמן יז. טז:]

הגהות הב"ח

(א) גמ' מוקי לה למתני' בשטרא דלאו אקנייתא: (ב) רש"י ד"ה אביי אמר וכו' אבל השתא דתנן. נ"ב זהו למאי דקס"ד השתא ומשום הכי פריך לקמיה אמאי לא יחזיר כו' אבל למאי דמסיק הוה טעמיה דאביי משום דחיישינן לפרעון ולקנוניא והוה שטר שנמחל שעבודו: (ג) ד"ה הניחא וכו' הלכך איכא למימר. נ"ב פירוש כשאין חייב מודה:

[לעיל ז: וש"נ]

גליון הש"ס

גמ' אביי אמר עדיו בחתומיו. עי' רשב"א בחידושי קדושין דף כ"ז ע"ב ד"ה ע"מ שתכתבו לו שטר.

דְּאָמַר: לֹא הָיוּ דְּבָרִים מֵעוֹלָם. אָמַר רַבִּי אֶלְעָזָר: מַחֲלוֹקֶת בְּשֶׁאֵין חַיָּיב מוֹדֶה, דְּרַבִּי מֵאִיר סָבַר: שְׁטָר שֶׁאֵין בּוֹ אַחֲרָיוּת נְכָסִים – אֵינוֹ גּוֹבֶה לֹא מִמְּשַׁעְבְּדֵי וְלֹא מִבְּנֵי חָרֵי, וְרַבָּנַן סָבְרִי: (מִמְּשַׁעְבְּדֵי הוּא דְּלָא גָּבֵי, מִבְּנֵי חָרֵי) – מִגְבָּא גָּבֵי. אֲבָל כְּשֶׁחַיָּיב מוֹדֶה – דִּבְרֵי הַכֹּל יַחֲזִיר, *וְלָא חָיְישִׁינַן לְפֵרָעוֹן וְלִקְנוֹנְיָא. וְרַבִּי יוֹחָנָן אָמַר: מַחֲלוֹקֶת כְּשֶׁחַיָּיב מוֹדֶה, דְּרַבִּי מֵאִיר סָבַר: שְׁטָר שֶׁאֵין בּוֹ אַחֲרָיוּת נְכָסִים – מִמְּשַׁעְבְּדֵי הוּא דְּלָא גָּבֵי, אֲבָל מִבְּנֵי חָרֵי מִגְבָּא גָּבֵי. וְרַבָּנַן סָבְרִי: [א]מִמְּשַׁעְבְּדֵי נַמִי גָּבֵי. אֲבָל כְּשֶׁאֵין חַיָּיב מוֹדֶה – דִּבְרֵי הַכֹּל לֹא יַחֲזִיר, דְּחָיְישִׁינַן לְפֵרָעוֹן. תַּנְיָא כְּוָותֵיהּ דְּרַבִּי יוֹחָנָן, וּתְיוּבְתָּא דְּרַבִּי אֶלְעָזָר בַּחֲדָא, וּתְיוּבְתָּא דִּשְׁמוּאֵל בְּתַרְתֵּי: מָצָא שִׁטְרֵי חוֹב וְיֵשׁ בָּהֶם אַחֲרָיוּת נְכָסִים, אַף עַל פִּי שֶׁשְּׁנֵיהֶם מוֹדִים – לֹא יַחֲזִיר לֹא לָזֶה וְלֹא לָזֶה. אֵין בָּהֶן אַחֲרָיוּת נְכָסִים, בִּזְמַן שֶׁהַלֹּוֶה מוֹדֶה – יַחֲזִיר לַמַּלְוֶה, אֵין הַלֹּוֶה מוֹדֶה – לֹא יַחֲזִיר לֹא לָזֶה וְלֹא לָזֶה, דִּבְרֵי רַבִּי מֵאִיר. שֶׁהָיָה רַבִּי מֵאִיר אוֹמֵר: שְׁטָרֵי (א) שֶׁיֵּשׁ בָּהֶם אַחֲרָיוּת נְכָסִים – גּוֹבֶה מִנְּכָסִים מְשׁוּעְבָּדִים, וְשֶׁאֵין בָּהֶם אַחֲרָיוּת נְכָסִים – גּוֹבֶה מִנְּכָסִים בְּנֵי חוֹרִין. וַחֲכָמִים אוֹמְרִים: אֶחָד זֶה וְאֶחָד זֶה גּוֹבֶה מִנְּכָסִים מְשׁוּעְבָּדִים. תְּיוּבְתָּא דְּרַבִּי אֶלְעָזָר בַּחֲדָא, דְּאָמַר: לְרַבִּי מֵאִיר שְׁטָר שֶׁאֵין בּוֹ אַחֲרָיוּת נְכָסִים אֵינוֹ גּוֹבֶה מִנְּכָסִים מְשׁוּעְבָּדִים וְלֹא מִנְּכָסִים בְּנֵי חוֹרִין, וְקָאָמַר בֵּין לְר' מֵאִיר בֵּין לְרַבָּנַן לָא חָיְישִׁינַן לִקְנוֹנְיָא, וּבָרַיְיתָא קָתָנֵי: שְׁטָר שֶׁאֵין בּוֹ אַחֲרָיוּת נְכָסִים – מִמְּשַׁעְבְּדֵי הוּא דְּלָא גָּבֵי, הָא מִבְּנֵי חוֹרִין – מִגְבָּא גָּבֵי. וְקָתָנֵי בֵּין לְר"מ בֵּין לְרַבָּנַן חָיְישִׁינַן לִקְנוֹנְיָא, דְּקָתָנֵי: אע"פ שֶׁשְּׁנֵיהֶם מוֹדִים – לֹא יַחֲזִיר לֹא לָזֶה וְלֹא לָזֶה. אַלְמָא: חָיְישִׁינַן לִקְנוֹנְיָא. וְהָא הָנֵי תַּרְתֵּי הוּא!

חֲדָא

אֵינוֹ גּוֹבֶה לֹא מִנְּכָסִים מְשׁוּעְבָּדִים וְלֹא מִבְּנֵי חוֹרִין. אִם אֵין הַלֹּוֶה מוֹדֶה דִּשְׁטָרָא דְּלָא שִׁעְבֵּד בֵּיהּ נְכָסִים – לָאו שְׁטָרָא הוּא, וַהֲוָה כְּמִלְוֶה עַל פֶּה, וְשֶׁאֵין עָלֶיהָ עֵדִים. וְרַבָּנַן סָבְרִי. לָאו מִיהָא הָוֵי שְׁטָרָא, שֶׁתְּהֵא כְּמִלְוֶה עַל פֶּה בְּעֵדִים. הִלְכָּךְ גָּבֵי מִבְּנֵי חָרֵי. וּלְהָכִי לֹא יַחֲזִיר, דְּכֵיוָן דְּנָפַל – אִתְרַע לֵיהּ. וְאָמְרִינַן מְזוּיָּף הוּא, כִּדְקָאָמַר לֹוֶה. מִמְּשַׁעְבְּדֵי נַמִי גָּבֵי. כִּדְמְפָרֵשׁ לְקַמָּן אַחֲרָיוּת טָעוּת סוֹפֵר הוּא, וְחָיְישִׁינַן לְפֵרָעוֹן וְלִקְנוֹנְיָא. אֲבָל כְּשֶׁאֵין חַיָּיב מוֹדֶה. וַאֲפִילּוּ מוֹדֶה שֶׁכְּתָבוֹ, אֶלָּא שֶׁאָמַר פְּרַעְתִּיו. דִּבְרֵי הַכֹּל לֹא יַחֲזִיר. דְּחָיְישִׁינַן לְפֵרָעוֹן כִּדְקָאָמַר. אַף עַל פִּי שֶׁשְּׁנֵיהֶם מוֹדִים כו'. חָיְישִׁינַן לִקְנוֹנְיָא. בִּזְמַן שֶׁהַלֹּוֶה מוֹדֶה. שֶׁהוּא חַיָּיב לוֹ. יַחֲזִיר לַמַּלְוֶה. שֶׁאֵין כָּאן קְנוֹנְיָא דְּלָא גָּבֵי מִמְּשַׁעְבְּדֵי. גּוֹבֶה מִנְּכָסִים מְשׁוּעְבָּדִים. וְלֹא יַחֲזִיר וַאֲפִי' שְׁנֵיהֶם מוֹדִים, דְּחָיְישִׁינַן לִקְנוֹנְיָא. הָנֵי תַּרְתֵּי מִילֵּי הָוֵי. וְאַתְּ אָמַרְתְּ תְּיוּבְתָּא דְּרַבִּי אֶלְעָזָר בַּחֲדָא.

וּמְשַׁנֵּי

הא קאמר לא היו דברים מעולם. משמע שהלוה טוען שהוא מזויף. דליכא למימר מה שטען לא היו דברים מעולם היינו שאומר פרעתי – דא"כ נהדר ליה ללוה לצור ע"פ צלוחיתו! ועוד: דשמואל לא חייש לפרעון. וקשה: דאפילו יש בו אחריות, אמאי לא יחזיר? אם לא יקיימנו – לא יגבה כלום, ואם יקיימנו – בדין יגבה! ואין לומר דחיישינן שמא יוציאנו שלא בפניו, או על הלקוחות ויתומים, ולא נטעון להם מזויף משום דלא שכיח, כמו שאין טוענין ליתמי נאנסו, משום דלא שכיח, כדאמרינן ב"המוכר [את] הבית" (ב"ב דף ע: ושם), וכיון דאין טוענין להו מזויף – גם אין טוענין להם פרוע הוא. אע"ג דשמואל סבר בפ' "מי שמת" (שם דף קנד: ושם) מודה בשטר שכתבו צריך לקיימו, ונאמן לומר פרוע הוא, במגו דאי בעי אמר מזויף – מכל מקום ליתמי וללקוחות דלא טענינן מזויף – לא טענינן פרוע הוא. הא ליתא, דאפילו לא נטעון להם מזויף הוא – נטעון להם פרוע, כדאמרי' ב"המוכר [את] הבית" (שם דף ע: ושם) גבי שטר כיס היוצא על היתומים דנשבע וגובה מחצה. אבל בפלגא דפקדון טענינן להו 'החזרתי', כמו אביהם שהיה נאמן לומר 'החזרתי', במגו דאי בעי אמר 'נאנסו'. ולכך גם להם טענינן 'החזרתי' אף על גב דלא טענינן להו נאנסו. ועוד; דעל כרחך טענינן להו מזויף או פרוע, דאם לא כן לא שבקת חיי לכל בריה, דיוכל כל אדם להוציא על היתומים ולקוחות ושלא בפניו שטר מלוה או שטר מכר שעשה כרצונו, ולא נטעון להם. וכן מוכח בפרק "גט פשוט" (שם דף קעד: ושם), דרב ושמואל דאמרי תרוייהו: שכיב מרע שאמר מנה לפלוני בידי, אמר תנו – נותנין, לא אמר תנו – אין נותנין. ומפרש התם דנקיט שטרא, אמר תנו – קיימיה לשטרא, לא אמר תנו – לא קיימיה לשטריה, אלמא טענינן מזויף הוא בשביל יתומים. דרב סבר בפ"ב דכתובות (דף יט.) מודה בשטר שכתבו אין צריך לקיימו, ולא טענינן 'פרעתי' – א"כ אי לא קיימיה לשטריה טענינן מזויף. וא"כ, אמאי לא יחזיר? ואין לומר כיון דנפל אתרע ליה, הלכך אפילו יקיימנו יש לחוש שמא מזויף הוא ולכך קאמר לא יחזיר – פן יטרוף כשתשכח הנפילה, דהא אמרינן לקמן (דף טז:) אמר שמואל: מצא שטר הקנאה – יחזיר, דאי משום כתב ללות ולא לוה כו'. משמע דאין הלוה בפנינו שהוא מודה, מדקאמר שמא כתב ללות ולא לוה, ואמאי יחזיר? ניחוש שמא מזויף הוא, ואפילו אם מקיים אותו – אינו מועיל. וכן רב אסי דאמר לקמן (דף יז.) המוצא שטר שכתוב בו הנפק – יחזיר, אמאי יחזיר? ניחוש שמא זייף חתימת הדיינין! וי"ל: דמילתא דשמואל ורב אסי מיירי שאין הלוה בפנינו ולכך יחזיר. ואין לחוש שמא מזויף הוא, וכשילכה לגבות נטעון מזויף, ואם יקיימנו יגבה. ואפי' אם יבא אח"כ הלוה ויטעון מזויף הוא – אין לחוש, כיון שבא לידו בהיתר. וכן משמע לעיל (דף ז:) דקאמר: ואחר שמצא שטר שנפל ליד דיין כו'. משמע אם המלוה מצאו – גובה, כיון שבא לידו בהיתר. אבל הכא במתני' איירי שהלוה בפנינו בשעת מציאה, וטוען מזויף. ולכך, כיון דאיכא ריעותא דנפילה וגם טוען הלוה בודאי מזויף – לא יחזיר, כי יש לחוש שמא יגבה מיתומים ולקוחות, או שלא בפניו ע"י קיום השטר, והקיום אינו מועיל כי שמא טרח לזייף השטר בטוב, עד שסבורים העדים שהיא חתימתן. כי ההיא ד"גט פשוט" (ב"ב דף קסז.) דמנח ידיה אזרנוקא וכתב, שרבא בעצמו היה סבור שהיא חתימתו. ומיהו, מלוה עצמו יכול להיות שיגבה ע"י קיום, לפי שהוא יודע באמת שהוא מזויף יטרח לסתור ראייתו. *וא"ת: לעיל (דף ז:) דאמר רבי יוסי נפל ליד דיין הרי הוא בחזקתו, ולא חיישינן לפרעון, ואע"ג דמשמע שהלוה בפנינו וטוען 'פרעתי' דומיא דרישא דשנים אדוקין בשטר ואמאי לא יהא נאמן לומר 'פרעתי' במגו דאי בעי אמר מזויף הוא, דאז לא יחזיר פן יגבה מיתומים ולקוחות ואפילו מקויים לא מהני ליה, כדפרישית! וי"ל: דאין זה מגו, דטוב לו לומר 'פרעתי' שלא יכחישנו שום אדם מלומר 'מזויף' כי ירא פן יקיימנו. ואע"ג שהקיום אינו מועיל לגבות בו – מכל מקום אין טוען ברצון דבר שיכול להכחישו. ואם נאמר שמן הלוה בעצמו הוא גובה ע"י קיום, מצינו למימר דהרי הוא בחזקתו לא שיחזירנו למלוה, שיש לחוש פן יוציאנו על יתומים ולקוחות, אלא אם יקיימנו המלוה בעודו ביד המוצא – יגבה מן הלוה, ולא חיישינן לפרעון. **דברי** הכל יחזיר לפרעון ולקנוניא לא חיישינן. ולשמא כתב ללות בניסן כו' נמי לא חיישינן כדאביי ולקנוניא משום יש בו אחריות נקט, דבשאין בו אחריות לא שייך קנוניא, דלא גבי ממשעבדי דלא ידע ברייתא דבסמוך. א"נ: רבי אלעזר סבר דאין בו אחריות גבי ממשעבדי לרבנן, דאחריות ט"ס הוא אע"ג דלא ידע ברייתא דבסמוך, דסבר אי לאו טעות סופר הוא – מבני חרי נמי לא גבי, דכיון שמחל השעבוד מחל גם הקרן, כמו לרבי מאיר. וכן משמע קצת, דקאמר מחלוקת כשאין חייב מודה – דהיינו באין בו אחריות, ועל זה קאמר בתר הכי אבל חייב מודה – לפרעון ולקנוניא לא חיישינן, משמע דאאין בו אחריות קאי. **הא** מבני חרי גבי. בלא דיוקא הוי מצי לאתויי דקתני בהדיא וגובה מנכסים בני חורין, אלא שכן דרך הגמרא. **אלמא** חיישינן לקנוניא. ואע"ג דמצינו למימר טעמא דלא יחזיר משום דשמא כתב ללות בניסן – מ"מ קשיא דר"א, דאמר יחזיר ולא חייש. **הני** תרתי מילי נינהו חדא היא. וא"ת ואמאי חדא היא? הלא לא הוצרך לומר ר"א אבל כשחייב מודה דברי הכל יחזיר, לפרעון ולקנוניא לא חיישינן. דהוה"ל בין במודה בין באינו מודה, לרבי מאיר יחזיר באין בו אחריות, דאינו גובה בו כלום. ולרבנן לא יחזיר, דגבי ממשעבדי וחיישינן לקנוניא. וי"ל: דהא דקאמר לפרעון ולקנוניא לא חיישינן – מתניתין קשיתיה, דתנן וכל מעשה ב"ד יחזיר. אלמא: לא חיישינן לקנוניא, ולא יעמידו בשטרי אלטאתא, כדדחי לקמן (דף טז:). וכיון דמכח מתניתין קאמר – לא חשיב לה. אבל מה שמפרש דלר"מ אינו גובה כלום באין בו אחריות – זה לא הזקיקה אותו המשנה לפרש. ולכך קאמר חדא היא, ולשמואל בתרתי משום דהא דקאמר לא חיישינן לפרעון ולקנוניא – לא מכח מתניתין קאמר, דהא בעלמא קאמר ליה, מצא שטר הקנאה בשוק כו'.

מאי

קיג א מיי' פי"ח מהל' גזלה ואבידה הל' א ופי"ח מהל' מלוה ולוה הל' ג וע"ש ובלא פי' שאין לו אחריות כו' סמג עשין לד טוש"ע ח"מ סי' לט סעיף א:

רבינו חננאל

אמר ר' אלעזר רישא דמתני' בשטרי דאית בהו אחריות דברי הכל לא יחזיר. ובשאין בהן אחריות מחלוקת שאין חייב מודה ר"מ אמר יחזיר דכל שטר שאין בו אחריות נכסין אינו גובה לא ממשעבדי ולא מבני חרי. ור' יוחנן אמר מחלוקת בשחייב מודה וכו'. תניא כוותיה דר' יוחנן מצא שטרי חוב אם יש בהן אחריות נכסים אע"פ ששניהן מודין לא יחזיר לא לזה ולא לזה אין בהן אחריות נכסים בזמן שמודה הלוה יחזיר למלוה אין הלוה מודה לא יחזיר לא לזה ולא לזה ששטר שאין בו אחריות נכסים אע"פ שאינו גובה ממשעבדי גובה מבני חרי דברי ר"מ. וחכ"א אחד זה ואחד זה גובה ממשעבדי. *) פי' בהא מתניתא בשטר שאין בו אחריות בזמן שהלוה מודה יחזיר דהא לא גבי אלא מבני חרי דברי ר"מ וחכ"א לא יחזיר שגם שטר שאין בו אחריות גובה ממשעבדי נמצאת חלוקתם בשחייב מודה תיובתא דשמואל ור"א דאמרי מחלוקת בשאין חייב מודה וכי ר"מ סבר כי שטר שאין בו אחריות נכסים אינו גובה לא ממשעבדי ולא מבני חרי ובהא מתניתא קתני כי שטר שאין בו אחריות נכסים גובה מבני חרי דברי ר"מ ובריש דמתני' בשטרי שיש בהן אחריות לא דיבר ר"א כלום. שמואל דאמר כולה מתני' בשאין חייב [מודה] אבל בשחייב מודה דברי הכל יחזיר למלוה דלפרעון ולקנוניא לא חיישי רבנן ומתניתא דקתני אע"פ ששניהן מודין לא יחזיר מאי טעמא לא יחזיר לאו משום דחיישינן לפרעון ולקנוניא הלכך עוד הויא תיובת' למאן דתני בהדיא לא חיישינן לפרעון.

*) נראה דצ"ל פי' דהא מתניתא ס"ל דשטר שאין בו וכו'.

רש"ל מ"ז

[לקמן יז. טז:]

הגהות הב"ח

(א) גמ' שהיה ר"מ אומר שטרי חוב שיש:

עיין בתוס' פ' מי שהיה נשוי דף לב: ד"ה דינא רש"א

— חדא הוא, דחד טעם הוא, דמשום דקאמר רבי אלעזר מחלוקת בשאין חייב מודה — הוא מתרץ הכי. תיובתא דשמואל בתרתי; חדא — כרבי אלעזר, דהא מוקי מתניתין בשאין חייב מודה. וחדא — *דאמר שמואל: מצא שטר הקנאה בשוק — יחזיר לבעלים, *ולא חיישינן לפרעון. תיובתא, דקתני הכא: אע"פ ששניהם מודים — לא יחזיר לא לזה ולא לזה, אלמא: חיישינן לפרעון. וכל שכן הכא דלא מודה לוה, דחיישינן לפרעון. אמר שמואל: מ"ט דרבנן — [א]סברי: *אחריות טעות סופר הוא. א"ל רבא בר איתי לרב אידי בר אבין: ומי אמר שמואל הכי? והאמר שמואל: שבח, שפר ושעבוד צריך לימלך? לימא מאן דאמר הא לא אמר הא? לא קשיא: כאן — בשטר הלואה, דלא יהיב איניש זוזי בכדי. כאן — במקח וממכר, דעביד איניש דזבין ארעא ליומיה. כי ההיא דאבוה בר איהי זבין עליתא מאחתיה, אתא בעל חוב טרפא מיניה. אתא לקמיה דמר שמואל. אמר ליה: כתבה לך אחריות? אמר ליה: לא. אמר ליה: אם כן, זיל לשלמא. א"ל: והא מר הוא דאמר אחריות טעות סופר הוא! א"ל: הני מילי — בשטרי הלואה, אבל בשטרי מקח וממכר — לא, דעביד איניש דזבין ארעא ליומיה. *אמר אביי: ראובן שמכר שדה לשמעון באחריות, ובא בעל חוב דראובן וקא טריף ליה מיניה — [ב]דינא הוא דאזיל ראובן ומשתעי דינא בהדיה, ולא מצי א"ל: לאו בעל דברים דידי את. דא"ל: דמפקת מיניה — עלי דידי הדר. איכא דאמרי: [ג]אפי' שלא באחריות נמי, דא"ל: לא ניחא לי דליהוי לשמעון תרעומת עלי. ואמר אביי: [ד]ראובן שמכר שדה לשמעון שלא באחריות, ויצאו עליה עסיקין. עד שלא החזיק בה — יכול

רש"י

ומשני חדא הוא דחד טעמא הוא. טעם אחד הזקיקו לרבי אלעזר לומר את שתיהן. דמשום דקאמר מחלוקת דמתניתין "בשאין חייב מודה", הוזקק לומר שאינו גובה אפילו מבני חורין. וכיון דהוצרך לסיים אבל כשחייב מודה דברי הכל יחזיר, הוזקק לומר לא חיישינן לקנוניא. שטר הקנאה. דליכא למימר כתב ללות ולא לוה, דהא אפילו לא לוה שעביד נפשיה. ולא חיישינן לפרעון. אפילו אין חייב מודה. דאם איתא דפרעיה — מקרע הוה קרע ליה. והכא קתני אע"פ ששניהם מודים כו'. וכ"ש בשאינו מודה. והא לא קשיא לר' אלעזר, דהוא אמר בשאין חייב מודה לא יחזיר שום שטר הראוי לגבות, דהאי דקאמר ר' מאיר יחזיר משום דלאו בר גבייה הוא. מאי טעמייהו דרבנן. דאמרי כי אין בו אחריות נכסים גובה אף מן המשועבדים. אחריות טעות סופר הוא. כשאינו כתוב בשטר — סופר הוא שטעה. אבל זה לא לוה לו מעותיו בלא אחריות נכסים, דלא שדי איניש זוזי בכדי. שבח שפר ושעבוד צריך לימלך. הסופר צריך לימלך במוכר שדה לחבירו, לישאל הימנו אם יקבל עליו לכתוב בשטר המכירה שהוא שיעבד לו נכסיו למכירה זו, שאם יבא בעל חובו ויטרפנה מן הלוקח שיגבה לוקח זה הקרן והשבח שהשביח בה לפני טירפא משפר — עידית שבנכסים. ואם לא נמלך בו — לא יכתוב. שיש מוכר שאין מקבל עליו אחריות, ואף אם קבל על הקרן — לא קבל על השבח. ואף אם קבל על שניהם — לא קבל להגבותו מן העידית, אלא מן הבינונית. אלמא: לאו טעות סופר הוא, דאיכא למימר אמליך ביה, ולא קבל עליה. לימא מאן דאמר הא. משמיה דשמואל. לא אמר הא. ואמוראי נינהו אליבא דשמואל. בשטרי הלואה. טעות סופר הוא, כיון דלא אכיל פירות ולא מתהני מידי — לא שדי זוזי בכדי לאוזפיה בלא אחריות, וזה ינכור נכסיו, וכשיבא לגבות לא ימצא כלום. עביד איניש דזבין ארעא ליומא. לספק יום אחד, שמא לא יטרפוה ממנו. ואם יטרפוה — שמא לזמן מרובה, ואוכל בתוך כך פירות הרבה. זיל לשלמא. אין כאן עוד דין, שמחלת על הכל. באחריות. אם יטרפוה ממנו ישלם לו. לאשתעויי דינא בהדיה. דבע"ח, ולסלקו מעל שמעון בכל טענה שיוכל לטעון, ולומר פרעתיך כך וכך, או כך וכך יש לי עליך תביעה, ואני מעכב חוב זה תחתיו. ולא מצי. בע"ח למימר ליה: לאו בעל דברים דידי את בדבר זה, קרקע שמעון אני נוטל, אם יש לך תביעה עלי העמידני בדין. דמפקת מיניה עלי הדר. מה שאתה מוציא משמעון יחזור עלי. עסיקין. עוררין, כמו "התעשקו עמו" (בראשית כו).

תוספות

מאי טעמיהו דרבנן. תימה: אי שמואל ידע ברייתא דקתני אחד זה ואחד זה גובה מנכסים משועבדים, א"כ היה לו לפרש המשנה כוותיה, ולא הוה איתותב. ואי לא ידע ברייתא — מנליה דלרבנן אין בו אחריות וגבי ממשעבדי? וי"ל: דלא ידע הברייתא, ומ"מ אית ליה מסברא, כדפרישית לעיל (דף יג: ד"ה דברי), דאי לא גבי ממשעבדי — לא גבי נמי מבני חרי, כמו לר"מ. **שעבוד** צריך לימלך. בשטרי מקח. ואי לא כתבו — מבני חרי נמי לא גבי אי בעל חוב טרפה לה, כדאמר בסמוך: אפי' שלא באחריות, דלא ניחא לי דלהוי תרעומת דשמעון עלי. אלמא: לא הדר עליה. אבל אי נגזל טרפה — חוזר על הגזלו אפילו בלא אחריות, ואפילו ממשעבדי, כיון דהוי מקח טעות — הוי ליה שטר הלואה. והשתא א"ש דלא קאמר הכא פירי, דמיירי שבעל חוב טרפה ולית ליה פירי, כדאמר למקן (דף טו.): בעל חוב גובה את השבח. שבח — אין, פירי — לא. והא ניחא נמי, דלקמן (שם) אמר שמואל: אמליך וכתוב שופרא ושבחא ופירי, ולא קאמר שעבוד כדהכא. משום דלקמן מיירי בנגזל שטרפה — אף בלא כתיבת שעבוד חוזר עליו, ואפי' ממשעבדי. והיינו טעמא כדפרישית, דכיון דיש לו שטר מקח, והרי מקח בטל, שגזולה היתה, והוי ליה שטר הלואה, דאמרינן ביה אחריות טעות סופר הוא. והא דאמר שמואל ב"חזקת הבתים" (ב"ב דף מג.): המוכר שדה שלא באחריות — אין מעיד לו עליה, מפני שמעמידה בפני בעל חובו. הא לאו הכי — מעיד לו עליה, אפי' נמצאת שאינה שלו. משמע דלא הדר עליה! התם מיירי שפירש לו בשטר שלא באחריות, אבל סתמא — הדר עליה.

דינא הוא דאתי ראובן. תימה: מאי נפקא מינה? דהא כל מה שיוכל לטעון ראובן טוען שמעון, דטוענין ללוקח! ואין לומר דנ"מ אם יש לבע"ח עדים שקרובים לראובן ורחוקים לשמעון — דאי טעין נמי שמעון הם פסולים, דכיון דאי מפסיד שמעון הדר על ראובן, כדמוכח ספ"ק דמכות (דף ז.) גבי אלעא וטוביה קרובים דערבא הוו, וקא מסיק דפסולים אף ללוה ולמלוה, כיון דאי לית ליה ללוה — אזיל בתר ערבא. ומהאי טעמא נמי א"ל דנ"מ אם יש לשמעון עדים שהם קרובים לו ורחוקים לראובן. דכי נמי טוען ראובן — פסולים, שעל פי עדותם ישאר הקרקע ביד שמעון שהוא קרובם. וכל שכן כשקנה שלא באחריות, שהם פסולים שאז מרויחים לו הקרקע לגמרי. וי"ל: דנ"מ אם אמר שמעון אין לי עדים ואין לי ראיה ואח"כ מצא עדים או ראיה, שהוא אינו יכול להביא — דאין הלכה כרשב"ג בראיה אחרונה (סנהדרין דף לא.), וראובן יביאם. א"נ: כגון שבעל חוב חייב שבועה דאורייתא לראובן, והשתא יגלגל עליו שבועה שלא פרע. אבל לשמעון לא ישבע אלא שבועה דרבנן. ובפרק "הכותב" (כתובות דף פח.) אמר: אי פקח הוא — מייתי ליה לידי שבועה דאורייתא. אלמא: יש חומר בשבועה דאורייתא יותר משבועה דרבנן: בנרות דולקות ונודות נפוחות, כדמפרש בתשובת הגאונים*. ועוד נפקא מינה: כגון שראובן פקח ובעל דברים. ועוד: שאינו מעיז ברצון נגד ראובן, לפי שידע שפרעו. או אם יכול ראובן ללכת עמו לב"ד הגדול ושמעון אינו יכול [וע"ע תוס' כתובות לב: ד"ה דינא הוא וכו'].

ויצאו עליה עסיקין. פי': עוררין — ולא אנסין. מדמפליג בין מכר באחריות ללא באחריות. וכן מוכח פ' "שבועת העדות" (שבועות דף לג. ושם) ואשר לא טוב עשה וגו' — זה הלוקח שדה שיש עליה עסיקין. ואי אנסין — תבא עליו ברכה.

עד שלא החזיק בה כו'. תימה: היכי מיירי? אי גם לא נתן מעות פשיטא דיכול לחזור בו, דאפילו "מי שפרע" ליכא. ואי נתן המעות — אמאי יכול לחזור בו? והא קרקע נקנית בכסף אם לא נעמיד באתרא דלא קנו בכספא. ועוד: משהחזיק בה אינו יכול לחזור בו, אבל באחריות יכול לחזור בו, אמאי יכול לחזור בו? כיון שנתן מעות והחזיק כמשפטו! ועוד: חזקה דדייש אמרי לא אשכחן בשום מקום, ולמה הניח חזקה דתנן במתני' (ב"ב ד' מב.) דנעל גדר ופרץ? ועוד: מאי שנא הכא שנשאל מאימתי הוי חזקה, יותר מבשום מקום? דבכמה מקומות מזכיר חזקה, ולא בעי מאימת הוי חזקה. ופירש ריב"א: דמיירי כגון שקנאה בקנין גמור, כגון בחליפין, ולא נתן מעות. וקאמר: עד שלא החזיק בה חזקה דמפרש בתר הכי דייש אמרי שלא הלך לארכה ולרחבה ולא סמכה דעתיה — יכול לחזור בו. משהחזיק בה, שהלך לארכה ולרחבה — אינו יכול לחזור בו. אבל באחריות יכול לחזור, כיון שלא נתן מעות. ויש עוררים, הואיל וסופו לשלם מעותיו עתה שהם בידו יעכבם. וא"ש, דדייש אמרי אינה חזקה גמורה, אלא לראותה אם היא מיושבת על לבו. וא"ת: כשהחזיק בה אמאי אינו יכול לחזור בו, כיון שלא נתן מעות? לימא ליה שקול ארעא בזוזך אפילו אית ליה זוזי, לפי המפרשים דאפילו אית ליה זוזי מצי לסלק ליה לבע"ח בשאר דברים. וגרסינן ב"המוכר פירות" (ב"ב ד' צב: ושם ד"ה אי) אי לתנהו להנהו זוזי כו'! וי"ל: דהכא מצי א"ל האי ארעא אינה שוה כפי מעותי, לפי שיש עליה עוררים. אבל שור שנגח, כיון דאייקר — שוה מעותיו שפיר.

ויש

עין משפט נר מצוה

קיד א מיי' פי"ח מהל' גזילה ואבידה הל' א ופי"ט מהל' מכירה הל' ג ופי"ח מהל' מלוה ולוה הל' ג ובכתם דלא פירש שאין לו עליו אחריות סמג עשין פב לב טוש"ע ח"מ סי' לט סעיף א וסי' קיא סעיף א וסי' רכה סעיף א:

קטו ב ג מיי' פי"ט מהל' מכירה הל' ט סמג לאוין קט ועשין פב טוש"ע ח"מ סי' רכו סעיף א:

קטז ד מיי' שם הל' ב טוש"ע שם סעיף ה:

רבינו חננאל

והוא שמואל דאמר המוצא שטר הקנאה בשוק יחזירו לבעלים דלא חיישינן לפרעון מש"ה אמרי' תיובתא לשמואל בתרתי אבל ר' אלעזר לא שמעינן ליה דאמר בהדיא דברי הכל לא חיישינן לפרעון תיובתא עליה בחדא. וקי"ל כר' יוחנן דתניא כוותיה ונדחו דברי שמואל ור' אלעזר דהא איתותבו אבל תירוצא דרב אשי ודאביי לא נדחו דהא דר' יוחנן לא הוי להו תיובתא כדפרשינן לעילא. אמר שמואל מאי טעמייהו דרבנן דאמרי שטר שאין בו אחריות גבי אפי' ממשעבדי קסברי אחריות טעות סופר הוא. ומי אמר שמואל הכי והא אמר שמואל שפר שבח ושעבוד צריך לאימלוכי ביה לאו מכלל שאם לא נמלכו ביה אין כותבין ואי לא כתיב ליה א) לא שפר ולא שבח ולא שעבוד דהוא אחריות ואי אמרת אחריות טעות סופר הוא ואע"ג דלא כתב כמאן דכתב דמי אמאי ליח ליה שעבוד. ופריק לא קשיא הא דאמר אחריות טעות סופר בשטרי הלואה ומתני' ומתניתא בשטרי הלואה אבל בשטרי מקנה לא אמרי' טעות סופר הוא דעביד מאן דזבין ארעא ליומיה כי הא דאיבות בר איהא זבן עיליתא מאחתיה וכו' ובהא אמר שמואל צריך לאימלוכי ולית הלכתא כשמואל אלא כדאסקינן לשמעתא והלכתא אחריות טעות סופר הוא בין בשטרי הלואה בין בשטרי מקח וממכר. המוכר שדה לחבירו ב) שלא באחריות

א) אולי צ"ל ואם לא כתב ליה לית ליה לא שפר וכו': ב) נראה דצ"ל שלא באחריות ויצאו עליה עסיקין והחזיק בה וכו'.

מסורת הש"ס

[לקמן טז:]

[לעיל יג: וש"נ]

[לקמן טו: כתובות קד. ב"ב קסט:]

ב"ק ח: כתובות לב: [וע"ש]

[עיין ערוך ערך הסת]

קיז א ב ג מיי' פי"ט מהל' מכירה הל' ב סמג לאוין קע ועשין פב טוש"ע ח"מ סי' רכו סעיף ה:

ע"א ד"ה שעבוד

קיח ד מיי' פ"ט מהל' גזילה ואבידה הל' ה ופכ"א מהל' מלוה ולוה הל' א סמג עשין עג לד טוש"ע ח"מ סי' שעג סעיף ב:

קיט ה מיי' פ"ט מהל' גזילה ואבידה הל' ז ופכ"א מהלכות מלוה ולוה הל' א סמג שם טוש"ע שם סעיף א וסי' קטו סעיף א:

קכ ו מיי' פכ"א מהל' מלוה ולוה הל' א ופי"ח מהל' אישות הל' יג סמג עשין מח טוש"ע אה"ע סי' נג סעיף כא וסי' קיב סעיף ז:

קכא ז ח מיי' פכ"א מהל' מלוה ולוה הל' א סמג עשין לד טוש"ע ח"מ סי' קטו סעיף א:

קכב ט מיי' פ"ט מהל' גזילה ואבידה הל' ו ז סמג עשין עג טוש"ע ח"מ סי' שעג סעיף א:

קכג י מיי' שם הל' ח טוש"ע שם סעיף ב:

קכד כ מיי' שם הל' ז סמג שם טוש"ע ח"מ סי' שעב סעיף א:

גמרא

יכול לחזור בו, [א]משהחזיק בה – אינו יכול לחזור בו. דא"ל: חייתא דקטרי סברת וקבלת. מאימתי הויא חזקה? [ב]מכי דייש אמצרי. ואיכא דאמרי: [ג]אפילו באחריות נמי, דאמר ליה: אחוי טרפך ואשלם לך. איתמר, המוכר שדה לחבירו ונמצאת שאינה שלו, רב אמר: יש לו מעות ויש לו שבח, ושמואל אמר: מעות – יש לו, שבח – אין לו. בעו מיניה מרב הונא: פירש לו את השבח מהו? טעמא דשמואל – משום דלא פירש שבחא, והכא הא פירש לה. או דלמא: טעמיה דשמואל כיון דלית ליה קרקע – מחזי כרבית. א"ל: *אין ולאו, ורפיא בידיה. איתמר, אמר רב נחמן אמר שמואל: מעות – יש לו, שבח – אין לו, אע"פ שפירש לו את השבח. מאי טעמא? כיון דקרקע אין לו – שכר מעותיו עומד ונוטל. איתיביה רבא לרב נחמן: *[ד]אין מוציאין לאכילת פירות, [ה]ולשבח קרקעות, [ו]ולמזון האשה והבנות מנכסים משועבדים, מפני תיקון העולם. ממשעבדי הוא דלא מפקינן, הא מבני חורין – מפקינן. וקתני מיהא: לשבח קרקעות. מאי לאו בלוקח מגזלן? לא, בבעל חוב. אי בבעל חוב – אימא רישא: אין מוציאין לאכילת פירות, ואי בבעל חוב – בעל חוב מי אית ליה פירי? *והאמר שמואל: [ז]בעל חוב גובה את השבח, שבח – אין, [ח]אבל פירות – לא! אלא פשיטא בגוזל ונגזל, ומדרישא בגוזל ונגזל – סיפא נמי בגוזל ונגזל! מידי אריא? הא כדאיתא והא כדאיתא. והא לא תני הכי: *לשבח קרקעות כיצד? הרי שגזל שדה מחבירו, והרי היא יוצאה מתחת ידו, כשהוא גובה – גובה את הקרן מנכסים משועבדים, ושבח גובה מנכסים בני חורין. היכי דמי? אילימא כדקתני, גזלן ממאן גבי? אלא לאו – [ט]כגון שגזל שדה מחבירו, ומכרה לאחר והשביחה. א"ל: לאו תרוצי קא מתרצת? תריץ נמי בבעל חוב. ת"ש: לאכילת פירות כיצד? הרי שגזל שדה מחבירו, והרי היא יוצאה מתחת ידו. כשהוא גובה – גובה את הקרן מנכסים משועבדים, ופירות גובה מנכסים בני חורין. היכי דמי? אילימא כדקתני – גזלן ממאן גבי? אלא לאו – [י]כגון שגזל שדה מחבירו ומכרה לאחר והשביחה. אמר רבא: הכא במאי עסקינן – כגון שגזל שדה מחבירו [א] מלאה פירות, ואכל את הפירות, וחפר בה בורות, שיחין ומערות. [כ]בא נגזל לגבות קרן – גובה מנכסים משועבדים, בא נגזל לגבות פירות – גובה מנכסים בני חורין. רבה בר רב הונא אמר: כגון

שנטלוה

רש"י

יכול לחזור בו. ובשלא נתן מעות. אינו יכול לחזור בו. ואפילו לא נתן מעות, שהקרקע נקנית בחזקה והמעות על זה מלוה. חייתא. שק מלא קשרים. מכי דייש אמצרי. מתקן גבולי השדה ומגביהם. איכא דאמרי אפי' באחריות נמי. אע"ג דסוף סוף עליה הדר – אין יכול לחזור בו, שהמוכר מעכב עליו, ולא מצי אמר הוא: הואיל וסופך לשלם לי מעותי – השתא דבידי אעכבם. דאמר ליה אחוי טרפך ואשלם לך. כשיעמידוך (א) ויזכו בדין, ויכתוב לך הדיין שטר טורף עלי, שבדין טרפוה ממך בשבילי – בא ואשלם לך. וכל כמה דלא עמדת בדין איני ירא מהם. שאינה שלו. שלא היתה של מוכר, שהיתה גזולה בידו, והנגזל בא ומוציא מיד הלוקח. יש לו. ללוקח מן המוכר מעות. ויש לו שבח. אם זה השביח את הקרקע בזבל או בגדר, קודם שהוציא נגזל מידו – גובה לוקח מן המוכר שבח. ואם תאמר: הנגזל יתן השבח, שהרי השיבו קרקע משובחת, (ב) כגון שגזלה משובחת והכסיפה ביד הגזלן. שבח אין לו. לקמן מפרש טעמא. פירש לו את השבח. כשמכרה לו התנה: אם יטרפוה מידך – אשלם לך את השבח, מהו? כיון דלית ליה קרקע. הואיל ואין קרקע זו שלו, נמצא שאין כאן שום מכר, והמעות מלוה אצלו, וכשמשלם יותר ממה שנטל – מחזי כרבית. אין ולאו. תחילה אמר אין, וחזר ואמר לאו, רפוי היה הדבר בידו שלא היה יודע טעמו של דבר יפה. לאכילת פירות כו'. מפרש להו לקמן. למזון האשה והבנות. תנאי כתובה שמקבל עליו: את תהא יתבא בביתי ומיתזנא מנכסי. וכן הבנות: בנן נוקבן דיהוו ליכי מינאי אינון יהון יתבן בביתי ומיתזנן מנכסי עד דתלקחן לגוברין, אין מוציאין לאחד מכל אלו מנכסים משועבדים. מפני תיקון העולם. שאם אתה אומר יטרפו לקוחות על כך – אין לך אדם שלוקח שדה מחבירו, דהא אין לך אדם שאין חוב זה מוטל עליו, ודבר שאין לו קצבה היא. ואכילת פירות ושבח קרקעות נמי דבר שאינו ידוע הוא, ואין הלקוחות יודעין להזהר בכך. מאי לאו בלוקח שדה מגזלן. והשביחה, ובא נגזל וטרפה. חוזר לוקח וגובה קרן מן המוכר, אפילו מנכסים משועבדים שמכר אחר מכירה זו, דשטרו של זה קודם, שכתב בו אחריות. והשבח מנכסים בני חורין ולא ממשועבדים, מפני תיקון העולם. שהשבח לא היה קצוב בשעת מכירה כשקיבל עליו אחריות. אלמא: אית ליה ללוקח שבח מגזלן. לא בבעל חוב. שטרפה בעל חוב ממנו בשביל חובו, ולא גזולה היתה. דההיא ודאי אית ליה שבחא, דמכירה מעלייתא היא כל זמן שלא טרפה ממנו. שאם פרע המוכר מעותיו לבע"ח – הרי הוא מסולק מן הלקוחות. הלכך, כי משלם ליה יותר ממה שקיבל – השתא הוא דהדר זבין מיניה קרקע המכורה לו, ולא מחזי כשכר מעותיו. לאכילת פירות. ס"ד הא מיירי בשדה שטרפוה מליאה פירות מיד הלוקח, וחוזר לוקח לגבות מן המוכר. ואי בשטרפה בעל חוב – מי אית ליה לבע"ח פירות גמורין המחוברין בקרקע ואינן צריכין לקרקע כלום, שיכול לטורפן? גובה את השבח. וכל הקרקע טורף מיד הלוקח כמו שהיא משובחת ע"י הלוקח. בגוזל ונגזל. וכגון שגזלה עם פירותיה, ומכרה. אי נמי, גזלה בלא פירות, ומכרה לאחר ועשה בה פירות. וטוען נגזל ארעאי אשבח. ומיהו, היציאה שהוציא הלוקח – ישלם לו הנגזל, שהרי מתוך כך הושבחה יותר. ואם אין השבח יותר אלא היציאה יתירה – נותן לו יציאה שיעור שבח, ודיו. הא כדאיתא כו'. רישא בנגזל וסיפא בבעל חוב. ולקמיה מותיב לה מרישא. והא לא תני הכי. בברייתא, עלה דהך מתניתין דאין מוציאין, דתוקמה בבעל חוב. והרי היא יוצאה מתחת ידו. שבית דין מוציאין אותה מידו. כשהוא גובה. לקמיה מפרש לה. אילימא כדקתני. שלא מכרה גזלן, ומידו היא יוצאה בדין. גזלן ממאן גבי. ממאן יש לו לגבות, וכי מה נתן בה? והשביחה. והרי היא בדין יוצאה מתחת ידו של לוקח. אלמא: אית ליה שבחא ללוקח מגזלן. שגזל שדה מחבירו ומכרה לאחר והשביח. ועשה פירות גמורין, ונגזל לוקחה עם פירותיה, ואינו נותן אלא יציאה דקאמר ארעאי אשבח. וקתני דלוקח חוזר וגובה מגזלן מן המחוררין. אמר רבא כו'. האי כשהוא גובה – לאו בלוקח קאמר, דבשלא מכרה עסקינן, וגובה את הקרן דקאמר – בנגזל. וא"ת: קרן אמאי גובה מנכסים משועבדים? הרי קרקע לפניו! כגון שחפר בה בורות, דאפחתה משוייה.

שנטלוה

תוספות

ויש לו שבח. שהנגזל לוקח הקרקע עם השבח, ואינו משלם ללוקח רק היציאה כדין יורד לתוך שדה חבירו שלא ברשות, דאם השבח יתר על היציאה – נותן לו את היציאה, ואותו שבח היתר יקח הלוקח מן הגזלן, ומיירי שנגזלה ריקנית. **ושמואל** אמר מעות יש לו. אפילו קנאה שלא באחריות, כדפי' לעיל*. וכן משמע, דמיירי דומיא דהכיר בה שאינה שלו דלקמן, דמיירי על כרחך שלא באחריות, כדקאמר שמואל מתנה. דאי באחריות – אמאי טעות מתנה.

סיפא נמי בגוזל כו'. מרישא עצמה היה יכול להקשות כדמקשה בסמוך, אלא כמה שיכול להקשות משבח גופיה פריך. **תריץ** נמי בבעל חוב. בפרק "מי שמת" (ב"ב דף קנז: ושם ד"ה גובה) רצה להוכיח דאקני – קנה ומכר משתעבד מהכא, דגבי בעל חוב שבח שלא היה בעין בשעת הלואה. ודחיק ר"מ היא, דאמר אדם מקנה דבר שלא בא לעולם. וא"ת: ולוכח משמואל, דאמר בעל חוב גובה את השבח, ושמואל גופיה הוא דבעי ליה התם, דלא מצי למימר דשמואל נמי סבר כר"מ ומבעי ליה אליבא דרבנן, דהא בפרק "אע"פ" (כתובות דף נט.) פסק שמואל כר' יוחנן הסנדלר דלית ליה אדם מקנה כו'! וי"ל: דהא דאמר שמואל בעל חוב גובה את השבח – היינו לפי המסקנא דהתם, דפשיט דאקני קנה ומכר משתעבד אף לרבנן. וא"ת: אדרבה, לוכח מהכא דלא משתעבד, מדלא טריף בע"ח ממשעבדי דטריף לוקח, דאין לומר דאחר שטרף בע"ח קרקע מן הלוקח קנה המוכר קרקעות ומכרן, דא"כ גם השבח יגבה מהנהו משעבדי. דגם השבח היה קצוב כיון שכבר טרף הבעל חוב קודם שלקח זה הקרקע. וי"ל: דמיירי שזה הקרקע עשאו המוכר לבעל חוב אפותיקי, ולכך גובה אותו בע"ח, ואע"פ שיש שאר משעבדי. אך קשה אמאי דחיק לדחויי בפרק "מי שמת" (ב"ב דף קנז: ושם) הא מני ר"מ היא? יעמיד כשעשאו אפותיקי, דאז בעל חוב גובה את השבח היתר על היציאה הנס – כדין יורד לתוך שדה חבירו כדמשמע לקמן, או יעמיד בלוקח מן הגזלן, וכגון שיש לו קרקע או קנו מידו כדמתרך לקמן בשמעתין.

כשעמד

רבינו חננאל

והחזיק בה אין יכול לחזור בו הלוקח ואפי' באחריות נמי אין יכול לחזור בו דיכול למימר ליה אחוי לי טירפא ואשלם לך הא דאמר אביי המוכר שדה לחבירו א) ויצאו עליה עסיקין וכו' זו השמועה היא בפ' מי שהיה נשוי שתי נשים ובתחלת בבא קמא: איתמר המוכר שדה לחבירו ונמצאת שאינה שלו כלומר גזולה היתה בידו סוגיא דשמעתא בשבח דשבחא ארעא ממילא [פליגי] רב ושמואל הכא רב אמר יש לו מעות ויש לו שבח ושמואל אמר מעות יש לו שבח אין לו. ואמר רב נחמן אע"פ שפירש לו את השבח אין לו. מתיב רבא מהא דתנן במס' גיטין פ' הניזקין אין מוציאין לאכילת פירות ולשבח קרקעות ולמזון האשה והבנות מנכסים משועבדים מפני תיקון העולם הא מבני חרי מוציאין מאי לאו בלוקח מגזלן. ופריק רב נחמן תרוייהו לאכילת ב) פירות ולשבח קרקעות בבעל חוב ופשוטה היא. רבא אמר כגון שגזל שדה מליאה פירות ואכל הפירות וחפר בשדה בורות שיחין ומערות ובא הנגזל להוציאה מידו כו'.

[illegible]

[שבת קיג. קטו. קדושין סה.]

גיטין מח:

ב"ק לה: [לקמן טו. קי: בכורות נב.]

לקמן עב: ב"ב קנז: [ע"ש ובפי' רשב"ם]

הגהות הב"ח

(א) רש"י ד"ה דא"ל אחוי וכו' כשיעמידוך בדין ומזכו וכו' בשבילי אז בא ואשלם: (ב) ד"ה ויש לו וכו' קרקע משובחת יש לומר כגון שגזלה:

הגהות הגר"א

[א] גמ' מלאה פירות. נ"ב הרמב"ם ל"ג לה (ועמ"ש רבינו בח"מ סי' שעי' ס"ק י"ח):

שֶׁנְּטָלוּהָ מַסִּיקִין, [א]בָּא נִגְזָל לִגְבּוֹת קֶרֶן — גּוֹבֶה מִנְּכָסִים מְשׁוּעְבָּדִים, בָּא נִגְזָל לִגְבּוֹת פֵּירוֹת — גּוֹבֶה מִנְּכָסִים בְּנֵי חוֹרִין. רָבָא לָא אֲמַר כְּרַבָּה בַּר רַב הוּנָא, הֲרֵי הִיא יוֹצְאָה מִתַּחַת יָדוֹ — בְּדִינָא מַשְׁמַע. וְרַבָּה בַּר רַב הוּנָא לָא אֲמַר כְּרָבָא, הֲרֵי הִיא יוֹצְאָה מִתַּחַת יָדוֹ — בְּעֵינָא מַשְׁמַע. רַב אַשִׁי אֲמַר: לִצְדָדִין קָתָנֵי: כְּגוֹן שֶׁגָּזַל שָׂדֶה מֵחֲבֵירוֹ מְלֵאָה פֵּירוֹת וְאָכַל אֶת הַפֵּירוֹת וּמָכַר אֶת הַשָּׂדֶה, בָּא לוֹקֵחַ לִגְבּוֹת קֶרֶן — גּוֹבֶה מִנְּכָסִים מְשׁוּעְבָּדִים, בָּא נִגְזָל לִגְבּוֹת פֵּירוֹת — גּוֹבֶה מִנְּכָסִים בְּנֵי חוֹרִין. בֵּין לְרָבָא בֵּין לְרַבָּה בַּר רַב הוּנָא מִלְוֶה עַל פֶּה הוּא, [ב]וּמִלְוֶה עַל פֶּה אֵינוֹ גּוֹבֶה מִנְּכָסִים מְשׁוּעְבָּדִים! הָכָא בְּמַאי עָסְקִינַן — [ג]כְּשֶׁעָמַד בְּדִין וַהֲדַר זַבֵּין. אִי הָכִי, פֵּירוֹת נַמִּי! כְּשֶׁעָמַד בְּדִין עַל הַקֶּרֶן, וְלֹא עָמַד בְּדִין עַל הַפֵּירוֹת. וּמַאי פַּסְקָא? סְתָמָא דְּמִילְּתָא, כִּי תָּבַע אִינִישׁ — קַרְנָא תָּבַע בְּרֵישָׁא. וְסָבַר שְׁמוּאֵל לוֹקֵחַ מִגַּזְלָן לֵית לֵיהּ שְׁבָחָא? וְהָא א"ל שְׁמוּאֵל לְרַב חִינָּנָא בַּר שֵׁילַת: אִמְלִיךְ וּכְתוֹב שׁוּפְרָא, שְׁבָחָא וּפֵירֵי. בְּמַאי? אִי בְּבַעַל חוֹב — מִי אִית לֵיהּ פֵּירֵי? *וְהָאָמַר שְׁמוּאֵל: בַּעַל חוֹב גּוֹבֶה אֶת הַשְּׁבָח, שְׁבָח — אִין, אֲבָל פֵּירוֹת — לָא. אֶלָּא לָאו — בְּלוֹקֵחַ מִגַּזְלָן! אֲמַר רַב יוֹסֵף: הָכָא בְּמַאי עָסְקִינַן — כְּגוֹן שֶׁיֵּשׁ לוֹ קַרְקַע. א"ל אַבַּיֵי: וְכִי מוּתָּר לִלְווֹת סְאָה בִּסְאָה בְּמָקוֹם שֶׁיֵּשׁ לוֹ קַרְקַע? א"ל: הָתָם — הַלְוָאָה, הָכָא — זְבִינֵי. אִיכָּא דְּאָמְרִי, אֲמַר רַב יוֹסֵף: הָכָא בְּמַאי עָסְקִינַן — כְּגוֹן *שֶׁקָּנוּ מִיָּדוֹ. א"ל אַבַּיֵי: וְכִי מוּתָּר לִלְווֹת סְאָה בִּסְאָה בְּמָקוֹם שֶׁקָּנוּ מִיָּדוֹ? א"ל: הָתָם — הַלְוָאָה, וְהָכָא — זְבִינֵי. גּוּפָא, אָמַר שְׁמוּאֵל: בַּעַל חוֹב גּוֹבֶה אֶת הַשְּׁבָח. אָמַר רָבָא: תֵּדַע, שֶׁכָּךְ כּוֹתֵב לוֹ מוֹכֵר לַלּוֹקֵחַ: אֲנָא אֵיקוּם וַאֲשַׁפֵּי וַאֲדַכֵּי וַאֲמָרֵיק זְבִינֵי אִילֵּין, אִינּוּן וַעֲמָלֵיהוֹן וּשְׁבָחֵיהוֹן וְאֵיקוּם קֳדָמָךְ, וְצָבֵי זַבִּינָא דְּנַן וְקַבֵּיל עֲלוֹהִי. א"ל רַב חִיָּיא בַּר אָבִין לְרָבָא: אֶלָּא מֵעַתָּה, מַתָּנָה דְּלָא כְּתִיב לֵיהּ הָכִי, ה"נ [ד]דְּלָא טָרֵיף שְׁבָחָא? א"ל: אִין. וְכִי יָפֶה כֹּחַ מַתָּנָה מִמֶּכֶר? א"ל: אִין, [ה]יָפֶה וְיָפֶה. אָמַר רַב נַחְמָן: הָא מַתְנִיתָא מְסַיַּיע לֵיהּ לְמָר שְׁמוּאֵל, [ו]וְהוּנָא חַבְרִין מוֹקִים לָהּ בְּמִילֵּי אַחֲרִינֵי. דְּתַנְיָא: הַמּוֹכֵר שָׂדֶה לַחֲבֵירוֹ, וַהֲרֵי הִיא יוֹצְאָה מִתַּחַת יָדוֹ, [ז]כְּשֶׁהוּא גּוֹבֶה — גּוֹבֶה אֶת הַקֶּרֶן מִנְּכָסִים מְשׁוּעְבָּדִים, וּשְׁבָח גּוֹבֶה מִנְּכָסִים בְּנֵי חוֹרִין. וְהוּנָא חַבְרִין מוֹקִים לָהּ בְּמִילֵּי אַחֲרִינֵי — בְּלוֹקֵחַ מִגַּזְלָן. תַּנְיָא אִידָּךְ: הַמּוֹכֵר שָׂדֶה לַחֲבֵירוֹ וְהִשְׁבִּיחָהּ, וּבָא בַּעַל חוֹב וּטְרָפָהּ. [ח]כְּשֶׁהוּא גּוֹבֶה, אִם הַשְּׁבָח יוֹתֵר עַל הַיְצִיאָה — נוֹטֵל אֶת הַשְּׁבָח מִבַּעַל הַקַּרְקַע, וְהַיְצִיאָה מִבַּעַל חוֹב. וְאִם הַיְצִיאָה יְתֵירָה עַל הַשְּׁבָח — אֵין לוֹ אֶלָּא הוֹצָאָה שִׁיעוּר שְׁבָח מִבַּעַל חוֹב. וְהָא, שְׁמוּאֵל בְּמַאי מוֹקִים? לָהּ אִי [ט]בְּלוֹקֵחַ מִגַּזְלָן — קַשְׁיָא רֵישָׁא, דְּאָמַר שְׁמוּאֵל: לוֹקֵחַ מִגַּזְלָן לֵית לֵיהּ שְׁבָחָא. אִי בְּבַעַל חוֹב — קַשְׁיָא רֵישָׁא וְסֵיפָא, דְּאָמַר שְׁמוּאֵל: בַּעַל חוֹב גּוֹבֶה אֶת הַשְּׁבָח! אִיבָּעֵית אֵימָא בְּלוֹקֵחַ מִגַּזְלָן, כְּגוֹן שֶׁיֵּשׁ לוֹ קַרְקַע. אִי נַמִּי — בְּשֶׁקָּנוּ מִיָּדוֹ. אִיבָּעֵית אֵימָא: בְּבַעַל חוֹב, וְלָא קַשְׁיָא: כָּאן — בְּשֶׁבַח

הַמַּגִּיעַ

רש"י

שֶׁנְּטָלוּהָ מַסִּיקִין. אֲנָסִים גּוֹיִם נְטָלוּהָ מִן הַגַּזְלָן, וּמֵחֲמָתוֹ. וּתְנַן בְּבָבָא קַמָּא (דף קטז:): הַגּוֹזֵל שָׂדֶה מֵחֲבֵירוֹ וּנְטָלוּהָ מַסִּיקִין, אִם מֵחֲמַת הַגַּזְלָן – חַיָּיב לְהַעֲמִיד לוֹ שָׂדֶה אַחֵר. וַהֲרֵי הִיא יוֹצְאָה מִתַּחַת יָדוֹ דְּקָתָנֵי, בִּנְטִילַת מַסִּיקִין הוּא. בְּדִינָא מַשְׁמַע. הִלְכָּךְ בְּהוֹצָאַת נִגְזָל קָאָמַר, וְגוֹבֶה אֶת הַקֶּרֶן דְּקָאָמַר – כְּשֶׁחָפַר בּוֹ בּוֹרוֹת. בְּעֵינָא מַשְׁמַע. כְּמוֹ שֶׁהָיְתָה, וְלֹא שֶׁחָפַר בָּהּ בּוֹרוֹת. וּמָכַר אֶת הַשָּׂדֶה. וַהֲרֵי הִיא יוֹצְאָה מִתַּחַת יָדוֹ שֶׁל לוֹקֵחַ בְּדִינָא וּבְעֵינָא. בֵּין לְרַבָּה בֵּין לְרָבָא. דְּמוֹקְמֵי גְּבִיַּית קֶרֶן מִן הַגַּזְלָן בַּנִּגְזָל, הָא מִלְוֶה עַל פֶּה הוּא, וְלָא טָרְפָא מִמְּשַׁעְבְּדֵי. כְּשֶׁעָמַד בְּדִין. קוֹדֶם שֶׁמָּכַר נְכָסָיו. וְכֵיוָן דְּחַיְּיבוּהוּ ב"ד – אִית לֵיהּ קָלָא, וַהֲוָה לֵיהּ כְּמִלְוֶה בִּשְׁטָר. מַאי פַּסְקָא. בִּתְמִיָּה: פַּסְקָא תַּנָּא לְמִלְּתֵיהּ דְּהָעוֹמֵד בְּדִין אֵינוֹ עוֹמֵד עַל הַפֵּירוֹת? רַב חִינָּנָא בַּר שֵׁילַת. סוֹפֵר הָיָה. אִמְלִיךְ. כְּשֶׁאַתָּה כּוֹתֵב שְׁטַר הַמֶּלֶךְ בְּמוֹכֵר, אִם יְקַבֵּל עָלָיו לְהַגְבּוֹת לַלּוֹקֵחַ מִשְׁפַּר נְכָסָיו, קַרְנָא וּשְׁבָחָא וּפֵירֵי – אִם יִטְרְפוּהָ מִמֶּנּוּ. כְּגוֹן שֶׁיֵּשׁ לוֹ קַרְקַע. לְגַזְלָן זֶה, שֶׁמַּגְבֵּהוּ לַלּוֹקֵחַ קַרְקַע וְלֹא מָעוֹת, דְּהַשְׁתָּא לָא מֶחֱזֵי כְּרִבִּית. אָסוּר לִלְווֹת סְאָה בִּסְאָה. שֶׁמָּא יוּקְרוּ חִטִּין. בְּהַלְוָאָה. שַׁיָּיךְ רִבִּית טְפֵי מִמֶּכֶר. שֶׁקָּנוּ מִיָּדוֹ. עַל הַשְּׁבָח, דַּהֲוָה לֵיהּ מְחוּיָּיב מִשְּׁעַת הַמֶּכֶר קוֹדֶם שֶׁיֵּשׁ שְׂכַר הַמְתָּנַת מָעוֹת. תֵּדַע. דְּגוֹבֶה, וְלָא מָצֵי לוֹקֵחַ לְמֵימַר "אֲנָא אַשְׁבַּחִי". שֶׁכָּךְ כּוֹתֵב לוֹ מוֹכֵר לַלּוֹקֵחַ. בְּאַחֲרָיוּת שְׁטַר הַמֶּכֶר. וַאֲשַׁפֵּי. אַשְׁקִיט. וְדוֹמֶה לוֹ "עַל הַר נִשְׁפֶּה", דְּמִתַּרְגֵּם: עַל טוּרָא שָׁלְיָא" (ישעיה יג). וְאִדַּכִּי. אֲטַהֵר מִכָּל עִרְעוּר. אִינּוּן וַעֲמָלֵיהוֹן וּשְׁבָחֵיהוֹן. וְכֵיוָן דְּעַל מוֹכֵר הָדַר, גָּבֵי שְׁבָחָא בַּעַל חוֹב מִלּוֹקֵחַ וְחוֹזֵר הַלּוֹקֵחַ עַל הַמּוֹכֵר. מַתָּנָה דְּלָא כְּתִיב בֵּיהּ הָכִי. שֶׁאֵין אָדָם מְקַבֵּל עָלָיו אַחֲרָיוּת מַה שֶּׁהוּא נוֹתֵן. ה"נ. דְּאִם נוֹתֵן נְכָסָיו בְּמַתָּנָה לָא גָּבֵי בַּעַל חוֹב שְׁבָחָא, הוֹאִיל וְלָא הָדַר עַל הַנּוֹתֵן. וְכִי יָפֶה כֹּחַ מַתָּנָה כו'. בִּתְמִיָּה. יָפֶה וְיָפֶה. בְּדָבָר זֶה. דְּכֵיוָן דְּלָא הָדַר גָּבֵי לֵיהּ – לָא מַפְסִיד לֵיהּ בִּתְדֵי דְּלָא אַפְסְדֵיהּ לְבַעַל חוֹב, דִּבְשְׁלָמָא גּוּפָהּ שֶׁל קַרְקַע א"ל אַמַּאי *(זַבְנְתֵּיהּ); מֵאַיִן אֶגְבֶּה חוֹבִי? אֲבָל שְׁבָחָא – א"ל: מַאי אַפְסַדְתִּיךְ? מְסַיַּיע לֵיהּ לְמָר שְׁמוּאֵל. דְּבַעַל חוֹב גּוֹבֶה אֶת הַשְּׁבָח. כְּשֶׁהוּא גּוֹבֶה. כְּשֶׁלּוֹקֵחַ חוֹזֵר וְגוֹבֶה מִן הַמּוֹכֵר. בְּמִילֵּי אַחֲרִינֵי. בְּדָבָר אַחֵר. בְּלוֹקֵחַ מִגַּזְלָן. דְּנִגְזָל וַדַּאי טָרֵיף שְׁבָחָא, דְּאָמַר לֵיהּ: אַרְעַאי אַשְׁבַּח. אֲבָל בַּעַל חוֹב, כָּל כַּמָּה דְּלָא טָרְפָהּ לָהּ – לָאו דִּידֵיהּ הוּא, וּבִרְשׁוּתָא דְּלוֹקֵחַ אַשְׁבַּח. עַל הוֹצָאָה. שֶׁהוֹצִיא הַלּוֹקֵחַ בְּשִׁבְחָהּ. נוֹטֵל. הַלּוֹקֵחַ. אֶת הַשֶּׁבַח מִבַּעַל הַקַּרְקַע. מַה שֶּׁעוֹדֵף עַל הַיְצִיאָה, דְּאָמַר לֵיהּ: פָּרַעְתִּי אֶת חוֹבְךָ. אֵין לוֹ. לַלּוֹקֵחַ, אֶלָּא מִן הַיְצִיאָה שֶׁהוֹצִיא בָּהּ פּוֹרֵעַ לוֹ שִׁיעוּר שֶׁבַח, וְהַשְּׁאָר מַפְסִיד. אִי בְּלוֹקֵחַ מִגַּזְלָן. הַאי בע"ח הַיְינוּ נִגְזָל. קַשְׁיָא רֵישָׁא. דְּקָתָנֵי נוֹטֵל אֶת הַשֶּׁבַח מִבַּעַל הַקַּרְקַע. קַשְׁיָא רֵישָׁא וְסֵיפָא. דְּקָתָנֵי בע"ח נוֹתֵן אֶת הַיְצִיאָה. וְלִשְׁמוּאֵל בַּעַל חוֹב גּוֹבֶה הַשֶּׁבַח וְאֵינוֹ נוֹתֵן כְּלוּם.

הַמַּגִּיעַ

לעיל יד: וש"נ

[לקמן נח. לב. ב"ב ג.]

קבלתיה רש"ל ועיין רש"א

תוספות

כשעמד בדין על הקרן ולא על הפירות. תימה אם כן מאי מפני תיקון העולם? הלא בדין לא גבי, דמלוה על פה לא גבי ממשעבדי! ויש לומר: דאי לאו מפני תיקון העולם הוה אמינא הואיל ועמד בדין על הקרן – יש קול גם לפירות.

כגון שקנו מידו. וא"ת: א"כ אמאי קאמר אמליך? הלא סתם קנין לכתיבה עומד! וי"ל: ה"מ כגון שהקנה לו דבר שהוא בעין, דכיון דיפה כחו לעשות קנין – רוצה שיכתבו לו.

בעל חוב גובה את השבח. נראה דגבי אפי' מן השבח שהשביחו יתומים אע"פ שאין להם על מי לחזור והוה ליה כמתנה דאמרינן לקמן דלא גבי שבחא – מ"מ גובה מהן, משום דכרעיה דאבוהון נינהו. כדמוכח בפרק "יש בכור" (בכורות דף נב. ושם) דתנן: אין הבכור נוטל פי שנים בראוי כבמוחזק, ולא בשבח. ולא האשה בכתובתה, ולא הבנות במזונותיהן. ופריך בגמרא: והאמר שמואל בעל חוב גובה את השבח! ומשני: מקולי כתובה שנו כאן. ומזון בנות נמי, תנאי כתובה ככתובה דמי. והתם משבח יתומים איירי, דאי משבח לקוחות – אם כן מאי איריא דלא טרפי בנות משבח? והלא מגוף הקרקע נמי לא טרפי, דאין מוציאין למזון האשה והבנות מנכסים משועבדים. אלא ודאי בשבח יתומים איירי. ודוקא בכתובת אשה ומזונות דקילי לא גבו משבח, אבל שאר בע"ח – גבי. ורש"י פירש התם: מזון הבנות – כגון נשא אשה ופסק לזון בתה ה' שנים. ולפירושו אין ראיה, דמאי מיירי בשבח לקוחות. אך לא נהירא, דלא שייך בהו תנאי כתובה. והא דאמר ב"המקבל" (לקמן דף קי.) יתומים אומרים אנו השבחנו, ואין השבח שלך, משמע דלא גבי משבח יתומים – התם מיירי כשעשה אפותיקי, ואומרים אנו השבחנו, ותן לנו היציאה כדין יורד לתוך שדה חבירו שלא ברשות. וכן מוקי התם במסקנא, כשעשאה אפותיקי. **תדע** שכך כתב כו'. אין לפרש דהכי מוכח דבע"ח גובה את השבח, דבשביל דבע"ח גובה את השבח כותב מוכר ללוקח שישלם לו את השבח. דא"כ מאי פריך מתנה דלא כתיב בה (א) הכי נמי דלא טריף שבח. והלא אין תלוי גביית הבע"ח בכתיבת המוכר! אלא יש לומר: מדמשלם מוכר ללוקח את השבח – אין לחוש אם יגבהו בעל חוב ממנו, דאין הלוקח מפסיד כל כך. וא"ת: ומאי ראיה (ב) היא? דלמא מיירי בלוקח מגזלן, דנגזל ודאי אית ליה שבחא! וי"ל: דאי בלוקח מן הגזלן איירי – הוה ליה למכתב נמי *)ופיריהון. אלא מיירי בבעל חוב, דלית ליה פירי. אי נמי: מדקאמר ועמליהון היינו הוצאה, ושבחיהון היינו השבח היתר על היציאה. ואי בנגזל – הא נגזל גופיה יהיב ליה יציאה, כדין יורד לתוך שדה חבירו שלא ברשות.

הא

*) [ועי' היטב תוס' גיטין נ: ד"ה לפי שאין וכו' וקל"ע]

עין משפט נר מצוה

קכה א מיי' פ"ט מהל' גזילה ואבידה הל' ב ג סמג עשין עג טוש"ע ח"מ סי' שעב סעיף א:

קכו ב מיי' פי"א מהל' מלוה ולוה הל' ד סמג עשין לד טוש"ע ח"מ סי' לט סעיף א וסי' קיא סעיף א:

קכז ג מיי' פ"ט מהל' גזילה ואבידה הל' ד סמג עשין עג טוש"ע ח"מ סי' שעב סעיף א וסעיף ב:

קכח ד מיי' פכ"א מהל' מלוה ולוה הל' ג סמג עשין לה טוש"ע ח"מ סי' קטו סעיף ג:

קכט ה מיי' שם הל' א טוש"ע שם סעיף א:

קל ו ז מיי' פ"ט מהל' גזילה הל' ו סמג עשין פג טוש"ע ח"מ סי' שעג סעיף א וע"ש ובריי"ף:

רבינו חננאל

רבה בר רב הונא אמר כגון שגזל שדה ונטלוה מסיקין מחמתו בא נגזל לגבות דמי השדה גובה אפי' ממשעבדי בא לגבות דמי פירות אינו גובה אלא מבני חרי. ומקשי' בין לרבא דאמר דמי היזק הפירות בורות שיחין ומערות ובין לרבה בר רב הונא דאמר דמי השדה שנטלוה מסיקין אמאי טריף ממשעבדי מלוה על פה היא ומלוה על פה אינו גובה (אלא) ממשעבדי. ופרקי' הכא במאי עסקינן כגון שתבע הנגזל לגזלן בב"ד וחייבוהו ב"ד לשלם ואחר שנתחייב הלך ומכר נכסיו בזה הדין לטרוף הנגזל כל הנכסין שמכר הגזלן מאחר שנתחייב בב"ד *) מיהא שמעינן חיוב ב"ד לאדם לשלם כמלוה בשטר דמי וגבי אפי' ממשעבדי. הא דאמר שמואל אימליך ובתר הכי כתוב שופרא שבחא ופירי כלומר לא תכתוב אלו עד שתימלך במקנה ויאמר לו כתוב שהללו מעין תורפי השטר [הן] חשובין ולא מטופסא דשטרא שאין בהן ממש. ומקשי' ואי בבעל חוב שמואל מי אמר דאית ליה פירי והא איהו דאמר בעל חוב גובה את השבח שבח אין פירי לא. ופריק רב יוסף בשיש ללוה קרקע. איכא דאמרי בשקנו מידו. ומקשי עלה אביי וכי מותר ללות סאה בסאה למי שיש לו קרקע או למי שקנו מידו. ופריק רב יוסף האי בהלואה אסור אבל בזביני שרי. ואע"ג דאמר רב נחמן קרקע אין לו כלומר כיון שנטרפה שדה זו מידיו נמצא כאילו לא היתה מכירתו מכירה וכי זה השבח או הפירות שכר מעותיו הוא נוטלה הא אמר רב יוסף כי האי גוונא בזביני שרי. ומסקנא דשמעתא הנותן שדהו מתנה ובא בעל חוב לטורפה אינו גובה השבח דלא גבי בעל חוב השבח אלא מן הקונה שדה משועבדת לבעל חוב ודייק רבא מדפריש בשטר זביני אנא אשפי ואמרק ואדכי זביני אילין אינון ועמליהון ושבחיהון ואוקים קדמך וצבי זבינא דנן וקביל עילויה משום הכי גבי בעל חוב שבחא דהא קביל עליה המוכר ונתרצה הקונה בזה אבל המתנה שאין כתוב בה זה **) כולו לא גבי הבעל חוב מן המקבל מתנה שבח ובזה אמר יפה כח המתנה מכח המכר. תניא המוכר שדהו לחבירו ובא בעל חוב וטורפה אם השבח יותר על ההוצאה כו' פי' כגון שקנאה בק' והוציא י' כספים ושוה עתה ק"כ נוטל בע"ח השדה כולה והשבח כמות שהוא ונותן לקונה י' כספים שהוציא על השדה וחוזר הקונה ונוטל מן המוכר ק"י כספים ואם ההוצאה יתירה על השבח כגון שהוציא עליה כ' ושוה עכשיו ק"י אין לו מבע"ח אלא י' כספים מן ההוצאה כשיעור השבח שהשביח בקרקע ונוטל ק' מן המוכר ומפסיד י' הלוקח. וזו שנוטל הקונה חלק בקרקע הוא נוטל.

והני

*) עי' בריי"ף [illegible] **) אולי צ"ל שאין כתוב בה זה כלל.

הגהות הב"ח

(א) תוס' ד"ה תדע וכו' דלא כתיב בה הכי נמי: (ב) בא"ד וא"ת ומאי ראיה דלמא הכא מיירי:

גליון הש"ס

גמ' יפה ויפה. עיין ב"ב קף ג"ע תוס' ד"ה אמר: שם והונא חברין. קדושין מז ע"א:

עין משפט נר מצוה

קלא א ב מיי' פכ"א מהל' מלוה ולוה הל' ה ו ועיין בהשגות וכמ"מ סמג עשין צ טוש"ע ח"מ סי' קטו סעיף ב:

קלב ג מיי' פ"ו מהל' זכייה ומתנה הל' כ סמג עשין מח טוש"ע אה"ע סי' ג סעיף ב:

[וכן שנד כתום: ב"ק נו. ד"ה הניחא ועי' תוס' לקמן נג. ד"ה הניחא]

קלג ד מיי' פ"ט מהל' גזילה ואבידה הל' ח ופכ"א מהל' מלוה ולוה הל' א סמג עשין צד לה טוש"ע ח"מ סי' קטו סעיף ה וסי' שנג סעיף ה:

קלד ה מיי' פ"ט מהל' גזילה ואבידה הל' ו סמג עשין עג טוש"ע ח"מ סי' שנג סעיף ה:

קלה ו ז מיי' פי"ח מהל' גזילה ואבידה הל' א ופי"ט מהל' מכירה הל' ג ופ"ו מהל' מלוה ולוה הל' ג סמג עשין עג טוש"ע ח"מ סי' לט סעיף ה וסי' רכה סעיף ה:

קלו ח ט מיי' פ"ט מהל' גזילה ואבידה הל' ט סמג עשין עג טוש"ע ח"מ סי' שעד סעיף א:

המגיע לכתפים, כאן — בשבח שאינו מגיע לכתפים. *והא מעשים בכל יום, וקא מגבי שמואל אפי' בשבח המגיע לכתפים! לא קשיא: הא — דמסיק ביה כשיעור ארעא ושבחא, הא — דלא מסיק ביה אלא כשיעור ארעא, דיהיב ליה שבחיה ומסליק ליה. *הניחא למ"ד: אי אית ליה זוזי ללוקח — לא מצי מסליק ליה לבעל חוב — שפיר, אלא למאן דאמר: כי [א]אית ליה זוזי ללוקח — מצי מסליק ליה לבעל חוב, נימא ליה: אילו הוה לי זוזי — הוה מסלקינך מכולה ארעא, השתא דלית לי זוזי — הב לי *גרבא דארעא בארעא שיעור שבחאי! הכא במאי עסקינן — [ב]כגון שעשאו אפותיקי, דאמר ליה לא יהא לך פרעון אלא מזו. § הכיר בה שאינה שלו ולקחה. אמר רב: מעות — יש לו, שבח — אין לו. ושמואל אמר: אפי' מעות אין לו. במאי קמיפלגי? רב סבר: אדם יודע שקרקע אין לו, וגמר ונתן לשום פקדון. ונימא ליה לשום פקדון! סבר: לא מקבל. ושמואל סבר: אדם יודע שקרקע אין לו, וגמר ונתן לשום מתנה. ונימא ליה לשום מתנה! כסיפא ליה מילתא. והא פליגי ביה חדא זימנא, *דאיתמר: המקדש את אחותו, רב אמר: °מעות חוזרין, ושמואל אמר: [ג]מעות מתנה. רב אמר: מעות חוזרין, אדם יודע שאין קידושין תופסין באחותו, וגמר ונתן לשום פקדון. ונימא לה לשום פקדון! — סבר: לא מקבלה מיניה. ושמואל אמר: מעות מתנה, אדם יודע שאין קידושין תופסין באחותו, וגמר ונתן לשום מתנה. ונימא לה לשום מתנה! כסיפא לה מילתא. צריכא, דאי איתמר בהא — בהא קאמר רב, דלא עבדי אינשי דיהבי מתנות לנוכראה. אבל גבי אחותו — אימא מודה ליה לשמואל. ואי איתמר בהך — בהך קאמר שמואל, אבל בהא — אימא מודה ליה לרב, צריכא. בין לרב דאמר פקדון, בין לשמואל דאמר מתנה, האי לארעא במאי קא נחית, ופירות היכי אכיל? סבר: אנא איחות לארעא, ואיעביד ואיכול בגויה, כי היכי דההוה קא עביד איהו. (א) לכי אתי מריה דארעא, זוזאי נהוו, לרב דאמר פקדון — פקדון, לשמואל דאמר מתנה — מתנה. אמר רבא: [ד]הלכתא, יש לו מעות ויש לו שבח, ואע"פ שלא פירש לו את השבח. [ה]הכיר בה שאינה שלו, ולקחה, מעות — יש לו, שבח — אין לו. *[ו]אחריות טעות סופר הוא, בין בשטרי הלואה [ז]בין בשטרי מקח וממכר. בעא מיניה שמואל מרב: °חזר ולקחה מבעלים הראשונים מהו? — אמר ליה: [ח]מה מכר לו ראשון לשני — כל זכות שתבא לידו. מאי טעמא? מר זוטרא אמר: ניחא ליה *דלא נקרייה גזלנא, רב אשי אמר: [ט]ניחא ליה דליקו בהמנותיה. מאי בינייהו? איכא בינייהו דמית לוקח. מאן דאמר ניחא ליה דלא לקרייה גזלנא

הא

תוספות

הא דלא מסיק אלא שיעור ארעא. תימה: כיון דלא מסיק אלא שיעור ארעא אמאי נוטל שבח היתר על היציאה? [א] וי"ל: דבלאו הכי פריך שפיר: הניחא כו'. ולפי המסקנא דמוקי באפותיקי — א"ש, דאע"פ דלא מסיק ביה אלא שיעור ארעא נותן לו היציאה ללוקח, והשבח היתר על היציאה לוקח אנס כדין יורד לתוך שדה חבירו שלא ברשות. **הניחא** למ"ד כו'. מפורש ב"המקבל" (לקמן דף קי:)* (ועיין בכתובות דף נא: ד"ה מאי).

כגון דשוייא אפותיקי. השתא מלי איירי דמסיק ביה אפי' שיעור ארעא ושבחא. ואפ"ה, כיון דשוייא אפותיקי — צריך ליתן היציאה, כדין יורד כו', כדאמרי' בפרק "המקבל" (שם.) גבי יתומים אומרים אנו השבחנו ורוצים היציא', דמיירי באפותיקי, ואע"ג דמסיק בהו שיעור ארעא ושבחא. דהא אם אביהם השביח — גובה הכל. ומיהו, אין ראיה, דשאני יתומים שאין להם על מי לחזור ליקח היציאה, דכיון שעשה אביהם אפותיקי — הרי הוא כיורד לתוך שדה חבירו שלא ברשות. שאינו מפסיד היציאה. אבל בלוקח, שאינו מפסיד כלום, שהמוכר משלם לו היציאה והשבח שזה פוטרו מחובו — מלינו למימר דאפילו באפותיקי, כיון דמסיק ביה שיעור ארעא ושבחא — שקיל הכל, שבשביל שעשאה אפותיקי לא יגרע כחו. וא"ת: כיון דאמר ליה לא יהא לך פרעון אלא מזו, כשמוכר לאחר הוה ליה כלוקח מגזלן, שהרי אינו של מוכר. א"כ, למה נוטל מן המוכר השבח היתר על היציאה? והא לוקח מגזלן לשמואל לית ליה שבחא! וי"ל: כגון שמכרה קודם שבא זמנו של בעל חוב, דאל המקח עד הזמן. ולא דמי לגזלן, שלא חל המקח כלל. דזוזי הוו הלואה, ואם ישלם שבח — הוה ליה רבית. ואפילו מכרה אחר הזמן היה סבור לפייס בע"ח בזוזי, וחל המקח עד שטרפה ממנו. **מעות** יש לו שבח אין לו. תימה ב"הגוזל" קמא (ב"ק דף נה. ושם ד"ה דלמא) תנא: ה' גוזין מן המחוררין שבח, ומוקי לה בת"ח דידע דקרקע אינה נגזלת, אלמא אפילו בהכיר בה יש לו שבח! וי"ל: דהתם מיירי כשקיבל עליו אחריות. **ונתן** לו לשום מתנה. אבל בערכין, פרק "המוכר שדה" (דף כט: ושם), גבי המוכר שדהו בשנת היובל עצמה, דאמר שמואל מעות חוזרין, ליכא למימר אדם יודע שאין מכר ביובל. דאין זה פשוט, דהא אמר רב מכורה ויוצאה. **חזר** ולקחה כו'. בלא הכיר בה מיירי, וקמיבעיא ליה אם הגזלן יכול לבטל המקח ולהחזיר לו מעותיו, או לאו. **דמית** לוקח. פרש"י: אחר שלקחה. ואין נראה, דמיד שקנה הגזלן זכה בו לוקח, ואטו משום דמית ליה בתר הכי פקע כחו? אלא יש לומר: דמית קודם שלקחה הגזלן מנגזל. *(ומית גזלן) — צ"ל שהיה חולה או גוסס בשעת שלקחה מנגזל.

מאי

* ס"א ובתר הכי מית גזלן שהיה כו'.

רש"י

המגיע לכתפים. קרוב ליקצר, אלא שעדיין צריכין לקרקע — הוי להו כפירות גמורין, ואין בעל חוב גובה אותו בלא יציאה. והא מעשים בכל יום. דיני טורפי מקח באין לפני שמואל, ומגבי לבעל חוב כל השבח עם הקרקע ואפילו מגיע לכתפים, כל זמן שצריכין לקרקע. הא. דקתני נוטל יציאה מבעל חוב — דלא מסיק ביה בעל חוב במוכר שיעור ארעא ושבחא, הלכך יהיב בעל חוב ללוקח שבחיה, ומסליק ליה. והאי דנקט למלתיה בלשון יציאה ולא תנא: נוטל כנגד החוב מבעל הקרקע, והמותר מבע"ח — לאשמועינן היא גופא אתא, דהיכא דיציאה יתירה על השבח — אין לו אלא יציאה שיעור שבח. הניחא למאן דאמר כו'. פלוגתא היא בכתובות (דף נא:). אי אית ליה זוזי ללוקח. לפרוע החוב. לא מצי מסלק ליה לבע"ח. מן ארעא, דבע"ח קדים. שפיר. דמצי למימר דהיכא דיש קרקע מותר על החוב עם השבח מסלק ליה ללוקח בזוזי על כרחו דלוקח, ולא מצי אמר לוקח: הב לי מן ארעא שיעור שבחי. דאמר כוליה דידי ואת ירדת בה שלא ברשות. דשוייא נהליה. לוה לבעל חוב אפותיקי להא ארעא, והכל מודים בזו דאי הוה ליה זוזי ללוקח — לא הוה מצי מסלק ליה. *הכא במאי עסקינן. האי ברייתא דלעיל. הכיר בה. לוקח בקרקע זו. שאינה שלו. של מוכר, שגזולה היתה אצלו ולקחה. מעות יש לו. מן המוכר, לכשיוציאנה נגזל מידו. שבח אין לו. שקרקע זה אינו קנוי לו. לא מקבל. לשמור. מעות חוזרין. הקידושין חוזרין לו. בין לרב דאמר כו'. כלומר: היכי מלינן לומר טעמא דרב משום דגמר ונתן לשום פקדון, וטעמא דשמואל משום דגמר ונתן לשום מתנה. ואי הוה דעתיה לחד מהנך, היכי הוה נחית להאי ארעא לעובדה ולאכול פירותיה? על כרחיה סבור היה שיהא המכר קיים, ולא היה בקי בדין. וטעמא דפלוגתא דרב ושמואל — טעם אחרינא הוא. דההוה עביד. הגזלן. לרב דאמר פקדון. כלומר: אליבא דרב מפרשינן דהאי מימר אמר זוזי נהוו פקדון. ולשמואל מפרשינן דהאי אמר זוזי נהוו מתנה. הלכתא. בפלוגתא קמייתא: יש לו מעות ויש לו שבח. ואע"פ דלא פירש. ולית לן דשמואל, דאמר שבח צריך לימלך. ואחריות טעות סופר הוא. ולית לן דשמואל, דאמר שעבוד צריך לימלך. חזר. גזלן ולקחה מבעלים הראשונים לאחר שמכר ללוקח. מהו. להיות במקום בעלים, כאילו לקחה אחר, ויוציאנה מיד הלוקח. אמר ליה. לא מצי לאפוקה. שכשמכר — מכר לו כל זכות שתבא לידו, וכשלקחה — לא לקחה אלא כדי שתהא מקויים ביד הלוקח. דלא ליקרייה גזלנא. שלא יחרפנו לוקח זה כשיוציאנה נגזל מידו ויקראנו גזלן, לכך חוזר להעמיד ממכרו. דמית לוקח. לאחר שלקחה גזלן מן הבעלים, והגזלן בא להוציאה מבניו. למ"ד. לא חזר להעמיד ממכרו אלא דלא ליקרייה לוקח גזלן.

הא

מסורת הש"ס

ב"ק נה: וש"נ לקמן קי:

[לקמן קי: ב"ק נו.]

[וכב"ק נו. ולקמן קי: איתא גריווא]

[נ"ל קודם ד"ה דשוייא]

גיטין מה. [קידושין מו: ערכין ל.]

[לעיל יז. כתובות קב: ב"ב קסט:]

[לקמן עב:]

הגהות הב"ח

(א) גמ' ולכי אתי מריה:

הגהות הגר"א

[א] תום' ד"ה הא כו' אמאי נוטל כו' על היציאה. נ"ב ו"ל דזהו קושית גמ' באמת הניחא כו' כדין יורד שלא ברשות וכמו באפותיקי (וכ"כ הרמב"ן במלחמות דלא כש"ך סי' קטו ס"ק כו):

גליון הש"ס

גמ' מעות חוזרין. עי' ב"ב עח ע"א תוס' ד"ה אבל: שם חזר ולקחה מבעלים. עי' בכור פ"ו מ"ג דתרומות:

רבינו חננאל

והני מילי בדלא מסיק ביה בעל חוב אלא ק' בלבד אבל אם נושה בו כשיעור ארעא ושבחא נוטל הכל ואינו נותן ללוקח אפי' ההוצאה וזו שינויא דשמואל היא ולא סמכינן עלה א) אלא לעולם נותן הבעל חוב ההוצאה ללוקח כפשוטה דהא מתניתא וכי יהיב ליה דמים ולא מן הקרקע עצמו בשעשאה לו אפותיקי דאמר ליה לא יהא לך פרעון אלא מזו השדה ואליבא דמ"ד אי אית ליה זוזי ללוקח מצי מסלק ליה לבע"ח בזוזי מוקים להא מתניתא בשעשאה לו הלוה אפותיקי וחזר ומכרה. ואסקי' אפי' שבח המגיע בכתפים כגון ענבים שהגיעו להבצר וקמה להקצר שהגיעו ליטלם בכתפו ולצאת כיון שעדיין בקרקע הן הכל נוטלם הבעל חוב בחובו. וכבר פירש' היטב בפרק המקבל שדה מחבירו בענין שלשה שמין להן השבח ומעלין אותן בדמים ואלו הן בכור לפשוט ובע"ח ליתומין ובעל חוב ללקוחות דלעולם נוטל הלוקח ההוצאה מן הבעל חוב כפשוטה דהא מתניתא דלא גרע מן היורד לשדה חבירו ונטעה שלא מרשותו דקי"ל שמין לו וידו על התחתונה ופירשנוה בפ' מי שמת. הכיר בה שאינה שלו ולקחה רב אמר מעות יש לו שבח אין לו. ושמואל אמר אפי' מעות אין לו. ואסיקנא רב אמר מעות פקדון ושמואל אמר מעות מתנה וכן לענין מקדש אחותו רב אמר מעות פקדון וחוזרין ושמואל [אמר] מעות מתנה ואינן חוזרין וצריכא. אמר רבא הלכתא המוכר שדה לחבירו ונמצאת שאינו שלו יש לו מעות ויש לו שבח דאושבחא ארעא ממילא כגון שקנאה במנה ועתה הוקרה ושוה מאתים יש לו כגון זה השבח ואע"פ שלא פירש לו את השבח. הכיר בה שאינה שלו ולקחה מעות יש לו שבח אין לו ואחריות טעות סופר הוא בין בשטרי הלואה בין בשטרי מקח וממכר ב) אבל אם נטע אילנות והשביח בין הלוקח בין הגזלן לוקחין שיעור שבחם מן הנגזל. הא דבעא שמואל מרב חזר ולקחה מן הבעלים הראשונים מהו. ופשט ליה מה מכר ראשון לשני כל זכות שתבוא לידו מאי טעמא מר זוטרא אמר ניחא ליה דלא ניקרייה גזלנא. רב אשי אמר ניחא ליה דליקום בהימנותיה. דברים פשוטים הן דודאי קנאה הקונה אותה מן הגזלן כיון שקנאה הגזלן מן הנגזל מיהו

א) דברי רבינו אלו טובא ברי"ף כאן בשם ואיכא מאן דאמר ועיין שם מש"כ שם ע"ז. ב) וכ"כ הרי"ף כאן והביא ראיה לזה מפ' הגוזל עצים ע"ש.

— הָא מִית לֵיהּ. וּמַאן דְּאָמַר נִיחָא לֵיהּ דְּלֵיקוּם בְּהֵמָנוּתֵיהּ — בַּהֲדֵי בְּנֵי נַמִּי נִיחָא לֵיהּ דְּלֵיקוּם בְּהֵמָנוּתֵיהּ. סוֹף סוֹף קָרוּ לֵיהּ בְּנֵי לוֹקֵחַ גַּזְלָנָא! אֶלָּא, אִיכָּא בֵּינַיְיהוּ דְּמִית גַּזְלָן. מַאן דְּאָמַר נִיחָא לֵיהּ לְאִינִישׁ דְּלָא לִקְרִיוּהוּ גַּזְלָן — הָא מִית לֵיהּ. לְמ"ד נִיחָא לֵיהּ דְּלֵיקוּם בְּהֵמָנוּתֵיהּ — ה"נ, אע"ג דְּמִית, נִיחָא לֵיהּ דְּלֵיקוּם בְּהֵמָנוּתֵיהּ! סוֹף סוֹף קָרוּ לִבְנֵיהּ בְּנֵי גַּזְלָנָא! אֶלָּא, אִיכָּא בֵּינַיְיהוּ דִּיהָבָהּ בְּמַתָּנָה. מַאן דְּאָמַר נִיחָא לֵיהּ דְּלֵיקוּם בְּהֵמָנוּתֵיהּ — [א]מַתָּנָה נַמִּי נִיחָא לֵיהּ דְּלֵיקוּם בְּהֵמָנוּתֵיהּ, מַאן דְּאָמַר נִיחָא לֵיהּ דְּלָא נִקְרִיוּהוּ גַּזְלָנָא — א"ל: מַאי גְּזַלֵינָא מִינָךְ? § [ב]פְּשִׁיטָא: זַבְנָהּ, אוֹרְתָהּ וִיהָבָהּ בְּמַתָּנָה — לָאו לְאוֹקְמָהּ קַמֵּי לוֹקֵחַ קָא בָּעֵי. [ג]נָפְלָה לֵיהּ בִּירוּשָּׁה — יְרוּשָּׁה מִמֵּילָא הִיא, וְלָאו אִיהוּ קָא טָרַח אַבַּתְרָהּ. גָּבֵי אִיהוּ בְּחוֹבוֹ, [ד]חָזֵינָא: אִי אִית לֵיהּ אַרְעָא אַחֲרִיתִי, וַאֲמַר הַאי בָּעֵינָא — לְאוֹקְמָהּ קַמֵּיהּ לוֹקֵחַ קָא בָּעֵי, וְאִי לָא — זוּזֵי הוּא דְּבָעֵי אִפְּרוּעֵי. יְהָבָהּ נִהֲלֵיהּ *בְּמַתָּנָה — פְּלִיגִי בַּהּ רַב אַחָא וְרָבִינָא. חַד אָמַר: מַתָּנָה כִּירוּשָּׁה, דְּהָא מִמֵּילָא. וְחַד אָמַר: [ה]מַתָּנָה כְּמֶכֶר, דְּאִי לָאו דְּטָרַח וְאַרְצִי קַמֵּיהּ — לָא הֲוֵי יָהֵיב לֵיהּ מַתָּנָה, לְהָכִי טָרַח וְאַרְצִי קַמֵּיהּ, כִּי הֵיכִי דְּלֵיקוּם בְּהֵמָנוּתֵיהּ. וְעַד אֵימַת נִיחָא לֵיהּ דְּלֵיקוּם בְּהֵמָנוּתֵיהּ? אָמַר רַב הוּנָא: עַד שְׁעַת הַעֲמָדָה בְּדִין. חִיָּיא בַּר רַב אָמַר: עַד דְּמָטָא אַדְרַכְתָּא לִידֵיהּ. רַב פַּפָּא אָמַר: [ו]עַד דְּמִתְחַלְּן יוֹמֵי אַכְרַזְתָּא: מַתְקִיף לָהּ רָמֵי בַּר חָמָא: מִכְּדִי, הַאי לוֹקֵחַ בְּמַאי קָנֵי לְהַאי אַרְעָא — בְּהַאי שְׁטָרָא, הַאי שְׁטָרָא חַסְפָּא בְּעָלְמָא הוּא! א"ל רָבָא: תְּהֵא בְּמַאֲמִינוֹ, בְּהַהוּא הֲנָאָה דְּלָא קָאָמַר לֵיהּ מִידֵּי, וְקָא סָמֵיךְ עֲלֵיהּ — טָרַח וּמַיְיתִי לֵיהּ, גָּמַר וּמַקְנֵי לֵיהּ. מְתִיב רַב שֵׁשֶׁת: *[ז]מַה שֶּׁאִירַשׁ מֵאַבָּא מָכוּר לָךְ מַה שֶּׁתַּעֲלֶה מְצוּדָתִי מָכוּר לָךְ — לֹא אָמַר כְּלוּם. מַה שֶּׁאִירַשׁ מִן אַבָּא הַיּוֹם מָכוּר לָךְ, מַה שֶּׁתַּעֲלֶה מְצוּדָתִי הַיּוֹם מָכוּר לָךְ — דְּבָרָיו קַיָּימִין! אָמַר רָמֵי בַּר חָמָא: הָא גַּבְרָא וְהָא תְּיוּבְתָּא! אָמַר רָבָא: גַּבְרָא קָא חָזֵינָא, וּתְיוּבְתָּא לָא קָא חָזֵינָא. הָכָא — סָמְכָא דַּעְתֵּיהּ, וְהָכָא — לָא סָמְכָא דַּעְתֵּיהּ. הָכָא סָמְכָא דַּעְתֵּיהּ — דְּאָזֵיל טָרַח וּמַיְיתִי לֵיהּ, כִּי הֵיכִי דְּלָא נִקְרְיֵיהּ גַּזְלָנָא, הָכָא לָא סָמְכָא דַּעְתֵּיהּ. שְׁלַחוּהָ לְקַמֵּיהּ דְּרַבִּי אַבָּא בַּר זַבְדָּא, אֲמַר לְהוּ: זוֹ אֵינָהּ צְרִיכָה לְפָנִים. אֲמַר רָבָא: זוֹ צְרִיכָה לְפָנִים וְלִפְנֵי לְפָנִים, הָכָא — סָמְכָא דַּעְתֵּיהּ, וְהָכָא — לָא סָמְכָא דַּעְתֵּיהּ. הֲוָה עוּבְדָּא בְּפוּמְבְּדִיתָא וְאוֹתְבֵיהּ. אָמַר לְהוּ רַב יוֹסֵף: זוֹ אֵינָהּ צְרִיכָה לְפָנִים. וַאֲמַר לֵיהּ אַבַּיֵי: צְרִיכָה לְפָנִים וְלִפְנֵי לְפָנִים, הָכָא — סָמְכָא דַּעְתֵּיהּ, הָכָא — לָא סָמְכָא דַּעְתֵּיהּ. וּמַאי שְׁנָא רֵישָׁא וּמַאי שְׁנָא סֵיפָא? אֲמַר רַבִּי יוֹחָנָן: סֵיפָא מַה שֶּׁאִירַשׁ מֵאַבָּא הַיּוֹם — מִשּׁוּם כְּבוֹד אָבִיו, מַה שֶּׁתַּעֲלֶה מְצוּדָתִי הַיּוֹם מִשּׁוּם

רש"י

הָא מִית. לוֹקֵחַ, וּמִי יְחָרְפֶנּוּ עוֹד? הִלְכָּךְ לֹא נִתְכַּוֵּון לָזֶה, אֶלָּא לְהַעֲמִידָהּ בְּיָדוֹ בְּחַיָּיו וְלֹא לְאַחַר מוֹתוֹ. מ"ד כו'. **דְּמִית גַּזְלָן.** לְאַחַר שֶׁלְּקָחָהּ, וְהַבָּנִים בָּאִים לְהוֹצִיא מִיַּד הַלּוֹקֵחַ. **הָא מִית לֵיהּ.** וְלֹא נִתְכַּוֵּון לְהַעֲמִיד מִמְכָּרוֹ אֶלָּא בִּימֵי חַיָּיו, שֶׁלֹּא יְחָרְפוּהוּ. **אע"ג דְּמִית נִיחָא לֵיהּ.** מֵעִיקָּרָא. **דְּלֵיקוּ בְּהֵימָנוּתֵיהּ.** אֲפִילּוּ לְאַחַר מִיתָה. **סוֹף סוֹף קָרוּ לִבְנֵיהּ בְּנֵי גַּזְלָנָא.** נִמְצָא שֶׁאַף לְאַחַר מִיתָה מְחָרְפִין אוֹתוֹ. **זַבְנָהּ אוֹרְתָהּ.** אִם [א] קוֹדֶם שֶׁלְּקָחָהּ מִן הַבְּעָלִים חָזַר וּמְכָרָהּ לְאִישׁ אַחֵר לְבַד מִן הָרִאשׁוֹן, אוֹ הוֹרִישָׁהּ לְאֶחָד מִבָּנָיו, אוֹ יְהָבָהּ בְּמַתָּנָה, וְאַחַר כָּךְ לְקָחָהּ — הָאי וַדַּאי אִיגְּלֵי דַּעְתֵּיהּ דְּלָאו לְאוֹקְמֵי קַמֵּיהּ לוֹקֵחַ רִאשׁוֹן בָּעֵי, וְלָא נִיחָא לֵי' דְּלֵיקוּם בְּהֵימָנוּתֵי', שֶׁהֲרֵי מְכָרָהּ לַשֵּׁנִי. **נָפְלָה לֵיהּ.** לַגַּזְלָן בִּירוּשָּׁה, שֶׁמִּתְּחִילָּה גְּזָלָהּ לְאֶחָד מִמּוֹרִישָׁיו וּמֵת הַנִּגְזָל. **יְרוּשָּׁה מִמֵּילָא הָוְיָא.** וְהָא לֵיכָּא לְמֵימַר נִיחָא לֵיהּ דְּלֵיקוּ בְּהֵימָנוּתֵיהּ, דְּהָא לָא טָרַח אַבַּתְרָהּ, דְּנֵימָא: גַּלֵּי דַּעְתֵּיהּ דְּנִיחָא לֵיהּ דְּלֵיקוּ. הִלְכָּךְ, הָוֵי כְּיוֹרֵשׁ דְּעָלְמָא, וְחוֹזֵר וְתוֹבְעָהּ, וְנוֹתֵן מָעוֹת לַלּוֹקֵחַ. **גָּבְיָיהּ בְּחוֹבוֹ.** לְאַחַר שֶׁגְּזָלָהּ וּמָכַר לוֹ, וּבָא לוֹ אֵצֶל נִגְזָל, וְאָמַר לוֹ: הַגְבֵּהּ לִי בְּחוֹבִי קַרְקַע שֶׁגְּזַלְתִּיךָ. **אִי אִית לֵיהּ אַרְעָא אַחֲרִיתִי.** לַנִּגְזָל, שֶׁיָּכוֹל לִגְבּוֹת חוֹבוֹ מִמֶּנָּה, וְאָמַר לֵיהּ: בְּזוֹ שֶׁגָּזַלְתִּי אֲנִי חָפֵץ — הָא טָרַח אַבַּתְרָהּ. וְאָמְרִינַן: לְאוֹקְמָהּ קַמֵּיהּ לוֹקֵחַ בָּעֵי. **יְהָבֵיהּ נִיהֲלֵיהּ בְּמַתָּנָה.** נִגְזָל לַגַּזְלָן. **וְעַד אֵימַת.** יִקְנֶנָּה מִבְּעָלִים הָרִאשׁוֹנִים, דְּאָמְרִינַן דְּמִשּׁוּם דְּנִיחָא לֵיהּ דְּלֵיקוּ בְּהֵימָנוּתֵיהּ לְקָחָהּ. **עַד שְׁעַת הַעֲמָדָה בְּדִין.** עַד שֶׁיִּטְרְפוּהָ מִן הַלּוֹקֵחַ וְיַעֲמִידֵהוּ בְּדִין. אֲבָל מִשֶּׁעָמַד בְּרִשְׁעוֹ עַד שְׁעַת הַעֲמָדָה בְּדִין — גַּלֵּי אַדַּעְתֵּיהּ דְּלָא מְהֵימַן הוּא, וְאִם לְקָחָהּ אַחֲרֵי כֵן — לָאו לְאוֹקְמֵיהּ קַמֵּיהּ לוֹקֵחַ בָּעֵי. **עַד דְּמָטָא אַדְרַכְתָּא לִידֵיהּ.** עַד שֶׁיְּחַיְּיבוּהוּ ב"ד לִפְרוֹעַ לַלּוֹקֵחַ מְעוֹתָיו, וְעָמַד בְּמִרְדּוֹ עַד שֶׁכָּתְבוּ פְּסַק דִּין וְנָתְנוּ לַלּוֹקֵחַ עַל נְכָסָיו שֶׁל גַּזְלָן, שֶׁבְּכ"מ שֶׁיִּמְצָאֵם יַחֲזִיק בָּהֶן. וְהַיְינוּ תִּשְׁעִי' יוֹם לְאַחַר שֶׁעָמַד בַּדִּין, כִּדְאָמְרִי' בְּ"הַגּוֹזֵל [בַּתְרָא]" (ב"ק דף קיב:). **עַד דְּמִתְחַלְּן יוֹמָא דְּאַכְרַזְתָּא.** לְאַחַר שֶׁמָּצָא זֶה קַרְקַע מִשֶּׁל גַּזְלָן, וּבָא לְב"ד וְהֵן מַכְרִיזִין שֶׁכָּל מִי שֶׁרוֹצֶה לִקְנוֹת קַרְקַע יָבֹא וְיִקְנֶנָּה, כִּדְאָמְרִי' בַּעֲרָכִין (דף כא:): שׁוּם הַיְתוֹמִין שְׁלֹשִׁים יוֹם*. **מַתְקִיף לָהּ רָמֵי בַּר חָמָא.** אַהָא מַה מָּכַר רִאשׁוֹן לַשֵּׁנִי כו'. **תְּהֵא.** הָא דְּרַב. **בְּמַאֲמִינוֹ.** שֶׁאָמַר לוֹ: אֲנִי סוֹמֵךְ עָלֶיךָ שֶׁתִּתְקַיֵּים בְּיָדִי. **גָּמַר וּמַקְנֵי.** כְּשֶׁלְּקָחָהּ מִבְּעָלִים הָרִאשׁוֹנִים. **מְצוּדָתִי.** שֶׁל חַיּוֹת וְעוֹפוֹת וְשֶׁל דָּגִים. **דְּבָרָיו קַיָּימִין.** לְקַמָּן פָּרֵיךְ: מַאי שְׁנָא רֵישָׁא כו'? **הָא גַּבְרָא וְהָא תְּיוּבְתָּא.** הֲרֵי אָדָם גָּדוֹל, וְכָמוֹהוּ תְּשׁוּבָתוֹ. דְּקָתָנֵי לֹא אָמַר כְּלוּם, וְלִכְשֶׁיִּירַשׁ לֹא קָנָה לוֹקֵחַ, כֵּיוָן דְּהַהִיא שַׁעְתָּא לָאו דִּידֵיהּ הָווּ נִכְסֵי אָבִיו, וְלָא אָמְרִינַן מַה מָּכַר לוֹ רִאשׁוֹן לַשֵּׁנִי — כָּל זְכוּת שֶׁתָּבֹא לְיָדוֹ. **לָא סָמְכָא דַּעְתֵּיהּ.** דְּלוֹקֵחַ, דְּקָאָמַר: מִי יֵימַר שֶׁיִּירַשׁ מֵאָבִיו כְּלוּם? שֶׁמָּא יִמְכּוֹר אָבִיו נְכָסָיו בְּחַיָּיו. **שְׁלַחוּהָ.** לְהָא תְּיוּבְתָּא דְּרַב שֵׁשֶׁת דְּאוֹתֵיב אַדְּרַב. **אֵינָהּ צְרִיכָה לִפְנִים.** אֵינָהּ צְרִיכָה כְּדֵי לְתָרְצָהּ לְהַכְנִיסָהּ לִפְנֵי בְּנֵי הַיְּשִׁיבָה, שֶׁאֵין בָּהֶן יוֹדֵעַ לְפָרְקָהּ. וּתְשׁוּבַת הַגְּאוֹנִים פּוֹרְשִׁין לְגַנַּאי: דְּלֵיכָּא קוּשְׁיָא מְעַלְּיָא, אַל תַּעֲלוּהָ לְגָיו. **הֲוָה עוּבְדָּא בְּפוּמְבְּדִיתָא.** שֶׁדָּנוּ דִּין כְּרַב. וְאוֹתְבִינַן מֵהָא מַתְנִיתִין, וְאָמַר רַב יוֹסֵף כו'. **מִשּׁוּם כְּבוֹד אָבִיו.** כְּשֶׁהָיָה אָבִיו גּוֹסֵס, וְצָרִיךְ מָעוֹת לִקְבוּרָתוֹ וּלְתַכְרִיכִין, מוּזְהָר לִכְבוֹד אָבִיו שֶׁלֹּא לַשְׁהוֹתוֹ בְּבִזָּיוֹן.

תוספות

מאי גזלינא מינך. וא"ת: וכי מכרה נמי, מה גזלו? והלא צריך להחזיר לו מעותיו! וי"ל: דמ"מ יקראנו גזלנא כל זמן שלא יפרע לו.

ארצי קמיה כי היכי דליקום בהימנותיה. משמע דהכי הלכתא, מדלא נקט לישנא דלא נקרייה גזלן. ועוד: דהלכה כרב אשי, דהוא בתרא, וגדול בחכמה ובמנין.

האי שטרא חספא בעלמא הוא. וא"ת: ולימא דקני לה במה שהחזיק בה אחר שקנאה גזלן! וי"ל: דמשמע ליה מעשה שקנאה הגזלן היא של לוקח, אע"פ שלא עשה בו שום מעשה. וא"ת: מעותיו שהיו תחלה מלוה נעשו עתה מכר! וי"ל: באתרא דלא קנו בכספא. א"נ, במלוה אינו יכול לקנות, כדאמרינן פ"ק דקדושין (דף ו:), המקדש במלוה אינה מקודשת, ובמכר לא קנה. והא דאמר ב"האיש מקדש" (שם דף מז.) ושוין שבמכר קנה — היינו במלוה שיש לו על אחרים, דאז באשה בענין זה מקודשת לכ"ע, אי לאו דאשה לא סמכא דעתה, וירלא שיחזור וימחול. אבל מלוה שאשה חייבת לו, אם מוחל לה ומקדשה בה — אינה מקודשת, דלא נתן לה כלום, דמקמי הכי היה ברשותה. וכן במכר לא קנה, אע"ג דכשמקדש בהנאת מחילה מלוה היא מקודשת, דלא גרע מאוררת לה זמנא, ואדבר עליך לשלטון דמקודשת, וכן במכר, אם מכר בהנאת מחילה — קונה, כמו בהחליף דמי שור בפרה. מ"מ, לא משמע ליה שהיה מקנה לו בהנאת מחילת מלוה, משום דמשמע מיד שלקחה הגזלן קנה לוקח ראשון.

בההיא הנאה דקא סמיך כו'. והויא כאילו א"ל שדה זו תהא קנויה לך לכשאקחנה.

מה שאירש מאבא מכור לך לא אמר כלום. וא"ת: לימא דרב דאמר כר"מ, וברייתא כרבנן! וי"ל: דלדידן קפריך, דאית לן כרב, כדאיתא פרק "איזהו נשך" (לקמן דף עג:), דמייתי גמרא מונמא דלא ליקרייה גזלנא, וניחא ליה דליקו בהימנותיה. וסבירא לן כרבנן דאין אדם מקנה דבר שלא בא לעולם, דשמואל פסיק כרבי יוחנן הסנדלר פרק "אע"פ" (כתובות דף נט.) ורב נחמן סבר בפירות דקל אף משבאו לעולם יכול לחזור בו. ורב האי פסק דאין הלכה כרב בהא, משום דס"ל דאין אדם מקנה דבר שלא בא לעולם וכו'. ולא נהירא, מכח ד"איזהו נשך" (לקמן דף עג:).

קנויה לך מעכשיו. תימה: מה צריך מעכשיו, כיון דאדם מקנה דבר שלא בא לעולם. דאי לעניין חזרה — הא כל זמן שלא בא לעולם יכול לחזור, אע"ג דאמר מעכשיו! וי"ל: דנ"מ אם נקרע השטר או שאבד קודם שלקחה זה, דקני כיון דאמר מעכשיו. שדה

(ב"ב נט:)

*) [וע"ע תוס' יבמות נג. ד"ה קנויה]

עין משפט נר מצוה

קלז א מיי' פ"ט מהל' גזילה הל' ט סמג עשין עג טוש"ע ח"מ סי' שעד סעי' א:

קלח ב ג מיי' שם הל' יא טוש"ע שם סעי' ב:

קלט ד מיי' שם הל' יב טוש"ע שם סעי' ג:

קמ ה מיי' שם הל' יג טוש"ע שם סעי' ד:

קמא ו מיי' שם הל' י טוש"ע שם סעי' א:

קמב ז מיי' פכ"ב מהל' מכירה הלכה ה סמג עשין פב טוש"ע ח"מ סי' ריא סעי' א:

רבינו חננאל

מיהו איצטריכינן לפרושה דחזינן מר זוטרא ורב אשי דאינון בתראי שקלו וטרו לפרושי טעמיה דרב הני מילי בעידנא דקנאה הגזלן מן הנגזל אבל אם נפלה לו לגזלן בירושה מן הניגזל לא אמרי' קנאה לוקח או מי שניתנה לו במתנה. וחזינן נמי בפרק איזהו נשך הלכה מלוה ישראל מעותיו של נכרי. תוב התם שקלי וטרו מרימר ורבינא בהא דאמר רבא התם ניתן ליכתב הכא לא ניתן ליכתב אלא הא דתניא לשבח קרקעות כיצד הרי שגזל [שדה] מחבירו ומכרה לאחר והשביחה והרי היא יוצאה מתחת ידו כשהוא גובה גובה את הקרן מנכסים משועבדים ושבח גובה מבני חורין ואמרינן אמאי נימא לא ניתן ליכתב. ופרקי' הכי השתא התם אי למאן דאמר ניחא ליה דלא ליקרי"ו גזלן אי למאן דאמר ניחא ליה דליקום בהימנותיה מפיים למריה ומוקים ליה לשטריה הכא אברוחי אברח ליה מוקים ליה לשטריה ש"מ דהלכתא כוותיה דרב בהאי וסוגיא דשמעתא כרב אשי דאמר ניחא ליה דליקום בהימנותיה. הלא תראה כדאתקיף ליה רמי בר חמא פריק ליה רבא תהא במאמינו פירוש בההוא הנאה דלא אמר ליה ולא מידי *) דסמיך ליה ואזיל ומפיים לנגזל וקני ליה מיניה גמר ומקנה ליה והוא דמחזיק בה. והא דאותיב רב ששת הכא הא דתני מה שאירש מאבא מכור לך מה שתעלה מצודתי מכור לך לא אמר כלום דקיימא לן אין אדם מקנה לחבירו דבר שלא בא לעולם. היא בתוספתא במסכת נדרים ומפורש בתלמוד ארץ ישראל בכתובות פרק אע"פ מה שאירש מאבא היום מכור לך בלוה לתכריכי אביו מפני שהיה גוסס וזה פי' משום כבוד אביו. מה שתעלה מצודתי היום מכור לך דבריו קיימים משום כדי חייו. קשיא ליה לרב דאמר מה מכר ראשון לשני כל זכות שתבוא לידו. ופרקי אביי ורבא הכי הא מתניתא דתנא [בתוספתא] בסוף מסכת נדרים ליכא למימר דסמכא דעתיה דהא כי הדר ביה לא מצי קרי ליה גזלנא לפיכך לא אמר כלום אבל הא דרב דאי לא טרח ומייתי ומוקים לה בידיה מצו קרו ליה גזלנא סמך דעתיה דאזיל וטרח ומוקים לה בידיה כי היכי דלא ליקרויה גזלנא. ואמרי' מה שנא רישא ומאי שנא סיפא אמר ר' יוחנן סיפא דקתני מה שאירש מאבא היום מכור לך דבריו קיימים משום כבוד אביו אמרו חכמים מכירותו קיימת. וכבר פירשנוהו בתלמוד ארץ ישראל בלוה בתכריכי אביו פי' כגון שהיה אביו גוסס ומוכר לעשות לו תכריכין וכן מי שאין לו [מה] יאכל משום כדי חייו אמרו חכמים אם אמר מה שתעלה מצודתי

*) נראה דצ"ל וסמיך עליה דאזיל ומפיים כו'.

הגהות הגר"א

[א] רש"י ד"ה זבנה אורתה אם קודם כו'. נ"ב ורמב"ם פי' אפילו אחר שלקחה (ועמ"ש רבינו בח"מ סי' קנ"ט ס"ק ג):

[דומה להכא פלוגי ג"כ ר' אחא ורבינא במגילה כו: וע"ש]

[תוספ' דנדרים ספ"ו ועי' תוס' כתובות נג: ד"ה זבנה]

[וע"ע תוס' ד"ה שום]

גליון הש"ס

גמ' לאוקמה קמי לוקח קבעי. עיין בר"ש פ"ו משנה ג דתרומות: **שם** מתנה כמכר. עיין מגילה כו: וברש"י רפ"ב דמעשרות:

עין משפט נר מצוה

[א] [מיי' פכ"ב מהל' מכירה הל' ה ש"ע ח"מ סי' רי"א סעי' א דלא כרב]:

קמג א מיי' פ"ז מהל' אישות הלכה יד סמג עשין מח טוש"ע אה"ע סי' מ סעי' ה:

קמד ב ג מיי' פכ"ב מהל' מלוה ולוה הלכה טז סמג עשין צד טוש"ע ח"מ סי' קג סעי' ט:

— מִשּׁוּם כְּדֵי חַיָּיו: *אָמַר רַב הוּנָא אָמַר רַב: [א] הָאוֹמֵר לַחֲבֵרוֹ שָׂדֶה שֶׁאֲנִי לוֹקֵחַ, לִכְשֶׁאֶקָּחֶנָּה קְנוּיָה לְךָ מֵעַכְשָׁיו — קָנָה. •אָמַר רָבָא: מִסְתַּבְּרָא מִלְּתָא דְּרַב בְּשָׂדֶה סְתָם, אֲבָל בְּשָׂדֶה זוֹ — לָא, מִי יֵימַר דְּמַזְבֵּין לָהּ נִיהֲלֵיהּ? וְהָאֱלֹהִים, אָמַר רַב אֲפִי' בְּשָׂדֶה זוֹ. מִכְּדִי, רַב כְּמַאן אֲמָרָהּ לִשְׁמַעְתֵּי' — כְּר"מ, דְּאָמַר: אָדָם מַקְנֶה דָּבָר שֶׁלֹּא בָּא לָעוֹלָם, דְּתַנְיָא: *אהָאוֹמֵר לְאִשָּׁה הִתְקַדְּשִׁי לִי לְאַחַר שֶׁאֶתְגַּיֵּיר לְאַחַר שֶׁתִּתְגַּיְּירִי לְאַחַר שֶׁאֶשְׁתַּחְרֵר לְאַחַר שֶׁתִּשְׁתַּחְרְרִי לְאַחַר שֶׁיָּמוּת בַּעֲלֵיךְ לְאַחַר שֶׁיַּחֲלוֹץ לָךְ יְבָמֵיךְ לְאַחַר שֶׁתָּמוּת אֲחוֹתֵיךְ — אֵינָהּ מְקוּדֶּשֶׁת, ר"מ אוֹמֵר: מְקוּדֶּשֶׁת. וְהָא אִשָּׁה כְּשָׂדֶה זוֹ דַּמְיָא, וְא"ר מֵאִיר מְקוּדֶּשֶׁת.§ אָמַר שְׁמוּאֵל: *הַמּוֹצֵא שְׁטַר הַקְנָאָה בַּשּׁוּק — יַחֲזִירוּ לַבְּעָלִים, דְּאִי מִשּׁוּם דִּכְתַב לִלְווֹת וְלֹא לָוָה — •הָא שַׁעְבֵּד נַפְשֵׁיהּ, וְאִי מִשּׁוּם פֵּרָעוֹן — *לָא חָיְישִׁינַן לְפֵרָעוֹן, דְּאִם אִיתָא דִּפְרָעֵיהּ — מִקְרַע הֲוָה קָרַע לֵיהּ. אָמַר רַב נַחְמָן: אַבָּא מִן סָפְרֵי דַּיָּינֵי דְּמָר שְׁמוּאֵל הֲוָה, וַהֲוֵינָא כְּבַר שִׁיתָּא כְּבַר שְׁבַע, וּדְכִרְנָא דַּהֲווּ מַכְרְזֵי וְאָמְרִי: הָנֵי שְׁטָרֵי אַקְנָיָיתָא דְּמִשְׁתַּכְּחִי בְּשׁוּקָא — נַהַדְרִינְהוּ לְמָרַיְיהוּ, אָמַר רַב עַמְרָם אַף אֲנַן (א) תָּנֵינָא: *כָּל מַעֲשֵׂה בֵּית דִּין — הֲרֵי זֶה יַחֲזִיר, אַלְמָא: לָא חָיְישִׁינַן לְפֵירָעוֹן. א"ל רַבִּי זֵירָא: מַתְנִיתִין בִּשְׁטָרֵי חַלְטָאתָא וְאַדְרַכְתָּא, דְּלָאו בְּנֵי פֵּרָעוֹן נִינְהוּ. אָמַר רָבָא: וְהָנֵי לָאו בְּנֵי פֵּרָעוֹן נִינְהוּ? וְהָא *אָמְרִי נְהַרְדְּעֵי שׁוּמָא הָדַר עַד תְּרֵיסַר יַרְחֵי שַׁתָּא. וַאֲמַר אַמֵימָר: אֲנָא מִנְּהַרְדְּעָא אֲנָא, וּסְבִירָא לִי בדְּשׁוּמָא הָדַר לְעוֹלָם. אֶלָּא אֲמַר רָבָא: הָתָם הַיְינוּ טַעְמָא, דְּאָמְרִי: אִיהוּ הוּא דְּאַפְסֵיד אַנַּפְשֵׁיהּ, דִּבְעִידָּנָא דִּפְרָעֵיהּ אִבָּעֵי לֵיהּ לְמִקְרְעֵיהּ לִשְׁטָרֵיהּ, א"נ — לְמִכְתַּב שְׁטָרָא אַחֲרִינָא עִילָּוֵיהּ. דְּמֵדִינָא אַרְעָא לָא בָּעֲיָא לְמֵיהֲדַר, גוּמִשּׁוּם °"וְעָשִׂיתָ הַיָּשָׁר וְהַטּוֹב בְּעֵינֵי ה'" הוּא דְּאָמוּר רַבָּנַן תֶּהְדַּר, הִלְכָּךְ מֵרֵישָׁא הוּא דְּקָא זָבֵין, אִיבָּעֵי לֵיהּ לְמִכְתַּב שְׁטַר זְבִינֵי. גַּבֵּי שְׁטַר חוֹב מַאי אִיכָּא לְמֵימַר? אִם אִיתָא דִּפְרָעֵיהּ אִיבָּעֵי לֵיהּ לְמִיקְרְעֵיהּ לִשְׁטָרֵיהּ. אֵימוּר, אִשְׁתַּמּוֹטֵי קָא מִשְׁתַּמֵּיט לֵיהּ, דְּא"ל: לְמָחָר יָהֲבְנָא לָךְ, דְּהַשְׁתָּא לֵיתֵיהּ גַּבַּאי. אִי נַמִי — אַפְּשִׁיטֵי דְסָפְרָא זָיֵיר לֵיהּ.§ א"ר אַבָּהוּ א"ר יוֹחָנָן: הַמּוֹצֵא שְׁטַר חוֹב בַּשּׁוּק, אע"פ שֶׁכָּתוּב בּוֹ הֶנְפֵּק — לֹא יַחֲזִירוֹ לַבְּעָלִים. לָא מִיבַּעְיָא הֵיכָא דְּלָא כָּתוּב בּוֹ הֶנְפֵּק — דְּאִיכָּא לְמֵימַר כָּתַב לִלְווֹת וְלֹא לָוָה, אֶלָּא אֲפִי' כָּתוּב בּוֹ הֶנְפֵּק, וּמַאי נִיהוּ — דִּמְקוּיָּים, לָא יַחֲזִיר, דְּחָיְישִׁינַן לְפֵרָעוֹן. אֵיתִיבֵיהּ רַבִּי יִרְמְיָה לְר' אַבָּהוּ: כָּל מַעֲשֵׂה ב"ד הֲרֵי זֶה יַחֲזִיר! א"ל: יִרְמְיָה בְּרִי, לֹא כָּל מַעֲשֵׂה ב"ד שָׁוִים, אֶלָּא כְּגוֹן שֶׁהוּחְזַק כַּפְרָן. אָמַר רָבָא: וּמִשּׁוּם דְּהוּחְזַק כַּפְרָן חֲדָא זִמְנָא, תּוּ לָא פָּרַע כְּלָל? אֶלָּא אָמַר רָבָא: מַתְנִיתִין בִּשְׁטַר חַלְטָאתָא וְאַדְרַכְתָּא, וְכִדְרַבִּי זֵירָא. וְכַפְרָן, הוֹאִיל וַאֲתָא לִידָן נֵימָא בֵּיהּ מִלְּתָא. דְּאָמַר רַב יוֹסֵף בַּר מִנְיוֹמִי אָמַר רַב נַחְמָן: אָמְרוּ לוֹ *צֵא תֵּן לוֹ וְאָמַר

תורה אור: דברים ו

רש"י

מִשּׁוּם כְּדֵי חַיָּיו. מַה שֶּׁתַּעֲלֶה מְצוּדָתִי הַיּוֹם תִּקְּנוּ חֲכָמִים שֶׁיִּהְיוּ דְּבָרָיו קַיָּימִין, שֶׁמָּא צָרִיךְ הוּא לִמְזוֹנוֹת דָּבָר מוּעָט. אֲבָל מַה שֶּׁתַּעֲלֶה מְצוּדָתִי כָּל חֹדֶשׁ אוֹ כָּל שָׁנָה — אֵין שָׁם מִשּׁוּם כְּדֵי חַיָּיו. קְנוּיָה לְךָ מֵעַכְשָׁיו. שֶׁכְּשֶׁאֶקָּחֶנָּה לֹא אוּכַל לַחֲזוֹר בּוֹ. קָנָה. אִם יִקָּחֶנָּה, וְאֵין יָכוֹל לַחֲזוֹר כְּשֶׁלְּקָחָהּ. בְּשָׂדֶה סְתָם. שָׂדֶה שֶׁאֲנִי לוֹקֵחַ, וְלֹא אָמַר זוֹ. דְּסָמְכָא דַּעְתֵּיהּ דִּמְקַבֵּל מַתָּנָה לִסְמוֹךְ עָלָיו שֶׁיִּקַּח שָׂדֶה וְיִתְּנֶנָּה לוֹ. שֶׁהַרְבֵּה שָׂדוֹת מְצוּיוֹת לִיקַּח. אֲבָל אָמַר לוֹ שָׂדֶה זוֹ — לָא סָמְכָא דַּעְתֵּיהּ דִּמְקַבֵּל מַתָּנָה, וְלֹא הֶאֱמִינוֹ. דְּנֵימָא נִיחָא לֵיהּ דְּלֵיקוּ בְּהֵימָנוּתֵיהּ. וְלֹא מִסְתַּבַּר כְּוָותֵיהּ דְּרַב בְּהָא. וְהָאֱלֹהִים. בִּשְׁבוּעָה. רַב אֲמָרָהּ אֲפִי' בְּשָׂדֶה זוֹ. דְּמִכְּדִי רַב כְּמַאן אֲמַר לִשְׁמַעְתֵּיהּ — כְּר"מ כו'. וְהָא אִשָּׁה כְּשָׂדֶה זוֹ דַּמְיָא. דְּיֵשׁ בָּאֵלּוּ שֶׁאֵין בְּיָדוֹ לְהָבִיא עַצְמוֹ לִכְלַל קִדּוּשִׁין כַּאֲשֶׁר אֵין בְּיַד זֶה לָכוֹף אֶת בַּעַל הַשָּׂדֶה לְמוֹכְרָהּ לוֹ, דְּעֶבֶד וְשִׁפְחָה אֵין בְּיָדָם לְשַׁחְרֵר עַצְמָם, וְאֵין בְּיַד אִשָּׁה לְהָמִית אֶת בַּעְלָהּ אוֹ אֲחוֹתָהּ. וְאָמַר רַבִּי מֵאִיר: דְּלִכְשֶׁיָּבֹאוּ לִכְלַל קִדּוּשִׁין — מְקוּדֶּשֶׁת הִיא לְמַפְרֵעַ. שְׁטַר הַקְנָאָה. שֶׁקָּנוּ מִמֶּנּוּ. שֶׁאֲפִי' לֹא יִלְוֶה הַמָּעוֹת — שִׁיעְבֵּד עַצְמוֹ לְשַׁלְּמָם. כָּל מַעֲשֵׂה ב"ד. קס"ד שְׁטָר שֶׁכָּתַב בּוֹ הֶנְפֵּק, שֶׁנִּתְקַיֵּים בְּב"ד. אַלְמָא: כֵּיוָן דְּלֵיכָּא לְמֵיחַשׁ לְשֶׁמָּא לֹא לָוָה שֶׁהֲרֵי אֵין מְקַיְּימִין אֶת הַשְּׁטָר אֶלָּא בִּפְנֵי בַּעַל דִּין, כִּדְאָמְרִי' בְּ"הַגּוֹזֵל" (ב"ק דף קיב:) לְפֵרָעוֹן לָא חָיְישִׁינַן. בִּשְׁטָרֵי חַלְטָאתָא. שְׁטָר שֶׁכָּתְבוּ ב"ד לְמוֹצִיא שְׁטָר עַל חֲבֵירוֹ וְחִיְּיבוּהוּ לְשַׁלֵּם וְלֹא שִׁילֵּם, וְיָרְדוּ לִנְכָסָיו וְשָׁמוּ לְבַעַל חוֹב אֶחָד מֵהֶם, וְנָתְנוּ לוֹ שְׁטָר שֶׁעַל פִּי ב"ד בָּאָה לוֹ. אַדְרַכְתָּא. שֶׁלֹּא מָצְאוּ לוֹ עַכְשָׁיו נְכָסִים, וְכָתְבוּ לוֹ שֶׁיִּרְדּוֹף לַחֲזוֹר עַל נְכָסָיו. וְאִם יִמְצָא — יִגְבֶּה. אַדְרַכְתָּא לְשׁוֹן רוֹדֵף וּמַשִּׂיג. כְּמוֹ: פַּרְסָה בְּחַלָּא וְלָא אַדְרְכֵיהּ (כתובות דף ס:) וּלְשׁוֹן הַמִּקְרָא: "כִּתְּרוּ אֶת בִּנְיָמִין הִרְדִּיפֻהוּ מְנוּחָה הִדְרִיכֻהוּ" (שופטים כ). שׁוּמָא. שֶׁשָּׁמוּ ב"ד לְבַעַל חוֹב קַרְקַע הַלֹּוֶה. הָדַר. אִם יִפְרַע לוֹ מָעוֹת, עַד שָׁנָה. אַפְסֵיד אַנַּפְשֵׁיהּ. אִם פָּרַע וְלֹא קָרַע הַשְּׁטָר. וְאִם דְּחָהוּ לוֹמַר אָבַד — הָיָה לוֹ לוֹמַר כְּתוֹב לִי שְׁטָר מִיָּד שֶׁאַתָּה חוֹזֵר וּמוֹכְרָהּ לִי. דְּמִדִּינָא אַרְעָא לָא בָּעֵי לְמֵיהֲדַר. טַעַם נוֹתֵן לִדְבָרָיו שֶׁרָאוּי לִכְתּוֹב שְׁטַר מְכִירָה עָלֶיהָ שֶׁקְּנוּיָה לוֹ לַחֲלוּטִין, וּמִדִּינָא לָא בָּעֵי לְמֵיהֲדַר בְּפִדְיוֹן, אִם לֹא מִדַּעְתּוֹ. מֵרֵישָׁא דְּקָא זָבֵין. כְּלוֹמַר: אֵין זֶה פִּדְיוֹן אֶלָּא תְּחִילַּת קִנְיָין כְּאִילּוּ שֶׁלּוֹ הָיְתָה. לְפִיכָךְ, הַכּוֹתֵב שְׁטַר מְכִירָה עָלֶיהָ — אֵינוֹ טוֹעֶה, וְהָיָה לוֹ לָזֶה לִתְבּוֹעַ שְׁטַר מְכִירָה, הוֹאִיל וְדָחָהוּ מִלְּהַחֲזִיר לוֹ שְׁטָר שֶׁל ב"ד. אִי נַמִי אַפְּשִׁיטֵי דְּסָפְרָא זָיֵיר לֵיהּ. שֶׁעַל הַלֹּוֶה לִיתֵּן שְׂכַר הַסּוֹפֵר, וּפְעָמִים שֶׁאֵין לוֹ מָעוֹת לַלֹּוֶה בִּשְׁעַת הַלְוָאָה, וְהַמַּלְוֶה נוֹתֵן שָׂכָר לִכְתִיבַת הַשְּׁטָר. וּכְשֶׁפְּרָעוֹ — מְעַכֵּב הַשְּׁטָר בְּיָדוֹ עַד שֶׁיִּפְרַע הַשָּׂכָר. זָיֵיר. לְשׁוֹן עוֹצֵר, כְּמוֹ מַעֲצַרְתָּ' זַיְירָא (ע"ז דף ס.). וּבִלְשׁוֹן הַמִּקְרָא: "וַיָּזַר אֶת הַגִּזָּה" (שופטים ו). כָּל מַעֲשֵׂה ב"ד. וְהַאי נַמִי מַעֲשֵׂה ב"ד הוּא. יִרְמְיָה בְּרִי גְּרַסִינַן. שֶׁהוּחְזַק. לֹוֶה זֶה כַּפְרָן פַּעַם אַחֶרֶת, לְפִיכָךְ אֵין נֶאֱמָן לוֹמַר "פָּרַעְתִּי", וּבְהַהִיא תְּנַן יַחֲזִיר. וְתוּ לָא פָּרַע כְּלָל. בִּתְמִיָּה, וְאִי חָיְישִׁינַן לְפֵרָעוֹן — זֶה שֶׁלֹּא נִזְהַר לִשְׁמוֹר שְׁטָרוֹ יַפְסִיד. צֵא תֵּן לוֹ. שֶׁפָּסְקוּ לוֹ דִּינוֹ בְּב"ד, שֶׁצִּוּוּ עָלָיו לָתֵת לוֹ. וְאָמַר

תוספות

שדה שאני לוקח. ל"ג זו מ,דקאמר והאלהים אפילו בשדה זו, הלא בפירוש אמר זו.

בשטרי חלטאתא ואדרכתא דלאו בני פרעון נינהו. תימה: שטרי אדרכתא אמאי לאו בני פרעון נינהו? כיון דעדיין לא זכה בקרקע עד שכתבו לו שטרי חלטאתא! וכן בסמוך, דקאמר: איהו דאפסיד אנפשיה דבעי ליה למקרעיה, או אבעי ליה למכתב שטר מכירה בשטרי אדרכתא, שעדיין הקרקע היא בידו — במה אפסיד אנפשיה? והלא יכול לטעון פרעתי! וי"ל: דשטרי אדרכתא נקט אליבא דרבה, דאית ליה בפרק "המפקיד" (לקמן דף לה: ושם) דאכיל פירי מכי מטא אדרכתא לידיה, א"כ לא יוכל לומר עוד פרעתי, כיון שכבר זכה בקרקע. ולרבא, דאית ליה מכי שלמו יומי דאכרזתא — לדבריו יעמיד מתני' בחלטאתא גרידא. ויש ספרים דל"ג אדרכתא.

אע"פ שכתוב בו הנפק לא יחזיר. תימה: דמשמע דאיירי באין חייב מודה, כדאמר שמא כתב ללות ולא לוה, לכך לא יחזיר דחיישינן לפרעון. אבל אם לוה מודה — יחזיר, דלא חיישינן לקוניא, ולא לשמא פרעו ורוצה לחזור וללות בו כדי להרויח פשיטי דספרא. וקשה: דלקמן (דף יז.) א"ר יוחנן שטר שכתוב זמנו בו ביום וכתוב בו הנפק — יחזיר, ומוקי לה רב כהנא כשחייב מודה. ודוקא שכתוב בו ביום, אבל אין כתוב בו ביום — לא יחזיר, או משום פשיטי דספרא או משום קוניא. וכן לעיל (דף יג:), אוקי ר"י מתני' דמלא שטרי חוב לא יחזיר בחייב מודה, ומשום קוניא, דסברי רבנן דאין בו אחריות גבי (לוה) נמי ממשעבדי. (*ותניא כוותיה דרבי יוחנן)! וי"ל: דאמוראי נינהו, ואליבא דרבי יוחנן. דרב כהנא יעמיד הכא מלתא דרבי יוחנן אף כשחייב מודה, ומשום קוניא. ורבי אבהו דמפרש דוקא כשאין חייב מודה, אבל כשחייב מודה יחזיר דלא חייש לקוניא, יעמיד נמי מתני' דלעיל כשחייב מודה, ומשום שמא כתב ללות ולא לוה, כרב אסי. אבל היכא דליכא למיחש לכתב ללות ולא לוה, כמו בשטרי הקנאה, או כתוב בו הנפק כי הכא — יחזיר, דלא חיישינן לקוניא. וגמרא דנקט לעיל טעמא דקוניא — סבר כאביי, דאמר עדיו בחתומיו זכין לו, או אקרי וכתיב לא אמרינן.

ומשום דהוחזק כפרן תו לא פרע כלל. ואף על גב דאמרינן לקמן (דף יז.) הוחזק כפרן לאותו ממון, הכא דנפל שאני דמוכחא מלתא, דמשום הכא לא היה נזהר לשומרו לפי שפרעו הלוה.

חייב

ק"א ל"ג

רבינו חננאל

מצודתי היום מכור לך דבריו קיימים. אבל הא דאמר רב האומר לחבירו שדה זו שאני לוקח לכשאקחנה קנויה לך מעכשיו קני לית הלכתא כרב דאשכחן ביבמות פ' האשה רבה הלכתא האשה שהלך בעלה ובנה למדינת הים וכו'. אמר רב נחמן בר יצחק רב הונא כרב ורב כר' ינאי ור' ינאי כר' חייא ור' חייא כר' ור' כר' מאיר ור' מאיר כר' אליעזר בן יעקב ורבי אליעזר בן יעקב כר' עקיבא כולהו סבירא להו אדם מקנה לחבירו דבר שלא בא לעולם. וקיימא לן דהני כולהו שיטה אינון ולית הלכתא אפילו כחד מינייהו. אמר שמואל המוצא שטר הקנאה בשוק יחזיר לבעלים ולית הילכתא כוותיה דהא איתותב וקיימא לן חוששין לפרעון. והא דאמר רב נחמן דכירנא דהוו מכריזי הני שטרי אקנייתא דמשתכחי בשוקא ניהדרינהו למרייהו לטעמיה דשמואל היא ולית הלכתא כוותיה. אמר ר' יוחנן המוצא שטר חוב בשוק אע"ג דכתיב ביה הנפק. פי' הנפק אשרתא דדייני לא יחזיר מאי טעמא חיישינן לפרעון. איני והתנן כל מעשה ב"ד הרי זה יחזיר. ופרקי' מתני' בשטרי חלטאתא ואדרכתא דלאו בני פרעון נינהו. ר' אבהו אמר בשהוחזק הלוה כפרן. אמר רבא ומשום דהוחזק כפרן תוב לא פרע ודילמא הדר פרע וכו'. כפרן הואיל ואתא לידן נימא בה מילתא.

מסורת הש"ס

יבמות לג.

שם לג: קדושין סג. כתובות נח:

[לעיל יד.]

[לעיל יג. יז.]

[לקמן יח: כ.]

לקמן לה.

[דומה לזה ב"ק סח: קטו.]

הגהות הב"ח

(א) גמ' אף אנן נמי תנינא:

גליון הש"ס

גמ' אמר רבא מסתברא. כעין זה גיטין יג ע"ב וש"נ: **שם** הא שעבד נפשיה. עיין בר"ן פ"ק דקדושין דף ריד ע"ב:

וְאָמַר: פָּרַעְתִּי — נֶאֱמָן. בָּא מַלְוֶה לִכְתּוֹב — אֵין כּוֹתְבִין וְנוֹתְנִין לוֹ. "חַיָּיב אַתָּה לִיתֵּן לוֹ", וְאָמַר: פָּרַעְתִּי — אֵינוֹ נֶאֱמָן. בָּא מַלְוֶה לִכְתּוֹב — כּוֹתְבִין וְנוֹתְנִין לוֹ. רַב זְבִיד מִשְּׁמֵיהּ דְּר"נ אָמַר: [א]בֵּין "צֵא תֵּן לוֹ" בֵּין "חַיָּיב אַתָּה לִיתֵּן לוֹ" וְאָמַר פָּרַעְתִּי — נֶאֱמָן. [ב]בָּא מַלְוֶה לִכְתּוֹב — אֵין כּוֹתְבִין וְנוֹתְנִין לוֹ. אֶלָּא, אִי אִיכָּא לְפְלוּגֵי — הָכִי הוּא דְּאִיכָּא לְפְלוּגֵי: [ג]אָמְרוּ לוֹ צֵא תֵּן לוֹ וְאָמַר פָּרַעְתִּי, וְהָעֵדִים מְעִידִין אוֹתוֹ שֶׁלֹּא פְּרָעוֹ, (וְחָזַר וְאָמַר פָּרַעְתִּי) — הוּחְזַק כַּפְרָן לְאוֹתוֹ מָמוֹן. [ד]"חַיָּיב אַתָּה לִיתֵּן לוֹ" וְאָמַר פָּרַעְתִּי, וְהָעֵדִים מְעִידִין אוֹתוֹ שֶׁלֹּא פָּרַע, וְחָזַר וְאָמַר פָּרַעְתִּי — לֹא הוּחְזַק כַּפְרָן לְאוֹתוֹ מָמוֹן. מ"ט — אִשְׁתַּמּוּטֵי הוּא קָא מִשְׁתַּמֵּיט מִינֵּיהּ, סָבַר: עַד דְּמְעַיְּינוּ בֵּי רַבָּנַן בְּדִינִי. אָמַר רַבָּה בַּר בַּר חָנָה א"ר יוֹחָנָן: [ה]"מָנֶה לִי בְּיָדְךָ", וְהַלָּה אוֹמֵר: אֵין לְךָ בְּיָדִי כְּלוּם, וְהָעֵדִים מְעִידִים אוֹתוֹ שֶׁיֵּשׁ לוֹ, וְחָזַר וְאָמַר: פָּרַעְתִּי — הוּחְזַק כַּפְרָן לְאוֹתוֹ מָמוֹן. כִּי הָא דְּשַׁבְּתַאי בְּרֵיהּ דְּרַבִּי מָרִינוּס כָּתַב לָהּ לְכַלָּתֵיהּ אִיצְטְלָא דְּמִילְתָא בִּכְתוּבָּתָהּ, וְקִבְּלָהּ עֲלֵיהּ. אִירַכַּס כְּתוּבָּתָהּ. אָמַר (*לְהוּ) לֹא הָיוּ דְּבָרִים מֵעוֹלָם. *אֲתוּ סָהֲדֵי וְאָמְרִי: אִין, כְּתַב לָהּ. לְסוֹף אָמַר לְהוּ: פְּרַעְתִּיהָ. אֲתָא לְקַמֵּיהּ דְּרַבִּי חִיָּיא, א"ל: הוּחְזַקְתָּ כַּפְרָן לְאוֹתָהּ אִיצְטְלָא.§ א"ר אָבִין א"ר אִלְעָא א"ר יוֹחָנָן: [ו]הָיָה חַיָּיב לַחֲבֵירוֹ שְׁבוּעָה, וְאָמַר נִשְׁבַּעְתִּי וְהָעֵדִים מְעִידִין אוֹתוֹ שֶׁלֹּא נִשְׁבַּע, *(וְחָזַר וְאָמַר נִשְׁבַּעְתִּי) — הוּחְזַק כַּפְרָן לְאוֹתָהּ שְׁבוּעָה. אָמְרוּהָ קַמֵּיהּ דְּר' אַבָּהוּ. אֲמַר לְהוּ: מִסְתַּבְּרָא מִלְּתָא דְּרַבִּי אָבִין — [ז]שֶׁנִּתְחַיֵּיב שְׁבוּעָה בְּב"ד, אֲבָל חִיֵּיב עַצְמוֹ שְׁבוּעָה — *[נֶאֱמָן], עָבֵיד אִינִישׁ דְּמִקְרִי וְאָמַר. אַהַדְרוּהָ קַמֵּיהּ דְּר' אָבִין, אֲמַר לְהוּ: אֲנָא נַמִי בְּב"ד אֲמָרִי. אִיתְּמַר נַמִי, א"ר אָבִין א"ר אִלְעָא א"ר יוֹחָנָן: הָיָה חַיָּיב לַחֲבֵירוֹ שְׁבוּעָה בְּב"ד, וְאָמַר נִשְׁבַּעְתִּי, וְהָעֵדִים מְעִידִין אוֹתוֹ שֶׁלֹּא נִשְׁבַּע, *(וְחָזַר וְאָמַר נִשְׁבַּעְתִּי) — הוּחְזַק כַּפְרָן לְאוֹתָהּ שְׁבוּעָה: א"ר אַסִּי א"ר יוֹחָנָן: [ח]הַמּוֹצֵא שְׁטַר חוֹב בַּשּׁוּק וְכָתוּב בּוֹ הֶנְפֵּק, וְכָתוּב בּוֹ זְמַנּוֹ, בּוֹ בַּיּוֹם — יַחֲזִירוּ לַבְּעָלִים. אִי מִשּׁוּם כָּתַב לִלְוֹת וְלֹא לָוָה — הָא כָּתוּב בּוֹ הֶנְפֵּק, אִי מִשּׁוּם פֵּרָעוֹן — לִפְרִיעָה בַּת יוֹמָא לָא חָיְישִׁינַן. א"ל ר' זֵירָא לְר' אַסִּי: מִי א"ר יוֹחָנָן הָכִי? הָא אַתְּ הוּא דְּאָמְרַתְּ מִשְּׁמֵיהּ דְּר' יוֹחָנָן: [ט]*שְׁטָר שֶׁלָּוָה בּוֹ וּפְרָעוֹ — אֵינוֹ חוֹזֵר וְלֹוֶה בּוֹ, שֶׁכְּבָר נִמְחַל שִׁיעְבּוּדוֹ. אֵימַת? אִילֵּימָא לְמָחָר וּלְיוֹמָא חֲרָא — מַאי אִרְיָא שֶׁכְּבָר נִמְחַל שִׁיעְבּוּדוֹ? תֵּיפּוֹק לֵיהּ דַּהֲוָה לֵיהּ מוּקְדָּם, וּתְנַן: *[י]שְׁטָרֵי חוֹב הַמּוּקְדָּמִין — פְּסוּלִין. אֶלָּא לָאו — בְּיוֹמֵיהּ, אַלְמָא: פָּרְעִי אֱינָשֵׁי בְּיוֹמֵיהּ! א"ל: מִי קָא אָמִינָא דְּלָא פָּרְעִי כְּלָל? דְּלָא שְׁכִיחִי אֱינָשֵׁי דְּפָרְעִי בְּיוֹמֵיהּ קָא אָמִינָא. רַב כָּהֲנָא אָמַר: [כ]כְּשֶׁחַיָּיב מוֹדֶה. אִי הָכִי מַאי לְמֵימְרָא? מַהוּ דְּתֵימָא: הַאי מִפְרַע פְּרָעֵיהּ, וְהַאי דְּקָא אָמַר לָא פְּרַעְתִּיהָ — מִשּׁוּם דְּקָבָעֵי מֶהְדַּר לְמִיזְפָּא בֵּיהּ זִמְנָא אַחֲרִיתִי, וּלְפְשִׁיטֵי דְּסָפְרָא חָיֵישׁ, קמ"ל דְּאִם כֵּן מַלְוֶה גּוּפֵיהּ לָא שָׁבַק, סָבַר: שָׁמְעִי בֵּי רַבָּנַן וּמַפְסְדִי לִי. מַאי שְׁנָא מֵהָא, דִּתְנַן: *מָצָא שִׁטְרֵי חוֹב, אִם יֵשׁ בָּהֶן אַחֲרָיוּת נְכָסִים — לֹא יַחֲזִיר, וְאוֹקִימְנָא כְּשֶׁחַיָּיב מוֹדֶה, וּמִשּׁוּם שֶׁמָּא כָּתַב לִלְוֹת בְּנִיסָן וְלֹא לָוָה עַד תִּשְׁרֵי, וְאָתֵי לְמִטְרַף לָקוֹחוֹת מִנִּיסָן וְעַד תִּשְׁרֵי שֶׁלֹּא כְּדִין. וְלָא אָמְרִינַן דְּא"כ מַלְוֶה גּוּפֵיהּ לָא שָׁבֵיק, דְּא"ל: כְּתוֹב שְׁטָרָא אַחֲרִינָא בְּתִשְׁרֵי דְּדִלְמָא שָׁמְעִי רַבָּנַן וּמַפְסְדִי לִי. אָמְרִי: הָתָם מִשּׁוּם דְּאִית לֵיהּ רַוְוחָא, דְּקָא טָרֵיף לָקוֹחוֹת מִנִּיסָן וְעַד תִּשְׁרֵי — מֵינָח נִיחָא לֵיהּ, וְלָא אָמַר וְלָא מִידֵי. הָכָא, כֵּיוָן דְּלֵית לֵיהּ רַוְוחָא, דְּסוֹף סוֹף שְׁטָרָא הָאִידָּנָא כְּתִיב, (א) מַאי אִיכָּא דְּקָטָרֵיף לָקוֹחוֹת — בִּשְׁטָר שֶׁנִּמְחַל שִׁיעְבּוּדוֹ לָא שָׁבֵיק.§ אָמַר רַבִּי חִיָּיא בַּר אַבָּא א"ר יוֹחָנָן: הַטּוֹעֵן אַחַר מַעֲשֵׂה ב"ד לֹא

רש"י

וְאָמַר. לְאַחַר זְמַן. פָּרַעְתִּי. ע"פ ב"ד. נֶאֱמָן. וּבִשְׁבוּעַת הֶיסֵּת. בָּא מַלְוֶה. לְפָנֵינוּ, לִכְתּוֹב לוֹ אַדְרַכְתָּא עָלָיו – אֵין כּוֹתְבִין וְנוֹתְנִין לוֹ. אֵינוֹ נֶאֱמָן. לִישָּׁבַע, אֶלָּא שֶׁכְּנֶגְדּוֹ נִשְׁבָּע וְנוֹטֵל. דְּכֵיוָן דִּתְחִילָּתוֹ הוּלְרַךְ לְתוֹבְעוֹ לְדִין – אֵין דַּרְכּוֹ לְמַהֵר לִפְרוֹעַ עַד שֶׁיִּפְסְקוּ דִּינוֹ פְּסַק גָּמוּר. וְאָמַר פָּרַעְתִּי. לְאַחַר זְמַן ע"פ ב"ד. וְהָעֵדִים מְעִידִים אוֹתוֹ שֶׁלֹּא פָּרַע. בְּפָנֵינוּ תְּבָעוֹ לִפְרוֹעַ לוֹ ע"פ ב"ד וְלֹא פְּרָעוֹ. הוֹאִיל וּבִפְנֵיהֶם הֵעִיז לַעֲבוֹר ע"פ ב"ד – אֵינוֹ נֶאֱמָן שׁוּב לוֹמַר "פְּרַעְתִּיו שֶׁלֹּא בְּעֵדִים". הוּחְזַק כַּפְרָן לְאוֹתוֹ מָמוֹן. שֶׁאֵין נֶאֱמָן עוֹד עָלָיו לוֹמַר "הֶחֱזַרְתִּי וּפָרַעְתִּי", עַד שֶׁיִּפְרַע בְּעֵדִים. לֹא הוּחְזַק כַּפְרָן. וְנִשְׁבַּע שֶׁפְּרָעוֹ. וְאע"פ שֶׁלֹּא פְּרָעוֹ מִיַּד כְּשֶׁתְּבָעוֹ בִּפְנֵי עֵדִים. וְאֵין זֶה מֵעִיז בְּב"ד, דְּכֵיוָן דְּלֹא פָּסְקוּ לוֹ פְּסַק גָּמוּר – נִשְׁמָט מִמֶּנּוּ, סָבַר כו'. אִצְטְלָא. לְבוּשׁ. הוּחְזַק כַּפְרָן לְאוֹתָהּ אִצְטְלָא. עַד שֶׁיִּפְרַע. הוּחְזַק כַּפְרָן לְאוֹתָהּ שְׁבוּעָה. לוֹמַר נִשְׁבַּעְתִּי, עַד שֶׁיִּשָּׁבַע בְּפָנֵינוּ. כְּשֶׁנִּתְחַיֵּיב שְׁבוּעָה בְּב"ד. דְּכֵיוָן דִּתְבָעוֹ בְּעֵדִים לְקַיֵּים דִּבְרֵי ב"ד, וְלֹא אָבָה – אֵינוֹ נֶאֱמָן לוֹמַר עוֹד קִיַּימְתִּי אַחֲרֵי כֵן. אֲבָל חִיֵּיב עַצְמוֹ שְׁבוּעָה. שֶׁאָמַר לוֹ אֶשָּׁבַע לְךָ, וּתְבָעוֹ בְּעֵדִים וְלֹא אָבָה, וְאַחַר כָּךְ אָמַר נִשְׁבַּעְתִּי – נֶאֱמָן. וְאע"ג דְּקַמֵּי עֵדִים דַּחְיֵיהּ. עָבֵיד אִינִישׁ דְּמִקְרִי וְאָמַר. לֹא אֶעֱשֶׂה מַה שֶּׁלֹּא חִיְּיבוּנִי ב"ד, אֶלָּא אֲנִי בְּעַצְמִי. וְאֵין זוֹ סַרְבָנוּת וַחֲרָטָה, אֶלָּא דְּחִיָּיה בְּעָלְמָא. וְכָתוּב בּוֹ זְמַנּוֹ בּוֹ בַּיּוֹם. שֶׁבַּיּוֹם שֶׁנִּמְצָא נִכְתַּב. שֶׁכְּבָר נִמְחַל שִׁעְבּוּדוֹ. מִשֶּׁפָּרַע מִלְוָה רִאשׁוֹנָה, וְעַל הָאַחֲרוֹנָה לֹא נִכְתַּב. וְהָוְיָא לָהּ מִלְוָה עַל פֶּה, וְטוֹרֵף לָקוֹחוֹת שֶׁלֹּא כַּדִּין, דְּאֵין מִלְוָה עַל פֶּה גּוֹבָה מִן הַלָּקוֹחוֹת. אֵימַת. דִּפְרָעֵיהּ אֵימָתַי, וְחָזַר וְלָוָה אֵימָתַי? אִי נֵימָא לְמָחָר. וְלֹא בַּיּוֹם שֶׁנִּכְתַּב. וּלְיוֹמָא חֲרָא. שְׁתֵּי תֵּיבוֹת הֵן: וּלְיוֹם אַחֲרָיו. וְקִיצּוּר סוֹפְרִים הוּא. תֵּיפּוֹק לֵיהּ. דַּאֲפִילּוּ נִכְתַּב עַל מִלְוָה זוֹ אַחֲרוֹנָה, וְכָתוּב בּוֹ יוֹם מוּקְדָּם כָּזֶה – הֲוָה לֵיהּ הַשְּׁטָר מוּקְדָּם. דְּלָא שְׁכִיחִי [אֱינָשֵׁי] דְּפָרְעִי [בְּיוֹמֵיהּ] קָאָמִינָא. הִלְכָּךְ לָא חָיְישִׁינַן לְמִידֵי דְּלָא שְׁכִיחַ, וְאִי אִתְרְמִי – הוּצְרְכוּ לוֹמַר דְּאֵין חוֹזֵר וְלֹוֶה בּוֹ. רַב כָּהֲנָא אָמַר. הָא דְּא"ר יוֹחָנָן יַחֲזִיר לַבְּעָלִים. כְּשֶׁחַיָּיב מוֹדֶה. שֶׁלֹּא פָּרַע. שָׁמְעִי בֵּי רַבָּנַן. שֶׁנִּמְחַל שִׁעְבּוּדוֹ. וּמַפְסְדִי לִי. לְמִטְרַף לָקוֹחוֹת, מִשּׁוּם דִּשְׁטָרֵי חוֹב הַמּוּקְדָּמִין פְּסוּלִין. דְּכֵיוָן דְּהַאי דְּאוּקְמָא הָכִי לֵית לֵיהּ עֵדָיו בַּחֲתוּמָיו זָכִין לוֹ – אַף זֶה מִן הַמּוּקְדָּמִין. מֵינָח נִיחָא לֵיהּ. בְּרַמָּאוּת, וְתָלֵי נַפְשֵׁיהּ בִּסְפֵיקָא. וְאָמַר: דִּלְמָא לָא שָׁמְעִי וְאִיכָּא רַוְוחָא. מַאי אִיכָּא דְּטָרֵיף לָקוֹחוֹת. מַה טָּרְפָּא יֵשׁ בָּזֶה שֶׁלֹּא יְהֵא בַּשְּׁטָר שֶׁיַּחֲזוֹר וְיִכְתּוֹב לוֹ? וַהֲלֹא שְׁנֵיהֶם בְּיוֹם אֶחָד! הִלְכָּךְ, בִּשְׁטָר שֶׁנִּמְחַל שִׁעְבּוּדוֹ לָא שָׁבֵיק. הַטּוֹעֵן אַחַר מַעֲשֵׂה ב"ד. דָּבָר שֶׁהוּא תְּנָאֵי ב"ד, כְּגוֹן כְּתוּבָּה וּמְזוֹן הָאִשָּׁה וְהַבָּנוֹת, הַטּוֹעֵן וְאָמַר "פָּרַעְתִּי שֶׁלֹּא בְּעֵדִים" – לֹא אָמַר כְּלוּם. בִּמְקוֹם

תוספות

חייב אתה ליתן לו. הכא משמע דחייב אתה ליתן לו לא הוי פסק דין גמור, כי אם "לא ותן לו", וכן משמע ב"מרובה" (ב"ק דף סט. וסם). וקשה: דפ"ק דסנהדרין (דף ו: וסם) אמרינן: ה"ד גמר דין — פלוני אתה חייב, פלוני אתה זכאי! וי"ל: דהתם מקרי גמר דין לענין שאסור לבלוע, לפי שיודע להיכן הדין נוטה.

רב כהנא אמר כשחייב מודה. תימה: א"כ למה נקט הנפק במילתא דר' יוחנן? וי"ל: דנקטיה משום דיוקא, דאי אין כתוב בו ביום — אפילו כתוב בו הנפק, דודאי לוה לא יחזיר, דחיישינן לקנוניא או לפשיטי דספרא.

הטוען אחר מעשה ב"ד לא אמר כלום. אינו נאמן לומר פרעתי. מעשה ב"ד קרי כל דבר שחייב לה, אפי' לא כתב, כגון מנה ומאתים, ומזון האשה והבנות לאחר מותו. וא"ת: למה כותבין כתובה, כיון דבלאו כתובה נמי אין נאמן לומר פרעתי? וי"ל: משום תוספת, אבל מנה ומאתים גבייה בלא כתובה. ותוספת, נראה דאפי' אית לה סהדי דהתנה לה — נאמן לומר פרעתי. *ואין ראיה מכלתי' *דר' שבתאי דהוה מהימן לומר פרעתי, אי לאו דהוחזק כפרן — דר' שבתאי ערב היה, אבל בעל שמא לא היה נאמן. ואין ראיה נמי מדתני לעיל (דף ז:) מצא כתובה לא יחזיר, ומשמע דלא יחזיר משום תוספת, שהיה נאמן לומר פרעתי. דלגבי מנה ומאתים נמי מפסיד, דהא נאמן לומר פרעתי מנה, מגו דאי בעי אמר אלמנה נשאתיך, אם אין לה עדי הינומא, או אם אין לה עדי קדושין נאמן

עין משפט נר מצוה

קמה א ב מיי' פ"ו מהל' טוען ונטען הל' ה סמג עשין לה טוש"ע ח"מ סי' עט סעי' טו וסי' עט סעי' יב:

קמו ג ד מיי' שם הל' ו סמג שם טוש"ע ח"מ סי' עט סעי' יג:

קמז ה מיי' שם פ"ו הל' א סמג שם טוש"ע ח"מ סי' פז סעי' כו:

קמח ו מיי' פ"ו מהל' שם הל' ה סמג שם טוש"ע ח"מ סי' פז סעי' כז:

קמט ח מיי' פי"ח מהל' גזילה ואבידה הל' ב סמג עשין עג טוש"ע ח"מ סי' סה סעי' ז:

קנ ט מיי' פי"ח מהל' מלוה ולוה הל' ז סמג עשין צד טוש"ע ח"מ סי' מח סעי' א וסי' נז סעי' ב:

קנא י מיי' פכ"ג מהל' מלוה ולוה הל' א סמג עשין צד טוש"ע ח"מ סי' מג סעי' ב:

קנב כ מיי' פי"ח מהל' גזילה ואבידה הל' ב סמג עשין עג טוש"ע ח"מ סי' סה סעי' ז:

[ועי' תוס' יבמות סה: ד"ה כי הא] נ"ל לשבתאי רש"ל

[ואתא לקמיה דר' חייא אתו סהדי ואמרי אין כתב לה א"ל ר' חייא זיל הב לה לסוף אמר לו פרעתיך אמר לה הוחזקת כפרן וכו' כ"ה גי' רי"ף ורא"ש והוא נכון]

מסורת הש"ס

[נ"ל לה]

ר"מ מ"ז

רש"ל

ר"מ מ"ז

כתובות פה. גיטין כו:

לקמן עב. סנהדרין לב. ר"ה ב. ח. שביעית פ"י מ"ה ב"ב קנז: קעא:

לעיל יב:

רבינו חננאל

אמר רב יהודה אמר רב נחמן אמר לו ב"ד צא תן לו או חייב אתה ליתן לו ואמר פרעתי נאמן בא מלוה לכתוב אין כותבין ונותנין לו. אבל אמר לו צא תן לו ואמר נתתי ועדים מעידים אותו שלא נתן הוחזק כפרן לאותו ממון ואם אמר לו חייב אתה ליתן ואמר נתתי והעדים מעידים אותו שלא נתן לא הוחזק כפרן לאותו ממון מאי טעמא אמרינן אישתמוטי הוא דקא משתמיט סבר עד דמעייני רבנן בדיני. א) זה כגון הכופר במלוה כשר לעדות. אמר רבה בר בר חנא אמר ר' יוחנן מנה לי בידך והלה אומר אין לך עלי כלום ועדים מעידים שיש לו וחזר ואמר פרעתי הוחזק כפרן לאותו ממון. והוא שכפר בב"ד כי הא ב) בגמ' שבתאי דשבתי' כתב לכלתיה איצטלא דמילתא וקיבלה עילויה וכפר ובאו עדים והעידו שכתב לה איצטלא דמילתא חזר ואמר פרעתי. אמר ליה רב חייא כבר הוחזקת כפרן לאותה איצטלא וכן הלכה. וכן מי שנתחייב שבועה בב"ד ואמר נשבעתי ועדים מעידים אותו שלא נשבע הוחזק כפרן לאותה שבועה וחייב לישבע עכשיו. א"ר יוחנן המוצא שטר חוב וזמנו בו ביום וכתוב בו הנפק יחזירו לבעלים דאי משום [כתב] ללות ולא לוה הא כתוב בו הנפק. אי משום פרעון כיון דרובא דעלמא לא פרעי ביומיה אלא מיעוטא הוא דפרעי ביומיה למיעוטא לא חיישינן. ותוב מלוה גופיה לא שביק אמר דילמא שמעי רבנן דהאי שטרא שלוה בו ופרעו הוא וכבר נמחל

א) אולי צ"ל ומטעם זה אמרי' דהכופר במלוה כשר לעדות וכ"ל דהתם נמי הטעם משום דאמרי' דמשתמיט וכדאיתא לעיל דף ו. ב) אולי צ"ל כי הא מעשה דשבתאי.

הגהות הב"ח

(א) גמ' האידנא כתיב (מאי) תא"מ ונ"ב גי' רש"י מי:

קנג א ב ג מיי' פט"ז מהל' אישות הל' כח סמג עשין מח טוש"ע אה"ע סי' ק סעי' יב:
קנד ד מיי' פ"י שם הל' יא ועיין שם במ"מ סמג שם טוש"ע אה"ע סי' נה סעי' ו:

רבינו חננאל

נמחל שעבודו ומפסדו לי. הלכך לא חיישינן דהכא לית ליה [רווחא] אבל היכא דאית ליה רווחא חיישינן. אמר ר' חייא בר אבא א"ר יוחנן הטוען אחר מעשה ב"ד לא אמר כלום. ואמר ליה ר' חייא ר' לא משנתינו היא זו הוציאה גט ואין עמו כתובה גובה כתובתה כלומר לא גרש עד שבא בב"ד וקרע כתובתה ואחרי כן נתן לה גיטה שתקנת חכמים היא לגבות כתובת מנה מאתים בגט והנה הוא כמו מעשה ב"ד לפיכך אין לו לטעון שפרעתי. ודחה אביי ואמר דילמא מתני' במקום שאין כותבין כתובה קתני אבל מקום שכותבין כתובה אינו גובה בגיטה אלא בכתובתה.

— לֹא אָמַר כְּלוּם. מַאי טַעְמָא — כָּל מַעֲשֵׂה בֵּית דִּין כְּמַאן דְּנָקִיט שְׁטָרָא בִּידֵיהּ דָּמֵי. א"ל רַבִּי חִיָּיא בַּר אַבָּא לְרַבִּי יוֹחָנָן: וְלֹא מִשְׁנָתֵינוּ הִיא זוֹ — *[א]הוֹצִיאָה גֵּט וְאֵין עִמּוֹ כְּתוּבָּה — גּוֹבָה כְּתוּבָּתָהּ! א"ל: *אִי לָאו דִּדְלַאי לָךְ חַסְפָּא, לָא מַשְׁכַּחַתְּ מַרְגָּנִיתָא תּוּתֵהּ. אֲמַר אַבַּיֵי: מַאי מַרְגָּנִיתָא? דִּלְמָא [ב]בְּמָקוֹם שֶׁאֵין כּוֹתְבִין כְּתוּבָּה עָסְקִינַן, דְּגֵט הַיְינוּ כְּתוּבָּתָהּ. [ג]אֲבָל בְּמָקוֹם שֶׁכּוֹתְבִין כְּתוּבָּה, אִי נְקִיטָא כְּתוּבָּה — גָּבְיָא, אִי לָא — לָא גָּבְיָא. הֲדַר אֲמַר אַבַּיֵי: לָאו מִלְּתָא הִיא דַּאֲמַרִי. דְּאִי סָלְקָא דַּעֲתָךְ בְּמָקוֹם שֶׁאֵין כּוֹתְבִין כְּתוּבָּה עָסְקִינַן, אֲבָל בְּמָקוֹם שֶׁכּוֹתְבִין כְּתוּבָּה, אִי נְקִיטָא כְּתוּבָּה — גָּבְיָא, אִי לָא — לָא גָּבְיָא, אַלְמָנָה מִן הָאֵירוּסִין בְּמַאי גָּבְיָא? בְּעֵדֵי מִיתַת בַּעַל — לִטְעוֹן וְלֵימָא: פְּרַעְתִּיהָ. וְכִי תֵּימָא: הָכִי נַמִי, אִם כֵּן מַה הוֹעִילוּ חֲכָמִים בְּתַקָּנָתָן? א"ל מָר קְשִׁישָׁא בְּרֵיהּ דְּרַב חִסְדָּא לְרַב אַשִׁי: *וְאַלְמָנָה מִן הָאֵירוּסִין דְּאִית לָהּ כְּתוּבָּה מְנָא לָן? אִילֵימָא מֵהָא דִּתְנַן:* נִתְאַרְמְלָה אוֹ נִתְגָּרְשָׁה, בֵּין מִן הָאֵירוּסִין וּבֵין מִן הַנִּישׂוּאִין — גּוֹבָה אֶת הַכֹּל. דִּלְמָא הֵיכָא דִּכְתַב לָהּ: וְכִי תֵּימָא: מַאי לְמֵימְרָא — לְאַפּוּקֵי מִדְּרַבִּי אֶלְעָזָר בֶּן עֲזַרְיָה, דְּאָמַר: [ד]שֶׁלֹּא כָּתַב לָהּ אֶלָּא עַל מְנָת לְכוֹנְסָהּ אִצְטְרִיכָא לֵיהּ. דַּיְקָא נַמִי, דְּקָתָנֵי: גּוֹבָה אֶת הַכֹּל, אִי אָמְרַתְּ בִּשְׁלָמָא דִּכְתַב לָהּ — הַיְינוּ דְּקָא תָּנֵי גּוֹבָה אֶת הַכֹּל, אֶלָּא אִי אָמְרַתְּ דְּלָא כָּתַב לָהּ — מַאי

נאמן לומר פרעתי הכל, במגו דאי בעי אמר אין את אשתי. וא"ת: דבפרק אלמנה ניזונית (כתובות דף צו. ושם ד"ה יתומים) בעי רבי יוחנן: היא אמרה לא נתנו מזונות, ויתומים אמרו נתננו, על מי להביא ראיה? והא אית ליה הכא דלא אמר כלום! וי"ל: דהתם מיירי במזונות דלשעבר, ולא בלהבא.

לא אמר כלום. ולא מבעי' במקום שאין כותבין כתובה, או במקום שכותבין ויש עדים שנשרפה כתובתה — דאינו נאמן לומר פרעתי אם יש לה עדי גירושין. אלא אפי' במקום שכותבין כתובה, ואינה מוליאה הכתובה — אינו נאמן לומר פרעתי אפי' אם היא מודה שהכתובה היא בידה, וגם הגט בידה — נפרעת בעדי הגט גרידא. ואע"ג דבמה שנשאר שטר כתובה בידה הוא מפסיד, שאם תחזור ותתבע הכתובה — הוא יכתוב שובר שלא תגבה פעם שניה. ואפילו אם יפסיד שוברו יכול לומר פרעתי מנה, מגו דאלמנה נשאתיך, אם אין לה עדי הינומא, או "פרעתי הכל" במגו דאין את אשתי, אם אין לה עידי קדושין. אבל עכשיו שהכתובה היא בידה — תגבה שנית מאתים אם יפסיד שוברו, שכתוב בכתובה "בתולתא דא". מ"מ נפרעת בעדי גירושין לבד, בלא חזרת כתובתה וגט, דר' יוחנן אית ליה פרק "גט פשוט" (ב"ב דף קעא: ושם) כותבין שובר.

בְּמָקוֹם שֶׁאֵין כּוֹתְבִין כְּתוּבָּה. אֶלָּא סוֹמְכִין עַל תְּנַאי ב"ד, וְתִגְבֶּה לְעוֹלָם עַד שֶׁיּוֹצִיא הַבַּעַל שׁוֹבֵר. דְּגֵט שֶׁמֵּעִיד שֶׁגֵּירְשָׁהּ הוּא מוֹכִיחַ שֶׁחַיָּיב הוּא לָהּ כְּתוּבָּה. אִי לָא. נְקִיט לָהּ. לָא גָּבְיָא. אִי מִשּׁוּם דְּחָיְישִׁינַן דִּלְמָא הָדְרָא וּמַפְּקָא כְּתוּבָּה וְגָבְיָא זִימְנָא אַחֲרִיתִי, א"נ: מִשּׁוּם דְּאִי בָּעֵי אָמַר פְּרַעְתִּיהָ. לָאו מִלְּתָא הִיא דַּאֲמַרִי. דִּבְמָקוֹם שֶׁכּוֹתְבִין שְׁטַר כְּתוּבָּה יָכוֹל לִטְעוֹן פָּרַעְתִּי. דְּאִם כֵּן, אַלְמָנָה מִן הָאֵירוּסִין, דְּאַף בְּמָקוֹם שֶׁכּוֹתְבִין אֵין כּוֹתְבִין מִן הָאֵירוּסִין. בְּמַאי גָּבְיָא. כְּתוּבָּה? עַל כָּרְחָךְ בְּעֵדֵי מִיתַת בַּעַל. לִטְעוֹן. יוֹרֵשׁ וְלוֹמַר פְּרַעְתִּי'. בְּתַקָּנָתָן. שֶׁתִּקְּנוּ כְּתוּבָּה לַאֲרוּסָה, וַהֲלֹא הַכֹּל יִטְעֲנוּ פָּרַעְתִּי. גּוֹבָה אֶת הַכֹּל. בֵּין כְּתוּבָּה שֶׁל תְּנַאי ב"ד, דְּהַיְינוּ מָנֶה לְאַלְמָנָה וּמָאתַיִם לִבְתוּלָה, בֵּין תּוֹסֶפֶת. שֶׁלֹּא כָּתַב לָהּ. אֶת הַתּוֹסֶפֶת. דַּיְקָא נַמִי. דִּבְכָתַב לָהּ מַיְירֵי. מַאי

הוציאה גט [ואין עמו כתובה] גובה כתובתה. והכי פירושא דמתני' לר' יוחנן: הוליאה גט, אפי' עדי הגט, ואע"פ שמודה שכתובה וגט בידה — נפרעת בעדי הגט, דכותבין שובר. הוליאה כתובתה ואין עמה גט, פי' עדי הגט, היא אומרת "אבד גיטי" שהלכו להם עדי הגט, והוא אומר פרעתי ואבד שוברי שעשו לי שלא תגבה שנית — נאמן במגו דאי בעי אמר לא גרשתיך. וא"ת: אם אמר לא גרשתיך יתחייב לה שאר כסות ועונה! וי"ל: דטענו חטין והודה לו בשעורין פטור אף מן השעורין, כדאיתא ב"המניח" (ב"ק דף לה:). והא דתניא בריש "שני דייני גזירות" (כתובות דף קז:) האשה שאמרה גרשני בעלי — מתפרנסת עד כדי כתובתה. התם שמא אם היה הבעל בפנינו היה מודה לדבריה, אבל אם היה אומר לא גרשתיך — פטור אף מן המזונות. וא"ת: והיכי מלי אמר לא גרשתיך? הא איהי מהימנא, דאמר רב המנונא: *אשה שאמרה לבעלה גירשתני — נאמנת! יש לומר: אם תובעת כתובתה, או אם יש קטטה בינו לבינה — אינה נאמנת כמו במת בעלה דנאמנת, ובזה הענין אינה נאמנת, בפ' "האשה שהלכה" (יבמות דף קטז. קיז.). ומן הסכנה ואילך, שיראה להביא עדי הגט — נפרעת אע"פ שיש לו מגו. ואע"ג דבשילהי "הכותב" (כתובות דף פט: ושם) פריך: אי ליכא עדי גירושין — במאי גביא? ליהמניה במגו! היינו דוקא לרב, דלית ליה דר' יוחנן, דאמר הכא דלא אמר כלום. אבל לר' יוחנן שיפה כחה קודם הסכנה שאינו נאמן לומר פרעתי — לאחר הסכנה נמי יש ליפות כחה, דלא יועיל מגו שלו ואיירי כולה מתני' אף במקום שכותבין כתובה. ואביי נמי מסיק כר' יוחנן, ומוקי מתני' אף במקום שכותבין כתובה. וקשה: דבפרק "גט פשוט" (ב"ב דף קעא:) אמר אביי: אבד שוברו של זה — יאכל הלה וחדי? משמע דסבר דאין כותבין שובר, וא"כ הוליאה גט ואין עמו כתובה אמאי נפרעת? הא כיון דמפסיד במה שנשאר שטר כתובה בידה, כדפירש' לא יפרע עד שתוליא כתובה ויקרעוה! ויש לומר: דאביי קבל דברי רבא, דאמר עבד לוה לאיש מלוה. ובפרק "המקנא" (סוטה דף ז: ושם ד"ה אמר) דתנן: אמרה נטמאתי — שוברת כתובתה. ופריך בגמ': ש"מ דכותבין שובר! אמר אביי: תני מקרעת. דהויא בעלמא הוא, כלומר: מהכא לא תדוק שגם רבא דאית ליה כותבין שובר דחי התם במקום שאין כותבין כתובה. ושמואל דאית ליה אין כותבין שובר, ומוקי הך מתני' פרק "הכותב" במקום שאין כותבין כתובה — מלי סבר כר' יוחנן דלא אמר כלום. והוליאה הגט — היינו עדי הגט ואע"פ שמפסיד בגט שנשאר בידה, שאם לא היה בידה יכול לומר פעם אחרת אם יפסיד שוברו — לא גרשתיך, אם אין לה עדי הגט. מ"מ, היא תאמר "בעינא לאנסובי ביה" דלית ליה דכתבינן ביה גיטא דנן קרענוהו כאביי דבסמוך, והוי כמו היכא דלא אפשר, דכתבינן שובר. כדאיתא בשילהי "הכותב" (כתובות דף פט: ושם) כתובה ואין עמה גט, שכך אירע שכתב לה ואין עמה גט, היינו עדי הגט — לא יפרע, דנאמן לומר 'פרעתי' מגו דלא גרשתיך. ומן הסכנה ואילך — גובה אפילו בלא עדי הגט, כדפרישית לר"י ורב מוקי התם מתני' בין במקום שאין כותבין כתובה בין במקום שכותבין כתובה, וגביא מנה מאתים ע"י שטר גט, וקרעינן ליה דלא תיהדר ותגבי ביה, וכתבינן ע"ג: גיטא דנן כו'. ופליג אאביי דבסמוך. ותוספת ע"י כתובה לבדה עם עדי הגט, שלא יהא לו מגו דלא גרשתיך. ופליג נמי ארבי יוחנן דאמר לא אמר כלום, וגביא בעדי הגט גרידא.

אי לאו דדלאי לך תספא כו'. וא"ת: וכי דרך למלא מרגליות תחת חרסי'? ומפרש ר"ת: דבקרקעית הים אבנים רחבות ונראות כחרסים ותחתיהן נמלאים המרגליות. וב"החובל" (ב"ק דף לא.) נמי אמרינן: ללת במים אדירים והעלית בידך חרס.

אלמנה מן האירוסין במאי גביא. וא"ת: אלמנה מן הנישואין, ובמקום שאין כותבין כתובה, לפרוך במאי גביא? אי לא אמרינן דלא אמר כלום. דמן האירוסין אין יכול להוכיח דאית לה כתובה. ולפרוך מן הנישואין במקום שאין כותבין! וי"ל: דבמקום שאין כותבין — אתי שפיר, דאינו נאמן לומר 'פרעתי' כיון דלא נתקנה כתובה באותו מקום אלא במקום שכותבין. בשלמא אי לא נתקנה כתובה אלא בשביל תוספת, אבל מנה ומאתים אינו נאמן לומר פרעתי — להכי מן האירוסין דאין לה תוספת — לא תקינו כתובה. אבל אי אף משום מנה ומאתים תקנו לכתוב כתובה, דנאמן לומר פרעתי — מן האירוסין נמי יהא נאמן לומר פרתי ויתקנו לכתוב כתובה.

מן האירוסין מנא ליה דאית לה כתובה. ולא מלי למיפשט מהא דתניא פ' "מי שמת" (ב"ב ד' קמה.) המארס את האשה בתולה — גובה מאתים כו'. דאיכא לדחויי נמי בדכתב לה, וסיפא איצטריך ליה, דקתני מקום שנהגו להחזיר קדושין כו'. ומ"מ, אמת הוא דארוסה יש לה כתובה אפי' לא כתב לה, כדמוכח פרק "האומר" (קדושין ד' סה. ושם) דקאמר: היא אומרת קדשתני, והוא אומר לא קדשתיך — הוא מותר בקרובותיה. ואם נתן גט מעלמו — כופין אותו ונותן לה כתובה. והתם ע"כ לא כתב לה, דאי כתב לה — היכי מלי למימר לא קדשתיך? דאין דרך לכתוב כתובה קודם קדושין. וכן מוכח פרק "נערה" (כתובות ד' מד.). וכאן אינו רולה להוכיח אלא מן ברייתא או מן משנה, ולא מן מימראות האמוראים. אי נמי, הכי קבעי: באלמנה מן האירוסין דלא תגבי בעדי מיתה, דליטעון ולימא פרעתיה. אבל בגרושה, אף מן האירוסין — פשיטא ליה דאית לה כתובה, דגובה בשטר גט כמו גרושה מן הנישואין במקום שאין כותבין, וקורעין הגט ונכתוב אגביה גיטא דנן כו'. ובמסקנא דסבר אביי כרבי יוחנן הטוען כו' דלא אמר כלום — אפי' אלמנה מן האירוסין אית ליה כתובה*.
אטו

כתובות פח:
[יבמות לב: מכות כא:]
[כתובות פט:]
כתובות מז. נד: פט:
[יבמות קטז.]
[וע"ע תוס' יומא יט: ד"ה מי איכא]

מַאי גּוֹבָה אֶת הַכֹּל? מָנֶה וּמָאתַיִם הוּא דְּאִית לָהּ. וְאֶלָּא *מִדְּתָנֵי רַב חִיָּיא בַּר אַמִי: [א]אִשְׁתּוֹ אֲרוּסָה, לֹא אוֹנֵן וְלֹא מִטַּמֵּא לָהּ, וְכֵן הִיא לֹא אוֹנֶנֶת וְלֹא מִטַּמְּאָה לוֹ, [ב]מֵתָה — אֵינוֹ יוֹרְשָׁהּ, [ג]מֵת הוּא — גּוֹבָה כְּתוּבָּתָהּ. דִּלְמָא דְּכָתַב לָהּ. וְכִי תֵּימָא: (א) דְּכָתַב לָהּ מַאי לְמֵימְרָא — מֵתָה אֵינוֹ יוֹרְשָׁהּ אִיצְטְרִיכָא לֵיהּ! אֶלָּא, אַבַּיֵי מִגּוּפָהּ דְּמַתְנִי' קָא הָדַר בֵּיהּ. דְּאִי ס"ד בְּמָקוֹם שֶׁאֵין כּוֹתְבִין כְּתוּבָּה עָסְקִינַן, דְּגֵט הַיְינוּ כְּתוּבָּתָהּ — אַטּוּ גֵּט מָנֶה מָאתַיִם כְּתִיב בֵּיהּ? וְכִי תֵּימָא: כֵּיוָן דְּתַקִּינוּ רַבָּנַן לְמִגְבְּיָא לָהּ — כְּמַאן דִּכְתִיב בֵּיהּ דָּמֵי, לִטְעוֹן וְלֵימָא: פְּרַעְתִּי. וְכִי תֵּימָא: דְּאָמְרִינַן לֵיהּ אִי פְּרַעְתָּהּ — אִיבָּעֵי לָךְ לְמִיקְרְעֵיהּ, אָמַר לָן: לָא שְׁבַקְתַּן, אָמְרָה: בָּעֵינָא לְאִנְסוּבֵי בֵּיהּ. וְכִי תֵּימָא: אָמְרִינַן לֵיהּ אִיבָּעֵי לָךְ לְמִיקְרְעֵיהּ וּמִכְתַּב אַגַּבֵּיהּ: גִּיטָּא דְּנַן דְּקָרַעֲנוּהוּ, לֹא מִשּׁוּם דְּגִיטָּא פְּסוּלָה הוּא, אֶלָּא כִּי הֵיכִי דְּלָא תִּגְבֵּי בֵּיהּ זִמְנָא אַחֲרִיתִי — אַטּוּ כָּל דְּמַגְבֵּי בְּבֵי דִינָא מַגְבֵּי?§

מתני' *מָצָא גִּיטֵּי נָשִׁים וְשִׁחְרוּרֵי עֲבָדִים, דְּיַיתִיקִי, מַתָּנָה וְשׁוֹבְרִין — הֲרֵי זֶה לֹא יַחֲזִיר, שֶׁאֲנִי אוֹמֵר: כְּתוּבִין הָיוּ, וְנִמְלַךְ עֲלֵיהֶן שֶׁלֹּא לִתְּנָן.§ **גמ'** טַעְמָא — דְּנִמְלַךְ שֶׁלֹּא לִתְּנָן, הָא אָמַר תְּנוּ — נוֹתְנִין, וַאֲפִילּוּ לִזְמַן מְרוּבֶּה. וּרְמִינְהוּ: *[ד]הַמֵּבִיא גֵּט וְאָבַד הֵימֶנּוּ, מְצָאוֹ לְאַלְתַּר — כָּשֵׁר, אִם לָאו — פָּסוּל! אָמַר רַבָּה: לָא קַשְׁיָא, [ה]כָּאן — בְּמָקוֹם שֶׁהַשַּׁיָּירוֹת מְצוּיוֹת, כָּאן — בְּמָקוֹם שֶׁאֵין הַשַּׁיָּירוֹת מְצוּיוֹת. וַאֲפִי' בְּמָקוֹם שֶׁהַשַּׁיָּירוֹת מְצוּיוֹת — וְהוּא שֶׁהוּחְזְקוּ שְׁנֵי יוֹסֵף בֶּן שִׁמְעוֹן בְּעִיר אַחַת. דְּאִי לָא תֵּימָא הָכִי — קַשְׁיָא דְּרַבָּה אַדְּרַבָּה. *דְּהַהוּא גִּיטָּא דְּאִשְׁתַּכַּח בֵּי דִינָא דְּרַב הוּנָא, דַּהֲוָה כָּתוּב בֵּיהּ: בְּשְׁוִירִי מָתָא דְּעַל רְכִים נַהֲרָא. אֲמַר רַב הוּנָא:

חָיְישִׁינַן

רש"י

מאי גובה את הכל. מאחר שלא התנה עמה כלום, מהו התוספת? **לא אונן.** אין אנינות חל עליו, לאיסור אכילת קדשים. **ולא מטמא לה.** אם כהן הוא, דכתיב (ויקרא כא): "כי אם לשארו" והיינו אשתו. והאי לאו שארו הוא, דלא באו עדיין לידי קירוב בשר. **ולא מטמאה לו.** לאו משום כהונה קאמר, דאין כהנות מוזהרות על הטומאה, דכתיב (שם): "בני אהרן", אלא אינה זקוקה (ב) לטמא לו, לא כהנת ולא ישראלית. שמצוה להתעסק בשבעה מתי מצוה האמורים בפרשה, דכתיב: "לה יטמא". ותניא: לה יטמא – מצוה, ואם לא רצה – מטמאין אותו על כרחו, ומעשה ביוסף הכהן כו', בתורת כהנים*. **מתה אינו יורשה.** דירושת הבעל נפקא לן מ"שארו הקרוב אליו ממשפחתו וירש אותה" וגו' בב"ב (דף קיא:), והא לאו שארו הוא. **אלא אביי.** דאמר לעיל לאו מילתא היא דאמרי, מגופא דמתני' דהוציאה גט, משום דהיא גופא קשיא ליה הדר ביה. **דאי ס"ד.** דטעמא לאו משום דאין טוענין אחר מעשה ב"ד הוא, אלא משום דגט היינו כתובה. **אטו גט מנה מאתים כתיב ביה.** דנימא: הוא מוכיח על החוב. **כמו דכתיב ביה דמי.** דהא פסיקא לן מילתא דכתובה מנה מאתים. **אטו כל דמגבי בבי דינא מגבי לה.** וכי כל הפורע חוב בא לב"ד? במקום שפרע לה לא היו ב"ד שיכתבו לו כן. **הא אמר תנו.** עכשיו. **נותנין. ואפילו** נמצא לזמן מרובה משנפל, ולא חיישינן שמא גט אחר הוא ששמותיהן שוין, ומאדם אחר נפל. **מצאו לאלתר.** התם (גיטין כז:) מפרש כדי שתעבור שיירא ותשרה, ובתוך כך ליכא למימר משיירא שעברה שם נפל, שהרי לא שהה שיעור שתחנה. **ואפילו במקום כו'.** לאו רבה קא מסיק, אלא גמרא הוא דקאמר לן, דכי אמר רבה במקום שהשיירות מצויות – לא אמר אלא כשהוחזקו בעיר אחת שנכתב בה הגט שנים ששמותיהן שוין, ושמות נשותיהן שוות. **דאי לא תימא הכי.** דרבה תרתי בעי, קשיא דרבה אדרבה. **בי דינא דרב הונא.** במקום שהוא יושב ודן. ומתוך שהכל רגילין אצלו לדון הוי ליה (ג) מקום שהשיירות מצויות שם.

תוספות

אטו גט מנה ומאתים כתיב ביה. תימה: היכי מוכח דאפילו במקום שכותבין כתובה דגביא, אפי' כי לא נקיטא כתובה? דלמא הכא במקום שאין כותבין, וגביא בשטר גט, וכותבין בגט שטרא דנן כו'. כדסבר (רבא) [רב] בפ' "הכותב" (כתובות דף פט:). ואביי נמי, לוקמא הכי. אי נמי: נוקי במקום שאין כותבין כתובה, וגביא בעדי הגט. אבל גט לא קרעינן משום דבעיא לאנסובי ביה, והוי כמו היכא דלא אפשר, דכותבין שובר. אבל במקום שכותבין כתובה – לא יפרע עד שתוציא שטר כתובה מידה, או משום שיהא נאמן לומר 'פרעתי', דלא כרבי יוחנן, או משום דאין כותבין שובר. ועוד: כיון דמן אלמנה מן הנשואין במקום שאין כותבין לא בעי לאוכוחי, כמו שפי' לעיל (דף יז: ד"ה אלמנה) איך מוכח מגרושה מן הנישואין במקום שאין כותבין, כיון דגט לאו היינו כתובה, ומשום דבעינא לאנסובי ביה – פשיטא דאין נאמן לומר 'פרעתי' כיון דלא ניתקנה כתובה באותו מקום! וי"ל: דלאביי מתניתין קשיתיה, דתנן כתובה ואין עמה גט, אלמא: במקום שכותבין כתובה עסקינן, דאין סברא להעמיד שכן אירע שכתב לה בעבור אהבתה. לכך פריך: כיון שיש לה כתובה ואין מוציאה רק גט – לימא 'פרעתי'. אלא ודאי לא אמר כלום, וכותבין שובר.

הא אמר תנו נותנין. וא"ת: מנלן? דלמא אפילו אמר תנו – אין נותנין. והא דקתני נמלך – ה"ק: ונמלך שלא ליתנן, ומחמת כן לא חשש לשמור, ונאבד. ועכשיו רוצה לחזור ולגרשה, דסבר שזהו הגט שאבד ממנו, ואמר תנו. ואפילו הכי אין נותנין, דשמא אין זה גיטו, אלא נפל מאחר ששמו כשמו. אבל לא נמלך לכתחילה מלגרשה וגרשה – מחזירין לה הגט לראיה, אפי' אינו שלה. וי"ל: דדייק מדלא קתני כתובים היו ולא נתנן, ומדקתני ונמלך – משמע שחושש שמא אינו רוצה עתה לגרשה, אבל אם אמר תנו לה – נותנים, ואין לחוש שמא מאחר נפל. וא"ת: ומנלן ואפי' לזמן מרובה? דלמא לאלתר דוקא, כדפריך ר' זירא לקמן, ור' זירא גופיה, מנלן דיחזיר לאשה אפילו לזמן מרובה? וממה פשוט לו דברייתא קאמר לזמן מרובה יותר ממתני'! וי"ל: דמברייתא משמע דבזמן שהבעל מודה יחזיר לאשה אפי' לזמן מרובה, דאי לאלתר דוקא – פשיטא. אבל במתני' – מאי למימר לאלתר דוקא, דאם אמר תנו נותנין אינו מפורש במתני', והיא גופה אתא לאשמועינן דלא יחזיר, דחיישינן לשמא נמלך. אבל רבה דייק מדקתני 'ונמלך', ולא קתני 'כתובין היו ולא נתן' – א"כ אתא לאשמועינן אם אמר תנו נותנין, והיינו אפי' לזמן מרובה. דאי לאלתר – פשיטא. וא"ת: והלא אפילו אי הוי לאלתר הוי חידוש, דלא חיישינן דלמא כתב בניסן ולא נתן עד תשרי, כדפריך לקמן (דף יט.) וכן לקמן (עמוד ב). דפריך על רבי ירמיה דמוקי כגון דקאמרי עדים כו' מאי למימרא לימא דקא משמע לן דלא חיישינן דלמא כתב בניסן כו'! וי"ל: דס"ל כמאן דאמר אין לבעל פירות משעת חתימה, ואז ליכא חידוש דכתב בניסן ולא נתן עד תשרי, דאפילו הכי שפיר טרפה. ועוד י"ל: דרבי זירא דייק אפי' לזמן מרובה מדקתני "בזמן שהבעל מודה יחזיר לאשה" משמע שמודה שממנה נפל, וכבר גירשה בו. ואי לאלתר דוקא – א"כ צ"ל שראינו הגט בידה, דאי לא ראינו – א"כ במה אנו יודין שהוא לאלתר? ואחרי שראינו הגט בידה – הרי כבר מגורשת, פשיטא דיחזיר, ומאי קא משמע לן? *והלא אפילו לא גיטה הוא זה ניתן לה לראייה. ואין הבעל מודה נמי, אמאי לא יחזיר? אלא ודאי מיירי שלא ראינו הגט בידה, וקמשמע לן דאע"פ דחיישינן שמא מבעל נפל, ועדיין לא גירשה – תתגרש עתה בהחזרת הגט, ולא חיישינן שמא מאחר נפל – א"כ הוי אפי' לזמן מרובה, כיון דלא ידעינן ממי נפל מן הבעל או מן האשה. ורבה דייק דמתני' נמי אפי' לזמן מרובה, דומיא דשטרי חליצה ומיאונין, דיחזיר אפי' לזמן מרובה, דלאלתר, היינו שראינו בידה – פשיטא, כיון דחלצה נחזיר לה לראיה אפילו אינו שלה. אלא מיירי שלא ראינו בידה, ואף לא ידעינן שחלצה, והיינו לזמן מרובה. ודומיא דהכי משמע ליה דמיירי ברישא. ורבי זירא לא מוקי לה דומיא דסיפא.

לאלתר כשר. אפילו אביי דחייש לתרי יוסף בן שמעון אפילו היכא דלא הוחזק (יבמות דף קטו:) – בגט שמצאו לאלתר לא חייש, דהתם הוי כמו לזמן מרובה, דלא שייך התם לאלתר.

והוא שהוחזקו. תימה: אמאי לא מוקי אידי ואידי שהשיירות מצויות, ומתני' בלא הוחזקו, דהשתא הוי דומיא דסיפא דכל מעשה ב"ד דמיירי בהכי! וי"ל: דעובדא דבסמוך דהוי בבי דינא דרב הונא הוי ברישא, ואשמועינן דבלא הוחזקו יחזיר אפי' שיירות מצויות, והכא אשמועינן דאם הוחזקו נמי יחזיר אם אין שיירות מצויות. וא"ת: ומאי טעמא יחזיר לאשה, כיון שיש שני יוסף בן שמעון בעיר? וי"ל: כיון שאנו יודעים שזה אבד גט כאן – אין לחוש שגם האחר איבד, כיון שאין שיירות מצויות. ושמעתין אתיא כר"א, דלרבי מאיר כיון שהוחזקו שני יוסף בן שמעון – אין הגט כשר עד שיהא מוכיח מתוכו שהוא של זה, כדמוכח פרק "כל הגט" (גיטין דף כד:). דתנן: כתב לגרש את הגדולה – לא יגרש בו את הקטנה. ודייק: הא גדולה – מצי לגרש, מני – ר"א היא, ובעדי מסירה. משמע דלר"מ אפילו גדולה לא מצי מגרש. והסוגיא ד"המגרש" (שם דף פו:) דשני גיטין שוין שנתערבו, ומוקי כר"מ – מיירי במשולשים, דמוכיח מתוכו. [וע"ע תוס' גיטין כד: ד"ה בעדי].

חיישינן

מסורת הש"ס

יבמות כט: ע"ש מג: כתובות נג. פט: ע"ש סנהדרין כח: ע"ש

[וכן בזבחי' ק.]

גיטין כז. [לעיל יג.]

גיטין שם

[לקמן כ. גיטין כז.]

עין משפט נר מצוה

קנה א מיי' פ"ב מהל' אבל הלכה ג סמג לאוין רלה טור ש"ע י"ד סי' שעג סעיף ד וסי' שעד סעיף ד וטוש"ע אה"ע סי' נד סעיף ה:

קנו ב מיי' פכ"ב מהל' אישות הל' ג סמג עשין מח טוש"ע אה"ע שם וסי' נו:

קנז ג מיי' פ"י שם הל' יא ועיין שם סמג שם טוש"ע אה"ע סי' נד סעיף ו:

קנח ד ה מיי' פ"ג מהלכות גירושין הל' ט ועיין במ"מ סמג עשין מח טוש"ע אה"ע סי' קלב סעיף ד:

רבינו חננאל

והדר ביה אביי מגופה דמתניתין ואסיקנא דאם איתא דפרעה איבעי ליה למיקרעיה לגיטה ולמכתב על גביה גיטה דנן דקרעינוהי לאו משום דפסול הוא אלא משום דלא תיהדר ותיגביה ביה זימנא אחריתי. ואי טעין לא הוינא ידע האי דינא ואף לא גירשתיה *) שיודיעני לא אמר כלום אלא הוציאה גט גובה כתובתה. סוגיא דשמעתא אלמנה מן האירוסין אם כתב לה אית לה מנה מאתים אבל תוספת לית לה אע"ג דכתב לה: **מתני'** מצא גיטי נשים ושחרורי עבדים וכו' עד שאני אמר כתובין היו ונמלך עליהם שלא ליתנם מדמותבינן מינה לאביי דאמר עדיו בחתומיו זכין לו ופריק הני מילי היכא דמטא שטרא בידיה דמקבל ש"מ דהא מתני' הלכתא היא וכל שטרא מתנה דלא מטא לידיה דמקבל לא זכה ביה וצריך לברורי דמטא לידיה אי לא נפיק מתותי ידיה. ודייקינן מינה הא אמר תנו נותנין ואפי' לזמן מרובה. ורמינן עלה הא דתנן המביא גט ממדינת הים ואבד לו מצאו לאלתר כשר ואם לאו פסול ופריק רבא הכי מתני' אפי' במקום שהשיירות מצויות והוא שלא הוחזקו שני יוסף בן שמעון בעיר אחת. כלומר דלא הוחזק באותה העיר אדם אחר ששמו כשם זה שגט זה כתוב כשמו הלכך אם הבעל מודה ואמר תנהו לאשה נותנין זה הגט לזו האשה ואפי' לזמן [מרובה]. ואוקים להא דתנן המביא גט מצאו לאלתר כשר ואם לאו פסול במקום שהשיירות מצויות והוא שהוחזקו שני יוסף בן שמעון

*) אולי צ"ל לא גרשתיה בב"ד שיודיעו אותי לא אמר כלום וכו'.

הגהות הב"ח

(א) גמ' וכי תימא אי דכתב: (ב) רש"י ד"ה ולא מטמאה לו וכו' אלא אינה זקוקה. נ"ב ועיין מה שפרשתי בסנהדרין דף כח ע"ב וביבמות דף כט ע"ב ובתוס' שם: (ג) ד"ה בי דינא וכו' הוי ליה במקום:

קנט א מיי' פי"ח מהל' גזלה ואבידה הל' ו ועיין בהשגות ובמ"מ סמג עשין עד טוש"ע אה"ע סי' קכג סעיף א וע"ש:

קס ב ג ד מיי' פ"ג מהלכות גירושין הל' ט י יא ועיין בהשגות ובמגיד משנה סמג עשין מח טוש"ע אה"ע שם סי' קלב סעיף ד וע"ש:

רבינו חננאל

בעיר אחת עבד רבא עובדא כשמעתיה איכא דאמרי היכא דמזבני כיתנא והוא שלא הוחזקו ואע"ג שהשיירות מצויות שם. איכא דאמרי היכא דתרו כיתנא ואע"ג דהוחזקו דהא לא שכיחן שיירתא התם. ר' זירא רמי מתני' אברייתא ומשני תנן המביא גט ואבד ממנו וכו' דברים פשוטים הם מיהו איצטרכינן לברורי דבר' זירא מסתברא וכלישנא בתרא דתני איכא דאמרי אע"ג דלא הוחזקו שני יוסף בן שמעון בעיר אחת לא נהדר ופליגא דרבא מדחזינן מתני' דפשיט מינה רבא כל מקום שלא הוחזקו שני יוסף בן שמעון בעיר אחת יחזיר ועבד עובדא וסמך אהא דתני כל מעשה ב"ד הרי זה יחזיר ולא סלקא שמעתא כטעמא דרבא אלא אוקמא ר' ירמיה כגון דאמרי עדים מעולם לא חתמנו אלא על גט אחד של יוסף בן שמעון וכו' ורב אשי דהוא בתרא אוקמא כגון דאמר (עדים) נקב יש בו בצד אות פלוני שהוא סימן מובהק אבל נקב בעלמא לא מבלל דשינויא דרבא לא שינויא דסמכא הוא ואע"ג דעבד עובדא כשמעתיה איהו הוא דעבד ואחריני לא עבדו כוותיה וכי האי גוונא

חיישינן לשני שוירי. וא"ת: א"כ לרב הונא יגרש כל אדם את אשתו לר"מ, דאינו מוכיח מתוכו, כיון דחיישינן לשני שוירי? וי"ל: כיון דלא הוחזקו – הוי שפיר מוכיח מתוכו. ומ"מ, כשנפל חיישינן. **נפק** דק ואשכח כל מעשה ב"ד הרי זה יחזיר. פרש"י דההוא גיטא הוה כתיב ביה הנפק. ופשיט שפיר ממתני' דמעשה ב"ד יחזיר. אך מה שפירש כשנפל מן השליח – קשה, דא"כ, מה מועיל ההנפק כיון שלא בא ליד האשה עדיין? דאם יש לחוש לנמלך – בלא הנפק, הכי נמי יש לחוש להנפק, ותו, דבעל לא מקיים גיטא! וי"ל: דאי כתיב ביה הנפק איירי שנפל מן האשה, ושואלת אותו האשה ואומרת שהוא שלה. וקא פשיט דיחזיר, ולא חיישינן שמא משקרת, ומאשה אחרת נפל. אע"ג דהשיירות מצויות, כיון דלא הוחזקו, כמו במעשה ב"ד דיחזיר. ואע"ג דאשתכח בב"ד שהשיירות מצויות, ולא חיישינן שמא מאחר נפל – כיון דלא הוחזקו. ואי איירי שהשליח שואלו לגרש את האשה – י"ל דלא כתיב בו הנפק, ומוכיח נמי שפיר כיון דבמעשה ב"ד יחזיר, דלא חיישינן לנמלך דכיון שכתוב בו הנפק ודאי נעשה הלואה, דלוה לא מקיים שטרא, כדאמרינן לקמן בפרקין (דף כ:), ולא חיישינן נמי שמא מאחר נפל, אע"ג דהשיירות מצויות, כיון דלא הוחזקו. בההיא גיטא נמי, דאשתכח שהשליח שואל הגט, ולא שייך למימר נמלך כיון שהגט ביד שליח, דאין יכול לבטל הגט שלא בפני השליח. ולא ניחוש כמו כן שמא מאחר נפל אף על גב דהשיירות מצויות, כיון דלא הוחזקו. וא"ת: אביי דאמר פ' "האשה שהלכה" (יבמות דף קטו: ושם) דחיישינן לתרי יצחק אפי' לא הוחזקו, תקשי ליה ממתניתין דכל מעשה ב"ד הרי זה יחזיר! וי"ל: דמוקי לה דאשתכח חוץ לב"ד, שאין השיירות מצויות כר' זירא. אבל לגבי תרי יצחק – לא שייך לפלוגי בין מצויות לשאין מצויות, דלעולם יש להסתפק ביצחק מעיר אחרת כמו מעיר זאת. אי נמי: מוקי מתני' דאשתכח בב"ד, ואפי' הכי לא חיישינן לאחר – כיון שזה האיש שואל גט, וידעינן שאבד גט, ואין אנו מכירין אחר – אין לחוש שמאחר נפל ונפל ממנו, כמו כן כאן. אבל התם – אין אנו יודעים איזה יצחק מת, אם מעיר זאת או מעיר אחרת*. [ועי' תוס' יבמות קטו: ד"ה יצחק]

אין הבעל מודה לא יחזיר. אע"ג דנאמנת לומר 'גרשתני' (גיטין דף סד:), הכא אינה נאמנת, דמעיזה פניה, כיון דהגט מסייעה.

ואפילו לזמן מרובה. תימה: כיון שמודה שממנה נפל וכבר גירשה אמאי הוה לן למימר דלא יחזיר? כיון דנאמן לומר גרשתיה, כדאמר פרק "יש נוחלין" (ב"ב דף קלד:) אפילו נפל מאחר נחזיר לה לראיה בעלמא! וי"ל: דנאמן לומר גרשתיה ותהא מגורשת מכאן ולהבא, הואיל ובידו לגרשה. אבל הכא שאומר שכבר גרשה מזמן הכתוב בגט – כמו שאינו נאמן למפרע כך אינו נאמן להבא. ויחזיר לאשה דקתני – היינו בעדים, ותתגרש בו בחזרה זו, ולא חיישינן שמא מאחר נפל ואפילו לזמן מרובה.

מעולם לא חתמנו אלא על גט אחד כו'. ואומר הבעל שהוא אותו יוסף. וא"ת: והלא כשאין העדים אומרים כן אינו נאמן לומר שהוא שלו, אלא אנו חוששין שמא מאחר נפל, ועתה שעדים אומרים שלא חתמו אלא על גט אחד של יוסף בן שמעון – למה יהא נאמן? ליחוש שמא לאחר חתמו ולא לזה! וי"ל: דאף כי אין עדים, מה שאינו נאמן אע"ג שאומר מכיר אני שהוא שלי – לפי שמספק אומר שהוא שלו, לפי שסבור שלא איבד אחר גט רק הוא, לכך אומר שהוא שלו, אע"פ שאינו מכיר. אבל כשעדים אומרים שלא חתמו רק על גט אחד של יוסף בן שמעון – במזיד לא ישקר אם חתמו לאחר, לומר *שלא חתמו, דאינו חשוד לקלקלה כמו שנאמן לומר גרשתיה. ואית ספרים דגרסי אלא על גט אחד של יוסף בן שמעון – זה אתי שפיר טפי. וצריך לומר שלא ראו עדים החתימה, דאי ראו החתימה שהיא שלהם – א"כ הוה ליה למימר: מהו דתימא דלמא אתרמאי עדים כעדים, ותחימה כחתימה. ל"ל שלו. רש"ל

חָיְישִׁינַן לִשְׁנֵי שְׁוִירִי. וַא"ל *רַב חִסְדָּא לְרַבָּה: פּוּק עַיֵּין בָּהּ, דִּלְאוֹרְתָא בָּעֵי מִינָּךְ רַב הוּנָא. נְפַק דַּק וְאַשְׁכַּח, דִּתְנַן: *כָּל מַעֲשֵׂה ב"ד — הֲרֵי זֶה יַחֲזִיר. וְהָא בֵּי דִּינָא דְּרַב הוּנָא דְּכִי מָקוֹם שֶׁהַשַּׁיָּירוֹת מְצוּיוֹת דָּמֵי, וְקָא פָּשֵׁיט רַבָּה דְּיַחֲזִיר. אַלְמָא: אִי הוּחְזְקוּ שְׁנֵי יוֹסֵף בֶּן שִׁמְעוֹן — אִין, אִי לָא — לָא. עֲבַד רַבָּה עוּבָדָא (בְּהַהוּא גִּיטָּא דְּאִשְׁתַּכַּח) בֵּי כִּיתָּנָא דְּפוּמְבְּדִיתָא כִּשְׁמַעְתֵּיהּ. אִיכָּא דְּאָמְרִי: הֵיכָא דְּמְזַבְּנֵי כִּיתָּנָא, וְהוּא שֶׁלֹּא הוּחְזְקוּ, אע"ג דִּשְׁכִיחִין שַׁיָּירָתָא. וְאִיכָּא דְּאָמְרִי: הֵיכָא דְּתָרוּ כִּיתָּנָא, וְאע"ג דְּהוּחְזְקוּ, דְּלָא שְׁכִיחָא שַׁיָּירוֹת. רַבִּי זֵירָא רָמֵי מַתְנִיתִין אַבָּרַיְיתָא וּמְשַׁנֵּי: תְּנַן: הַמֵּבִיא גֵּט וְאָבַד הֵימֶנּוּ, מְצָאוֹ לְאַלְתַּר — כָּשֵׁר, וְאִם לָאו — פָּסוּל. וּרְמִינְהִי: *[א]מָצָא גֵּט אִשָּׁה בַּשּׁוּק, בִּזְמַן שֶׁהַבַּעַל מוֹדֶה — יַחֲזִיר לָאִשָּׁה, אֵין הַבַּעַל מוֹדֶה — לֹא יַחֲזִיר לֹא לָזֶה וְלֹא לָזֶה. קָתָנֵי מִיהַת: בִּזְמַן שֶׁהַבַּעַל מוֹדֶה — יַחֲזִיר לְאִשָּׁה, וַאֲפִילּוּ לִזְמַן מְרוּבֶּה! וּמְשַׁנֵּי: כָּאן — בְּמָקוֹם שֶׁהַשַּׁיָּירוֹת מְצוּיוֹת, וְכָאן — בְּמָקוֹם שֶׁאֵין הַשַּׁיָּירוֹת מְצוּיוֹת. אִיכָּא דְּאָמְרִי: וְהוּא שֶׁהוּחְזְקוּ דְּלָא נְהַדַר, וְהַיְינוּ דְּרַבָּה. אִיכָּא דְּאָמְרִי: [ב]אע"ג דְּלָא הוּחְזְקוּ לָא נְהַדַר, וּפְלִיגָא דְּרַבָּה. בִּשְׁלָמָא רַבָּה לָא אֲמַר כְּר' זֵירָא — מַתְנִיתִין אַלִּימָא לֵיהּ לְאַקְשׁוּיֵי. אֶלָּא רַבִּי זֵירָא, מ"ט לֹא אָמַר כְּרַבָּה? אָמַר לָךְ: מִי קָא תָנֵי: הָא אָמַר תְּנוּ — נוֹתְנִין וַאֲפִי' לִזְמַן מְרוּבֶּה? דִּלְמָא הָא אָמַר תְּנוּ — נוֹתְנִין, וּלְעוֹלָם כִּדְקַיְימָא לָן — לְאַלְתַּר. לְמ"ד לְר' זֵירָא בְּמָקוֹם שֶׁהַשַּׁיָּירוֹת מְצוּיוֹת וְאע"ג שֶׁלֹּא הוּחְזְקוּ שְׁנֵי יוֹסֵף בֶּן שִׁמְעוֹן, וּפְלִיגָא דְּרַבָּה, בְּמַאי קָא מִיפַּלְגִי? רַבָּה סָבַר: דְּקָתָנֵי כָּל מַעֲשֵׂה ב"ד הֲרֵי זֶה יַחֲזִיר דְּאִשְׁתַּכַּח בְּב"ד עָסְקִינַן, וּב"ד כְּמָקוֹם שֶׁהַשַּׁיָּירוֹת מְצוּיוֹת, וְהוּא שֶׁהוּחְזְקוּ — לֹא יַחֲזִיר, לֹא הוּחְזְקוּ — יַחֲזִיר. וְרַבִּי זֵירָא אָמַר לָךְ: מִי קָתָנֵי כָּל מַעֲשֵׂה ב"ד שֶׁנִּמְצְאוּ בְּב"ד? כָּל מַעֲשֵׂה ב"ד יַחֲזִיר קָתָנֵי, וּלְעוֹלָם דְּאִשְׁתַּכַּח אַבָּרַאי. ר' יִרְמְיָה אָמַר: [ג]כְּגוֹן דְּקָא אָמְרִי עֵדִים: מֵעוֹלָם לֹא חָתַמְנוּ אֶלָּא עַל גֵּט אֶחָד שֶׁל יוֹסֵף בֶּן שִׁמְעוֹן. אִי הָכִי, מַאי לְמֵימְרָא? מַהוּ דְּתֵימָא: לֵיחוּשׁ דִּלְמָא אִתְרְמֵי שְׁמָא כִּשְׁמָא, וְעֵדִים כְּעֵדִים — קָא מַשְׁמַע לָן. רַב אַשִׁי אָמַר: *[ד]כְּגוֹן דְּקָא אָמַר נֶקֶב יֵשׁ בּוֹ בְּצַד אוֹת פְּלוֹנִית. וְדַוְקָא בְּצַד אוֹת פְּלוֹנִית, אֲבָל נֶקֶב בְּעָלְמָא — לָא. רַב אַשִׁי מְסַפְּקָא לֵיהּ: *סִימָנִים, אִי דְּאוֹרָיְיתָא אִי דְּרַבָּנַן. רַבָּה בַּר בַּר חָנָה

אירכס

חָיְישִׁינַן לִשְׁנֵי שְׁוִירִי. אע"פ שֶׁבָּא אֶחָד לְפָנֵינוּ וְאָמַר מִמֶּנִּי נָפַל, וּפְלוֹנִי הָיָה מְשַׁלְּחוֹ לְאִשְׁתּוֹ, וְיוֹדְעִין אָנוּ שֶׁאֵין שָׁם בִּשְׁוִירִי שְׁנֵי אֲנָשִׁים שֶׁשְּׁמוֹתֵיהֶן שָׁוִין — חָיְישִׁינַן שֶׁמָּא שְׁוִירִי אַחֶרֶת יֵשׁ, וְיֵשׁ בָּהּ יוֹסֵף בֶּן שִׁמְעוֹן אַחֵר. וַאֲמַר לֵיהּ רַב חִסְדָּא לְרַבָּה גָּרְסִינַן. כָּל מַעֲשֵׂה ב"ד הֲרֵי זֶה יַחֲזִיר. כָּל מִילְּתָא דַּאֲתָא לְב"ד לְקַיֵּים דְּלֵיכָּא לְמֵיחַשׁ לְנִמְלַךְ עֲלֵיהֶן שֶׁלֹּא לִיתְּנָן — הֲרֵי זֶה יַחֲזִיר, וְזֶה מְקוּיָּים בְּב"ד הָיָה, וּלְכָךְ הוּבָא שָׁם. כִּשְׁמַעְתֵּיהּ. דְּבָעֵינַן תַּרְתֵּי. וְהָכָא חֲדָא הוּא דַּהֲוַאי, וְאַכְשְׁרֵיהּ. הֵיכָא דִּמְזַבְּנֵי כִּיתָּנָא. דְּשַׁיָּירוֹת מְצוּיוֹת שָׁם לָבֹא וְלִקְנוֹת, וְאַהַדְרֵיהּ מִשּׁוּם דְּלֹא הוּחְזְקוּ שְׁנֵי יוֹסֵף בֶּן שִׁמְעוֹן בָּעִיר שֶׁנִּכְתַּב בָּהּ. וְלָא חָיְישִׁינַן לוֹמַר יֵשׁ עִיר אַחֶרֶת שֶׁשְּׁמָהּ כָּזוֹ. וְאִיכָּא דְּאָמְרִי הֵיכָא דְּתָרוּ כִּיתָּנָא. בְּמֵי הַמִּשְׁרָה, שָׁם נִמְצָא הַגֵּט. וּמַאי כִּשְׁמַעְתֵּיהּ — שֶׁהוּחְזְקוּ שְׁנֵי יוֹסֵף בֶּן שִׁמְעוֹן בְּאוֹתָהּ עִיר שֶׁנִּכְתַּב בָּהּ וְאַכְשְׁרֵיהּ, דִּבְמָקוֹם שֶׁנִּמְצָא בּוֹ לֹא הָיוּ שַׁיָּירוֹת מְצוּיוֹת. בִּשְׁלָמָא רַבָּה. דְּאָמַר שִׁינּוּיָא אַרוּמְיָא דְּמַתְנִיתִין דְּגִיטִּין אַמַּתְנִי' דִּנְזִיקִין. לָא אֲמַר כְּר' זֵירָא. דְּרָמָא מַתְנִי' אַבָּרַיְיתָא. דְּמַתְנִיתִין אַלִּימָא לֵיהּ לְאַקְשׁוּיֵי. מִשּׁוּם דְּהִיא עִיקָּר, וְיֵשׁ תֵּימָה כְּשֶׁסּוֹתְרוֹת זוֹ אֶת זוֹ, וְצָרִיךְ לַחֲזוֹר שֶׁיִּתְיַישְּׁבוּ. דְּאִילּוּ בָּרַיְיתָא — יֵשׁ לוֹמַר אֵינָהּ עִיקָּר, רַבִּי לֹא שְׁנָאָהּ רַבִּי חִיָּיא מִנַּיִן לוֹ? וּלְעוֹלָם כִּדְקַיְימָא לָן כְּשֶׁנִּמְצָא לְאַלְתַּר. וְאִם לָאו פָּסוּל, שֶׁמָּא אֵינוֹ שֶׁל זֶה. אֲבָל בָּרַיְיתָא — לֵיכָּא לְשַׁנּוּיֵי הָכִי, דְּכֵיוָן דִּתְנָא בְּהֶדְיָא יַחֲזִיר לָאִשָּׁה — הֲוָה לֵיהּ לִפְלוּגֵי בֵּין לְאַלְתַּר בֵּין לִזְמַן מְרוּבֶּה. דְּלָא דָּמְיָא לְמַתְנִיתִין דְּהָתָם לֹא יַחֲזִיר תְּנָא, וּמִדּוּקְיָא הֲוָה דָּיֵיק יַחֲזִיר הֵיכָא דְּאָמַר תְּנוּ, וְכֵיוָן דְּלָא תְּנָא יַחֲזִיר — לָא הֲוָה לֵיהּ לִפְלוּגֵי. דְּאִשְׁתַּכַּח אַבָּרָאֵי. שֶׁאֵין הַשַּׁיָּירוֹת מְצוּיוֹת. ר' יִרְמְיָה אָמַר. הָא דְּקָתָנֵי יַחֲזִיר — כְּגוֹן דְּאָמְרִי עֵדִים הַחֲתוּמִין בּוֹ מֵעוֹלָם לֹא חָתַמְנוּ כו'. וְדַוְקָא בְּצַד אוֹת פְּלוֹנִית. דַּהֲוָה לֵיהּ סִימָן מוּבְהָק. וַאֲפִילּוּ אִם תִּמְצֵי לוֹמַר גַּבֵּי חֲזָרַת אֲבֵידָה בְּסִימָנִין, דְּאִיבַּעְיָא לָן לְקַמָּן (דף כז.) דְּאוֹרַיְיתָא אוֹ דְּרַבָּנַן — אֲפִילּוּ פָּשְׁטַתְּ סִימָנִין דְּרַבָּנַן יֵשׁ לִסְמוֹךְ עַל סִימָן מוּבְהָק כָּזֶה לְמִשְׁרֵי אֵשֶׁת אִישׁ דְּאוֹרַיְיתָא. מְסַפְּקָא לֵיהּ לְרַב אַשִׁי סִימָנִין. שֶׁמַּחֲזִירִין בָּהֶן אֲבֵידָה, אִי דְּאוֹרַיְיתָא הִיא, וַאֲפִילּוּ בְּאִיסּוּר דְּאוֹרַיְיתָא סָמְכִינַן אַסִּימָן כָּל דְּהוּ. אִי דְּרַבָּנַן. וְדַוְקָא בַּאֲבֵידָה, שֶׁהֶפְקֵר ב"ד הֶפְקֵר. אֲבָל בְּמִידֵּי דְּאִיסּוּרָא — לָא סָמְכִינַן. וְאִי קַשְׁיָא: נֵימָא הָכִי קָסָבַר סִימָנִין דְּרַבָּנַן, וְנִפְשׁוֹט בַּעְיַין דִּלְקַמָּן! לָאו פִּירְכָא הִיא, דְּמִמַּאן דִּפְשִׁיטָא לֵיהּ? אִי נַמִי מְסַפְּקָא לֵיהּ אִית עֲלֵיהּ לְמֵיסַר מִסְּפֵיקָא.

אירכס

אי

[לקמן כ: גיטין כז. ב"ב קעב:]
[לעיל טז: לקמן כ.]
רש"ל מ"ז
גיטין כז.
[גיטין כז:]
[לקמן כז: חולין עט:]

אִירְכַּס לֵיהּ גִּיטָּא בֵּי מִדְרָשָׁא. אֲמַר: אִי סִימָנָא — אִית לִי בְּגַוֵּיהּ, אִי טְבִיעוּת עֵינָא — אִית לִי בְּגַוֵּיהּ, אַהַדְרוּהּ נִיהֲלֵיהּ. אֲמַר: לָא יָדַעְנָא אִי מִשּׁוּם סִימָנָא אַהַדְרוּהּ נִיהֲלִי, וְקָא סָבְרִי: סִימָנִין דְּאוֹרַיְיתָא. אִי מִשּׁוּם טְבִיעוּת עֵינָא אַהַדְרוּהּ נִיהֲלִי, וְדַוְקָא — צוּרְבָא מִדְּרַבָּנַן, אֲבָל אִינִישׁ דְּעָלְמָא — לָא. גּוּפָא, מָצָא גֵּט אִשָּׁה בַּשּׁוּק, בִּזְמַן שֶׁהַבַּעַל מוֹדֶה — יַחֲזִיר לָאִשָּׁה, אֵין הַבַּעַל מוֹדֶה — לֹא יַחֲזִיר לֹא לָזֶה וְלֹא לָזֶה. בִּזְמַן שֶׁהַבַּעַל מוֹדֶה — מִיהָא יַחֲזִיר לָאִשָּׁה, וְלֵיחוּשׁ שֶׁמָּא כָּתַב לִיתֵּן בְּנִיסָן, וְלֹא נָתַן לָהּ עַד תִּשְׁרֵי, וַאֲזַל בַּעַל זַבֵּין פֵּירֵי מִנִּיסָן וְעַד תִּשְׁרֵי, וּמַפְּקָא לְגִיטָּא דִּכְתַב בְּנִיסָן וְאָתְיָא לְמִטְרַף לָקוֹחוֹת שֶׁלֹּא כַּדִּין! הָנִיחָא לְמ"ד *כֵּיוָן שֶׁנָּתַן עֵינָיו לְגָרְשָׁהּ שׁוּב אֵין לַבַּעַל פֵּירוֹת — שַׁפִּיר, אֶלָּא לְמ"ד יֵשׁ לַבַּעַל פֵּירוֹת עַד שְׁעַת נְתִינָה, מַאי אִיכָּא לְמֵימַר? כִּי אָתְיָא לְמִטְרַף אָמְרִינַן לָהּ: אַיְיתִי רְאָיָה אֵימַת מְטָא גִּיטָּא לִידָךְ. וּמַאי שְׁנָא מִשְּׁטָרֵי חוֹב? דִּתְנַן: *מָצָא שִׁטְרֵי חוֹב, אִם יֵשׁ בָּהֶן אַחֲרָיוּת נְכָסִים — לֹא יַחֲזִיר, וְאוֹקִימְנָא כְּשֶׁחַיָּיב מוֹדֶה, וּמִשּׁוּם שֶׁמָּא כָּתַב לִלְווֹת בְּנִיסָן וְלֹא לָוָה עַד תִּשְׁרֵי, וְקָא טָרֵיף לָקוֹחוֹת שֶׁלֹּא כַּדִּין. הָתָם נַמִי לִיהֲדַר, וְכִי אָתֵי לְמִטְרַף — נֵימָא לֵיהּ: אַיְיתִי רְאָיָה אֵימַת מְטָא שְׁטָר חוֹב לִידָךְ! אָמְרִי: הָכָא, גַּבֵּי גֵּט אִשָּׁה, אָתֵי לוֹקֵחַ וּתְבָעָהּ. אֲמַר: הַאי דְּהַדְרוּהּ נִיהֲלָהּ רַבָּנַן לְגִיטָּא — מִשּׁוּם דְּלָא תַּעֲגִין וְתֵיתִיב, הַשְׁתָּא דְּקָא אָתְיָא לְמִטְרַף — תֵּיזִיל וְתֵיתֵי רְאָיָה אֵימַת מְטָא גִּיטָּא לִידָהּ. הָכָא, גַּבֵּי שְׁטַר חוֹב, לָא אָתֵי לוֹקֵחַ וְתָבַע, (א) מִדְּאַהַדְרוּהּ נִיהֲלֵיהּ רַבָּנַן לִשְׁטַר חוֹב — פְּשִׁיטָא, לְמַאי הִלְכְתָא אַהַדְרוּהּ נִיהֲלֵיהּ — לְמִטְרַף הוּא, שְׁמַע מִינָּהּ קָמוּ רַבָּנַן בְּמִילְּתָא, וּמִקַּמֵּי דִּידִי מְטָא שְׁטָרָא לִידֵיהּ. § "שִׁחְרוּרֵי עֲבָדִים" וכו'. § ת"ר: [א]מָצָא שְׁטַר שִׁחְרוּר בַּשּׁוּק, בִּזְמַן שֶׁהָרַב מוֹדֶה — יַחֲזִיר לָעֶבֶד, אֵין הָרַב מוֹדֶה — לֹא יַחֲזִיר לֹא לָזֶה וְלֹא לָזֶה. בִּזְמַן שֶׁהָרַב מוֹדֶה מִיהָא — יַחֲזִיר לָעֶבֶד, וְאַמַּאי? נֵיחוּשׁ שֶׁמָּא כָּתַב לִיתֵּן לוֹ בְּנִיסָן, וְלֹא נָתַן לוֹ עַד תִּשְׁרֵי, וַאֲזַל עַבְדָּא וְקָנָה נְכָסִין מִנִּיסָן וְעַד תִּשְׁרֵי, וְאָזֵיל הָרַב וְזַבְּנִינְהוּ, וּמַפֵּיק לֵיהּ לְשִׁחְרוּר דִּכְתַב בְּנִיסָן, וְקָא טָרֵיף לָקוֹחוֹת שֶׁלֹּא כַּדִּין. *הָנִיחָא לְמ"ד זְכוּת הוּא לָעֶבֶד שֶׁיּוֹצֵא מִתַּחַת רַבּוֹ לְחֵירוּת, וּכְאַבַּיֵי דְּאָמַר *עֵדָיו בַּחֲתוּמָיו זָכִין לֵיהּ — שַׁפִּיר. אֶלָּא לְמ"ד חוֹב הוּא לָעֶבֶד שֶׁיּוֹצֵא מִתַּחַת יַד רַבּוֹ לְחֵירוּת, מַאי אִיכָּא לְמֵימַר? דְּכִי אָתֵי לְמִטְרַף אָמְרִינַן לֵיהּ: [ב]אַיְיתִי רְאָיָה אֵימַת מְטָא שִׁחְרוּר לִידָךְ. § [ג]"דַּיְיתִיקֵי מַתָּנָה" וכו'. § *ת"ר: אֵיזוֹ הִיא דַּיְיתִיקֵי — דָּא תְּהֵא לְמֵיקַם וְלִהְיוֹת, שֶׁאִם מֵת — נְכָסָיו לִפְלוֹנִי. מַתָּנָה, כֹּל שֶׁכָּתוּב בּוֹ מֵהַיּוֹם וּלְאַחַר מִיתָה. אַלְמָא: אִי כְּתִיבָא מֵהַיּוֹם וּלְאַחַר מִיתָה — הוּא דְּקָנֵי, וְאִי לָא — לָא קָנֵי! אֲמַר אַבַּיֵי, הָכִי קָאָמַר: [ד]אֵיזוֹ הִיא מַתְּנַת בָּרִיא שֶׁהִיא כְּמַתְּנַת שְׁכִיב מְרַע, דְּלָא קָנֵי אֶלָּא לְאַחַר מִיתָה — כֹּל שֶׁכָּתוּב בָּהּ מֵהַיּוֹם וּלְאַחַר מִיתָה. טַעְמָא דְּלָא אָמַר תְּנוּ, הָא אָמַר תְּנוּ — נוֹתְנִין. וּרְמִינְהוּ: מָצָא דַּיְיתִקָאוֹת, אַפּוֹתִיקָאוֹת וּמַתָּנוֹת, אע"פ שֶׁשְּׁנֵיהֶם מוֹדִין — לֹא יַחֲזִיר לֹא לָזֶה וְלֹא לָזֶה! אֲמַר רַבִּי אַבָּא בַּר מֶמֶל: לָא קַשְׁיָא, הָא

רש"י

אירכס ליה גיטא. שֶׁהָיָה שָׁלִיחַ לְהָבִיא, וְאִירְכַּס לֵיהּ, וְאַשְׁכְּחוּהוּ. **אמר אי סימנא.** חֲשִׁיבָא לְכוּ, אִית לִי בְּגַוֵּיהּ סִימָנָא. **ואי טביעות עין.** חֲשִׁיבָא לְכוּ, אִית לִי בְּגַוֵּיהּ טְבִיעוּת עֵינָא. מַכִּירוֹ אֲנִי בִּכְתַב יְדֵי הַסּוֹפֵר וְהָעֵדִים, מִדַּת אָרְכּוֹ וְרָחְבּוֹ, כְּאָדָם הַמַּכִּיר אֶת חֲבֵירוֹ בִּטְבִיעַת עַיִן שֶׁטָּבַע בּוֹ וְאֵין בּוֹ סִימָן. **וקסברי.** רַבָּנַן סִימָנִין דְּאוֹרַיְיתָא, שֶׁלֹּא אָמַרְתִּי סִימָן מוּבְהָק, וְהֶחֱזִירוּהוּ לִי. **ודוקא לצורבא מדרבנן.** דְּמוּחְזָק לָן בֵּיהּ דְּלָא מְשַׁנֵּי בְּדִיבּוּרֵיהּ. **ולא נתן עד תשרי.** וְכָל זְמַן שֶׁלֹּא נָתַן הָיָה לוֹ לֶאֱכוֹל וְלִמְכּוֹר פֵּירֵי נִכְסֵי מְלוֹג שֶׁלָּהּ, שֶׁתִּקְּנוּ חֲכָמִים לַבַּעַל לֶאֱכוֹל פֵּירוֹת שֶׁל נִכְסֵי מְלוֹג אִשְׁתּוֹ שֶׁנָּפְלוּ לָהּ לִירוּשָּׁה. **וזבין פירי.** כְּמִשְׁפָּטוֹ. **שפיר.** יֵשׁ לָהּ לִטְרוֹף כָּל מַה שֶּׁמָּכַר מִשְּׁעַת כְּתִיבָה. וְהָא פְּלוּגְתָּא בְּמַסֶּ' גִּיטִּין בְּפֶרֶ' שֵׁנִי (דף יז:). **אימת מטא גיטא לידך.** מִיַּד בַּעֲלֵיךְ. **אימת מטא שטרא לידך.** מִיַּד הַלֹּוֶה מִתְּחִלָּה. **אתי לוקח ותבע.** אִי אָתְיָא לְמִיטְרַף מַסֵּיק אַדַּעְתֵּיהּ לִתְבּוֹעַ, אַיְיתֵי רְאָיָה אֵימַת מְטָא גִּיטָּא לִידָךְ בִּזְמַנָּא קַמָּא. **מקמי דידי.** מִקּוֹדֶם שֶׁמָּכַר לִי הַלֹּוֶה נְכָסָיו מְטָא שְׁטָר מִיַּד לֹוֶה לַמַּלְוֶה בָּרִאשׁוֹנָה. **הניחא למ"ד כו'.** פְּלוּגְתָּא בְּפ"ק דְּגִיטִּין (דף יב:). **זכות הוא לעבד.** טוֹבָה הִיא אֶצְלוֹ שֶׁמַּתִּירוֹ בַּקָּהָל, וְכֵיוָן דִּזְכוּת הוּא — אִיכָּא לְתָרוּצֵי דְּמִשָּׁעָה שֶׁנִּכְתַּב זוֹכֶה בַּשִּׁחְרוּר, דִּלְכִי מְטָא (ב) שְׁטַר גֵּט לִידֵיהּ נַעֲשָׂה בֶּן חוֹרִין לְמַפְרֵעַ, מִשְּׁעַת חֲתִימָה. **חוב הוא לעבד.** חוֹבָתוֹ הוּא שֶׁיּוֹצֵא מִתַּחַת רַבּוֹ. כְּלוֹמַר: הֶפְסֵד הוּא לוֹ, שֶׁאִם עֶבֶד (ג) כֹּהֵן הוּא פּוֹסְלוֹ — מִן הַתְּרוּמָה, וְאִם שֶׁל יִשְׂרָאֵל — אוֹסְרוֹ בְּשִׁפְחָה כְּנַעֲנִית, דְּזִילָא לֵיהּ, וּשְׁכִיחָא לֵיהּ, וּפְרִיצָא לֵיהּ. **מאי איכא למימר.** דְּהָשְׁתָּא לֵיכָּא לְמֵימַר עֵדָיו בַּחֲתוּמָיו *חָבִין לוֹ, דְּאֵין חָבִין לָאָדָם שֶׁלֹּא בְּפָנָיו. **דא תהא למיקם.** שְׁטָר זֶה יִהְיֶה לָקוּם וְלִהְיוֹת בְּכָל הַכָּתוּב בּוֹ, דְּדִבְרֵי שְׁכִיב מְרַע כִּכְתוּבִין וְכִמְסוּרִין דָּמֵי. **מתנה.** מַתְּנַת בָּרִיא אֵיזוֹ הִיא, כָּל שֶׁכָּתוּב בּוֹ כו'. **מהיום ולאחר מיתה.** גּוּף הַקַּרְקַע קָנוּי לוֹ מִן הַיּוֹם, וְאֵין לוֹ עוֹד רְשׁוּת לְמוֹכְרָהּ וְלִיתְּנָהּ וּלְהוֹרִישָׁהּ. וְהַפֵּירוֹת אֵינוֹ אוֹכֵל כָּל יְמֵי חַיָּיו אֶלָּא לְאַחַר מִיתָה. **ואי לא לא קני.** בִּתְמִיָּה: כָּל שֶׁכֵּן דְּאִם יָהֵיב לֵיהּ גּוּף וּפֵירוֹת בְּמַעַכְשָׁיו, דְּקָנֵי טְפֵי. סְתָם מַתְּנַת שְׁכִיב מְרַע לָא קָנְיָא לוֹ אֶלָּא לְאַחַר מִיתָה, דְּמֵחֲמַת מִיתָה הוּא מְלַוֶּה. **הא אמר תנו נותנין.** אַמַּתְנִי' פָּרֵיךְ, דְּתָלֵי טַעְמָא בְּשֶׁאֲנִי אוֹמֵר נִמְלַךְ עֲלֵיהֶם שֶׁלֹּא לִתְּנָן. **אפותיקאות.** שֶׁעָשָׂה לוֹ שָׂדֶה אַפּוֹתֵיקִי לְמַלְוֶה עַל פֶּה, שֶׁהָיְתָה לוֹ עָלָיו מִלְוֶה יְשָׁנָה. **לא יחזיר.** שֶׁמָּא כְּתָבָהּ לָזֶה וְלֹא מָסַר לוֹ, וְלֹא זָכָה בַּקַּרְקַע. וְחָזַר וְכָתַב לְאַחֵר וּמָסַר לוֹ הַשְּׁטָר, וְזָכָה בּוֹ. וּבָא לַחֲזוֹר בּוֹ מִן הַשֵּׁנִי, וְרוֹצֶה לָתֵת לָרִאשׁוֹן, וְחָפֵץ שֶׁיִּמְסְרוּ לוֹ שְׁטָר זֶה שֶׁיּוֹצִיאֶנָּה בְּבֵית דִּין, וְנִמְצָא זְמַן שְׁטָר שֶׁל זֶה קוֹדֵם לִשְׁטָרוֹ שֶׁל שֵׁנִי, וְיוֹצִיאֶנָּה מִיָּדוֹ בַּדִּין.

הא

תוספות

אי סימנין דאורייתא. בגט נמי מהדרינן. ואי סימנין דרבנן, מה שמחזירין אבידה בסימן שאינו מובהק – מדרבנן משום דהפקר בית דין הפקר, אבל מדאורייתא צריך או עדים או סימן מובהק. וגט נמי, דאיסור הוא – לא מהדרינן אלא בסימן מובהק.

אבל איניש דעלמא לא. מפרש ר"ת דעם הארץ נמי אית ליה טביעות עינא, כדאמר בפ' "גט פשוט" (ב"ב דף קסח.): האי מאן דבעי לקדושי איתתא, לידבר עם הארץ בהדיא. והאי דלא מהדרינן ליה – משום דלא מהימן. **וליחוש** דלמא כתב ליתן בניסן כו'. ואפילו לאביי דאמר עדיו בחתומיו זכין לו, הכא גבי אשה – חוב הוא לה. ואמתני' דדייקינן הא אמר תנו נותנין, וכן אמתני' דהמביא גט ממדינת הים – לא פריך: ניחוש שמא כתב ליתן בניסן כו', כיון דעתה שבא לגרשה רואין שהזמן מוקדם, ויש קול שלא נמסר ביום שנכתב, ויזכרו לקוחות לומר אייתי ראיה אימת מטא גיטא לידך. אבל הכא, שהבעל מודה שממנה נפל, וגירשה ביום הכתיבה – פריך: וניחוש שמא יסברו לקוחות שאמרה אמת, ולא יאמרו בשעת טריפה אייתי ראייה אימת מטא גיטא לידך. וא"ת: ואמאי לא פריך אמתני' (ד) דכותבין גט לאיש אע"פ שאין אשתו עמו, ליחוש שמא לא יתן עד שנה? וכי תימא כיון דליכא ריעותא דנפילה י"ל יום שנכתב נמסר, ואפי' נמסר נמי אחר זמן – יש קול שלא נמסר ביום שנכתב, כי רואים בשעת קבלת הגט שהוא מוקדם, ויזכרו לקוחות לומר כשתטרף אייתי ראיה. דהא לעיל (דף יב:) פריך גבי כותבין שטר ללוה! ויש לומר: דגבי כותבין שטר ללוה פריך שפיר, משום דמאן דיזיף – בצנעא יזיף, (ב"ב מב.) ויש לחוש שמא לאחר זמן ימסור לו בצנעא, ויסברו לקוחות שנמסר לו משעת כתיבה. אבל גט דיהבי בפרהסיא, דצריך עדי מסירה – אפילו לר"מ, דאין דבר שבערוה פחות משנים, כדפירש ר"ת ורשב"ם בגיטין (ד. ד"ה דק"ל). ועוד: דרגילות לגרש בפרהסיא, לגלות שהיא פנויה – יש קול שנתגרשה אחר זמן כתיבה, ולא יטעו הלקוחות. אבל אכתי קשה: אמאי כותבין גט לאיש כו' ניחוש שמא תזנה אחר הכתיבה, ויתן לה בצנעא כדי לחפות עליה! וי"ל דמיד שנכתב הגט נותן לה, דלא מקדים איניש פורענות לנפשיה. **אימת** מטא גיטא לידך. בשאר גיטין לא אמרינן כן, דמסתמא ביום שנכתב נמסר, אבל זה דנפל – אתרע.

ברייתא

עין משפט נר מצוה

קסא א ב מיי' פי"ח מהל' גזילה ואבידה הל' ח ועיין במ"מ סמג עשין עד טוש"ע ח"מ סי' סה סעיף יג:

קסב ג מיי' שם הל' ט טוש"ע שם סעיף יד:

קסג ד מיי' פי"ב מהל' זכייה ומתנה הל' יד סמג עשין פב טוש"ע ח"מ סי' רנז סעיף ו:

רבינו חננאל

לחומרא עבדינן הא דאירכס ליה גיטא בבי מדרשא לרבה בר חנא ואהדרוה ליה ולא ידע אי בסימנא דאית ליה בגויה אי בטביעות עינא מסייעא להא דאמרנא. גופא מצא גט אשה בזמן שהבעל מודה יחזיר לאשה וכו' פשוטה היא וסוגייא דשמעתתא כל כי הא גוונא מצריכינן ליה לברורי בעדים אימת מטא גט לידה וכן כל שטר הנמצא חיישינן דלמא אתי למיטרף לקוחות שלא כדין. וכן גט שחרור דינו נמי הכי. פי' דיאתיקי צואת שכיב מרע בלשון יון נקראת דייתיקי. דייתיקי מתנה ושוברים לא יחזיר שאני אומר כתובין היו ונמלך עליהם שלא ליתנם. הא אמר תנו נותנים ורמינהי דיתיקאות אפותיקאות ומתנות אע"פ ששניהן מודין לא יחזיר לא לזה ולא לזה

הגהות הב"ח

(א) גמ' ותבע אמר מדאהדרוה ניהליה רבנן לשטר חוב: (ב) רש"י ד"ה זכות הוא וכו' דלכי מטא גט שחרור לידיה: (ג) ד"ה חוב וכו' שאם עבד של כהן: (ד) תוס' ד"ה וליחוש וכו' לא פריך אמתניתין דגט פשוט דכותבין:

מסורת הש"ס

[גיטין יז:]

לעיל יב:

זכין רש"ל

[גיטין יב:]

[לעיל יג. וש"נ]

ב"ב קלה:

הָא — בְּבָרִיא, וְהָא — בִּשְׁכִיב מְרַע. אמַתְנִיתִין דְּקָתָנֵי הָא אָמַר תְּנוּ נוֹתְנִין — בִּשְׁכִיב מְרַע, דְּבַר מְהַדֵּר הוּא, דְּאָמְרִינַן: מַאי אִיכָּא לְמֵימַר, דִּלְמָא כְּתָבָהּ מֵעִיקָּרָא לְהַאי, וְאִמְלִיךְ וְלָא יְהָבָהּ נִיהֲלֵיהּ, וַהֲדַר כְּתָבָהּ לְאִינִישׁ אַחֲרִינָא וִיהֲבֵיהּ נִיהֲלֵיהּ — הָשְׁתָּא קָא הָדַר בֵּיהּ מֵהַהוּא דִּיהָבָהּ נִיהֲלֵיהּ. אִי בְּמַתְּנַת בָּרִיא יְהָבָהּ לֵיהּ — לֵית לֵיהּ פְּסֵידָא, דְּכִי נָפְקָא תַּרְתֵּי — בַּתְרַיְיתָא זָכֵי, דְּהָא הֲדַר בֵּיהּ מִקַּמַּיְיתָא. אִי בְּמַתְּנַת שְׁכִיב מְרַע נַמִי יְהָבָהּ נִיהֲלֵיהּ — לֵית בָּהּ פְּסֵידָא, דְּבַתְרַיְיתָא זָכֵי, דְּקָא הָדַר בֵּיהּ מִקַּמַּיְיתָא. בכִּי קָתָנֵי בְּבָרַיְיתָא אע"פ שֶׁשְּׁנֵיהֶם מוֹדִים לֹא יַחֲזִיר לֹא לָזֶה וְלֹא לָזֶה — בְּבָרִיא, דְּלָאו בַּר מְהַדֵּר הוּא, דְּאָמְרִינַן: דִּלְמָא כְּתָבָהּ לְהַאי מֵעִיקָּרָא, וְאִמְלִיךְ וְלָא יְהָבָהּ לֵיהּ, וַהֲדַר כְּתָבָהּ לְאִינִישׁ אַחֲרִינָא וִיהָבָהּ לֵיהּ, הָשְׁתָּא קָא הָדַר בֵּיהּ מֵהַהוּא דִּיהָבָהּ לֵיהּ, וְסָבַר: מְהַדַּר — לָא מָצֵינָא הָדַרְנָא בִּי, אֵימַר לְהוּ דַּאֲנָא לְהַאי יְהַבְתָּא, וְנִיהַדְרוּ נִיהֲלֵיהּ כְּתָבָא, כִּי הֵיכִי דְּכִי מַפֵּיק הַאי כְּתָבָא דְּקַדֵּים — זָכָה בֵּיהּ הוּא. אֶלָּא אָמְרִינַן לֵיהּ אֲנַן: הַאי כְּתָבָא, לָא יָהֲבִינַן לֵיהּ לְהַאי, דִּלְמָא מִכְתַּב כְּתַבְתְּ, מֵיהַב לָא יְהַבְתְּ נִיהֲלֵיהּ, וִיהַבְתָּהּ לְאִינִישׁ אַחֲרִינָא וְקָא הָדְרַתְּ בֵּיהּ. אִי לָא יְהַבְתָּהּ לְאִינִישׁ אַחֲרִינָא וְקָא בָּעֵית דְּתֵיתְבָהּ לְהַאי — כְּתִיב לֵיהּ הָשְׁתָּא כְּתָבָא אַחֲרִינָא וִיהָבֵיהּ נִיהֲלֵיהּ, דְּאִי יְהַבְתְּ לְאִינִישׁ אַחֲרִינָא — לֵית בָּהּ פְּסֵידָא, דְּקַדֵּים זָכֵי. מַתְקִיף לָהּ רַב זְבִיד: וְהָא אִידִי וְאִידִי דְּיַיתִּיקָאוֹת קָא תָּנֵי! אֶלָּא אֲמַר רַב זְבִיד: הָא וְהָא בִּשְׁכִיב מְרַע, וְלָא קַשְׁיָא: הָא — בֵּיהּ, וְהָא — בִּבְרֵיהּ. מַתְנִיתִין דְּקָא אָמַר תְּנוּ נוֹתְנִין — בְּדִידֵיהּ, דְּבַר מְהַדֵּר הוּא. דְּאָמְרִינַן: א"נ יְהָבָהּ לְאִינִישׁ אַחֲרִינָא — לֵית בָּהּ פְּסֵידָא, דְּקַמָּא וּבַתְרָא — בַּתְרָא זָכֵי, דְּהָא הֲדַר בֵּיהּ מִקַּמָּא. כִּי קָא תָּנֵי בְּבָרַיְיתָא אע"פ שֶׁשְּׁנֵיהֶם מוֹדִים, לֹא יַחֲזִיר לֹא לָזֶה וְלֹא לָזֶה — גבִּבְרֵיהּ. דְּאָמְרִינַן: דִּלְמָא כָּתַב אֲבוּהּ לְהַאי, וְאִמְלַךְ וְלָא יְהָבֵיהּ נִיהֲלֵיהּ. וּבָתַר אֲבוּהּ כָּתַב אִיהוּ לְאִינִישׁ אַחֲרִינָא, וִיהֲבָהּ לֵיהּ. וְהָשְׁתָּא קָא הָדַר בֵּיהּ מֵהַהוּא, סָבַר: מְהַדַּר לָא מָצֵינָא הֲדַרְנָא בִּי, אֵימַר לְהוּ דְּאַבָּא יְהָבָהּ לֵיהּ לְהַאי, וְנִתְבוּ לֵיהּ כְּתָבֵיהּ *וְנֵיזִיל וְנַפֵּיק מִינֵּיהּ — דְּהוּא זָכֵי, וְנִפְלוֹג בַּהֲדֵיהּ. הִלְכָּךְ אָמְרִינַן לֵיהּ אֲנַן: הַאי כְּתָבָא לָא יָהֲבִינַן לֵיהּ לְהַאי, דְּדִלְמָא מִכְתַּב כְּתָבֵיהּ אֲבוּהּ, מֵיהַב לָא יְהָבָהּ לֵיהּ, וִיהַבְתֵּיהּ אַתְּ לְאִינִישׁ אַחֲרִינָא וְקָא הָדְרַתְּ בֵּיהּ. אֶלָּא אִי קוּשְׁטָא קָא אָמְרַתְּ דִּיהַב לֵיהּ אֲבוּךְ — זִיל אַתְּ הָשְׁתָּא כְּתִיב לֵיהּ שְׁטָרָא אַחֲרִינָא דְּאִי נַמִי לָא יְהָבָהּ לֵיהּ אֲבוּהּ, וּכְתַבְתֵּיהּ אַתְּ לְאִינִישׁ אַחֲרִינָא — לֵית בָּהּ פְּסֵידָא, דְּקַמָּא וּבַתְרָא — קַמָּא זָכֵי.§ ת"ר: דמָצָא שׁוֹבֵר, בִּזְמַן שֶׁהָאִשָּׁה מוֹדָה — יַחֲזִיר לַבַּעַל, אֵין הָאִשָּׁה מוֹדָה — לֹא יַחֲזִיר לֹא לָזֶה וְלֹא לָזֶה. בִּזְמַן שֶׁהָאִשָּׁה מוֹדָה מִיהַת — יַחֲזִיר לַבַּעַל, וְלֵיחוּשׁ דִּלְמָא כָּתְבָה לִיתֵּן בְּנִיסָן, וְלֹא נָתְנָה עַד תִּשְׁרֵי, וְאָזְלָה וְזַבִּנְתָּה לִכְתוּבָּה בְּטוֹבַת הֲנָאָה מִנִּיסָן עַד תִּשְׁרֵי, וּמַפֵּיק לֵיהּ לַשּׁוֹבֵר דִּכְתִיב בְּנִיסָן, וְאָתָא לְמִטְרַף לָקוֹחוֹת שֶׁלֹּא כְּדִין! אֲמַר רָבָא:

ש"מ

וּמַפֵּיק לַשּׁוֹבֵר. שֶׁכָּתוּב בְּנִיסָן וְיַקְדִּים לִשְׁטָרוֹ שֶׁל לוֹקֵחַ וְיַחֲזִיק הַבַּעַל בַּקַּרְקַע

הָא בְּבָרִיא. שֶׁהָיָה שְׁטַר מַתְּנַת בָּרִיא, דְּלָא כְּתִיב בֵּיהּ "כִּדְקָלִיר וְרָמֵי בְּעַרְסֵיהּ" (א) כְּדִין שֶׁכּוֹתְבִין בְּשִׁטְרֵי מַתָּנוֹת שְׁכִיב מְרַע. דְּבַר מְהַדֵּר הוּא. שֶׁיָּכוֹל לַחֲזוֹר בְּמַתְּנָתוֹ אִם כָּתַב שְׁנֵי שְׁטָרוֹת — הַשֵּׁנִי זוֹכֶה, שֶׁהֲרֵי חָזַר בּוֹ מֵרִאשׁוֹן. אִי בְּמַתְּנַת בָּרִיא יְהָבָהּ נִיהֲלֵיהּ. לְהַהוּא בַּתְרָא. לֵית לֵיהּ פְּסֵידָא. בְּהַאי שְׁטָרָא דִּמְהַדְּרָא לֵיהּ לְהַאי. בְּבָרִיא. כְּגוֹן שֶׁהָיָה הַשְּׁטָר זֶה הַנִּמְצָא מַתְּנַת בָּרִיא, שֶׁהוּא זוֹכֶה לַשְּׁטָר הַמּוּחְזָק לוֹ, שֶׁאֵינוֹ יָכוֹל לַחֲזוֹר בְּמַתְּנָתוֹ. דְּאִי יְהַבְתֵּיהּ לְאִינִישׁ אַחֲרִינָא לֵית לֵיהּ פְּסֵידָא. בִּשְׁטָרָא דִּכְתַבְתְּ הָשְׁתָּא, דְּמַאן דְּקָדֵים שְׁטָרֵיהּ זָכָה. בֵּיהּ. שֶׁעֲדַיִין הוּא קַיָּים, וְאָמַר תְּנוּ לָזֶה. הָא בִּבְרֵיהּ. שֶׁמֵּת מֵחָלְיוֹ, וְזֶה בְּנוֹ אוֹמֵר הַחֲזִירֵהוּ. דְּבַר מְהַדֵּר הוּא. מִמַּתָּנָה זוֹ. אִם חָזַר בּוֹ לְאַחַר שֶׁיָּצְאוּ שְׁנֵי שְׁטָרוֹת בְּב"ד — יִזְכֶּה הָאַחֲרוֹן. א"נ יְהָבָהּ. שׁוּב לְאִינִישׁ אַחֲרִינָא בְּמַתְּנַת בָּרִיא. לֵית לֵיהּ פְּסֵידָא. לְהַהוּא בַּתְרָא בְּהַאי שְׁטָרָא דִּמְהַדְּרִינָא לֵיהּ לְהַאי. כְּתָבָהּ אִיהוּ. הַבֵּן. דְּהוּא קָדֵים. שֶׁיְּהֵא שְׁטָרוֹ קוֹדֵם, דְּכֵיוָן דְּמֵת אָבִיו מֵחָלְיוֹ זָכָה מִשֶּׁנְּתָנָהּ לוֹ. וְנִפְלוֹג בַּהֲדֵיהּ. אֶחֱלוֹק עִמּוֹ בִּקְנוּנְיָא זוֹ. קַמָּא זָכָה. מֵאַחַר שֶׁשְּׁנֵי הַשְּׁטָרוֹת יָצְאוּ מִשִּׁמְךָ, הַקּוֹדֵם זָכָה, שֶׁמַּתְּנַת בָּרִיא הֵם. וְהָשְׁתָּא דְּאוֹקִימְנָא טַעְמָא דְּלָא יַחֲזִיר מִשּׁוּם דִּלְמָא כְּתָבָהּ לְהַאי, וְאִמְלִיךְ וְלָא יְהָבָהּ לֵיהּ, וַהֲדַר כְּתָבָהּ לְאִינִישׁ אַחֲרִינָא — לֵיכָּא לְמִרְמֵי אַמַּתָּנוֹת. וְלָא תֵּידוּק מַתְנִי' גַּבֵּי מַתָּנוֹת הָא אָמַר תְּנוּ נוֹתְנִין, דְּכִי נַמִי אָמַר תְּנוּ — שַׁיָּיךְ לְמֵימַר טַעְמָא דְּלָא יַחֲזִיר, מִשּׁוּם שֶׁאֲנִי אוֹמֵר כְּתוּבִין הָיוּ וְנִמְלַךְ עֲלֵיהֶן שֶׁלֹּא לִתְּנָן, וַהֲדַר כְּתָבָהּ לְאִינִישׁ אַחֲרִינָא. וְגַבֵּי דְּיַיתִּקָאוֹת, ע"כ אִם אָמַר תְּנוּ — נוֹתְנִין אִם הוּא קַיָּים, דְּהָא תָּלָה תַּנָּא דִּידַן טַעְמָא מִשּׁוּם שֶׁאֲנִי אוֹמֵר נִמְלַךְ עֲלֵיהֶן שֶׁלֹּא לִתְּנָן, וְאִי נַמִי הָכִי הֲוָה דְּנִמְלַךְ הָשְׁתָּא, אִם אָמַר תְּנוּ — נוֹתְנִין, דְּלֵיכָּא לְמֵיחַשׁ לְמִידֵי. וְה"ק: מְנָא דְּיַיתִּיקִי אוֹ מַתָּנָה לֹא יַחֲזִיר, שֶׁאֲנִי אוֹמֵר כו'. וְהֵיכָא דְּאָמַר תְּנוּ, [אִי] שַׁיָּיךְ לְמֵימַר לֹא יַחֲזִיר, מִשּׁוּם טַעְמָא דְּשֶׁאֲנִי אוֹמֵר, כְּגוֹן מַתְּנַת בָּרִיא אוֹ בִּשְׁכִיב מְרַע וּמֵת וּבְרֵיהּ קָאָמַר תְּנוּ — שָׁמְעִי' מִמַּתְנִי' דְּלֹא יַחֲזִיר, וְלָא דָּיְיקִינַן הָאָמַר תְּנוּ נוֹתְנִין. וְהֵיכָא דְּלָא שַׁיָּיךְ לְמֵימַר שֶׁאֲנִי אוֹמֵר, כְּגוֹן בִּשְׁכִיב מְרַע שֶׁלֹּא מֵת מֵחָלְיוֹ — דָּיְיקִינַן הָאָמַר תְּנוּ, דְּבָטֵל "שֶׁאֲנִי אוֹמֵר" הִלְכָּךְ נוֹתְנִין. מָצָא שׁוֹבֵר. שֶׁכָּתְבָה אִשָּׁה לְבַעְלָהּ הִתְקַבַּלְתִּי כְּתוּבָּתִי, וְעוֹדָהּ תַּחְתָּיו. וְלֹא נָתְנָה עַד תִּשְׁרֵי. וְהוּא לֹא פָּרַע עַד תִּשְׁרֵי. וְאָזְלָה. אִיהִי בְּעוֹדָהּ תַּחְתָּיו, בֵּין נִיסָן לְתִשְׁרֵי. וְזַבִּנְתָּהּ לִכְתוּבָּה. לְאַחֵר. בְּטוֹבַת הֲנָאָה. כְּלוֹמַר; בְּזוֹל, לְפִי שֶׁנּוֹתֵן מְעוֹתָיו בְּסָפֵק. שֶׁאִם תָּמוּת הִיא — יִירָשֶׁנָּה בַּעְלָהּ, וְיַפְסִיד מִי שֶׁלְּקָחָהּ. וְאִם יָמוּת בַּעְלָהּ אוֹ יְגָרְשֶׁנָּה — יִהְיֶה לוֹקֵחַ בִּמְקוֹמָהּ, וְיִגְבֶּה כְּתוּבָּתָהּ. וְשׁוּב לֹא הָיָה לְבַעְלָהּ לִפְרוֹעַ לָהּ הַכְּתוּבָּה אֶלָּא לַלּוֹקֵחַ. וְשׁוֹבֵר שֶׁנִּכְתַּב בִּשְׁמָהּ אֵינוֹ כְּלוּם. הַמְיוּחֶדֶת לִכְתוּבָּתָהּ שֶׁלֹּא כַּדִּין.

ש"מ

בברייתא בבריא דלמא כתבה להאי ולא יהביה ליה. היינו דלא כאביי דלדידיה אמאי לא נהדר כיון דהוא רולה, דעדיו בחתומיו זכין לו היכא דמטא שטרא לידיה. ואביי יתרץ כדרב זביד דבסמוך. **והא** אידי ואידי דייתיקאות קתני. וא"ת: ולפרוך נמי והא מתנות קתני! ואור"ת: דמיירי מתני' שפירש שנותן לו גוף ופירי מהיום, אם לא יחזור עד לאחר מיתה, דמלי הדר ביה. ורש"י דחק לפרש דגבי מתנות, אפי' אם אמר תנו אין נותנין, וה"פ דמתניתין: שאני אומר כתובין היו, ונמלך עליהם שלא ליתנן, ויהיב לאיניש אחרינא, ועתה רולה חזור בו מן השני וליתנה לראשון. לפיכך, אפילו אם אמר תנו אין נותנין. אבל דייתיקי, אם אמר תנו — נותנין, דאפילו נמלך ונתן לאחר יכול לחזור. וקשה לפירושו: דא"כ פירוש דנמלך דמתני' יהיה בשני עניינים! ותו: לעיל גבי גט דדייק, הא אמר תנו נותנין אפילו לזמן מרובה, לפרש"י ז"ל מנ"ל לפרושי הכי? דלמא ה"פ: משום דנמלך איכא למיחש שמא לא ניתן הגט עדיין, ולכך אפילו אם אמר תנו אין נותנין. אלא לשון ונמלך משמע שעתה אינו רולה, כדפרישית לעיל (י"ח. ד"ה הא). **ובתר** אבוה כתבה איהו לאיניש אחרינא. תימה: אמאי לא אמרינן נמי שנתנה האב תחלה במתנת שכיב מרע, ואח"כ האב עלמו כתבה להאי ולא יהבה ליה, ומת האב ונתקיימה המתנה לראשון, והבן רולה שתהיה לשני. **מצא** שובר כו' וליחוש דלמא כתב ליתן בניסן כו'. וא"ת: לפרוך על מתני' ד"גט פשוט" (ב"ב דף קסז.) דכותבין שובר לאשה! וכ"ת: לא חיישינן אלא היכא שנפל ואתרע, הא פריך לעיל (יג:) גבי כותבין שטר ללוה אע"ג דליכא ריעותא! וי"ל דמלי לדחויי בשטרי הקנאה, אבל הכא, אי בשטרי הקנאה מיירי — כי אין האשה מודה נמי יחזיר לבעל, דאין אשה מודה משמע אפילו אינה אומרת שהוא מזויף, אלא אומרת שכתבה ליתן ולא נתנה, ואומרת עתה אל תתנו, לפי שנמלכה. דומיא דמלא שוברין דמתניתין, דלא יחזיר, שאני אומר כתובים היו ונמלך כו'.

ש"מ

קסד א ב ג מיי' פי"ח מהלכות גזילה ואבידה הלכה ט י ועיין במ"מ סמג עשין עד טוש"ע ח"מ סי' סה סעיף יד:

קסה ד מיי' שם הלכה יא סמג שם וטוש"ע שם סעיף יח וטוש"ע אה"ע סי' קי סעיף ב:

רבינו חננאל

ופרקינן מתני' דדייקת מינה הא אמר תנו נותנין במתנת שכיב מרע שאפי' נתנם לאחר אי הדר ביה בר מיהדר הוא וליכא פסידא כלל. ברייתא בבריא דלאו בר מיהדר הוא דחיישינן דלמא כתביה להאי מעיקרא ולא יהב ליה שטרא והדר כתביה לאיניש אחרינא ויהב ליה שטרא והשתא בעי למיהדר במה דיהב לבתרא ועבד קנוניא בהדי קמא ומשום הכי מודה ליה לפיכך תני לא יחזיר ואתקיף עלה רב זביד והא מתניתא נמי דיתיקאות קתני אלא הא והא בשכיב מרע ולא קשיא מתני' בדידיה דבר מיהדר הוא ברייתא (באבוה) [בבריה] וכו' ופשוטה היא. ת"ר מצא שובר בזמן שהאשה מודה יחזיר לבעל וניחוש דלמא כתבה בניסן ולא נתנה לו השטר עד תשרי וזבנתה לכתובה ביני וביני ומפיק לשובר דכתב בניסן ומבטיל לה לכתובה.

הגהות הב"ח

(א) רש"י ד"ה הא בבריא וכו' בערסיה כדרך שכותבין:

ס"א וליזול וליפוק מיניה דהאי וכן הוא ברא"ש רש"ל

שְׁמַע מִינָּהּ אִיתָא לִדְשְׁמוּאֵל. *דְּאָמַר שְׁמוּאֵל: [א] הַמּוֹכֵר שְׁטַר חוֹב לַחֲבֵירוֹ וְחָזַר וּמְחָלוֹ — מָחוּל, [ב] וַאֲפִי' יוֹרֵשׁ מוֹחֵל. אַבָּיֵי אֲמַר: אֲפִילּוּ תֵּימָא לֵיתֵיהּ לִדְשְׁמוּאֵל, הָכָא בְּמַאי עָסְקִינַן — בְּשֶׁשְּׁטַר כְּתוּבָּה יוֹצֵא מִתַּחַת יָדָהּ. וְרָבָא אָמַר: אִי מִשּׁוּם שְׁטַר כְּתוּבָּה — חָיְישִׁינַן לִשְׁתֵּי כְּתוּבּוֹת. וְאַבָּיֵי אֲמַר: חֲדָא, לִשְׁתֵּי כְּתוּבּוֹת לָא חָיְישִׁינַן. וְעוֹד, שׁוֹבֵר בִּזְמַנּוֹ טָרֵיף. אַבָּיֵי לְטַעְמֵיהּ, דְּאָמַר: *עֵדָיו בַּחֲתוּמָיו זָכִין לוֹ.§

מתני' *[ג] מָצָא אִיגְּרוֹת שׁוּם וְאִיגְּרוֹת מָזוֹן, שִׁטְרֵי חֲלִיצָה וּמֵיאוּנִין, וְשִׁטְרֵי בֵּירוּרִין *וְכָל מַעֲשֵׂה ב"ד — הֲרֵי זֶה יַחֲזִיר. *[ד] מָצָא בַּחֲפִיסָה אוֹ בִּדְלוּסְקְמָא *[ה] תַּכְרִיךְ שֶׁל שְׁטָרוֹת אוֹ אֲגוּדָּה שֶׁל שְׁטָרוֹת — הֲרֵי זֶה יַחֲזִיר. וְכַמָּה אֲגוּדָּה שֶׁל שְׁטָרוֹת — שְׁלֹשָׁה קְשׁוּרִין זֶה בָּזֶה. רשב"ג אוֹמֵר: *[ו] אֶחָד הַלֹּוֶה מִשְּׁלֹשָׁה — יַחֲזִיר לַלֹּוֶה, שְׁלֹשָׁה הַלֹּוִין מִן הָאֶחָד — יַחֲזִיר לַמַּלְוֶה. [ז] מָצָא שְׁטָר בֵּין שְׁטָרוֹתָיו וְאֵינוֹ יוֹדֵעַ מַה טִּיבוֹ — יְהֵא מוּנָּח עַד שֶׁיָּבֹא אֵלִיָּהוּ. אִם יֵשׁ עִמָּהֶן *סִמְפּוֹנוֹת — יַעֲשֶׂה מַה שֶּׁבַּסִּמְפּוֹנוֹת.§

גמ' *מַאי שִׁטְרֵי בֵּירוּרִין? הָכָא תַּרְגִּמוּ: שִׁטְרֵי טַעֲנָתָא, רַבִּי יִרְמְיָה אָמַר: זֶה בּוֹרֵר לוֹ אֶחָד וְזֶה בּוֹרֵר לוֹ אֶחָד.§ "וְכָל מַעֲשֵׂה ב"ד הֲרֵי זֶה יַחֲזִיר".§ *הַהוּא גִּיטָּא דְּאִשְׁתְּכַח בֵּי דִינָא דְּרַב הוּנָא, דַּהֲוָה כְּתִיב בֵּיהּ: בְּשְׁוִירֵי מָתָא דְּעַל רָכִיס נַהֲרָא. אָמַר רַב הוּנָא: חָיְישִׁינַן

רש"י

ש"מ. מִדְּלָא חָיְישִׁינַן לְהָכִי, דְּאִי נַמִי הֲוָה הָכִי — שַׁפִּיר זָכֵי בַּעַל בְּשׁוֹבֵר שֶׁנִּכְתַּב לִשְׁמָהּ. **אִיתָא** לִדְשְׁמוּאֵל. דְּאָמַר: הַמּוֹכֵר שְׁטַר חוֹב לַחֲבֵירוֹ, וְחָזַר הַמּוֹכֵר הַזֶּה וּמְחָלוֹ — מָחוּל הוּא אֵצֶל הַלֹּוֶה. הִלְכָּךְ, אִם מָכְרָה זוֹ כְּתוּבָּתָהּ בְּאַיָּיר, דְּהַיְינוּ שְׁטַר חוֹב וְחָזְרָה וּמְחַלְתָּהּ לַבַּעַל בְּתִשְׁרֵי — מָחוּל, וְשַׁפִּיר טָרֵיף בַּעַל. **בְּשֶׁשְּׁטַר כְּתוּבָּה יוֹצֵא** מִתַּחַת יָדָהּ. שֶׁמְּבִיאָתָהּ לְפָנֵינוּ, דְּלֵיכָּא לְמֵיחַשׁ לְשֶׁמָּא מְכָרָהּ בְּטוֹבַת הֲנָאָה, שֶׁאִילּוּ מְכַרְתָּהּ הָיְתָה מוֹסֶרֶת הַכְּתוּבָּה בְּיַד הַלּוֹקֵחַ. **לִשְׁתֵּי** כְּתוּבּוֹת. שֶׁמָּא שְׁנֵי שִׁטְרֵי כְתוּבָּה הָיוּ לָהּ, [וְיֵשׁ] לָחוּשׁ שֶׁמָּא מְסָרָהּ אֶחָד לַלּוֹקֵחַ, וּבָאָה לַחֲזוֹר בָּהּ וְלִמְחוֹל אֵצֶל בַּעְלָהּ. וּמוֹסֶרֶת לוֹ שׁוֹבֵר הַמּוּקְדָּם לִשְׁטָרוֹ שֶׁל לוֹקֵחַ. אֶלָּא וַדַּאי אִיתָא לִדְשְׁמוּאֵל, וּמִתּוֹךְ שֶׁבְּיָדָהּ לִמְחוֹל שְׁטַר כְּתוּבָּה לְבַעְלָהּ עַכְשָׁיו, לָא חָיְישִׁינַן לְשֶׁמָּא כָּתְבָה לִיתֵּן בְּנִיסָן כו'. **וְאַבָּיֵי** אָמַר. מֵהָכָא לָא תְּסַיֵּיעַ לִשְׁמוּאֵל. **חֲדָא** דִּלִשְׁתֵּי כְתוּבּוֹת לָא חָיְישִׁינַן. הִלְכָּךְ, לֵיכָּא לְמֵיחַשׁ לְדִלְמָא זַבְנָתָהּ בְּטוֹבַת הֲנָאָה. **וְעוֹד**. אִי נַמִי זַבְנָתָהּ בְּטוֹבַת הֲנָאָה — לֵית לָן לְמֵיחַשׁ לְשֶׁמָּא כָּתְבָה לַשּׁוֹבֵר בְּנִיסָן וְלֹא קִבְּלָה עַד תִּשְׁרֵי. דְּאִי נַמִי הָכִי הֲוָה, כִּי מְטָא שׁוֹבֵר לִידֵיהּ בְּתִשְׁרֵי — זוֹכֶה לְמַפְרֵעַ בּוֹ מִזְּמַן חֲתִימָתוֹ, וְלֹא הָיָה מִמְכָּרָהּ שֶׁבֵּינְתַיִים כְּלוּם, וְשׁוֹבֵר מִזְּמַן הַכָּתוּב בּוֹ טוֹרֵף. **וְאַבָּיֵי** לְטַעְמֵיהּ כו'. **מתני'** **אִיגְּרוֹת** שׁוּם. שֶׁשָּׁמוּ ב"ד נִכְסֵי לֹוֶה לַמַּלְוֶה בְּחוֹבוֹ. **וְאִיגְּרוֹת** מָזוֹן. שֶׁקִּיבֵּל עָלָיו לָזוּן אֶת בַּת אִשְׁתּוֹ. **מֵיאוּנִין**. קְטַנָּה יְתוֹמָה שֶׁהִשִּׂיאוּהָ אִמָּהּ וְאַחֶיהָ לְדַעְתָּהּ, יוֹצְאָה מִמֶּנּוּ בְּמֵיאוּן, וְאֵינָהּ צְרִיכָה גֵּט, אֶלָּא אוֹמֶרֶת בִּפְנֵי שְׁלֹשָׁה: אִי אֶפְשִׁי בִּפְלוֹנִי בַּעְלִי. וְכוֹתְבִין לָהּ ב"ד שְׁטָר שֶׁמֵּיאֲנָה בִּפְנֵיהֶם, לִהְיוֹת לָהּ עֵדוּת שֶׁמּוּתֶּרֶת לִינָּשֵׂא. **שִׁטְרֵי** בֵּרוּרִין. בַּגְּמָרָא מְפָרֵשׁ. **הֲרֵי** זֶה יַחֲזִיר. דְּלֵיכָּא לְמֵיחַשׁ לְשֶׁמָּא נִמְלַךְ, דְּהָא ב"ד לֹא כָּתְבוּ אֶלָּא בְּדָבָר מְקוּיָּים. וּלְפֵרָעוֹן נַמִי לֵיכָּא לְמֵיחַשׁ, דְּהָנֵי שְׁטָרוֹת לֹא שַׁיָּיךְ בְּהוּ פֵּרָעוֹן, כִּדְאָמְרִינַן לְעֵיל (ד' טז:). וַאֲפִילּוּ לְמ"ד שׁוּמָא הָדַר — אִיהוּ דְּאַפְסֵיד אַנַּפְשֵׁיהּ. **מָצָא בַּחֲפִיסָה אוֹ בִּדְלוּסְקְמָא**. שׁוּם שְׁטָר. **אוֹ שֶׁמָּצָא** תַּכְרִיךְ שֶׁל שְׁטָרוֹת. כָּרֵךְ אוֹ בַּאֲגוּדָה. וּבַגְּמָרָא מְפָרֵשׁ מַאי חֲפִיסָה וּדְלוּסְקְמָא וְתַכְרִיךְ וַאֲגוּדָה. **הֲרֵי** זֶה יַחֲזִיר. דְּדָבָר שֶׁיֵּשׁ בּוֹ סִימָן הוּא, כִּדְמְפָרֵשׁ בַּגְּמָרָא שֶׁהַכְּלִי סִימָן, כְּשֶׁאָמְרוּ הַבְּעָלִים "בִּכְלִי כָּךְ וְכָךְ מְצָאתָ אוֹתָם". וְכֵן תַּכְרִיךְ וַאֲגוּדָה הֲרֵי זֶה יַחֲזִיר, דְּדָבָר שֶׁיֵּשׁ בּוֹ סִימָן הוּא, כִּדְמְפָרֵשׁ בַּגְּמָ'. **אֶחָד** הַלֹּוֶה מִשְּׁלֹשָׁה. אִם שְׁלֹשָׁה שְׁטָרוֹת שֶׁל לֹוֶה אֶחָד הֵן, שֶׁלָּוָה מִשְּׁלֹשָׁה בְּנֵי אָדָם. יַחֲזִירֵם. מוֹצְאָם. לַלֹּוֶה. דְּוַדַּאי פְּרָעָם וְהֶחֱזִירָם לוֹ, וּמִיָּדוֹ נָפְלוּ. שֶׁאִם מִיָּדָם נָפְלוּ — מִי קִבְּצָם לְמָקוֹם אֶחָד? **וְאִם שְׁלֹשָׁה** לֹוִים הֵם. שֶׁלָּווּ מֵאָדָם אֶחָד. יַחֲזִירֵם. הַמּוֹצְאָם. לַמַּלְוֶה. שֶׁהַדָּבָר יָדוּעַ שֶׁמִּמֶּנּוּ נָפְלוּ. **מָצָא** שְׁטָר בֵּין שְׁטָרוֹתָיו וְאֵין יוֹדֵעַ מַה טִּיבוֹ. אֶצְלוֹ, אִם הַלֹּוֶה הִפְקִידוֹ אֶצְלוֹ אוֹ הַמַּלְוֶה, אוֹ שֶׁמָּא מִקְצָתוֹ פָּרוּעַ וּמְסָרוּהוּ לוֹ לִהְיוֹת שָׁלִישׁ בֵּינֵיהֶם, וְשָׁכַח. **יְהֵא** מוּנָּח. בְּיָדוֹ, וְלֹא יַחֲזִיר לֹא לָזֶה וְלֹא לָזֶה. **וְאִם** יֵשׁ עִמָּהֶן סִמְפּוֹן. מִילֵּי מִילֵּי קָתָנֵי, הַמּוֹצֵא בֵּין שְׁטָרוֹתָיו שׁוֹבֵר שֶׁנִּכְתַּב עַל אֶחָד מִשְּׁטָרוֹתָיו. **יַעֲשֶׂה** מַה שֶּׁבַּסִּמְפּוֹן. וְהַשְּׁטָר בְּחֶזְקַת פָּרוּעַ. וְאַע"פ שֶׁהָיָה לַשּׁוֹבֵר הַזֶּה לִהְיוֹת מוּנָּח בְּיַד הַלֹּוֶה, אָמְרִינַן: הֶאֱמִינוֹ הַלֹּוֶה, וְאוֹמֵר: מָחָר תְּנֵהוּ לִי, וְשָׁכַח. **גמ'** זֶה בּוֹרֵר לוֹ אֶחָד. כְּשֶׁבּוֹרְרִין לָהֶן דַּיָּינִין כּוֹתְבִין לָהֶן זֶה בֵּירֵר לוֹ אֶת פְּלוֹנִי, וְזֶה בֵּירֵר לוֹ אֶת פְּלוֹנִי, שֶׁלֹּא יוּכְלוּ לַחֲזוֹר בָּהֶן. **דְּאִשְׁתַּכַּח** בֵּי דִינָא. מְקוּיָּים בְּהֶנְפֵּק, וְהַשָּׁלִיחַ הַמְּבִיאוֹ אוֹמֵר מִמֶּנּוּ נָפַל.

תוספות

ש"מ איתא לדשמואל. וא"ת: וניחוש שמא מכרה במעמד שלשתן שאינה יכולה למחול, כדמוכח פרק "האיש מקדש" (קדושין ד' מח. ושם ד"ה כי) גבי התקדשי לי בשטר חוב או במלוה שיש לי ביד אחרים, דקאמר במלוה בשטר במאי פליגי — בדשמואל, דאמר שמואל: המוכר שטר חוב לחבירו וחזר ומחלו — מחול. ואיבעית אימא: כ"ע אית להו דשמואל, ובאשה סמכה דעתה פליגי כו'. ובמלוה על פה פליגי בדרב הונא, דאמר במעמד שלשתן קנה, ולא מסיק כ"ע אית להו דרב הונא ובאשה סמכה דעתה פליגי, כדאמר לעל ש"מ דאינו יכול למחול! וי"ל: דליכא למיחש שמא מכרה במעמד שלשתן, דאי ליכא עדים שמכרה — הבעל והאשה יכפרו המכירה, ואי איכא עדים — נשיילינהו היכי הוה, אם אומרים שנתרצה הבעל או שתק — א"כ מודה שהשובר שקר, ואם מוחה שאמר כבר פרעתי לה — א"כ השובר נעשה קודם המכירה, ואינהו דאפסידו אנפשייהו. ועוד י"ל: דלא תקנו מעמד שלשתן אלא בדבר שראוי לגבות מיד, אבל בכתובה דאינו חייב עתה עד אחר גרושין, וגם שמא לא תתגרש — לא תקנו מעמד שלשתן. וכן צריך לומר בפרק "החובל" (ב"ק דף פט. ושם) גבי האשה שחבלה (בבעלה) לא הפסידה כתובתה. ואמאי? תזבין במעמד שלשתן, אלא משום דלא קתנו בכתובה כדפרישית. וזה אין לחוש שמא מכרה אחר גרושין במעמד שלשתן, כי אחר גרושין מסתמא מכרה בדמים יקרים, וכשיוציא הבעל שוברו שקדם היא צריכה לשלם, ולא תרויח כלום בקנוניא. ולא חיישינן אלא שמא מכרה בעודה תחתיו בטובת הנאה שהיא דבר מועט, ואינה צריכה לשלם אלא מעט, ומרווחת הרבה! ומשני: איתא לדשמואל ואם היתה מוחלת לבעלה לא תפרע ללקוחות אלא דבר שנתנו, ותרויח הרבה, ואע"ג דגבי ערב לאשה בכתובה ורוצה לגרשה תנן בפרק "גט פשוט" (ב"ב ד' קעג:) דידור הנאה, אלמא חיישינן לקנוניא אע"פ שיתחייב לפרוע הכל לערב. ולכך חיישינן לקנוניא, לפי שאין לו במה לשלם. לא דמי, דהתם מפסיד הערב מיד, וחיישינן לקנוניא. אבל הכא דאינו אלא חששא בעלמא שמא לא מכרה, ואפי' מכרה שמא לא יפסידו הלקוחות כי אינו מוליא מהם אלא חוב שהיה להם על הבעל יהיה להם על האשה. וגבי חייב מודה דחיישינן לעיל לקנוניא — לפי שיוליא מיד מן הלקוחות, ועוד: יש לחוש משום לקוחות שלא באחריות, שיפסידו לגמרי. **שובר** בזמנו טורף. אע"פ שטר מכירה נמסר ללקוחות תחילה — אינו מועיל, וטורף הבעל כדין. וכן אמר לעיל גבי שחרורי עבדים. ונראה שתקנת חכמים היא שזוכה משעת חתימה, אע"פ שלא נמסר לו עד ימים רבים אחרי כן. שאם לא כן — לעולם לא יוכלו העדים לחתום אלא אם יראו המסירה, משום חששא דכתב בניסן ולא נתן עד תשרי ומזבין בינֵי ובינֵי. ולענין איסור נראה, דאם עבד בא על בת ישראל קודם שבא לידו גט שחרור — שפסלה. ושמא גם גבי איסור זכין לו משעת חתימה, אע"פ דלא שייך טעמא דפרישית, מ"מ לא פלוג רבנן, ויש כח ביד חכמים לעקור דבר מן התורה. וא"ת: והא אביי סבר כר"א דאמר עידי מסירה כרתי גבי מתנתא *דחתימי עלה תרי גיסי, ור"א סבר בפרק "מי שהיה נשוי" (כתובות דף לד:): כתב לזה ולא מסר לו, לזה ומסר לו — לזה שמסר לו תחילה קנה! וי"ל: דהיינו בשני שטרות שזמנן כתוב בשוה ביום אחד, שאין ניכר מתוכו איזהו מהם קודם, לכך אזלינן בתר מסירה. אבל אין זמנן שוה — החתום קודם זכה, אע"פ שהמאוחר נמסר תחילה. ובעובדא דהתם דכתבתינהו לרמי בר חמא בצפרא, ולרב עוקבא בפניא, ואוקמיה רב ששת בידיה דרמי בר חמא — משום דקדים, ורב נחמן אוקמיה לרב עוקבא בנכסיה משום שודא — התם מיירי דלא ידעינן למי נמסר תחילה. ורב ששת סבר כמו שנכתב תחילה לרמי מסתמא גם לו נמסר קודם ורב נחמן סבר כיון דאינו מוכיח מכח השטר שקדם אין לומר שנמסר לו תחילה, אע"ג שנכתב קודם, ולכך הוה דינא שודא. אבל אם הוה ידעינן למי נמסר קודם — היה זוכה, כיון שניהם כתובים ביום אחד. וא"ת: וניחוש דלמא זבנה כתובה ביום שנכתב השובר, דהשתא ליכא למימר עדיו בחתומיו זכין לו, וכשיוליאו הבעל והלקוחות שטרם יהא זמנם שוה, ואין ידוע דמי קדם, ויאמר הבעל ללקוחות תביאו ראיה שקדמתם, לפי שהוא מוחזק שהנכסים שלו, והלקוחות רוצין לטרוף בשביל האשה! וי"ל: דהא ליכא למיחש שתמכור ביום כתיבת השובר.

איסורא

מסורת הש"ס

כתובות פה: פו. קדושין מח. ב"ק פט. ב"ב קמז:

[לעיל יג. יט. לקמן לה:]

[עי' תוס' כתובות ק: ד"ה אגרת]

לקמן כח.

לקמן כז:

[פירושו תמצא ברש"י לקמן ע"ב ד"ה סמפון]

[לעיל יח.] גיטין כז.

[לעיל טז: יח:]

[עי' תוס' ע"ב ד"ה מנא ועי' תוס' גיטין כח. ד"ה מנאו]

ר"מ מ"ז

ב"ב קסח. [ע"ש]

[סנהדרין כח:]

עין משפט נר מצוה

קסו א ב מיי' פ"ו מהל' מכירה הלכה יא ועיין בהשגות ובמ"מ ובכ"מ סמג עשין פב טוש"ע ח"מ סי' סו סעיף כג:

קסז ג מיי' פי"ח מהל' גזילה ואבידה הל' יג סמג עשין עד טוש"ע ח"מ סי' סה סעיף יב:

קסח ד מיי' שם הל' ג טוש"ע שם סעיף ט:

קסט ה מיי' שם טוש"ע שם סעיף י:

קע ו מיי' שם הל' ד טוש"ע שם סעיף יא:

קעא ז מיי' פי"ו מהל' מלוה ולוה הלכה יא סמג עשין צד טוש"ע שם סעיף א:

רבינו חננאל

אמר רבא ש"מ איתא לדשמואל דאמר המוכר שטר חוב לחבירו וחזר ומחלו מחול ואפי' יורש מוחל ומגו דאיבעי מחלה לה לכתובתה לבעלה כי אמרה שובר האי דידיה הוא תנהו לו נאמנת ואין תקנה שלא יהא המוכר רשאי למחול כלל וכבר ביארנוהו באר היטב בפרק החובל:

[מתני'] מצא איגרות שום פי' שטר שומת ב"ד ואיגרות מזון כמשמעו כגון מזון האשה והבנות. שטרי בירורין שטרי טענתא וזהו *) שימוש ב"ד. שטרי חליצה ומיאונין. ההוא גיטא דאישתכח בבי דינא דרב הונא דהוה כתיב ביה בשוירי מתא דעל רכים נהרא מותבא

*) אולי צ"ל וזהו מעשה ב"ד.

חיישינן לשני שוירי. א"ל רב חסדא לרבה: פוק עיין, דלאורתא בעי לה רב הונא מינך. נפק דק ואשכח, דתנן: כל מעשה ב"ד הרי זה יחזיר. א"ל רב עמרם לרבה: היכי פשיט מר *איסורא ממונא? א"ל: °*תרדא! שטרי חליצה ומיאונין תנן. פקע ארזא דבי רב. מר אמר: משום לתאי דידי פקע, ומר אמר: משום לתאי דידי פקע.§ "מצא בחפיסה או בדלוסקמא".§ *מאי חפיסה? אמר רבה בר בר חנה: חמת קטנה. מאי דלוסקמא? אמר רבה בר שמואל: טליקא דסבי.§ "תכריך של שטרות או אגודה של שטרות" וכו'.§ ת"ר: [א]כמה הוא תכריך של שטרות — שלשה כרוכין זה בזה. וכמה היא אגודה של שטרות — שלשה קשורין זה בזה. שמעת מינה — *קשר סימן. הא תני רבי חייא [ב]שלשה כרוכין זה בזה! אי הכי, היינו תכריך! [ג]תכריך, כל חד וחד בראשה דחבריה, אגודה — דרמו אהדדי וכרוכות. מאי מכריז? מנין. מאי אריא תלתא? אפילו תרין נמי! אלא כדאמר רבינא: *טבעא מכריז, הכא נמי: [ד]שטרי מכריז.§ "רשב"ג אומר אחד הלוה משלשה יחזיר ללוה" וכו'.§ דאי ס"ד דמלוין נינהו, מאי בעו גבי הדדי? דלמא לקיומינהו אזלי? דמקיימי. דלמא מידא דספרא נפיל? לא משהי איניש קיומיה בידא דספרא.§ "שלשה שלוו מאחד יחזיר למלוה" וכו'.§ דאי ס"ד דלוין נינהו מאי בעו גבי הדדי? דלמא למכתבנהו אזלי? [ה]דכתיבי בתלת ידי ספרי. ודלמא לקיומינהו אזלי? מלוה מקיים שטריה, לוה לא מקיים שטריה.§ "אם יש עמהן סמפונות יעשה מה שבסמפונות"§ אמר רב ירמיה בר אבא אמר רב: [ו]סמפון היוצא מתחת ידי מלוה, אע"פ שכתוב בכתב ידו — אינו אלא כמשחק, ופסול. לא מבעיא כתוב בכתב יד סופר, דאיכא למימר ספרא אתרמי ליה וכתב, אלא אפילו כתוב בכתב ידו — פסול. סבר: דלמא מתרמי ואתי בין השמשות, וקא פרע לי, דאי לא יהיבנא ליה לא יהיב לי זוזי, אכתוב אנא, דכי איתי לי זוזי — אתן ליה. תנן: [ז]אם יש עמהן סמפונות — יעשה מה שבסמפונות! כדאמר רב ספרא: שנמצא בין שטרות *קרועין, הכא נמי: [ח]שנמצאו בין שטרות קרועין. ת"ש: *[ט]נמצא לאחד בין שטרותיו שטרו של יוסף בן שמעון פרוע — שטרות שניהם פרועין! כדאמר רב ספרא: שנמצא בין שטרות *קרועין, הכא נמי — שנמצא בין שטרות קרועין. ת"ש: *שבועה שלא פקדנו אבא, ושלא אמר לנו אבא, ושלא מצאנו בין שטרותיו של אבא ששטר זה פרוע! אמר רב ספרא: שנמצא בין שטרות *קרועין. ת"ש: *סמפון שיש עליו עדים יתקיים מחותמיו, אימא יתקיים בחותמיו, דשיילינן

(מסורת הש"ס בשולי הגמרא: פרוען רש"ל; פרוען; שבועות מה; פרוען)

איסורא ממונא. וא"ת: טפי אנן מחמירין בממונא, *דהא אין אנו הולכים בממון אחר הרוב, באיסורא אזלינן בתר רובא, אפי' היכא דאיכא חזקה דאיסורא כנגד הרוב, ולא חיישינן שמא במקום נקב קא שחיט! וי"ל: דמ"מ באשת איש החמירו, דמים שאין להם סוף ולא תנשא לכתחילה, אע"פ שרובם מתים. ועוד יש לומר: דמדאורייתא לא חיישינן לשני יוסף בן שמעון, אבל מדרבנן חיישינן משום לעז. ובממונא לא שייך לעז, לכך פריך שפיר: היכי פשוט מר איסורא מממונא.

מצא בחפיסה או בדלוסקמא. תימא: בשלמא חפיסה הוי סימן, כדאמר בפרק שני (דף כח.): הוא אומר בחפיסה והיא אומרת בחפיסה — ינתן לו, דמידע ידעה דכל מאי דאית ליה בחפיסה מנח ליה, משמע דלאיניש מעלמא הוי סימן. אלא דלוסקמא, היכי הוי סימן? הלא דרך להניח שטרות בדלוסקמא, כדתניא בתוספתא דשבועות: עשרה דלוסקמאות מלאים שטרות מסרתי לך! י"ל: דמיירי הכא שנותן בדלוסקמא עצמה סימן שאינו מובהק. ולא חיישינן לשאלה, לשמא השאיל לאחר ואותו הניח בו שטרות — דהכי תקון רבנן דלא חיישינן, כמו שתקנו* להחזיר אבידה בסימן שאינו מובהק, אפילו סימנין לאו דאורייתא. **סמפון** שיש עליו עדים יתקיים בחותמיו. נראה דמשמע ליה שהוא ביד המלוה, קרי ליה סמפון, דביד הלוה קרי ליה שובר. ולשון סמפון לשון ביטול. ועוד: דביד הלוה פשיטא דכשר ע"י קיוס.

הדרן עלך שנים אוחזין

חיישינן לשני שוירי. אע"פ שבשוירי הידוע לנו אין בה שני יוסף בן שמעון, שמא יש שוירי אחרת שיש שם יוסף בן שמעון, ושם נכתב, ומשלים אחר נפל. הרי זה יחזיר. דכיון דלא הוחזקו שני יוסף בן שמעון בעיר אחת, לעיר אחרת שאינה ידועה לנו לא חיישינן. (א) **תרדא.** *משועמם. **פקע ארזא** דבי רב. נשבר העמוד שבבית המדרש נשען עליו. מר **אמר** משום **לתאי** דידי **פקע.** בשביל מזלי, שקינא על שגדפתני. ומר **אמר** משום **לתאי** דידי **פקע.** שהשבת על דברי לביישני בבית המדרש. חמת. של עור שנותנין בו יין. **טליקא** דסבי. טסקא שהזקנים מצניעים בה כלי תשמישן, שלא יצטרכו לחפש אחריהם. כרוכין זה בזה. וזהו סימן שהבעלים נותנים בהם. זה יכריז מליאה: שטרות מצאתי, וזה יאמר: שלי הם, ושלשה הן, כרוכין הן זה בזה. ש"מ קשר סימן. שיש קשרים שאינן דומין זה לזה, ויאמר: כך וכך הוא עשוי. דאי לא תימא הכי מאי סימנא איכא הכא? ותפשוט מינה בעלמא דקשר סימן, ובעיא בעלמא היא. ומשני: מהכא לא תפשוט, דתני רבי חייא: ג' כרוכין זה בזה הוא אגודה, דהכך הוי סימן, דכולי עלמא כרכי שטרא שטרא לעצמו וקושרין אותן יחד, וזה כרך שלשתן יחד. **דרמו אהדדי.** השכיבן זה על זה, אורכו על אורכו של חבירו. **מאי מכריז.** המוצא מאי מכריז. מנין. ג' שטרות. וזה בא ונותן סימן שכרוכין היו יחד. **אפי'** תרי נמי. הואיל ואין צריך לבעלים לתת סימן אלא כריכתן. **כדאמר רבינא.** ב"אלו מציאות" (דף כה.). שטרי מכריז. שטרות מצאתי, וזה צריך שיאמר: כך וכך היו, וכרוכין היו. הלכך דוקא תלתא, אבל תרי — מידע ידיע דמיעוט שטרות שנים, ואין מנין סימן. **ודלמא** לקיומינהו **אזלי.** אצל סופר הדיינין, הכותב הנפק לכל השטרות. דלוין היו. שפרעום והוחזרו להם. למכתבנהו **אזלי.** ומן הסופר נפל, ומעולם לא לוו. סמפון. שובר המבטל שטר. וכל דבר המבטל דבר קרי סמפון, כדאמר* גבי קידושי אשה ומכירת עבד שהמום קרוי סמפון, מפני שמבטל את המקח. **היוצא** מתחת ידי מלוה. שהוא מונח בידו, ולא ביד הלוה. **ספרא אתרמי** ליה. וסבר: אם יבא בעל חובי לפרעני, ואני אין שטרי עכשיו בידי, ואם לא יהא שובר מוכן לי — לא יפרע כלום. **אפי'** כתוב בכתב ידו. שיש לומר: אם לא שנפרע למה ליה למהר ולכתוב לפני פרעון? הואיל ויודע לכתוב. **ואם יש עמהן סמפון.** והכא במלוה עסקינן, דקתני מצא שטר בין שטרותיו כו'. **כדאמר רב ספרא.** לקמן בשמעתין. **שנמצא** לו. השטר שהשובר יוצא עליו. בין שטרותיו קרועים. והוא אינו קרוע, לפיכך סומכין על השובר. שמקום השטר מוכיח על השובר שהוא אמת, שאם לא נפרע לא היה נותן השטר אצל השטרות קרועין, כך שמעתי. ולי נראה: שמצא השובר בין השטרות קרועין, הלכך איכא למימר שנתקבל החוב, והשובר הזה אין צריך למלוה הזה אלא ללוה, והלוה שכח ביד זה. לפיכך נתנו זה עם השטרות שאין צריכין לו. דאי ס"ד מלוה כתבו להיות מוכן לו כשיבא לוה לפרעו — לא נתנו עם שטרות שאין צריכין לו. **נמצא** בין שטרותיו. מתני' היא ב"גט פשוט" (ב"ב דף קעב.): שני יוסף בן שמעון בעיר אחת, ונמצא שובר לאדם אחד בין שטרותיו, וכתוב בו: שטרו של יוסף בן שמעון שבידי פרוע הוא, והיה לו שני שטרות על שניהם. **שטרות שניהם פרועין.** שכל אחד יכול לומר: על שלי נכתב שובר. ובבבא בתרא פרכינן: בלא שובר נמי, הא תנן: אין אחד יכול להוציא שטר חוב עליהם! ומוקמינן ליה במשולשין בשטר ואין משולשין בשובר. והא הכא דיוצא מתחת יד מלוה הוא. **שנמצא.** השטר בין השטרות פרועין, וכל אחד אמר זהו שטר שלי. **שבועה שלא פקדנו אבא.** משנה היא בשבועות (דף מה.): יתומין מן היתומין לא יפרעו אלא בשבועה. ומהו שבועתן — שבועה שלא פקדנו אבא בגוסת מיתה, ושלא אמר לנו קודם לכן, ושלא מצינו שובר בין שטרותיו של אבא על שטר זה שיהא פרוע. הא אם מצאו — סמכינן עליה. יתקיים בחותמיו. קא ס"ד אם אמר מלוה לא נפרעתי, ותדע, שהרי לא מסרתי לידך — יתקיים בחותמיו. ע"פ חותמיו יתקיים, אם החותמין מעידין שחתמוהו — אין המלוה נאמן, אבל כל כמה דלא מקיים — מהימן, דמאן מפיק ליה — מלוה, ומלוה הא אמר פסול הוא. דשיילינן

רבינו חננאל

אמר רב הונא חיישינן לשני שוירי נפק רבא דק ואשכח כל מעשה ב"ד הרי זה יחזיר. אמר ליה רב עמרם לרבא מתני' דקתני כל מעשה ב"ד ממונא הוא וגט אשה איסורא היכי פשיט מר איסורא מממונא. אמר ליה תרדי *) שטרי חליצה ומיאונין תנן דאינון איסורא ואיסורא מאיסורא פשטינן. פקע ארזא דבי רב פי' נשברה קורת בית המדרש. רבא אמר בשביל שבא לדחות דבריי נשברה הקורה. ורב עמרם אמר בשביל שביזני וקראני מוריד ריר מפי נשברה: מצא בחפיסה פי' חפיסה חמת קטנה. דלוסקומא תיבה בלשון יון. תכריך של ג' שטרות. כגון מגילה ראש זה בזנב זה. אגודה ג' שטרות נתונים זה על גבי זה **) וכתובים כולן כרך אחד. מה מכריז המוצאם מכריז הכי מי אבדו לו שטרות. רשב"ג אומר אחד לוה מג' כגון ראובן לוה משמעון ועוד לוה מלוי ועוד מיהודה וכתב השטר לכל אחד בפני עצמו ונמצאו עכשיו שלשתן קשורין ודאי פרעם הלוה ולקח השטר שעליו ומן הלוה נפלו. וכן ג' שלוו מאחד ונמצאו שלשתן קשורין ודאי מן המלוה נפלו והוא שנמצאו מקוימים ובכתב שלשה סופרין שאם שלשתן בכתב סופר אחד חיישינן דלמא מן הסופר נפלו: מצא שטר בין שטרותיו ואינו יודע מה טיבו יהא מונח עד שיבוא אליהו. אם יש עמהן סמפון פי' סמפון שובר או תנאים. אמר רבי ירמיה בר אבא אמר רבי יוחנן סמפון היוצא מתחת ידי מלוה אע"פ שכתוב בכתב ידו אינו אלא כמשחק ופסול וכל מה דאקשי' עליה פריק כגון שנמצא בין שטרותיו קרועין. ת"ש שבועה שלא פקדנו אבא ושלא אמר לנו אבא ושלא מצינו בשטרותיו ששטר זה פרוע. אמר רב ספרא כגון שנמצא זה השטר חוב בין שטרותיו קרועין דמוכחא מילתא דאי לאו דפרעין לא הוה יהיב ליה בהדי שטרותיו קרועין אבל בסמפון לבדו לא. ת"ש סמפון שיש עליו עדים יתקיים בחותמיו. ופריק אימא יתקיים מחותמיו דשאלינן לסהדי דחתימין חזיתון דפרעיה קמייכו אי לא. ת"ש סמפון

שיש

*) נ"י תערוך תרדא ופירש שוטה ומוריד ריר [ותרדא הוא מלשון רר בשרו] ע"ש ואולי לכן היה נ"כ גי' רבינו. **) אולי צ"ל וכרוכים כולם בכרך אחד.

(עין משפט נר מצוה:)

[וע"ע תוס' ב"ק כז: ד"ה קמ"ל]

קעב א ב ג ד מיי' פי"ח מהלכות גזילה ואבידה הלכה ג סמג עשין עד טוש"ע ח"מ סי' סה סעיף י ע"ש:

קעג ה מיי' שם הלכה ד טוש"ע שם סעיף יא:

[ברכות יט: כתובות מ: מו: קדושין ג:]

קעד ו ז ח מיי' פי"ו מהל' מלוה ולוה הלכה ח י סמג עשין לד טוש"ע ח"מ סי' סה סעיף יח:

קעה ט מיי' שם פכ"ד הל' ח סמג שם טוש"ע ח"מ סי' מט סעיף ט:

(מסורת הש"ס:)

עי' ב"ק קה: רש"י ד"ה תדורלא

[זבחים לב: וש"נ]

גיטין כח.

[לקמן כג: כה:]

[לקמן כה.]

[כתובות נז:]

ב"ב קעב.

סנהדרין לא:

הגהות הב"ח

(א) רש"י ד"ה תרדא משועמס. נ"ב ובכריתות דף י"ח ע"ב פי' רש"י תרדא שוטה או עגל:

גליון הש"ס

גמ' תרדא. עיין ב"ק דף קה ע"ב וזבחים דף כה ע"ב:

קעו א ב מיי' פט"ז מהלכות מלוה ולוה הלכה ט סמג עשין לד טוש"ע ח"מ סי' סה סעיף יח:
קעז ג מיי' שם הל' ח טוש"ע שם סעיף יט:
קעח ד מיי' שם הל' י טוש"ע שם סעיף כ:
א ה מיי' פט"ו מהלכות גזילה ואבידה הל' ח סמג עשין עד טוש"ע ח"מ סי' רסב סעיף ז:
ב ו מיי' שם פט"ז הל' ב טוש"ע שם סעיף ו:
ג ז מיי' שם פט"ו הל' ה טוש"ע שם סעיף ט:
ד ח מיי' שם טוש"ע שם סעיף ו:
ה ט מיי' שם הלכה יא טוש"ע שם סעיף טו:
ו י כ מיי' שם הלכה ח טוש"ע שם סעיף ז:
ז ל מ נ מיי' שם הל' יב סמג שם טוש"ע ח"מ סי' רס סעיף ז:

דְּשָׁיְילִינַן לְהוּ. אִם רָאוּ הַפֵּרָעוֹן. וְאִם לָאו – נֶאֱמָן הַמַּלְוֶה לוֹמַר שֶׁלֹּא נִכְתַּב אֶלָּא לִהְיוֹת מוּכָן לִכְשֶׁיִּפְרַע. עֵדֵי קִיּוּם. שֶׁכָּתְבוּ הֶנְפֵּק, דְּבֵי דִינָא לָא מְקַיְּימֵי לֵיהּ אֶלָּא א"כ פָּרַע. סִמְפּוֹן שֶׁיֵּשׁ עָלָיו עֵדִים. בְּעֵדֵי קִיּוּם מוֹקְמִינַן לָהּ. יִתְקַיֵּים בְּחוֹתְמָיו. וַאֲפִי' יוֹצֵא מִתַּחַת יַד מַלְוֶה – כָּשֵׁר. אֵין עָלָיו עֵדֵי קִיּוּם. אֲבָל עֵדִים חֲתוּמִין עָלָיו. וְיוֹצֵא מִתַּחַת יְדֵי שָׁלִישׁ. שֶׁאֵין הַלֹּוֶה מוֹצִיאוֹ וְלֹא הַמַּלְוֶה, אֶלָּא שָׁלִישׁ שֶׁבֵּינֵיהֶם – נֶאֱמָן. **אוֹ שֶׁיָּצָא אַחַר חִיתּוּם שְׁטָרוֹת.** שֶׁבָּא לְפָנֵינוּ כְּשֶׁהוּא כָּתוּב בִּשְׁטַר חוֹב אַחַר הַחֲתִימָה – כָּשֵׁר. דְּהָא הֵימְנֵיהּ מַלְוֶה לְשָׁלִישׁ. דְּעַל כָּרְחָךְ אֵין כּוֹתֵב שׁוֹבֵר אֶלָּא מַלְוֶה, וְהוּא מְסָרוֹ לְיַד הַשָּׁלִישׁ. [סנהדרין לא:]

הדרן עלך שנים אוחזין

[א]דְּשָׁיְילִינַן לְהוּ לְסָהֲדֵי אִי פָּרוּעַ, אִי לֹא פָּרוּעַ. ת"ש: סִמְפּוֹן שֶׁיֵּשׁ עָלָיו עֵדִים – כָּשֵׁר. [ב]מַאי עֵדִים – עֵדֵי קִיּוּם. הָכִי נַמִי מִסְתַּבְּרָא, מִדְּקָתָנֵי סֵיפָא: וְשֶׁאֵין עָלָיו עֵדִים – פָּסוּל. מַאי אֵין עָלָיו עֵדִים? אִילֵימָא דְּלֵיכָּא עִלָּוֵיהּ עֵדִים כְּלָל – צְרִיכָא לְמֵימַר דְּפָסוּל? אֶלָּא לָאו – עֵדֵי קִיּוּם. גּוּפָא, *סִמְפּוֹן שֶׁיֵּשׁ עָלָיו עֵדִי' – יִתְקַיֵּים בְּחוֹתְמָיו, אֵין עָלָיו עֵדִים, [ג]וְיוֹצֵא מִתַּחַת יְדֵי שָׁלִישׁ אוֹ [ד]שֶׁיּוֹצֵא לְאַחַר חִיתּוּם שְׁטָרוֹת – כָּשֵׁר. יוֹצֵא מִתַּחַת יְדֵי שָׁלִישׁ – דְּהָא הֵימְנֵיהּ מַלְוֶה לְשָׁלִישׁ. יוֹצֵא לְאַחַר חִיתּוּם שְׁטָרוֹת נַמִי, דְּאִי לָאו דִּפְרִיעַ – לָא הֲוָה מְרַע לֵיהּ לִשְׁטָרֵיהּ.§

הדרן עלך שנים אוחזין

אֵלּוּ מְצִיאוֹת שֶׁלּוֹ וְאֵלּוּ חַיָּיב לְהַכְרִיז? אֵלּוּ מְצִיאוֹת שֶׁלּוֹ: [ה]מָצָא פֵּירוֹת מְפוּזָּרִין, [ו]מָעוֹת מְפוּזָּרוֹת, [ז]כְּרִיכוֹת בִּרְשׁוּת הָרַבִּים, [ח]וְעִגּוּלֵי דְבֵילָה, כִּכָּרוֹת שֶׁל נַחְתּוֹם, *מַחֲרוֹזוֹת שֶׁל דָּגִים, וַחֲתִיכוֹת שֶׁל בָּשָׂר, וְגִיזֵּי צֶמֶר הַלְּקוּחִין מִמְּדִינָתָן, וַאֲנִיצֵי פִּשְׁתָּן, וּלְשׁוֹנוֹת שֶׁל אַרְגָּמָן – הֲרֵי אֵלּוּ שֶׁלּוֹ, *דִּבְרֵי רַבִּי מֵאִיר. ר' יְהוּדָה אוֹמֵר: *כָּל שֶׁיֵּשׁ בּוֹ שִׁינּוּי חַיָּיב לְהַכְרִיז. כֵּיצַד? [ט]מָצָא עִגּוּל וּבְתוֹכוֹ חֶרֶס, כִּכָּר וּבְתוֹכוֹ מָעוֹת. רַבִּי שִׁמְעוֹן בֶּן אֶלְעָזָר אוֹמֵר: כָּל כְּלֵי אַנְפּוּרְיָא אֵין חַיָּיב לְהַכְרִיז.§ [לקמן כג:]

גמ' "מָצָא פֵּירוֹת מְפוּזָּרִין". וְכַמָּה? א"ר יִצְחָק: קַב בְּאַרְבַּע אַמּוֹת. הֵיכִי דָּמֵי? אִי דֶּרֶךְ נְפִילָה – [כ]אֲפִילּוּ טוּבָא נַמִי, וְאִי דֶּרֶךְ הִינּוּחַ – אֲפִילּוּ בְּצִיר מֵהָכִי נַמִי לָא! א"ר עוּקְבָא בַּר חָמָא: [ל]בְּמַכְנַשְׁתָּא דְּבֵי דָרֵי עָסְקִינַן: [מ]קַב בְּאַרְבַּע אַמּוֹת דִּנְפִישׁ טִרְחַיְיהוּ – לָא טָרַח אִינִישׁ וְלָא הָדַר אָתֵי וְשָׁקֵיל לְהוּ, אַפְקוּרֵי מַפְקַר לְהוּ. בְּצִיר מֵהָכִי – טָרַח וְהָדַר אָתֵי וְשָׁקֵיל לְהוּ, וְלָא מַפְקַר לְהוּ. בָּעֵי רַבִּי יִרְמְיָה: חֲצִי קַב בִּשְׁתֵּי אַמּוֹת מַהוּ? קַב בְּאַרְבַּע אַמּוֹת טַעְמָא מַאי – מִשּׁוּם דִּנְפִישׁ טִרְחַיְיהוּ, חֲצִי קַב בִּשְׁתֵּי אַמּוֹת כֵּיוָן דְּלָא נְפִישׁ טִרְחַיְיהוּ – לָא מַפְקַר לְהוּ. אוֹ דִלְמָא: מִשּׁוּם דְּלָא חֲשִׁיבֵי, *וַחֲצִי קַב בִּשְׁתֵּי אַמּוֹת, כֵּיוָן דְּלָא חֲשִׁיבֵי – מַפְקַר לְהוּ. קַבַּיִים בִּשְׁמוֹנֶה אַמּוֹת מַהוּ? קַב בְּאַרְבַּע אַמּוֹת טַעְמָא מַאי – מִשּׁוּם דִּנְפִישׁ טִרְחַיְיהוּ, וְכ"ש קַבַּיִים בִּשְׁמוֹנֶה אַמּוֹת, כֵּיוָן דִּנְפִישָׁא טִרְחַיְיהוּ טְפֵי – מַפְקַר לְהוּ. אוֹ דִלְמָא: מִשּׁוּם דְּלָא חֲשִׁיבֵי, וְקַבַּיִים בִּשְׁמוֹנֶה אַמּוֹת כֵּיוָן דַּחֲשִׁיבֵי – לָא מַפְקַר לְהוּ. [א] קַב שׁוּמְשְׁמִין בְּאַרְבַּע אַמּוֹת מַהוּ? קַב בְּאַרְבַּע אַמּוֹת טַעְמָא מַאי – מִשּׁוּם דְּלָא חֲשִׁיבֵי, וְשׁוּמְשְׁמִין כֵּיוָן דַּחֲשִׁיבֵי – לָא מַפְקַר לְהוּ. אוֹ דִלְמָא: מִשּׁוּם דִּנְפִישׁ טִרְחַיְיהוּ, וְכ"ש שׁוּמְשְׁמִין, כֵּיוָן דִּנְפִישׁ טִרְחַיְיהוּ טְפֵי – מַפְקַר לְהוּ. קַב תַּמְרֵי בְּאַרְבַּע אַמּוֹת, קַב רִמּוֹנֵי בְּאַרְבַּע אַמּוֹת מַהוּ? קַב בְּאַרְבַּע אַמּוֹת טַעְמָא מַאי – מִשּׁוּם דְּלָא חֲשִׁיבֵי, קַב תַּמְרֵי בְּאַרְבַּע אַמּוֹת, קַב רִמּוֹנֵי בְּאַרְבַּע אַמּוֹת נַמִי, כֵּיוָן דְּלָא חֲשִׁיבֵי – מַפְקַר לְהוּ. אוֹ דִלְמָא: מִשּׁוּם דִּנְפִישָׁא טִרְחַיְיהוּ, וְקַב תַּמְרֵי בְּאַרְבַּע אַמּוֹת, וְקַב רִמּוֹנֵי בְּאַרְבַּע אַמּוֹת, כֵּיוָן דְּלָא נְפִישׁ טִרְחַיְיהוּ – לָא מַפְקַר לְהוּ, מַאי? [נ]תֵּיקוּ.§ אִיתְּמַר: יֵאוּשׁ

אֵלּוּ מְצִיאוֹת. מָצָא פֵּירוֹת מְפוּזָּרִין. נִתְיָיאֲשׁוּ הַבְּעָלִים מֵהֶן, כִּדְאָמַר בַּגְּמָרָא, וְהֶפְקֵר הֵן. מָעוֹת מְפוּזָּרוֹת. הוֹאִיל וְאֵין לָהֶם סִימָן נִיכָּר – אַיְּאוּשֵׁי מְיָאֵשׁ, וְהָווּ לְהוּ הֶפְקֵר, וְזֶהוּ טַעַם כּוּלָּם. כְּרִיכוֹת. עוֹמָרִים קְטַנִּים, כְּמוֹ "מְאַלְּמִים אֲלוּמִּים" וּמְתַרְגְּמִינַן בִּירוּשַׁלְמִי: "מְכָרְכָן כְּרִיכָן" (בראשית לז). בִּרה"ר. שֶׁהַכֹּל דָּשִׁין עֲלֵייהוּ, וְאִם הָיָה סִימָן נִקְשָׁר עֲלֵיהֶן – הֲרֵי הוּא נִמְחָק. שֶׁל נַחְתּוֹם. כָּל כִּכָּרוֹת הַנַּחְתּוֹמִין שָׁוִין. אֲבָל כִּכָּרוֹת שֶׁל בַּעַל הַבַּיִת יֵשׁ בָּהֶן סִימָן. מִמְּדִינָתָן. כְּמוֹת שֶׁהֵן גְּזוּזוֹת כְּשֶׁאָר כָּל גִּיזַּת הַמְּדִינָה, לְאַפּוֹקֵי הַבָּאוֹת מִבֵּית הָאוּמָּן כִּדְקָתָנֵי סֵיפָא. אֲנִיצֵי פִּשְׁתָּן. ריסט"א בְּל' אַשְׁכְּנַז, וּבִמְקוֹמֵינוּ פופי"ר. וּלְשׁוֹן שֶׁל אַרְגָּמָן. צֶמֶר סָרוּק וּמָשׁוּךְ כְּמִין לָשׁוֹן, וְצָבוּעַ אַרְגָּמָן, וּמְלוּיִין הֵן. מָצָא עִיגּוּל. שֶׁל דְּבֵילָה. אַנְפּוּרְיָא. בַּגְּמָ' מְפָרֵשׁ. **גמ'** וְכַמָּה. חָשׁוּב פִּיזּוּר. קַב. מְפוּזָּר בְּאַרְבַּע אַמּוֹת. אֲבָל בְּג' אַמּוֹת – לָא הֲוֵי פִּיזּוּר, וְטַעְמָא מְפָרֵשׁ וְאָזֵיל. אִי דֶּרֶךְ נְפִילָה. אִם מוֹנָּחִים דֶּרֶךְ נְפִילָה, שֶׁיֵּשׁ לָדַעַת שֶׁלֹּא הוּנְחוּ שָׁם מִדַּעַת, אֶלָּא נָפְלוּ. אֲפִילּוּ טוּבָא. מִקַּב נַמִי, דְּכֵיוָן דְּאֵין בָּהֶן סִימָן – אַיְּאוּשֵׁי מְיָאֵשׁ. וְאִי דֶּרֶךְ הִינּוּחַ וכו'. עָתִיד לַחֲזוֹר וְלִיטְּלָן. בְּמַכְנַשְׁתָּא דְּבֵי דָרֵי. בִּשְׁעַת אֲסִיפַת גְּרָנוֹת, וְכָאן דָּשָׁן בַּעֲלֵיהֶן, וְנָשְׂאוּ אֶת הָעִיקָּר וְנוֹתְרוּ אֵלּוּ. נְפִישׁ טִרְחַיְיהוּ. לְקַבְּצָן. בְּצִיר מֵהָכִי. אִם הָיָה פִּיזּוּרָן פָּחוֹת מִכֵּן. מִשּׁוּם דְּלָא חֲשִׁיבֵי. עָלֶיהָ קַב פֵּירוֹת לִטְרוֹחַ עֲלֵיהֶן טוֹרַח קִיבּוּץ שֶׁל אַרְבַּע אַמּוֹת. שׁוּמְשְׁמִין. דַּקִּין מְאֹד, וְיֵשׁ טוֹרַח בְּקִיבּוּצָן יוֹתֵר מִחִטִּין, אֲבָל דְּמֵיהֶן יְקָרִין. תַּמְרֵי וְרִמּוֹנֵי. גַּסִּים הֵן, וְאֵין טוֹרַח בְּקִבּוּצָן. יֵאוּשׁ

אלו מציאות שלו: בריבות ברה"ר. בכריכות דוקא מפליג בין רה"ר לרה"י משום דלמ"ד (לקמן כב:) סימן העשוי לידרס הוי סימן, ומקום הוי סימן – מיירי הכא דליכא סימן, ומקום נמי לא הוי סימן ברה"ר משום דמנשתפי. וברה"י הוי סימן סימן וחייב להכריז, ומיירי שאשכח דרך הינוח. וככרות של נחתום ועיגולי דבילה אין בהם סימן, והוי שלו אף ברה"י, ומיירי דמלא דרך נפילה, ולכל לא הוי מקום סימן. וא"ת: אמאי נקט כריכות דאשכח דרך הינוח, טפי משאר דאיירי דרך נפילה? וי"ל: דכריכות איידי דיקירי אינון לא הוה שיפלו שלא מדעת, אלא כשיעמוד לפוש מניח לארץ ושכחם שם. וככרות של בעה"ב יש להן סימן, דבעלי בתים רגילים לעשות סימן בככרותיהן, ולכך אפילו ברשות הרבים חייב להכריז, דסימן העשוי לידרס הוי סימן. וליבורי מעות ופירות דהוי מקום סימן אף ברה"ר, כדאמר לקמן – משום דלא שייך בהו מנשתפי. ואם תאמר: כריכות ברה"ר, דמיירי דרך הינוח, היאך לוקחם? הא אמרינן לקמן*: ספק הינוח – לא יטול, וכל שכן ודאי הינוח! וי"ל: דה"מ כשמלא במקום מוצנע ומשתמר, דלא יטול (א)אם אין בו סימן, ואם יש בו סימן – נוטל ומכריז. ולמ"ד (לקמן כב:) סימן העשוי לידרס לא הוי סימן, ומקום נמי לא הוי סימן – מיירי בכריכות שיש בהם סימן, ולכך ברה"י מכריז. וככרות של נחתום ושאר דמתניתין – לית בהו סימן, ולכך אף ברה"י הם שלו. וככרות של בעה"ב שיש בהם סימן חייב להכריז אף ברה"ר, דאין עשוי לידרס משום דאין מעבירין על האוכלין. וכולה מתני' מיירי בין דרך נפילה בין דרך הינוח. וא"ת: כריכות, אי דרך נפילה היא – אם כן אינו יודע היכן נפלו, וברשות היחיד אמאי צריך להכריז? הא מתייאש, שסברו ברה"ר נפיל! וי"ל: דאע"פ שאינו יודע לכוין המקום, יודע הוא אם נפל ברשות הרבים או ברשות היחיד. [דף כה:]

וכמה א"ר יצחק קב בארבע אמות. צריך לומר דרבי יצחק גופיה בעי, וכמה? דאי גמרא בעי מאי בעי וכמה? לוקי דרך נפילה ואפילו טובא – כדפריך גמ' בתר הכי. אלא מדברי רבי יצחק הוא, ורבי יצחק לא בעי לאוקמי דרך נפילה ואפילו טובא, משום דסבר כאביי דיאוש שלא מדעת לא הוי יאוש. אלא מוקי לה במכנשתא דבי דרי, שהניחם שם מדעת. וכה"ג איכא בפירקין (דף ל:) דבעי ולעולם? אמר רב יהודה כו'. דצריך לומר דרב יהודה אמר ולעולם. וכן בפרק "לא יחפור" (ב"ב דף כב: ושם ד"ה וכמה) גבי מרחיקין מן החלונות דקאמר: וכמה? אמר רב יהודה: כמלוא רוחב חלון*). **חצי** קב בשתי אמות מהו. תימה: הלא קב בארבע אמות הוי נמי חצי קב בשתי אמות, ומאי קמבעיא ליה? וי"ל: כיון דליכא אלא חצי קב – ילקוט, כיון שאין לו טורח נגמור, אבל קב בארבע אמות יש לו טורח ללקוט הכל, ואין מלקט כלל. אי נמי: קב בארבע אמות מרובעין – הוי חצי קב בשתי אמות רוחב וארבע אמות אורך, והכא בעי חצי קב בב' אמות על ב' אמות.

*) ועיין תוס' פסחים

רבינו חננאל

שיש עליו עדים כשר. ופריק מאי עדים דקתני עדי קיום הכי נמי מסתברא וכו'. גופא סמפון שיש עליו עדים יתקיים בחותמיו. אוקימנא יתקיים מחותמיו אם מעידין שפרעו בפניהם. אין עליו עדים כלומר אינם יודעין העדים לא סמכינן עליה ואם יוצא מתחת ידי שליש ואמר השליש שודאי פרע הלוה למלוה מיגו דאי בעי השליש למיתביה ללוה כי אמר פרעיה מהימן. וכן אם נמצא זה הסמפון כתוב בשטר חוב עצמו אחר חתימת עדי השטר כשר דאי לאו דפרעיה לא הוה מרע ליה לשטריה:

הדרן עלך שנים אוחזין

אלו מציאות שלו ואלו חייב להכריז מצא פירות מפוזרין וכו'. אמר רבי יצחק קב מפוזר בד' אמות ומקשי' עלה אי דרך נפילה אשכחינהו אפי' יותר מקב שלו הן. אי דרך הנחה אשכחינהו אפי' פחות מקב לא יגע בהן ופריק מר עוקבא מתני' במכנשתא דבי דרי עסקינן. *) הגרנות כשמכברין הגורן בשעה שמניפין התבואה מן הגורן אם מצא כשיעור קב פירות מפוזרין בגורן ברחוק ד' אמות לא טרח איניש למכנשינהו ומפקר להו לפיכך הן שלו. אבל קב בפחות מד' אמות לא מפקר להו הלכך לא שקיל. הא דתנן וציבורי פירות ומקשי ופרקי תני וציבור פירות אינון ואיפשיט דמנין הוי סימן. אבל מקום לא

*) אולי צ"ל פי' בשעת אסיפת הגרנות כשמכבדין.

הגהות הב"ח

(א) תוס' ד"ה אלו וכו' אם אין בו סימן. נ"ב ע"ל דף כג סוף ע"א:

[עי' תוס' לקמן כג: ד"ה מחרוזות]

[בגמ' ירושל' ורא"ש ליתא להנך ג' תיבות]

הגהות הגר"א

[א] גמ' קב שומשמין כו'. נ"ב גירסת הרמב"ם שומשמי ותמרי ורמוני מאי תיקו ור"ל מב' וג' מינים:

וכל שכן חצי רש"ל

Koren Talmud Bavli

THE NOÉ EDITION

BAVA METZIA

KOREN TALMUD BAVLI

THE NOÉ EDITION

בבא מציעא

BAVA METZIA

Daf 2a through Daf 21a

COMMENTARY BY

Rabbi Adin Even-Israel Steinsaltz

EDITOR-IN-CHIEF

Rabbi Dr Tzvi Hersh Weinreb

SENIOR CONTENT EDITOR

Rabbi Dr Shalom Z Berger

EXECUTIVE EDITOR

Rabbi Joshua Schreier

STEINSALTZ CENTER

KOREN PUBLISHERS JERUSALEM

Supported by the Matanel Foundation

Koren Talmud Bavli, The Noe Edition
Vol. 22a: Tractate Bava Metzia, Daf 2a through Daf 21a
Paperback, ISBN, 978-965-7766-02-6

First Hebrew/English paperback edition, 2021

Koren Publishers Jerusalem Ltd.
PO Box 4044, Jerusalem 91040, ISRAEL
PO Box 8531, New Milford, CT 06776, USA
www.korenpub.com

Steinsaltz Center

Steinsaltz Center is the parent organization of institutions established by Rabbi Adin Even-Israel Steinsaltz

PO Box 45187, Jerusalem 91450 ISRAEL
Telephone: +972 2 646 0900, Fax +972 2 624 9454
www.steinsaltz-center.org

הִנֵּה יָמִים בָּאִים, נְאֻם אֲדֹנָי יֱהֹוִה, וְהִשְׁלַחְתִּי רָעָב בָּאָרֶץ,
לֹא־רָעָב לַלֶּחֶם וְלֹא־צָמָא לַמַּיִם, כִּי אִם־לִשְׁמֹעַ אֵת דִּבְרֵי יהוה.

Behold, days are coming – says the Lord God – I will send a hunger to the land, not a hunger for bread nor a thirst for water, but to hear the words of the Lord. (AMOS 8:11)

The Noé edition of the Koren Talmud Bavli
with the commentary of Rabbi Adin Even-Israel Steinsaltz
is dedicated to all those who open its covers
to quench their thirst for Jewish Knowledge,
in our generation of Torah renaissance.

This beautiful edition is for the young, the aged,
the novice and the savant alike,
as it unites the depth of Torah knowledge
with the best of academic scholarship.

Within its exquisite and vibrant pages,
words become worlds.

It will claim its place in the library of classics,
in the bookcases of the Beit Midrash,
the classrooms of our schools,
and in the offices of professionals and business people
who carve out precious time to grapple with its timeless wisdom.

For the Student and the Scholar

DEDICATED BY LEO AND SUE NOÉ

Executive Director, Steinsaltz Center

Rabbi Meni Even-Israel

Managing Editor

Rabbi Jason Rappoport

Senior Content Editor

Rabbi Dr. Shalom Z. Berger

Editors

Rabbi Dr. Joshua Amaru, *Coordinating Editor*
Rabbi Avishai Magence, *Content Curator*
Amy Kaplan Benoff
Aryeh Bernstein
Menucha Chwat
Rabbi Yehoshua Duker
Betzalel Philip Edwards
Rabbi Dov Foxbrunner
Rabbi Yonatan Shai Freedman
Raphael Friedman
Rabbi Alan Haber
Noam Harris
Rabbi Raz Hartman
Rabbi Tzvi Chaim Kaye
Rabbi Yonatan Kohn
Liron Kranzler
Sholom Licht
Elisha Loewenstern
Rabbi Jonathan Mishkin
Rabbi Eli Ozarowski
Yosef Rosen
Rabbi David Sedley
Jay Shapiro
Rabbi Michael Siev
Ami Silver
Avi Steinhart
Rabbi Yitzchak Twersky
Ami Vick

Copy Editors

Aliza Israel, *Coordinator*
Bracha Hermon
Ita Olesker
Debbie Ismailoff
Shira Finson
Ilana Sobel
Deena Nataf
Eliana Kurlantzick Yorav
Erica Hirsch Edvi
Nava Wieder
Sara Henna Dahan

Language Consultants

Dr. Stephanie E. Binder, *Greek & Latin*
Rabbi Yaakov Hoffman, *Arabic*
Dr. Shai Secunda, *Persian*
Shira Shmidman, *Aramaic*

Design & Typesetting

Dena Landowne Bailey, *Typesetting*
Tani Bayer, *Jacket Design*
Raphaël Freeman, *Design & Typography*

Images

Eliahu Misgav, *Illustration & Image Acquisition*
Daniel Gdalevich, *Illustration & Image Acquisition*

Introduction by the Publisher

The Talmud has sustained and inspired Jews for thousands of years. Throughout Jewish history, an elite cadre of scholars has absorbed its learning and passed it on to succeeding generations. The Talmud has been the fundamental text of our people.

Beginning in the 1960s, Rabbi Adin Even-Israel Steinsaltz שליט״א created a revolution in the history of Talmud study. His translation of the Talmud, first into modern Hebrew and then into other languages, as well the practical learning aids he added to the text, have enabled millions of people around the world to access and master the complexity and context of the world of Talmud.

It is thus a privilege to present the *Koren Talmud Bavli*, an English translation of the talmudic text with the brilliant elucidation of Rabbi Steinsaltz. The depth and breadth of his knowledge are unique in our time. His rootedness in the tradition and his reach into the world beyond it are inspirational.

Working with Rabbi Steinsaltz on this remarkable project has been not only an honor, but a great pleasure. Never shy to express an opinion, with wisdom and humor, Rabbi Steinsaltz sparkles in conversation, demonstrating his knowledge (both sacred and worldly), sharing his wide-ranging interests, and, above all, radiating his passion. I am grateful for the unique opportunity to work closely with him, and I wish him many more years of writing and teaching.

Our intentions in publishing this new edition of the Talmud are threefold. First, we seek to fully clarify the talmudic page to the reader – textually, intellectually, and graphically. Second, we seek to utilize today's most sophisticated technologies, both in print and electronic formats, to provide the reader with a comprehensive set of study tools. And third, we seek to help readers advance in their process of Talmud study.

To achieve these goals, the *Koren Talmud Bavli* is unique in a number of ways:

- The classic *tzurat hadaf* of Vilna, used by scholars since the 1800s, has been reset for great clarity, and opens from the Hebrew "front" of the book. Full *nikkud* has been added to both the talmudic text and Rashi's commentary, allowing for a more fluent reading with the correct pronunciation; the commentaries of *Tosafot* have been punctuated. Upon the advice of many English-speaking teachers of Talmud, we have separated these core pages from the translation, thereby enabling the advanced student to approach the text without the distraction of the translation. This also reduces the number of volumes in the set. At the bottom of each *daf*, there is a reference to the corresponding English pages. In addition, the Vilna edition was read against other manuscripts and older print editions, so that texts which had been removed by non-Jewish censors have been restored to their rightful place.
- The English translation, which starts on the English "front" of the book, reproduces the *menukad* Talmud text alongside the English translation (in bold) and commentary and explanation (in a lighter font). The Hebrew and Aramaic text is presented in logical paragraphs. This allows for a fluent reading of the text for the non-Hebrew or non-Aramaic reader. It also allows for the Hebrew reader to refer easily to the text alongside. Where the original text features dialogue or poetry, the English text is laid out in a manner appropriate to the genre. Each page refers to the relevant *daf*.

- Critical contextual tools surround the text and translation: personality notes, providing short biographies of the Sages; language notes, explaining foreign terms borrowed from Greek, Latin, Persian, or Arabic; and background notes, giving information essential to the understanding of the text, including history, geography, botany, archaeology, zoology, astronomy, and aspects of daily life in the talmudic era.
- Halakhic summaries provide references to the authoritative legal decisions made over the centuries by the rabbis. They explain the reasons behind each halakhic decision as well as the ruling's close connection to the Talmud and its various interpreters.
- Photographs, drawings, and other illustrations have been added throughout the text – in full color in the Standard and Electronic editions, and in black and white in the Daf Yomi edition – to visually elucidate the text.

This is not an exhaustive list of features of this edition, it merely presents an overview for the English-speaking reader who may not be familiar with the "total approach" to Talmud pioneered by Rabbi Steinsaltz.

Several professionals have helped bring this vast collaborative project to fruition. My many colleagues are noted on the Acknowledgments page, and the leadership of this project has been exceptional.

RABBI MENACHEM EVEN-ISRAEL, DIRECTOR OF THE STEINSALTZ CENTER, was the driving force behind this enterprise. With enthusiasm and energy, he formed the happy alliance with Koren and established close relationships among all involved in the work.

RABBI DR. TZVI HERSH WEINREB שליט״א, EDITOR-IN-CHIEF, brought to this project his profound knowledge of Torah, intellectual literacy of Talmud, and erudition of Western literature. It is to him that the text owes its very high standard, both in form and content, and the logical manner in which the beauty of the Talmud is presented.

RABBI JOSHUA SCHREIER, EXECUTIVE EDITOR, assembled an outstanding group of scholars, translators, editors, and proofreaders, whose standards and discipline enabled this project to proceed in a timely and highly professional manner.

RABBI MEIR HANEGBI, EDITOR OF THE HEBREW EDITION OF THE STEINSALTZ TALMUD, lent his invaluable assistance throughout the work process, supervising the reproduction of the Vilna pages.

RAPHAËL FREEMAN, EXECUTIVE EDITOR OF KOREN, created this Talmud's unique typographic design which, true to the Koren approach, is both elegant and user friendly.

It has been an enriching experience for all of us at Koren Publishers Jerusalem to work with the Steinsaltz Center to develop and produce the *Koren Talmud Bavli*. We pray that this publication will be a source of great learning and, ultimately, greater *avodat Hashem* for all Jews.

Matthew Miller, Publisher
Koren Publishers Jerusalem
Jerusalem 5772

Contents

For the vocalized Vilna Shas layout, please open as a Hebrew book.

Introduction to **Bava Metzia**

Tractate *Bava Metzia* was originally part of a large tractate called tractate *Nezikin*, meaning damages, which comprised what are now the first three tractates in the order of *Nezikin*. *Bava Metzia* was the middle section of tractate *Nezikin*, and from this placement it derived its name, which means the middle gate. The remaining part of this super-tractate was divided into *Bava Kamma*, the first gate, which precedes *Bava Metzia*, and *Bava Batra*, the last gate. Each of these three parts has its own central topic.

Bava Metzia deals with issues relating to business, specifically those that the Torah mentions explicitly. The topics discussed in this tractate include the *halakhot* of lost and found items, the loading and unloading of animals, verbal mistreatment, exploitation, charging interest, feeding workers, depositing and borrowing items, withholding wages, and the prohibition against damaging collateral.

Bava Metzia expresses one of the unique aspects of Torah law, namely, that it does not distinguish between civil law and ritual law. Jewish civil law is based not on a social contract but on requirements defined by Torah law and rabbinic law. Accordingly, interpersonal relationships and civil laws are viewed as part of the relationship between the Jewish people and God. Although there are certain distinctions made by the Torah between civil and ritual law, in general they are interwoven in the Torah text, as can be seen, for example, in Exodus, chapters 21–23; Leviticus, chapter 19; and Deuteronomy, chapters 21–25.

A basic element in Jewish civil law is the integration of compassion with justice. To a large extent, the *halakha* goes beyond the requirements of justice. The obligation to relate to others with compassion and generosity is not merely a supererogatory addition to one's legal obligations; it is normative *halakha* that is derived from the conception of the Jewish people as one family. This is the reason for the distinction that one finds between general *halakhot* that structure economic life, which apply to all, and specific *halakhot* that apply only to interactions with fellow Jews. The general *halakhot* are as much a part of the Noahide mitzva to construct a fair legal system, which is incumbent upon all humanity, as they are aspects of Jewish law. By contrast, *halakhot* addressing interpersonal relationships, such as the obligation to return lost property and the prohibition against charging or paying interest, are not features of a legal system whose only purpose is justice. Rather, they reflect the requirement to have compassion on and care for one's fellow Jew.

The *halakhot* discussed in tractate *Bava Metzia* can be divided into four categories. The first category involves *halakhot* relating to transactions that are an essential

part of any legal system. The second category includes *halakhot* that apply only to transactions between Jews, the rationale for which has been explained above. The third category describes acts that are not punishable by the courts but are discouraged by the Sages. An example of the court's response to one such act would be the curse administered by the court to one who does not keep his word. Finally, the fourth category states *halakhot* of ethical behavior. These behaviors were practiced by people of high integrity, and they are based on the verse: "That you may walk in the way of good men, and keep the paths of the righteous" (Proverbs 2:20).

There is one concept that is common to all of these areas of *halakha* and is found throughout *Bava Metzia*, and that is the concept of ownership. Although an item is usually owned by the person in whose possession it is held, sometimes that is not the case, e.g., when an item is loaned or rented to another, or when it is deposited with another for safekeeping or as collateral on a loan. At other times, the item is not in the possession of its owner because it has been stolen or lost. In each of these cases, the tractate discusses who has halakhic ownership of the item, and who is responsible for safeguarding it and liable for damage caused to the item or by the item.

Ownership of movable property is transferred through specific modes of transaction, whose details are discussed mostly in this tractate. Even in cases where it is clear that someone performed a valid act of acquisition, it is necessary to determine the exact point in time when the ownership was transferred in order to resolve issues of multiple claims of ownership of the item. It is also necessary to determine the point after which neither party can withdraw from a transaction.

The tractate contains ten chapters, the first four of which are included in the present volume:

Chapter One primarily discusses how to determine ownership of an item that is claimed by two individuals.

Chapter Two details the *halakhot* of returning lost items in general, and those of loading and unloading animals.

Chapter Three examines the *halakhot* of safeguarding a deposit, the responsibilities of bailees, and the *halakhot* of misappropriation.

Chapter Four discusses the definition of money and business transactions in which one party exploits the other.

Introduction to **Perek I**

This chapter deals primary with cases of a lost item that was found and is claimed by two individuals. Whereas the fundamental *halakhot* concerning lost items are discussed in the second chapter, the discussions in this chapter focus on questions relating to ownership and methods of acquisition, in particular, how the court adjudicates conflicting claims to the same rights or property. The chapter addresses the process of clarifying these conflicting claims and the apportioning of rights and ownership.

In analyzing this topic, the chapter addresses many specific questions, both conceptual and practical: Does the fact that two people lay claim to the same item mean that one is deliberately lying? If so, how does the court act against the deceitful party? When is it appropriate for the court to use methods of clarification and coercion, such as requiring a litigant to take an oath, in the context of litigants who are suspect? How is the court to act if it is believed that both litigants may be somewhat justified in their claims and neither is actually lying? How does a court allocate rights to a contested property when it is not possible for the court to fully clarify the facts of the case?

Another issue that arises in this context is the question of how the court relates to the status and rights of people who are peripherally involved in a case. What is the status of one who is not a litigant but is impacted by the case? As an example, the conflict between a debtor and creditor will affect a broader circle of people, such as one who purchased a field from the debtor and may now be subject to a lien on his land.

The early commentaries ask why this chapter, which discusses details of the *halakhot* of found items, precedes the second chapter, which discusses the fundamental *halakhot* of found items.

Tosafot explain that as tractate *Bava Metzia* follows tractate *Bava Kamma*, the *halakhot* of found items are elucidated in this chapter as a continuation of the topics discussed in the last chapter of *Bava Kamma*, which discussed the division of items between litigants by means of an oath, which is also the ruling in the mishna here (see *Shita Mekubbetzet*). The Rosh explains that because there is a suspicion of theft in this case, these matters are juxtaposed with the *halakhot* of theft, which are described at length in *Bava Kamma*.

שְׁנַיִם אוֹחֲזִין בְּטַלִּית, זֶה אוֹמֵר: אֲנִי מְצָאתִיהָ, וְזֶה אוֹמֵר: אֲנִי מְצָאתִיהָ. זֶה אוֹמֵר: כּוּלָּהּ שֶׁלִּי, וְזֶה אוֹמֵר: כּוּלָּהּ שֶׁלִּי. זֶה יִשָּׁבַע שֶׁאֵין לוֹ בָּהּ פָּחוֹת מֵחֶצְיָהּ, וְזֶה יִשָּׁבַע שֶׁאֵין לוֹ בָּהּ פָּחוֹת מֵחֶצְיָהּ, וְיַחֲלוֹקוּ.

MISHNA If **two** people came to court **holding a garment,**[NH] and **this** one, the first litigant, **says: I found it, and that** one, the second litigant, **says: I found it; this one says: All of it is mine, and that** one **says: All of it is mine;** how does the court adjudicate this case? **This** one **takes an oath**[B] **that he does not have** ownership **of less than half of it, and that** one **takes an oath**[N] **that he does not have** ownership **of less than half of it, and they divide** it.

זֶה אוֹמֵר: כּוּלָּהּ שֶׁלִּי, וְזֶה אוֹמֵר: חֶצְיָהּ שֶׁלִּי. הָאוֹמֵר כּוּלָּהּ שֶׁלִּי – יִשָּׁבַע שֶׁאֵין לוֹ בָּהּ פָּחוֹת מִשְּׁלֹשָׁה חֲלָקִים, וְהָאוֹמֵר חֶצְיָהּ שֶׁלִּי – יִשָּׁבַע שֶׁאֵין לוֹ בָּהּ פָּחוֹת מֵרְבִיעַ, זֶה נוֹטֵל שְׁלֹשָׁה חֲלָקִים, וְזֶה נוֹטֵל רְבִיעַ.

If **this** one **says: All of it is mine, and that** one **says: Half of it is mine,**[NH] since they both agree that half of the cloak belongs to one of them, the conflict between them is only about the other half. Therefore, **the one who says: All of it is mine, takes an oath that he does not have** ownership **of less than three parts,** i.e., three-fourths, **of it, and the one who says: Half of it is mine, takes an oath that he does not have** ownership **of less than one-quarter of it. This one takes three parts, and that one takes one-quarter.**[N]

הָיוּ שְׁנַיִם רוֹכְבִין עַל גַּבֵּי בְהֵמָה, אוֹ שֶׁהָיָה אֶחָד רוֹכֵב וְאֶחָד מַנְהִיג, זֶה אוֹמֵר: כּוּלָּהּ שֶׁלִּי, וְזֶה אוֹמֵר: כּוּלָּהּ שֶׁלִּי – זֶה יִשָּׁבַע שֶׁאֵין לוֹ בָּהּ פָּחוֹת מֵחֶצְיָהּ, וְזֶה יִשָּׁבַע שֶׁאֵין לוֹ בָּהּ פָּחוֹת מֵחֶצְיָהּ, וְיַחֲלוֹקוּ.

If **two** people **were sitting** in a riding position **on the back of an animal,**[N] e.g., a donkey or camel, **or one was sitting** in a riding position on the animal **and one was leading** it by its halter, and **this one says: All of it is mine, and that** one **says: All of it is mine,** how does the court adjudicate this case? **This** one **takes an oath that he does not have** ownership **of less than half of it, and that** one **takes an oath that he does not have** ownership **of less than half of it, and they divide** it.

בִּזְמַן שֶׁהֵם מוֹדִים, אוֹ שֶׁיֵּשׁ לָהֶן עֵדִים – חוֹלְקִין בְּלֹא שְׁבוּעָה.

When they admit to the validity of each other's claims **or when they** each **have witnesses** attesting to their claims, **they divide** the disputed item **without** taking **an oath,** as an oath is administered only in a case where the parties have no other way to prove their claims.

גמ׳ לָמָּה לִי לְמִתְנָא: ״זֶה אוֹמֵר אֲנִי מְצָאתִיהָ וְזֶה אוֹמֵר אֲנִי מְצָאתִיהָ, זֶה אוֹמֵר כּוּלָּהּ שֶׁלִּי וְזֶה אוֹמֵר כּוּלָּהּ שֶׁלִּי״? לִיתְנֵי חֲדָא! חֲדָא קָתָנֵי: זֶה אוֹמֵר אֲנִי מְצָאתִיהָ וְכוּלָּהּ שֶׁלִּי, וְזֶה אוֹמֵר אֲנִי מְצָאתִיהָ וְכוּלָּהּ שֶׁלִּי.

GEMARA The Gemara asks: **Why do I** need the *tanna* **to teach** two separate claims made by each party? Why does the *tanna* say both: **This one says: I found it, and that** one **says: I found it;** and in addition: **This one says: All of it is mine, and that** one **says: All of it is mine? Let the** *tanna* **teach one** case. The Gemara answers: The correct understanding of the mishna is that **it teaches one** claim of each party, as their claims were as follows: **This one says: I found it and all of it is mine, and that** one **says: I found it and all of it is mine.**

BACKGROUND

Oath – שְׁבוּעָה: An oath is a statement implicitly or explicitly invoking the name of God, in which one affirms a certain truth or commits himself to perform or refrain from performing a specific action. Although there is a positive mitzva in the Torah (Deuteronomy 6:13) to take oaths under certain circumstances, the Sages said that a person taking an oath must be worthy, and that there must be no suspicion of falsehood, either intentional or unintentional. The punishment for a false oath is very severe, as it involves the desecration of God's name. Sometimes the gravity of oaths is stressed by taking the oath while holding a sacred item, e.g., a holy book, or a ritual article like phylacteries.

NOTES

Two people holding a garment – שְׁנַיִם אוֹחֲזִין בְּטַלִּית: The reason that the mishna discusses a garment as opposed to a generic item is because, as will be explained (7a), there are certain *halakhot* that apply specifically to a garment and the way it is held that do not apply to other items (*Torat Ḥayyim*).

This one takes an oath…and that one takes an oath – זֶה יִשָּׁבַע...וְזֶה יִשָּׁבַע: Rabbeinu Ḥananel asks: Since neither party can prove that the garment belongs to him, why doesn't the mishna apply the ruling used in other cases of disputed property, that whoever is stronger prevails, i.e., the court leaves the matter to the litigants and does not award the property to either one? *Tosafot* explain that because each party is currently in possession of the garment, the situation must be adjudicated. In a similar vein, several early commentaries (Rabbeinu Ḥananel; Rashba) write that the ruling that whoever is stronger prevails applies specifically when the litigants are not in possession of the item. The Rosh writes that if the ruling that whoever is stronger prevails is applied here, it will encourage people to take items by force.

And that one says, half of it is mine – וְזֶה אוֹמֵר חֶצְיָהּ שֶׁלִּי: The commentaries ask: Why is the one claiming to own half of the item not accorded credibility based on the fact that he could have made a more advantageous claim [*miggo*] that all of it is his? Since he admits that only half of it is his, his claim should be believed. Various explanations are offered for this ruling. Some explain that this principle does not apply in a case where, in any event, the litigant is obligated to take an oath (Ramban). The Rid explains, based on the Gemara's interpretation that this is a case of two people who each paid for a garment, that perhaps the reason the one who claimed to own half of it does not claim all of it is that he dared not make that claim lest the seller contradict him. Therefore his claim does not lend him credibility.

Takes one-quarter – נוֹטֵל רְבִיעַ: In the Jerusalem Talmud and the *Tosefta* this is stated as a principle: If one claims an entire item and another claims part of it, the one who claims part of it takes an oath with regard to half of his claim and receives that part; i.e., one who claims that one-third is his takes an oath that he owns one-sixth and he receives one-sixth.

Sitting on an animal – רוֹכְבִין עַל גַּבֵּי בְהֵמָה: Although the verb used by the mishna, *rokhvin*, often means riding, it is apparent from the Gemara (8b) that in this context the reference is to the act of sitting on an animal.

HALAKHA

Two holding a garment – שְׁנַיִם אוֹחֲזִין בְּטַלִּית: In the case of two people who are both holding on to the same item or animal, and each one claims ownership of the entire item, each man takes an oath that he has a right to the item he is claiming and that he owns no less than half of it, and they divide it (Rambam *Sefer Mishpatim*, *Hilkhot To'en VeNitan* 9:7; *Shulḥan Arukh*, *Ḥoshen Mishpat* 138:1).

This one says, all of it is mine and that one says, half of it is mine – זֶה אוֹמֵר כּוּלָּהּ שֶׁלִּי וְזֶה אוֹמֵר חֶצְיָהּ שֶׁלִּי: If two people claim ownership of an item, and one claims all of it while the other claims half of it, the one who claims all of it takes an oath that he has ownership rights to the item and that he owns no less than three-fourths of it. The one who claims half of it takes an oath that he has ownership rights to the item, and owns no less than a quarter. The first one receives three-fourths of the item and the other receives one-fourth (Rambam *Sefer Mishpatim*, *Hilkhot To'en VeNitan* 9:8; *Shulḥan Arukh*, *Ḥoshen Mishpat* 138:2).

NOTES

But didn't Rabbenai say – וְהָא אֲמַר רַבְּנַאי: Although Rabbenai is an *amora*, apparently he was not the one who formulated this *halakha*. Rather, it predated him. Proof of this is the fact that this *halakha* is cited elsewhere as definitive *halakha* (*Shita Mekubbetzet*).

HALAKHA

One does not acquire a lost item through sight – בִּרְאִיָּה בְּעָלְמָא לָא קָנֵי לָהּ: One does not acquire ownership of an ownerless item until he picks it up or it is on his property. Merely sighting one such item, even if one fell upon it without picking it up, does not give him ownership of it; and if another picks it up first, he acquires it when he does so (Rambam *Sefer Nezikin, Hilkhot Gezeila VaAveda* 17:1; *Shulḥan Arukh, Ḥoshen Mishpat* 268:1).

וְלִיתְנֵי: אֲנִי מְצָאתִיהָ, וַאֲנָא יָדַעְנָא דְּכוּלָּהּ שֶׁלִּי! אִי תָּנָא אֲנִי מְצָאתִיהָ, הֲוָה אָמִינָא: מַאי מְצָאתִיהָ – רְאִיתִיהָ, אַף עַל גַּב דְּלָא אֲתַאי לִידֵיהּ – בִּרְאִיָּה בְּעָלְמָא קָנֵי. תָּנָא כּוּלָּהּ שֶׁלִּי – דִּבְרְאִיָּה לָא קָנֵי.

The Gemara asks: **But let** the *tanna* **teach** a case where each one merely claims: **I found it, and I would know that** the intention of each litigant is to claim: **All of it is mine.** The Gemara answers: **If** the *tanna* **would teach** only that each one claimed: **I found it, I would say** that **what** is the meaning of the claim: I **found it?** It means: I **saw it.** In other words, he is claiming that he saw the item first, and he believes that **even though it did not reach his possession, he acquired** it **through mere sight.** Since it would have been possible to think that this is an effective claim, the *tanna* **teaches** that the litigant states definitively: **All of it is mine,** to teach **that** one **does not acquire** a lost item **through sight** alone.

וּמִי מָצֵית אָמְרַתְּ מַאי מְצָאתִיהָ – רְאִיתִיהָ? וְהָא אֲמַר רַבְּנַאי: וּמְצָאתָהּ – דַּאֲתַאי לִידֵיהּ מַשְׁמַע!

The Gemara challenges this explanation: **But how can you say** that **what** the term: I found it, means is actually: I **saw it? But didn't Rabbenai say**[N] in interpreting the verse: "And so shall you do with every lost item of your brother's, which he has lost, and you have found it" (Deuteronomy 22:3), that **"and you have found it" indicates that it came into his possession?** The term find in the Torah refers exclusively to a situation where the item is in the possession of the finder.

אִין, וּמְצָאתָהּ דִּקְרָא – דַּאֲתָא לִידֵיהּ מַשְׁמַע, וּמִיהוּ תַּנָּא – לִישָּׁנָא דְּעָלְמָא נָקַט, וּמִדְּחָזֵי לֵיהּ אָמַר: אֲנָא אַשְׁכַּחִית, וְאַף עַל גַּב דְּלָא אֲתַאי לִידֵיהּ, בִּרְאִיָּה בְּעָלְמָא קָנֵי. תָּנֵי כּוּלָּהּ שֶׁלִּי – דִּבְרְאִיָּה בְּעָלְמָא לָא קָנֵי לָהּ.

The Gemara answers: **Indeed,** the phrase **"and you have found it"** in **the verse** certainly **indicates that it came into his possession. But** one might say that the ***tanna*** **employed colloquial language** in the mishna. And in colloquial language, **once** a person **sees** an item, **he says: I found it, even if it did not** yet **come into his possession,** because he believes that **he acquired** the item **through mere sight.** Since it would have been possible to understand the claim of: I found it, in this manner, the *tanna* **teaches** that the litigant states definitively: **All of it is mine,** to teach **that** one **does not acquire** a lost item **through sight**[H] alone.

וְלִיתְנֵי כּוּלָּהּ שֶׁלִּי וְלָא בָּעֵי אֲנִי מְצָאתִיהָ! אִי תָּנֵי כּוּלָּהּ שֶׁלִּי הֲוָה אָמִינָא: בְּעָלְמָא דְּקָתָנֵי מְצָאתִיהָ – בִּרְאִיָּה בְּעָלְמָא קָנֵי. תָּנָא אֲנִי מְצָאתִיהָ וַהֲדַר תָּנָא כּוּלָּהּ שֶׁלִּי – דְּמִמִּשְׁנָה יְתֵירָה אַשְׁמְעִינַן דִּרְאִיָּה לָא קָנֵי.

The Gemara asks: **But** if that was the objective of the *tanna*, **let him teach** that each party need only state: **All of it is mine, and** the litigant would **not need** to say: **I found it.** The Gemara answers: **If** the *tanna* had **taught** that it is sufficient for each party to claim only: **All of it is mine, I would say** that **in general, when** the *tanna* **teaches** that one claims: I **found it,** he means that the finder **acquires** the item **through mere sight.** Therefore, he **taught** that the litigants claimed: I **found it, and** he **then taught** that the litigants claimed: **All of it is mine,** to teach that only when the litigants each make both of these claims does the court divide the item, **as** from **the superfluous** expression in the **mishna he teaches us that one does not acquire** the item through **sight** alone.

וּמִי מָצֵית אָמְרַתְּ חֲדָא קָתָנֵי? וְהָא זֶה וְזֶה קָתָנֵי: ״זֶה אוֹמֵר אֲנִי מְצָאתִיהָ וְזֶה אוֹמֵר אֲנִי מְצָאתִיהָ, זֶה אוֹמֵר כּוּלָּהּ שֶׁלִּי״ וכו׳!

After explaining the viability of this interpretation, the Gemara asks: **But how can you say** that the mishna **is teaching one** claim of each party? **But doesn't** the mishna **teach: This** one says, **and** again: **This** one says? In other words, the mishna writes: **This** one **says: I found it, and that** one **says: I found it;** and it states additionally: **This** one **says: All of it is mine,** and that one says: All of it is mine. From the fact that the *tanna* introduced each of the claims with the phrase: This one says, it is apparent that they are two separate claims, not one compound claim.

אֲמַר רַב פַּפָּא וְאִיתֵּימָא רַב שִׁימִי בַּר אַשִׁי, וְאָמְרִי לָהּ כְּדִי: רֵישָׁא בִּמְצִיאָה, וְסֵיפָא בְּמִקָּח וּמִמְכָּר.

Rav Pappa said, and some say it was said by **Rav Shimi bar Ashi, and some say** it was **an unattributed** [*kedi*][L] statement: **The first clause,** where each party says: I found it, is referring **to** a case of **a found item,** where two people found one item. **And the latter clause,** where each party says: All of it is mine, is referring **to** a case of **buying and selling,** where each party claims that he is the one who bought the item from its seller.

וּצְרִיכָא,

And it is **necessary** for the mishna to teach its ruling both with regard to a found item and with regard to a purchase.

LANGUAGE

Unattributed [*kedi*] – כְּדִי: There is a difference of opinion with regard to the meaning of this word. Rashi cites two interpretations. According to one interpretation, *kedi* is the name of a specific scholar; according to Maharatz Ḥayyut, it is a nickname of a specific scholar. According to the other interpretation, *kedi* means unattributed, i.e., the opinion was cited anonymously.

דְּאִי תָּנָא מְצִיאָה – הֲוָה אָמִינָא: מְצִיאָה הוּא דְּרָמוּ רַבָּנַן שְׁבוּעָה עֲלֵיהּ, מִשּׁוּם דְּמוּרֵי וְאָמַר: חַבְרָאי לָאו מִידֵּי חָסֵר בָּהּ, אֵיזַל אִתְפִּיס וְאִתְפְּלִיג בַּהֲדֵיהּ. אֲבָל מִקָּח וּמִמְכָּר, דְּלֵיכָּא לְמֵימַר הָכִי – אֵימָא לָא.

As had the *tanna* taught the case of a found item alone, I would say that it is only in the case of a found item that the Sages imposed an oath upon him, as in that case one can rationalize his actions and say: The other party, the one who in fact found the item, is not losing anything by not keeping all of it, as it was not his to begin with. I will go seize it from him and divide it with him. But in the case of buying and selling, where that cannot be said,[N] say that the Sages did not impose an oath upon him.

וְאִי תָּנָא מִקָּח וּמִמְכָּר, הוּא דְּרָמוּ רַבָּנַן שְׁבוּעָה עֲלֵיהּ מִשּׁוּם דְּמוּרֵי וְאָמַר: חַבְרָאי דָּמֵי קָא יָהֵיב, וַאֲנָא דָּמֵי קָא יָהֵיבְנָא. הָשְׁתָּא דִּצְרִיכָא לְדִידִי אֶשְׁקְלֵיהּ אֲנָא, וְחַבְרָאי לֵיזִיל לִטְרַח לִיזְבַּן. אֲבָל מְצִיאָה, דְּלֵיכָּא לְמֵימַר הָכִי – אֵימָא לָא, צְרִיכָא.

And had the *tanna* taught the case of buying and selling alone, one might say that it is specifically in this case that the Sages imposed an oath upon him, because he could rationalize his actions, saying to himself: The other party gave money to the seller and I gave money to the seller; now that I need it for myself, I will take it and let the other one go to the trouble to buy another item like the first item. But in the case of a found item, where that cannot be said, say that the Sages did not suspect that he seized an item that did not belong to him, and therefore there is no need to impose an oath upon him. Therefore, both cases are necessary.

מִקָּח וּמִמְכָּר? וְלֶחֱזֵי זוּזֵי מִמַּאן נָקַט! לָא צְרִיכָא, דְּנָקַט מִתַּרְוַיְיהוּ, מֵחַד מִדַּעְתֵּיהּ וּמֵחַד בְּעַל כָּרְחֵיהּ, וְלָא יָדְעָנָא מִי הוּא מִדַּעְתֵּיהּ וּמִי הוּא בְּעַל כָּרְחֵיהּ.

The Gemara asks: How can the mishna be referring to a case of buying and selling? But let us see from whom the seller took the money.[N] Obviously, the one who gave him the money is the one who bought it. The Gemara answers: No, it is necessary in a case where he took money from both of them.[H] He accepted the money willingly from the one to whom he wanted to sell the item, and he received the money against his will from the one to whom he did not want to sell the item, and I do not know who is the one from whom he took it willingly, and who is the one from whom he received it against his will. Consequently, the matter is clarified by means of an oath.

לֵימָא מַתְנִיתִין דְּלָא כְּבֶן נַנָּס, דְּאִי בֶּן נַנָּס הָאָמַר:

§ The Gemara suggests: Let us say that the mishna is not in accordance with the opinion of ben Nannas,[P] as, if it were in accordance with the opinion of ben Nannas, doesn't he say that an oath is not administered to two parties in court when one of them is certainly lying?

כֵּיצַד אֵלּוּ וְאֵלּוּ בָּאִין לִידֵי שְׁבוּעַת שָׁוְא!

As it is stated in a mishna (*Shevuot* 45a): With regard to a case where a man said to his laborer: Go to the storekeeper and he will give you food in lieu of your salary, and sometime later the laborer claimed that the storekeeper did not give him anything while the storekeeper claimed that he did, the Rabbis say: The storekeeper and the laborer must each take an oath to support their claims, and the employer must pay them both. Ben Nannas says in response: How can you allow these people, i.e., the laborer, and those people, i.e., the storekeeper, to come to take an oath in vain?[N] Since one of them is definitely lying, the Sages would not impose the taking of an oath that by definition must be false. Similarly, in the case of the mishna here, since the found item is divided between the parties in any case, according to the opinion of ben Nannas they should receive their portions without taking an oath.

אֲפִילּוּ תֵּימָא בֶּן נַנָּס: הָתָם – וַדַּאי אִיכָּא שְׁבוּעַת שָׁוְא, הָכָא – אִיכָּא לְמֵימַר דְּלֵיכָּא שְׁבוּעַת שָׁוְא, אֵימוּר דְּתַרְוַיְיהוּ בַּהֲדֵי הֲדָדֵי אַגְבְּהוּהּ.

The Gemara rejects this suggestion: It is even possible for you to say that the mishna is in accordance with the opinion of ben Nannas. There, in the case of the laborer and the storekeeper, an oath is certainly taken in vain, as it is clear that one of them is lying. Here, there is room to say that there is no oath taken in vain. Say that they are both taking an oath truthfully, as they lifted the item together, and therefore each of them owns half of it. In this case, ben Nannas would agree that they both take an oath.

NOTES

Where that cannot be said – דְּלֵיכָּא לְמֵימַר הָכִי: Although the other litigant would be able to reclaim half of the money he paid for the item were the court to rule that it should be divided, this is still considered a loss, as the fact that he purchased it in the first place demonstrates that he prefers having the item to having the money that it costs.

Let us see from whom the seller took the money – וְלֶחֱזֵי זוּזֵי מִמַּאן נָקַט: Rashi explains that the court can ask the seller who paid him for the item, according to the principle that one is deemed credible to testify to whom he sold his item.

Tosafot explain that, regardless of this principle, the seller's testimony is effective like that of any lone witness, whose testimony obligates the party against whom he testifies to take an oath to refute his testimony.

Talmidei Rabbeinu Yona explain that the seller is no longer deemed credible to say which litigant he took the money from, as the item is no longer in his possession. The Gemara's intention is that perhaps the deceitful buyer would be embarrassed to tell a lie in the seller's presence and would retract his claim, thereby obviating the need for an oath (see Rashba; *Tosafot* citing Rabbeinu Yitzhak).

Come to take an oath in vain – בָּאִין לִידֵי שְׁבוּעַת שָׁוְא: The early commentaries ask: Isn't it conceivable that one of them is telling the truth? Why does ben Nannas say that both of them will take an oath in vain? Some explain that he means that there is clearly at least one oath that is taken in vain between them. Mahari Abuhav explains that for one of the parties, the oath is a false oath, while for the other it is a gratuitous oath, which is also a form of an oath taken in vain (see *Shita Mekubbetzet*).

HALAKHA

Where he took money from both of them – דְּנָקַט מִתַּרְוַיְיהוּ: In this case, two people bought an item from one person, and the one who sold it received the money from one willingly and from the other one against his will. It is unknown from whom he received the money willingly and from whom he received the money against his will. If both of them are grasping the item, each takes an oath that no less than half of the item is his and each receives half of the item and half of the money refunded from the seller (Rambam *Sefer Kinyan, Hilkhot Mekhira* 20:4; *Shulḥan Arukh, Ḥoshen Mishpat* 222:1).

PERSONALITIES

Ben Nannas – בֶּן נַנָּס: This is referring to Rabbi Shimon ben Nannas, one of the *tanna'im* quoted in the mishna. Apparently, he was a colleague of Rabbi Akiva and Rabbi Yishmael, despite the fact that he was younger than them. Several of his opinions are cited in the Talmud, primarily in disputes with Rabbi Akiva on different topics. Nothing is known about the events of his life and his family. All that remains is the exceptional testimonial of Rabbi Yishmael (*Bava Batra* 175b): One who wants to acquire wisdom should engage in the study of monetary law. One who wants to engage in the study of monetary law should do his apprenticeship under the guidance of Shimon ben Nannas.

לֵימָא מַתְנִיתִין דְּלָא כְּסוּמָכוֹס, דְּאִי כְּסוּמָכוֹס – הָאָמַר: מָמוֹן הַמּוּטָּל בְּסָפֵק – חוֹלְקִין בְּלֹא שְׁבוּעָה.

The Gemara suggests further: **Let us say that the mishna is not in accordance with** the opinion of **Sumakhos,**[LP] **as, if** it were **in accordance with** the opinion of **Sumakhos, doesn't he say** the following principle: In a case of **property of uncertain ownership,**[H] the parties **divide** it **without** taking **an oath.**[N]

וְאֶלָּא מַאי – רַבָּנַן, הָא אָמְרִי הַמּוֹצִיא מֵחֲבֵרוֹ עָלָיו הָרְאָיָה!

The Gemara rejects this suggestion: **Rather, what** opinion does the mishna follow? Does the mishna follow the opinion of **the Rabbis,** who disagree with Sumakhos? **Don't they say** that in a case of property of uncertain ownership **the burden of proof rests upon the claimant?** In the case of the mishna neither side offers proof.

הַאי מַאי? אִי אָמְרַתְּ בִּשְׁלָמָא רַבָּנַן, הָתָם דְּלָא תָּפְסֵי תַּרְוַיְיהוּ – אָמְרוּ רַבָּנַן הַמּוֹצִיא מֵחֲבֵירוֹ עָלָיו הָרְאָיָה, הָכָא דְּתַרְוַיְיהוּ תָּפְסֵי – [פָּלְגִי] לָהּ בִּשְׁבוּעָה.

The Gemara answers: **What is this** comparison? **Granted, if you say** that the mishna is in accordance with the opinion of **the Rabbis,** there is room to distinguish between two cases: **There,** in the case of property of uncertain ownership, **where both** parties **are not grasping** the property, **the Rabbis say** that **the burden of proof rests upon the claimant** since the one with possession of the property ostensibly has the right to that property. **Here,** in the case of the mishna, **where both are grasping** the property and neither has exclusive possession of the item, **they divide it with** the proviso that they take **an oath.**

אֶלָּא אִי אָמְרַתְּ סוּמָכוֹס, הָשְׁתָּא וּמָה הָתָם דְּלָא תָּפְסֵי תַּרְוַיְיהוּ – חוֹלְקִין בְּלֹא שְׁבוּעָה, הָכָא דְּתַרְוַיְיהוּ תָּפְסֵי לָהּ – לֹא כָּל שֶׁכֵּן?

The Gemara continues to state its proof that the mishna is not in accordance with the opinion of Sumakhos: **But if you say** that the mishna is in accordance with the opinion of **Sumakhos,** how do you resolve the following contradiction: **Now, if there,** in a case **where they are not both grasping** the property, **they** nevertheless **divide** it **without** taking **an oath, here, where they are both grasping** the property, is it **not all the more so** that they should divide it without taking an oath?

אֲפִילּוּ תֵּימָא סוּמָכוֹס; כִּי אָמַר סוּמָכוֹס – שֶׁמָּא וְשֶׁמָּא, אֲבָל בָּרִי וּבָרִי – לָא אָמַר.

The Gemara rejects this suggestion: **You** may **even say** that the mishna is in accordance with the opinion of **Sumakhos. When Sumakhos states** that in a case of property of uncertain ownership, the parties divide it without taking an oath, that is in the case of **an uncertain** claim **and an uncertain** claim,[B] i.e., when the circumstances are such that neither party can state definitively that he is entitled to the property. **But** in a case of **a certain** claim **and a certain** claim, where each party states definitively that he is entitled to the property, Sumakhos **does not say** that they divide the property without taking an oath.

LANGUAGE

Sumakhos – סוּמָכוֹס: From the Greek σύμμαχος, *summakhos*, meaning ally.

PERSONALITIES

Sumakhos – סוּמָכוֹס: Sumakhos ben Yosef was a Sage of the last generation of the tannaitic period. He was the most prominent student of Rabbi Meir, and he transmitted to future generations significant portions of Rabbi Meir's statements. As his most prominent student, Sumakhos attempted to resolve difficulties in Rabbi Meir's statements, even after Rabbi Meir's death. Like his mentor, Sumakhos was famous for his outstanding intelligence, to the point that it was said that he would provide forty-eight reasons for every *halakha* to prove and reinforce its validity. He was considered one of the greatest Torah scholars of his generation, as he is found to have disagreed with the greatest colleagues of Rabbi Meir, including Rabbi Yosei and Rabbi Eliezer ben Ya'akov. Even Rabbi Natan consulted him on Torah matters. He evidently lived a long life, as the *amora*, Rav, had the opportunity to learn Torah from him.

HALAKHA

Property of uncertain ownership – מָמוֹן הַמּוּטָּל בְּסָפֵק: In a case of a monetary claim, when there is no conclusive proof, even if the plaintiff states definitively the reason why he is entitled to the money and the defendant is uncertain whether or not he is liable to pay, the burden of proof rests upon the claimant. This is in accordance with the opinion of the Rabbis (Rambam *Sefer Kinyan*, *Hilkhot Mekhira* 20:10; *Shulḥan Arukh*, *Ḥoshen Mishpat* 400:1, see 223:1 and *Beur HaGra* there).

NOTES

In a case of property of uncertain ownership the parties divide it without taking an oath – מָמוֹן הַמּוּטָּל בְּסָפֵק חוֹלְקִין בְּלֹא שְׁבוּעָה: An application of this principle is in the case of an ox that gored and killed a cow, and the cow's fetus was found dead at its side, and it is not known whether the cow gave birth before the ox gored it and the fetus's death is unrelated to the goring or whether it gave birth after the ox gored it and the fetus died on account of the goring (see *Bava Kamma* 46a). Sumakhos holds that in that case, the owner of the goring ox must pay for half of the damage to the fetus, while the Rabbis hold that since the owner of the gored cow cannot prove that the fetus's death was due to the goring, the owner of the goring ox is exempt from paying for the damage to the fetus.

A second application is in the case where two people exchange a horse for a pregnant cow, while not in the same location as the cow. When the new owner of the cow goes to take the cow, he sees that she had given birth to a calf. It is unknown whether the birth was before the exchange, thereby leaving the calf in the possession of the previous owner of the cow, or after the exchange, in which case it belongs to the new owner of the cow (see 100a). Sumakhos holds that they divide the value of the calf, while the Rabbis hold that the new owner of the calf must bring proof that the birth happened after the exchange.

BACKGROUND

An uncertain claim and an uncertain claim – שֶׁמָּא וְשֶׁמָּא: When one party makes a certain claim and the other makes an uncertain claim, greater weight is generally attached to the certain claim, although the verdict is not always in his favor. Sometimes both litigants in a court case are capable of making only uncertain claims as they were not present when the incident took place. In such cases their claims have equal weight.

וּלְרַבָּה בַּר רַב הוּנָא, דְּאָמַר: אָמַר סוּמָכוֹס אֲפִילּוּ בָּרִי וּבָרִי, מַאי אִיכָּא לְמֵימַר?

The Gemara asks: **And according to** the opinion of **Rabba bar Rav Huna, who said that Sumakhos says** that **even** in a case of **a certain** claim **and a certain** claim the parties divide the property without an oath, **what is there to say** to establish the mishna in accordance with the opinion of Sumakhos?

אֲפִילּוּ תֵּימָא סוּמָכוֹס, כִּי אָמַר סוּמָכוֹס – הֵיכָא דְּאִיכָּא דְּרָרָא דְּמָמוֹנָא, אֲבָל הֵיכָא דְּלֵיכָּא דְּרָרָא דְּמָמוֹנָא – לָא.

The Gemara answers: **You may even say** that the mishna is in accordance with the opinion of **Sumakhos. When Sumakhos says** that property of uncertain ownership is divided, he is referring to a case **where** the litigants **have a financial association**[N] with the item independent of their claims to it. **But where** the litigants **do not have a financial association** with the item beyond their claims, they do not divide it without taking an oath.

וְלָאו קַל וָחוֹמֶר הוּא? וּמָה הָתָם דְּאִיכָּא דְּרָרָא דְּמָמוֹנָא לְמָר, וְאִיכָּא דְּרָרָא דְּמָמוֹנָא לְמָר,

The Gemara asks: **But is it not an *a fortiori* inference?**[B] **If there,** in a case **where** this **Master has a financial association** with the item, **and** that **Master has a financial association** with the item,

NOTES

Financial association [*derara demamona*] – **דְּרָרָא דְּמָמוֹנָא**: Many explanations have been suggested to explain the term *derara demamona*. Rashi's opinion is that it means loss of money, i.e., a case where one or both of the parties involved will incur a loss. *Tosafot* explain that the circumstances themselves give rise to an uncertainty, even without the litigants stating their claims. The Ramban maintains that it is referring to a circumstance where the two litigants do not contradict each other with regard to the primary facts upon which their respective claims are based. The Ramban shows that Rabbeinu Ḥananel and the Rambam also interpret the phrase in that manner. The Rashba suggests that both explanations are correct in different contexts and that Rashi's interpretation is appropriate here. The Rosh explains that it means that the money undoubtedly belongs to one of them (see also *Tosafot*). These commentaries each explain the succeeding stages of the discussion in accordance with their understanding of this term.

BACKGROUND

An *a fortiori* inference – **קַל וָחוֹמֶר**: One of the fundamental principles of rabbinic exegesis, the *a fortiori* inference appears in all the standard lists of exegetical principles. In essence, it is a principle of logical argumentation where a comparison is drawn between two cases, one more lenient and the other more stringent. The *a fortiori* inference asserts that if the *halakha* is stringent in a case where the ruling is usually lenient, then all the more so will it be stringent in a case which is generally more stringent. Likewise, if the *halakha* is lenient in a case where the ruling is not usually lenient, then it will certainly be lenient in a less stringent case. *A fortiori* argumentation appears in the Bible, and the Sages compiled lists of verses in which *a fortiori* inferences appear. One example is: "If you have run with the foot soldiers, and they have wearied you, how can you contend with horses?" (Jeremiah 12:5).

Perek **I**
Daf **3** Amud **a**

וְאִיכָּא לְמֵימַר כּוּלָּהּ לְמָר, וְאִיכָּא לְמֵימַר כּוּלָּהּ לְמָר, אָמַר סוּמָכוֹס: מָמוֹן הַמּוּטָל בְּסָפֵק חוֹלְקִין בְּלֹא שְׁבוּעָה. הָכָא, דְּלֵיכָּא דְּרָרָא דְּמָמוֹנָא, דְּאִיכָּא לְמֵימַר דְּתַרְוַיְיהוּ הִיא – לֹא כׇּל שֶׁכֵּן?

and there is room **to say** that **it** belongs **entirely to one** of them, **and there is** also room **to say** that **it** belongs **entirely to** the other **one,** and nevertheless **Sumakhos says** that since it is **property of uncertain ownership they divide it without taking an oath,** then **here, where** the litigants have **no financial association** with the item, **as there is** room **to say that it** belongs to **both of them, all the more so** is it **not** clear that they should divide it without taking an oath?

אֲפִילּוּ תֵּימָא סוּמָכוֹס, שְׁבוּעָה זוֹ מִדְּרַבָּנַן הִיא, כְּדְרַבִּי יוֹחָנָן. דְּאָמַר רַבִּי יוֹחָנָן: שְׁבוּעָה זוֹ תַּקָּנַת חֲכָמִים הִיא, שֶׁלֹּא יְהֵא כׇּל אֶחָד וְאֶחָד הוֹלֵךְ וְתוֹקֵף בְּטַלִּיתוֹ שֶׁל חֲבֵירוֹ וְאוֹמֵר שֶׁלִּי הוּא.

The Gemara answers: **You may even say** that the mishna is in accordance with the opinion of **Sumakhos: This oath is instituted by rabbinic law**[H] **in accordance with** the statement **of Rabbi Yoḥanan. As Rabbi Yoḥanan says: This oath,** administered in the case of two people holding a garment, **is an ordinance** instituted **by the Sages**[B] **so that everyone will not go and seize**[N] **the garment of another and say: It is mine.**

HALAKHA

This oath is instituted by rabbinic law – **שְׁבוּעָה זוֹ מִדְּרַבָּנַן הִיא**: The oath taken by two individuals holding an item is a rabbinic ordinance instituted in order to prevent people from seizing items belonging to others (Rambam *Sefer Mishpatim*, *Hilkhot To'en VeNitan* 9:7).

NOTES

So that everyone will not go and seize – **שֶׁלֹּא יְהֵא כׇּל אֶחָד וְאֶחָד הוֹלֵךְ וְתוֹקֵף**: Sumakhos does not require an oath in cases where he rules that the property should be divided because this rabbinic oath was instituted only in commonly occurring cases. In less common cases, the Sages did not institute an oath, just as many of their enactments did not apply to rare occurrences (*Talmidei Rabbeinu Peretz*; Rosh; Ritva).

BACKGROUND

Ordinance instituted by the Sages – **תַּקָּנַת חֲכָמִים**: The Sages instituted *halakhot* in order to regulate daily life. These ordinances strengthen the observance of mitzvot and, in particular, civil matters. Some ordinances are attributed to Moses, e.g., the public reading of the Torah. Others with regard to the settlement of Eretz Yisrael and the public and private use of the land are attributed to Joshua. Some are ascribed to Ezra the Scribe, e.g., the convening of courts on Mondays and Thursdays and the *halakhot* of modesty. In later periods of history, rabbis of various communities instituted their own ordinances, e.g., the ordinances of Speyer, Worms, and Mainz with regard to marriage contracts, or the establishment of local community yeshivot instituted by the Committee of the Four Lands. Ordinances are distinct from decrees of the Sages, which are rabbinic extensions of Torah prohibitions.

לֵימָא מַתְנִיתִין דְּלָא כְּרַבִּי יוֹסֵי, דְּאִי כְּרַבִּי יוֹסֵי – הָא אָמַר: אִם כֵּן מַה הִפְסִיד רַמַּאי? אֶלָּא, הַכֹּל יְהֵא מוּנָּח עַד שֶׁיָּבֹא אֵלִיָּהוּ.

§ The Gemara suggests: **Let us say that the mishna** is **not in accordance with** the opinion of **Rabbi Yosei. As, if** you say that the ruling is **in accordance with** the opinion of **Rabbi Yosei, doesn't he say** that a case cannot be decided in a manner in which there is no deterrent for one taking a false claim to court (37a)? He says this with regard to a case where two people deposited money with the same person. One deposited one hundred dinars and one deposited two hundred, and the bailee forgot which of them deposited the larger sum. Subsequently, each claimed ownership of the larger sum and was prepared to take an oath to that effect. The Rabbis say that each should receive the smaller sum and the remainder should be held until Elijah the prophet prophetically resolves the uncertainty. Rabbi Yosei says: **If so, what did** the **swindler lose? Rather, the entire** deposit **will be placed** in a safe place **until Elijah comes.**[NB]

אֶלָּא מַאי – רַבָּנַן? כֵּיוָן דְּאָמְרִי רַבָּנַן: הַשְּׁאָר יְהֵא מוּנָּח עַד שֶׁיָּבֹא אֵלִיָּהוּ, הָא נַמִי כִּשְׁאָר דָּמֵי, דִּסְפֵיקָא הִיא!

The Gemara counters: **Rather, what** is suggested? Is it suggested that the mishna is in accordance with the opinion of **the Rabbis**, who disagree with Rabbi Yosei? **Since the Rabbis say** there: **The remainder is placed** in a safe place **until Elijah comes, this** case of the mishna concerning the garment **is also comparable to the remainder** in the case of the deposit, **as it is uncertain** to whom the entire garment belongs. It should therefore be placed in a safe place until the matter is resolved.

הַאי מַאי? אִי אָמְרַתְּ בִּשְׁלָמָא רַבָּנַן, הָתָם דְּוַדַּאי הַאי מָנֶה דְּחַד מִינַּיְיהוּ הוּא – אָמְרִי רַבָּנַן: יְהֵא מוּנָּח עַד שֶׁיָּבֹא אֵלִיָּהוּ, הָכָא דְּאִיכָּא לְמֵימַר דְּתַרְוַיְיהוּ הוּא – אָמְרִי רַבָּנַן פָּלְגִי בִּשְׁבוּעָה.

The Gemara answers: **What is this** comparison? **Granted, if you say** that the mishna is in accordance with the opinion of **the Rabbis there**, in the case of the depositors, **where these one hundred dinars certainly belong to** only **one of them** and **the Rabbis say** that **it is placed** in a safe place **until Elijah comes, here,** in the case of this mishna, **where there is** room **to say that it belongs to both of them, the Rabbis say** that **they divide** it **with** the proviso that they take **an oath.**

אֶלָּא אִי אָמְרַתְּ רַבִּי יוֹסֵי הִיא, הָשְׁתָּא וּמַה הָתָם דְּבְוַדַּאי אִיכָּא מָנֶה לְמָר וְאִיכָּא מָנֶה לְמָר – אָמַר רַבִּי יוֹסֵי יְהֵא מוּנָּח עַד שֶׁיָּבֹא אֵלִיָּהוּ, הָכָא דְּאִיכָּא לְמֵימַר דְּחַד מִינַּיְיהוּ הוּא – לֹא כׇּל שֶׁכֵּן?

But if you say that the mishna **is** in accordance with the opinion of **Rabbi Yosei,** there is a difficulty. **Now** consider, **if there,** in a case **where it is certain that there are one hundred dinars** that belong **to one** of the litigants **and there are one hundred dinars** that belong **to** the other **one**, nevertheless, **Rabbi Yosei says** that the entire sum **is placed** in a safe place **until Elijah comes, here, where there is** room **to say that it** all **belongs to** only **one of them, all the more so** is it **not** clear that it should be placed in a safe place until Elijah comes, as one of the claims may be entirely fraudulent?

אֲפִילּוּ תֵּימָא רַבִּי יוֹסֵי, הָתָם – וַדַּאי אִיכָּא רַמַּאי, הָכָא – מִי יֵימַר דְּאִיכָּא רַמַּאי? אֵימָא תַּרְוַיְיהוּ בַּהֲדֵי הֲדָדֵי אַגְבְּהוּהַ.

The Gemara rejects this suggestion: **You may even say** that the mishna is in accordance with the opinion of **Rabbi Yosei: There,** in the case of the deposit, **there is certainly a swindler** between the two depositors. By contrast, **here,** in the case of the mishna, **who is to say that there is a swindler?**[N] Say that **both of them lifted** the garment **at the same time,** and therefore there is no reason to penalize them by placing the garment in a safe place.

אִי נַמִי, הָתָם קָנֵיס לֵיהּ רַבִּי יוֹסֵי לְרַמַּאי כִּי הֵיכִי דְּלוֹדֵי, הָכָא מַאי פְּסֵידָא אִית לֵיהּ דְּלוֹדֵי?

Alternatively, there is room to distinguish between the cases: **There, Rabbi Yosei penalizes** the **swindler** by confiscating his deposit **so that he will admit** that he lied in order to receive his original deposit of one hundred dinars from the bailee. **Here,** in the case of the garment, **what loss** would a swindler **incur that** would prompt him to **admit** that he is lying? If the item is placed in a safe place, he loses nothing.

תֵּינַח מְצִיאָה, מִקָּח וּמִמְכָּר מַאי אִיכָּא לְמֵימַר? אֶלָּא מְחַוַּורְתָּא כִּדְשָׁנִין מֵעִיקָּרָא.

The Gemara rejects this alternative explanation: This distinction **works out well** in the case of **a found item** where he did not pay anything for it. Consequently, he has no incentive to admit that he lied. But in a case of **buying and selling, what is there to say?** Both parties paid for the item and prefer to receive the item. **Rather,** the distinction **is clearly as we explained initially.**[B] The difference between the cases is that in the mishna, there is no certainty that one of them is lying.

NOTES

The entire deposit will be placed in a safe place until Elijah comes – הַכֹּל יְהֵא מוּנָּח עַד שֶׁיָּבֹא אֵלִיָּהוּ: Most authorities hold that this ruling applies only in cases where the property is already in the possession of a third party. When the litigants themselves are in possession of the property, the ruling is different, e.g., the court administers oaths to both parties or leaves the matter to the litigants and lets the stronger one prevail (Meiri).

Who is to say that there is a swindler – מִי יֵימַר דְּאִיכָּא רַמַּאי: Even if they lifted the item together, isn't at least one of them being deceitful, as each one claims that it is entirely his? The answer is that it is possible that each one is not deceitful but rather mistaken, believing that he lifted the item before the other (*Torat Ḥayyim*).

BACKGROUND

Until Elijah comes – עַד שֶׁיָּבֹא אֵלִיָּהוּ: In cases of monetary matters that cannot be resolved, e.g., a lost item that no one claims or an item that is claimed by two people, the court may rule that the item should remain in the hands of the court or of a third party until Elijah the prophet comes. This means it is in the hands of the court indefinitely, until the question can be resolved through prophetic vision. This concept appears initially in the book of Ezra, where it is recounted that priests who could not prove their priestly lineage were removed from the priesthood "until a priest will stand with the *Urim VeTummim*" (Ezra 2:63). When Elijah comes, he will not establish new *halakhot* but he will resolve issues about which there is currently insufficient evidence to reach a clear solution.

Rather it is clearly as we explained initially – אֶלָּא מְחַוַּורְתָּא כִּדְשָׁנִין מֵעִיקָּרָא: Sometimes, after proposing two answers to a question, the Gemara rejects the second one and states: Rather, it is clearly as we explained initially, i.e., only the first answer is correct. This expression is used when the first answer is unattributed, as in the Gemara here. When the first answer is attributed to one of the Sages, the expression used is: Rather, it is clearly in accordance with the opinion of Rabbi so-and-so.

בֵּין לְרַבָּנַן וּבֵין לְרַבִּי יוֹסֵי, הָתָם גַּבֵּי חֶנְוָנִי עַל פִּנְקָסוֹ דְּקָתָנֵי זֶה נִשְׁבָּע וְנוֹטֵל וְזֶה נִשְׁבָּע וְנוֹטֵל,

The Gemara asks: **Both according to** the opinion of **the Rabbis and according to** the opinion of **Rabbi Yosei, there, with regard to** the case of **a storekeeper** relying **on his ledger,**[H] it is unclear why the money is not held until the matter is clarified. This is referring to a case where an employer tells a storekeeper to give food to his laborer in lieu of his salary, and later the storekeeper claims that he gave it to him but the laborer claims that he did not receive it. Both parties therefore claim payment from the employer. **As the** mishna (*Shevuot* 45a) **teaches** that **this** one, the storekeeper, **takes an oath** that he gave the food to the laborer **and receives** payment from the employer, **and that** one, the laborer, **takes an oath** that he was not given the food **and takes** his salary from the employer.

מַאי שְׁנָא דְּלָא אָמְרִינַן נַפְּקֵיהּ לְמָמוֹנָא מִבַּעַל הַבַּיִת, וִיהֵא מוּנָּח עַד שֶׁיָּבֹא אֵלִיָּהוּ, דְּהָא בְּוַדַּאי אִיכָּא רַמַּאי?

What is different in that case, **that we do not say: Appropriate the money from the employer,**[N] **and it is placed** in a safe place **until Elijah comes?** Apparently, we should say this **because there is certainly a swindler** among the litigants, since it is impossible that both the storekeeper and the laborer are telling the truth.

אָמְרִי: הָתָם הַיְינוּ טַעְמָא, דְּאָמַר לֵיהּ חֶנְוָנִי לְבַעַל הַבַּיִת: אֲנָא שְׁלִיחוּתָא דִּידָךְ קָא עָבְדִינָא, מַאי אִית לִי גַּבֵּי שָׂכִיר? אַף עַל גַּב דְּקָא מִשְׁתַּבַּע לִי לָא מְהֵימַן לִי בִּשְׁבוּעָה, אַתְּ הֶאֱמַנְתֵּיהּ, דְּלָא אָמַרְתְּ לִי בְּסָהֲדֵי הַב לֵיהּ.

The Sages **say** in response: **There, this is the reason** that the money is not set aside: **Because the storekeeper can say to the employer: I carried out your agency**[N] to give the food to the laborer, and I have dealings only with you. **What** business **do I have with the hired laborer? Even if he takes an oath to me** that he did not receive the food, he is **not trustworthy to me by** virtue of his **oath. You** are the one who **trusted him, as you did not say to me: Give him** the food **in the presence of witnesses.** Therefore, you are obligated to pay me. If you have a grievance, settle it with your employee.

וְשָׂכִיר נַמִי אָמַר לֵיהּ לְבַעַל הַבַּיִת: אֲנָא עֲבַדִי עֲבִידְתָּא גַּבָּךְ, מַאי אִית לִי גַּבֵּי חֶנְוָנִי? אַף עַל גַּב דְּמִשְׁתַּבַּע לִי לָא מְהֵימַן לִי, הִלְכָּךְ תַּרְוַיְיהוּ מִשְׁתַּבְּעִי וְשָׁקְלִי מִבַּעַל הַבַּיִת.

And the **hired laborer can also say to the employer: I worked for you. What** relationship **do I have with the storekeeper? Even if he takes an oath to me** that he gave me the change, he is **not trustworthy to me** by virtue of his oath. **Therefore, both** parties **take an oath and take** payment **from the employer.**

תָּנֵי רַבִּי חִיָּיא: "מָנֶה לִי בְּיָדְךָ" וְהַלָּה אוֹמֵר: "אֵין לְךָ בְּיָדִי כְּלוּם", וְהָעֵדִים מְעִידִים אוֹתוֹ שֶׁיֵּשׁ לוֹ חֲמִשִּׁים זוּז – נוֹתֵן לוֹ חֲמִשִּׁים זוּז, וְיִשָּׁבַע עַל הַשְּׁאָר,

§ **Rabbi Ḥiyya taught** a *baraita*: If one says to another: **I have one hundred dinars** [*maneh*][L] **in your possession** that you borrowed from me and did not repay, **and the other** party **says: Nothing of yours is in my possession, and the witnesses testify that he has**[N] **fifty dinars** that he owes the claimant, **he gives him fifty dinars and takes an oath about the remainder,** i.e., that he did not borrow the fifty remaining dinars from him.[H]

שֶׁלֹּא תְּהֵא הוֹדָאַת פִּיו גְּדוֹלָה מֵהַעֲדָאַת עֵדִים, מִקַּל וָחוֹמֶר.

This ruling is derived **via an *a fortiori*** inference from the *halakha* that one who admits to part of a claim that is brought against him is obligated to take an oath that he owes no more than the amount that he admits to have borrowed. The inference is: **As the admission of one's own mouth should not** carry **greater** weight **than the testimony of witnesses.** Since in this case witnesses testify that he owes an amount equal to part of the claim, he is all the more so obligated to take an oath with regard to the rest of the sum.

NOTES

Appropriate the money from the employer – נַפְּקֵיהּ לְמָמוֹנָא מִבַּעַל הַבַּיִת: The early commentaries ask why the Gemara does not ask a more basic question about this case: Why must the employer pay twice? Why can't he keep his money and whoever is the swindler will lose out? They answer that this question is in any event addressed by the Gemara's answer (*Shita Mekubbetzet*).

I carried out your agency – אֲנָא שְׁלִיחוּתָא דִּידָךְ קָא עָבְדִינָא: *Tosafot* ask why the employer cannot claim that the storekeeper should have realized on his own that he should have given the food to the laborer in the presence of witnesses, and since he did not, he did not carry out the agency of the employer properly. Some commentaries answer that a storekeeper does not usually give his merchandise to customers in the presence of witnesses unless he is explicitly instructed to do so.

And the witnesses testify that he has – וְהָעֵדִים מְעִידִים אוֹתוֹ שֶׁיֵּשׁ לוֹ: How can the witnesses testify definitively that the money is still in his possession and that he did not pay? Several different explanations are suggested. One explanation is that they testify that they heard the debtor deny borrowing the sum altogether (Rashbatz).

HALAKHA

Storekeeper relying on his ledger – חֶנְוָנִי עַל פִּנְקָסוֹ: If an employer said to a storekeeper: Give my laborer a *sela*, and subsequently the storekeeper claims that he gave him the *sela* but the laborer claims that he never received it, the storekeeper takes an oath that he gave him the *sela*, and the laborer takes an oath that he never received it, and they each collect a *sela* from the employer. If the employer denies having given these instructions to the storekeeper and there are no witnesses of the incident, he is exempt from paying him (Rambam *Sefer Mishpatim*, *Hilkhot Mulve VeLoveh* 16:5; *Shulḥan Arukh*, *Ḥoshen Mishpat* 91:1).

Denial of the entire claim and testimony confirming part of it – כְּפִירָה בַּכֹּל וְעֵדוּת עַל מִקְצָת: If one completely denies a claim that he owes a certain amount of money and witnesses testify that he owes part of that sum, he incurs liability to pay the amount to which that the witnesses attest, and he is obligated by Torah law to take an oath with regard to the rest of the sum, in accordance with the *baraita* taught by Rabbi Ḥiyya (Rambam *Sefer Mishpatim*, *Hilkhot To'en VeNitan* 4:10; *Shulḥan Arukh*, *Ḥoshen Mishpat* 75:4).

LANGUAGE

One hundred dinars [*maneh*] – מָנֶה: This word is biblical in origin (I Kings 10:17) and was incorporated into the Greek μνᾶ, *mna*, and the Latin mina. The *maneh* was a coin that weighed one hundred drachmas, or 433 g, which was equal to the weight of one hundred dinars. It was therefore valued at one hundred silver dinars.

וְתַנְיָא תּוּנָא: "שְׁנַיִם אוֹחֲזִין בְּטַלִּית זֶה אוֹמֵר אֲנִי מְצָאתִיהָ" וכו׳. וְהָא הָכָא, כֵּיוָן דְּתָפֵיס – אֲנַן סָהֲדֵי דְּמַאי דְּתָפֵיס הַאי דִּידֵיהּ הוּא, וּמַאי דְּתָפֵיס הַאי דִּידֵיהּ הוּא, וְקָתָנֵי יִשָּׁבַע!

The Gemara comments: **And the *tanna*** of the mishna also **taught** a similar *halakha*: In a case of **two people**[N] who came to court **holding a garment,** where **this one says: I found it,** and the other one says: I found it, each litigant takes an oath and they divide the garment. **And here,** in the case of a found item, **since** each litigant **is holding** part of the garment, **it is clear to us that what** is in **this one's grasp is his, and what** is in **that one's grasp is his.** This is tantamount to witnesses testifying that part of the claim of each litigant is legitimate. **And** the mishna **teaches** that each of them **takes an oath.**

מַאי "שֶׁלֹּא תְּהֵא הוֹדָאַת פִּיו גְּדוֹלָה מֵהַעֲדָאַת עֵדִים מִקַּל וָחוֹמֶר"? שֶׁלֹּא תֹּאמַר: הוֹדָאַת פִּיו הוּא דְּרַמְיָא רַחֲמָנָא שְׁבוּעָה עֲלֵיהּ, כִּדְרַבָּה.

The Gemara clarifies: For **what** reason is it necessary to have the *a fortiori* inference: **As the admission of one's own mouth should not** carry **greater** weight **than the testimony of witnesses?** Isn't the comparison to the case of an admission to part of a claim self-evident? The Gemara answers: It is necessary so **that you will not say** that it is only in a case of **the admission of one's own mouth that the Merciful One imposes an oath upon him, in accordance with** the explanation **of Rabba.**

דְּאָמַר רַבָּה: מִפְּנֵי מָה אָמְרָה תּוֹרָה מוֹדֶה מִקְצָת הַטַּעֲנָה יִשָּׁבַע – חֲזָקָה, אֵין אָדָם מֵעִיז פָּנָיו בִּפְנֵי בַּעַל חוֹבוֹ, וְהַאי בְּכוּלֵּיהּ בָּעֵי דְּנִכְפְּרֵיהּ, וְהָא דְּלָא כָּפְרֵיהּ – מִשּׁוּם דְּאֵין אָדָם מֵעִיז פָּנָיו,

As Rabba says: For what reason **did the Torah say** that one who **admits to part of the claim must take an oath?**[H] It is because there is **a presumption** that **a person does not exhibit insolence** by lying **in the presence of his creditor,**[N] who had done him a favor by lending money to him. **And this** person who denies part of the claim actually **wants to deny all of** the debt, so as to be exempt, **and this** fact **that he does not deny** all of **it** is **because a person does not exhibit insolence.**

NOTES

And the *tanna* taught, two people, etc. – וְתַנְיָא תּוּנָא שְׁנַיִם וכו׳: This is a similar *halakha* but not necessarily a confirmation of the *halakha* cited in Rabbi Ḥiyya's *baraita*, as the oath in the mishna is different from all other oaths administered by Torah law. Whereas usually it is the defendant who takes the oath, here both parties take an oath and divide the garment. The Gemara does not mention this because on 4a it rejects the comparison between the two oaths (Rashba).

A person does not exhibit insolence in the presence of his creditor – אֵין אָדָם מֵעִיז פָּנָיו בִּפְנֵי בַּעַל חוֹבוֹ: According to Rashi, this explains why one who admits to part of a claim is not the equivalent of one returning a lost item, who is exempt from taking an oath. *Tosafot* explain that this reasoning answers why the defendant is not exempt from taking an oath due to the principle of *miggo*, as he could have denied owing the debt entirely instead of admitting to owing part of it.

HALAKHA

One who admits to part of the claim must take an oath – מוֹדֶה מִקְצָת הַטַּעֲנָה יִשָּׁבַע: If one claims that another owes him money, and instead of completely denying it the defendant admits to part of the claim, by Torah law the defendant is obligated to take an oath with regard to the rest of the money (Rambam *Sefer Mishpatim*, *Hilkhot To'en VeNitan* 1:1; *Shulḥan Arukh*, *Ḥoshen Mishpat* 87:1).

Perek **I**
Daf **3** Amud **b**

וְהַאי בְּכוּלֵּיהּ בָּעֵי דְּלוֹדֵי לֵיהּ, וְהַאי דְּלָא אוֹדֵי – אִשְׁתַּמּוּטֵי הוּא דְּקָא מִישְׁתַּמֵּט מִינֵּיהּ, סָבַר עַד דְּהָווּ לִי זוּזֵי וּפָרַעְנָא לֵיהּ. וְאָמַר רַחֲמָנָא: רְמֵי שְׁבוּעָה עֲלֵיהּ כִּי הֵיכִי דְּלוֹדֵי לֵיהּ בְּכוּלֵּיהּ.

And in order not to exhibit insolence, **this** person **wants to admit** to the creditor **with regard to all of** the debt, **and this** fact **that he denies** owing him in part is because he reasons: If I admit to him with regard to all of the debt, he will lodge a claim against me with regard to all of it, and right now I do not have the money to pay. **He was evading** his creditor,[N] and **thought:** I will continue doing so **until I have money, and** then **I will pay** him all of it. This rationalization enables one to falsely deny part of a claim. **And** therefore, **the Merciful One states: Impose an oath on him, in order** to ensure **that he will admit to him with regard to all of** the debt.

אֲבָל הַעֲדָאַת עֵדִים, דְּלֵיכָּא לְמֵימַר הָכִי – אֵימָא לָא, קָא מַשְׁמַע לָן קַל וָחוֹמֶר.

But in a case where **the testimony of witnesses** renders him liable to pay part of the debt, **as one cannot say this** explanation since this logic applies only when it is the debtor admitting to part of the claim, **say** that he has **no** intention to repay the debt at all, and he is completely dishonest and therefore his oath is worthless. Therefore, the *baraita* **teaches us** that the defendant's obligation to take an oath is derived by means of **an *a fortiori*** inference.

וּמַאי קַל וָחוֹמֶר? וּמַה פִּיו שֶׁאֵין מְחַיְּיבוֹ מָמוֹן – מְחַיְּיבוֹ שְׁבוּעָה, עֵדִים שֶׁמְּחַיְּיבִין אוֹתוֹ מָמוֹן – אֵינוֹ דִּין שֶׁמְּחַיְּיבִין אוֹתוֹ שְׁבוּעָה.

The Gemara explains: **And what** is the explanation of this ***a fortiori*** inference? It should be explained as follows: **If** admitting to part of a claim by **his** own **mouth, which does not render him liable** to pay the **money** he admitted to owing, nevertheless **obligates him** to take **an oath,** with regard to the testimony of **witnesses, which does render him liable** to pay **money,**[H] **is it not logical that it should obligate him** to take **an oath** with regard to the remaining sum?

וּפִיו אֵין מְחַיְּיבוֹ מָמוֹן? וְהָא הוֹדָאַת בַּעַל דִּין כְּמֵאָה עֵדִים דָּמֵי!

The Gemara asks: **But does** the admission of **his** own **mouth not render him liable** to pay **money? But isn't** the legal status of **the admission of a litigant similar to** that of **one hundred witnesses?**[NH]

NOTES

He was evading him – אִשְׁתַּמּוּטֵי הוּא קָא מִשְׁתַּמֵּיט מִינֵּיהּ: Without this explanation, it would have been reasoned that an oath cannot be administered to one who is suspected of denying debt, as he is likewise suspected of being willing to take an oath falsely. Therefore, the Gemara explains that his denial is merely a way to buy time, and he is not suspected of intending to evade the debt entirely (Rashi).

But isn't the admission of a litigant similar to one hundred witnesses – וְהָא הוֹדָאַת בַּעַל דִּין כְּמֵאָה עֵדִים דָּמֵי: The reason the court accepts a litigant's admission is subject to disagreement. Some say that the reason is that it includes a commitment. Just as one can obligate himself to give a gift to another by making a commitment, so too, by admitting that he owes another a certain amount, he thereby renders himself liable to pay that same sum (Mahari ben Lev). Others explain that the Torah accords credibility to an admission similar to that which is given to the testimony of two witnesses (*Ketzot HaḤoshen*).

HALAKHA

Testimony of witnesses which does render him liable to pay money – עֵדִים שֶׁמְּחַיְּיבִין אוֹתוֹ מָמוֹן: If two valid witnesses testify that one owes money, he must pay it (Rambam *Sefer Shofetim*, *Hilkhot Edut* 5:1).

Isn't the admission of a litigant similar to one hundred witnesses – הוֹדָאַת בַּעַל דִּין כְּמֵאָה עֵדִים דָּמֵי: One who admits to a debt in the presence of witnesses is liable to pay (Rambam *Sefer Mishpatim*, *Hilkhot To'en VeNitan* 6:3; *Shulḥan Arukh*, *Ḥoshen Mishpat* 81:8).

מַאי מָמוֹן – קְנָס. וּמָה פִּיו שֶׁאֵין מְחַיְּיבוֹ קְנָס – מְחַיְּיבוֹ שְׁבוּעָה, עֵדִים שֶׁמְּחַיְּיבִין אוֹתוֹ קְנָס – אֵינוֹ דִּין שֶׁמְּחַיְּיבִין אוֹתוֹ שְׁבוּעָה.

The Gemara answers: **What** is the **money** that one is not liable to pay based on his own admission? It is referring to the payment of **a fine** [*kenas*].[NL] In all cases where the Torah imposes a fine, if the defendant admits his liability voluntarily he is not required to pay it. Therefore, the *a fortiori* inference is as follows: **If** the admission of one's own **mouth, which does not render him liable** to pay **a fine,**[H] nevertheless **renders him liable** to take **an oath** with regard to the part of the claim to which he did not admit, with regard to the testimony of **witnesses, which does render him liable** to pay **a fine,**[H] **is it not logical that it should render him liable** to take **an oath** with regard to the remaining sum?

מָה לְפִיו – שֶׁכֵּן מְחַיְּיבוֹ קָרְבָּן, תֹּאמַר בְּעֵדִים שֶׁאֵין מְחַיְּיבִין אוֹתוֹ קָרְבָּן!

The Gemara attempts to refute the inference: **What** is notable **about** the admission of one's **mouth?** It is notable **in that it renders him liable** to bring **an offering.**[B] One who admits that he transgressed a prohibition unwittingly is obligated to bring an offering for atonement. **Would you say** that the *halakhot* of admission apply **with regard to** the testimony of **witnesses, which,** in a case where they testify that one transgressed a prohibition, **does not obligate him** to bring **an offering**[NH] if he denies it?

הָא לָא קַשְׁיָא, רַבִּי חִיָּיא כְּרַבִּי מֵאִיר סְבִירָא לֵיהּ, דְּאָמַר: עֵדִים מְחַיְּיבִין אוֹתוֹ קָרְבָּן מִקַּל וָחוֹמֶר.

The Gemara answers: **This is not difficult. Rabbi Ḥiyya holds in accordance with the opinion of Rabbi Meir, who says** that the testimony of **witnesses renders him liable** to bring **an offering,** based on **an *a fortiori*** inference.

דִּתְנַן: אָמְרוּ לוֹ שְׁנַיִם אָכַלְתָּ חֵלֶב וְהוּא אוֹמֵר לֹא אָכַלְתִּי, רַבִּי מֵאִיר מְחַיֵּיב, וַחֲכָמִים פּוֹטְרִים.

As we learned in a mishna (*Karetot* 11b): If **two** witnesses **say to a** person: **You ate** forbidden **fat,**[B] **and he says: I did not eat** it, **Rabbi Meir deems** him **liable** to bring an offering **and the Rabbis deem** him **exempt** from bringing an offering.

אָמַר רַבִּי מֵאִיר: אִם הֱבִיאוּהוּ שְׁנַיִם לִידֵי מִיתָה חֲמוּרָה, לֹא יְבִיאוּהוּ לִידֵי קָרְבָּן הַקַּל? אָמְרוּ לוֹ: מָה אִם יִרְצֶה לוֹמַר מֵזִיד הָיִיתִי – יִפָּטֵר.

Rabbi Meir said to the Rabbis: **If two** witnesses can **cause** a person **to** receive the **death** penalty, which is **a severe** penalty, **can they not** also **cause** one **to** receive **the light** penalty of having to bring **an offering?** The Rabbis **said to him: What if he** would **want to say:** I sinned **intentionally?**[N] Wouldn't he be **exempt?** Since one does not bring an offering for an intentional sin, the testimony of witnesses has no bearing in this matter, as they cannot prove that his transgression was unwitting. Therefore, even if he claims that he did not sin at all, the testimony does not obligate him to bring an offering.

אֶלָּא, מָה לְפִיו – שֶׁכֵּן מְחַיְּיבוֹ אָשָׁם. אָשָׁם הַיְינוּ קָרְבָּן.

The Gemara suggests another refutation: **Rather, what** is notable **about** the admission of one's **mouth?** It is notable **in that it renders** a robber **liable** to bring **a guilt-offering.** One who admits that he robbed another is required to bring a guilt-offering for atonement, whereas if witnesses testify that he robbed another he is not obligated to bring a guilt-offering. The Gemara answers: **A guilt-offering is** the same as any other **offering,** about which there is a dispute between Rabbi Meir and the Rabbis as to whether the testimony of witnesses renders one liable to bring an offering.

NOTES

Fine – קְנָס: Any payment imposed by the Torah that is not equal to the value of the damage caused is referred to as a fine. The *halakha* is that one can be required to pay a fine only by the ruling of an ordained court based on the testimony of witnesses. There are different opinions among the halakhic authorities with regard to whether one can be made liable to pay fines in modern times, as there are no ordained judges.

Would you say…does not obligate him to bring an offering – תֹּאמַר...אֵין מְחַיְּיבִין אוֹתוֹ קָרְבָּן: The Ramban questions this statement, as if witnesses accuse one of sinning unwittingly and he does not deny the charge, he is obligated to bring an offering. The Rashba answers that in such a case, one does not bring the offering due to the testimony of the witnesses. Rather, he is obligated to bring it because his silence when confronted by their accusation is tantamount to an admission of guilt.

I sinned intentionally – מֵזִיד הָיִיתִי: It is a principle that almost all offerings, with the exception of certain guilt-offerings, are brought exclusively for unwitting transgressions. One who performs a transgression willfully is not obligated to bring an offering and he does not gain atonement if he brings one.

LANGUAGE

Fine [*kenas*] – קְנָס: From the Latin word census, meaning a tax or a population tally, parallel to the word's use in modern English.

HALAKHA

One's mouth which does not render him liable to pay a fine – פִּיו שֶׁאֵין מְחַיְּיבוֹ קְנָס: One who is liable to pay a fine by Torah law and admits his guilt of his own volition is not required to pay the fine (Rambam *Sefer Nezikin*, *Hilkhot Geneiva* 1:5, 3:7 and *Sefer Mishpatim*, *Hilkhot To'en VeNitan* 1:16–17; *Shulḥan Arukh*, *Ḥoshen Mishpat* 87:26).

Testimony of witnesses which does render him liable to pay a fine – עֵדִים שֶׁמְּחַיְּיבִין אוֹתוֹ קְנָס: One is liable to pay a fine by Torah law if two witnesses testify that he acted in a manner rendering him liable to pay that fine (Rambam *Sefer Mishpatim*, *Hilkhot Nezikin*, *Hilkhot Geneiva* 1:4).

Which does not obligate him to bring an offering – שֶׁאֵין מְחַיְּיבִין אוֹתוֹ קָרְבָּן: If witnesses testify that one has committed a transgression for which he is obligated to bring a sin-offering but he contradicts their testimony, he is not obligated to bring the offering, in accordance with the opinion of the Rabbis (Rambam *Sefer Korbanot*, *Hilkhot Shegagot* 3:1).

BACKGROUND

Renders him liable to bring an offering – מְחַיְּיבוֹ קָרְבָּן: One who unwittingly commits a transgression punishable by *karet* must bring a sin-offering as atonement. A sin-offering brought by an individual is a female lamb or goat less than one year old. It must be slaughtered in the northern section of the Temple courtyard and its blood is collected there. The blood is sprinkled on each of the four corners of the altar, the fats are consumed on the altar, and its meat is eaten by the priests. The Gemara is referring to a case where an individual sinned unwittingly and then later became aware of his transgression. To atone for his act he must confess his sin and bring a sin-offering. Alternatively, the argument offered here might relate to the specific case of a guilt-offering for robbery. Such an offering is brought by one who denied owing a debt, took a false oath that he owed nothing, and later admitted that he owed the money and that he had taken the false oath.

Fat – חֵלֶב: This term is referring to animal fats forbidden for consumption by Torah law. Intentionally eating those specific fats of kosher domesticated animals is punishable by *karet* (Leviticus 7:22–25). A sin-offering must be brought for eating them unwittingly. The fats of undomesticated kosher animals and of kosher birds may be eaten. Among the signs differentiating forbidden from permitted fats is the fact that the forbidden fats lie above the meat and are not intertwined with it. They are enclosed by a thin membrane and are easily peeled away from the meat. Most of the forbidden fats of an animal offering are sacrificed on the altar.

אֶלָּא, מַה לְּפִיו – שֶׁכֵּן מְחַיְּיבוֹ חוֹמֶשׁ! הָא לָא קַשְׁיָא, רַבִּי חִיָּיא כְּרַבִּי מֵאִיר סְבִירָא לֵיהּ, כִּי הֵיכִי דִּמְחַיֵּיב לֵיהּ קָרְבָּן מִקַּל וָחוֹמֶר – מְחַיֵּיב לֵיהּ חוֹמֶשׁ מִקַּל וָחוֹמֶר.

The Gemara suggests another refutation: **Rather, what** is notable **about** the admission of one's **mouth?** It is notable **in that it renders** one who unlawfully possessed the money of another **liable** to pay an additional **one-fifth** of the value of that money when he returns it of his own accord (see Leviticus 5:20–26). By contrast, if witnesses testify that he unlawfully possessed the money of another, he is not obligated to add one-fifth to his payment. The Gemara answers: **This is not difficult; Rabbi Ḥiyya holds in accordance with the opinion of Rabbi Meir. Just as** Rabbi Meir holds that the testimony of witnesses **renders** one **liable** to bring **an offering due to an *a fortiori* inference,** he also holds that the testimony of witnesses **renders** one **liable** to add **one-fifth, via an *a fortiori*** inference.

אֶלָּא, מַה לְּפִיו – שֶׁכֵּן אֵינוֹ בְּהַכְחָשָׁה וּבַהֲזָמָה, תֹּאמַר בְּעֵדִים שֶׁיֶּשְׁנָן בְּהַכְחָשָׁה וּבַהֲזָמָה!

The Gemara suggests another refutation: **Rather, what** is notable **about** the admission of one's **mouth?** It is notable **in that it is not** subject **to contradiction or to** refutation as applies to the testimony of **conspiring** witnesses,[NB] as the testimony of witnesses cannot negate the admission of a litigant. **Would you say** the same *halakhot* **with regard to witnesses, who are** subject **to contradiction and to** refutation as **conspiring** witnesses? Evidently, the testimony of witnesses is weaker, in some aspects, than the admission of a litigant.

אֶלָּא, אָתְיָא מֵעֵד אֶחָד. וּמַה עֵד אֶחָד שֶׁאֵין מְחַיְּיבוֹ מָמוֹן – מְחַיְּיבוֹ שְׁבוּעָה, עֵדִים שֶׁמְּחַיְּיבִין אוֹתוֹ מָמוֹן – אֵינוֹ דִּין שֶׁמְּחַיְּיבִין אוֹתוֹ שְׁבוּעָה.

Rather, Rabbi Ḥiyya's *a fortiori* inference is apparently **derived from** the *halakha* of the testimony of **one witness.**[B] **If** the testimony of **one witness, which does not render** the defendant **liable** to pay **money, obligates him** to take **an oath** to contradict the testimony, **is it not logical that** the testimony of two **witnesses, which render** one **liable** to pay **money,** also **obligates him** to take **an oath?**

מַה לְּעֵד אֶחָד – שֶׁכֵּן עַל מַה שֶּׁהוּא מֵעִיד הוּא נִשְׁבָּע.

The Gemara rejects this inference: **What** is notable **about** the testimony of **one witness?** It is notable **in that** the defendant **takes an oath with regard to the matter concerning which he testifies,** not with regard to other claims raised by the claimant.

NOTES

In that it is not subject to contradiction or to refutation as testimony of conspiring witnesses – שֶׁכֵּן אֵינוֹ בְּהַכְחָשָׁה וּבַהֲזָמָה: If one admitted that he borrowed money and did not repay the loan, and witnesses testify that he repaid the loan or that on the day that he claimed to have borrowed the money he was not in the location where he said that the loan took place, the court ignores their testimony (Rabbeinu Ḥananel).

BACKGROUND

Conspiring witnesses – הֲזָמָה: This term refers specifically to a case where witnesses are proved to have perjured themselves when examining the testimony of a pair of witness against the testimony of another pair. There are two ways in which the testimony of witnesses can be invalidated: (1) If two other witnesses testify that the incident did not happen as described by the first pair of witnesses, the testimony of neither pair is accepted and the matter remains unresolved. (2) If two witnesses testify that the first pair of witnesses, whose testimony condemned the defendant, happened to have been elsewhere, with the second pair of witnesses, at the time that the purported incident transpired, and therefore they could not have witnessed the events about which they testified, the first pair are considered to be conspiring witnesses. In such a case, the testimony of the second pair of witnesses is accepted and the testimony of the first pair is rejected. Furthermore, the first pair are liable to pay the penalty they sought to inflict on the defendant through their testimony (see Deuteronomy 19:16–19). If their testimony would have resulted in the defendant's execution, they are both executed. If their testimony would have resulted in a fine, these witnesses are themselves liable to pay their victim the amount they sought to have him pay. The specifics of this *halakha* are analyzed in great detail in tractate *Makkot*.

One witness – עֵד אֶחָד: The Torah states: "One witness shall not rise up against a person" (Deuteronomy 19:15). Consequently, in most instances, the testimony of a single witness has no legal standing. In most cases it is prohibited for a single witness to testify, lest he damage the defendant's reputation. Nevertheless, there are certain instances where credence is accorded to the testimony of a single witness. In monetary cases, if a witness corroborates a claimant's statements, his testimony is not sufficient to render the defendant liable to pay. Nevertheless, his testimony obligates the defendant to take an oath to support his own statements.

תֹּאמַר בְּעֵדִים, שֶׁעַל מַה שֶּׁכָּפַר הוּא נִשְׁבָּע!

Would you say the same **with regard to** two **witnesses,** in **which** case the defendant **takes an oath with regard to** the claim **that he denies,** and not with regard to the debt about which they testify?

אֶלָּא אֲמַר רַב פַּפָּא: אָתֵי מִגִּלְגּוּל שְׁבוּעָה דְּעֵד אֶחָד.

Rather, Rav Pappa said: Rabbi Ḥiyya's *a fortiori* inference **is derived from the extension of an oath**[N] that the testimony **of one witness** obligates him to take. Once a defendant is obligated to take an oath, the plaintiff can demand that he take an oath with regard to other claims that he has against him as well.

מַה לְּגִלְגּוּל שְׁבוּעָה דְּעֵד אֶחָד שֶׁכֵּן שְׁבוּעָה גּוֹרֶרֶת שְׁבוּעָה, תֹּאמַר בְּעֵדִים דְּמָמוֹן קָא מְחַיְּיבֵי!

The Gemara rejects this: **What** is notable **about the extension of an oath** that is obligated by the testimony **of one witness?** It is notable **in that** one **oath leads to** another **oath.** The obligation to take the second oath is not caused directly by the witness. **Would you say** the same **in** the case of **witnesses, whose** testimony **renders** the defendant **liable** to pay **money?** Incurring liability to pay one part of the claim does not extend further and incur liability to pay the rest.

NOTES

Extension of an oath – גִּלְגּוּל שְׁבוּעָה: If one was obligated to take an oath in response to a specific claim, the plaintiff can demand that the defendant take an oath about additional claims that he has against him, even if with regard to those claims alone, the plaintiff could not have obligated him to take an oath. This principle is a Torah law, and it is derived from the oath of a *sota*, a woman suspected by her husband of having been unfaithful. She must take an oath with regard to the suspicion of infidelity supported by circumstantial evidence, and she also takes an oath with regard to any additional suspicions.

פִּיו יוֹכִיחַ. מַה לְּפִיו – שֶׁכֵּן אֵינוֹ בְּהַכְחָשָׁה. עֵד אֶחָד יוֹכִיחַ, שֶׁיֶּשְׁנוֹ בְּהַכְחָשָׁה וּמְחַיְּיבוֹ שְׁבוּעָה.

The Gemara responds: The admission of one's **mouth can prove** that an element other than an oath can cause the defendant to be obligated to take an oath with regard to the rest of the claim. Although the *a fortiori* inference from admission alone was already rejected, due to the claim of: **What** is notable **about** the admission of one's **mouth,** it is notable **in that it is not** subject **to contradiction; the testimony of one witness can prove** that even testimony **that is** subject **to contradiction renders** one **liable** to take **an oath.**

מַה לְּעֵד אֶחָד – שֶׁכֵּן עַל מַה שֶּׁמֵּעִיד הוּא נִשְׁבָּע, תֹּאמַר בְּעֵדִים שֶׁעַל מַה שֶּׁכָּפַר הוּא נִשְׁבָּע! פִּיו יוֹכִיחַ.

The *a fortiori* inference from the testimony of one witness was also rejected, as **what** is notable **about** the extension of an oath resulting from the testimony of **one witness?** It is notable **in that** the defendant **takes an oath with regard to** the matter concerning that which **he testifies. Would you say** the same **with regard to** two **witnesses,** in **which** case the defendant **takes an oath with regard to** the claim **that he denies?** Admission to part of a claim by one's **mouth can prove** this difference irrelevant, as a defendant can be required to take an oath even with regard to a claim that he denies.

וְחָזַר הַדִּין: לֹא רְאִי זֶה כִּרְאִי זֶה, וְלֹא רְאִי זֶה כִּרְאִי זֶה, הַצַּד הַשָּׁוֶה שֶׁבָּהֶן – שֶׁעַל יְדֵי טַעֲנָה וּכְפִירָה הֵן בָּאִין וְנִשְׁבָּע. אַף אֲנִי אָבִיא עֵדִים, שֶׁעַל יְדֵי טַעֲנָה וּכְפִירָה הֵם בָּאִין – וְנִשְׁבָּע.

And the derivation has reverted to its starting point. At this point, the *halakha* is derived from a combination of the two sources: **The aspect of this** case, admission, **is not like**[N] **the aspect of that** case, the extension of an oath resulting from the testimony of one witness, **and the aspect of that** case **is not like the aspect of this** case. **Their common denominator is that** these cases **come** before the court **with a claim and** its **denial, and** the defendant is obligated to **take an oath. I will also include** in the obligation to take an oath the case of Rabbi Ḥiyya, where there is testimony of two **witnesses** about part of the debt, **which comes** before the court **with a claim and** its **denial. And** therefore the defendant is obligated to **take an oath.** This is the inference to which Rabbi Ḥiyya was referring.

מַה לְּהַצַּד הַשָּׁוֶה שֶׁבָּהֶן – שֶׁכֵּן לֹא הוּחֲזַק כַּפְרָן, תֹּאמַר בְּעֵדִים שֶׁכֵּן הוּחֲזַק כַּפְרָן!

The Gemara rejects this: **What** is notable **about their common denominator,** i.e., the common denominator shared by admission to part of a claim by the defendant and the extension of an oath resulting from the testimony of one witness? It is notable **in that** the defendant **does not assume the presumptive status of one who** falsely **denies** his debts. He has not been proven to be lying, so he is trusted to take an oath. **Would you say** the same **with regard to** the case of two **witnesses** who contradict the defendant's denial of the plaintiff's claim, **where** the defendant **assumes the presumptive status of one who** falsely **denies** his debts? In this case, he is no longer deemed trustworthy and his oath may not be credible.

וּבְעֵדִים מִי הוּחֲזַק כַּפְרָן? וְהָאָמַר רַב אִידִי בַּר אָבִין אָמַר רַב חִסְדָּא: הַכּוֹפֵר בְּמִלְוֶה – כָּשֵׁר לְעֵדוּת, בְּפִיקָּדוֹן – פָּסוּל לְעֵדוּת.

The Gemara asks: **But in** a case where his denial is contradicted by two **witnesses, does he assume the presumptive status of one who** falsely **denies** his debts? **But doesn't Rav Idi bar Avin say** that **Rav Ḥisda says: One who denies** a claim that he received **a loan** and is contradicted by witnesses **is fit to bear witness** in a different case. He does not assume the status of a confirmed liar, as perhaps he intended to return the money afterward and denied the claim only in order to buy time until he acquired the necessary funds to repay the loan. By contrast, if one denies receiving **a deposit** and witnesses testify that he is lying, he is **disqualified from bearing witness** in other cases, as in that case he has no reason to buy time and is clearly a robber.[H] Therefore, Rabbi Ḥiyya's *a fortiori* inference stands.

אֶלָּא, פְּרֵיךְ הָכִי: מַה לְּהַצַּד הַשָּׁוֶה שֶׁבָּהֶן – שֶׁכֵּן אֵינָן בְּתוֹרַת הֲזָמָה, תֹּאמַר בְּעֵדִים שֶׁיֶּשְׁנָן בְּתוֹרַת הֲזָמָה!

Rather, refute the inference **like this: What** is notable **about their common denominator,** i.e., the common denominator shared by admission to part of a claim by the defendant and the extension of an oath resulting from the testimony of one witness? It is notable **in that** these cases **are not** subject **to the *halakhot* of conspiring** witnesses.[N] Even if witnesses testify that the single witness lied, he is not required to pay the defendant the sum that he sought to require him to pay, which is the punishment exacted upon conspiring witnesses. **Would you say** the same *halakhot* **with regard to two witnesses, who are subject to the *halakhot* of conspiring** witnesses?

NOTES

And the derivation has reverted to its starting point, the aspect of this case is not like, etc. – וְחָזַר הַדִּין לֹא רְאִי זֶה וכו׳: This is the standard method of inferring a *halakha* from two cases. When the inference from one case is rejected because it includes a unique aspect, the second case proves that this aspect is irrelevant to the *halakha* in question. If the proof from the second source is also rejected because it too contains an exceptional aspect, the first case is employed again. Ultimately, the *halakha* is derived from the common denominator of both cases without taking into account the unique stringencies of each.

Are not subject to the *halakhot* of conspiring witnesses – אֵינָן בְּתוֹרַת הֲזָמָה: The testimony of a single witness is subject to certain *halakhot* of conspiring witnesses, whereas the admission of the defendant is not subject to these *halakhot* at all. Although the *halakha* of a single witness and the *halakha* of the admission of the defendant are not identical, and therefore the *halakha* is not a true common denominator, the Gemara initially deemed the similarity as sufficient enough of a common denominator to refute the derivation based on two separate cases, which is a weaker type of derivation.

HALAKHA

One who denies a loan and one who denies a deposit – כּוֹפֵר בְּמִלְוֶה וְכוֹפֵר בְּפִיקָּדוֹן: One who denied having a debt, even if witnesses contradict his denial, is neither considered suspect with regard to taking a false oath, nor is he disqualified from testifying in other cases, as long as he did not take an oath falsely. One who denied receiving a deposit, and witnesses contradict his denial, is suspected of taking a false oath, and he is disqualified from testifying in other cases (Rambam *Sefer Mishpatim*, *Hilkhot To'en VeNitan* 2:2; *Shulḥan Arukh*, *Ḥoshen Mishpat* 92:4).

NOTES

Does not refute based on the *halakhot* of conspiring witnesses – תּוֹרַת הֲזַמָּה לָא פָּרֵיךְ: Some of the early commentaries explain that since the extent to which these two cases are not subject to the *halakhot* of conspiring testimony is different, the refutation is invalid (Rosh; Rabbeinu Ḥananel, cited in *Shita Mekubbetzet*). Furthermore, a single witness is not subject to the penalty of a conspiring witness not because the doctrine does not apply, but because he was capable only of causing the defendant to take an oath, which is a consequence that cannot be imposed on the witness.

הָא לָא קַשְׁיָא, רַבִּי חִיָּיא תּוֹרַת הֲזַמָּה לָא פָּרֵיךְ.

The Gemara rejects this: **This is not difficult,** as **Rabbi Ḥiyya does not refute** this inference based on the punishment accompanying **the *halakhot* of conspiring** witnesses.[N] In other words, Rabbi Ḥiyya does not accept this refutation, as while this *halakha* does not apply at all to the admission of a defendant, it does apply to the testimony of a single witness in that if two witnesses testify that the single witness is a conspiring witness, his testimony is rendered void.

אֶלָּא דְּקָאָמַר וְתַנָּא תּוּנָא, מִי דָּמֵי? הָתָם – לְמַלְוֶה אִית לֵיהּ סָהֲדֵי, לַלֹּוֶה לֵית לֵיהּ סָהֲדֵי דְּלָא מַסֵּיק לֵיהּ וְלָא מִידֵּי, דְּאִי הָווּ לֵיהּ סָהֲדֵי לַלֹּוֶה דְּלָא מַסֵּיק לֵיהּ וְלָא מִידֵּי – לָא בָּעֵי רַבִּי חִיָּיא לְאִשְׁתַּבּוּעֵי. הָכָא, כִּי הֵיכִי דַּאֲנַן סָהֲדֵי בְּהַאי – אֲנַן סָהֲדֵי בְּהַאי, וַאֲפִילּוּ הָכִי מִשְׁתַּבְּעִי!

The Gemara asks: **But** with regard to that **which** was **stated** (3a): **And the *tanna*** of the mishna also **taught** a similar *halakha* to that of Rabbi Ḥiyya, there is a difficulty. **Is** the case of the mishna **comparable** to the *halakha* of Rabbi Ḥiyya? **There,** in the case of witnesses to a loan, **the creditor has witnesses** to support his claim that there was a loan while **the debtor does not have witnesses** to support his claim **that he does not owe** the creditor **anything. As, if the debtor had witnesses** to support his claim **that he does not owe** the creditor **anything, Rabbi Ḥiyya would not require him to take an oath.** By contrast, **here,** in the case of the mishna, **just as it is clear to us that this** claimant has a right to the garment, as he is holding it, so too, **is it clear to us that that** other claimant has a right to the garment, as he is also holding it. **Yet nevertheless,** in the mishna each party is required to **take an oath.**

אֶלָּא, כִּי אִיתְּמַר וְתַנָּא תּוּנָא – אַאִידָּךְ דְּרַבִּי חִיָּיא אִיתְּמַר. דְּאָמַר רַבִּי חִיָּיא: מָנֶה לִי בְּיָדְךָ, וְהַלָּה אוֹמֵר: אֵין לְךָ בְּיָדִי אֶלָּא חֲמִישִּׁים זוּז, וְהֵילָךְ – חַיָּיב.

Rather, when the phrase **was stated: And the *tanna*** of the mishna also **taught** a similar *halakha*, **it was stated with regard to another** statement **of Rabbi Ḥiyya. As Rabbi Ḥiyya says:** If one says to another: **I have one hundred dinars in your possession, and the other says** in response: **You have only fifty dinars in my possession, and here you are,** handing him the money, he **is obligated** to take an oath that he does not owe the remainder.

מַאי טַעְמָא – הֵילָךְ נַמִי כְּמוֹדֶה מִקְצָת הַטַּעֲנָה דָּמֵי,

What is the reason? One who says: **Here you are,** while immediately giving the money, **is also** considered **like one who admits to part of the claim.** It cannot be reasoned that by immediately handing over the amount to which he admits, the defendant thereby reduces the claim by the fifty dinars that he denies owing, and he is consequently exempt from taking an oath like any defendant who denies the claim entirely.

וְתַנָּא תּוּנָא: ״שְׁנַיִם אוֹחֲזִין בְּטַלִּית״.

Concerning this ruling of Rabbi Ḥiyya, the Gemara comments: **And the *tanna*** of the mishna **taught** a similar *halakha*, citing the mishna beginning: If **two** people came to court **holding a garment.**

וְהָא הָכָא, כֵּיוָן דְּתָפֵיס – אֲנַן סָהֲדֵי דְּמַאי דְּתָפֵיס הֵילָךְ הוּא, וְקָתָנֵי יִשָּׁבַע.

The Gemara explains the comparison: **And here,** in the mishna, **since** each one **grasps** half the garment, **it is clear to us that what one grasps is** in his possession, just as if the other one had said to him: **Here you are,** I am giving it to you. **And** the mishna **teaches** that **he takes an oath.** Evidently, in a case where one denies part of a claim that is brought against him, and with regard to the rest of the claim he says to the claimant: Here you are, he is obligated to take an oath.

וְרַב שֵׁשֶׁת אָמַר: הֵילָךְ פָּטוּר. מַאי טַעְמָא – כֵּיוָן דַּאֲמַר לֵיהּ הֵילָךְ, הָנֵי זוּזֵי דְּקָא מוֹדֵי בְּגַוַּיְיהוּ – כְּמַאן דְּנָקֵיט לְהוּ מַלְוֶה דָּמֵי, בְּאִינָךְ חֲמִשִּׁים – הָא לָא מוֹדֵי, הִלְכָּךְ לֵיכָּא הוֹדָאַת מִקְצָת הַטַּעֲנָה.

And Rav Sheshet says: One who says about part of the claim: **Here you are,** and denies the rest of the claim, is **exempt**[H] from taking an oath about the rest. **What is the reason? Since he said to him: Here you are, those dinars that he admitted** to owing **are considered as if the creditor has them** in his possession already, and **with regard to the other fifty** dinars, the defendant **did not admit** to owing them. **Therefore, there is no admission to part of the claim.**

HALAKHA

One who says, here you are, is exempt – הֵילָךְ פָּטוּר: One who admits to part of a claim made against him, and concerning that part says to the plaintiff: The sum that I admit I owe you is now yours, either by giving it to him immediately, or, according to some opinions, by giving him collateral for that amount, is exempt from taking an oath by Torah law. He is, by rabbinic law, obligated to take an oath known as an oath of inducement, just like anyone who totally denies a claim (Rambam *Sefer Mishpatim, Hilkhot To'en VeNitan* 1:3; *Shulḥan Arukh, Ḥoshen Mishpat* 75:6, 87:1).

וּלְרַב שֵׁשֶׁת קַשְׁיָא מַתְנִיתִין! אָמַר לָךְ רַב שֵׁשֶׁת: מַתְנִיתִין תַּקָּנַת חֲכָמִים הִיא.

The Gemara asks: **But according to** the opinion of **Rav Sheshet, the mishna is difficult,** as it seems to be a comparable case and yet an oath is required. The Gemara answers: **Rav Sheshet** could have **said to you:** The oath mentioned in **the mishna is a rabbinic ordinance,** which pertains specifically to that case. In general, a debtor who immediately hands over the money that he admits to owing is exempt from taking an oath.

וְאִידָּךְ: אִין, תַּקָּנַת חֲכָמִים הִיא. וּמִיהוּ, אִי אָמְרַתְּ בִּשְׁלָמָא מִדְּאוֹרַיְיתָא הֵילָךְ חַיָּיב – מְתַקְּנֵי רַבָּנַן שְׁבוּעָה כְּעֵין דְּאוֹרַיְיתָא, אֶלָּא אִי אָמְרַתְּ מִדְּאוֹרַיְיתָא הֵילָךְ פָּטוּר – מְתַקְּנֵי רַבָּנַן שְׁבוּעָה דְּלֵיתָא דִּכְוָותָהּ בִּדְאוֹרַיְיתָא?

And how would **the other** *amora*, Rabbi Ḥiyya, respond to this assertion? **Indeed,** he would agree that **it is a rabbinic ordinance. However, granted, if you say** that **by Torah law** one who says: **Here you are,** is **obligated** to take an oath, that explains why **the Sages instituted** the **oath** mentioned in the mishna, as it is **similar to** an oath administered **by Torah** law. **But if you say** that **by Torah** law one who says: **Here you are,** is **exempt** from taking an oath, **would the Sages institute an oath that has no corresponding** oath **in Torah law?**[N] Clearly, there is a basis for the oath instituted by the Sages in Torah law, and that basis is the case where the defendant says: Here you are.

מֵיתִיבִי:

The Gemara **raises an objection** to the opinion of Rabbi Ḥiyya from a *baraita*:

NOTES

Would the Sages institute an oath that has no corresponding oath in Torah law – מְתַקְּנֵי רַבָּנַן שְׁבוּעָה דְּלֵיתָא דִּכְוָותָהּ בִּדְאוֹרַיְיתָא: The Rosh asks: The Sages did institute various oaths that have no precedent in the Torah, e.g., those taken by the plaintiff in certain cases, enabling him to collect money owed to him. He answers that in those cases, there was an obligation by Torah law for the defendant to take an oath, which, under certain circumstances, the Sages transferred to the plaintiff (see *Shevuot* 44b). By contrast, here, there is no obligation to take an oath by Torah law, and therefore the Sages would not institute an oath unless there was a corresponding oath required by Torah law.

Perek **I**
Daf **4** Amud **b**

סְלָעִים, דִּינָרִין. מַלְוֶה אוֹמֵר: חָמֵשׁ, וְלֹוֶה אוֹמֵר: שָׁלֹשׁ. רַבִּי שִׁמְעוֹן בֶּן אֶלְעָזָר אוֹמֵר: הוֹאִיל וְהוֹדָה מִקְצָת הַטַּעֲנָה – יִשָּׁבַע, רַבִּי עֲקִיבָא אוֹמֵר: אֵינוֹ אֶלָּא כְּמֵשִׁיב אֲבֵידָה, וּפָטוּר.

If it is written in a promissory note that one borrowed an unspecified amount of ***sela'im,*** or that one borrowed an unspecified amount of **dinars,**[HN] and the **creditor says:** I lent you **five** *sela*, **and the debtor says:** You lent me only **three,** in this case **Rabbi Shimon ben Elazar says: Since** the debtor **admitted to part of the claim, he takes an oath. Rabbi Akiva says:** Since the wording of the note indicates only that he owes two dinars, the minimum plural amount, by admitting that he owes three **he is merely the equivalent of one returning a lost item,**[N] **and he is exempt**[N] from taking an oath.

קָתָנֵי מִיהַת רַבִּי שִׁמְעוֹן בֶּן אֶלְעָזָר אוֹמֵר: הוֹאִיל וְהוֹדָה מִקְצָת הַטַּעֲנָה – יִשָּׁבַע. טַעְמָא – דְּאָמַר שָׁלֹשׁ, הָא שְׁתַּיִם – פָּטוּר, וְהַאי שְׁטָר דְּקָמוֹדֵי בֵּיהּ – הֵילָךְ הוּא, וּשְׁמַע מִינָּהּ: הֵילָךְ פָּטוּר!

In any event, the *baraita* **teaches** that **Rabbi Shimon ben Elazar says: Since** the debtor **admitted to part of the claim, he takes an oath.** This indicates that **the reason** that he is obligated to take an oath is specifically **because he said** that he owes **three** dinars, **but** had he admitted to owing only **two,** he would have been **exempt** from taking an oath. **And** concerning the minimal obligation recorded in **this** promissory **note, to which he admits,** which is two dinars, it **is** as though he said: **Here you are.** An obligation recorded in a promissory note is tantamount to an obligation concerning which the defendant says: Here you are. **And** therefore, **conclude from it** that one who says: **Here you are,** is **exempt** from taking an oath with regard to the part of the claim he denies.

HALAKHA

***Sela'im*, dinars – סְלָעִים דִּינָרִין:** If a promissory note mentions an unspecified amount of dinars, and the creditor claims that the debtor owes five and the debtor says that he owes only two, the debtor is exempt from taking an oath administered by Torah law. If the debtor says that he owes three dinars, he is also exempt, as he is considered the equivalent of one returning a lost item. Some hold that he is exempt from taking even an oath of inducement, which is enacted by rabbinic law (*Baḥ*). Others maintain that he is obligated to take an oath of inducement, as his status is not identical to that of one returning a lost item (Rambam *Sefer Mishpatim*, *Hilkhot To'en VeNitan* 4:5; *Shulḥan Arukh*, *Ḥoshen Mishpat* 88:32, and *Shakh* and *Sma* there).

NOTES

***Sela'im*, dinars – סְלָעִים דִּינָרִין:** Why does the *baraita* cite two examples, i.e., both *sela'im* and dinars? In *Shita Mekubbetzet* it is explained that the *baraita* teaches that even if the defendant admits that he owes a large sum like three *sela*, Rabbi Shimon ben Elazar does not deem him credible without taking an oath, and conversely, Rabbi Akiva deems him exempt from taking an oath even if he admits only that he owes three dinars. Others explain that the *baraita* teaches that the debtor cannot claim that if the debt was five dinars it should have been written as a *sela* and one dinar, as a *sela* is worth four dinars. This is because it is common to record the sum of five dinars as five dinars (*Naḥalat Yisrael*).

Rabbi Akiva says, he is merely the equivalent of one returning a lost item – רַבִּי עֲקִיבָא אוֹמֵר אֵינוֹ אֶלָּא כְּמֵשִׁיב אֲבֵידָה: Some versions of the text cite Rabbi Ya'akov as the author of this opinion instead of Rabbi Akiva, either because it is unusual for a *tanna* of a later generation, Rabbi Shimon ben Elazar, to engage in a dispute with a *tanna* of an earlier generation, or because the ensuing discussion is inconsistent with Rabbi Akiva's opinion elsewhere. Others reject this variant version as there are no manuscripts that support it (Rosh; *Tosafot*).

And he is exempt – וּפָטוּר: Why is the claim that he is equivalent to one returning a lost item not made with regard to every case of one who admits to part of the claim? The Rambam explains that in most cases of one who admits to part of the claim there is a presumption that one would not be insolent to his creditor and deny his debt entirely. Here, where the note supports his claim, the defendant might have the audacity to do so. Therefore, only here, if he admits to part of the claim, is he halakhically equivalent to one returning a lost item.

לָא, לְעוֹלָם אֵימָא לָךְ: שְׁתַּיִם חַיָּיב, וְהַאי דְּקָתָנֵי שָׁלֹשׁ – לְאַפּוֹקֵי מִדְּרַבִּי עֲקִיבָא דְּאָמַר מֵשִׁיב אֲבֵידָה הָוֵי וּפָטוּר, קָא מַשְׁמַע לָן דְּמוֹדֶה מִקְצָת הַטַּעֲנָה הָוֵי וְחַיָּיב.

The Gemara rejects this: **No, actually I will say to you** that even if he admitted that he owes **two** dinars he is **obligated** to take an oath, **and** the reason **that** the *baraita* **teaches** the dispute specifically with regard to the case of **three** dinars is not to exclude a case where he admits that he owes only two, but rather it is **to exclude** the opinion **of Rabbi Akiva, who says** that **he is the equivalent of one returning a lost item, and** he **is** therefore **exempt.** Therefore, Rabbi Shimon ben Elazar **teaches us that he is considered** like **one who admits to part of the claim, and** he **is obligated** to take an oath.

אִי הָכִי, רַבִּי שִׁמְעוֹן בֶּן אֶלְעָזָר אוֹמֵר הוֹאִיל וְהוֹדָה מִקְצָת הַטַּעֲנָה יִשָּׁבַע? אַף זֶה יִשָּׁבַע מִבָּעֵי לֵיהּ!

The Gemara asks: **If so,** the *baraita* should have been phrased differently. If the defendant is obligated to take an oath even in a case where he admits that he owes two dinars, rather than stating that **Rabbi Shimon ben Elazar says: Since** the debtor **admitted to part of the claim, he takes an oath,** the *baraita* **should have** stated: **Even this** one, who admits to owing three dinars, **takes an oath,** in addition to one who admits to owing two dinars.

אֶלָּא, לְעוֹלָם שְׁתַּיִם פָּטוּר, וְהֵילָךְ חַיָּיב. וְשָׁאנֵי הָכָא – דְּקָא מְסַיַּיע לֵיהּ שְׁטָרָא.

Rather, that explanation should be rejected. **Actually,** if he admits that he owes **two** dinars, he is **exempt** from taking an oath, **but** nevertheless, one who says: **Here you are,** is **obligated** to take an oath. **And** the reason for this distinction is that **here,** the case **is different, as the note supports him,** i.e., it indicates that he owes two dinars. Therefore, he is exempt from taking an oath with regard to the rest.

אִי נַמִּי, מִשּׁוּם דַּהֲוָה לֵיהּ שְׁטַר שִׁעְבּוּד קַרְקָעוֹת – וְאֵין נִשְׁבָּעִין עַל כְּפִירַת שִׁעְבּוּד קַרְקָעוֹת.

Alternatively, if he admits to owing two dinars he is exempt for a different reason: **Because** a promissory **note** creates **a lien on** the debtor's **land, and** there is a principle that **one does not take an oath with regard to** a debtor's **denial of** a debt that is secured with **a lien on land.**[NH] Oaths are administered only when one denies owing money or movable property.

אִיכָּא דְּמוֹתִיב מִסֵּיפָא: רַבִּי עֲקִיבָא אוֹמֵר: אֵינוֹ אֶלָּא כְּמֵשִׁיב אֲבֵידָה וּפָטוּר. טַעְמָא – דַּאֲמַר שָׁלֹשׁ, הָא שְׁתַּיִם – חַיָּיב. וְהָא שְׁטָר כֵּיוָן דְּקָא מוֹדֵי בֵּיהּ כְּהֵילָךְ דָּמֵי, שְׁמַע מִינָּהּ הֵילָךְ חַיָּיב!

There are those **who raise an objection** to Rav Sheshet's opinion **from the latter clause** of this *baraita,* which teaches that **Rabbi Akiva says: He is merely the equivalent of one returning a lost item and** is **exempt** from taking an oath. The Gemara infers: **The reason** he is exempt is **that he said** that he owes **three** dinars. **But** had he admitted to owing only **two,** he would have been **obligated** to take an oath. **And** concerning the minimal obligation recorded in **this** promissory **note, to which he admits,** which is two dinars, it **is** as though he said: **Here you are. Learn from it** that one who says: **Here you are,** is **obligated** to take an oath.

לָא, לְעוֹלָם אֵימָא לָךְ שְׁתַּיִם נַמִּי פָּטוּר, וְהַאי דְּקָתָנֵי שָׁלֹשׁ – לְאַפּוֹקֵי מִדְּרַבִּי שִׁמְעוֹן בֶּן אֶלְעָזָר, דְּאָמַר מוֹדֶה מִקְצָת הַטַּעֲנָה הָוֵי וְחַיָּיב, קָא מַשְׁמַע לָן דְּמֵשִׁיב אֲבֵידָה הָוֵי וּפָטוּר.

The Gemara rejects this: **No, actually I will say to you** that if he admits that he owes **two** dinars he is **also exempt** from taking an oath, **and** the reason **that** the *baraita* **teaches** the dispute specifically with regard to the case of **three** dinars **is to exclude** the opinion **of Rabbi Shimon ben Elazar, who says** that **he is** considered **one who admits to part of the claim and** he **is obligated** to take an oath. Rabbi Akiva, therefore, **teaches us that** in his opinion, the defendant **is** the equivalent of **one returning a lost item, and** he **is exempt** from taking an oath.

NOTES

An oath with regard to land – שְׁבוּעָה עַל הַקַּרְקָעוֹת: The Sages (*Bava Metzia* 57b) derive that the court administers an oath to someone only for a claim for movable property that has intrinsic value, from the verse: "For any matter of trespass, for an ox, for a donkey, for a sheep, for a garment, for any lost item about which one shall say: This is it, the claims of both of them shall come before the judges" (Exodus 22:8). It is unclear whether there are *tanna'im* who dispute this principle. The *ge'onim* write that since courts no longer administer oaths that are required by Torah law, but instead declare that if the defendant is lying he is excommunicated, this is done for claims involving land as well.

HALAKHA

One does not take an oath with regard to denial of a debt that is secured with a lien on land – אֵין נִשְׁבָּעִין עַל כְּפִירַת שִׁעְבּוּד קַרְקָעוֹת: By Torah law, one is not obligated to take an oath in response to claims involving land. By rabbinic law, one does take an oath, known as an oath of inducement (Rambam *Sefer Mishpatim, Hilkhot To'en VeNitan* 5:1; *Shulḥan Arukh, Ḥoshen Mishpat* 95:1).

הָכִי נַמִי מִסְתַּבְּרָא: דְּאִי סָלְקָא דַּעְתָּךְ שְׁתַּיִם חַיָּיב – בְּשָׁלֹשׁ הֵיכִי פָּטַר לֵיהּ רַבִּי עֲקִיבָא? הַאי אַעֲרוּמֵי קָא מַעֲרִים, סָבַר: אִי אָמֵינָא שְׁתַּיִם – בָּעֵינָא אִשְׁתַּבּוּעֵי, אֵימָא שָׁלֹשׁ, דְּאֶהֱוֵי כְּמֵשִׁיב אֲבֵידָה – וְאִיפְּטַר. אֶלָּא שְׁמַע מִינָּהּ: שְׁתַּיִם נַמִי פָּטוּר.

The Gemara comments: **So too, it is reasonable** to explain the *baraita* as just explained, **as, if it enters your mind** that one who admits that he owes **two** dinars **is obligated** to take an oath, **how does Rabbi Akiva deem him exempt in** a case where he admits that he owes **three** dinars? Perhaps **this** debtor **is employing artifice, thinking: If I say** that I owe **two, I will be required to take an oath.** Therefore, **I will say** that I owe **three so that I will be** considered **equivalent to one returning a lost item and will be exempt** from taking an oath. **Rather, learn from** it that even if he admits that he owes only **two** dinars, he is **also exempt** from taking an oath.

אֶלָּא קַשְׁיָא לְרַבִּי חִיָּיא! שָׁאנֵי הָתָם, דְּקָא מְסַיַּיע לֵיהּ שְׁטָרָא. אִי נַמִי, מִשּׁוּם דַּהֲוָה לֵיהּ שְׁטַר שִׁעְבּוּד קַרְקָעוֹת, וְאֵין נִשְׁבָּעִין עַל כְּפִירַת שִׁעְבּוּד קַרְקָעוֹת.

The Gemara asks: **But** this explanation poses **a difficulty to** the opinion of **Rabbi Ḥiyya,**[N] that a defendant is obligated to take an oath in a case where he says: Here you are. In other words, Rabbi Ḥiyya's opinion is negated by the case of one who admits that he owes only two dinars, where he is exempt from taking an oath. The Gemara answers: The case **there is different, as the note supports him.** Therefore, he is not required to take an oath. **Alternatively,** he is exempt **because** a promissory **note** creates **a lien on** the debtor's **land, and** there is a principle that **one does not take an oath with regard to** a debtor's **denial of** a debt that is secured with **a lien on land.**

מְתִיב מָר זוּטְרָא בְּרֵיהּ דְּרַב נַחְמָן: טְעָנוֹ כֵּלִים וְקַרְקָעוֹת, הוֹדָה בַּכֵּלִים וְכָפַר בַּקַּרְקָעוֹת, הוֹדָה בַּקַּרְקָעוֹת וְכָפַר בַּכֵּלִים – פָּטוּר. הוֹדָה מִקְצָת קַרְקָעוֹת – פָּטוּר. מִקְצָת כֵּלִים – חַיָּיב.

Mar Zutra, son of Rav Naḥman, raises an objection to the opinion of Rav Sheshet from a mishna (*Shevuot* 38b): If one **claimed** that another owed him **vessels and land,**[H] and the defendant **admitted to** owing him **vessels but denied** that he owes him **land,** or conversely, if **he admitted to** owing him **land but denied** that he owes him **vessels,** he is **exempt** from taking an oath with regard to what he denies. If **he admitted** that he owes him **part of the land,** he is **exempt.** If he admitted to owing **some of the vessels,** he is **obligated** to take an oath with regard to the remainder.

טַעְמָא – דְּכֵלִים וְקַרְקָעוֹת, דְּקַרְקַע לָאו בַּת שְׁבוּעָה הִיא. הָא כֵּלִים וְכֵלִים דּוּמְיָא דְּכֵלִים וְקַרְקָעוֹת – חַיָּיב. הֵיכִי דָּמֵי? לָאו דַּאֲמַר לֵיהּ הֵילָךְ, וּשְׁמַע מִינָּהּ הֵילָךְ חַיָּיב!

The Gemara infers: **The reason** he is exempt in the first cases is **because** the claim is for **vessels and land, as** a claim with regard to **land is not subject to an oath. But** if the claim is for **vessels and vessels,** i.e., two sets of vessels, in a manner **similar to** the case of a claim for **vessels and land,** he is **obligated** to take an oath. **What are the circumstances** of such a case? Is it **not** a case **where he said to him: Here you are? And learn from** the mishna that one who says: **Here you are,** is **obligated** to take an oath.

לָא, לְעוֹלָם אֵימָא לָךְ כֵּלִים וְכֵלִים נַמִי פָּטוּר, וְהָא דְּקָתָנֵי כֵּלִים וְקַרְקָעוֹת – הָא קָא מַשְׁמַע לָן: הוֹדָה בְּמִקְצָת כֵּלִים – חַיָּיב אַף עַל הַקַּרְקָעוֹת.

The Gemara answers: **No, actually I will say to you** that if the claim is for **vessels and vessels** he is **also exempt. And** the fact **that** the mishna **teaches** the case of **vessels and land teaches us this** different *halakha*: If **he admitted** that he owes **some of the vessels,** and is therefore obligated to take an oath, he is **also obligated** to take an oath **with regard to the land** that he denied owing his creditor, although in and of itself one does not take an oath with regard to land.

מַאי קָא מַשְׁמַע לָן – זוֹקְקִין? תְּנֵינָא: זוֹקְקִין הַנְּכָסִים שֶׁאֵין לָהֶן אַחְרָיוּת, אֶת הַנְּכָסִים שֶׁיֵּשׁ לָהֶן אַחְרָיוּת לִישָּׁבַע עֲלֵיהֶם!

The Gemara asks: **What** is this **teaching us?** Is this teaching the *halakha* of **binding?** According to this *halakha*, one who is obligated to take an oath in response to a claim can be required to take an oath with regard to an additional claim of land. This cannot be, as **we** already **learned** this *halakha* in a mishna in tractate *Kiddushin* (26a): When there is a claim brought against a person for movable property and land, and he is obligated to take an oath with regard to **the property that does not serve as a guarantee,** i.e., the movable property, it **binds the property that serves as a guarantee,** i.e., the land, so that he is forced **to take an oath with regard to it** too. Why is this *halakha* repeated in tractate *Shevuot*?

הָכָא – עִיקָּר, הָתָם – אַגַּב גְּרָרָא נַסְבַהּ.

The Gemara answers: The mishna **here,** in *Shevuot*, is the **main** reference to this *halakha*, as it discusses the *halakhot* of oaths, whereas the mishna **there,** in tractate *Kiddushin*, **cites it incidentally,** in the context of a broader survey of the difference between these two types of property.

NOTES

This poses a difficulty to the opinion of Rabbi Ḥiyya – קַשְׁיָא לְרַבִּי חִיָּיא: Rabbi Ḥiyya himself had the status of a *tanna*, so why was he not permitted to disagree with other *tanna'im*? The answer is that the Gemara often assumes that the last generation of *tanna'im* did not consider themselves worthy of contradicting earlier *tanna'im*. In this specific case, since there are already two opinions in this dispute, it is presumed that Rabbi Ḥiyya does not disagree with both (Maharatz Ḥayyut).

HALAKHA

If one claimed that another owed him vessels and land – טְעָנוֹ כֵּלִים וְקַרְקָעוֹת: If the plaintiff claimed that he was owed both vessels and land, and the defendant admitted to owing him all the vessels he claimed but denied that he owed him any of the land, or if he admitted to owing him all or some of the land but denied owing him any of the vessels, he is exempt from taking an oath by Torah law. If the defendant denied owing him any of the land but admitted to owing him some of the vessels, while denying that he owed him the other vessels, he is obligated by Torah law to take an oath with regard to the vessels he denied owing, and the obligation is extended to include the land he denied owing (Rambam *Sefer Mishpatim*, *Hilkhot To'en VeNitan* 5:3; *Shulḥan Arukh*, *Ḥoshen Mishpat* 95:8).

NOTES

Where one dug pits – הֵיכָא דְּחָפַר בָּהּ בּוֹרוֹת: There are those who explain that since the defendant dug pits in the land, the plaintiff is demanding not only his land in return but also compensation for the damage, which has the status of movable property (*Ge'onim*; *Shita Mekubbetzet*). Others explain that the plaintiff is not demanding compensation but is demanding that the defendant repair the field (Rosh; Ritva).

וּלְמַאן דְּאָמַר הֵילָךְ פָּטוּר, אַמַּאי אִיצְטְרִיךְ קְרָא לְמַעוּטֵי קַרְקַע מִשְּׁבוּעָה? הָא כׇּל קַרְקַע הֵילָךְ הוּא!

The Gemara asks: **But according to** Rav Sheshet, with regard to **the one who says that** in a case where the debtor says: **Here you are,** he is **exempt** from taking an oath, **why was** it **necessary** for the **verse to exclude** a claim of **land** ownership **from** the defendant's obligation to take **an oath** when he admits part of the claim? The exclusion of land is derived from the verse: "For any matter of trespass, for an ox, for a donkey, for a sheep, for a garment, for any lost item about which one shall say: This is it, the claims of both of them shall come before the judges" (Exodus 22:8). **But all** cases involving one who admits to part of the claim involving **land** are cases where the defendant effectively says: **Here you are,** as land always remains in its location. Therefore, the derivation from the verse appears to be unnecessary.

אָמַר לָךְ: אִיצְטְרִיךְ קְרָא הֵיכָא דְּחָפַר בָּהּ בּוֹרוֹת שִׁיחִין וּמְעָרוֹת.

The Gemara answers that Rav Sheshet could have **said to you: The verse was necessary** in a case **where** the defendant **dug pits,**[N] **ditches, and caves in** the land that he is returning to the plaintiff. Since the land has been damaged and is no longer in its prior state, the defendant is not effectively saying: Here you are.

אִי נַמִי: הֵיכָא דִּטְעָנוֹ כֵּלִים וְקַרְקָעוֹת, וְהוֹדָה בְּכֵלִים וְכָפַר בְּקַרְקָעוֹת.

Alternatively, there is the case **where** one **claimed** that another owed him **vessels and land, and** the defendant **admitted to** the claim involving **the vessels and denied** the claim involving **the land.** The verse teaches that although the defendant denied part of the claim and did not effectively say: Here you are, he is not obligated to take an oath with regard to the land.

תָּא שְׁמַע, דְּתָנֵי רָמֵי בַּר חָמָא: אַרְבָּעָה שׁוֹמְרִין צְרִיכִין כְּפִירָה בְּמִקְצָת וְהוֹדָאָה בְּמִקְצָת: שׁוֹמֵר חִנָּם וְהַשּׁוֹאֵל, נוֹשֵׂא שָׂכָר וְהַשּׂוֹכֵר.

Come and **hear** a proof for Rabbi Ḥiyya's opinion, **as Rami bar Ḥama teaches** a *baraita*: All **four** types of **bailees**[B] mentioned in the Torah **require denial of part** of the claim **and admission of part** of the claim in order to incur liability to take an oath when someone claims to have given them an item as a deposit. This applies to **an unpaid bailee,** who receives no payment in exchange for safeguarding the item, **and a borrower,** who does not pay the owner in exchange for the right to use the item, as well as **a paid bailee,** who receives payment in exchange for safeguarding the item, **and a renter,** who rents an item in order to use it and pays the owner in exchange for that right.

הֵיכִי דָּמֵי – לָאו דַּאֲמַר לֵיהּ הֵילָךְ?

The Gemara elaborates: **What are the circumstances** in which the bailees both deny part of the claim and admit to part of the claim? **Is it not** referring to a case where the bailee **said to** the one who deposited the item: With regard to the items that I admit to having received from you: **Here you are,** and as to the rest, I never received them and I am therefore not obligated to return them? This supports Rabbi Ḥiyya's opinion that one who says: Here you are, is obligated to take an oath.

BACKGROUND

Four bailees – אַרְבָּעָה שׁוֹמְרִין: The Torah has four categories of bailees, each of whom is administered an oath under different circumstances when unable or unwilling to return the item with which he was entrusted. An unpaid bailee is one who accepts an item for safekeeping without remuneration and without permission to use it for his own benefit. He is not required to recompense the owner of the item if it is lost or stolen from him, or if it is damaged due to an accident, and he is liable only if he is criminally negligent or if he misappropriates the item (see Exodus 22:6–8). A paid bailee is one who accepts an item for safekeeping for a fee. In addition to the responsibilities imposed on an unpaid bailee, a paid bailee must compensate the owner of the item if it is lost or stolen. He is exempt from liability if the item is taken by force or damaged due to an accident (see Exodus 22:9–12). The third type of bailee is a borrower, one who receives an item from its owner with permission to use it without having to pay for its use. Since the borrower enjoys the full benefit of the use of the item, the Torah holds him responsible for it, and he must make restitution if it is lost, stolen, or destroyed, even as the result of an accident. He is exempt only if the item breaks as a result of ordinary use (see Exodus 22:13–14). The last category of bailee is a renter, who pays a fee for use of an item. The Torah (Exodus 22:14) mentions this category, but does not define his responsibility if the rented item is lost or stolen. The Sages dispute whether his responsibilities resemble those of a paid bailee or an unpaid bailee. In practice, the *halakha* is that he has the responsibilities of a paid bailee.

לָא, דַּאֲמַר לֵיהּ: שָׁלֹשׁ פָּרוֹת מָסַרְתִּי לְךָ וּמֵתוּ כּוּלְּהוּ בִּפְשִׁיעָה, וַאֲמַר לֵיהּ אִיהוּ: חֲדָא – לֹא הָיוּ דְּבָרִים מֵעוֹלָם, וַחֲדָא – מֵתָה בְּאוֹנֶס, וַחֲדָא – מֵתָה בִּפְשִׁיעָה, דְּבָעֵינָא שַׁלּוֹמֵי לָךְ, דְּלָאו הֵילָךְ הוּא.

The Gemara rejects this: **No,** Rami bar Ḥama is referring to a different case, for example, a case **where** the depositor **said to** the unpaid bailee: **I gave you three cows and they all died due to** your **negligence.** You are therefore liable to pay for them. **And** the bailee **said to him:** With regard to **one** cow, this **matter never happened.** In other words, I received only two cows, not three. **And one** of the cows **died due to** an unavoidable **accident,** and I am exempt from paying for it. **And** the other **one died due to** my **negligence,** for **which I need to pay you.** In that case, although he admits to part of the claim, **it is not** a case of: **Here you are,** as he is not returning the cow itself.

תָּא שְׁמַע, דְּתָנֵי אֲבוּהּ דְּרַבִּי אַפְטוֹרִיקִי לְדְרַבִּי חִיָּיא קַמַּיְיתָא: ״מָנֶה לִי בְּיָדְךָ״ וְהַלָּה אוֹמֵר ״אֵין לְךָ בְּיָדִי כְּלוּם״, וְהָעֵדִים מְעִידִים אוֹתוֹ שֶׁיֵּשׁ בְּיָדוֹ חֲמִשִּׁים זוּז, יָכוֹל יִשָּׁבַע עַל הַשְּׁאָר?

§ **Come and hear** a challenge **to the first** *halakha* **of Rabbi Ḥiyya, as the father of Rabbi Aptoriki**[L] **taught** in a *baraita*: If one says to another: **I have one hundred dinars in your possession, and the other says: Nothing** of yours **is in my possession, and the witnesses testify that he has fifty dinars in his possession** that he owes the plaintiff, one **might** have thought that **he should take an oath about the remainder.**

תַּלְמוּד לוֹמַר ״עַל כָּל אֲבֵידָה אֲשֶׁר יֹאמַר כִּי הוּא זֶה״ – עַל הוֹדָאַת פִּיו אַתָּה מְחַיְּיבוֹ, וְאִי אַתָּה מְחַיְּיבוֹ עַל הַעֲדָאַת עֵדִים!

To counter this, **the verse states** with regard to bailees: "For any matter of trespass, for an ox, for a donkey, for a sheep, for a garment, **for any lost item about which one shall say: This is it,** the claims of both of them shall come before the judges" (Exodus 22:8). This indicates that **you obligate** the defendant to take an oath based **on the admission** to part of a claim by **his mouth, but you do not obligate him** to take an oath based **on the testimony of witnesses.**

מַתְנִיתָא קָא רָמֵית עֲלֵיהּ דְּרַבִּי חִיָּיא? רַבִּי חִיָּיא תַּנָּא הוּא, וּפָלֵיג.

The Gemara rejects this challenge: **Are you raising an objection to** the opinion of **Rabbi Ḥiyya** from **a** ***baraita*****? Rabbi Ḥiyya** himself **is a** ***tanna*****, and** as such, he has the authority to **dispute** the determination in a *baraita*.

וְהָא קְרָא קָאָמַר! הַהוּא לְמוֹדֶה מִקְצָת הַטַּעֲנָה.

The Gemara asks: **But doesn't** that *tanna* **cite a verse?** The Gemara answers: According to Rabbi Ḥiyya, **that** verse teaches that **one who admits to part of the claim** is obligated to take an oath.

וַאֲבוּהּ דְּרַבִּי אַפְטוֹרִיקִי אָמַר לָךְ: כְּתִיב הוּא וּכְתִיב זֶה – חַד לְמוֹדֶה מִקְצָת הַטַּעֲנָה, וְחַד לְהַעֲדָאַת עֵדִים דְּפָטוּר.

And Rabbi Aptoriki's father could have **said to you** that both *halakhot* are derived from the expression "This is it." Since **"this" is written and "it"** is also **written,** it is interpreted that **one** word is stated **to** teach that **one who admits to part of the claim** is obligated to take an oath, **and one** word is stated **to** teach **that** in a case that involves the **testimony of witnesses,** one is **exempt** from taking an oath.

וְאִידָךְ: חַד לְמוֹדֶה מִקְצָת הַטַּעֲנָה, וְחַד לְמוֹדֶה מִמִּין הַטַּעֲנָה.

The Gemara asks: **And** how does **the other** Sage, Rabbi Ḥiyya, interpret the double qualification in the verse? The Gemara answers: In his opinion, **one** word is stated **to** teach that **one who admits to part of the claim** is obligated to take an oath, **and one** word is stated **to** teach that one is obligated to take an oath only if he **admits** that he owes an item that is **of** the same **type** as the subject of **the claim.**[H] If the plaintiff claims one type of item and the defendant admits to owing a different type of item, he is not obligated to take an oath.

וְאִידָךְ: מוֹדֶה מִמִּין הַטַּעֲנָה לֵית לֵיהּ, וְסָבַר לֵיהּ כְּרַבָּן גַּמְלִיאֵל, דִּתְנַן: טְעָנוֹ חִטִּין וְהוֹדָה לוֹ בִּשְׂעוֹרִין – פָּטוּר, וְרַבָּן גַּמְלִיאֵל מְחַיֵּיב.

And the other Sage, Rabbi Aptoriki's father, **does not accept** the principle that one is required to take an oath only if he **admits** that he owes an item that is **of the same type as** the subject of **the claim, but he holds like Rabban Gamliel** in this matter. **As we learned** in a mishna (*Shevuot* 38b): If one **claimed** that another owes **him wheat, and** the defendant **admitted to** owing **him barley,** which is less expensive than wheat, he is **exempt** from taking an oath despite his admission to part of the claim, as his admission does not correspond to the claim. **And Rabban Gamliel deems** him **liable** to take an oath.

LANGUAGE

Aptoriki – אַפְּטוֹרִיקִי: From the Latin patricius, meaning of noble or aristocratic lineage.

HALAKHA

He admits he owes an item of the same type as the claim – לְמוֹדֶה מִמִּין הַטַּעֲנָה: One who admits to part of the claim brought against him is obligated to take an oath by Torah law only if he admits that he owes an item of the same type as the item claimed. Even if he admits to owing an item worth less than the item that is claimed, e.g., if the plaintiff claims that he owes him a certain quantity of wheat and he admits that he owes the same quantity of the less valuable barley, he is exempt from taking an oath. The *halakha* is not in accordance with the opinion of Rabban Gamliel (Rambam *Sefer Mishpatim, Hilkhot To'en VeNitan* 3:8; *Shulḥan Arukh, Ḥoshen Mishpat* 88:7).

הַהוּא רָעְיָא דַּהֲווּ מָסְרִי לֵיהּ כׇּל יוֹמָא חֵיוָתָא בְּסָהֲדֵי, יוֹמָא חַד מְסָרוּ לֵיהּ בְּלָא סָהֲדֵי, לְסוֹף אֲמַר לְהוּ: לֹא הָיוּ דְּבָרִים מֵעוֹלָם. אָתוּ סָהֲדֵי אַסְהִידוּ בֵּיהּ דַּאֲכַל תַּרְתֵּי מִינַּיְיהוּ. אָמַר רַבִּי זֵירָא: אִם אִיתָא לִדְרַבִּי חִיָּיא קַמַּיְיתָא – מִשְׁתַּבַּע אַשְּׁאָרָא.

§ The Gemara relates: There was **a certain shepherd**[N] **to whom** people **would give** their **animals** for safekeeping **every day in** the presence **of witnesses. One day, they gave him** their animals **without witnesses. At the end** of the day **he said to** the owners of the animals: This **matter never occurred;** I never received the animals. **Witnesses came** and **testified against him that he ate two of them. Rabbi Zeira said: If Rabbi Ḥiyya's first** *halakha* **is so,** the shepherd must **take an oath with regard to the remainder,** or else he must pay the value of the animals to their owners.

אֲמַר לֵיהּ אַבָּיֵי: אִם אִיתָא מִשְׁתַּבַּע? וְהָא גַּזְלָן הוּא! אֲמַר לֵיהּ: שֶׁכְּנֶגְדּוֹ קָאָמֵינָא.

Abaye said to him: If Rabbi Ḥiyya's first *halakha* **is so,** the shepherd **takes an oath? Isn't he a robber?** The witnesses established through their testimony that he took and ate some of the animals, and consequently his oath lacks credibility. Rabbi Zeira **said to him:** I did not mean that the shepherd takes an oath; **I was saying** that the party **opposing him**[N] takes an oath and collects payment.

הַשְׁתָּא נָמֵי, דְּלֵיתָא לִדְרַבִּי חִיָּיא – נְחַיְּיבֵיהּ מִדְּרַב נַחְמָן.

The Gemara comments: **Now, too,** if it is so **that** the *halakha* **is not in accordance with** the opinion **of Rabbi Ḥiyya,** and testimony supporting part of the claim does not obligate the defendant to take an oath with regard to the rest, the court **should** still **obligate** the shepherd to take an oath **due to** the ordinance **of Rav Naḥman,** and since his oath is not deemed credible the plaintiff should take an oath and collect payment.

דִּתְנַן: "מָנֶה לִי בְּיָדְךָ" – "אֵין לְךָ בְּיָדִי" – פָּטוּר. וְאָמַר רַב נַחְמָן: מַשְׁבִּיעִין אוֹתוֹ שְׁבוּעַת הֶיסֵּת.

As we learned in a mishna (*Shevuot* 38b): If one says to another: I have **one hundred dinars in your possession,** and that person replies: **Nothing of yours is in my possession,** he is **exempt** from taking an oath. **And Rav Naḥman says:** Nevertheless, the judges **administer an oath of inducement**[NH] **to him.** Rav Naḥman instituted an ordinance that even if the defendant completely denies the claim, he is obligated to take an oath that the claim is false. Consequently, the shepherd is obligated to take that oath.

דְּרַב נַחְמָן תַּקַּנְתָּא הִיא,

The Gemara responds: This *halakha* **of Rav Naḥman is** a rabbinic **ordinance** and not an oath required by Torah law,

NOTES

A certain shepherd, etc. – הַהוּא רָעְיָא וכו׳: The commentaries ask why the Gemara mentions the fact that the people would normally give this shepherd their sheep in the presence of witnesses, which seems irrelevant to the discussion. The Rashba explains that this detail is included in order to emphasize that the power of the plaintiffs' claim is not compromised by the fact that they would normally give the shepherd their sheep in the presence of witnesses, which indicates that they did not trust him, as this time they claim that they gave him the sheep without witnesses.

I was saying that the party opposing him – שֶׁכְּנֶגְדּוֹ קָאָמֵינָא: One of the cases in which the plaintiff takes an oath and collects the money instead of the defendant taking an oath to exempt himself from payment is when the defendant lacks credibility (see *Shevuot* 44b).

Oath of inducement [*hesset*] – שְׁבוּעַת הֶיסֵּת: This is an oath instituted by the Sages in a case where a defendant completely denies a claim. By Torah law, a defendant is required to take an oath only if the plaintiff has evidence against him, either through the testimony of a single witness or if the defendant admits to part of the claim. In talmudic times, the Sages instituted that one who completely denies a claim must take an oath to clear himself of suspicion.

The early commentaries disagree with regard to the meaning of the word *hesset*. Rashi interprets it to mean inducement, as the purpose of the oath is that it may induce the defendant to confess that he owes the money. In his commentary on tractate *Shevuot* (40b), Rashi interprets it to mean imposition, based on the verse: "If it be God that has placed [*hesitekha*] it in your heart to be against me" (I Samuel 26:19), meaning that the Sages imposed the oath on the defendant. Others assert that *hesset* means consultation, as the Sages consulted with each other and decided to require this oath for the betterment of society. This interpretation is based on the verse: "If…entice you [*ki yesitekha*]" (Deuteronomy 13:7), which is translated by Onkelos as: "When…consults with you" (*Sefer HaTerumot*; Rabbi Yitzḥak Karkusha).

HALAKHA

Oath of inducement – שְׁבוּעַת הֶיסֵּת: One who completely denies a claim that is brought against him is exempt, by Torah law, from taking an oath. The Sages instituted that he must take an oath of inducement (Rambam *Sefer Mishpatim*, *Hilkhot To'en VeNitan* 1:3; *Shulḥan Arukh*, *Ḥoshen Mishpat* 75:7; 87:1).

Perek **I**
Daf **5** Amud **b**

וְתַקַּנְתָּא לְתַקַּנְתָּא לָא עָבְדִינַן.

Likewise, the *halakha* that if the defendant is suspect with regard to taking a false oath the plaintiff takes the oath and collects the money is also a rabbinic ordinance, **and we do not institute** one rabbinic **ordinance upon** another rabbinic **ordinance.** Therefore no oath is administered.

וְתֵיפּוֹק לֵיהּ דַּהֲוָה לֵיהּ רוֹעֶה, וְאָמַר רַב יְהוּדָה: סְתָם רוֹעֶה פָּסוּל!

The reason cited for the lack of credibility of the oath of the shepherd is that he is guilty of robbery. The Gemara asks: **But** why not **let** Rabbi Zeira **derive** that he is disqualified from testifying or taking an oath **because he is a shepherd; and Rav Yehuda says** that **an ordinary shepherd** is **disqualified**[H] from testifying? A shepherd is presumed to be a robber since shepherds allow the animals under their care to graze in the fields of other people.

HALAKHA

An ordinary shepherd is disqualified – סְתָם רוֹעֶה פָּסוּל: Shepherds and cattle herders are disqualified from testifying, as they presumably graze the animals in fields belonging to others, and are therefore guilty of robbery. This applies only to a shepherd who grazes his own animals, not one who grazes only animals belonging to others (Rambam *Sefer Shofetim*, *Hilkhot Edut* 10:4; *Shulḥan Arukh*, *Ḥoshen Mishpat* 34:13).

לָא קַשְׁיָא, הָא – דִּידֵיהּ, הָא – דְּעָלְמָא. דְּאִי לָא תֵּימָא הָכִי, אֲנַן חֵיוָתָא לְרוֹעֶה הֵיכִי מָסְרִינַן? וְהָא כְּתִיב ״לִפְנֵי עִוֵּר לֹא תִתֵּן מִכְשֹׁל״? אֶלָּא: חֲזָקָה, אֵין אָדָם חוֹטֵא וְלֹא לוֹ.

The Gemara rejects this: This is **not difficult. That** case, where he is presumed a robber, is a case where he herds **his** own animals, and **this** case, where he is not presumed a robber, is a case where he herds animals that **belong to others.**[N] **As if you do not say so,** if even one who herds the animals of others is presumably a robber, **how do we give our animals to a shepherd? Isn't it written: "Do not put a stumbling block before the blind"** (Leviticus 19:14)? It is prohibited to cause others to commit a transgression. **Rather, there is a presumption**[B] that a **person sins only for his own** benefit, and one would not commit robbery for the benefit of animals that are not his.

״זֶה יִשָּׁבַע שֶׁאֵין לוֹ בָּהּ פָּחוֹת מֵחֶצְיָהּ״ [וכו׳]. עַל דְּאִית לֵיהּ מִשְׁתַּבַּע אוֹ עַל דְּלֵית לֵיהּ מִשְׁתַּבַּע? אָמַר רַב הוּנָא, דְּאָמַר: שְׁבוּעָה שֶׁיֵּשׁ לִי בָּהּ, וְאֵין לִי בָּהּ פָּחוֹת מֵחֶצְיָהּ.

§ The mishna teaches: **This one takes an oath that he does not have** ownership of **less than half of it,** and that one takes an oath that he does not have ownership of less than half of it, and they divide it. The Gemara asks: **Does he take an oath with regard to** the part **that he has**[N] in his grasp, taking an oath that it is his, **or does he take an oath with regard to** the part **that he does not have,** i.e., that he does not have a claim to less than half of it? The latter wording of the oath is problematic, as he may mean that he does not have a claim to the garment at all. **Rav Huna said:** He must take an oath in **which he says:** I hereby take **an oath that I have** a claim to **it,**[H] **and** I hereby take an oath that **I do not have** a claim to **less than half of it.**

וְנֵימָא: שְׁבוּעָה שֶׁכּוּלָּהּ שֶׁלִּי! וּמִי יָהֲבִינַן לֵיהּ כּוּלָּהּ?

The Gemara asks: **But let him say:** I hereby take **an oath that all of it is mine,** as that is his claim. Why does he take an oath that merely half of it belongs to him? The Gemara answers: **And would we give him all of it**[N] if he took such an oath? Since he will not be awarded the entire garment, it would be inappropriate for the court to administer to him an oath that he owns all of it.

וְנֵימָא: שְׁבוּעָה שֶׁחֶצְיָהּ שֶׁלִּי. מָרַע לֵיהּ לְדִיבּוּרֵיהּ.

The Gemara asks: **But let him say:** I hereby take **an oath that half of it is mine.** Why is the complicated formulation suggested by Rav Huna necessary? The Gemara answers: If he takes an oath to that effect **he compromises his** initial **statement,** i.e., his claim that the entire garment is his.

הָשְׁתָּא נַמִי מָרַע לֵיהּ לְדִיבּוּרֵיהּ! דְּאָמַר: כּוּלָּהּ שֶׁלִּי, וּלְדִבְרֵיכֶם – שְׁבוּעָה שֶׁיֵּשׁ לִי בָּהּ, וְאֵין לִי בָּהּ פָּחוֹת מֵחֶצְיָהּ.

The Gemara challenges: **Now too,** when he takes an oath according to Rav Huna's formulation, **he compromises his** initial **statement,** as he takes an oath only with regard to his claim to half the garment. The Gemara answers: This is not so, **as he makes** the following **statement** to the court: **All of it is mine; but according to your statement,**[N] I hereby take **an oath that I have** a claim to **it and I do not have** a claim to **less than half of it.**

וְכִי מֵאַחַר שֶׁזֶּה תָּפוּס וְעוֹמֵד, וְזֶה תָּפוּס וְעוֹמֵד, שְׁבוּעָה זוֹ לָמָּה? אָמַר רַבִּי יוֹחָנָן: שְׁבוּעָה זוֹ תַּקָּנַת חֲכָמִים הִיא, שֶׁלֹּא יְהֵא כׇּל אֶחָד וְאֶחָד הוֹלֵךְ וְתוֹקֵף בְּטַלִּיתוֹ שֶׁל חֲבֵירוֹ, וְאוֹמֵר שֶׁלִּי הוּא.

§ The Gemara questions the requirement that the litigants take an oath at all: **But since this one is standing** with half the item **in his grasp and that one is standing** with half the item **in his grasp,** and each party ultimately receives what is in his grasp, **why** is **this oath** necessary? **Rabbi Yoḥanan says: This oath is an ordinance** instituted **by the Sages so that everyone will not go and seize the garment of another and say: It is mine.**

וְנֵימָא: מִיגּוֹ דַּחֲשִׁיד אַמָּמוֹנָא חֲשִׁיד נַמִי אַשְּׁבוּעֲתָא!

The Gemara asks: **But let us say** that **since he is suspect with regard to financial** dishonesty, i.e., stealing another's property and lying in court that it belongs to him, **he is also suspect with regard to** taking **an oath,** and his oath cannot be accepted.

NOTES

This case is where he herds animals that belong to others – הָא דְּעָלְמָא: Rashi explains that the shepherd is presumed to be a robber if he herds his own animals, and he is not presumed to be a robber if he herds the animals of other people. An alternative interpretation is that he is presumed to be a robber in a case where he grazes the animals in his own fields, so that he profits by allowing the animals to eat from others' fields as well, whereas he is not presumed to be a robber if he normally grazes them in ownerless fields, as he would not benefit from allowing them to eat from fields that belong to others (*Shita Mekubbetzet*).

Does he take an oath with regard to the part that he has – עַל דְּאִית לֵיהּ מִשְׁתַּבַּע: This discussion appears difficult, as the mishna states explicitly that the litigant takes an oath with regard to the part that he does not have, i.e., that he does not have claim to less than half of it. It is explained that the Gemara deliberates whether the mishna means to spell out the exact wording of the oath. The conclusion is that the mishna does spell out the exact wording of the oath. Yet, in order to prevent deceit, the following phrase must be added: That I have a claim to it (*Ḥokhmat Manoaḥ*).

And would we give him all of it – וּמִי יָהֲבִינַן לֵיהּ כּוּלָּהּ: The mishna does not accept the opinion of ben Nannas (2a) that the court may not administer an oath that will turn out to be in vain. Nevertheless, when avoiding an oath taken in vain is possible, the court should take steps to do so (*Sefer HaAgudda*).

All of it is mine but according to your statement, etc. – כּוּלָּהּ שֶׁלִּי וּלְדִבְרֵיכֶם וכו׳: There are those who explain that the Gemara does not mean that the litigant actually makes this statement, but rather that this is the intention of his oath (Rid).

HALAKHA

Oath that I have a claim to it, etc. – שְׁבוּעָה שֶׁיֵּשׁ לִי בָּהּ וכו׳: In a case of two people who have a garment or a similar item in their grasp, they each take an oath in the following manner: I hereby take an oath that I have a claim to the item, and I do not have a claim to less than half of it. This is in accordance with the opinion of Rav Huna. This wording precludes potential deception by the one taking the oath (*Shulḥan Arukh, Ḥoshen Mishpat* 138:1).

BACKGROUND

Presumption [*ḥazaka*] – חֲזָקָה: This term is frequently used in *halakha* but has different meanings depending on the context. In general, the term *ḥazaka* is an accepted presumption based on facts, circumstances, custom, or behavioral tendencies. For example, among the presumptions accepted by the Sages are: An agent carries out his agency, and: Children who are treated as family members are, in fact, their parents' offspring. Unless the facts prove otherwise, these presumptions are accepted as truth, even to the extent that corporal punishment may be administered, where relevant, based on these presumptions.

לָא אָמְרִינַן מִיגּוֹ דַּחֲשִׁיד אַמָּמוֹנָא חֲשִׁיד אַשְּׁבוּעֲתָא. דְּאִי לָא תֵּימָא הָכִי – הַאי דְּאָמַר רַחֲמָנָא מוֹדֶה מִקְצָת הַטַּעֲנָה יִשָּׁבַע, נֵימָא: מִיגּוֹ דַּחֲשִׁיד אַמָּמוֹנָא חֲשִׁיד אַשְּׁבוּעֲתָא!

The Gemara answers: In principle, **we do not say** that **since** one **is suspect with regard to financial** dishonesty[H] **he is suspect with regard to** taking **an oath.**[N] This is because even one who steals property is presumed to consider taking a false oath more severe. **As if you do not say so,** then with regard to **that which the Merciful One states,** that **one who admits to part of the claim must take an oath, let us** also **say** that his oath cannot be accepted, as **since he is suspect with regard to financial** dishonesty **he is suspect with regard to** taking **an oath.**

הָתָם אִשְׁתַּמּוֹטֵי קָא מִשְׁתַּמֵּיט לֵיהּ, כְּדְרַבָּה.

The Gemara rejects this proof: **There,** the debtor is presumably **evading** the creditor temporarily, **in accordance with** the explanation **of Rabba** that the debtor really intends to repay the entire debt, and the reason that he admits to owing only part of it is because he wants to buy time until he can afford to repay the entire debt.

תֵּדַע, דְּאָמַר רַב אִידִי בַּר אָבִין אָמַר רַב חִסְדָּא: הַכּוֹפֵר בְּמִלְוֶה – כָּשֵׁר לְעֵדוּת, בְּפִיקָּדוֹן – פָּסוּל לְעֵדוּת.

The Gemara adds: **Know** that this distinction is correct, **as Rav Idi bar Avin says** that **Rav Ḥisda says: One who denies** a claim that he received **a loan** and is contradicted by witnesses **is fit to bear witness** in a different case. By contrast, if one denies receiving **a deposit** and witnesses testify that he is lying, he is **disqualified from bearing witness** in other cases. The reason for this distinction is that since money is borrowed to be spent, the assumption is that the debtor did so, and his denial is merely an attempt to buy time until he can repay the debt. A deposited item, by contrast, may not be used by the bailee, so if he denies having received the deposit he presumably stole it. Therefore, he is disqualified from bearing witness. This demonstrates the distinction between lying in court about a debt and lying about property.

אֶלָּא הָא דְּתָנֵי רָמִי בַּר חָמָא: אַרְבָּעָה שׁוֹמְרִין צְרִיכִין כְּפִירָה בְּמִקְצָת וְהוֹדָאָה בְּמִקְצָת: שׁוֹמֵר חִנָּם וְהַשּׁוֹאֵל, נוֹשֵׂא שָׂכָר וְהַשּׂוֹכֵר, נֵימָא: מִיגּוֹ דַּחֲשִׁיד אַמָּמוֹנָא חֲשִׁיד אַשְּׁבוּעֲתָא!

The Gemara asks: **But** if one who denies having received a deposit is considered a robber, this is contradicted by **that** *baraita* **that Rami bar Ḥama teaches:** All **four** types of **bailees** mentioned in the Torah **require denial of part** of the claim **and admission of part** of the claim in order to be liable to take an oath: These four are **an unpaid bailee, and a borrower; a paid bailee, and a renter.** Since a bailee has no need to buy time, **let us say** that the court cannot administer an oath to the bailee, as **since he is suspect with regard to financial** dishonesty **he is suspect with regard to** taking **an oath** as well.

הָתָם נַמִּי אִשְׁתַּמּוֹטֵי קָא מִשְׁתַּמֵּיט, סָבַר: מַשְׁכַּחְנָא לְגַנָּב וְתָפֵיסְנָא לֵיהּ. אִי נַמִּי: מַשְׁכַּחְנָא לֵיהּ בַּאֲגַם וּמַיְיתִינָא לֵיהּ.

The Gemara answers: **There too,** in the case of a bailee, it is conceivable that the bailee is not a robber; rather, the deposit was stolen and the bailee is **evading** the depositor temporarily, **thinking:** If I have enough time **I will find the thief and seize** the deposit and return it. **Alternatively,** if the deposit was lost, the bailee is thinking: **I will find** the deposit **in the marsh**[B] **and I will bring it** back **to him.** Therefore, he is not considered a robber but merely one seeking to buy time.

אִי הָכִי, הַכּוֹפֵר בְּפִקָּדוֹן אַמַּאי פָּסוּל לְעֵדוּת? נֵימָא: אִשְׁתַּמּוֹטֵי קָא מִשְׁתַּמֵּיט, סָבַר: עַד דְּבָחֲשְׁנָא וּמַשְׁכַּחְנָא לֵיהּ.

The Gemara asks: **If so,** then **why is one who denies** receiving **a deposit disqualified from bearing witness? Let us say** in that case too, that **he is evading** the depositor, **thinking:** I will buy time **until I search and find** the item.

כִּי אָמְרִינַן הַכּוֹפֵר בְּפִקָּדוֹן פָּסוּל לְעֵדוּת – כְּגוֹן דְּאָתוּ סָהֲדֵי וְאַסְהִידוּ בֵּיהּ דְּהַהִיא שַׁעְתָּא אִיתֵיהּ לְפִקָּדוֹן בְּבֵיתֵיהּ וַהֲוָה יָדַע. אִי נַמִּי: דַּהֲוָה נָקֵיט לֵיהּ בִּידֵיהּ.

The Gemara answers: In an ordinary case, one who denies receiving a deposit is not disqualified from testifying. **When we say** that **one who denies** receiving **a deposit is disqualified from bearing witness,** it is with regard to a case **where witnesses came and testified against him that at that time,** when he denied the owner's claim in court, the **deposit was in his house and he knew** that it was there. **Alternatively,** it is with regard to a case **where he was holding** the item **in his hand.** In those circumstances, it is obvious that he was not buying time, but rather he intended to keep the item.

HALAKHA

Since one is suspect with regard to financial dishonesty, etc. – מִיגּוֹ דַּחֲשִׁיד אַמָּמוֹנָא וכו׳: If witnesses testify that one individual stole money from another, an oath cannot be administered to him as he is suspect with regard to taking a false oath. In a case where one is suspected of financial dishonesty but there are no witnesses, e.g., one who denies receiving a loan, he is not considered suspect with regard to taking a false oath (*Shulḥan Arukh, Ḥoshen Mishpat* 92:3).

NOTES

We do not say that since one is suspect with regard to financial dishonesty he is suspect with regard to taking an oath – מִיגּוֹ דַּחֲשִׁיד אַמָּמוֹנָא חֲשִׁיד אַשְּׁבוּעֲתָא: There is a principle that even if one is established as a transgressor with regard to one prohibition, he is not suspect with regard to transgressing the rest of the Torah. Therefore, even if the debtor is a confirmed robber, why should he be suspect with regard to taking a false oath? The Rashba answers that since he is suspect with regard to transgressing one prohibition for financial gain, he is suspect with regard to transgressing all prohibitions for financial gain.

BACKGROUND

Marsh [*agam*] – אֲגַם: In this context, as in most places in the Talmud, *agam* means a pasture for animals. This is also the meaning of the word in some of the verses in the Bible (see Jeremiah 51:32). It is reasonable to assume that a pasture would be situated next to sources of water, making it into a kind of marshland, which does not belong to anyone.

אֶלָּא הָא דְּאָמַר רַב הוּנָא: מַשְׁבִּיעִין אוֹתוֹ שְׁבוּעָה שֶׁאֵינָהּ בִּרְשׁוּתוֹ, נֵימָא: מִיגּוֹ דַּחֲשִׁיד אַמָּמוֹנָא חֲשִׁיד אַשְּׁבוּעֲתָא!

The Gemara asks: **But** if one who is suspected of financial dishonesty cannot be administered an oath, **that which Rav Huna says** with regard to the *halakhot* of bailees is difficult, as Rav Huna says that if a bailee did not return the deposit, claiming that it was lost or stolen, and says that he is prepared to pay for it, the judges nevertheless **administer an oath to him that** the item **is not in his possession. Let us say** that **since he is suspected of financial** dishonesty, **he is suspect with regard to** taking **an oath** as well.

הָתָם נַמִי מוֹרֶה וְאָמַר: דָּמֵי קָא יָהֵבְנָא לֵיהּ.

The Gemara answers: **There too,** the bailee is not suspected of outright robbery, as even if he took the deposited item for himself, **he could rationalize** his behavior, **saying** to himself: Since **I gave him money** for the item, I did nothing wrong. Therefore, his oath is deemed credible and an oath can be administered to him.

אֲמַר לֵיהּ רַב אַחָא מִדִּיפְתִּי לְרָבִינָא: וְהָא קָא עָבַר עַל לָאו דְּ״לֹא תַחְמֹד״!

Rav Aḥa of Difti said to Ravina: But by paying for the deposit instead of returning it, **doesn't** the bailee **violate the prohibition of: "You shall not covet** your neighbor's wife, nor his slave, nor his maidservant, nor his ox, nor his donkey, nor anything that is your neighbor's" (Exodus 20:14)? One transgresses this prohibition by taking an item from another by force or deceit, even if one pays for it.

״לֹא תַחְמֹד״ לְאֶינָשֵׁי בְּלָא דָּמֵי מַשְׁמַע לְהוּ.

The Gemara answers: The prohibition **"You shall not covet"** is **understood by** most **people** as referring to taking an item **without** paying **money.**[NH] Since the bailee may have been unaware that he was acting criminally, his testimony and his oath are deemed credible.

NOTES

You shall not covet is…without paying money – לֹא תַחְמֹד לְאֶינָשֵׁי בְּלָא דָּמֵי: Since people mistakenly do not consider taking the item and paying money to be a violation of the prohibition, the oath of one who acts in this manner is deemed credible. Some commentaries distinguish between two types of forced transactions: One is a case where one takes another's item and forces the owner to agree to sell it to him. This is not technically considered robbery. The other is a case where one pays the owner, but the owner does not agree to sell the item to him, which involves an element of robbery. The type of forced transaction discussed in this Gemara is the former. If one were to perform the latter type, his oath would not be deemed credible (Rosh).

HALAKHA

You shall not covet is…without paying money – לֹא תַחְמֹד לְאֶינָשֵׁי בְּלָא דָּמֵי: When the Gemara says that one who transgresses a prohibition intentionally is disqualified from testifying and from taking an oath, it refers only to an action that is well known to be a transgression. An action that is not well known to be a transgression does not disqualify one from testifying or taking an oath (*Shulḥan Arukh, Ḥoshen Mishpat* 75:4, in the comment of Rema).

Perek **I**
Daf **6** Amud **a**

וְאֶלָּא הָא דְּאָמַר רַב נַחְמָן: מַשְׁבִּיעִין אוֹתוֹ שְׁבוּעַת הֶיסֵּת, נֵימָא: מִיגּוֹ דַּחֲשִׁיד אַמָּמוֹנָא חֲשִׁיד אַשְּׁבוּעֲתָא!

The Gemara asks: **But** if one who is suspected of theft cannot be administered an oath, **that** which **Rav Naḥman says,** that when a person denies a debt entirely the judges **administer an oath of inducement to him,** is difficult. **Let us say** that **since he is suspect with regard to financial** dishonesty, **he is suspect with regard to** taking **an oath.**

וְתוּ, הָא דְּתָנֵי רַבִּי חִיָּיא: שְׁנֵיהֶם נִשְׁבָּעִין וְנוֹטְלִין מִבַּעַל הַבַּיִת, נֵימָא: מִיגּוֹ דַּחֲשִׁיד אַמָּמוֹנָא חֲשִׁיד אַשְּׁבוּעֲתָא!

And furthermore, that which Rabbi Ḥiyya teaches[N] in a *baraita* with regard to the case of the storekeeper and the laborer (see 3a), that **both** parties **take an oath**[N] **and take** payment **from the employer,** is also difficult. **Let us say** there, too, that **since he is suspect with regard to financial** dishonesty, **he is suspect with regard to** taking **an oath.**

וְתוּ, הָא דְּאָמַר רַב שֵׁשֶׁת: שָׁלֹשׁ שְׁבוּעוֹת מַשְׁבִּיעִין אוֹתוֹ, שְׁבוּעָה שֶׁלֹּא פָּשַׁעְתִּי בָּהּ, שְׁבוּעָה שֶׁלֹּא שָׁלַחְתִּי בָּהּ יָד, שְׁבוּעָה שֶׁאֵינָהּ בִּרְשׁוּתִי. נֵימָא: מִיגּוֹ דַּחֲשִׁיד אַמָּמוֹנָא חֲשִׁיד אַשְּׁבוּעֲתָא!

And furthermore, with regard to **that which Rav Sheshet says:** The judges **administer three oaths**[H] **to** an unpaid bailee who claims that the deposit with which he was entrusted was stolen: I hereby take **an oath that I was not negligent in** safeguarding **it;** I hereby take **an oath that I did not misappropriate** the deposit; and I hereby take **an oath that it is no** longer **in my possession,** there is the same difficulty. Since the court raises these suspicions against the bailee, **let us say** that **since he is suspected of financial** dishonesty, **he is suspected with regard to** taking **an oath.** How can the court administer these oaths?

NOTES

That which Rabbi Ḥiyya teaches – הָא דְּתָנֵי רַבִּי חִיָּיא: Rashi asks why this *halakha* is attributed to Rabbi Ḥiyya when it is an explicit mishna in tractate *Shevuot*. Some answer that Rabbi Ḥiyya was the one who explained this mishna to Rabbi Yehuda HaNasi (see *Shevuot* 47b), and therefore the Gemara ascribes it to him (*Tosafot*).

Both take an oath – שְׁנֵיהֶם נִשְׁבָּעִין: Why does the Gemara cite specifically this example? There are many cases where the defendant is required to take an oath despite the fact that he is suspect with regard to financial dishonesty. The answer is that this case is unique because it is clear that either the storekeeper or the laborer is suspect with regard to financial dishonesty, and nevertheless they both take an oath (Maharam Schiff).

HALAKHA

The bailees' oath – שְׁבוּעַת הַשּׁוֹמְרִים: Any bailee who takes the bailees' oath must include three elements in his oath: (1) that he safeguarded the item in the manner typical of bailees, and that what happened to the item was beyond the realm of his responsibility, i.e., theft in the case of an unpaid bailee, or an unavoidable accident in the case of a paid bailee; (2) that the item is not in his possession; and (3) that he did not misappropriate the item before the theft or the unavoidable accident took place. This is in accordance with the opinion of Rav Sheshet (Rambam *Sefer Mishpatim, Hilkhot She'ela UFikadon* 6:1; *Shulḥan Arukh, Ḥoshen Mishpat* 295:2).

NOTES

Perhaps he has an old loan that he lent to the plaintiff – חָיְישִׁינַן שֶׁמָּא מִלְוָה יְשָׁנָה יֵשׁ לוֹ עָלָיו: There are different opinions among the early commentaries with regard to the meaning of Abaye's statement. Some maintain that Abaye rejects the proof from the aforementioned *halakhot* that an oath can still be administered to one who is suspect with regard to financial dishonesty, reasoning that in these cases it is possible that the suspect acted in this manner due to an old debt that is owed to him. Others interpret Abaye's statement as disagreeing with Rabbi Yoḥanan's opinion with regard to the explanation of the mishna. Whereas Rabbi Yoḥanan holds that the Sages instituted an oath in the case of two people holding a garment in order to prevent one from seizing the garment of another and saying it is his, Abaye holds that it was instituted so that one will not seize another's item when he has an uncertain claim brought against him (see Ramban; Rashba).

Uncertain whether he has an old loan – סָפֵק מִלְוָה יְשָׁנָה: If there is always the possibility that one hasn't paid back an old loan and therefore one who is suspect with regard to financial dishonesty is not suspect with regard to taking a false oath, why is one who denies having received a deposit and is contradicted by witnesses, or a thief, suspect with regard to taking a false oath? In those cases, also, perhaps the theft was due to an old loan. The early commentaries explain that only in a case where the facts are unclear, as in the case where two people have a garment in their grasp, can their actions be attributed to recovering an old debt of uncertain status, enabling them to take an oath. By contrast, a confirmed robber or denier of a deposit is disqualified from taking an oath (Responsa of Ri Migash).

אֶלָּא: לָא אָמְרִינַן מִיגּוֹ דַּחֲשִׁיד אַמָּמוֹנָא חֲשִׁיד אַשְּׁבוּעֲתָא.

Rather, the conclusion from all of the above is that **we do not say** that **since one is suspected of financial** dishonesty, **he is suspected with regard to** taking **an oath.**

אַבָּיֵי אָמַר: חָיְישִׁינַן שֶׁמָּא מִלְוָה יְשָׁנָה יֵשׁ לוֹ עָלָיו.

Abaye said: There is no proof from the three *halakhot* cited above that an oath is administered to one who is suspect with regard to financial dishonesty, as it can be explained that the reason the oath is administered in these cases is that **we suspect** that **perhaps** the defendant **has an old loan** that he lent **to** the plaintiff,[N] and he has been unable to get his money back. He is therefore withholding or claiming ownership of the item or money of the plaintiff as repayment of the loan and not as an act of outright robbery. Therefore, an oath is administered to him.

אִי הָכִי, נִשְׁקוֹל בְּלָא שְׁבוּעָה!

The Gemara asks: **If so,** why does he take an oath in these cases? **Let him take** the item or money **without** taking **an oath,** as perhaps he is withholding it as repayment for an old loan, in which case the oath will not determine the truth in the dispute at hand.

אֶלָּא: חָיְישִׁינַן שֶׁמָּא סָפֵק מִלְוָה יְשָׁנָה יֵשׁ לוֹ עָלָיו.

Rather, Abaye's suggestion should be understood as follows: **We suspect** that **perhaps** he is **uncertain** as to whether **he has an old loan**[NH] that he lent **to** the plaintiff. The defendant is unsure whether the plaintiff owes him money and is withholding the item just in case.

וְלָאו אָמְרִינַן תָּפֵיס מָמוֹנָא מִסְּפֵיקָא, מִשְׁתְּבַע נַמִי מִסָּפֵק!

The Gemara asks: **But** why **don't we say** in this case that if the defendant is capable of **seizing** another person's **property due to an uncertain** debt, **he may also take an oath** falsely **due to** that same **uncertainty?** How is the oath administered to him?

אָמַר רַב שֵׁשֶׁת בְּרֵיהּ דְּרַב אִידִי: פָּרְשִׁי אִינָשֵׁי מִסָּפֵק שְׁבוּעָה, וְלָא פָּרְשִׁי מִסָּפֵק מָמוֹנָא. מַאי טַעְמָא? מָמוֹן – אִיתֵיהּ בַּחֲזָרָה, שְׁבוּעָה – לֵיתֵיהּ בַּחֲזָרָה.

Rav Sheshet, son of Rav Idi, said: People refrain from taking **an oath** about which they are **uncertain but do not refrain from** seizing **property** about which they are **uncertain. What is the reason** for this? People reason that **property can be returned,** but **an oath cannot be retracted.** If it is proven that his seizure of the property was unjustified, the defendant can return it. By contrast, once he takes a false oath, there is no remedy for the situation. Therefore, one is more cautious when taking an oath than when seizing property.

בָּעֵי רַבִּי זֵירָא: תְּקָפָהּ אֶחָד בְּפָנֵינוּ מַהוּ?

§ **Rabbi Zeira raises a dilemma:** If two people together had a garment in their grasp and **one** of them **seized it** in its entirety from the grasp of the other **in our presence,**[H] i.e., before the court, **what** is the *halakha*?

הֵיכִי דָּמֵי? אִי דִּשְׁתֵיק – אוֹדוּיֵי אוֹדִי לֵיהּ, וְאִי דְּקָא צָווַח – מַאי הֲוָה לֵיהּ לְמֶיעֱבַד?

The Gemara asks: **What are the circumstances? If** the one from whom it was seized **remained silent,** his silence indicates that **he admits to** the one who seized it from him that he is the owner. **And if he shouted** in protest at the seizure, **what** more **should he have done?** The fact that the other person is stronger than him is irrelevant as far as determining legal ownership of the garment is concerned.

HALAKHA

Uncertain whether he has an old loan – סָפֵק מִלְוָה יְשָׁנָה: One who denies that he took a loan is not suspect with regard to taking a false oath because perhaps he was uncertain as to whether he had an old loan in the possession of the plaintiff, and for that reason he took the money and is keeping it. It is not certain that he intended to steal money that does not belong to him (*Shulḥan Arukh, Ḥoshen Mishpat* 92:3).

One seized it in our presence – תְּקָפָהּ אֶחָד בְּפָנֵינוּ: If two people simultaneously held an item in their grasp and both claimed ownership of it, and one seized it from the other in the presence of the court or in the presence of witnesses while the other remained silent, even if the one who lost his grasp on the item later protested the seizure, the court does not appropriate the item from the one who seized it, as the other party's initial silence is tantamount to an admission that it belongs to the one who seized it (Rambam *Sefer Mishpatim, Hilkhot To'en VeNitan* 9:13; *Shulḥan Arukh, Ḥoshen Mishpat* 138:8).

לָא צְרִיכָא, דִּשְׁתֵיק מֵעִיקָּרָא וַהֲדַר צָוַוח, מַאי? מִדְּאִשְׁתִּיק – אוֹדוּיֵי אוֹדֵי לֵיהּ, אוֹ דִּלְמָא: כֵּיוָן דְּקָא צָוַוח הָשְׁתָּא – אִיגַּלַּאי מִילְּתָא דְּהַאי דִּשְׁתֵיק מֵעִיקָּרָא סָבַר: הָא קָא חָזוּ לֵיהּ רַבָּנַן.

The Gemara explains: **No,** it is **necessary** to raise this dilemma in a case **where he was silent initially,** when the other litigant seized the garment, **and he later shouted. What** is the *halakha*? Is there an assumption that **since he was initially silent, he admitted to** the one who seized it from him that in seizing it the litigant became the owner, and it was only later that he regretted doing so and shouted? **Or perhaps, since he is shouting now** about the injustice that was done to him, **the matter is revealed that** the fact **that he was silent initially** was because **he thought: The Rabbis** of the court **saw him** grab it from me, so there is no need to cry out.

אָמַר רַב נַחְמָן, תָּא שְׁמַע: בַּמֶּה דְּבָרִים אֲמוּרִים – שֶׁשְּׁנֵיהֶם אֲדוּקִין בָּהּ, אֲבָל הָיְתָה טַלִּית יוֹצֵאת מִתַּחַת יָדוֹ שֶׁל אֶחָד מֵהֶן – הַמּוֹצִיא מֵחֲבֵירוֹ עָלָיו הָרְאָיָה. הֵיכִי דָּמֵי? אִי נֵימָא כִּדְקָתָנֵי – פְּשִׁיטָא! אֶלָּא – שֶׁתְּקָפָהּ אֶחָד בְּפָנֵינוּ.

Rav Naḥman says: Come and **hear** a solution to the dilemma from what was taught in a *baraita*: **In what** case **is this statement said** that both of them take an oath and each receives half of the garment? It is said in a case **where both of them are** still **holding** the garment.[H] **But** if the **garment was in the possession of** only **one of them, the burden of proof rests upon the claimant,** i.e., the one not holding the garment. In the absence of proof, the item remains in the possession of the one holding the garment. The Gemara asks: **What are the circumstances** of this case? **If we say** that it is to be understood **as it is taught,** it is **obvious** that one who claims an item that is in another's possession must bring proof to support his claim. **Rather,** it must be referring to a case **where one of them seized it in our presence,** which is the case to which Rabbi Zeira referred.

לָא, הָכָא בְּמַאי עָסְקִינַן – כְּגוֹן דְּאָתוּ לְקַמָּן כִּדְתְפִיסוּ לַהּ תַּרְוַיְיהוּ, וְאָמְרִינַן לְהוּ: זִילוּ פְּלוֹגוּ. וּנְפַקוּ, וַהֲדַר אָתוּ כִּי תָּפֵיס לַהּ חַד מִינַּיְיהוּ. הַאי אָמַר: אוֹדוּיֵי אוֹדֵי לִי, וְהַאי אָמַר: בִּדְמֵי אֲגַרְתִּי נִיהֲלֵיהּ. דְּאָמְרִינַן לֵיהּ: עַד הָשְׁתָּא חֲשַׁדְתְּ לֵיהּ בְּגַזְלָן, וְהָשְׁתָּא מוֹגַרְתְּ לֵיהּ בְּלָא סָהֲדֵי?

The Gemara rejects this proof: **No,** it is possible that **here we are dealing with** a case **where they came before us,** the court, **while both were holding** the garment, **and we said to them: Go divide** the garment, **and they left** the court **and afterward came** back **while one of them was holding it. This** one, who was holding the garment, **said:** The other one **admitted to me** that I was justified in my claim. **And that** one, who was not holding the garment, **said: I rented** half of the garment **to him for money**[N] and did not relinquish my right to it. In this case the latter person's claim is not accepted, **as we say to him: Until now you suspected him of** being **a robber,** claiming that he took from you an item that you found, **and now you rented** it **to him without witnesses?** Therefore, the burden of proof rests upon the one who is not holding the garment.

וְאִיבָּעֵית אֵימָא – כִּדְקָתָנֵי, דְּאָתוּ לְקַמָּן כִּי תָּפֵיס לַהּ חַד מִינַּיְיהוּ, וְאִידַּךְ מִסְרַךְ בָּהּ סְרוּכֵי. וַאֲפִילּוּ לְסוּמָכוֹס, דְּאָמַר מָמוֹן הַמּוּטָּל בְּסָפֵק חוֹלְקִין בְּלֹא שְׁבוּעָה – מוֹדֶה סוּמָכוֹס דִּסְרָכָא לָאו כְּלוּם הִיא.

And if you wish, say instead that it is possible to understand the case in the *baraita* **as it is taught,** i.e., **they came before us while** only **one of them was holding** the garment itself, **but the other was hanging on** to the edge of the garment. **And** the *baraita* teaches that **even according to Sumakhos, who says** that in a case of **property of uncertain ownership** the parties **divide** it **without an oath,** in this case **Sumakhos concedes that hanging** on to the edge **is** worth **nothing.** It does not render the ownership of the garment uncertain, and therefore the burden of proof rests upon the claimant, i.e., one who is hanging on to the edge.

אִם תִּמְצֵי לוֹמַר תְּקָפָהּ אֶחָד בְּפָנֵינוּ מוֹצִיאִין אוֹתָהּ מִיָּדוֹ – הִקְדִּישָׁהּ אֵינָהּ מְקוּדֶּשֶׁת. אִם תִּמְצֵי לוֹמַר תְּקָפָהּ אֶחָד בְּפָנֵינוּ אֵין מוֹצִיאִין אוֹתָהּ מִיָּדוֹ – הִקְדִּישָׁהּ בְּלֹא תְּקָפָהּ מַהוּ?

Rabbi Zeira's dilemma was not resolved, but the Gemara states a related *halakha*: **If you say** that if **one seizes** the garment **in our presence** the court **removes it from his possession,** then if either of the parties **consecrated** the entire garment to the Temple treasury, the **consecration** is **not** valid, as it is not his. But **if you say** that if **one seizes** the garment **in our presence** the court **does not remove it from his possession,** then if one of them **consecrated** the entire garment to the Temple treasury **without seizing it, what is** the *halakha*?

כֵּיוָן דְּאָמַר מָר: אֲמִירָתוֹ לְגָבוֹהַּ כִּמְסִירָתוֹ לְהֶדְיוֹט דָּמֵי – כְּמַאן דִּתְקָפָהּ דָּמֵי,

The two sides of this dilemma are as follows: **Since the Master said** a principle with regard to the *halakhot* of transactions that **a declaration to the Most High is equivalent to a transfer to an ordinary person,**[H] i.e., verbal consecration of an item is equivalent to a formal act of acquisition in a non-sacred transaction, is the one who consecrated the garment therefore **considered like one who seized it,** and consequently the consecration takes effect?

HALAKHA

Where both of them are holding the garment, etc. – **שֶׁשְּׁנֵיהֶם אֲדוּקִין בָּהּ**: In this case, two people were holding a garment and the court ruled that they should divide it. They left the courtroom, then returned with the garment in the sole possession of one of them. The one holding it claims that the other admitted that it belongs to him, while the other one claims that he rented his share of the garment to the one holding it. In this case, the burden of proof rests upon the one who is not holding the garment (Rambam *Sefer Mishpatim, Hilkhot To'en VeNitan* 9:13; *Shulḥan Arukh, Ḥoshen Mishpat* 138:8).

Declaration to the Most High is equivalent to a transfer to an ordinary person – **אֲמִירָתוֹ לְגָבוֹהַּ כִּמְסִירָתוֹ לְהֶדְיוֹט**: One who says: I hereby consecrate this item to Heaven, or charity, cannot renege on his pledge, even if the item never physically left his possession, as one's declaration to God is equivalent to a transfer to an ordinary person (Rambam *Sefer Kinyan, Hilkhot Mekhira* 9:1; *Shulḥan Arukh, Yoreh De'a* 258:13).

NOTES

I rented half of the garment to him for money – **בִּדְמֵי אֲגַרְתִּי נִיהֲלֵיהּ**: Even if the item in question is one that is commonly rented, where a claim of this kind would normally be plausible, in this case it is not accepted (Ritva).

If the one who is not holding the garment claims that the other snatched it from him by force, some of the early commentaries say that this claim is also unacceptable (Rambam). Others maintain that this claim is valid, and he is still assumed to own half of the garment (Ramban; Rashba).

HALAKHA

To the exclusion of this garment which is not in his possession – **לְאַפּוּקֵי הַאי דְּלָא בִּרְשׁוּתוֹ**: One cannot consecrate an item that is not in his possession. Even if the item belongs to him, if he is unable to recover it from the person who has it in his possession, it is not considered his property for the purpose of consecration (Rambam *Sefer Hafla'a, Hilkhot Arakhin* 6:22; *Shulḥan Arukh, Yoreh De'a* 258:7).

אוֹ דִּלְמָא הָשְׁתָּא מִיהָא הָא לָא תְּקָפָהּ, וּכְתִיב ״וְאִישׁ כִּי יַקְדִּשׁ אֶת בֵּיתוֹ קֹדֶשׁ״ וגו׳ מָה בֵּיתוֹ בִּרְשׁוּתוֹ – אַף כֹּל בִּרְשׁוּתוֹ, לְאַפּוּקֵי הַאי דְּלָא בִּרְשׁוּתוֹ.

Or perhaps the consecration does not take effect, as **now, in any event, he did not** actually **seize** the garment and **it** is not his? **And it is written: "And when a man shall sanctify his house to be sacred** unto God" (Leviticus 27:14), from which the Sages derive: **Just as his house is in his possession, so too, anything** that one wishes to consecrate must be **in his possession, to the exclusion of this** garment, **which is not in his possession,**[H] as he did not actually seize it, and therefore the consecration does not take effect.

תָּא שְׁמַע, דְּהַהִיא

The Gemara attempts to answer the question: **Come and hear** proof from an incident that transpired, **as** there was **a certain**

Perek **I**
Daf **6** Amud **b**

מְסוּתָא דַּהֲווּ מִנְּצוּ עֲלַהּ בֵּי תְרֵי, הַאי אָמַר: דִּידִי הוּא, וְהַאי אָמַר: דִּידִי הוּא. קָם חַד מִינַּיְיהוּ אַקְדְּשָׁהּ. פָּרְשִׁי מִינַּהּ רַב חֲנַנְיָה וְרַב אוֹשַׁעְיָא וְכוּלְּהוּ רַבָּנַן. וַאֲמַר לֵיהּ רַב אוֹשַׁעְיָא לְרַבָּה: כִּי אָזְלַתְּ קַמֵּיהּ דְּרַב חִסְדָּא לְכַפְרֵי בְּעִי מִינֵּיהּ.

bathhouse over which two people **were arguing,** and of which neither of them were in possession. **This one said: It is mine, and that** one **said: It is mine. One of them arose** and **consecrated** the bathhouse. **Rav Ḥananya and Rav Oshaya and all the Rabbis kept away from** the bathhouse and refrained from bathing there lest they transgress the prohibition against misusing consecrated property, as they were uncertain whether this act of consecration took effect. **And Rav Oshaya said to Rabba:**[P] **When you go** to study **before Rav Ḥisda in** the town of **Kafrei,**[B] **ask him** what we should do in this case.

כִּי אֲתָא לְסוּרָא, אֲמַר לֵיהּ רַב הַמְנוּנָא: מַתְנִיתִין הִיא: סָפֵק בְּכוֹרוֹת, אֶחָד בְּכוֹר אָדָם וְאֶחָד בְּכוֹר בְּהֵמָה, בֵּין טְהוֹרִים בֵּין טְמֵאִים – הַמּוֹצִיא מֵחֲבֵירוֹ עָלָיו הָרְאָיָה. וְתָנֵי עֲלַהּ: אֲסוּרִים בְּגִיזָּה וּבַעֲבוֹדָה.

When on his way to Kafrei, Rabba **came to** the city of **Sura**[B] and related the incident to the Sages there. **Rav Hamnuna said to him:** The resolution to your dilemma **is** found in the following **mishna** (*Teharot* 4:12): If there is **uncertainty** with regard to **firstborns,**[B] **whether a human firstborn**[H] **or an animal firstborn, whether** with regard to **kosher** animals[H] **or non-kosher** animals, i.e., the firstborn of a donkey,[H] **the burden of proof rests upon the claimant.** The priest may not take the animal from its owner, or the redemption payment from the child's father. **And it is taught in that regard** in a *baraita*: One is nevertheless **prohibited from shearing and from working** such animals, as their status as firstborns is uncertain.

PERSONALITIES

Rabba – **רַבָּה**: Rav Abba bar Naḥmani, commonly referred to as Rabba throughout the Babylonian Talmud, was a priest and a third-generation Babylonian *amora*. Rabba was a student of Rav Huna, who was himself a student of Rav. Therefore, Rabba's approach to *halakha* was consistent with Rav's statements. Rabba was considered the sharpest among his peers, to the extent that he was referred to as: One who uproots mountains, in contrast to his colleague, Rav Yosef, whose talent was in his comprehensive knowledge and was referred to as: Sinai. In almost every dispute between them, the ruling is in accordance with the opinion of Rabba.

Rabba had many students, and all of the Sages of the following generation studied under him. His personal life was tragic; his children apparently died during his lifetime. He was poverty stricken throughout his life, barely subsisting on agricultural work. When his nephew Abaye was orphaned at a young age, Rabba adopted him.

HALAKHA

Uncertainty with regard to firstborns whether a human firstborn – **סָפֵק בְּכוֹרוֹת אֶחָד בְּכוֹר אָדָם**: If it is uncertain whether a son is a firstborn of his mother or not, his father is not required to redeem him, as the burden of proof is upon the claimant, in this case, the priest (Rambam *Sefer Zera'im, Hilkhot Bikkurim* 11:19; *Shulḥan Arukh, Yoreh De'a* 305:13).

A kosher animal whose status as firstborn is uncertain – **סָפֵק בְּכוֹר בְּהֵמָה טְהוֹרָה**: If it is uncertain whether an animal is a firstborn, its owner is not required to give it to a priest. He may keep it until it develops a blemish and eat it. Nevertheless, he is prohibited from shearing its wool or utilizing it for labor (Rambam *Sefer Zera'im, Hilkhot Bikkurim* 12:23; *Shulḥan Arukh, Yoreh De'a* 315:1).

A donkey whose status as firstborn is uncertain – **סָפֵק פֶּטֶר חֲמוֹר**: If it is uncertain whether a donkey is a firstborn, its owner sets aside a lamb in order to annul its uncertain status of sanctity, but he keeps the lamb, as the burden of proof is upon the claimant, in this case, the priest (Rambam *Sefer Zera'im, Hilkhot Bikkurim* 12:23; *Shulḥan Arukh, Yoreh De'a* 321:10).

BACKGROUND

Kafrei – **כַּפְרֵי**: Kafrei was a small town approximately twenty kilometers south of Sura. Evidently, there was an ancient Jewish settlement in that town, as it was the seat of the Exilarch for a period of time, and it is the birthplace of Rav's distinguished family. Rav Ḥisda was also raised in that town. The incident in the bathhouse took place in Pumbedita, Rabba's city. On his way to Kafrei, Rabba passed through Sura, where Rav Ḥisda was located.

Sura – **סוּרָא**: Sura was a town in southern Babylonia that became an important Jewish community when the *amora* Rav moved there and established a yeshiva (c. 220 CE). From then until the end of geonic period (c. 1000 CE), Sura was a major Torah center. The yeshiva in Sura, under the leadership of Rav and his closest disciples, was influenced by the halakhic traditions of Eretz Yisrael and was renowned for its unique approach to Torah study. Among the great Sages and leaders in Sura were Rav, Rav Huna, Rav Ḥisda, Ravina, and Rav Ashi. The Babylonian Talmud was, for the most part, redacted in Sura. There was another city with the same name, and in order to distinguish between them the other city was called Sura on the Euphrates.

Firstborns – **בְּכוֹרוֹת**: The Torah states: "Sanctify to Me every firstborn, whatever opens the womb…both of man and beast, it is Mine" (Exodus 13:2). In practical terms, the sanctity of a firstborn son is exhibited only by the obligation to redeem him from a priest for five pieces of silver (Exodus 13:13; Numbers 18:15–16). Similarly, the Torah requires that a firstborn male donkey be redeemed by giving a lamb in exchange for it to a priest. If the donkey is not redeemed, it must be decapitated (Exodus 13:13).

The male firstborn of cattle, sheep, or goats belonging to a Jew is sacred from birth and must be given to a priest to be sacrificed in the Temple, and its meat is eaten by the priests and their families (Numbers 18:17–18). If a firstborn animal has a physical blemish that disqualifies it from being sacrificed as an offering, it may be slaughtered and eaten like any other non-sacred kosher animal. Nevertheless, it still has to be given to a priest. It is prohibited to intentionally inflict a disqualifying blemish on a firstborn animal, and a firstborn animal may not be used for any mundane purpose even if it is blemished. It is prohibited to put the animal to work, and its fleece may not be used. Even after the destruction of the Second Temple, a firstborn animal continues to be considered sacred. Since it can no longer be sacrificed in the Temple, various halakhic devices are employed to restrict the classification of animals as firstborn and to permit their slaughter as non-sacred animals.

וְהָא הָכָא, דְּאָמַר: תְּקָפוֹ כֹּהֵן – אֵין מוֹצִיאִין אוֹתוֹ מִיָּדוֹ, דְּקָתָנֵי: הַמּוֹצִיא מֵחֲבֵירוֹ עָלָיו הָרְאָיָה, וְכִי לֹא תְּקָפוֹ – אֲסוּרִין בְּגִיזָּה וּבַעֲבוֹדָה.

Rav Hamnuna continued: **And here, where** the mishna effectively **says** that if **a priest** forcefully **seized** an animal whose status as firstborn is uncertain[H] the court **does not remove it from his possession,**[N] **as it teaches** that **the burden of proof rests upon the claimant,** the *baraita* states that even **when** the priest **did not seize it,** one is **prohibited from shearing and working** it. Evidently, the fact that the priest would remain in possession of the animal were he to seize it suffices to accord consecrated status to the animal even in a case where the priest did not seize it. The same is true in the case of the bathhouse, that even though the one who consecrated it had not taken possession of it, his consecration takes effect.

אֲמַר לֵיהּ רַבָּה: קְדוּשַּׁת בְּכוֹר קָאָמְרַתְּ – לְעוֹלָם אֵימָא לָךְ תְּקָפוֹ כֹּהֵן מוֹצִיאִין אוֹתוֹ מִיָּדוֹ, וַאֲפִילּוּ הָכִי אֲסוּרִים בְּגִיזָּה וּבַעֲבוֹדָה – דִּקְדוּשָּׁה הַבָּאָה מֵאֵלֶיהָ שָׁאנֵי.

Rabba said to him: This is no proof, as the cases are not comparable. **You say** a ruling concerning **the sanctity of a firstborn. Actually, I will say to you** with regard to an animal whose status as firstborn is uncertain, if **a priest seized it,** the court **removes it from his possession,** as there is no validity to ownership acquired by force. Accordingly, when the mishna states that the burden of proof rests upon the claimant, it means that the priest must bring proof that the animal is a firstborn. **And nevertheless,** one is **prohibited from shearing and from working** such an animal, **as sanctity that emerges by itself is different.** The sanctity of a firstborn does not result from an act of consecration; rather, the firstborn is consecrated by itself at birth. Therefore, the uncertainty with regard to its sanctity is intrinsic, and one is prohibited from using the animal as long as the uncertainty exists.

אֲמַר לֵיהּ רַב חֲנַנְיָה לְרַבָּה: תַּנְיָא דִּמְסַיַּיע לָךְ, הַסְּפֵיקוֹת נִכְנָסִין לַדִּיר לְהִתְעַשֵּׂר.

Rav Ḥananya said to Rabba: A *halakha* **is taught** in a *baraita* **that supports your** opinion that if a priest seizes an animal whose status as firstborn is uncertain, the court removes it from his possession: **The** animals whose status as firstborn is **uncertain enter the pen to be tithed.**[B] They are brought in together with the rest of the young animals from whom the animal tithe is separated. This is so despite the fact that the *halakhot* of animal tithe do not apply to a firstborn animal.

וְאִי סָלְקָא דַּעְתָּךְ תְּקָפוֹ כֹּהֵן אֵין מוֹצִיאִין אוֹתוֹ מִיָּדוֹ, אַמַּאי נִכְנָסִין לַדִּיר? נִמְצָא זֶה פּוֹטֵר מָמוֹנוֹ בְּמָמוֹנוֹ שֶׁל כֹּהֵן!

And if it enters your mind to say that in the case of an animal whose status as firstborn is uncertain that is **seized by a priest,** the court **does not remove it from his possession, why do** these animals **enter the pen?** Isn't **this** a case of the owner **exempting his property** from the animal tithe **with the property of a priest?** If the animal belongs to the priests, it cannot be used as a tithe since one is obligated to separate the animal tithe from one's own animals.

אֲמַר לֵיהּ אַבָּיֵי: אִי מִשּׁוּם הָא לָא תְּסַיְּיעֵיהּ לְמָר. הָכָא בְּמַאי עָסְקִינַן – כְּגוֹן דְּלֵית לֵיהּ אֶלָּא תִּשְׁעָה וְהוּא, דְּמָה נַפְשָׁךְ, אִי בַּר חִיּוּבָא הוּא – שַׁפִּיר קָא מְעַשֵּׂר, אִי לָאו בַּר חִיּוּבָא הוּא – תִּשְׁעָה לָאו בַּר עִשּׂוּרֵי נִינְהוּ.

Abaye said to him: If your support for Rabba's opinion is **due to that** *baraita*, it **does not support the Master. Here, we are dealing with** a case **where** the owner **has only nine** animals **and it,** the animal whose status as firstborn is uncertain. **Since whichever way you** look at it, the owner of the animals is exempt: **If** that animal is not a firstborn, it belongs to the owner and is **subject to the obligation** to be tithed as part of a group of ten animals, and the owner **tithes properly. And if** the animal is a firstborn, it belongs to the priests and the animals are **not subject to the obligation** to be tithed, since the **nine** animals belonging to an owner are **not subject to tithing.**

הֲדַר אָמַר אַבָּיֵי: לָאו מִילְּתָא הִיא דַּאֲמַרִי, דִּסְפֵיקָא לָאו בַּר עִשּׂוּרֵי הִיא, דִּתְנַן: קָפַץ אֶחָד מִן הַמְּנוּיִין לְתוֹכָן – כּוּלָּן פְּטוּרִין.

Abaye then said: That which I said is not correct, as, contrary to what I said, an animal whose status as firstborn is **uncertain is not subject to tithing, as we learned** in a mishna (*Bekhorot* 58b): If before one completed tithing his animals, **one of** those already **counted jumped**[H] back **into the pen**[N] **among** the animals that were not yet counted, **all those** in the pen **are exempt** from the obligation to be tithed, because each of them could be the animal that was already counted.

HALAKHA

If a priest seized it – **תְּקָפוֹ כֹּהֵן:** If it is uncertain whether a certain animal is a firstborn, and a priest seizes it, he retains possession of it. This is the opinion of the Rambam, who holds that although the proof for Rav Hamnuna's opinion was rejected, his opinion was not rejected (Rashba). Most halakhic authorities (*Tosafot*; Ra'avad; Rosh) hold that the court appropriates it from the priest, and the Rema and *Shakh* rule accordingly (Rambam *Sefer Korbanot, Hilkhot Bekhorot* 5:3; *Shulḥan Arukh, Yoreh De'a* 315:1).

One of those counted jumped – **קָפַץ אֶחָד מִן הַמְּנוּיִין:** If, while one was tithing his sheep and counting those emerging from the pen, one by one, a sheep that was already counted jumped back into the pen, all of the animals in the pen are exempt from being tithed (Rambam *Sefer Korbanot, Hilkhot Bekhorot* 8:14).

NOTES

If a priest seized it the court does not remove it from his possession – **תְּקָפוֹ כֹּהֵן אֵין מוֹצִיאִין אוֹתוֹ מִיָּדוֹ:** *Tosafot* note that this ruling would apply only in a case where this owner has an arrangement with this particular priest to give him his priestly gifts. Otherwise, the court would certainly remove the animal from the possession of the priest, as the owner can claim that he intends to give it to another priest.

If one of those counted jumped into the pen – **קָפַץ אֶחָד מִן הַמְּנוּיִין:** *Tosafot* ask: Why is the animal that jumped back into the pen not nullified by the majority of the animals that had not yet been counted, thereby giving it the status of an animal that had not been counted? *Tosefot HaRosh* answers that this is due to the *halakha* that only an animal whose status as the tenth animal is certain must be tithed and not one whose status as the tenth animal is uncertain (see 7a). Even if based upon the principle of nullification it would be considered an animal that had not been counted, this is not analogous to a definite status.

BACKGROUND

Animal tithe – **מַעְשַׂר בְּהֵמָה:** On three occasions each year, the owner of a herd of kosher animals is required to gather all the animals born during the preceding period into an enclosure, and to let them out one by one. These animals are passed "under the shepherd's rod" (Leviticus 27:32), and every tenth animal is marked with red paint, to indicate that it is sacred. The animals so designated are called animal tithe. If the marked animal is fit to be sacrificed, it is brought to Jerusalem, where it is sacrificed and eaten by its owner. If fewer than ten animals remain, he adds those to the animals from the next tithing season and they are tithed together. The details of the *halakhot* of animal tithe are elucidated in tractate *Bekhorot*.

HALAKHA

Tally fit to reach ten exempts – **מִנְיָן הָרָאוּי פּוֹטֵר**: If, while one was tithing his sheep, one of those that were not yet counted died, those that were led out of the pen and counted are exempt from animal tithe, as a tally fit to reach ten exempts the counted animals from being tithed again. The person must set aside those remaining in the pen for the next time that he tithes his sheep (Rambam *Sefer Korbanot*, *Hilkhot Bekhorot* 8:10).

וְאִי סָלְקָא דַּעְתָּךְ סְפֵיקָא בָּעֵי עִשּׂוּרֵי, לְעַשֵּׂר מִמַּה נַּפְשָׁךְ; דְּאִי בַּר חִיּוּבָא הוּא – שַׁפִּיר מְעַשֵּׂר, וְאִי לָאו בַּר חִיּוּבָא הוּא – נִפְטַר בְּמִנְיָן הָרָאוּי.

And if it enters your mind that an animal whose status as firstborn is **uncertain requires tithing, let him tithe** the remaining animals, as **whichever way you** look at it, his tithing would be effective. **Because if** this group of ten emerging now renders the owner **obligated** in the animal tithe, **he is tithing properly. And if it** does **not** render the owner **obligated** in the animal tithe, as one of the ten is the animal that was previously counted, nevertheless, each of the other nine **is exempt** from animal tithe **due to** the principle of **a tally fit** to reach ten.

דְּאָמַר רָבָא: מִנְיָן הָרָאוּי פּוֹטֵר.

This principle is **as Rava says: A tally fit** to reach ten **exempts**[H] oneself from the obligation to tithe. If one began counting animals for the purpose of tithing and when he began the tally the group was fit to be tithed, but ultimately he was unable to separate the tithe, for example, because one of the animals died and there were only nine left, those that were counted while the tally was fit to reach ten are exempt from the requirement of animal tithe, and the owner is not required to include them in the tithe the following year. Similarly, in a case where one of the ten animals was already counted, the other nine are nevertheless exempted by this count, as while he was counting them, the tally was fit to reach ten.

Perek **I**
Daf **7** Amud **a**

NOTES

Redemption of a firstborn donkey – **פִּדְיוֹן פֶּטֶר חֲמוֹר**: The Torah states that a firstborn male donkey belongs to a priest. If the owner prefers, he may redeem it and give the priest a lamb instead (see Exodus 13:13). The lamb used to redeem the donkey is the priest's property and has no sanctity. If the status of the donkey as firstborn is uncertain, e.g., in a case where the mother donkey gave birth to twins, both a male and a female, and it is unclear which was born first (Rashi on *Bekhorot* 11a), the owner must designate a lamb, but he is not required to give it to a priest. Since the priest is the claimant, the burden of proof rests upon him, and since his claim cannot be proven he cannot collect the lamb.

אֶלָּא מַאי אִית לָךְ לְמֵימַר – עֲשִׂירִי וַדַּאי אָמַר רַחֲמָנָא וְלָא עֲשִׂירִי סָפֵק, הָכָא נַמִי – עֲשִׂירִי וַדַּאי אָמַר רַחֲמָנָא וְלָא עֲשִׂירִי סָפֵק.

Rather, what have you to say to explain why one is not required to tithe his flock in a case where a counted animal jumped back into the pen? **The Merciful One states:** "And all the tithe of the herd or the flock, anyone that passes under the rod, the tenth shall be sacred to the Lord" (Leviticus 27:32), from which it is derived that **a certain tenth** animal must be tithed, **but not an uncertain tenth,** i.e., an animal that is not certainly the tenth. **Here too,** the entire flock is exempt from tithe because **the Merciful One states** that **a certain tenth** animal must be designated as tithe **and not an uncertain tenth,** i.e., an animal that is not certainly subject to tithe. Therefore, there is proof from the *baraita* that if a priest seizes an animal whose status as firstborn is uncertain, the court removes it from his possession.

אֲמַר לֵיהּ רַב אַחָא מִדִּפְתִּי לְרָבִינָא: מַאי סְפֵיקוֹת? אִילֵימָא סְפֵק בְּכוֹרוֹת, "יִהְיֶה קֹדֶשׁ" אָמַר רַחֲמָנָא, וְלֹא שֶׁכְּבָר קָדוֹשׁ.

Rav Aḥa of Difti said to Ravina: What are these animals of **uncertain** status that that are subject to tithe according to the mishna? **If we say** that the reference is to animals whose status as **firstborns** is **uncertain, the Merciful One states:** "The tenth **shall be sacred** to the Lord," indicating that the tithe animal becomes sacred only when it is designated as tithe, from which it is inferred: **But not** an animal **that is already sacred** for a different reason. Therefore, since an animal whose status as firstborn is uncertain is already considered sacred due to the uncertainty, the sanctity of animal tithe would not apply to it.

אֶלָּא: סְפֵק פִּדְיוֹן פֶּטֶר חֲמוֹר, וְכִדְרַב נַחְמָן. דְּאָמַר רַב נַחְמָן אָמַר רַבָּה בַּר אֲבוּהּ: יִשְׂרָאֵל שֶׁיֵּשׁ לוֹ עֲשָׂרָה סְפֵק פִּטְרֵי חֲמוֹר בְּתוֹךְ בֵּיתוֹ – מַפְרִישׁ עֲלֵיהֶן עֲשָׂרָה שֵׂיִין, וּמְעַשְּׂרָן, וְהֵן שֶׁלּוֹ.

Rather, the mishna must be referring to a case of **an uncertain redemption of a firstborn donkey,**[NH] i.e., a lamb used as redemption for a donkey whose status as firstborn is uncertain. **And this is in accordance with** the statement **of Rav Naḥman, as Rav Naḥman says** that **Rabba bar Avuh says: An Israelite who has ten donkeys** whose status as **firstborn** is **uncertain in his home separates ten lambs** to redeem them, **and tithes** the lambs, separating one as a tithe, **and they** all **belong to him,** as a priest cannot prove that he is entitled to any of the ten.

HALAKHA

An uncertain redemption of a firstborn donkey – **סְפֵק פִּדְיוֹן פֶּטֶר חֲמוֹר**: If one has ten lambs, each of which was used to redeem a donkey whose firstborn status was uncertain, they are all considered non-sacred. Therefore, he is required to separate one of the lambs as the animal tithe (Rambam *Sefer Zera'im*, *Hilkhot Bikkurim* 12:23).

מַאי הָוֵי עֲלַהּ דְּמַסּוּתָא? תָּא שְׁמַע, דַּאֲמַר רַבִּי חִיָּיא בַּר אָבִין: הֲוָה עוֹבָדָא בֵּי רַב חִסְדָּא, וְרַב חִסְדָּא בֵּי רַב הוּנָא, וּפַשְׁטַהּ מֵהָא דְּאָמַר רַב נַחְמָן: כׇּל מָמוֹן שֶׁאֵין יָכוֹל לְהוֹצִיאוֹ בְּדַיָּינִין, הִקְדִּישׁוֹ – אֵינוֹ קָדוֹשׁ.

The Gemara asks: **What** halakhic conclusion was reached **about** this matter **of the bathhouse? Come and hear** a conclusion, as **Rabbi Ḥiyya bar Avin said: There was** a similar **incident** that was brought before **the school of Rav Ḥisda, and Rav Ḥisda** brought the case before **the school of Rav Huna, and** Rav Huna **resolved** the issue **based on that which Rav Naḥman says:** With regard to **any property that** one **cannot recover** from the possession of another party **by legal process,** if **he consecrated it** while it was in the possession of the other party the **consecration is not** valid.

הָא יָכוֹל לְהוֹצִיאוֹ בְּדַיָּינִין – הִקְדִּישׁוֹ קָדוֹשׁ, אַף עַל גַּב דְּלָא אַפְּקֵיהּ? וְהָאָמַר רַבִּי יוֹחָנָן: גָּזַל וְלֹא נִתְיָיאֲשׁוּ הַבְּעָלִים – שְׁנֵיהֶם אֵינָם יְכוֹלִין לְהַקְדִּישׁוֹ, זֶה – לְפִי שֶׁאֵינָהּ שֶׁלּוֹ, וְזֶה – לְפִי שֶׁאֵינָהּ בִּרְשׁוּתוֹ.

The Gemara questions Rav Naḥman's statement: By inference, is it so that if **one can recover** the property from the other party **by legal process,** and **he consecrated it,** the **consecration** is valid, **although** he has **not** yet **recovered it? But doesn't Rabbi Yoḥanan say:** In a case where one **robbed** another of an item **and the owner did not despair**[B] of retrieving it, **neither** the owner nor the robber **can consecrate it;**[H] **this** one, the robber, **because it is not his, and that** one, the owner, **because it is not in his possession?** The indication is that one cannot consecrate even his own item if it is not in his possession.

מִי סָבְרַתְּ בְּמַסּוּתָא מִטַּלְטְלִין עָסְקִינַן? בְּמַסּוּתָא מְקַרְקְעֵי עָסְקִינַן, דְּכִי יָכוֹל לְהוֹצִיאָהּ בְּדַיָּינִין – בִּרְשׁוּתֵיהּ קַיְימָא.

The Gemara answers: **Did you think** that in the case of the bathhouse **we are dealing with a movable bath?** No, **we are dealing with a bath** that is excavated in the **ground,**[H] in which case **once** its owner **can recover it by legal process** there is no need to take possession of it, as it already **exists in his possession.**

תָּנֵי רַב תַּחֲלִיפָא בַּר מַעַרְבָא קַמֵּיהּ דְּרַבִּי אַבָּהוּ: שְׁנַיִם אֲדוּקִים בְּטַלִּית – זֶה נוֹטֵל עַד מָקוֹם שֶׁיָּדוֹ מַגַּעַת, וְזֶה נוֹטֵל עַד מָקוֹם שֶׁיָּדוֹ מַגַּעַת, וְהַשְּׁאָר חוֹלְקִין בְּשָׁוֶה. מַחֲוֵי לֵיהּ רַבִּי אַבָּהוּ: וּבִשְׁבוּעָה.

§ **Rav Taḥalifa from the West,** i.e., Eretz Yisrael, **taught** this *baraita* **before Rabbi Abbahu:** If **two** people **are grasping a garment,**[H] **this** one **takes up to where his hand reaches, and that** one **takes up to where his hand reaches, and they divide the remainder,** the part of the garment that is in the grasp of neither, **equally. Rabbi Abbahu indicated** by means of a hand gesture that Rav Taḥalifa should add: **And** this is **with** the proviso that they take **an oath.**[N]

אֶלָּא מַתְנִיתִין, דְּקָתָנֵי דִּפָלְגִי בַּהֲדָדֵי, וְלָא קָתָנֵי זֶה נוֹטֵל עַד מָקוֹם שֶׁיָּדוֹ מַגַּעַת, הֵיכִי מַשְׁכַּחַתְּ לַהּ? אֲמַר רַב פַּפָּא: דְּתָפֵיסִי בְּכַרְכַּשְׁתָּא.

The Gemara asks: But then **how can you find**[N] a case where the *halakha* in **the mishna** applies? As the mishna **teaches that they divide** the garment **between them, and does not teach that this** one **takes up to where his hand reaches** and that one does likewise. **Rav Pappa said:** The mishna is discussing a case **where** neither of them is grasping the garment itself, but rather **they are holding onto the fringes** [*bekarkashta*][L] of the garment. Therefore, each is required to take an oath and they divide the garment between them.

אָמַר רַב מְשַׁרְשְׁיָא: שְׁמַע מִינַּהּ, הַאי סוּדָרָא, כֵּיוָן דְּתָפֵיס בֵּיהּ שָׁלֹשׁ עַל שָׁלֹשׁ – קָרֵינַן בֵּיהּ ״וְנָתַן לְרֵעֵהוּ״.

Rav Mesharshiyya said: Learn a *halakha* with regard to the symbolic transfer of **a cloth**[B] as a formal act of acquisition **from** Rav Pappa's statement: The entire cloth need not change hands. Rather, **once** the recipient of the cloth **has grasped three by three** fingerbreadths **of** the cloth,[HN] which is the minimum size of a cloth that can be considered a utensil, the transaction takes effect, as **we consider** such an action to be an implementation of the verse upon which acquisition by means of a cloth is based: "Now this was the custom in former times in Israel…to confirm all things: A man drew off his shoe, **and gave it to his neighbor;** and this was the attestation in Israel" (Ruth 4:7).

BACKGROUND

The owner did not despair – לֹא נִתְיָיאֲשׁוּ הַבְּעָלִים: Despairing of recovering a stolen item is not merely an emotional state of mind; it has halakhic ramifications as well. Once this happens, the item is considered abandoned property, and anyone may take it. This concept is relevant to the *halakhot* of returning lost items, as well as to the halakhic status of stolen property.

Cloth – סוּדָרָא: Transferring ownership by means of a cloth is a mode of transaction rooted in the principle of trading property. When two people trade items, the formal acquisition of one of the items automatically transfers ownership of the second item as well. While people naturally trade items of equal value, it is not necessary that the items be of equal value, and therefore a formal mode of transaction by means of a cloth developed as an extension of the principle of trading.

The symbolic transfer of a cloth or some other article from one party to another seals any agreement made between them, as it is indicative of their willingness to proceed with the transaction. Normally, when the ownership of an item is transferred by means of a cloth, the seller grasps the buyer's cloth and then releases it, effecting the transfer of his item to the other. The source for this mode of transaction is the biblical account in which Boaz purchases land and property by means of transferring a shoe to his relative (see Ruth 4:7).

HALAKHA

Consecration of a stolen item – הֶקְדֵּשׁ דָּבָר שֶׁנִּגְזַל: If an item was stolen from its owner and he has not despaired of recovering it, neither the owner nor the thief can consecrate it (Rambam *Sefer Hafla'a*, *Hilkhot Arakhin* 6:24; *Shulḥan Arukh*, *Ḥoshen Mishpat* 354:6 and *Yoreh De'a* 258:6).

With a bath that is excavated in the ground – בְּמַסּוּתָא מְקַרְקְעֵי: Although one cannot consecrate an item that is not in his possession, if he was robbed of land and is able to recover it by legal proceedings, he can consecrate it even while it is in the robber's possession (Rambam *Sefer Hafla'a*, *Hilkhot Arakhin* 6:23; *Shulḥan Arukh*, *Yoreh De'a* 258:6).

Two people grasping a garment – שְׁנַיִם אֲדוּקִים בְּטַלִּית: The *halakha* in the mishna that two people holding a garment divide it equally applies only in a case where each is holding on to the edge of the garment and has less than three by three fingerbreadths in his grasp. If each party has a larger part of the garment in his grasp, each receives the part that he is holding and they divide the rest equally after taking an oath (Rambam *Sefer Mishpatim*, *Hilkhot To'en VeNitan* 9:9–10; *Shulḥan Arukh*, *Ḥoshen Mishpat* 138:3).

Acquisition by pulling the item – קִנְיַן מְשִׁיכָה: The Rambam rules that when an acquisition is effected by means of pulling the item, if the one who is acquiring the item has at least three by three fingerbreadths of the item in his grasp, or even less than that if he is able to pull the item toward him, the transaction takes effect. The Rema rules in accordance with the opinion of the Rashba that the transaction takes effect only if he has at least three by three fingerbreadths in his grasp; merely being able to pull the item toward him is not sufficient (Rambam *Sefer Kinyan*, *Hilkhot Mekhira* 5:7; *Shulḥan Arukh*, *Ḥoshen Mishpat* 195:4).

NOTES

Two people grasping a garment…and with the proviso that they take an oath – שְׁנַיִם אֲדוּקִים בְּטַלִּית...וּבִשְׁבוּעָה: The commentaries disagree as to whether the obligation of each litigant to take an oath is in order to keep the part of the garment that is in his grasp, as the Sages instituted this oath in order to prevent people from grabbing others' garments (see 3a), and the rest of the garment is divided evenly without the need for an oath (*Tosafot*; Ra'avad; Rashba); or whether the oath is taken primarily over the part of the garment that is not in his grasp (*Halakhot Gedolot*; Rambam; Mordekhai). According to both opinions, each party ultimately takes the oath with regard to both the part that is in his grasp and the part that is not in his grasp, due to an extension of the oath (Rambam; see Meiri).

How can you find – הֵיכִי מַשְׁכַּחַתְּ לַהּ: Why doesn't the Gemara explain that each of them has exactly half the garment in his grasp? One answer is that this is an extremely uncommon situation, and it is therefore implausible to interpret the mishna as referring to this case (*Shita Mekubbetzet*).

Once the recipient has grasped three by three fingerbreadths of the cloth – כֵּיוָן דְּתָפֵיס בֵּיהּ שָׁלֹשׁ עַל שָׁלֹשׁ: This is the minimum size of a garment in terms of the *halakhot* of ritual impurity as well as for the transfer of a cloth as a formal act of acquisition.

LANGUAGE

Fringes [*karkashta*] – כַּרְכַּשְׁתָּא: This is the Aramaic form of the Greek word κροκύς, *krokus*, meaning threads of wool.

דִּכְמַאן דִּפְסִיק דָּמֵי וְקָנֵי.

This is **because** such an amount of the cloth is significant enough to be considered **as though it were severed** from the rest of the cloth, **and** therefore when the recipient grasps it, it **effects the acquisition,** even though the rest of the cloth is still in the hand of the other party.

וּמַאי שְׁנָא מִדְּרַב חִסְדָּא? דְּאָמַר רַב חִסְדָּא: גֵּט בְּיָדָהּ וּמְשִׁיחָה בְּיָדוֹ, אִם יָכוֹל לְנַתְּקוֹ וְלַהֲבִיאוֹ אֶצְלוֹ – אֵינָהּ מְגוֹרֶשֶׁת, וְאִם לָאו – מְגוֹרֶשֶׁת!

The Gemara asks: **But** in **what** way **is** this case **different from** the ruling **of Rav Ḥisda? As Rav Ḥisda said:** In a case where a husband placed **a bill of divorce in** his wife's **hand, and a string** attached to the bill of divorce remained **in his hand,**[H] **if** the husband **can** still **pull** the bill of divorce out of her hand **and bring it to him, she is not divorced; and if** he is **not** able to do so, e.g., if the string is too flimsy, then **she is divorced.** This indicates that as long as part of the bill of divorce remains in his hand, it is not considered as though he gave it to her.

הָתָם – כְּרִיתוּת בָּעֵינַן, וְלֵיכָּא. הָכָא – נְתִינָה בָּעֵינַן, וְהָא אִיכָּא.

The Gemara answers: **There,** in the case of a bill of divorce, **we require** that it accomplish a complete **severance**[N] between the husband and wife, **and** as long as the husband continues to have some hold on the bill of divorce **there is no** complete severance. By contrast, **here,** in the case of a transaction by means of a cloth, **we require** an act of **giving, and there is** a valid act of giving even if only part of the cloth was given.

אָמַר רָבָא: אִם הָיְתָה טַלִּית מוּזְהֶבֶת – חוֹלְקִין. פְּשִׁיטָא! לָא צְרִיכָא, דְּקָאֵי דַּהֲבָא בֵּי מִצְעֵי.

Rava says: Even **if** the **garment was** fashioned **with gold** thread, **they divide** it.[H] The Gemara asks: Isn't this **obvious?** Why would a gold garment have a different *halakha*? The Gemara answers: **No,** it is **necessary** to state this *halakha* in a case **where the gold is in the middle** of the garment, neither in one's hand nor in the other's.

הָא נַמִי פְּשִׁיטָא! לָא צְרִיכָא, דְּמִיקָּרַב לְגַבֵּי דְּחַד. מַהוּ דְּתֵימָא, דְּאָמַר לֵיהּ: פְּלוֹג הָכִי. קָא מַשְׁמַע לָן, דְּאָמַר לֵיהּ: מַאי חָזֵית דְּפָלְגַתְּ הָכִי? פְּלוֹג הָכִי.

The Gemara challenges: **This too** is **obvious;** the *halakha* is that they divide the remainder. The Gemara answers: **No,** it is **necessary** to state this *halakha* in a case **where** the gold is **closer to one** of them, though it is not in his grasp. **Lest you say that** the one to whom the gold is closer can **say to** the other: **Divide** it in **this** manner, along the middle line of the garment between us, leaving most of the gold in my possession, Rava therefore **teaches us that** they divide the gold equally. The reason is that the other litigant can **say to him** in response: **What did you see that** led **you** to **divide** it in **that** manner, e.g., lengthwise? **Divide** it in **this** manner, e.g., widthwise, so that the gold will be divided equally between us.

תָּנוּ רַבָּנַן: שְׁנַיִם אֲדוּקִין בִּשְׁטָר, מַלְוֶה אוֹמֵר: שֶׁלִּי הוּא, וְנָפַל מִמֶּנִּי, וּמְצָאתִיו. וְלֹוֶה אָמַר: שֶׁלְּךָ הוּא, וּפְרַעְתִּיו לְךָ. יִתְקַיֵּים הַשְּׁטָר בְּחוֹתְמָיו, דִּבְרֵי רַבִּי.

§ **The Sages taught** in a *baraita* (*Tosefta* 1:8): In a case where **two** people, a creditor and a debtor, **are grasping** a promissory **note,** and the **creditor says:** The promissory note **is mine,** as the debt has not yet been repaid, **and I** merely **dropped it and I** subsequently **found it, and the debtor says:** The promissory note **was** once **yours,** i.e., you lent me the money, **but I** already **repaid you,** and you therefore gave me the note, in that case **the** promissory **note must be ratified through its signatories** for the creditor to collect the debt. In other words, the court must first ascertain the validity of the promissory note by verifying that the signatures of the witnesses are authentic. This is **the statement of Rabbi** Yehuda HaNasi.

רַבָּן שִׁמְעוֹן בֶּן גַּמְלִיאֵל אוֹמֵר: יַחֲלוֹקוּ.

Rabban Shimon ben Gamliel says: The creditor and the debtor **divide** the debt attested to in the promissory note, i.e., the debtor is liable to pay half the amount, due to uncertainty as to who is telling the truth.

נָפַל לְיַד דַּיָּין – לֹא יוֹצִיאוּ עוֹלָמִית. רַבִּי יוֹסֵי אוֹמֵר: הֲרֵי הוּא בְּחֶזְקָתוֹ.

If a promissory note **fell into the possession of a judge** and the two parties do not agree as to which of them it belongs, either to the creditor, and the debt has yet to have been repaid, or to the debtor, and the debt was repaid, **it may never be removed** from the judge's possession to collect the debt until proof is provided. **Rabbi Yosei says:** The promissory note **retains its presumptive status** of validity and the litigants proceed in accordance with its contents.

HALAKHA

A bill of divorce in his wife's hand and a string in his hand – גֵּט בְּיָדָהּ וּמְשִׁיחָה בְּיָדוֹ: In a case where a man gives his wife a bill of divorce but part of it, or even a string attached to it, remains in his hands, if he is able to pull the bill of divorce toward him the divorce does not take effect (Rambam *Sefer Nashim, Hilkhot Geirushin* 5:16; *Shulḥan Arukh, Even HaEzer* 138:2).

If the garment was fashioned with gold thread they divide it – אִם הָיְתָה טַלִּית מוּזְהֶבֶת חוֹלְקִין: In a case where two people were grasping a garment fashioned with gold thread, even if the gold was closer to the side of the garment grasped by one of them, the garment is divided equally; the gold is not given to the one to whom it was closer (Rambam *Sefer Mishpatim, Hilkhot To'en VeNitan* 9:10; *Shulḥan Arukh, Ḥoshen Mishpat* 138:3).

NOTES

We require severance – כְּרִיתוּת בָּעֵינַן: From the fact that the Torah refers to a bill of divorce as "a scroll of severance" (Deuteronomy 24:1), it is derived that for a divorce to take effect it must be absolute, severing all connection between the husband and the wife once he gives her the bill of divorce. This precludes both the existence of a legal connection, e.g., a permanent condition upon whose fulfillment the divorce is contingent, and the physical possession of part of the bill of divorce by the husband.

אָמַר מָר: יִתְקַיֵּים הַשְּׁטָר בְּחוֹתְמָיו. וְגָבֵי לֵיהּ מַלְוֶה כּוּלֵּיהּ? וְלֵית לֵיהּ מַתְנִיתִין "שְׁנַיִם אוֹחֲזִין" כו'?

The Gemara discusses the *baraita*. **The Master said** that **the** promissory **note must be ratified through its signatories. And** does this indicate that once it is ratified, the **creditor collects the entire** debt? **But doesn't** Rabbi Yehuda HaNasi **hold** in accordance with the *halakha* taught in **the mishna** with regard to **two people holding** a garment, that they divide the garment? Here too, each party should be entitled half the promissory note, and the debtor should therefore be obligated to pay only half the debt.

אָמַר רָבָא אָמַר רַב נַחְמָן: בִּמְקוּיָּים – דִּבְרֵי הַכֹּל יַחֲלוֹקוּ, כִּי פְּלִיגִי – בְּשֶׁאֵינוֹ מְקוּיָּים.

Rava says that **Rav Naḥman says: In** a case where the promissory note was **ratified** by the court, **everyone agrees** that the litigants **divide** it, and the debtor repays only half of the debt. **They disagree** with regard to a case **where** it was **not ratified.**

רַבִּי סָבַר: מוֹדֶה בִּשְׁטָר שֶׁכְּתָבוֹ צָרִיךְ לְקַיְּימוֹ, וְאִי מְקַיֵּים לֵיהּ – פָּלֵיג, וְאִי לָא מְקַיֵּים לֵיהּ – לָא פָּלֵיג.

Rabbi Yehuda HaNasi **holds** that even when a debtor **admits that he wrote** a promissory **note,**[H] the creditor **must ratify it** in court in order for the creditor to collect the debt. **And** therefore, **if he ratifies** the promissory note in court **he divides** it with the debtor, **and if he does not ratify it he does not divide** it with the debtor. If he is unable to ratify the signatures of the witnesses, he receives nothing even if the debtor admits that he borrowed the money.

מַאי טַעְמָא? חַסְפָּא בְּעָלְמָא הוּא. מַאן קָא מְשַׁוֵּי לֵיהּ לְהַאי שְׁטָרָא – לֹוֶה, הָא קָאָמַר דִּפְרִיעַ.

What is the reason for Rabbi Yehuda HaNasi's opinion? He holds that an unratified promissory note **is merely a shard. Who renders this** document a valid promissory **note?** The **debtor** does. The validity of the note is solely dependent on the corroboration of the debtor, and **doesn't** the debtor **say that** the debt mentioned in the promissory note was **repaid?** Therefore, the note is worthless unless it is ratified by the witnesses in court.

וְרַבִּי שִׁמְעוֹן בֶּן גַּמְלִיאֵל סָבַר: מוֹדֶה בִּשְׁטָר שֶׁכְּתָבוֹ אֵין צָרִיךְ לְקַיְּימוֹ, וְאַף עַל גַּב דְּלָא מְקַיֵּים לֵיהּ – יַחֲלוֹקוּ.

And Rabbi Shimon ben Gamliel holds that if a debtor **admits that he wrote** a promissory **note,** the creditor **is not required to ratify it**[N] in court in order for the creditor to collect the debt. **And** therefore, **even if** the creditor **does not ratify it,** the promissory note is valid, and **they divide** it.

"נָפַל לְיַד דַּיָּין לֹא יוֹצִיאוּ עוֹלָמִית".

It is taught in the *baraita* that if a promissory note **fell into the possession of a judge it may never be removed** from his possession until proof is provided.

HALAKHA

Admits that he wrote a promissory note – מוֹדֶה בִּשְׁטָר שֶׁכְּתָבוֹ: In a case where a promissory note has not been ratified, and the debtor admits that there was a debt but claims that he repaid it, the debtor's claim is accepted. In order to avoid that situation, the creditor should have the document ratified first and then come to court to claim the money due him (Rambam *Sefer Mishpatim, Hilkhot Malve VeLoveh* 14:14; *Shulḥan Arukh, Ḥoshen Mishpat* 82:1).

NOTES

He is not required to ratify it, etc. – אֵין צָרִיךְ לְקַיְּימוֹ וכו': By Torah law, a promissory note signed by two witnesses is valid without ratification. The Sages observed that forgery was rampant, and they therefore instituted an ordinance that a promissory note must be ratified in court in order to be used to collect a debt (Rosh).

Perek **I**
Daf **7** Amud **b**

מַאי שְׁנָא לְיַד דַּיָּין? אָמַר רָבָא, הָכִי קָאָמַר: וְאַחֵר שֶׁמָּצָא שְׁטָר שֶׁנָּפַל לְיַד דַּיָּין, וְהֵיכִי דָּמֵי – דִּכְתַב בֵּיהּ הֶנְפֵּק, לֹא יוֹצִיאוּ עוֹלָמִית.

The Gemara asks: **What is different** about the case where the promissory note fell **into the possession of a judge,** such that the creditor cannot retrieve it to collect the debt? **Rava said this** is what the *baraita* **is saying: But** in the case of **another** individual, who is neither the debtor nor the creditor, **who found** a promissory **note that had** already **fallen into the possession of a judge,**[H] **it may never be removed** from his possession until proof is provided. **And what are the circumstances?** What does it mean that the promissory note had fallen into the possession of a judge? It is a case **where** the court **wrote in** the promissory note **a ratification** certifying that it examined and ratified the note and it can be used to collect the debt.

וְלָא מִיבַּעְיָא לָא כְּתַב בֵּיהּ הֶנְפֵּק, דְּאִיכָּא לְמֵימַר כְּתַב לִלְוֹת וְלֹא לָוָה. אֶלָּא אֲפִילּוּ כְּתַב בֵּיהּ הֶנְפֵּק, דִּמְקוּיָּים – לֹא יַחֲזִיר, דְּחָיְישִׁינַן לְפֵירָעוֹן.

And the reason the *baraita* refers specifically to these circumstances is that **it is not necessary** to state that in a case where there is **no ratification written in** the promissory note that the creditor cannot use it to collect the debt; **as it can be said** that the debtor **wrote** the document because he intended **to borrow** the money, **but he** ultimately **did not borrow** it. **Rather,** the *baraita* states that **even** in a case where there is **a ratification written in** the promissory note, **as** it is now **a ratified** promissory note, the finder **should not return** it to the creditor, **as we suspect that** there was **repayment,** i.e., that the debtor may have repaid the debt, and he lost the promissory note.

HALAKHA

But another individual who found a promissory note that had fallen into the possession of a judge – וְאַחֵר שֶׁמָּצָא שְׁטָר שֶׁנָּפַל לְיַד דַּיָּין: One who found a promissory note may not return it to the creditor even if it was ratified in court, as it may have been repaid. Even if the debtor admits that he did not repay the debt the promissory note may not be returned, due to the suspicion that there is collusion between the creditor and the debtor. This is in accordance with Rava's opinion (Rambam *Sefer Nezikin, Hilkhot Gezeila VaAveda* 18:13; *Shulḥan Arukh, Ḥoshen Mishpat* 65:6–7).

HALAKHA

If one found a marriage contract – מָצָא שְׁטַר כְּתוּבָּה: In a case where one found a marriage contract, even if the husband admits that it belongs to his wife, the one who finds it may not return it to her, due to the suspicion that there is collusion between the husband and wife (Rambam *Sefer Nezikin*, *Hilkhot Gezeila VaAveda* 18:12).

NOTES

Should not return it to this one or to that one – לֹא יַחֲזִיר לֹא לָזֶה וְלֹא לָזֶה: The early commentaries ask: If the possibility that the husband already paid the marriage contract is taken into account, why is it returned to the wife in a case where the husband admits that he has not paid it? Why is the possibility of collusion between husband and wife, in order to collect the husband's liened property that was sold to others, not taken into account?

The Rashba answers that the *tanna* of this *baraita* does not take the possibility of collusion into account in the case of other monetary documents either (see 13a). The Ramban explains that the Gemara is referring to a marriage contract that does not include a lien on the husband's property, and therefore there is no possibility of collusion.

וְרַבִּי יוֹסֵי אוֹמֵר: הֲרֵי הוּא בְּחֶזְקָתוֹ, וְלָא חָיְישִׁינַן לְפֵירָעוֹן. וְלָא חָיֵישׁ רַבִּי יוֹסֵי לְפֵירָעוֹן?

The Gemara discusses the continuation of the *baraita*: **And Rabbi Yosei says:** The promissory note **retains its presumptive status.** The Gemara explains: **And we do not suspect that** there was **repayment;** had the debt been repaid the debtor would have immediately destroyed the promissory note. The Gemara asks: **But does Rabbi Yosei not suspect that** there was **repayment?**

וְהָתַנְיָא: מָצָא שְׁטַר כְּתוּבָּה בַּשּׁוּק, בִּזְמַן שֶׁהַבַּעַל מוֹדֶה – יַחֲזִיר לָאִשָּׁה, אֵין הַבַּעַל מוֹדֶה – לֹא יַחֲזִיר לֹא לָזֶה וְלֹא לָזֶה.

But isn't it taught in a *baraita*: If one **found a marriage contract**[HB] **in the marketplace,** in a case **when the husband admits** that he has not yet paid the amount written in the contract to his wife, the finder **must return** the document **to the wife.** In a case when **the husband does not admit** this, but instead claims that he has already paid the amount written in the contract, the one who found it **should not return it to this** one, the husband, **or to that** one,[N] the wife.

רַבִּי יוֹסֵי אוֹמֵר: עוֹדָהּ תַּחַת בַּעְלָהּ – יַחֲזִיר לָאִשָּׁה, נִתְאַרְמְלָה אוֹ נִתְגָּרְשָׁה – לֹא יַחֲזִיר לֹא לָזֶה וְלֹא לָזֶה!

Rabbi Yosei says that there is a distinction between different situations: If the wife **is still under** the auspices of **her husband,** i.e., she is still married to him, the one who found the marriage contract **must return** it **to the wife** because presumably the husband did not pay her the amount specified in the marriage contract during their marriage. If the wife **was widowed or divorced, he should not return it to this** party, the husband or his heirs, **or to that** party, the wife, as perhaps she already received payment and the contract was later lost by her husband or his heirs. In this case, Rabbi Yosei suspects that there was payment.

אֵיפוֹךְ, נָפַל לְיַד דַּיָּין לֹא יוֹצִיאוּ עוֹלָמִית – דִּבְרֵי רַבִּי יוֹסֵי, וַחֲכָמִים אוֹמְרִים: הֲרֵי הוּא בְּחֶזְקָתוֹ.

The Gemara answers: **Reverse**[B] the order of the *tanna'im* in the *baraita* and teach it as follows: If the promissory note **fell into the possession of a judge, it may never be removed;** this is **the statement of Rabbi Yosei. And the Rabbis say: It retains its presumptive status.**

אִי הָכִי קַשְׁיָא דְּרַבָּנַן אַדְּרַבָּנַן!

The Gemara asks: **If so,** the contradiction between the statement **of the Rabbis** in this *baraita* **and** the statement **of the Rabbis** with regard to the case of the marriage contract is **difficult.** Whereas according to the emended version of the *baraita* the Rabbis do not take into account the possibility that the debt was repaid, in the case of the marriage contract the Rabbis take this possibility into account.

שְׁטַר כְּתוּבָּה כּוּלָּהּ רַבִּי יוֹסֵי, וְחַסּוּרֵי מִחַסְּרָא וְהָכִי קָתָנֵי: אֵין הַבַּעַל מוֹדֶה – לֹא יַחֲזִיר לֹא לָזֶה וְלֹא לָזֶה, בַּמֶּה דְּבָרִים אֲמוּרִים – שֶׁנִּתְאַרְמְלָה אוֹ שֶׁנִּתְגָּרְשָׁה, אֲבָל עוֹדָהּ תַּחַת בַּעְלָהּ – יַחֲזִיר לָאִשָּׁה, שֶׁרַבִּי יוֹסֵי אוֹמֵר: עוֹדָהּ תַּחַת בַּעְלָהּ יַחֲזִיר לָאִשָּׁה, נִתְאַרְמְלָה אוֹ שֶׁנִּתְגָּרְשָׁה – לֹא יַחֲזִיר לֹא לָזֶה וְלֹא לָזֶה.

The Gemara resolves the problem: The *baraita* that discusses **the marriage contract is entirely** in accordance with the opinion of **Rabbi Yosei;** it contains no dispute. **And the** *baraita* **is incomplete, and this** is what **it is teaching:**[B] In a case where **the husband does not admit** that he did not pay the marriage contract, the one who found it **should not return it to this** party **or to that** party. **In what** case **is this statement said?** It is said in a case **where** the woman **was widowed or divorced. But** if **she is still under** the auspices of **her husband,** the finder **must return** it **to the wife. As Rabbi Yosei says:** If **she is still under** the auspices of **her husband,** the finder **must return** it **to the wife.** If she **was widowed or divorced, he should not return it to this** party **or to that** party.

BACKGROUND

Marriage contract – כְּתוּבָּה: A marriage contact is a legal document given by a husband to his wife upon their marriage, stating his obligations toward her during and after their marriage. The contract includes a lien on the husband's estate payable if the wife is divorced or widowed. The minimum value of such a document is two hundred dinars for a virgin bride and one hundred dinars for other brides. The general guidelines for a marriage contract are given in the Talmud, but its specific provisions are often based on local custom. In addition, the marriage contract may include individual stipulations agreed to by the husband and wife.

The marriage contract gives the marriage halakhic legitimacy. Without one, the couple's relationship is considered licentious.

Reverse – אֵיפוֹךְ: Sometimes, when opinions are attributed to a pair of Sages in one context, and the opposite opinions are attributed to those same Sages in another context, the Gemara attempts to resolve the contradiction by suggesting that the opinions attributed to these Sages be reversed. Subsequently, the Gemara may reject this suggestion, saying: Actually, do not reverse the opinions, but instead explain as follows.

The *baraita* is incomplete and this is what it is teaching – חַסּוּרֵי מִחַסְּרָא וְהָכִי קָתָנֵי: This method of explanation is found often in the Gemara. The addition introduced by the Gemara is an elaboration upon that which is written in a mishna or *baraita*, which comes to resolve difficulties raised in the Gemara that render the mishna or *baraita* in its original form incoherent or inconsistent with another authoritative source. The addition provides the necessary clarification.

רַב פָּפָּא אָמַר: לְעוֹלָם לָא תֵּיפוּךְ, רַבִּי יוֹסֵי לְדִבְרֵיהֶם דְּרַבָּנַן קָאָמַר לְהוּ.

Rav Pappa said: Actually, do not reverse the opinions in the *baraita*, but instead resolve the contradiction differently: **Rabbi Yosei was telling the Rabbis** what the *halakha* should be in the case of a marriage contract **according to their statement,** i.e., according to their opinion that one who finds a promissory note needs to take into account that the debt may have been repaid already.

לְדִידִי – אֲפִילּוּ נִתְאַרְמְלָה אוֹ נִתְגָּרְשָׁה נָמֵי לָא חָיְישִׁינַן לְפֵירָעוֹן, לְדִידְכוּ – אוֹדוּ לִי מִיהַת בְּעוֹדָהּ תַּחַת בַּעְלָהּ דְּיַחֲזִיר לָאִשָּׁה, דְּלָאו בַּת פֵּירָעוֹן הִיא.

His statement should be understood as follows: **In my** opinion, **even if she was widowed or divorced we do not suspect** that there was **payment.** But **according to your** opinion, **concede to me, in any event,** that **while she is still under** the auspices of **her husband** the finder should **return** the document **to the wife,** as the marriage contract **is not** yet **subject to payment.** Since the husband is not yet liable to pay, it is unlikely that he paid.

וַאֲמַרוּ לֵיהּ רַבָּנַן: אֵימוּר צְרָרֵי אַתְפַּסָה.

And the Rabbis said to him in response: Even if they are still married, **say** that **he gave her bundles**[N] of money, and in exchange she gave him back the marriage contract. If the finder then returns the marriage contract to the wife, that would enable her to collect the sum twice.

רָבִינָא אָמַר: לְעוֹלָם אֵיפוֹךְ קַמַּיְיתָא. וְטַעְמָא דְּרַבָּנַן הָכָא – מִשּׁוּם דְּחָיְישִׁינַן לִשְׁתֵּי כְתוּבּוֹת. וְרַבִּי יוֹסֵי לִשְׁתֵּי כְתוּבּוֹת לָא חָיֵישׁ.

Ravina said: Actually, reverse the order of the *tanna'im* in **the first** *baraita*,[N] which discusses one who finds a promissory note, **and** resolve the contradiction between the different statements of the Rabbis as follows: **The reason** for the opinion **of the Rabbis here,** that a marriage contract cannot be returned to the wife, **is that we suspect that** the husband wrote **two marriage contracts;**[N] after the first marriage contract was lost, the husband had to write a second one in its stead. Returning to the wife the marriage contract that was found would enable her to collect twice. **And Rabbi Yosei** holds that it should be returned to the wife because **he does not suspect that** the husband wrote **two marriage contracts;** in his opinion, it is a rare occurrence.

אָמַר רַבִּי אֶלְעָזָר: מַחְלוֹקֶת בְּשֶׁשְּׁנֵיהֶם אֲדוּקִים בְּטוֹפֶס וּשְׁנֵיהֶם בְּתוֹרֶף, אֲבָל אֶחָד אָדוּק בְּטוֹפֶס וְאֶחָד אָדוּק בְּתוֹרֶף – זֶה נוֹטֵל טוֹפֶס וְזֶה נוֹטֵל תּוֹרֶף. וְרַבִּי יוֹחָנָן אָמַר: לְעוֹלָם חוֹלְקִין.

§ **Rabbi Elazar says:** With regard to the **dispute** between Rabban Shimon ben Gamliel and Rabbi Yehuda HaNasi in the case of a creditor and a debtor both grasping a promissory note, Rabban Shimon ben Gamliel holds that they divide the promissory note evenly, specifically **in** a case **where both are grasping**[NH] **the standard** part of the promissory note, i.e., the part that contains the standard formulation of the note, **or both** are grasping **the essential** part[N] of the promissory note, where the names of the creditor and debtor are written, as well as the amount owed and the date. **But** if **one** of them **is grasping the standard** part **and** the other **one is grasping the essential** part, they divide the promissory note between them based on the section that each of them is holding; **this one takes** the **standard** part **and that** one **takes** the **essential** part. **And Rabbi Yoḥanan says: Actually, they divide** everything equally.

NOTES

He gave her bundles – צְרָרֵי אַתְפַּסָה: Rashi explains that the husband gave his wife money so that after his death she would not have to become involved in litigation in order to collect the sum due her in the marriage contract. This raised a discussion among the early commentaries as to whether this *halakha* applies with regard to one who finds a promissory note as well, i.e., whether the possibility that the debtor repaid the debt before it was due is plausible enough that the promissory note cannot be returned to the creditor in such a case. Some commentaries suggest that this possibility is plausible only in the case of a marriage contract, since if a married couple's marriage contract is misplaced the husband is obligated to produce a new one, and in such a case he may have given his wife money instead (Rashba; Ritva).

Reverse the first ***baraita*** **– אֵיפוֹךְ קַמַּיְיתָא:** According to Ravina's explanation, in order to resolve the contradiction, reversing the last *baraita* would have also been effective. Some commentaries explain that Ravina maintains that the possibility that there was payment need not be taken into account, and therefore he sought to establish that as the majority opinion (*Shita Mekubbetzet*).

We suspect that the husband wrote two marriage contracts – דְּחָיְישִׁינַן לִשְׁתֵּי כְתוּבּוֹת: This suspicion is unique to marriage contracts and does not apply to other documents, due to the *halakha* that a husband and wife are prohibited from engaging in intercourse in the absence of a marriage contract. If the marriage contract is lost, the husband must write the wife a new one. Consequently, a situation might arise where the wife has two marriage contracts in her possession.

The dispute [*maḥaloket*]…where both are grasping – מַחְלוֹקֶת בְּשֶׁשְּׁנֵיהֶם אֲדוּקִים: Although the term *maḥaloket* usually refers to a dispute, in this context Rashi and most other commentaries interpret the term as meaning division. In other words, the value of the promissory note is divided evenly between the two litigants only if both are grasping both the standard part and the essential part of the promissory note. The reason for this interpretation is that the *halakha* stated here seems unrelated to the dispute between Rabban Shimon ben Gamliel and Rabbi Yehuda HaNasi; Rabbi Elazar's distinction is valid according to both opinions. The *Levush Mordekhai* interprets the word *maḥaloket* in its usual sense, and understands that this was the Rambam's interpretation as well.

Standard part and essential part – טוֹפֶס וְתוֹרֶף: There are many different interpretations of these terms. Rashi holds that the essential part is the first part of the promissory note, which includes all of the specific details of the loan, i.e., the names of the debtor and the creditor, the sum, and the date and location where the loan was given. The standard part includes the standard formulation of the document.

Others explain that the essential part is that section of the promissory note that includes the signatures of the witnesses and a summary of the document's contents, and the standard part is the first part of the document, which does not include the witnesses' signatures. See Rambam, Rashba, and Rosh, who elaborate extensively on this topic.

HALAKHA

The dispute in a case where both are grasping, etc. – מַחְלוֹקֶת בְּשֶׁשְּׁנֵיהֶם אֲדוּקִים וכו׳: In a case where a debtor and creditor are both holding a promissory note and each claims that he was the one who lost it, each of them takes an oath and they divide its value. This is the opinion of the Rif and the Rambam, who rule in accordance with the opinion of Rabbi Yoḥanan.

Others hold that if one of the litigants is holding the essential part of the document and the other is holding the standard part, the one holding the essential part receives the difference in value between the essential part and the standard part, and each takes an oath and they divide the rest. This is the opinion of the Rosh, who rules in accordance with the opinion of Rabbi Elazar, because much of the discourse in this discussion in the Gemara is in accordance with his opinion (*Beit Yosef*).

Some authorities rule in accordance with the opinion of Rashi that according to the conclusion of the Gemara, there is no dispute between Rabbi Elazar and Rabbi Yoḥanan; both agree that if one of the litigants is holding the essential part of the promissory note and the other is holding the standard part, the one holding the essential part receives a higher amount. Otherwise, even if the essential part is closer to the grasp of one of the litigants, the value of the promissory note is divided equally (*Shulḥan Arukh, Ḥoshen Mishpat* 65:15).

וַאֲפִילּוּ אֶחָד אָדוּק בְּטוֹפֶס וְאֶחָד בְּתוֹרֶף. וְהָתַנְיָא: זֶה נוֹטֵל עַד מָקוֹם שֶׁיָּדוֹ מַגַּעַת! לָא צְרִיכָא, דְּקָאֵי תּוֹרֶף בֵּי מִצְעֵי.

The Gemara asks with regard to Rabbi Yoḥanan's statement: **And** does he hold that this is the *halakha* **even** in a case where **one is grasping the standard** part **and one the essential** part? **But isn't it taught** in the *baraita* that was cited above with regard to a garment: **This** one **takes up to where his hand reaches** and that one takes up to where his hand reaches? Here as well, if one is grasping the standard part and the other is grasping the essential part, they should take the parts they are holding. The Gemara answers: **No,** this *halakha* that Rabbi Yoḥanan stated is **necessary** for a case **where** the **essential** part **is located in the middle.** He was not discussing the case where one was grasping the standard part and the other one was grasping the essential part. In that case, he would agree that each takes the part he was grasping.

אִי הָכִי, מַאי לְמֵימְרָא? לָא צְרִיכָא, דְּמִקָּרַב לְגַבֵּי דְּחַד. מַהוּ דְּתֵימָא, אָמַר לֵיהּ: פְּלוֹג הָכִי, קָא מַשְׁמַע לַן, דְּאָמַר לֵיהּ: מַאי חָזֵית דְּפָלְגַתְּ הָכִי? פְּלוֹג הָכִי.

The Gemara asks: **If so, what** is the purpose **of stating** that they divide it equally? That is obvious. The Gemara answers: **No,** it is **necessary** in a case **where** the essential part of the document **is closer to one** of them. **Lest you say** that the one to whom the essential part is closer can **say to** the other one: **Divide** it in **this** manner, leaving the essential part on my side, Rabbi Yoḥanan **teaches us that** the other one can **say to him** in response: **What did you see that** led **you** to **divide** it in **that** manner? **Divide** it in **this** manner, so that we will both share the essential part.

אֲמַר לֵיהּ רַב אַחָא מִדִּפְתִּי לְרָבִינָא: לְרַבִּי אֶלְעָזָר, דְּאָמַר זֶה נוֹטֵל טוֹפֶס וְזֶה נוֹטֵל תּוֹרֶף, לָמָּה לֵיהּ? וְכִי לָצוּר עַל פִּי צְלוֹחִיתוֹ הוּא צָרִיךְ?

Rav Aḥa of Difti said to Ravina: According to the opinion of **Rabbi Elazar, who says this** one **takes** the **standard** part **and that** one **takes** the **essential** part, **why do** either of them need it? **Does he need** half of the document **to cover the opening of his flask?**[N] Having half a promissory note is of no legal consequence.

אֲמַר לֵיהּ: לְדָמֵי.

Ravina **said to him:** The division in question is not division of the document itself, with each taking half of the paper. It is a division **of** its **monetary** value, as the value of each section of the promissory note is compared to the value of the other.

דְּאָמַר הָכִי: שְׁטָרָא דְּאִית בֵּיהּ זְמַן כַּמָּה שָׁוֵי, וּדְלֵית בֵּיהּ זְמַן כַּמָּה שָׁוֵי? בִּשְׁטָרָא דְּאִית בֵּיהּ זְמַן – גָּבֵי מִמְּשַׁעְבְּדֵי, וְאִידָּךְ לָא גָּבֵי מִמְּשַׁעְבְּדֵי, יָהֵיב לֵיהּ הַאי דְּבֵינֵי בֵּינֵי.

The one grasping the essential part of the promissory note, which contains the date, **can say this:** Consider a promissory **note that has** the **date** written **on it; how much** is it **worth? And** consider a promissory note **that does not have** the **date** written **on it; how much** is it **worth?** The significance of writing the date is that if a creditor is in possession **of** a promissory **note that has** the **date** written **on it,** he **can collect** his debt even **from liened** property that has been sold by the debtor to another individual after taking the loan. **But** if a creditor is in possession of **the other** kind of promissory note, i.e., one that does not have the date written on it, he **cannot collect** his debt **from liened** property. Therefore, **the other** party, who is grasping the standard part of the document, **gives him** the difference between the two values.

וְיַחְלוֹקוּ נַמִי דַּאֲמַרַן – לְדָמֵי. דְּאִי לָא תֵּימָא הָכִי, שְׁנַיִם אוֹחֲזִין בְּטַלִּית הָכִי נַמִי דְּפָלְגִי? הָא אַפְסְדוּהּ! הָא לָא קַשְׁיָא,

And this is **also** true in general, with regard to cases **where we said** that the two litigants **divide** the disputed item: The reference is **to the monetary** value, and not division of the actual item. **As, if you do not say so,** but rather you hold that the item itself is divided, in the case of **two** people who come to court **holding a garment,** do they **also divide** the garment itself into two? **But** by doing so they would **ruin it.** The Gemara rejects this proof: **This** is **not difficult,** as it is possible to explain that they actually cut the garment in two.

NOTES

To cover the opening of his flask – לָצוּר עַל פִּי צְלוֹחִיתוֹ: Although there are instances in which the Gemara assumes that people might become involved in litigation in a dispute over a small piece of paper, here it is clear that the dispute concerns greater value. Otherwise it would make no difference whether the paper contains the standard part or the essential part of the promissory note (Ramban).

דְּחַזְיָא לִקְטַנִּים.

This is because each party receives an item that has monetary value, **as it is fit** to be made into a garment **for small** children.

וְהָא דַּאֲמַר רָבָא: אִם הָיְתָה טַלִּית מוּזְהֶבֶת חוֹלְקִין, הָכִי נַמִי דִּפָלְגִי לַהּ? הָא אַפְסְדוּהָ! הָא לָא קַשְׁיָא, דְּחַזְיָא לִבְנֵי מְלָכִים.

The Gemara asks: **But** as for that **which Rava said,** that **if** the **garment** was fashioned **with gold** thread **they divide** it, does that **also** mean **that they divide** the garment itself? By doing so they would **ruin it.** The Gemara answers: **That** is **not difficult, as** after the garment is divided **it is fit** to be made into a garment **for the children of kings** or wealthy people. Therefore, it is not ruined.

וְהָא דִּתְנַן: הָיוּ שְׁנַיִם רוֹכְבִין עַל גַּבֵּי בְהֵמָה וכו׳, הָכִי נַמִי דִּפָלְגִי לַהּ? הָא אַפְסְדוּהָ! בִּשְׁלָמָא טְהוֹרָה – חַזְיָא לְבָשָׂר, אֶלָּא טְמֵאָה – הָא אַפְסְדוּהָ! אֶלָּא – לְדָמֵי, הָכָא נַמִי – לְדָמֵי.

The Gemara asks: **But** with regard to **that which we learned** in the mishna (2a): **If two** people **were sitting on an animal** and each of them claims to own the entire animal, they each take an oath and divide the animal, does that **also** mean **that they divide** the animal itself? By doing so they would **ruin it. Granted,** if it is **a kosher** animal it is **fit** to be slaughtered and divided between them **for the meat. But** if it is **a non-kosher** animal, slaughtering it and dividing the carcass would **ruin it** and render it worthless. **Rather,** clearly they divide its **monetary** value.[NH] **Here too,** in the other cases where the ruling is to divide the item, it means that the litigants divide its **monetary** value and not the item itself.

אָמַר רָמִי בַּר חָמָא, זֹאת אוֹמֶרֶת: הַמַּגְבִּיהַּ מְצִיאָה לַחֲבֵירוֹ – קָנָה חֲבֵירוֹ.

§ Based on an inference from the mishna on 2a, **Rami bar Ḥama says: That is to say:** In a case of **one who** performs an act of acquisition by **lifting a found item on behalf of another,**[H] **the other** person, i.e., the latter, **acquires** ownership of the item.

דְּאִי סָלְקָא דַּעְתָּךְ לָא קָנָה חֲבֵירוֹ – תֵּיעָשֶׂה זוֹ כְּמִי שֶׁמּוּנַּחַת עַל גַּבֵּי קַרְקַע וְזוֹ כְּמִי שֶׁמּוּנַּחַת עַל גַּבֵּי קַרְקַע, וְלָא יִקְנֶה לֹא זֶה וְלֹא זֶה, אֶלָּא לָאו שְׁמַע מִינַּהּ: הַמַּגְבִּיהַּ מְצִיאָה לַחֲבֵירוֹ – קָנָה חֲבֵירוֹ.

Rami bar Ḥama explains his inference: **As, if it enters your mind** that if one lifts a found item for another **the other does not acquire** the item, this garment has not been acquired by either of the two litigants, as each prevents the other's acquisition. If that were the case, **this** part of the garment, held by one of them, **would be considered as though** it is still **lying on the ground, and that** part of the garment, held by the other one, would be considered **as though** it is still **lying on the ground, and neither this** one **nor that** one **acquires** it; if a third party takes it, it is his. **Rather, isn't it** correct to **conclude from** it that in a case of **one who** performs an act of acquisition by **lifting a found item on behalf of another, the other** person **acquires** the item?

אָמַר רָבָא, לְעוֹלָם אֵימָא לָךְ: הַמַּגְבִּיהַּ מְצִיאָה לַחֲבֵירוֹ – לֹא קָנָה חֲבֵירוֹ, וְהָכָא הַיְינוּ טַעְמָא – מִגּוֹ דְּזָכֵי לְנַפְשֵׁיהּ זָכֵי נַמִי לְחַבְרֵיהּ.

Rava said: This is not a proof, as **actually I** could **say to you** that in a case of **one who** performs an act of acquisition by **lifting a found item** solely **on behalf of another, the other** person **does not acquire** the item. **And here** in the mishna, **this is the reason** the two litigants acquire the garment: **Since** each of the litigants **acquires** part of the garment **for himself, he also acquires** the other part **for the other** one.

תֵּדַע, שֶׁאִילּוּ אָמַר לִשְׁלוּחוֹ צֵא וּגְנוֹב לִי, וְגָנַב – פָּטוּר. וְשׁוּתָּפִין שֶׁגָּנְבוּ – חַיָּיבִין. מַאי טַעְמָא – לָאו מִשּׁוּם דְּאָמְרִינַן מִגּוֹ דְּזָכֵי לְנַפְשֵׁיהּ זָכֵי נַמִי לְחַבְרֵיהּ? שְׁמַע מִינַּהּ.

Rava adds: **Know** that one who acquires an item for himself can acquire part of it for another, **as, if** someone **says to his agent: Go out and steal** an item **for me, and** the agent **stole** that item, the one who sent him is **exempt** from liability, due to the principle that there is no agency for sin; **but partners who stole**[H] an item together are both **liable** even if only one of them actually lifted the item. **What is the reason** that they are both liable? Is it **not because we say** that **since** the one **who** lifted the item **acquires** part of it **for himself, he also acquires** the other part **for the other** one, his partner? The Gemara concludes: **Learn from it** that this principle is correct.

אָמַר רָבָא: הַשְׁתָּא דְּאָמְרַתְּ אָמְרִינַן מִגּוֹ, חֵרֵשׁ וּפִקֵּחַ שֶׁהִגְבִּיהוּ מְצִיאָה, מִתּוֹךְ שֶׁקָּנָה חֵרֵשׁ – קָנָה פִּקֵּחַ.

Rava said in continuation of his statement: **Now that you said**[N] that **we say: Since** [*miggo*] one acquires part of an item for himself he can also acquire the other part for another, another *halakha* can be derived: In a case of **a deaf-mute**[N] **and** a mentally **competent** person **who lifted a found item**[H] simultaneously, **since the deaf-mute acquires** his part of the item, the mentally **competent** person also **acquires** his portion.

NOTES

Rather its monetary value – אֶלָּא לְדָמֵי: The Gemara's proof that they do not divide the animal is based on common sense; it is unreasonable that they would have to ruin the value of the animal by dividing it. Why isn't the same common sense applied with regard to a promissory note? The Rashba answers that although the creditor would lose from tearing the document in half, the debtor would profit, so it is theoretically possible that they would have to tear it. By contrast, in the case of an animal, there is no possibility that they would have to kill it, since they would both lose.

Now that you said – הַשְׁתָּא דְּאָמְרַתְּ: This is a peculiar wording, as it was Rava himself who authored the previous statement. Some commentaries emend the text, changing the name of the *amora* of one of the two statements (*Shita Mekubbetzet*). Others explain that Rava's statement that one who acquires part of an item for himself can acquire the other part for another person is universally accepted (Ritva).

Deaf-mute – חֵרֵשׁ: The Sages consider a deaf-mute as one who is not mentally competent, having the same halakhic status as an imbecile and a minor. By Torah law, he is not obligated to perform any mitzvot and is unable to acquire property. Nevertheless, since deaf-mutes are considered to have a certain degree of capacity, the Sages instituted several ordinances for their benefit, e.g., that they have the ability to gain ownership of an ownerless item.

HALAKHA

Monetary value – לְדָמֵי: Wherever it is stated in these *halakhot* that the litigants divide the item, the reference is to the item's monetary value. The *Sma* explains that this principle refers to an item that would be ruined, or its value reduced, were it to be physically divided (Rambam *Sefer Mishpatim, Hilkhot To'en VeNitan* 9:10; *Shulḥan Arukh, Ḥoshen Mishpat* 138:4).

One who performs an act of acquisition by lifting a found item on behalf of another – הַמַּגְבִּיהַּ מְצִיאָה לַחֲבֵירוֹ: In the case of one who performs an act of acquisition by lifting a found item on behalf of another, the other person acquires the item. There are authorities who limit this principle to a case where the one who lifted the item stated his intention explicitly as he lifted the item. If he failed to do so he can renege on his original intention (*Sma*; *Ketzot HaḤoshen*). Others maintain that even if he said nothing when he lifted the item, but he intended to acquire it on behalf of another and subsequently acknowledged this intention, he cannot renege on his original intention (Rambam *Sefer Nezikin, Hilkhot Gezeila VaAveda* 17:3; *Shulḥan Arukh, Ḥoshen Mishpat* 269:1, and *Shakh* and *Netivot HaMishpat* there).

But partners who stole – וְשׁוּתָּפִין שֶׁגָּנְבוּ: Partners who stole an item jointly are obligated to repay double the value of the item. If one of them slaughtered or sold a stolen animal with the other's knowledge, together they pay four or five times the value of the animal (Rambam *Sefer Nezikin, Hilkhot Geneiva* 2:14).

A deaf-mute and a mentally competent person who lifted a found item – חֵרֵשׁ וּפִקֵּחַ שֶׁהִגְבִּיהוּ מְצִיאָה: If a deaf-mute and a competent person lift a found item simultaneously, neither acquires it. Since the deaf-mute person does not acquire the item, neither does the competent person. If another person seizes the item from them, he acquires it. If a deaf-mute alone, or two deaf-mutes, lift a found item, the Sages instituted an ordinance that they acquire ownership of the item, so that others would not seize it from them, leading to a quarrel (Rambam *Sefer Nezikin, Hilkhot Gezeila VaAveda* 17:4; *Shulḥan Arukh, Ḥoshen Mishpat* 269:4).

בִּשְׁלָמָא חֵרֵשׁ קָנָה – דְּקָא מַגְבַּהּ לֵיהּ בֶּן דַּעַת, אֶלָּא פִּקֵּחַ בְּמַאי קָנָה?

The Gemara asks: **Granted,** the **deaf-mute acquires** his portion of the found item, **as a mentally competent** person **lifted it for him;** since the mentally competent person acquired his own part, he also acquired the other part for the deaf-mute. **But how does** the **mentally competent** person **acquire** his part? He needs the deaf-mute to acquire it for him, and a deaf-mute cannot acquire an item for another.

אֶלָּא אֵימָא: חֵרֵשׁ – קָנָה, פִּקֵּחַ – לֹא קָנָה. וּמַאי מִגּוֹ? מִגּוֹ דִּשְׁנֵי חֵרְשִׁין בְּעָלְמָא קָנוּ – הַאי נַמִי קָנֵי.

Rather, say Rava's statement differently: The **deaf-mute acquires** his part, but the mentally **competent** person **does not acquire** his part. **And what** is the principle of *miggo* from which Rava derives this *halakha*? It is not the principle that one who acquires a found item for himself can acquire part of it for another as well, but rather: **Since** [*miggo*] **in general two deaf-mutes**[N] who pick up an item simultaneously **acquire** it, in **this** case **too,** the deaf-mute **acquires** it, even though the mentally competent person does not acquire it.

הַאי מַאי? אִם תִּמְצָא לוֹמַר הַמַּגְבִּיהַּ מְצִיאָה לַחֲבֵירוֹ קָנָה חֲבֵירוֹ – הָנֵי מִילֵּי הֵיכָא דְּקָא מַגְבַּהּ לֵיהּ אַדַּעְתָּא דְּחַבְרֵיהּ, הַאי – אַדַּעְתָּא דִּידֵיהּ קָא מַגְבַּהּ לֵיהּ, אִיהוּ לָא קָנֵי, לְאַחֲרִינֵי מַקְנֵי?

The Gemara asks: **What is this** derivation? Even **if you say** that in a case of **one who** performs an act of acquisition by **lifting a found item on behalf of another, the other** person **acquires** it, as Rami bar Ḥama says, **this statement** applies only **where he lifts it with the intention of** having **the other person** acquire the item. But in **this** case, the mentally competent person **lifted** the item **with the intention of** acquiring it for **himself;** he had no intention of acquiring it for the deaf-mute. If **he does not acquire** the item for himself, **does he acquire** it **for others?**

אֶלָּא אֵימָא: מִתּוֹךְ שֶׁלֹּא קָנָה פִּקֵּחַ לֹא קָנָה חֵרֵשׁ.

Rather, say that **since** the mentally **competent** person **does not acquire** any part of the found item, the **deaf-mute does not acquire** it either.

וְכִי תֵּימָא: מַאי שְׁנָא מִשְּׁנֵי חֵרְשִׁין דְּעָלְמָא – הָתָם תַּקִּינוּ לְהוּ רַבָּנַן דְּלָא אָתֵי לְאִנְצוּיֵי, הָכָא – מֵימַר אָמַר: פִּקֵּחַ לָא קָנֵי, אֲנָא אִקְנִי?

And if you would say: In what way is this case **different from** the **general** case of an item that was found by **two deaf-mutes,** in which they both acquire it? The answer is that **there,** in that case, **the Sages instituted** an ordinance **for them** that they both acquire the item **so that they will not come to quarrel** with others who want to take the item from them due to the fact that a deaf-mute lacks the halakhic ability to acquire the item. **Here,** in the case of the deaf-mute and the mentally competent person, the deaf-mute **says** to himself: If even the mentally **competent** person **does not acquire** the item, **can I acquire** it? Therefore, in that case, he will not quarrel if others take the item from him.

אֲמַר לֵיהּ רַב אַחָא בְּרֵיהּ דְּרַב אַדָּא לְרַב אַשִׁי: דִּיּוּקֵיהּ דְּרָמִי בַּר חָמָא מֵהֵיכָא? אִי נֵימָא מֵרֵישָׁא: ״שְׁנַיִם אוֹחֲזִין בְּטַלִּית״, הָתָם הַאי קָאָמַר כּוּלָּהּ שֶׁלִּי וַאֲנָא אַגְבַּהְתָּהּ כּוּלָּהּ, וְהַאי אָמַר כּוּלָּהּ שֶׁלִּי וַאֲנָא אַגְבַּהְתָּהּ כּוּלָּהּ.

Rav Aḥa, son of Rav Adda, said to Rav Ashi: From where in the mishna **is Rami bar Ḥama's inference** drawn? **If we say** that he infers it **from the first clause** of the mishna, i.e., the case of **two** people **holding a garment,** isn't the case **there** one in which **this** one **says: All of it is mine, and I lifted the entire** garment; **and that** one **says: All of it is mine, and I lifted the entire** garment? How can the *halakha* where one acquires an item for another be inferred from that case?

אֶלָּא מֵהָא דְּקָתָנֵי: ״זֶה אוֹמֵר כּוּלָּהּ שֶׁלִּי וְזֶה אוֹמֵר כּוּלָּהּ שֶׁלִּי״. הָא תּוּ לָמָּה לִי? אֶלָּא מִמִּשְׁנָה יְתֵירָה שְׁמַע מִינָּהּ: הַמַּגְבִּיהַּ מְצִיאָה לַחֲבֵירוֹ – קָנָה חֲבֵירוֹ.

Rather, he infers it **from that which is taught** later in the mishna: **This** one **says all of it is mine and that** one **says all of it is mine. Why do I need this** case **as well?** The first case, where each one says: I found it, is sufficient. **Rather, learn from** the **superfluous** case in the **mishna**[N] that even if they lifted it simultaneously, they divide it and a third party has no right to take it, as in a case of **one who** performs an act of acquisition by **lifting a found item on behalf of another, the other** person **acquires** the item.

NOTES

Since in general two deaf-mutes – **מִגּוֹ דִּשְׁנֵי חֵרְשִׁין בְּעָלְמָא:** There are those who explain this as follows: Since the ability of a deaf-mute to acquire property is based on a rabbinic ordinance, it is logical that the Sages also instituted that he should have the ability to acquire property on behalf of another deaf-mute (Rosh).

The superfluous case in the mishna – **מִשְׁנָה יְתֵירָה:** Rashi indicates, and the Rid states explicitly, that the superfluous case in the mishna is the first case, where each litigant says: I found it. Since more detailed *halakhot* are subsequently introduced, the first clause is understood as teaching the *halakha* of Rami bar Ḥama.

וְהָא אוֹקִימְנָא רֵישָׁא בִּמְצִיאָה וְסֵיפָא בְּמִקָּח וּמִמְכָּר!

The Gemara asks: **But** that clause in the mishna is not superfluous; **didn't we** already **establish** (2a) that **the first clause** is referring **to** a dispute over **a found item, and the latter clause** is referring **to** a case of **buying and selling,** where each party claims that he is the one who bought the item from its seller?

אֶלָּא מִסֵּיפָא: ״זֶה אוֹמֵר כּוּלָּהּ שֶׁלִּי וְזֶה אוֹמֵר חֶצְיָהּ שֶׁלִּי״. הָא תּוּ לָמָּה לִי? אֶלָּא מִמִּשְׁנָה יְתֵירָה שְׁמַע מִינָּהּ: הַמַּגְבִּיהַּ מְצִיאָה לַחֲבֵירוֹ קָנָה חֲבֵירוֹ.

Rather, Rami bar Ḥama infers his ruling **from the latter clause** of the mishna, i.e., the case where **this** one **says all of it is mine and that** one **says half of it is mine. Why do I** need **this** case **as well?** What does it add to the previous cases? **Rather, learn from** this **superfluous** case in the **mishna** that in a case of **one who** performs an act of acquisition by **lifting a found item on behalf of another, the other** person **acquires** the item.

וּמִמַּאי דְּבִמְצִיאָה? דִּלְמָא בְּמִקָּח וּמִמְכָּר!

The Gemara asks: **And from where** is it inferred **that** this clause is referring **to** the case of **a found item? Perhaps** it is referring **to** a case of **buying and selling.**

וְכִי תֵּימָא: אִי בְּמִקָּח וּמִמְכָּר – מַאי לְמֵימְרָא? אִיצְטְרִיךְ, סָלְקָא דַּעְתָּךְ אָמִינָא: הַאי דְּקָאָמַר חֶצְיָהּ שֶׁלִּי לֶהֱוֵי כְּמֵשִׁיב אֲבֵידָה, וְלִיפְּטַר, קָמַשְׁמַע לָן דְּהַאי אִיעֲרוּמֵי קָא מַעֲרִים. סָבַר: אִי אָמִינָא כּוּלָּהּ שֶׁלִּי – בָּעֵינָא אִשְׁתַּבּוּעֵי, אֵימָא הָכִי דְּאֶהֱוֵי כְּמֵשִׁיב אֲבֵידָה, וְאִיפָּטַר.

And if you would say: If it were referring **to** a case of **buying and selling, what** would be the purpose **of stating** it, as it adds no novel ruling? One could answer that it **was necessary** to teach this additional case, as otherwise it might **enter your mind to say** that **the one who says: Half of it is mine, should be considered the equivalent of one returning a lost item;** he could have claimed that the garment was entirely his, and instead he conceded half of it to the other party **and** consequently **he should be exempt** from taking an oath. To counter this, the mishna **teaches us that** he is not exempt, as perhaps **this** person **is employing artifice.** Perhaps he is **thinking: If I say** that **all of it is mine I will need to take an oath. I will state this** claim, that half of it is mine, **as I will** thereby **be considered the equivalent of one returning a lost item, and I will be exempt** from taking an oath. Therefore, this clause is not superfluous; it teaches that this litigant is not considered the equivalent of one returning a lost item.

אֶלָּא מֵהָא: ״הָיוּ שְׁנַיִם רוֹכְבִין עַל גַּבֵּי בְהֵמָה״. הָא תּוּ לָמָּה לִי? אֶלָּא מִמִּשְׁנָה יְתֵירָה שְׁמַע מִינָּהּ: הַמַּגְבִּיהַּ מְצִיאָה לַחֲבֵירוֹ קָנָה חֲבֵירוֹ.

Rather, Rami bar Ḥama infers his ruling **from this** clause: If **two** people **were sitting on an animal,** and each of them claims that it is his, each of them takes an oath and they divide the value of the animal. **Why do I** need **this** case **as well?** It teaches no novel *halakha*. **Rather, learn from** this **superfluous** clause in the **mishna** that in a case of **one who** performs an act of acquisition by **lifting a found item on behalf of another, the other** person **acquires** the item.

וְדִלְמָא הָא קָמַשְׁמַע לָן: דְּרוֹכֵב נַמִי קָנֵי!

The Gemara asks: **But perhaps this** mishna **teaches us that** one **who sits** on an animal **also acquires** it, even though he has not caused the animal to move.

אֶלָּא מִסֵּיפָא: ״בִּזְמַן שֶׁהֵן מוֹדִין אוֹ שֶׁיֵּשׁ לָהֶן עֵדִים – חוֹלְקִין בְּלֹא שְׁבוּעָה״. בְּמַאי? אִי בְּמִקָּח וּמִמְכָּר – צְרִיכָא לְמֵימַר? אֶלָּא לָאו – בִּמְצִיאָה, וּשְׁמַע מִינָּהּ: הַמַּגְבִּיהַּ מְצִיאָה לַחֲבֵירוֹ קָנָה חֲבֵירוֹ.

Rather, Rami bar Ḥama inferred his ruling **from the last clause** in the mishna: **When they** each **admit** to the validity of the other's claim **or when they have witnesses** attesting to their claims, **they divide** it **without** taking **an oath. To what** case is the mishna referring? **If** it is referring **to** a case of **buying and selling,** does it **need to be said? Rather, is it not** referring **to a found item?** Accordingly, the reason they divide the item is that they knowingly lifted it together, and they intended to acquire it for both of them. **And learn from it** that in a case of **one who** performs an act of acquisition by **lifting a found item on behalf of another, the other** person **acquires** the item.

וְרָבָא אָמַר לָךְ: מִגּוֹ דְּזָכֵי לְנַפְשֵׁיהּ זָכֵי נַמִי לְחַבְרֵיהּ.

The Gemara comments: **And Rava said to you** that this clause is based on a different principle: When one acquires an item, **since he acquires** it **for himself he can also acquire** part of it **for another** person.

״הָיוּ שְׁנַיִם רוֹכְבִין״. אָמַר רַב יוֹסֵף, אָמַר לִי רַב יְהוּדָה:

§ The mishna teaches: If **two** people **were sitting** on an animal, or one was sitting on the animal and the other one was leading it, and each claims ownership of the animal, they must each take an oath and they divide it. **Rav Yosef said: Rav Yehuda said to me:**

שְׁמָעִית מִינֵּיהּ דְּמָר שְׁמוּאֵל תַּרְתֵּי, רָכוּב וּמַנְהִיג – חַד קָנֵי וְחַד לָא קָנֵי, וְלָא יָדַעְנָא הֵי מִינַּיְיהוּ.

I heard two *halakhot* **from Master Shmuel,**[N] one *halakha* with regard to one **who sits** in a riding position on an animal, **and** the other *halakha* with regard to one **who leads**[N] an animal. With regard to **one** case I heard that **he** thereby **acquires** the animal, **and** with regard to the other **one** I heard that **he does not acquire** the animal. **But I do not know** which *halakha* applies to **which of them.**

הֵיכִי דָּמֵי? אִילֵימָא רָכוּב לְחוּדֵיהּ וּמַנְהִיג לְחוּדֵיהּ – מַנְהִיג לְחוּדֵיהּ מִי אִיכָּא מַאן דְּאָמַר לָא קָנֵי? אֶלָּא אִי אִיכָּא לְמֵימַר דְּלָא קָנֵי – רָכוּב הוּא דְּאִיכָּא לְמֵימַר.

The Gemara asks: **What are the circumstances? If we say** that this is referring to one **who sits** in a riding position **alone and** to one who **leads alone, is there anyone who says that** one **who leads** an animal **alone does not acquire** it? Pulling an item, or leading an animal, is a classic mode of acquisition (see *Kiddushin* 25b). **Rather, if** there is a case where **it could be said that** one **does not acquire** the animal, **it is** obviously in the case of one who **sits** in a riding position **that it could be said.** Therefore, why was Rav Yehuda uncertain?

אֶלָּא, רָכוּב בִּמְקוֹם מַנְהִיג אִיבַּעְיָא לֵיהּ, מַאי? רָכוּב עֲדִיף – דְּהָא תָּפֵיס בַּהּ, אוֹ דִּלְמָא מַנְהִיג עֲדִיף – דְּאָזְלָא מֵחֲמָתֵיהּ?

The Gemara answers: **Rather, his dilemma** was with regard to a case where one **sits** in a riding position on the animal **while** another **leads** it. **What** is the *halakha*? Which of them acquires the animal? Does the one **sitting** in a riding position on the animal **take precedence,** as the animal **is in his grasp,** since his legs are grasping the sides of the animal, **or perhaps** the one **leading** the animal **takes precedence, as it walks because of him?**

אֲמַר רַב יוֹסֵף, אֲמַר לִי רַב יְהוּדָה: נֶחֱזֵי אֲנַן. דִּתְנַן: הַמַּנְהִיג סוֹפֵג אֶת הָאַרְבָּעִים, וְהַיּוֹשֵׁב בַּקָּרוֹן סוֹפֵג אֶת הָאַרְבָּעִים, רַבִּי מֵאִיר פּוֹטֵר אֶת הַיּוֹשֵׁב בַּקָּרוֹן.

Rav Yosef said: Rav Yehuda said to me: Although I do not remember what Shmuel said, **let us see** if we can analyze this **ourselves, as we learned** in a mishna concerning the prohibition against leading animals of diverse kinds (*Kilayim* 8:3):[H] If two animals of diverse kinds,[N] e.g., a horse and a donkey, are harnessed to the same wagon, **the one leading** the animals **incurs the forty** lashes for transgressing the Torah prohibition: "You shall not plow with an ox and a donkey together" (Deuteronomy 22:10), **and the one sitting in the wagon** [*bakaron*][NL] also **incurs the forty** lashes. **Rabbi Meir deems the one sitting in the wagon exempt,** as he did not perform any action.

וּמִדְּאַפֵּיךְ שְׁמוּאֵל וְתָנֵי: וַחֲכָמִים פּוֹטְרִין אֶת הַיּוֹשֵׁב בַּקָּרוֹן, שְׁמַע מִינָּהּ: רָכוּב לְחוּדֵיהּ לָא קָנֵי, וְכָל שֶׁכֵּן רָכוּב בִּמְקוֹם מַנְהִיג.

And from the fact **that** in his version of the mishna **Shmuel reversed** the opinions **and taught: And the Rabbis deem the one sitting in the wagon exempt,** it can be inferred that he agrees with this opinion that the one sitting in the wagon is considered to have not performed any action, as the *halakha* is in accordance with the opinion of the Rabbis in their disputes with Rabbi Meir. **Conclude from it** that one who **sits** on an animal **alone does not acquire** it, as sitting on an animal is not considered a significant action, **and all the more so** one who **sits** on an animal **while** another **leads** the animal does not acquire the animal.

אֲמַר לֵיהּ אַבַּיֵי לְרַב יוֹסֵף: הָא זִמְנִין סַגִּיאִין אֲמַרְתְּ לַן נֶחֱזֵי אֲנַן, וְלָא אֲמַרְתְּ לַן מִשְּׁמֵיהּ דְּרַב יְהוּדָה!

Abaye said to Rav Yosef: Didn't you say to us many times with regard to this *halakha*: **Let us see** if we can analyze this **ourselves,** followed by the proof from the aforementioned mishna? **And you did not say to us** that this statement was **in the name of Rav Yehuda.** Rav Yosef had an illness that caused him memory loss. Consequently, some of his later statements of *halakha* were inaccurate, and Abaye suspected that he attributed this statement to Rav Yehuda erroneously.

אֲמַר לֵיהּ: אִבְרָא, וּדְכִרְנַן נַמִי דַּאֲמַרִי לֵיהּ: הֵיכִי פָּשֵׁיט מָר רָכוּב מִיּוֹשֵׁב – יוֹשֵׁב לָא תָּפֵיס בְּמוֹסֵירָה, רָכוּב – תָּפֵיס בְּמוֹסֵירָה, וַאֲמַר לִי: רַב וּשְׁמוּאֵל דְּאָמְרִי תַּרְוַיְיהוּ מוֹסֵירָה לָא קָנֵי.

Rav Yosef **said to him: Indeed** [*ivra*],[L] I remember that Rav Yehuda stated this proof, **and I also remember that I said to him** in response: **How can the Master resolve** the case of one who **sits** on an animal via proof **from** the case of one who **sits** in the wagon? One who **sits** in the wagon **does not hold the reins,** whereas one who **sits** on the animal **holds the reins. And** Rav Yehuda **said to me** in response: **Rav and Shmuel both say** that holding the **reins** of an ownerless animal **does not effect acquisition**[N] of it. Consequently, there is no difference between sitting on an animal and sitting in a wagon drawn by an animal.

NOTES

I heard two *halakhot* from Master Shmuel – שְׁמָעִית מִינֵּיהּ דְּמָר שְׁמוּאֵל תַּרְתֵּי: The Rosh writes that Rav Yehuda did not hear these as two separate *halakhot*. Rather, two similar cases of sitting on an animal and leading an animal came before Shmuel at the same time, and Rav Yehuda did not remember how Shmuel ruled in each case.

Sits and leads – רָכוּב וּמַנְהִיג: The early commentaries ask why the mishna, which discusses a case where one person is sitting on the animal and another is leading it, is not immediately cited as proof that one can acquire an animal by sitting on it. Rabbeinu Yosef Kaltzon of Jerusalem answers that Rav Yehuda was uncertain as to the nature of the case discussed in the mishna, i.e., whether it is referring to one who is sitting on the animal and holding the reins, to one who is riding the animal and driving it with his feet, or to one who is passively sitting on the animal. Therefore, no definite conclusion can be reached from the mishna (*Talmid Rabbeinu Peretz*).

The Ran explains that the case in the mishna may be irrelevant to the *halakhot* of acquiring an animal, e.g., it may be a case where the one sitting on the animal claims that he found it first, acquired it with one of the standard acts of acquisition, and then mounted it. Subsequently, the other person came and took hold of the reins.

Animals of diverse kinds – כִּלְאֵי בְהֵמָה: There are two separate prohibitions that apply to animals of different species: The prohibition against mating animals of two diverse kinds (Leviticus 19:19), and the prohibition against performing labor with two diverse kinds of animal yoked together (Deuteronomy 22:10).

And the one sitting in the wagon – וְהַיּוֹשֵׁב בַּקָּרוֹן: Although one is liable to receive lashes only for a transgression committed through an action, in this case sitting in the wagon is considered an action because the animal begins to walk as soon as the person sits down in the wagon. Similarly, when one mounts an animal, even without driving it, the animal begins to walk when it feels his weight.

Holding the reins does not effect acquisition – מוֹסֵירָה לָא קָנֵי: This is referring to one who holds the reins without pulling the animal, in which case there is no transaction by pulling. Therefore, the transaction is effective only if the owner either hands him the reins or tells him to hold the reins and acquire the animal. By contrast, in a case where one pulls the animal, he acquires it even without the owner's initiating the act of acquisition.

HALAKHA

Leading animals of diverse kinds – הַנְהָגָה בְּכִלְאַיִם: One may not sit in a wagon drawn by animals of diverse kinds, e.g., an ox and a donkey, and all the more so one may not lead that wagon. Not only is the one leading the wagon liable to receive forty lashes, the one sitting in the wagon is also liable, in accordance with the unattributed opinion in the mishna in tractate *Kilayim* (8:3). Although Shmuel reverses the opinions in that mishna, the answers to the Gemara's challenges against Shmuel's opinion are forced (Rambam *Sefer Zera'im*, *Hilkhot Kilayim* 9:9; *Shulḥan Arukh*, *Yoreh De'a* 297:12).

LANGUAGE

Wagon [*karon*] – קָרוֹן: From the Greek κάρρον, *karron*, meaning wagon or carriage.

Indeed [*ivra*] – אִבְרָא: A loanword from Middle Iranian languages, where ēbar (or the form ēwar in Middle Persian) means: Certainly.

אִיכָּא דְּאָמְרִי אֲמַר לֵיהּ אַבַּיֵי לְרַב יוֹסֵף: הֵיכִי פָּשֵׁיט מָר רָכוּב מִיּוֹשֵׁב? יוֹשֵׁב – לָא תָּפֵיס בְּמוֹסֵירָה, רָכוּב – תָּפֵיס בְּמוֹסֵירָה. אֲמַר לֵיהּ: הָכִי תָּנָא אִידִי: מוֹסֵירָה לָא קָנֵי.

There are those who say that the exchange between Abaye and Rav Yosef was as follows: **Abaye said to Rav Yosef: How can the Master resolve** the case of one who **sits** on an animal via proof **from** the case of one who **sits** in the wagon? One who **sits** in the wagon **does not hold the reins,** whereas one who **sits** on the animal **holds the reins.** Rav Yosef **said to him: Idi taught** in a *baraita* **like this:** Holding the **reins** of an ownerless animal **does not effect acquisition** of it.

אִתְּמַר נַמִי, אָמַר רַבִּי חֶלְבּוֹ אָמַר רַב הוּנָא: מוֹסֵירָה, מֵחֲבֵירוֹ – קָנָה, בִּמְצִיאָה וּבְנִכְסֵי הַגֵּר – לָא קָנֵי.

It **was also stated** that **Rabbi Ḥelbo says** that **Rav Huna says:** With regard to holding the **reins** of an animal in order to acquire it, if he is attempting to acquire it **from another** person,[H] he **acquires** the animal. But **with regard to** acquisition of **a found** animal, **or with regard to** acquisition of an animal that was **the property of a convert**[N] who died without heirs, leaving his property ownerless, it **does not effect acquisition.**

מַאי לְשׁוֹן מוֹסֵירָה? אֲמַר רָבָא: אִידִי אַסְבְּרָא לִי – כְּאָדָם הַמּוֹסֵר דָּבָר לַחֲבֵירוֹ. בִּשְׁלָמָא מֵחֲבֵירוֹ קָנֵי – דְּקָא מָסַר לֵיהּ חַבְרֵיהּ, אֶלָּא בִּמְצִיאָה וּבְנִכְסֵי הַגֵּר – מַאן קָא מָסַר לֵיהּ דְּלִיקְנֵי?

The Gemara explains: **What** is the meaning of **the term reins** [*moseira*]? **Rava said: Idi explained to me** that they are used **like a person who transmits** [*moser*] **an item to another,** i.e., they are used to transfer the ownership of the animal. **Granted,** in a case where one takes the reins **from another,** this **effects acquisition** of the animal, **as the other** person **hands** them **to him. But** in a case **of a found** animal **or of** one that was **the property of a convert,**[H] **who is handing him** the reins, enabling him **to acquire** the ownerless animal? Since there was no transaction, one cannot acquire the animal by merely holding the reins.

מֵיתִיבִי: ״הָיוּ שְׁנַיִם רוֹכְבִין עַל גַּבֵּי בְּהֵמָה״ וכו׳. מַנִּי? אִילֵימָא רַבִּי מֵאִיר – הָשְׁתָּא יוֹשֵׁב קָנֵי, רָכוּב מִיבָּעֵי? אֶלָּא לָאו – רַבָּנַן, וּשְׁמַע מִינָּהּ: רָכוּב קָנֵי!

The Gemara **raises an objection** from the mishna: If **two** people **were sitting** in a riding position **on an animal,** or if one was sitting on it in a riding position and the other was leading it, they divide it after taking an oath. In accordance with **whose** opinion is this mishna? **If we say** that it is in accordance with the opinion of **Rabbi Meir, now,** in his opinion, even one who **sits** in a wagon **acquires** the animal that is pulling the wagon. **Is it necessary** to state that one who **sits** in a riding position on an animal acquires it? **Rather, is it not** the opinion of **the Rabbis? And learn from it** that one who **sits** in a riding position on an animal **acquires** it.[H]

הָכָא בְּמַאי עָסְקִינַן – בְּמַנְהִיג בְּרַגְלָיו. אִי הָכִי הַיְינוּ מַנְהִיג! תְּרֵי גַּוְונֵי מַנְהִיג. מַהוּ דְּתֵימָא: רָכוּב עֲדִיף – דְּהָא מַנְהִיג וְתָפֵיס בָּהּ, קָא מַשְׁמַע לָן.

The Gemara answers: **With what are we dealing here?** We are dealing with a case **where** the one sitting on the animal also **leads,** i.e., drives it by squeezing or kicking it **with his legs.** The Gemara asks: **If so, this is** the same as **leading** the animal by pulling the reins, as the essential factor in both is that one causes the animal to move, so why does the mishna need to mention it? The Gemara answers: The *tanna* teaches **two types of leading,**[N] both pulling the animal by the reins and driving it while sitting on it. **Lest you say** that one who **is sitting** in a riding position on the animal **takes precedence, as he is** both **leading** the animal **and** also **holding it** by the reins, the *tanna* **teaches us** that the claim of the one sitting in a riding position on the animal is not stronger than the claim of the one leading it by the reins.

תָּא שְׁמַע: שְׁנַיִם שֶׁהָיוּ מוֹשְׁכִין בְּגָמָל וּמַנְהִיגִין בַּחֲמוֹר, אוֹ שֶׁהָיָה אֶחָד מוֹשֵׁךְ וְאֶחָד מַנְהִיג,

Come and hear a different proof from a *baraita*: With regard to **two** people **who were pulling a camel or driving a donkey** together, **or one who was pulling** it **and one** who was **driving** it,

NOTES

The property of a convert – נִכְסֵי הַגֵּר: One who was born a Jew has heirs by definition, as all Jews are related in some way. A convert, however, is considered reborn; his gentile family does not inherit from him. Consequently, if he dies without a wife or children his estate becomes ownerless.

Two types of leading – תְּרֵי גַּוְונֵי מַנְהִיג: The Rashba explains that these are two different answers: First, the Gemara answers that the *tanna* teaches two types of leading, and then it answers that when the one sitting on the animal also holds it by the reins, he acquires it.

HALAKHA

Holding the reins of an animal in order to acquire it from another person – מוֹסֵירָה מֵחֲבֵירוֹ: According to the *Beit Yosef*, an animal can be acquired only by means of one's pulling it. Others say that a large animal can be acquired by its owner's handing over the reins to the one acquiring it (*Haggahot Maimoniyyot*). Yet others maintain that even a small animal can be acquired in that manner if it is handed over in the presence of the owner (*Tur*, citing Rashi and Rabbeinu Tam; *Sma*).

The early commentaries disagree with regard to whether the seller must physically hand the reins to the buyer or whether it is sufficient for the buyer to take the reins himself at the instruction of the seller (*Shulḥan Arukh*, *Ḥoshen Mishpat* 197:1 and *Arukh HaShulḥan* there).

A found animal or…one that was the property of a convert – בִּמְצִיאָה וּבְנִכְסֵי הַגֵּר: If one takes the reins of an ownerless animal or one that had been the property of a convert who died without heirs, he does not thereby acquire the animal. If another person pulls or leads the animal, that person takes ownership of it, and the one holding the reins merely acquires the reins (Rambam *Sefer Nezikin*, *Hilkhot Gezeila VaAveda* 17:6; *Shulḥan Arukh*, *Ḥoshen Mishpat* 271:2).

Acquisition of an animal through sitting on it – קִנְיַן בִּרְכִיבָה: According to the Rif and the Rambam, one can acquire an animal by sitting on it, even if he does not drive it. The Rosh and the *Tur* hold that one acquires the animal only if he also drives it (Rambam *Sefer Nezikin*, *Hilkhot Gezeila VaAveda* 17:7; *Sefer Kinyan*, *Hilkhot Mekhira* 2:6; and *Sefer Mishpatim*, *Hilkhot To'en VeNitan* 9:7; *Shulḥan Arukh*, *Ḥoshen Mishpat* 138:1, 197:5, 271:3).

BACKGROUND

A camel and a donkey – גָּמָל וַחֲמוֹר: The difference between pulling a camel and driving a donkey is due to both the nature of these animals and the way that they are trained to be led. A donkey tends to be driven, i.e., the donkey walks in front, followed by its driver, who holds a prod with which he directs the donkey. A camel cannot be driven in that way; instead, a halter or a nose peg is placed on its nose and the leader walks in front of it and pulls it. This difference was so well known that the Sages describe a person who holds a self-contradictory position in the Gemara as: A donkey driver and a camel driver (*Eiruvin* 35a), i.e., one who must fill two contradictory roles.

NOTES

And there are those who raise an objection [*motiv*] from the latter clause – וְאִית דְּמוֹתִיב מִסֵּיפָא: According to one of the early commentaries, the Aramaic word for raising an objection, *motiv*, in this case means to bring proof, i.e., there are those who bring proof from the latter clause in support of Shmuel's opinion that one cannot acquire an animal by sitting on it (*Talmid Rabbeinu Peretz*).

בְּמִדָּה זֹאת קָנוּ. רַבִּי יְהוּדָה אוֹמֵר: לְעוֹלָם לֹא קָנָה עַד שֶׁתְּהֵא מְשִׁיכָה בְּגָמָל וְהַנְהָגָה בַּחֲמוֹר.

they have both **acquired** the animal **in that manner. Rabbi Yehuda says: Actually,** one **acquires** an animal **only** through **pulling in** the case of **a camel or driving in** the case of **a donkey,**[B] as that is the manner in which they are normally directed.

קָתָנֵי מִיהַת: אוֹ שֶׁהָיָה אֶחָד מוֹשֵׁךְ וְאֶחָד מַנְהִיג. מוֹשֵׁךְ וּמַנְהִיג – אִין, אֲבָל רָכוּב – לָא!

In any event, it is taught in the *baraita*: **Or one who was pulling and one** who was **driving,** which indicates that **pulling and driving** are **indeed** effective modes of acquisition, **but sitting** in a riding position on an animal is **not.**

הוּא הַדִּין דַּאֲפִילּוּ רָכוּב, וְהָא דְּקָתָנֵי מוֹשֵׁךְ וּמַנְהִיג – לְאַפּוּקֵי מִדְּרַבִּי יְהוּדָה, דְּאָמַר עַד שֶׁתְּהֵא מְשִׁיכָה בְּגָמָל וְהַנְהָגָה בַּחֲמוֹר, קָמַשְׁמַע לָן דַּאֲפִילּוּ אִיפְּכָא נַמִי קָנֵי.

The Gemara rejects this inference: **The same is true** with regard to **even sitting** in a riding position on an animal; it is an effective mode of acquisition. **And** the reason **that** the *baraita* **teaches** specifically the modes of **pulling and driving** is only **to exclude** the opinion **of Rabbi Yehuda, who says** that one acquires an animal **only** through **pulling in** the case of **a camel or driving in** the case of **a donkey.** Therefore, the first *tanna* **teaches us that even** in **the opposite** manner, i.e., pulling a donkey or driving a camel, one **acquires** the animal.

אִי הָכִי לִיעָרְבִינְהוּ וְלִיתְנִינְהוּ: שְׁנַיִם שֶׁהָיוּ מוֹשְׁכִין וּמַנְהִיגִין בֵּין בְּגָמָל בֵּין בַּחֲמוֹר!

The Gemara asks: **If that is so,** then **let** the first *tanna* **combine** the cases **and teach them** as follows: With regard to **two** people **who were pulling or driving either a camel or a donkey,** they each acquire the respective animal. The fact that this wording is not used indicates that the first *tanna* does not entirely disagree with Rabbi Yehuda.

אִיכָּא חַד צַד דְּלָא קָנֵי, אִיכָּא דְּאָמְרִי מְשִׁיכָה בַּחֲמוֹר, וְאִיכָּא דְּאָמְרִי הַנְהָגָה בְּגָמָל.

The Gemara modifies its response: **There is one manner** of acquisition by which the first *tanna* concedes to Rabbi Yehuda **that** one **does not acquire** the animal if one employs it, and it is unclear what manner that is. **Some say** that by **pulling a donkey** one does not acquire it, as donkeys tend to not move at all when being pulled, **and some say** that by **driving a camel**[H] one does not acquire it, as that is not the common way to move it.

וְאִית דְּמוֹתִיב מִסֵּיפָא: בְּמִדָּה זוֹ קָנָה, בְּמִדָּה זוֹ לְמַעוּטֵי מַאי – לָאו לְמַעוּטֵי רָכוּב? לָא, לְמַעוּטֵי אִיפְּכָא.

And according to an alternative version of this discussion, **there are those who raise an objection** to the opinion that one can acquire an animal by sitting on it in a riding position **from the latter clause**[N] of the statement of the first *tanna* in the *baraita*: They **acquire** the animal **in that manner.** The phrase **in that manner** is stated **to exclude what? Is it not to exclude** one who **sits** in a riding position on the animal? The Gemara answers: **No,** it is stated **to exclude the opposite** cases: One who drives a camel or pulls a donkey does not acquire the animal.

אִי הָכִי הַיְינוּ רַבִּי יְהוּדָה! אִיכָּא בֵּינַיְיהוּ צַד אֶחָד דְּלָא קָנָה, אִית דְּאָמְרִי מְשִׁיכָה בַּחֲמוֹר, וְאִיכָּא דְּאָמְרִי הַנְהָגָה בְּגָמָל.

The Gemara asks: **If so, that is** identical to the opinion of **Rabbi Yehuda.** The Gemara answers: **There is** a practical difference **between them** with regard to **one manner** of acquisition in **which** one **does not acquire** the animal. **Some say** that according to the first *tanna*, by **pulling a donkey** one does not acquire it, **and some say** that by **driving a camel** one does not acquire it.

HALAKHA

Pulling and driving a donkey or a camel – מְשִׁיכָה וְהַנְהָגָה בַּחֲמוֹר וּבְגָמָל: If two people see a lost donkey and both drive it or pull it, or one pulls it and one drives it, both acquire the donkey. In the case of an ownerless camel, if both pull it or both drive it, they acquire the camel, but if one pulls it and the other drives it, only the one who pulls it acquires it. This ruling is apparently based on the latter opinion mentioned in the Gemara, which states that by driving a camel one does not acquire it, and on the understanding that this is referring only to a case where one person is pulling the camel at the same time that the other person is driving it (Rambam *Sefer Nezikin, Hilkhot Gezeila VaAveda* 17:5 and *Maggid Mishne* there; *Shulḥan Arukh, Ḥoshen Mishpat* 271:1).

תָּא שְׁמַע: אֶחָד רָכוּב חֲמוֹר וְאֶחָד תָּפוּס בְּמוֹסֵירָה – זֶה קָנָה חֲמוֹר וְזֶה קָנָה מוֹסֵירָה. שְׁמַע מִינָּהּ: רָכוּב קָנֵי!

Come and **hear** proof from a *baraita* that one can acquire an animal by sitting on it in a riding position: If **one** person **is sitting** in a riding position on **a donkey and one** other person **is holding the reins,**[H] **this** one, the one sitting on the donkey, **acquires** the **donkey, and that** one, who is holding the reins, **acquires the reins. Learn from it** that one who **sits** in a riding position on an animal **acquires** it.

הָכָא נַמִּי בְּמַנְהִיג בְּרַגְלָיו. אִי הָכִי נִקְנֵי נַמִּי רָכוּב בְּמוֹסֵירָה! אֵימָא: זֶה קָנָה חֲמוֹר וַחֲצִי מוֹסֵירָה, וְזֶה קָנָה חֲצִי מוֹסֵירָה.

The Gemara rejects this: **Here too,** the reference is **to** one who is not only sitting on the donkey but who is also **driving it with his feet** by squeezing or kicking it. The Gemara asks: **If so,** the **one who is sitting should acquire** part **of the reins too.** The fact that he does not acquire the reins indicates that his acquisition of the donkey is imperfect, which would not be the case if he were driving it. The Gemara answers: Emend the text and **say: This** one **acquires** the **donkey and half of** the **reins, and that** one **acquires half of** the **reins.**

בִּשְׁלָמָא רָכוּב קָנֵי – דְּקָמַגְבַּהּ לֵיהּ בֶּן דַּעַת, אֶלָּא תָּפוּס בְּמוֹסֵירָה בְּמַאי קָנֵי?

The Gemara asks: **Granted,** the one **sitting** on the donkey **acquires** half of the reins **because a mentally competent** person, the one holding the reins, **has lifted it for him, but in what** manner **does the one holding the reins acquire** half the reins? The other end of the reins is attached to the donkey, and because he does not acquire the donkey he cannot acquire the reins.

אֵימָא: זֶה קָנָה חֲמוֹר וְכוּלֵּיהּ מוֹסֵירָה, וְזֶה קָנֵי מַה שֶּׁתָּפוּס בְּיָדוֹ.

The Gemara answers: Emend the text and **say: This** one, the one sitting on the donkey, **acquires the donkey and** almost **the entire reins, and that** one, who is holding the reins, **acquires** only the part of the reins **that** is actually **held in his hand.**

הַאי מַאי? אִם תִּימְצֵי לוֹמַר הַמַּגְבִּיהַּ מְצִיאָה לַחֲבֵירוֹ קָנָה חֲבֵירוֹ – הָנֵי מִילֵּי הֵיכָא דְּקָא מַגְבַּהּ לֵיהּ אַדַּעֲתָא דְּחַבְרֵיהּ, הַאי – אַדַּעֲתָא דִּידֵיהּ קָא מַגְבַּהּ לֵיהּ, אִיהוּ לָא קָנֵי – לְאַחֲרִינֵי מַקְנֵי?

The Gemara asks: **What** is the basis for **this** understanding? Even **if you say** that in a case of **one who** performs an act of acquisition by **lifting a found item on behalf of another, the other** person, i.e., the latter, **acquires** ownership of the item, **that statement** applies only in a case **where** one **lifts** an item **with the intention that another** person will acquire it. In the case here, **this** person who is holding the reins **is lifting** them **with the intention of** acquiring them for **himself.** Since **he** himself **does not acquire** them, how **can he acquire** them **for others?**

אָמַר רַב אַשִׁי: זֶה קָנָה חֲמוֹר וּבֵית פַּגֶּיהָ, וְזֶה קָנָה מַה שֶּׁתָּפוּס בְּיָדוֹ, וְהַשְּׁאָר לֹא קָנָה לֹא זֶה וְלֹא זֶה.

Rav Ashi said: Emend the *baraita* and say: **This** one, who is sitting on the donkey and driving it, **acquires** the **donkey and its halter,**[B] which is attached to its head; **and that** one, who is holding the reins, **acquires** only the part **that is held in his hand. And** with regard to **the rest,** the part of the reins that is neither attached to the donkey's head nor held in the person's hand, **neither this** one **nor that** one has **acquired** it.

רַבִּי אַבָּהוּ אָמַר: לְעוֹלָם כִּדְקָתָנֵי, הוֹאִיל וְיָכוֹל לְנַתְּקָהּ וְלַהֲבִיאָהּ אֶצְלוֹ.

Rabbi Abbahu said: Actually, do not emend the *baraita*; leave it **as it is taught.** The one holding the reins acquires them **because he can detach them** from the donkey **and bring them toward himself.** Since he is able to pull the reins into his possession, they are considered his even though he does not lift them.

וְהָא דְּרַבִּי אַבָּהוּ בָּרוּתָא הִיא. דְּאִי לָא תֵּימָא הָכִי – טַלִּית שֶׁהִיא מוּנַּחַת חֶצְיָהּ עַל גַּבֵּי קַרְקַע וְחֶצְיָהּ עַל גַּבֵּי עַמּוּד, וּבָא אֶחָד וְהִגְבִּיהַּ חֶצְיָהּ מֵעַל גַּבֵּי קַרְקַע, וּבָא אַחֵר וְהִגְבִּיהַּ חֶצְיָהּ מֵעַל גַּבֵּי עַמּוּד, הָכִי נַמִּי דְּקַמָּא קָנֵי וּבַתְרָא לָא קָנֵי, הוֹאִיל וְיָכוֹל לְנַתֵּק וּלְהָבִיא אֶצְלוֹ? אֶלָּא, הָא דְּרַבִּי אַבָּהוּ בָּרוּתָא הִיא.

The Gemara comments: **And this** statement **of Rabbi Abbahu is an error.**[N] As, **if you do not say so,** but instead accept Rabbi Abbahu's opinion, that would result in an incorrect halakhic ruling in the case of **a garment, half of which** was **lying**[N] **on the ground and half of which** was lying **on a pillar,**[H] **and one came and lifted** the **half of it** that was on the ground **off the ground, and another** person **came and lifted** the other **half of it off the pillar.** In that case, should one **also** rule **that the first** one **acquires** the garment **and the latter** one **does not acquire** it, **since** the first one was **able to detach** it from the pillar **and bring** the entire garment **toward him?** That is certainly not the *halakha*. **Rather,** clearly **this** statement **of Rabbi Abbahu is an error.** In any event, the question of whether one can acquire an animal by sitting on it in a riding position remains unresolved.

HALAKHA

One is sitting on a donkey and one is holding the reins – אֶחָד רָכוּב חֲמוֹר וְאֶחָד תָּפוּס בְּמוֹסֵירָה: If two people attempt to acquire an ownerless animal, one by sitting on it and the other by holding its reins, the one sitting on the animal acquires it and the one holding the reins acquires the part of the reins that he is holding, in accordance with the opinion of Rav Ashi (Rambam *Sefer Nezikin, Hilkhot Gezeila VaAveda* 17:7; *Shulhan Arukh, Hoshen Mishpat* 271:3).

A garment half of which was lying on the ground and half of which was lying on a pillar – טַלִּית שֶׁהִיא מוּנַּחַת חֶצְיָהּ עַל גַּבֵּי קַרְקַע וְחֶצְיָהּ עַל גַּבֵּי עַמּוּד: In a case where half of a garment is resting on a pillar that protrudes at least three handbreadths from the ground, and the other half is lying on the ground, if someone lifts the side that is on the ground, causing the side that is on the pillar to move, he thereby acquires the entire garment. If he lifts the side that is on the ground without causing the other side to move at all, he does not acquire the other half, contrary to the opinion of Rabbi Abbahu (*Shulḥan Arukh, Ḥoshen Mishpat* 269:5).

BACKGROUND

The donkey and its halter – חֲמוֹר וּבֵית פַּגֶּיהָ:

Greek vessel dating back to the 5th century BCE, in the shape of a donkey's head, with a halter used to tie the reins to the donkey

NOTES

Is an error [*baruta*] – בָּרוּתָא הִיא: The word *baruta* literally means external, i.e., a statement that should be left out of the discussion in the study hall. A variant reading is *beduta*, meaning a fabrication, i.e., this Sage never said such a thing, and an erroneous statement was ascribed to him. The refusal to attribute such an error to a particular Sage is an expression of respect for that Sage.

A garment half of which was lying, etc. – טַלִּית שֶׁהִיא מוּנַּחַת חֶצְיָהּ וכו׳: The Gemara assumes, without citing any proof, that in the case of the garment that is half on the floor and half on a pillar, it should be divided between the two finders. *Tosafot* ask: How does the Gemara thereby refute Rabbi Abbahu's statement? Perhaps Rabbi Abbahu would not agree that the garment is divided. The Ritva answers that the Gemara's assumption is based on the fact that it was common practice to divide the garment, and that in itself is proof that this should be the *halakha*. The Ra'avad explains that the Gemara infers that the garment is divided from the fact that the mishna on 2a does not distinguish between a case where the garment was lying on a flat surface and a case where it was lying on two surfaces, one above the other.

תָּא שְׁמַע, רַבִּי אֱלִיעֶזֶר אוֹמֵר: רָכוּב בַּשָּׂדֶה וּמַנְהִיג בָּעִיר – קָנָה! הָכָא נַמִּי מַנְהִיג בְּרַגְלָיו. אִי הָכִי הַיְינוּ מַנְהִיג! תְּרֵי גַּוְונֵי מַנְהִיג.

The Gemara suggests: **Come** and **hear** an additional proof from a *baraita*: **Rabbi Eliezer says:** If one **sits** on an animal **in the field or leads** an animal **in the city,**[N] he **acquires** it. This proves that one can acquire an animal by sitting on it. The Gemara rejects this proof: **Here too,** the reference is to one who **leads,** i.e., drives, the animal **with his feet.** The Gemara asks: **If so, that is** the same as **leading** the animal. Why would the *baraita* mention the same case twice? The Gemara answers: The *baraita* is discussing **two types of leading.**

אִי הָכִי רָכוּב בָּעִיר מַאי טַעְמָא לָא קָנֵי? אֲמַר רַב כָּהֲנָא: לְפִי שֶׁאֵין דַּרְכָּן שֶׁל בְּנֵי אָדָם לִרְכּוֹב בָּעִיר.

The Gemara asks: **If that is so, what is the reason** that one who **sits** on an animal **in the city does not acquire** it?[N] **Rav Kahana said:** It is **because people do not normally ride in the city,** as it is crowded.

אֲמַר לֵיהּ רַב אַשִׁי לְרַב כָּהֲנָא: אֶלָּא מֵעַתָּה, הִגְבִּיהַּ אַרְנָקִי בְּשַׁבָּת, שֶׁאֵין דַּרְכָּן שֶׁל בְּנֵי אָדָם לְהַגְבִּיהַּ אַרְנָקִי בְּשַׁבָּת – הָכִי נַמִּי דְּלָא קָנֵי? אֶלָּא מַאי דַּעֲבַד עֲבַד – וְקָנֵי, הָכָא נַמִּי, מַאי דַּעֲבַד עֲבַד – וְקָנֵי.

Rav Ashi said to Rav Kahana: If that is so, that by means of an unusual action one cannot effect an acquisition, then if one **lifted a purse** that he found **on Shabbat, has he also not acquired**[H] it, **since people do not normally lift a purse on Shabbat** due to the prohibition of set-aside [*muktze*]? That is clearly not the *halakha*. **Rather,** how should one rule in that case? **What he did, he did, and he acquires** the purse. **Here too,** if one sat on an animal in the city, **what he did, he did, and he acquires** the animal.

אֶלָּא בְּמִקָּח וּמִמְכָּר עָסְקִינַן, דַּאֲמַר לֵיהּ: קְנֵי כְּדֶרֶךְ שֶׁבְּנֵי אָדָם קוֹנִין.

Rather, the *baraita* is not referring to the case of a found animal, which one can acquire it even by sitting on it in the city. In fact, **we are dealing with** a case of **buying and selling** an animal, **where** the seller **said to** the buyer: **Acquire** the animal **the way that people** normally **acquire** an animal. Therefore, the buyer cannot acquire it in the city by sitting on it.

NOTES

Leads in the city – מַנְהִיג בָּעִיר: According to Rashi, one can also acquire an animal by leading it in a field. The Rashba disagrees, maintaining that it is not common practice to lead an animal in a field, as it is liable to escape.

What is the reason that one who sits on an animal in the city does not acquire it – רָכוּב בָּעִיר מַאי טַעְמָא לָא קָנֵי: Why is this question relevant only after the Gemara states that the *baraita* is referring to one who is also driving the animal with his legs? The Ra'avad explains that mounting an animal effects acquisition because the animal begins to walk when it feels the person's weight. In the city, which is crowded, the animal would not necessarily begin to walk without additional prodding, so it is obvious that merely mounting the animal would not effect acquisition.

The Ritzbash, cited in *Shita Mekubbetzet*, explains that the typical purpose for which one would sit upon an animal passively is in order to survey his field. Therefore, by sitting on it in the field, he makes use of the animal and thereby acquires it. In the city, it is not typical for one to sit passively upon an animal without causing it to move, and in order to acquire the animal there, he must direct it toward a desired destination.

HALAKHA

Acquisition on Shabbat – קָנֶין בְּשַׁבָּת: Although the Sages prohibited all transactions on Shabbat, nevertheless, one who performs a formal act of acquisition on Shabbat acquires the item, even if the item he lifts is *muktze* (*Shulḥan Arukh*, *Ḥoshen Mishpat* 195:11).

Perek **I**
Daf **9** Amud **b**

וְאִי רְשׁוּת הָרַבִּים הוּא – קָנֵי, וְאִי אָדָם חָשׁוּב הוּא – קָנֵי, וְאִי אִשָּׁה הִיא – קָנְיָא. וְאִי אִינִישׁ זִילָא הוּא – קָנֵי.

And if he rides it **in the public domain, he acquires** it, as people commonly ride animals in the city's public domain. **And if he is an important person,** who always rides his animal rather than leading it, **he acquires** it even in an alleyway. **And if** the buyer **is a woman, she acquires** the animal, as women do not normally lead animals. **And if** the buyer **is a detestable person,** who rides even where other people do not, he too **acquires** the animal.[H]

בָּעֵי רַבִּי אֶלְעָזָר: הָאוֹמֵר לַחֲבֵירוֹ מְשׁוֹךְ בְּהֵמָה זוֹ לִקְנוֹת כֵּלִים שֶׁעָלֶיהָ מַהוּ?

§ **Rabbi Elazar raises a dilemma:** With regard to **one who says to another,** to whom he wishes to sell vessels: **Pull this animal in order to** acquire the **vessels that are upon it,**[N] **what is** the *halakha*? Can the buyer acquire the vessels by pulling the animal?

NOTES

Pull this animal in order to acquire the vessels that are upon it – מְשׁוֹךְ בְּהֵמָה זוֹ לִקְנוֹת כֵּלִים שֶׁעָלֶיהָ: *Tosafot* note that if a seller were to instruct a buyer to pull a box in order to acquire the vessels within it, he would certainly be able to acquire the vessels in this manner. The difference between this case, where the vessels are upon an animal, and that case, when they are in a box, is that in this case the movement of the animal cannot be fully attributed to the one pulling it, as it walks on its own while being pulled.

HALAKHA

One who sits on an animal in the field or leads an animal in the city – רָכוּב בַּשָּׂדֶה וּמַנְהִיג בָּעִיר: If one sells an animal to another person and instructs him to acquire it in the way that people normally acquire animals, the buyer acquires it by either pulling it or lifting it. He can also acquire the animal by sitting on it in the field, but in the city he does not acquire it by doing so, as it is not common practice to sit on an animal in the city. The following people can acquire an animal by sitting on it in the city: An important person whose common practice is to ride even in the city, one whose practice is to disregard societal norms and ride in the city, and a woman. In the public domain, amid a jostling crowd, anyone can acquire an animal even by sitting on it in the city.

The Rosh has a different version of the text in the Gemara, according to which anyone can acquire an animal by sitting on it in an alleyway, whereas in the public domain only an important person can acquire it by sitting on an animal. The Rema apparently accepts this opinion. The *Sma* distinguishes between different kinds of public domains (Rambam *Sefer Kinyan*, *Hilkhot Mekhira* 2:10; *Shulḥan Arukh*, *Ḥoshen Mishpat* 197:5, and see *Beur HaGra* and *Arukh HaShulḥan* there).

לִקְנוֹת? מִי אֲמַר לֵיהּ קְנֵי? אֶלָּא: מְשׁוֹךְ בְּהֵמָה זוֹ וּקְנֵי כֵּלִים שֶׁעָלֶיהָ, מַהוּ? מִי מְהַנְּיָא מְשִׁיכָה דִּבְהֵמָה לְאַקְנוּיֵי כֵּלִים, אוֹ לָא?

Before discussing the dilemma, the Gemara clarifies the issue. If the vendor merely says: **In order** that you will **acquire** the vessels, how can the buyer acquire them? **Did he say to him** in the imperative: **Acquire** the vessels?[H] Without the seller's explicitly instructing the buyer to acquire the vessels, the buyer cannot acquire them. **Rather,** Rabbi Elazar's dilemma is with regard to a case where the seller says to the buyer: **Pull this animal and** thereby **acquire** the **vessels that are** upon it.[HN] **What is the** *halakha*? **Is pulling the animal effective** in order **to acquire** the **vessels** upon it, **or not?**

אֲמַר רָבָא: אִי אֲמַר לֵיהּ קְנֵי בְּהֵמָה וּקְנֵי כֵּלִים מִי קָנֵי כֵּלִים? חָצֵר מְהַלֶּכֶת הִיא, וְחָצֵר מְהַלֶּכֶת לֹא קָנָה.

Rava said: It is clearly not effective, as even **if he said to him: Acquire** the **animal and acquire** the **vessels, does** the buyer **acquire** the **vessels?** Although one can acquire an item by having it placed in his courtyard, and one's animal is the equivalent of his courtyard, **it is** considered **a mobile courtyard, and a mobile courtyard does not effect acquisition**[N] of items that are placed in it.

וְכִי תֵּימָא כְּשֶׁעָמְדָה, וְהָא כָּל שֶׁאִילּוּ מְהַלֵּךְ לֹא קָנָה – עוֹמֵד וְיוֹשֵׁב לֹא קָנָה.

And if you would say that the animal can function as a courtyard **when** it is **standing** still, not walking, while being pulled, **isn't** there a principle which states that **anything that does not effect acquisition when moving** also **does not effect acquisition** when it is **standing or sitting?**

וְהִלְכְתָא – בִּכְפוּתָה.

The Gemara concludes: **And the *halakha*** is that the buyer can acquire vessels by having them placed on the animal's back only **when** the animal is **bound.** In that circumstance, when the buyer acquires the animal it assumes the legal status of his courtyard, and he also acquires the items that are placed upon the animal.

אֲמַרוּ לֵיהּ רַב פַּפָּא וְרַב הוּנָא בְּרֵיהּ דְּרַב יְהוֹשֻׁעַ לְרָבָא: אֶלָּא מֵעַתָּה הָיָה מְהַלֵּךְ בִּסְפִינָה וְקָפְצוּ דָּגִים וְנָפְלוּ לְתוֹךְ הַסְּפִינָה, הָכִי נַמִי דְּחָצֵר מְהַלֶּכֶת הִיא וְלָא קָנֵי? אֲמַר לֵיהּ: סְפִינָה מֵינָח נַיְיחָא, וּמַיָּא הוּא דְּקָא מַמְטוּ לַהּ.

Rav Pappa and Rav Huna, son of Rav Yehoshua, said to Rava: If that is so, in a case where one **was sailing on a boat and fish jumped and fell into the boat,**[H] is the boat **also** considered **a mobile courtyard, and** therefore **he does not acquire** the fish? Rava **said to** them: A boat is not considered a mobile courtyard, as the **boat** itself **sits idle, and it is the water that moves it.**

HALAKHA

Did he say to him, acquire the vessels – מִי אֲמַר לֵיהּ קְנֵי: If one says to another: Pull this item and you will acquire it, or: Take possession of this land and you will acquire it, the transaction does not take effect, because the use of the future tense indicates that the buyer will not acquire the item through this action. The transaction takes effect only if the owner uses an imperative, namely: Pull the item and thereby acquire it, or: Take possession of the land and thereby acquire it, or a similar phrase. The Rambam derives this from the Gemara (Rambam *Sefer Kinyan*, *Hilkhot Mekhira* 2:8, and Ra'avad and *Maggid Mishne* there; *Shulḥan Arukh*, *Ḥoshen Mishpat* 197:6).

Acquisition of an animal and the vessels that are upon it – קִנְיַן בְּהֵמָה וְכֵלִים שֶׁעָלֶיהָ: If one pulls an animal that has vessels upon it in order to acquire the animal and the vessels, he acquires the animal but not the vessels, and he must perform a separate act of acquisition for the vessels. This is because the animal is considered a mobile courtyard. If the animal is bound, one can acquire the vessels upon it by pulling the animal. The Rosh rules that if the vessels are ownerless, by acquiring the animal one acquires the vessels as well. Since the dilemma in the Gemara is not resolved, acquisition is prevented only if there is an existing owner (Rambam *Sefer Kinyan*, *Hilkhot Mekhira* 3:13; *Shulḥan Arukh*, *Ḥoshen Mishpat* 202:14 and *Sma* there).

And fish jumped and fell into the boat – וְקָפְצוּ דָּגִים וְנָפְלוּ לְתוֹךְ הַסְּפִינָה: If fish, or any other ownerless items, fall into a boat, the owner of the boat acquires them, as the boat has the halakhic status of a stationary courtyard (Rambam *Sefer Kinyan*, *Hilkhot Zekhiya UMattana* 1:5; *Shulḥan Arukh*, *Ḥoshen Mishpat* 273:15).

NOTES

Pull this animal and acquire the vessels that are upon it – מְשׁוֹךְ בְּהֵמָה זוֹ וּקְנֵה כֵּלִים שֶׁעָלֶיהָ: The early commentaries deal extensively with clarifying this dilemma. Some explain that the question is whether or not the animal can serve as a courtyard for the purpose of acquiring the vessels, and others maintain that the issue revolves around the possibility of acquisition by means of pulling the vessels via pulling the animal. The Rashba explains, based on the conclusion of the Gemara that this acquisition is effective only if the animal is bound, that the dilemma is whether an animal or the vessels that are upon it can be acquired by pulling the animal in this manner, since this is clearly not the common way to move an animal.

And a mobile courtyard does not effect acquisition – וְחָצֵר מְהַלֶּכֶת לֹא קָנָה: The Rashba questions the reason for this ruling, as the *halakha* that one can acquire an item by virtue of its being placed in his courtyard is derived from the *halakha* of agency, i.e., one's courtyard can serve as his agent for acquiring items, and an agent is mobile. The Ritva answers that whereas an agent moves to carry out the mission of the one who appointed him, an animal moves on its own. The Rosh maintains that acquisition by means of a courtyard is not derived from agency but from acquisition by means of grasping the item in one's hand. Therefore, just as one's hand is not independently mobile, so too, a courtyard that is independently mobile cannot effect acquisition.

HALAKHA

Her basket – קַלְתָּה: If a husband threw a bill of divorce into a vessel that his wife was carrying, she is divorced (Rambam *Sefer Nashim, Hilkhot Geirushin* 5:8; *Shulḥan Arukh, Even HaEzer* 139:10).

One who gleaned ***pe'a*** **for another** – הַמְלַקֵּט פֵּאָה עֲבוּר אַחֵר: If one collects *pe'a* and says: This is for so-and-so the poor person, and the one who collected the *pe'a* is himself poor and eligible to receive *pe'a*, the *pe'a* is acquired by the poor person on whose behalf it was collected. If the one collecting the *pe'a* is wealthy, the produce is not acquired by the poor person for whom it was designated, and the one who collected it must give it to the first poor person he encounters. This is in accordance with the opinion of the Rabbis, as explained by Rabbi Yehoshua ben Levi (Rambam *Sefer Zera'im, Hilkhot Mattenot Aniyyim* 2:19).

BACKGROUND

Pe'a – פֵּאָה: The Torah states that it is prohibited for a farmer to harvest the produce of the corner of his field, and he must allow the poor to glean this produce for themselves. The Sages decreed that the area of the corner must be at least one-sixtieth of the field. This mitzva appears in the Torah (Leviticus 19:9, 23:22), and tractate *Pe'a* is devoted to the details of this mitzva. By Torah law, this mitzva applies to fields, vineyards, and olive groves.

אֲמַר לֵיהּ רָבִינָא לְרַב אַשִׁי: אֶלָּא מֵעַתָּה, הָיְתָה מְהַלֶּכֶת בִּרְשׁוּת הָרַבִּים וְזָרַק לָהּ גֵּט לְתוֹךְ חֵיקָהּ אוֹ לְתוֹךְ קַלְתָּהּ, הָכָא נַמִי דְּלָא מִגָּרְשָׁה? אֲמַר לֵיהּ: קַלְתָּהּ מֵינָח נַיְיחָא, וְאִיהִי דְּקָא מְסַגְּיָא מִתּוּתָהּ.

Ravina said to Rav Ashi: If that is so, that one does not acquire items that are placed in his mobile courtyard, then if a woman **was walking in the public domain and** her husband **threw a bill of divorce into her lap,** i.e., onto her person, **or into her basket**[H] that she was carrying on her head, **here too, is she not divorced** because the basket was moving? Rav Ashi **said to him: Her basket** is not considered a mobile courtyard, as it **sits idle, and it is she who walks beneath it.**

מתני׳ הָיָה רוֹכֵב עַל גַּבֵּי בְהֵמָה וְרָאָה אֶת הַמְּצִיאָה, וְאָמַר לַחֲבֵירוֹ תְּנָה לִי, נְטָלָהּ וְאָמַר אֲנִי זָכִיתִי בָּהּ – זָכָה בָּהּ. אִם מִשֶּׁנְּתָנָהּ לוֹ אָמַר אֲנִי זָכִיתִי בָּהּ תְּחִלָּה – לֹא אָמַר כְּלוּם.

MISHNA If one **was riding on an animal and saw a found item, and said to another** person who was walking beside him: **Give** it **to me,** if the pedestrian **took it and said: I have acquired it** for myself, **he has acquired** it by means of lifting it, even though he did not see it first. But **if, after giving it to** the one riding the animal, **he said: I acquired** it for myself **at the outset, he has said nothing** and the rider keeps the item.

גמ׳ תְּנַן הָתָם: מִי שֶׁלִּיקֵּט אֶת הַפֵּאָה, וְאָמַר הֲרֵי זוֹ לִפְלוֹנִי עָנִי, רַבִּי אֱלִיעֶזֶר אוֹמֵר: זָכָה לוֹ, וַחֲכָמִים אוֹמְרִים: יִתְּנֶנָּה לֶעָנִי הַנִּמְצָא רִאשׁוֹן.

GEMARA We learned in a mishna **there** (*Pe'a* 4:9): With regard to **one who gleaned the produce in the corner of the field, which is given to the poor** [*pe'a*],[HBN] **and said: This** produce **is for so-and-so, a poor person, Rabbi Eliezer says: He** thereby **acquired** it **on** the poor person's **behalf. And the Rabbis say:** He did not acquire it for the poor person; rather, **he should give it to the first poor person that he encounters.**

אֲמַר עוּלָּא אֲמַר רַבִּי יְהוֹשֻׁעַ בֶּן לֵוִי: מַחֲלוֹקֶת מֵעָשִׁיר לֶעָנִי,

Ulla said that **Rabbi Yehoshua ben Levi said:** This **dispute** is in a case where the *pe'a* was gleaned **by a rich person,** who is not entitled to take the *pe'a* for himself, **on behalf of a poor person.**

דְּרַבִּי אֱלִיעֶזֶר סָבַר: מִגּוֹ דְּאִי בָּעֵי מַפְקַר נִכְסֵיהּ וְהָוֵי עָנִי, וַחֲזִי לֵיהּ – הָשְׁתָּא נַמִי חֲזֵי לֵיהּ, וּמִגּוֹ דְּזָכֵי לְנַפְשֵׁיהּ – זָכֵי נַמִי לְחַבְרֵיהּ. וְרַבָּנַן סָבְרִי: חַד מִגּוֹ – אָמְרִינַן, תְּרֵי מִגּוֹ – לָא אָמְרִינַן.

As Rabbi Eliezer holds that **since** [*miggo*], **if he** so **desires, he can renounce ownership of his property and** he would then **be poor, and** the *pe'a* would then be **suitable for him, now too,** it is considered potentially **suitable for him** even though he is wealthy. **And since** [*miggo*] **he can acquire** it **for himself, he can acquire** it **on behalf of another** poor person **as well. And the Rabbis hold** that **we say** *miggo* **once,** but **we do not say** *miggo* **twice.** Therefore, a wealthy person cannot acquire *pe'a* for a poor person.

אֲבָל מֵעָנִי לֶעָנִי – דִּבְרֵי הַכֹּל זָכָה לוֹ, דְּמִגּוֹ דְּזָכֵי לְנַפְשֵׁיהּ זָכֵי נַמִי לְחַבְרֵיהּ.

But in a case where the *pe'a* was gleaned **by a poor person on behalf of** another **poor person, everyone agrees** that **he acquires** it **on behalf of** the other person, **as since** [*miggo*] **he can acquire** it **for himself, he can acquire** it **on behalf of another** person **as well.**

אֲמַר לֵיהּ רַב נַחְמָן לְעוּלָּא: וְלֵימָא מָר מֵעָנִי לֶעָנִי מַחֲלוֹקֶת, דְּהָא מְצִיאָה הַכֹּל עֲנִיִּים אֶצְלָהּ, וּתְנַן: הָיָה רוֹכֵב עַל גַּבֵּי בְהֵמָה וְרָאָה אֶת הַמְּצִיאָה, וְאָמַר לַחֲבֵירוֹ תְּנָה לִי נְטָלָהּ וְאָמַר אֲנִי זָכִיתִי בָּהּ – זָכָה בָּהּ.

Rav Naḥman said to Ulla: But shouldn't the Master say that the **dispute** is even in a case where the *pe'a* was gleaned **by a poor person on behalf of** another **poor person?** This can be proven from the mishna, **as everyone is** considered like **poor people with regard to a found item,** i.e., everyone has the right to acquire a found item just as a poor person is entitled to glean *pe'a*, **and we learned** in the mishna: If one **was riding on an animal and saw a found item, and said to another** person: **Give** it **to me,** if the pedestrian **took it and said: I have acquired it** for myself, **he has acquired it.**

אִי אָמְרַתְּ בִּשְׁלָמָא מֵעָנִי לֶעָנִי מַחֲלוֹקֶת

Granted, if you say the **dispute** pertains to a case where the *pe'a* was gleaned **by a poor person on behalf of a poor person,**

NOTES

One who gleaned produce in the corner of the field which is given to the poor [***pe'a***] – מִי שֶׁלִּיקֵּט אֶת הַפֵּאָה: In Rashi's opinion, this is not referring to the owner of the field's gleaning the produce, since by Torah law the owner is required to separate *pe'a* and is therefore unable to acquire that produce. Most commentaries hold that there is no distinction here between the owner of the field and anyone else (Rabbeinu Shimshon of Saens; Rosh; Ran). The Jerusalem Talmud apparently supports the latter opinion.

Others maintain that the owner of the field is included in this *halakha* only according to the opinion that the dispute pertains to a wealthy person; since the owner of the field may not take the *pe'a* even if he is poor. The only exception to this would be were he to renounce his ownership of the entire field (Meiri).

מַתְנִיתִין מַנִּי – רַבָּנַן הִיא. אֶלָּא אִי אָמְרַתְּ בְּעָשִׁיר וְעָנִי מַחְלוֹקֶת, אֲבָל מֵעָנִי לְעָנִי דִּבְרֵי הַכֹּל זָכָה לוֹ – הָא מַנִּי? לָא רַבָּנַן וְלָא רַבִּי אֱלִיעֶזֶר!

whose opinion is expressed in **the mishna? It is** the opinion of **the Rabbis,** who hold that one cannot acquire an item for another in this manner. **But if you say** that the **dispute** is specifically **in** a case of **a rich person and a poor person but** in a case where the *pe'a* was gleaned **by a poor person on behalf of a poor person everyone agrees** that **he acquired** it **on the** latter's **behalf,** in accordance with **whose** opinion **is this** mishna? It is **neither** in accordance with the opinion of **the Rabbis nor** in accordance with the opinion of **Rabbi Eliezer.**

אֲמַר לֵיהּ: מַתְנִיתִין דְּאָמַר תְּחִילָּה.

Ulla **said to** Rav Naḥman: **The mishna** is referring to a case **where** the one lifting the item **said:** I intended to acquire the item for myself **at the outset;** I never had intention to acquire it on behalf of the rider.

הָכִי נַמִי מִסְתַּבְּרָא, דְּקָתָנֵי סֵיפָא: אִם מִשֶּׁנְּתָנָהּ לוֹ אָמַר: אֲנִי זָכִיתִי בָּהּ תְּחִילָּה – לֹא אָמַר כְּלוּם. "תְּחִילָּה" בְּסֵיפָא לָמָּה לִי? פְּשִׁיטָא, אַף עַל גַּב דְּלָא אָמַר תְּחִילָּה – תְּחִילָּה קָאָמַר! אֶלָּא לָאו, הָא קָא מַשְׁמַע לַן: רֵישָׁא דְּאָמַר תְּחִילָּה.

The Gemara adds: **So too, it is reasonable** to explain the mishna in this manner, **as it teaches in the last clause:** But **if, after giving it to** the one riding the animal **he said: I acquired it** for myself **at the outset, he has said nothing** and the rider keeps the item. **Why do I need** the phrase: **At the outset,** to be mentioned **in the last clause? It is obvious** that **even if he did not** explicitly **say: At the outset, he meant** that he acquired it **at the outset,** before he gave it to the rider. **Rather, isn't** this phrase mentioned to **teach us this: The first clause** of the mishna is also referring a case **where he said:** I intended to acquire it for myself **at the outset?**

וְאִידַּךְ: תְּנָא סֵיפָא לְגַלּוֹיֵי רֵישָׁא, סֵיפָא דְּאָמַר תְּחִילָּה, רֵישָׁא דְּלָא אָמַר תְּחִילָּה.

And the other Sage, Rav Naḥman, is of the opinion that the mishna **taught** this phrase in **the last clause** of the mishna in order **to shed light on the first clause. The last clause** is referring to a case **where he said** that he acquired the item **at the outset** in order to indicate that in **the first clause,** the one who lifts the item acquires it even in a case **where he did not say** that he acquired it for himself **at the outset.** In Rav Naḥman's opinion, the rider does not acquire the item until it is given to him.

רַב נַחְמָן וְרַב חִסְדָּא דְּאָמְרִי תַּרְוַיְיהוּ: הַמַּגְבִּיהַּ מְצִיאָה לַחֲבֵירוֹ – לֹא קָנָה חֲבֵירוֹ.

§ The Gemara discusses the opinion of **Rav Naḥman and Rav Ḥisda, who both say:** In a case of **one who** performs an act of acquisition by **lifting a found item on behalf of another,**[H] **the other** person, i.e., the latter, **does not acquire** ownership of the item.

מַאי טַעְמָא – הָוֵי תּוֹפֵס לְבַעַל חוֹב בְּמָקוֹם שֶׁחָב לַאֲחֵרִים, וְהַתּוֹפֵס לְבַעַל חוֹב בְּמָקוֹם שֶׁחָב לַאֲחֵרִים – לֹא קָנָה.

What is the reason for this? The reason is that **it is** a case of **one who seizes** assets **for a creditor in a situation that** will result in **a disadvantage for others,**[HN] as the debtor owes money to other creditors as well; **and one who seizes** assets **for a creditor in a situation that** will result in **a disadvantage for others does not acquire** the assets for him. Although a creditor can himself seize the assets as payment for the debt, no one else can take action that will benefit one person at the expense of others. Similarly, since everyone has equal rights to an ownerless item that is found, one person cannot deprive all others of that right on behalf of another person.

אֵיתִיבֵיהּ רָבָא לְרַב נַחְמָן: מְצִיאַת פּוֹעֵל – לְעַצְמוֹ.

Rava raised an objection to the opinion of **Rav Naḥman**[N] from a *baraita*: **The found item of a laborer,**[H] i.e., something that he found, belongs **to him** and not to the employer for whom he is working at that time.

בַּמֶּה דְּבָרִים אֲמוּרִים – בִּזְמַן שֶׁאָמַר לוֹ בַּעַל הַבַּיִת נַכֵּשׁ עִמִּי הַיּוֹם, עֲדוֹר עִמִּי הַיּוֹם. אֲבָל אָמַר לוֹ: עֲשֵׂה עִמִּי מְלָאכָה הַיּוֹם מְצִיאָתוֹ שֶׁל בַּעַל הַבַּיִת הוּא!

In what case **is this statement,** that the item belongs to the laborer, **said?** It is said **when the employer** told the laborer to perform a specific task, e.g., he **said to him: Weed for me today,** or: **Till for me today.** Since the employer specified the task that he hired the laborer to perform, the laborer has rights to the item that the laborer found. **But** if the employer **said to** the laborer: **Work for me today,** without specifying the nature of the work, the **found item is the employer's,** as finding ownerless items is included within the general category of work. This indicates that a laborer can acquire an item for someone else, which contradicts Rav Naḥman's principle.

HALAKHA

One who performs an act of acquisition by lifting a found item on behalf of another – הַמַּגְבִּיהַּ מְצִיאָה לַחֲבֵירוֹ: If one says to another: Acquire this lost item on my behalf, once that person raises the item, the first person acquires it. If he says: Give me that item, the one who lifts it can decide to acquire it for himself if he has not yet handed it to the one who asked him for it. This is in accordance with the opinion of Rabbi Yoḥanan (Rambam *Sefer Nezikin, Hilkhot Gezeila VaAveda* 17:2; *Shulḥan Arukh, Ḥoshen Mishpat* 269:6).

One who seizes assets for a creditor in a situation that will result in a disadvantage for others – תּוֹפֵס לְבַעַל חוֹב בְּמָקוֹם שֶׁחָב לַאֲחֵרִים: If a debtor owes money to several people and does not have sufficient funds to repay them all, and one who is not a creditor seizes the debtor's property for the benefit of one of the creditors, that creditor does not acquire the property. Rather, it is distributed to the creditors in the same manner that it would have been distributed had it remained in the debtor's possession (Rambam *Sefer Mishpatim, Hilkhot To'en VeNitan* 20:2; *Shulḥan Arukh, Ḥoshen Mishpat* 105:1).

The found item of a laborer – מְצִיאַת פּוֹעֵל: If a laborer is hired for unspecified labor, any lost item that he finds while working belongs to the laborer. If the employer specifically hired him to search for lost items for him, any item that the laborer finds belongs to the employer. This is in accordance with the *baraita*, as interpreted by Rav Pappa on 12b (Rambam *Sefer Mishpatim, Hilkhot Sekhirut* 9:11 and *Sefer Nezikin, Hilkhot Gezeila VaAveda* 17:13; *Shulḥan Arukh, Ḥoshen Mishpat* 270:3).

NOTES

One who seizes assets for a creditor in a situation that will result in a disadvantage for others – תּוֹפֵס לְבַעַל חוֹב בְּמָקוֹם שֶׁחָב לַאֲחֵרִים: In Rashi's opinion, if the creditor explicitly appoints an agent to seize the property on his behalf and the agent does so, the creditor acquires the property. Most early commentaries disagree with Rashi, maintaining that even if the creditor appointed an agent, the agent cannot seize the property on his behalf (*Tosafot*; Rid; Rashba).

Rava raised an objection to the opinion of Rav Naḥman – אֵיתִיבֵיהּ רָבָא לְרַב נַחְמָן: Earlier in the Gemara (8a), Rava challenges Rami bar Ḥama's opinion that one can acquire a found item for another by lifting it, yet here Rava objects to Rav Naḥman's contrary opinion. Some commentaries resolve this apparent contradiction by noting that after Rav Naḥman responded to Rava's objection, Rava reconsidered his opinion (*Shita Mekubbetzet*). Others explain that Rava did not express his opinion one way or the other. Rather, while analyzing the topic without having arrived at a conclusion, he raised challenges against both sides of the dispute (Rosh).

HALAKHA

A laborer may reconsider – פּוֹעֵל יָכוֹל לַחְזוֹר בּוֹ: A laborer may quit a job even if he already began working, even in the middle of the day, and even if he already received his wages for the entire day. In the latter case, he is liable to repay the employer the surplus money he received. This is in accordance with the statement of Rav (Rambam *Sefer Mishpatim, Hilkhot Sekhirut* 9:4; *Shulḥan Arukh, Ḥoshen Mishpat* 333:3).

אֲמַר לֵיהּ: שָׁאנֵי פּוֹעֵל דְּיָדוֹ כְּיַד בַּעַל הַבַּיִת הוּא.

Rav Naḥman **said to him: A laborer is different, as his hand is like the hand of the employer.** He is considered his agent while he is working for him.

וְהָאָמַר רַב: פּוֹעֵל יָכוֹל לַחְזוֹר בּוֹ אֲפִילּוּ בַּחֲצִי הַיּוֹם!

Rava responded: **But doesn't Rav say** that **a laborer may reconsider**[H] and quit his job, **even at midday?** Evidently, the relationship between the employer and the laborer is structured to the benefit of the laborer.

אֲמַר לֵיהּ: כָּל כַּמָּה דְּלָא הָדַר בֵּיהּ – כְּיַד בַּעַל הַבַּיִת הוּא, כִּי הָדַר בֵּיהּ – טַעְמָא אַחֲרִינָא הוּא, דִּכְתִיב ״כִּי לִי בְנֵי יִשְׂרָאֵל עֲבָדִים״ – עֲבָדַי הֵם, וְלֹא עֲבָדִים לַעֲבָדִים.

Rav Naḥman **said to him: As long as he does not retract** his commitment, his hand **is like the employer's hand. When** he does **retract** his commitment, he is able to do so. But this is not because matters are structured to the benefit of the laborer, but for **a different reason, as it is written: "For to Me the children of Israel are slaves;**[N] they are My slaves whom I brought forth out of the land of Egypt" (Leviticus 25:55), which indicates: **They are My slaves, and not slaves of slaves,** i.e., of other Jews. Consequently, a Jew can never be enslaved to another Jew with a contract from which he cannot release himself whenever he wishes. Nevertheless, as long as the laborer does not quit the job, he is considered his employer's agent.

אָמַר רַבִּי חִיָּיא בַּר אַבָּא אָמַר רַבִּי יוֹחָנָן: הַמַּגְבִּיהַּ מְצִיאָה לַחֲבֵירוֹ – קָנָה חֲבֵירוֹ, וְאִם תֹּאמַר מִשְׁנָתֵינוּ – דְּאָמַר ״תְּנָה לִי״, וְלֹא אָמַר ״זְכֵה לִי״.

Contrary to the opinion of Rav Naḥman and Rav Ḥisda, **Rabbi Ḥiyya bar Abba says** that **Rabbi Yoḥanan says:** In a case of **one who** performs an act of acquisition by **lifting a found item on behalf of another, the other** person **acquires**[N] ownership of the item. **And if you say** that **our mishna** seems to suggest otherwise, it is referring to a case **where** the rider **says** to the pedestrian: **Give** it **to me, but does not say: Acquire** it **for me.** If he says give it to me, the rider acquires the item only when it reaches his possession. If he says acquire it for me, the rider acquires the item as soon as the pedestrian lifts it.

מתני׳ רָאָה אֶת הַמְּצִיאָה וְנָפַל עָלֶיהָ, וּבָא אַחֵר וְהֶחֱזִיק בָּהּ – זֶה שֶׁהֶחֱזִיק בָּהּ זָכָה בָּהּ.

MISHNA If one **saw a found item and fell upon it,** intending to thereby acquire it, but did not employ one of the formal modes of acquisition, **and** then **another came and seized it, the one who seized it acquired it** because he employed one of the formal modes of acquisition.

גמ׳ אָמַר רֵישׁ לָקִישׁ מִשּׁוּם אַבָּא כֹּהֵן בַּרְדְּלָא: אַרְבַּע אַמּוֹת שֶׁל אָדָם קוֹנוֹת לוֹ בְּכָל מָקוֹם. [מַאי טַעְמָא]? תַּקִּינוּ רַבָּנַן – דְּלָא אָתֵי לְאִנְצוֹיֵי. אָמַר אַבָּיֵי: מוֹתִיב רַבִּי חִיָּיא בַּר יוֹסֵף פֵּאָה, אָמַר רָבָא: מוֹתִיב רַבִּי יַעֲקֹב בַּר אִידִי נְזִיקִין.

GEMARA **Reish Lakish says in the name of Abba Kohen Bardela:** The area of **four** square **cubits** surrounding **a person** has the legal status of his courtyard, and it **effects acquisition** of every ownerless item located there **for him,**[N] **everywhere. What is the reason** for this? **The Sages instituted** this ordinance **so that** people **would not come to quarrel** over an item. **Abaye said** that **Rabbi Ḥiyya bar Yosef raises an objection** to this from a mishna in tractate ***Pe'a*. Rava said** that **Rabbi Ya'akov bar Idi raises an objection** to this from a mishna in ***Nezikin*.**[N]

NOTES

For to Me the children of Israel are slaves – כִּי לִי בְנֵי יִשְׂרָאֵל עֲבָדִים: One who hires himself out as a laborer is not in violation of this mitzva, since a laborer does not become the property of his employer as a slave does (Rosh; see *Tosafot*). The later commentaries ask how an item found by a laborer is thereby acquired by his employer if the laborer is not considered the employer's property (see *Kehillot Ya'akov*).

In a case of one who performs an act of acquisition by lifting a found item on behalf of another, the other person acquires – הַמַּגְבִּיהַּ מְצִיאָה לַחֲבֵירוֹ קָנָה חֲבֵירוֹ: The early commentaries raise an apparent contradiction between this statement of Rabbi Yoḥanan's and his opinion elsewhere that one who seizes assets for a creditor at the expense of other creditors does not acquire the assets for him. According to the Gemara's discussion earlier, this principle serves as a basis for the opinion that one cannot acquire a found item for another by lifting it. One answer is that according to Rabbi Yoḥanan the cases are not similar; whereas the agent of a creditor cannot take the assets of the debtor for himself, one can acquire a found item for himself, and he can therefore acquire it for another person as well (Rid; Rabbeinu Tam). Others suggest a different distinction: In the case of a found item, the one who acquires it does not cause anyone else to lose money, as the found item does not belong to anyone (Ramban).

The area of four square cubits surrounding a person effects acquisition for him – אַרְבַּע אַמּוֹת שֶׁל אָדָם קוֹנוֹת לוֹ: Most of the early commentaries hold that the four square cubits encompassing a person can effect acquisition for him only with regard to ownerless items and gifts (see Meiri). In the Jerusalem Talmud there is a dispute as to whether one's area of four square cubits is effective in buying property and in other cases involving Torah law as well (see Ramban). Some commentaries explain that the mode of transaction utilizing this area is effective in buying property only if the one acquiring the item was standing in the four-square-cubit area before the item arrived in it; otherwise, other modes of acquisition are necessary (*Nimmukei Yosef*; Ran).

Since acquisition by means of one's four-square-cubit area is a rabbinic ordinance, instituted in order to avoid disputes, some commentaries ask how a woman can receive her bill of divorce by the husband's placing it in her four square cubits. How is such a divorce effective by Torah law? Some commentaries answer that the actual ordinance was to grant a person standing in the public domain ownership of the four square cubits surrounding him. Consequently, this area is considered his courtyard by Torah law, and he can therefore acquire by Torah law items that are placed in it (*Talmid Rabbeinu Peretz*).

Raises an objection from *Nezikin* – מוֹתִיב...נְזִיקִין: Rashi explains that this is referring to the order of *Nezikin*. Others explain that the reference is to tractate *Nezikin*, i.e., *Bava Kamma*, *Bava Metzia*, and *Bava Batra*, which originally formed a larger tractate called *Nezikin* before they were divided into three separate tractates (*Torat Ḥayyim*; Rashash).

אֲמַר אַבַּיֵי, מוֹתִיב רַבִּי חִיָּיא בַּר יוֹסֵף פֵּיאָה: נָטַל מִקְצָת פֵּיאָה וְזָרַק עַל הַשְּׁאָר – אֵין לוֹ בָּהּ כְּלוּם, נָפַל לוֹ עָלֶיהָ, פָּרַס טַלִּיתוֹ עָלֶיהָ – מַעֲבִירִין אוֹתוֹ הֵימֶנָּה, וְכֵן בְּעוֹמֶר שִׁכְחָה.

The Gemara elaborates: **Abaye said** that **Rabbi Ḥiyya bar Yosef raises an objection** to this from a mishna in tractate ***Pe'a*** (4:3), which states: If a poor person **took some of the *pe'a*** in the field **and threw it on the rest** of the *pe'a* in order to acquire it, **he has nothing of it.**[N] The same is true if **he fell upon** the *pe'a*, or if **he spread his garment over it;**[H] others may **remove him** or his garment **from** the *pe'a* in order to take it for themselves, as he did not acquire it. **And the same** is true **in** the case of **a forgotten sheaf**[B] left for the poor; a poor person cannot acquire it in any of these manners.

וְאִי אָמְרַתְּ אַרְבַּע אַמּוֹת שֶׁל אָדָם קוֹנוֹת לוֹ בְּכָל מָקוֹם, נִקְנוּ לֵיהּ אַרְבַּע אַמּוֹת דִּידֵיהּ!

Rabbi Ḥiyya bar Yosef continues: **And if you say** that **a person's** area of **four** square **cubits effects acquisition** of property **for him everywhere, let his** area of **four** square **cubits effect acquisition** of the *pe'a* or the forgotten sheaf **for him.**

הָכָא בְּמַאי עָסְקִינַן – דְּלָא אֲמַר אַקְנֵי.

The Gemara responds: **With what are we dealing here?** We are dealing with a case **where he did not say: I will acquire** the *pe'a* through this action. He performed the action without revealing his intention; therefore, his acquisition is ineffective.

וְאִי תַּקּוּן רַבָּנַן, כִּי לָא אֲמַר מַאי הָוֵי?

The Gemara asks: **But if the Sages instituted** an ordinance that the area of four cubits surrounding a person acquires property for him, then even in a case **where he did not say:** I will acquire the produce, **what of it?** Shouldn't he have acquired it even without expressing his intent to do so?

כֵּיוָן דִּנְפַל – גַּלֵּי דַּעֲתֵיהּ דִּבְנְפִילָה נִיחָא לֵיהּ דְּנִקְנֵי, בְּאַרְבַּע אַמּוֹת לָא נִיחָא לֵיהּ דְּנִקְנֵי.

The Gemara answers: This case is different. **Since he fell** upon it **he** thereby **revealed his intention: That it is satisfactory for him to acquire** the produce **by falling** on it and **it is not satisfactory for him to acquire** the produce **through** the ordinance concerning his **four** square **cubits.** Since he decided to forgo the mode of acquisition that the Sages instituted, and falling on the produce is not a valid mode of acquisition, he did not acquire the produce.

NOTES

He has nothing of it – אֵין לוֹ בָּהּ כְּלוּם: According to the Rambam and Rabbeinu Shimshon of Saens, citing the *Tosefta* and the Jerusalem Talmud, this means that not only is the attempt to acquire additional produce ineffective, the produce that he previously gleaned is confiscated from him as a penalty as well. The Sages apparently imposed this penalty in order to prevent altercations (Rashba).

HALAKHA

Took some of the *pe'a* and threw it on the rest…spread his garment over it – נָטַל מִקְצָת פֵּיאָה וְזָרַק עַל הַשְּׁאָר...פָּרַס טַלִּיתוֹ עָלֶיהָ: If a poor person took some *pe'a* and threw it on the rest of the *pe'a*, or fell upon the *pe'a*, or spread his garment over the *pe'a*, he has not acquired the *pe'a* that he attempted to acquire in this manner. Furthermore, the *pe'a* that he had already collected is confiscated from him as a penalty (Rambam *Sefer Zera'im*, *Hilkhot Mattenot Aniyyim* 2:18).

BACKGROUND

Forgotten sheaf – עוֹמֶר שִׁכְחָה: This is referring to one of the agricultural gifts to the poor. A farmer who forgot a sheaf in the field while harvesting his grain may not return to collect it, and instead it must be left for the poor (Deuteronomy 24:19).

Perek **I**
Daf **10** Amud **b**

רַב פַּפָּא אֲמַר: כִּי תַּקִּינוּ לֵיהּ רַבָּנַן אַרְבַּע אַמּוֹת – בְּעָלְמָא, בְּשָׂדֶה דְּבַעַל הַבַּיִת – לָא תַּקִּינוּ לֵיהּ רַבָּנַן. וְאַף עַל גַּב דְּזָכָה לֵיהּ רַחֲמָנָא בְּגַוַּהּ, כִּי זָכָה לֵיהּ רַחֲמָנָא – לְהַלּוּכֵי בָּהּ וּלְנַקּוּטֵי פֵּיאָה, לְמֶיהֱוֵי חֲצֵירוֹ לָא זָכָה לֵיהּ רַחֲמָנָא.

Rav Pappa said a different answer: **When the Sages instituted** an ordinance that one's **four** square **cubits** effect acquisition of property **for him,** that was **in the world,**[N] i.e., on public land. But **the Sages did not institute** this mode of acquisition **for him in a field belonging to an owner. And even though the Merciful One accorded** a poor person certain **rights in** a landowner's field during the distribution of *pe'a*, this mode of acquisition is not included in those rights; **when the Merciful One accorded him rights** it was specifically **to walk in** the field **and to collect *pe'a*,** but **the Merciful One did not accord him the right** that the field **be considered his courtyard** with regard to acquiring *pe'a*. Therefore, the mishna in tractate *Pe'a* does not contradict the statement of Reish Lakish.

אֲמַר רָבָא, מוֹתִיב רַבִּי יַעֲקֹב בַּר אִידִי נְזִיקִין: רָאָה אֶת הַמְּצִיאָה וְנָפַל לוֹ עָלֶיהָ, וּבָא אַחֵר וְהֶחֱזִיק בָּהּ – זֶה שֶׁהֶחֱזִיק בָּהּ זָכָה בָּהּ. וְאִי אָמְרַתְּ אַרְבַּע אַמּוֹת שֶׁל אָדָם קוֹנוֹת לוֹ בְּכָל מָקוֹם, נִקְנוּ לֵיהּ אַרְבַּע אַמּוֹת דִּידֵיהּ!

As mentioned previously, **Rava said** that **Rabbi Ya'akov bar Idi raises an objection** to this from a mishna in ***Nezikin***. The Gemara elaborates: The mishna here states that if one **saw a found item and fell upon it,**[H] **and another came and seized it, the one who seized it acquired it. And if you say** that **a person's four** square **cubits effect acquisition** of property[H] **for him everywhere, let his four** square **cubits effect acquisition** of the found item **for him.**

HALAKHA

Saw a found item and fell upon it – רָאָה אֶת הַמְּצִיאָה וְנָפַל לוֹ עָלֶיהָ: If one saw an item and fell upon it, and another came and seized it, the person who seized it acquired it. The Rema holds that if the item was located in a place where one's four square cubits can effect acquisition of ownerless property for him, the one who fell upon it acquired it (*Tur* and *Baḥ*, citing the Rif and the Rosh) in accordance with the second answer of the Gemara (Rambam *Sefer Nezikin*, *Hilkhot Gezeila VaAveda* 17:1; *Shulḥan Arukh*, *Ḥoshen Mishpat* 268:1 and *Sma* there).

Four square cubits effect acquisition of property – אַרְבַּע אַמּוֹת...קוֹנוֹת: The four square cubits surrounding a person can effect acquisition of property for him. If there is an ownerless item in that space he acquires it. This *halakha* applies only in an alleyway or in areas adjacent to the public domain. In the public domain itself, or in a field belonging to another, one's four square cubits do not effect acquisition of property for him. The *Shakh* is uncertain whether or not one's four square cubits can effect acquisition of a gift; the Gra rules that they can, in accordance with the statements of Rav Pappa and Rav Sheshet (Rambam *Sefer Nezikin*, *Hilkhot Gezeila VaAveda* 17:9 and *Sefer Kinyan*, *Hilkhot Zekhiya UMattana* 4:9; *Shulḥan Arukh*, *Ḥoshen Mishpat* 268:2).

NOTES

In the world – בְּעָלְמָא: The *ge'onim* had a variant text: A field belonging to the world, i.e., an ownerless field. The Rambam rules accordingly that in an ownerless field, the four square cubits surrounding a person effect acquisition of property for him.

HALAKHA

Acquisition for a minor girl by means of her courtyard or her four square cubits – **חָצֵר וְאַרְבַּע אַמּוֹת לִקְטַנָּה**: A minor girl acquires property that is placed in her courtyard or in her four square cubits. The Rema holds that this applies exclusively to a fatherless minor girl, whereas the *Shakh* maintains that even if she has a father she can acquire property by means of her courtyard. A minor boy cannot acquire property by either of these means (Rambam *Sefer Nezikin*, *Hilkhot Gezeila VaAveda* 17:10 and *Sefer Kinyan*, *Hilkhot Zekhiya UMattana* 4:9; *Shulḥan Arukh*, *Ḥoshen Mishpat* 243:23, 268:5).

NOTES

A courtyard is included due to her hand…due to agency – **חָצֵר מִשּׁוּם יָדָהּ אִיתְרַבַּאי...מִשּׁוּם שְׁלִיחוּת**: The logic behind the opinion that a courtyard acts as one's hand is that it is considered an extension of a person, in which he holds his possessions. The opinion that a courtyard acts as one's agent considers it an independent entity that serves its owner, similar to an agent, who acts on behalf of the one who appointed him. Various limitations apply with regard to agency, including the *halakha* that a minor cannot appoint an agent.

הָכָא בְּמַאי עָסְקִינַן – דְּלָא אֲמַר אַקְנֵי. וְאִי תַּקּוּן רַבָּנַן, כִּי לָא אֲמַר מַאי הָוֵי? כֵּיוָן דִּנְפַל עֲלֶיהָ – גַּלֵּי דַּעְתֵּיהּ דִּבְנְפִילָה נִיחָא לֵיהּ דְּנִקְנֵי, בְּאַרְבַּע אַמּוֹת לָא נִיחָא לֵיהּ דְּנִקְנֵי.

The Gemara answers: **Here we are dealing with** a case **where he did not say: I will acquire** it. The Gemara asks: **But if the Sages instituted** an ordinance that one's four square cubits effect acquisition of property for him, then even in a case **when he did not say:** I will acquire the item, **what of it?** The item should still be his. The Gemara answers: **Since he fell upon it, he revealed his intention that it is satisfactory for him to acquire** the item **by falling** on it, and **it is not satisfactory for him to acquire** the item **through** the ordinance concerning his **four** square **cubits.** Since he decided to forgo the mode of acquisition instituted by the Sages, he does not acquire the found item.

רַב שֵׁשֶׁת אֲמַר: כִּי תַּקִּינוּ רַבָּנַן – בְּסִמְטָא, דְּלָא דָּחֲקִי רַבִּים, בִּרְשׁוּת הָרַבִּים דְּקָא דָּחֲקִי רַבִּים – לָא תַּקִּינוּ רַבָּנַן.

Rav Sheshet said a different answer: **When the Sages instituted** that one's four square cubits effect acquisition of property for him, that was **in** a place like **an alleyway, where the multitudes do not crowd,** so the four square cubits surrounding a person can temporarily be considered his property and enable him to acquire an item; but **the Sages did not institute** this mode of acquisition **in the public domain, where the multitudes crowd.**

וְהָא בְּכׇל מָקוֹם קָאָמַר!

The Gemara asks: **But** doesn't the wording of Reish Lakish's statement indicate that there is no such limitation, as **he says** that the area of four square cubits surrounding a person effects acquisition of property for him **everywhere?** The indication is that this is true even in the public domain.

כׇּל מָקוֹם לְאֵתוֹיֵי צִידֵּי רְשׁוּת הָרַבִּים.

The Gemara answers: The word **everywhere** is not to be taken literally; it was stated **to include** even **the sides of the public domain,** areas that are adjacent to the public domain but not actually part of it. Since the multitudes do not crowd there, one who is standing there acquires an item that is in his four square cubits.

וְאָמַר רֵישׁ לָקִישׁ מִשּׁוּם אַבָּא כֹּהֵן בַּרְדְּלָא: קְטַנָּה אֵין לָהּ חָצֵר, וְאֵין לָהּ אַרְבַּע אַמּוֹת. וְרַבִּי יוֹחָנָן מִשּׁוּם רַבִּי יַנַּאי אָמַר: יֵשׁ לָהּ חָצֵר וְיֵשׁ לָהּ אַרְבַּע אַמּוֹת.

§ **And Reish Lakish says** another *halakha* **in the name of Abba Kohen Bardela: A minor girl does not have** the ability to acquire property by means of her **courtyard, and she does not have** the ability to acquire property by means of her **four** square **cubits.**[H] **And Rabbi Yoḥanan says in the name of Rabbi Yannai** that **she has** the ability to acquire property by means of her **courtyard, and she has** the ability to acquire property by means of her **four** square **cubits.**

בְּמַאי קָמִיפַּלְגִי? מָר סָבַר: חָצֵר מִשּׁוּם יָדָהּ אִיתְרַבַּאי, כִּי הֵיכִי דְּאִית לָהּ יָד – חָצֵר נַמִי אִית לָהּ. וּמָר סָבַר: חָצֵר מִשּׁוּם שְׁלִיחוּת אִיתְרַבַּאי, וְכִי הֵיכִי דִּשְׁלִיחוּת לֵית לָהּ – חָצֵר נַמִי לֵית לָהּ

The Gemara asks: **With regard to what do they disagree?** The Gemara explains: One **Sage,** Rabbi Yannai, **holds** that placing an item in **a courtyard is included** as a valid means of acquisition **due to** the fact that it acts as **her hand. Just as** a minor girl **has** the ability to acquire property with her **hand, she also has** the ability to acquire property by means of her **courtyard. And** one **Sage,** Abba Kohen Bardela, **holds** that placing an item in **a courtyard is included** as a valid means of acquisition **due to** the option of acquiring property via **agency;**[N] **and just as** a minor girl **has no** power of **agency,** as a minor cannot appoint an agent, **she does not have** the ability to acquire property by means of her **courtyard either.**

מִי אִיכָּא מַאן דְּאָמַר חָצֵר מִשּׁוּם שְׁלִיחוּת אִיתְרַבַּאי? וְהָתַנְיָא: ״בְּיָדוֹ״ – אֵין לִי אֶלָּא יָדוֹ, גַּגּוֹ חֲצֵירוֹ וְקַרְפֵּיפוֹ מִנַּיִן? תַּלְמוּד לוֹמַר: ״הִמָּצֵא תִמָּצֵא״ – מִכׇּל מָקוֹם.

The Gemara asks: **Is there anyone who says** that **a courtyard is included** as a valid means of acquisition **due to** the option of acquiring property via **agency? But isn't it taught** in a *baraita*: The verse states: "If the theft shall be found in his possession alive, whether it is an ox, or a donkey, or a sheep, he shall pay double" (Exodus 22:3)" From the term **"in his possession** [*beyado*]," **I have** derived **only** a case where the stolen item is found **in his hand** [*yado*]. **From where** do I derive that the same *halakha* applies if it is found on **his roof, in his yard, or in his enclosure? The verse states** the repetitive phrase **"if the theft shall be found** [*himmatze timmatze*]," to indicate that the same *halakha* applies **in any case,** i.e., in any location that the stolen item is found.

וְאִי סָלְקָא דַּעְתָּךְ חָצֵר מִשּׁוּם שְׁלִיחוּת אִיתְרַבַּאי אִם כֵּן מָצִינוּ שָׁלִיחַ לִדְבַר עֲבֵירָה, וְקַיְימָא לַן: אֵין שָׁלִיחַ לִדְבַר עֲבֵירָה!

The Gemara explains: **And if it enters your mind** that **a courtyard is included** as a valid means of acquisition **due to agency, if so, we have found** a case where there is **agency for a transgression,** i.e., theft. **But we maintain** that **there is no agency for transgression.**[HN] If one sends an agent to violate a transgression on his behalf, the agent is liable for the transgression and is not considered to be acting on behalf of the one who sent him.

אָמַר רָבִינָא: הֵיכָא אָמְרִינַן דְּאֵין שָׁלִיחַ לִדְבַר עֲבֵירָה – הֵיכָא דְּשָׁלִיחַ בַּר חִיּוּבָא הוּא, אֲבָל בְּחָצֵר דְּלָאו בַּר חִיּוּבָא הוּא – מִיחַיַּיב שׁוֹלְחוֹ.

Ravina said: That *baraita* poses no problem, as **where do we say that there is no agency for transgression?** It is **where** the **agent** himself **is subject to liability** for transgression. Consequently, the agent is liable, not the one who sent him. **But in the case of a courtyard, which is not subject to liability, its sender,** i.e., its owner, **is liable.**

אֶלָּא מֵעַתָּה, הָאוֹמֵר לְאִשָּׁה וְעֶבֶד צְאוּ גִּנְבוּ לִי, דְּלָאו בְּנֵי חִיּוּבָא נִינְהוּ, הָכִי נָמֵי דְּמִיחַיַּיב שׁוֹלְחָן?

The Gemara asks: **If that is so,** then in a case of **one who says to a woman or a slave: Go out and steal for me, is the one who sent them indeed liable, since they are not subject to liability?** Married women and slaves have no property of their own from which one could collect payment.

אָמְרַתְּ: אִשָּׁה וְעֶבֶד בְּנֵי חִיּוּבָא נִינְהוּ, וְהַשְׁתָּא מִיהָא לֵית לְהוּ לְשַׁלּוּמֵי. דִּתְנַן: נִתְגָּרְשָׁה הָאִשָּׁה, נִשְׁתַּחְרֵר הָעֶבֶד – חַיָּיבִין לְשַׁלֵּם.

The Gemara answers: **You can say** in response: **A woman and a slave** are not comparable to a courtyard, as **they are subject to liability** if they steal; **and only now, in any event, they do not have** the means **to pay.** This is **as we learned** in a mishna (*Bava Kamma* 87a) concerning a married woman or Canaanite slave who injured another person: If **the woman becomes divorced** or **the slave becomes emancipated,**[H] and they then have their own money, **they are liable to pay** for the damage they inflicted. Evidently, although it is not possible to collect payment from them, they are liable for their actions.

רַב סָמָא אָמַר: הֵיכָא אָמְרִינַן אֵין שָׁלִיחַ לִדְבַר עֲבֵירָה – הֵיכָא דְּאִי בָּעֵי עָבֵיד, וְאִי בָּעֵי לָא עָבֵיד. אֲבָל חָצֵר, דִּבְעַל כׇּרְחֵיהּ מוֹתִיב בַּהּ – מִיחַיַּיב שׁוֹלְחוֹ.

Rav Samma stated a different resolution to the difficulty based on the *baraita*: **Where do we say** that **there is no agency for transgression?** It is specifically in a case **where if** the agent **wants** to execute his assignment **he can do** so, **and if he wants** to refrain from executing it **he can** also opt to **not do** it. **But** in the case of **a courtyard, where** one **places** items **without its consent, its sender,** i.e., its owner, **is liable.**

מַאי בֵּינַיְיהוּ? אִיכָּא בֵּינַיְיהוּ כֹּהֵן דַּאֲמַר לֵיהּ לְיִשְׂרָאֵל צֵא וְקַדֵּשׁ לִי אִשָּׁה גְּרוּשָׁה. אִי נָמֵי, אִישׁ דַּאֲמַר לָהּ לְאִשָּׁה: אַקְּפִי לִי קָטָן.

The Gemara asks: **What** is the practical difference **between** the answers of Ravina and Rav Samma? The practical difference **between them** is in the case of **a priest who said to an Israelite: Go out and betroth a divorced woman for me.**[N] It is prohibited for a priest to betroth a divorcée, while it is permitted for an Israelite to do so. **Alternatively,** the difference is in the case of **a man who said to a woman: Round** the corners of the head of **a minor boy for me.**[N] Rounding the corners of a man's head, and a man having the corners of his head rounded, are prohibited in the verse: "You shall not round the corners of your head" (Leviticus 19:27), but they are prohibited only for men and not for women.

HALAKHA

There is no agency for transgression – **אֵין שָׁלִיחַ לִדְבַר עֲבֵירָה:** Although the legal status of a person's agent is like that of himself, this does not apply with regard to a transgression committed by an agent, as there is no agency for transgression. Therefore, if an agent commits a transgression at the instruction of the one who appointed him, the one who appointed him is not liable. This applies specifically in a case where the agent is also prohibited from performing that act. If the action is permitted to the agent, his agency is valid, in accordance with the opinion of Ravina (Rema). Others (*Shakh*, citing Rosh and Ramah) maintain that even in a case where the action is permitted to the agent, there is agency for transgression only if the agent was not halakhically competent, e.g., if he is a deaf-mute, an imbecile, or a minor, but that one who is halakhically competent does not cause the transgression to be attributed to the one who appointed him, in accordance with the opinion of Rav Samma (Rambam *Sefer Avoda, Hilkhot Me'ila* 7:2; *Shulḥan Arukh, Ḥoshen Mishpat* 182:1, and in the comment of Rema, 410:8).

If the woman becomes divorced or the slave becomes emancipated – **נִתְגָּרְשָׁה הָאִשָּׁה נִשְׁתַּחְרֵר הָעֶבֶד:** Slaves or married women who damage property or injure another are temporarily exempt from payment because they have no money of their own. If the woman becomes divorced or the slave is emancipated, and they then have their own money, they must then pay for the damage. The Rema adds that if the married woman owns any property that she can sell, she is liable to pay even while married (Rambam *Sefer Nezikin, Hilkhot Ḥovel UMazik* 4:21; *Shulḥan Arukh, Ḥoshen Mishpat* 424:9).

NOTES

There is no agency for transgression – **אֵין שָׁלִיחַ לִדְבַר עֲבֵירָה:** Some explain that the reason that there is no agency for transgression is that the one who appoints the agent does not appoint him wholeheartedly, since he does not believe that the agent will actually follow his instructions (*Tosefot* of Rabbeinu Shimshon of Saens). Others hold that the reason is that among the limitations of agency as dictated by the Torah is that one does not have the legal ability to appoint an agent to transgress a prohibition (*Penei Yehoshua*; Rabbi Akiva Eiger).

A priest who said to an Israelite, go out and betroth a divorced woman for me – **כֹּהֵן דַּאֲמַר לֵיהּ לְיִשְׂרָאֵל צֵא וְקַדֵּשׁ לִי אִשָּׁה גְּרוּשָׁה:** *Tosafot* and the Ritva discuss whether the opinion that the priest is exempt from punishment would remain the same in a case where the agent is also a priest. *Tosafot* also ask which prohibition is violated through the act of betrothal, as a priest violates the prohibition against marrying a divorcée only if he engages in sexual intercourse with her. Some commentaries answer that the Gemara's statement is in accordance with the opinion of Abaye, who holds that even if a priest only betroths a divorced woman he violates the prohibition and is liable to receive lashes (Ramban). Others explain that the issue is not whether the priest is liable to be punished, but rather whether the agency is effective, i.e., whether the betrothal takes effect, even though it is forbidden (*Talmidei Rabbeinu Peretz*; Rashba).

Round the corners of the head of a minor boy for me – **אַקְּפִי לִי קָטָן:** The Ramban explains that the reason that the Gemara cites a case specifically involving a minor is that in a case involving an adult it would require his consent. Consequently, the woman would be cutting his hair on his behalf and not as an agent of the one who appointed her.

לְהָךְ לִישָּׁנָא דַּאֲמַר כׇּל הֵיכָא דְּאִי בָּעֵי עָבֵיד, אִי בָּעֵי לָא עָבֵיד – לָא מִיחַיַּיב שׁוֹלְחוֹ, הָנֵי נַמִּי אִי בָּעֵי עָבֵיד אִי בָּעֵי לָא עָבֵיד – לָא מִיחַיַּיב שׁוֹלְחָן. לְהָךְ לִישָּׁנָא דְּאָמְרַתְּ כׇּל הֵיכָא דְּשָׁלִיחַ לָאו בַּר חִיּוּבָא – מִיחַיַּיב שׁוֹלְחוֹ, הָנֵי נַמִּי כֵּיוָן דְּלָאו בְּנֵי חִיּוּבָא נִינְהוּ – מִיחַיַּיב שׁוֹלְחָן.

The Gemara explains: **According to the formulation in which** it was **said** that **anywhere that if** the agent **wants** to execute his assignment **he can do** so and **if he wants** to refrain from executing it **he can** opt to **not do** it **the one who sent him is not liable** for the transgression but rather the agent is liable, in **these** cases **too,** since **if** the agent **wants** to execute his assignment **he can do** so, and **if he wants** to refrain from executing it **he can** opt to **not do it, the one who sent them is not liable.** But **according to the formulation in which** it was **said** that **wherever an agent is not subject to liability the one who sent him is liable,** in **these** cases **too, since** the agents **are not subject to liability, the one who sent them is liable.**

וּמִי אִיכָּא לְמַאן דְּאָמַר חָצֵר לָאו מִשּׁוּם יָדָהּ אִיתְרַבַּאי? וְהָתַנְיָא: "יָדָהּ" – אֵין לִי אֶלָּא יָדָהּ, גַּגָּהּ חֲצֵירָהּ וְקַרְפֵּיפָהּ מִנַּיִן? תַּלְמוּד לוֹמַר "וְנָתַן" – מִכׇּל מָקוֹם.

The Gemara asks about the explanation of the opinion of Abba Kohen Bardela: **But is there anyone who says** that placing an item in **a courtyard is not included** as a valid means of acquisition **due to** the fact that it acts as **her hand? But isn't it taught** in a *baraita*: From the verse: "And he writes her a scroll of severance, and he gives it **in her hand**" (Deuteronomy 24:1), **I have** derived **only** that a woman is divorced if her husband places the bill of divorce in **her hand. From where** is it derived that even if he places it on **her roof,** in **her courtyard, or in her enclosure,** she is divorced? **The verse states: "And he gives,"** indicating that she is divorced **in any case.** Apparently one's courtyard is considered an extension of his hand with regard to acquiring property, in this case, the bill of divorce.

לְעִנְיַן גֵּט – כּוּלֵּי עָלְמָא לָא פְּלִיגִי דְּחָצֵר מִשּׁוּם יָדָהּ אִיתְרַבַּאי, כִּי פְּלִיגִי – לְעִנְיַן מְצִיאָה. מָר סָבַר:

The Gemara answers: **With regard to a bill of divorce everyone agrees that** placing an item in **a courtyard is included** as a valid means of acquisition **due to** the fact that it acts as **her hand. When they disagree,** it is **with regard to** acquiring **a found item** that was discovered in her courtyard. One **Sage,** Rabbi Yannai, **holds** that

יָלְפִינַן מְצִיאָה מִגֵּט, וּמָר סָבַר: לָא יָלְפִינַן מְצִיאָה מִגֵּט.

we derive the *halakha* with regard to acquiring **a found item from** the *halakha* with regard to **a bill of divorce,**[N] **and** one **Sage,** Abba Kohen Bardela, **holds** that **we do not derive** the *halakha* with regard to **a found item from** the *halakha* with regard to **a bill of divorce.**[N]

וְאִיבָּעֵית אֵימָא: בִּקְטַנָּה כּוּלֵּי עָלְמָא לָא פְּלִיגִי דְּיָלְפִינַן מְצִיאָה מִגֵּט, וְהָכָא בְּקָטָן קָא מִיפַּלְגִי.

And if you wish, say instead that **with regard to a minor girl, every one agrees that we derive** the *halakha* with regard to **a found item from** the *halakha* with regard to **a bill of divorce,**[H] and she acquires an ownerless item that is found in her courtyard. **And here they disagree with regard to** whether **a minor boy** acquires an item that is placed in his courtyard.

מָר סָבַר: יָלְפִינַן קָטָן מִקְּטַנָּה, וּמָר סָבַר: לָא יָלְפִינַן קָטָן מִקְּטַנָּה.

One **Sage,** Rabbi Yannai, **holds** that **we derive** the *halakha* with regard to **a minor boy from** the *halakha* with regard to **a minor girl,** as there should be no difference between them with regard to the *halakhot* of acquisition. **And** one **Sage,** Abba Kohen Bardela, **holds** that **we do not derive** the *halakha* with regard to **a minor boy from** the *halakha* with regard to **a minor girl;** only a minor girl acquires items by means of her courtyard, as the Torah includes this mode of acquisition with regard to acquiring a bill of divorce.

וְאִיבָּעֵית אֵימָא: מָר אֲמַר חֲדָא, וּמָר אֲמַר חֲדָא, וְלָא פְּלִיגִי.

And if you wish, say instead that there is no dispute here at all. Rather, one **Sage,** Abba Kohen Bardela, **said one** statement, that a minor girl is divorced by her husband placing a bill of divorce in her courtyard, **and** one **Sage,** Rabbi Yannai, **said another** statement, that a minor boy or girl does not acquire an item that is found in his or her courtyard; **and they do not disagree.**

NOTES

We derive a found item from a bill of divorce – יָלְפִינַן מְצִיאָה מִגֵּט: Some commentaries explain that these matters are equated by Torah law, and it is by Torah law that a minor can acquire a found item that enters his courtyard. The Ran questions this opinion, as it is stated in a mishna (*Gittin* 59b) that a minor cannot acquire a found item by Torah law, whereas a minor girl can be divorced by Torah law. He answers that the mishna is referring to a minor who is too young to safeguard the found item, as, likewise, a minor girl who is too young to safeguard her bill of divorce cannot be divorced. By contrast, the discussion here is about a minor who is old enough to look after his belongings and can therefore acquire found items by Torah law.

Most of the commentaries maintain that this *halakha* enabling minors to acquire a found item is by rabbinic law and not Torah law (Rosh).

Although in general there are no halakhic differences in monetary matters between men and women, the Gemara suggests that this may be an exception to that principle, as girls are more inclined to be at home than boys, in light of the verse: "All glorious is the king's daughter within the palace" (Psalms 45:14), which is understood to be a reference to the fact that women were generally found within the palace, i.e., the home. Therefore, her courtyard acts as her hand (*Ḥelkat Yoav*).

We do not derive a found item from a bill of divorce – לָא יָלְפִינַן מְצִיאָה מִגֵּט: Rashi explains that *halakhot* related to monetary matters cannot be derived from those of ritual matters. The later commentaries add that the two matters are not comparable, as a bill of divorce can be given to a wife even against her will, whereas one can acquire a found item only willingly (see *Netivot HaMishpat*).

HALAKHA

We derive a found item from a bill of divorce – יָלְפִינַן מְצִיאָה מִגֵּט: In a case where a minor girl was betrothed by her father and he subsequently died, if she has matured to the point that she is able to distinguish between a bill of divorce and other documents, she can receive a bill of divorce. Such a girl is divorced even if one places her bill of divorce in her courtyard or in the four square cubits surrounding her. She can acquire property in this manner as well (*Shulḥan Arukh, Even HaEzer* 141:6–7).

מתני׳ רָאָה אוֹתָן רָצִין אַחַר מְצִיאָה, אַחַר צְבִי שָׁבוּר, אַחַר גּוֹזָלוֹת שֶׁלֹּא פָּרְחוּ, וְאָמַר: זָכְתָה לִי שָׂדִי – זָכְתָה לוֹ. הָיָה צְבִי רָץ כְּדַרְכּוֹ, אוֹ שֶׁהָיוּ גּוֹזָלוֹת מַפְרִיחִין, וְאָמַר זָכְתָה לִי שָׂדִי – לֹא אָמַר כְּלוּם.

MISHNA If one saw people **running after a found** ownerless animal, e.g., **after a deer**[H] crippled by a **broken** leg, or **after young pigeons that** have **not** yet learned to **fly,** which can be caught easily, **and he said: My field has effected acquisition** of this animal **for me,**[N] **it has effected acquisition** of it **for him.** If the **deer were running in its** usual **manner, or the young pigeons were flying, and he said: My field has effected acquisition** of this animal **for me, he has said nothing,** as one's courtyard cannot effect acquisition of an item that does not remain there on its own.

גמ׳ אָמַר רַב יְהוּדָה אָמַר שְׁמוּאֵל: וְהוּא שֶׁעוֹמֵד בְּצַד שָׂדֵהוּ.

GEMARA Rav Yehuda says that **Shmuel says: And this** acquisition mentioned in the mishna is effective specifically in a case **where** the owner is **standing next to his field** at the time of the acquisition, so that it has the halakhic status of a secured courtyard.

וְתִקְנֵי לֵיהּ שָׂדֵהוּ, דְּאָמַר רַבִּי יוֹסֵי בְּרַבִּי חֲנִינָא: חֲצֵרוֹ שֶׁל אָדָם קוֹנָה לוֹ שֶׁלֹּא מִדַּעְתּוֹ!

The Gemara raises a difficulty: **But shouldn't his field effect acquisition** of the animal **for him** even without him standing next to it? **As Rabbi Yosei, son of Rabbi Ḥanina, says: A person's courtyard effects acquisition** of property **for him** even **without his knowledge.**[H]

הָנֵי מִילֵּי בְּחָצֵר הַמִּשְׁתַּמֶּרֶת, אֲבָל חָצֵר שֶׁאֵינָהּ מִשְׁתַּמֶּרֶת, אִי עוֹמֵד בְּצַד שָׂדֵהוּ – אִין, אִי לָא – לָא.

The Gemara answers: **This statement** applies only **to a secured courtyard,** where items remain in the courtyard without supervision. **But** with regard to **an unsecured courtyard, if** the owner is **standing next to his field,**[H] **yes,** it effects acquisition of ownerless items on his behalf, but **if** he is **not,** it does **not** effect acquisition of items on his behalf.

וּמְנָא תֵּימְרָא דְּחָצֵר שֶׁאֵינָהּ מִשְׁתַּמֶּרֶת, אִי עוֹמֵד בְּצַד שָׂדֵהוּ – אִין, אִי לָא – לָא,

The Gemara asks: **And from where do you say that** in the case of **an unsecured courtyard, if** the owner is **standing next to his field, yes,** it effects acquisition of ownerless items on his behalf, but **if** he is **not,** it does **not** effect acquisition of items on his behalf?

דְּתַנְיָא: הָיָה עוֹמֵד בָּעִיר וְאוֹמֵר יוֹדֵעַ אֲנִי שֶׁעוֹמֶר שֶׁיֵּשׁ לִי בַּשָּׂדֶה פּוֹעֲלִים שְׁכֵחוּהוּ, לֹא יְהֵא שִׁכְחָה, יָכוֹל לֹא יְהֵא שִׁכְחָה – תַּלְמוּד לוֹמַר ״וְשָׁכַחְתָּ עֹמֶר בַּשָּׂדֶה״ בַּשָּׂדֶה וְשָׁכַחְתָּ, וְלֹא בָּעִיר.

As it is taught in a *baraita*: There is a case where a landowner **was standing in the town and saying: I know that** my **laborers forgot a sheaf that I have in the field,** which I had intended for the laborers to bring in, but since I remember it, **it shall not be** considered **a forgotten sheaf,**[N] which must be left for the poor. Then, the landowner himself forgot about the sheaf. In this case, one **might** have thought **that it is not** considered **a forgotten** sheaf. To counter this, **the verse states:** "When you reap your harvest in your field, **and have forgotten a sheaf in the field,** you shall not go back to fetch it; it shall be for the stranger, for the fatherless, and for the widow" (Deuteronomy 24:19). It is derived from here that the phrase: **"And have forgotten"** applies **"in the field," but not in the town.**[H]

הָא גּוּפָא קַשְׁיָא: אָמְרַתְּ יָכוֹל לֹא יְהֵא שִׁכְחָה – אַלְמָא הָוֵי שִׁכְחָה, וְנָסֵיב לַהּ תַּלְמוּדָא בַּשָּׂדֶה וְשָׁכַחְתָּ וְלֹא בָּעִיר, אַלְמָא לָא הָוֵי שִׁכְחָה!

The Gemara clarifies: **This** *baraita* **itself** is **difficult.** First **you said** that one **might** have thought **that it is not** considered **a forgotten** sheaf, so **apparently** the *tanna* seeks to prove that **it is** considered **a forgotten** sheaf. **And** then the *baraita* **adduces the derivation** that the phrase **"and have forgotten"** applies only **"in the field," but not in the town,** which **apparently** means that a sheaf forgotten by the owner while he is in the town **is not** considered **a forgotten** sheaf.

אֶלָּא לָאו הָכִי קָאָמַר: בַּשָּׂדֶה, שָׁכוּחַ מֵעִיקָּרוֹ – הָוֵי שִׁכְחָה, זָכוּר וּלְבַסּוֹף שָׁכוּחַ – אֵין שִׁכְחָה. מַאי טַעְמָא, דְּכֵיוָן דְּקָאֵי גַּבֵּהּ – הָוְיָא לֵיהּ חֲצֵרוֹ, וְזָכְתָה לֵיהּ.

Rather, isn't this what the *tanna* **is saying:** In a case where the owner is **in the field,** if the sheaf was **forgotten at the outset, it is** considered **a forgotten** sheaf;[N] but if **it** was **remembered** at first **and** was **ultimately forgotten,** it does **not** assume the status of a **forgotten** sheaf? **What is the reason** for this distinction? The reason is **that since he is standing** in the field, **beside** the sheaf, his field **is** tantamount to **his courtyard, and** his courtyard **effects acquisition** of the sheaf **for him** once he remembers it.

אֲבָל בָּעִיר, אֲפִילּוּ זָכוּר וּלְבַסּוֹף שָׁכוּחַ – הָוְיָא שִׁכְחָה. מַאי טַעְמָא – דְּלֵיתֵיהּ גַּבֵּיהּ דְּלִיזְכֵּי לֵיהּ.

But in a case where the owner is **in the town, even** if the sheaf was **remembered and ultimately forgotten, it is** considered **a forgotten** sheaf and must be left for the poor. **What is the reason** for this? It is **because** the owner **is not beside it,** which is necessary **for** his courtyard **to effect acquisition** of the sheaf **for him.** Evidently, an item that is in a person's courtyard is acquired by him only if he is standing next to the courtyard.

HALAKHA

Acquiring a deer running in one's field – **זְכִיָּה בִּצְבִי רָץ בְּשָׂדֵהוּ:** In a case where one sees people attempting to catch an ownerless animal or a bird that are in his field, and he says: My field shall effect acquisition of the animal or bird, if the animal is injured or the bird is too young to fly, such that the owner of the field would be able to catch it, his acquisition is valid; but if he would be unable catch it, his acquisition is invalid (Rambam *Sefer Nezikin, Hilkhot Gezeila VaAveda* 17:11 and *Sefer Kinyan, Hilkhot Zekhiya UMattana* 4:9; *Shulḥan Arukh, Ḥoshen Mishpat* 243:23, 268:5).

A person's courtyard effects acquisition of property for him without his knowledge – **חֲצֵרוֹ שֶׁל אָדָם קוֹנָה לוֹ שֶׁלֹּא מִדַּעְתּוֹ:** If an ownerless item falls into one's secure courtyard, the courtyard effects acquisition of it for him, even without his knowledge (Rambam *Sefer Nezikin, Hilkhot Gezeila VaAveda* 17:8, 16:8 and *Sefer Kinyan, Hilkhot Zekhiya UMattana* 1:4; *Shulḥan Arukh, Ḥoshen Mishpat* 243:20, 268:3).

Standing next to his field – **עוֹמֵד בְּצַד שָׂדֵהוּ:** One acquires an ownerless item that is in his unsecured courtyard only if he is standing next to the courtyard and declares that his courtyard effects acquisition of the item for him (*Shulḥan Arukh, Ḥoshen Mishpat* 268:3).

Forgotten sheaves in the town and in the field – **שִׁכְחַת עִיר וְשָׂדֶה:** A sheaf is rendered a forgotten sheaf only if the owner of the field, the laborers, and any onlookers all forget about it. If the owner says in advance that he knows that the laborers will forget a certain sheaf, it is not rendered a forgotten sheaf. If the owner is in the town, his declaration has no effect (Rambam *Sefer Zera'im, Hilkhot Mattenot Aniyyim* 5:2).

NOTES

My field has effected acquisition of this animal for me – **זָכְתָה לִי שָׂדִי:** *Tosafot* hold that the owner acquires the item in his field even without stating so explicitly, just as in the case of an item that is found within his four square cubits (see 10a). The reason that the mishna mentions the owner's statement is to teach that even if he said so explicitly, the owner does not acquire a running deer or flying bird. The Rosh explains that his statement is merely to let those chasing the animal know that it is his, to prevent them from taking it from him.

In the *Beit Yosef* an opinion is cited that the owner must state that his field effects acquisition of it for him in order for the acquisition to be effective. According to this opinion, the acquisition is valid without a statement only in the case of one acquiring an item that is within his four square cubits.

It is suggested in *Melo HaRo'im* that it is from here that Shmuel derives that the mishna is referring to a case where the field is not secured, and therefore the statement is necessary.

Forgotten sheaf – **שִׁכְחָה:** A farmer who forgot a sheaf in the field while harvesting his grain may not return to collect it. It must be left for the poor (Deuteronomy 24:19). The details of this mitzva are elucidated in tractate *Pe'a*.

If it was forgotten at the outset it is a forgotten sheaf – **שָׁכוּחַ מֵעִיקָּרוֹ הָוֵי שִׁכְחָה:** According to most of the commentaries (see Ramban), an owner's awareness of his sheaves before they have been gathered by the laborers does not prevent them from being rendered forgotten. Only once the laborers have forgotten a sheaf can the owner then nullify its definition as a forgotten sheaf by remembering it.

מִמַּאי? דִּלְמָא גְּזֵירַת הַכָּתוּב הִיא, דְּבַשָּׂדֶה נֶהֱוֵי שִׁכְחָה וּבָעִיר לָא נֶהֱוֵי שִׁכְחָה!

The Gemara rejects this proof: **From where** can it be proven that this is the reason? **Perhaps** the *baraita* should be understood in a different manner: **It is a Torah edict**[NB] **that** if the owner is **in the field, it is** considered **a forgotten** sheaf, **but** if the owner is **in the town, it is not** considered **a forgotten** sheaf and does not need to be left for the poor. Accordingly, the distinction would not be derived from the *halakhot* of acquisition.

אָמַר קְרָא ״לֹא תָשׁוּב לְקַחְתּוֹ״ – לְרַבּוֹת שִׁכְחַת הָעִיר.

The Gemara responds that **the verse states: "You shall not go back to take it"** (Deuteronomy 24:19), which is interpreted **to include** sheaves **forgotten** while the owner is in **the town.** Evidently, there is no fundamental difference between a town and the field with regard to the *halakhot* of forgotten sheaves; rather, the distinction is due to the fact that one cannot acquire a sheaf by means of his courtyard if he is not standing next to the courtyard.

הַאי מִיבָּעֵי לֵיהּ לְלָאו!

The Gemara challenges: **This** phrase is **necessary to** impose **a prohibition** upon one who takes his sheaf after he forgot it, instead of leaving it for the poor. It is therefore not superfluous and cannot be interpreted as including an additional case.

אִם כֵּן נֵימָא קְרָא ״לֹא תִקָּחֶנּוּ״. מַאי ״לֹא תָשׁוּב״ – לְרַבּוֹת שִׁכְחַת הָעִיר.

The Gemara answers: **If so,** if the verse serves only that purpose, **let the verse say: You shall not take it. What** is added by the phrase: **"You shall not go back** to take it"? It is written **to include** sheaves **forgotten** while the owner is in **the town.**

וְאַכַּתִּי מִיבָּעֵי לֵיהּ לְכִדְתְנַן: שֶׁלְּפָנָיו – אֵין שִׁכְחָה, שֶׁלְּאַחֲרָיו – יֵשׁ שִׁכְחָה, שֶׁהוּא בְּבַל תָּשׁוּב.

The Gemara challenges: **But** the phrase "you shall not go back" **is still necessary for that which we learned** in a mishna (*Pe'a* 7:4): While a landowner collects the sheaves from his field, any sheaf **that** remains **before him,** as he has not reached it yet, does **not** assume the status of **a forgotten** sheaf, even if he has forgotten about its existence. Any sheaf **that** is already **behind him**[H] **has** the status of **a forgotten** sheaf, **as the prohibition of: You shall not go back,** applies.

זֶה הַכְּלָל: כָּל שֶׁהוּא בְּבַל תָּשׁוּב – שִׁכְחָה, כָּל שֶׁאֵינוֹ בְּבַל תָּשׁוּב – אֵינוֹ שִׁכְחָה!

This is the principle: Any sheaf **to which the prohibition of: You shall not go back,** applies, as one would need to retrace his steps in order to retrieve the sheaf, assumes the status of **a forgotten** sheaf; and **any** sheaf **to which the prohibition of: You shall not go back,** does **not** apply, i.e., a sheaf that one has yet to reach, does **not** assume the status of **a forgotten** sheaf. The phrase "You shall not go back" is apparently necessary to teach this *halakha*, and it cannot be interpreted as including a case where the owner is in the town.

אָמַר רַב אַשִׁי: אָמַר קְרָא ״יִהְיֶה״ – לְרַבּוֹת שִׁכְחַת הָעִיר.

Rav Ashi said that the inclusion of this case is derived from another phrase in the verse. **The verse states: "It shall be"** (Deuteronomy 24:19), which is interpreted **to include** sheaves **forgotten** while the owner is in **the town.** Therefore, the Gemara's initial interpretation of the *baraita* is accepted, **leading to the** conclusion that the distinction between a case where the owner is in the field and a case where he is in the town is due to the *halakha* that one's courtyard can effect acquisition of property for him only if he is next to the courtyard, as Rav Yehuda said in the name of Shmuel.

וְכֵן אָמַר עוּלָּא: וְהוּא שֶׁעוֹמֵד בְּצַד שָׂדֵהוּ. וְכֵן אָמַר רַבָּה בַּר בַּר חָנָה: וְהוּא שֶׁעוֹמֵד בְּצַד שָׂדֵהוּ.

And Ulla also says that the acquisition mentioned in the mishna **is** effective specifically in a case **where** the owner **is standing next to his field. And Rabba bar bar Ḥana also says** that the acquisition **is** effective specifically in a case **where he is standing next to his field.**

NOTES

Perhaps, it is a Torah edict – **דִּלְמָא גְּזֵירַת הַכָּתוּב הִיא**: Rashi explains that the Gemara is rejecting the proof supporting the opinion of Shmuel. Most of the commentaries explain that the Gemara is challenging the derivation in the *baraita* itself, suggesting that perhaps the verse indicates that if the owner is in the town, the *halakha* that forgotten sheaves must be left for the poor does not apply altogether (*Tosafot*; Ramban; Rashba).

BACKGROUND

Torah edict – **גְּזֵירַת הַכָּתוּב**: This is a common talmudic term referring to a *halakha* by Torah law whose logic is not immediately apparent, or which might even seem illogical. Since the reason for the specific *halakha* is unclear, the Gemara resorts to labeling it a Torah edict because its observance is due strictly to God's will. The concept is occasionally invoked in cases where the basis for the mitzva is clear but the rationale for its details is not. That is the case here, as the mitzva of leaving sheaves for the poor is both rational and ethical, but the logic behind the distinction between a case where the owner is in the field and a case where he is in the town is not obvious.

HALAKHA

Forgotten sheaves before him and behind him – **שִׁכְחָה לְפָנָיו וּלְאַחֲרָיו**: A sheaf is considered forgotten only if it is already behind the laborers, i.e., if they would have to go back to get it. If they have not yet reached it, it is not considered forgotten (Rambam *Sefer Zera'im*, *Hilkhot Mattenot Aniyyim* 5:10).

אֵיתִיבֵיהּ רַבִּי אַבָּא לְעוּלָּא: מַעֲשֶׂה בְּרַבָּן גַּמְלִיאֵל וּזְקֵנִים שֶׁהָיוּ בָּאִים בִּסְפִינָה, אָמַר רַבָּן גַּמְלִיאֵל: עִישּׂוּר שֶׁאֲנִי עָתִיד לָמוֹד נָתוּן לִיהוֹשֻׁעַ,

Rabbi Abba raised an objection to Ulla from that which is taught in a mishna (*Ma'aser Sheni* 5:9): There was **an incident involving Rabban Gamliel**[P] **and** other **Elders, who were traveling on a ship.** Since he remembered that he had not tithed the produce of his fields, **Rabban Gamliel said** to the others: **One-tenth** of my produce, **which I will measure out in the future** and separate from my produce, **is given to Yehoshua** ben Ḥananya,[P] who is a Levite and is entitled to receive the first tithe,

PERSONALITIES

Rabbi Yehoshua ben Ḥananya – רַבִּי יְהוֹשֻׁעַ בֶּן חֲנַנְיָה: This *tanna*, often referred to simply as Rabbi Yehoshua, lived in the generation following the destruction of the Temple. He had been one of the Levite singers in the Temple and he married the daughter of a priest. While in Jerusalem he studied under Rabban Yoḥanan ben Zakkai, and he even aided Rabban Yoḥanan ben Zakkai's famed escape from the siege of Jerusalem. After the Sanhedrin was reestablished in Yavne, Rabbi Yehoshua became one of the most prominent members there. Later, he moved to Peki'in, where he established his own study hall. Rabbi Yehoshua was well-known for his sharp mind as well as for his great modesty. There are many stories told of his encounters with a Roman emperor, apparently Hadrian, as well as with the sages of other nations.

PERSONALITIES

Rabban Gamliel – רַבָּן גַּמְלִיאֵל: Rabban Gamliel was the *Nasi* of the Sanhedrin and one of the most prominent *tanna'im* in the period following the destruction of the Temple. His father, Rabban Shimon ben Gamliel, was also *Nasi* of the Sanhedrin and one of the leaders of the nation during the Great Revolt against the Romans. After the destruction of the Temple, Rabban Gamliel was brought by Rabban Yoḥanan ben Zakkai to Yavne, and after the death of Rabban Yoḥanan ben Zakkai he became *Nasi* of the Sanhedrin.

During Rabban Gamliel's time of leadership, the city of Yavne became a spiritual center in which various *halakhot* were established for future generations. Consequently, Rabban Gamliel is also known as Rabban Gamliel of Yavne. In Yavne, he was surrounded by the great Sages of his time: His brother-in-law Rabbi Eliezer, Rabbi Yehoshua, Rabbi Akiva, and Rabbi Elazar ben Azarya. This was a remarkable group of Sages that had no equal for many subsequent generations.

Rabban Gamliel sought to create a spiritual center in Eretz Yisrael that would unite the entire people as the Temple had done in its time. For this reason he tried to raise the stature of the office of the *Nasi* and to establish the Sanhedrin as a locus of power. His stern and uncompromising leadership eventually led his colleagues to dismiss him from office for a period of time and appoint Rabbi Elazar ben Azarya in his place (see *Berakhot* 27b). Since they understood that his intentions were only for the good of the nation, he was quickly restored to his previous position.

There are very few *halakhot* attributed to Rabban Gamliel, but in his time and under his leadership some of the most important decisions affecting the spiritual history of the Jewish people took shape. Examples include the principle that the *halakha* is ruled in accordance with the opinions of Beit Hillel and the establishment of fixed formulas for prayers.

Rabban Gamliel's two sons were also famous Sages: Rabban Shimon ben Gamliel, who succeeded his father as *Nasi* of the Sanhedrin, and Rabbi Ḥanina ben Gamliel. In modern-day Yavne there is a site identified by some thirteenth- and fourteenth-century Jewish scholars as the tomb of Rabban Gamliel.

וּמְקוֹמוֹ מוּשְׂכָּר לוֹ. וְעִישּׂוּר אַחֵר שֶׁאֲנִי עָתִיד לָמוֹד נָתוּן לַעֲקִיבָא בֶּן יוֹסֵף, כְּדֵי שֶׁיִּזְכֶּה בּוֹ לַעֲנִיִּים, וּמְקוֹמוֹ מוּשְׂכָּר לוֹ.

and the place of the tithe **is rented to him.** Rabbi Yehoshua paid him a token sum to rent the field, which presumably became the equivalent of his courtyard, and thereby acquired the tithe. **And another one-tenth that I will measure out in the future**[N] and separate from my produce as the poor man's tithe **is given to Akiva ben Yosef so that he will acquire it for the poor, and its place is rented to him.**

וְכִי רַבִּי יְהוֹשֻׁעַ וְרַבִּי עֲקִיבָא בְּצַד שָׂדֵהוּ שֶׁל רַבָּן גַּמְלִיאֵל הָיוּ עוֹמְדִין?

Rabbi Abba continued: **But were Rabbi Yehoshua and Rabbi Akiva standing next to Rabban Gamliel's field** then? All of them were on the ship. Apparently, one's courtyard effects acquisition for him even when he is not standing next to it.

אֲמַר לֵיהּ: דָּמֵי הַאי מֵרַבָּנַן כִּדְלָא גְּמִירִי אֱינָשֵׁי שְׁמַעְתָּא.

Ulla **said to him: This one of the Sages seems like**[N] one who has **not studied *halakha*.** Ulla dismissed the question entirely, as he deemed it unworthy of consideration.

כִּי אֲתָא לְסוּרָא אֲמַר לְהוּ: הָכִי אָמַר עוּלָּא, וְהָכִי אוֹתְבִיתֵיהּ. אֲמַר לֵיהּ הַהוּא מֵרַבָּנַן: רַבָּן גַּמְלִיאֵל מְטַלְטְלֵי אַגַּב מְקַרְקְעֵי הִקְנָה לָהֶם. רַבִּי זֵירָא – קַבְּלַהּ, רַבִּי אַבָּא – לָא קַבְּלַהּ.

When Rabbi Abba **came to Sura,** he related the discussion to the local scholars, **saying to them: This is what Ulla said, and this is how I challenged him. One of the Sages said to him: Rabban Gamliel transferred ownership of** the **movable property,** the tithes, **to them by means of** renting them the **land.** The transaction concerning the tithes was effected not by causing the location of the produce to become the equivalent of a courtyard belonging to Rabbi Yehoshua and Rabbi Akiva, but rather by employing the principle that movable property can be acquired together with the acquisition of land. The Gemara comments: **Rabbi Zeira accepted** this response to Rabbi Abba's objection, but **Rabbi Abba did not accept it.**

NOTES

That I will measure out in the future – שֶׁאֲנִי עָתִיד לָמוֹד: The early commentaries ask why Rabban Gamliel did not specify a location, e.g., the north or south side of his field, for the tithes that he separated. Some explain that he did in fact specify a location, but the mishna does not give that detail, as it is not the main point of the mishna.

This one of the Sages seems like, etc. – דָּמֵי הַאי מֵרַבָּנַן וכו׳: Ulla held that a case of an ownerless item cannot be compared to this incident, where Rabban Gamliel transferred the ownership of the tithes to Rabbi Yehoshua and Rabbi Akiva (*Shita Mekubbetzet*).

אמר רבא: שפיר עביד דלא קבלה, וכי לא היה להם סודר לקנות ממנו בחליפין? אלא – טובת הנאה אינה ממון לקנות ממנו בחליפין, הכא נמי – טובת הנאה אינה ממון לקנות על גבי קרקע.

Rava said: Rabbi Abba **did well by not accepting** this response, because if Rabban Gamliel had intended to transfer his ownership of the tithes to Rabbi Yehoshua and Rabbi Akiva, **did they not have a cloth** with which **to acquire** the tithes **from him by means of** a symbolic **exchange?** They could have acquired the tithes through symbolic exchange without renting the land. **Rather,** clearly the tithes were not considered the property of Rabban Gamliel, as he owned only **the benefit of discretion,**[N] i.e., the benefit accrued from the option of giving the tithes to whichever Levite or poor person that he chose, and such benefit **is not** considered **property that can be acquired by means of** a symbolic **exchange. Here, too,** the transaction was clearly effected by means of a courtyard, as **benefit of discretion is not property**[N] **that can be acquired by means of** acquiring **land.** Therefore, Rabbi Abba's explanation must be correct, and one's courtyard effects acquisition for him even when he is not standing next to it.

ולא היא, מתנות כהונה – נתינה כתיבא בהו, חליפין – דרך מקח וממכר הוא. מטלטלין אגב מקרקע – נתינה אלימתא היא.

The Gemara rejects Rava's reasoning: **But** that **is not so. With regard to gifts** to which members **of the priesthood** are entitled, and similarly with regard to tithes that are given to Levites and to the poor, the concept of **giving is written** in the Torah: "And have given it to the Levite, to the stranger, to the fatherless, and to the widow" (Deuteronomy 26:12). These gifts must be given and not sold or bartered. Therefore, since **exchange is a form of buying and selling,**[N] it is an inappropriate mode of acquisition with regard to tithes. By contrast, transferring ownership of **movable property by means of** transferring ownership of **land is a powerful** form of **giving.** Consequently, Rabban Gamliel could not give them the tithes by means of a symbolic exchange using a cloth, but instead had to give it to them along with land. Therefore, since the transaction was not effected by means of a courtyard, it poses no difficulty to Ulla's opinion.

רב פפא אמר: דעת אחרת מקנה אותן שאני.

Rav Pappa said: Even if Rabbi Yehoshua and Rabbi Akiva acquired the tithes by means of a courtyard, this poses no difficulty to Ulla's opinion. Since the tithes were not ownerless items, but rather **another mind,** i.e., Rabban Gamliel, **transferred their ownership** to Rabbi Yehoshua and Rabbi Akiva, it **is different,** and the recipients did not need to stand next to the courtyard

ומנא תימרא – דתנן: ראה אותן רצין אחר המציאה כו׳, ואמר רבי ירמיה אמר רבי יוחנן: והוא שרץ אחריהן ומגיען, ובעי רבי ירמיה: במתנה היאך? קבלה מיניה רבי אבא בר כהנא: אף על פי שרץ אחריהן ואין מגיען. מאי טעמא – לאו משום דדעת אחרת מקנה אותן שאני?

And from where do you state this distinction? **As we learned** in the mishna: If one **saw** people **running after a found** ownerless animal, and said: My field has effected acquisition of this animal for me, it has effected acquisition of it for him. **And Rabbi Yirmeya says** that **Rabbi Yoḥanan says** that this *halakha* **is** true only in a case **where he** would be able to **run after them and catch them. And Rabbi Yirmeya raises a dilemma: Does** one acquire animals that are given to him **as a gift** in such a scenario? **Rabbi Abba bar Kahana accepted** the premise of the dilemma **of** Rabbi Yirmeya, and ruled that in the case of a gift one acquires the animals **even if he** would **not** be able to **run after them and catch them. What is the reason** for this distinction? Is it **not because** when **another mind transfers their ownership,**[H] the *halakha* **is different,** in that the courtyard effects acquisition of the items with fewer limitations? This supports Rav Pappa's explanation.

אמר ליה רב שימי לרב פפא: הרי גט, דדעת אחרת מקנה אותה, ואמר עולא: והוא שעומדת בצד ביתה או בצד חצרה! שאני גט, דאיתיה בעל כרחה.

Rav Shimi said to Rav Pappa: But what about the case of **a bill of divorce, where another mind,** the husband, **transfers its ownership** to the wife, **and** nevertheless **Ulla says** with regard to one who threw a bill of divorce into his wife's house or courtyard: **But it is** a valid divorce only if **she is standing next to her house or next to her courtyard?**[H] Rav Pappa responded: **A bill of divorce is different, as it is** possible to give it to one's wife even **against her will.**[H]

NOTES

Benefit of discretion – טובת הנאה: One is not considered the owner of the *teruma* and tithes that he separates from his produce, as the Torah obliges him to give them to the priests, the Levites, and the poor. Nevertheless, he has the right to give the produce to the priest, Levite, or poor person of his choice.

Benefit of discretion is not property – טובת הנאה אינה ממון: Some explain that since the benefit of discretion does not have monetary value, it can be acquired only through a more substantial mode of acquisition than a symbolic exchange.

Exchange is a form of buying and selling – חליפין דרך מקח וממכר הוא: Although the Elders paid rent to Rabban Gamliel for the land upon which the tithes were located, they received the tithes themselves as a gift and not as part of a sale (Ritva).

HALAKHA

Another mind transfers their ownership – דעת אחרת מקנה אותן: In a case where an item was given to a person as a gift, and it was passing through his field, even if he could not have caught it he has acquired it. If it was an animal running in its usual manner or a bird that was flying, and the owner of the field would not have been able to catch it, his field does not effect acquisition of it for him, even though it is a gift (Rambam *Sefer Kinyan, Hilkhot Zekhiya UMattana* 4:8 and *Sefer Nezikin, Hilkhot Gezeila VaAveda* 17:11; *Shulḥan Arukh, Ḥoshen Mishpat* 243:20, 268:4).

A bill of divorce in a courtyard – גט בחצר: In a case where a husband threw a bill of divorce into his wife's courtyard, if she was standing in the courtyard and the courtyard was secured, she has acquired the bill of divorce and the divorce is valid. If she was not present, the divorce is not valid (Rambam *Sefer Nashim, Hilkhot Geirushin* 5:2; *Shulḥan Arukh, Even HaEzer* 139:1).

A bill of divorce is different as it is possible against her will – שאני גט דאיתיה בעל כרחה: By Torah law, a husband can divorce his wife without her consent. Rabbeinu Gershom Meor HaGola instituted an ordinance that any husband who divorces his wife without her consent shall be excommunicated, and this ruling has been accepted by all Jewish communities (Rambam *Sefer Nashim, Hilkhot Geirushin* 5:2; *Shulḥan Arukh Even HaEzer* 119:3, 6).

מתקיף לה רב ששת בריה דרב אידי, ולאו קל וחומר הוא: ומה גט דאיתיה בעל כרחה – אי עומדת בצד ביתה ובצד חצרה – אין, אי לא – לא. מתנה דמדעתיה – לא כל שכן!

Rav Sheshet, son of Rav Idi, objects to this response: **But is it not an *a fortiori* inference? If** in the case **of a bill of divorce, which** is valid even if it is given to the wife **against her will,** nevertheless **if she is standing next to her house or next to her courtyard** she **does** acquire the bill of divorce, and **if not** she does **not** acquire it, then in the case **of a gift, which** one can receive only **willingly,** is it **not all the more so** correct that the recipient must be next to his courtyard for the transaction to take effect?

אלא אמר רב אשי:

Rather, Rav Ashi said that the distinction between the cases of a gift and a bill of divorce should be explained as follows:

Perek **I**
Daf **12** Amud **a**

חצר איתרבאי משום יד, ולא גרעה משליחות. גבי גט דחוב הוא לה – אין חבין לאדם אלא בפניו. גבי מתנה, דזכות הוא לו – זכין לאדם שלא בפניו.

One's **courtyard is included** as a valid means of acquisition **due to** the fact that it acts as his **hand; but it is no less** effective **than agency.**[N] Therefore, **with regard to a bill of divorce, which is** considered **detrimental to** the wife,[N] one cannot transfer it to her by placing it in her courtyard in her absence, as **one cannot act against the interests of a person unless** it is **in his presence.**[H] By contrast, **with regard to a gift, which is beneficial for** the recipient, one can give it to him by placing it in his courtyard in the recipient's absence, as **one can act in a person's interest in his absence.**[H]

גופא, ראה אותן רצין אחר המציאה וכו׳. אמר רבי ירמיה אמר רבי יוחנן: והוא שרץ אחריהן ומגיען. בעי רבי ירמיה: במתנה היאך? קבלה מיניה רבי אבא בר כהנא: אף על פי שרץ אחריהן ואין מגיען.

§ The Gemara returns to discuss **the** matter **itself.** The mishna teaches: If one **saw** people **running after a found** ownerless animal, and said: My field has effected acquisition of this animal for me, it has effected acquisition of it for him. **Rabbi Yirmeya says** that **Rabbi Yoḥanan says: And this** *halakha* **is** true only in a case **where he** would be able to **run after them and catch them. Rabbi Yirmeya raises a dilemma: Does** one acquire animals that are given to him **as a gift** in such a scenario? **Rabbi Abba bar Kahana accepted** the premise of the dilemma **of** Rabbi Yirmeya, and ruled that in the case of a gift one acquires the animals **even if he** would **not** be able to **run after them and catch them.**

בעי רבא: זרק ארנקי בפתח זה ויצא בפתח אחר מהו? אויר שאין סופו לנוח כמונח דמי, או לא?

Rava raises a dilemma: If one **threw a purse**[N] **through this entrance** of a house and it went through the house **and exited through another entrance,**[H] **what is** the *halakha*? Does the owner of the house acquire the purse during the course of its flight? The dilemma is: Is an item in the **airspace** [*avir*][L] of a courtyard **that will not eventually come to rest**[N] in the courtyard itself regarded **as though it has come to rest, or** is it **not** regarded as though it has come to rest?

NOTES

But it is no less effective than agency – ולא גרעה משליחות: This explanation is based on common sense, as one clearly wants his courtyard to effect acquisition of items for him, whether acting as his hand or as his agent. The principle that it acts as his hand is necessary only for those cases where an agent cannot acquire an item on his behalf (*Tosafot*; Rosh). The Ra'avad explains that this is an *a fortiori* inference: Since taking an item in one's hand is a more powerful form of acquisition than acquiring it through an agent, certainly a courtyard, which can act as one's hand, can also function as an agent.

A bill of divorce which is detrimental to the wife – גט דחוב הוא לה: Even in cases when divorce is beneficial for the wife, her courtyard does not effect acquisition of the bill of divorce for her unless she is present, as the Sages did not differentiate between the cases (*Ge'on Tzvi*).

One threw a purse – זרק ארנקי: Rashi explains that this is referring to a case where the one who throws it declares the purse ownerless. *Tosafot* challenge this explanation because if so, it is not an example of a case where another mind transferred ownership of the property. The Ramban explains that even an ownerless item has the same status as an item where another mind transferred ownership of the property. The Ran explains Rashi's opinion by stating that although the *halakha* with regard to an ownerless item is different, when one intentionally declares the item to be ownerless it is considered as if it were a case where another mind is transferring ownership of the property.

An item in the airspace that will not eventually come to rest – אויר שאין סופו לנוח: Even according to the opinion that with regard to the *halakhot* of Shabbat, an item in the air is considered as though it has come to rest (*Shabbat* 4a), that is due to the stringency of Shabbat and does not apply to the *halakhot* of acquisition (Ritva).

HALAKHA

One cannot act against the interests of a person unless it is in his presence – אין חבין לאדם אלא בפניו: One may not act against the interests of a person unless it is in his presence. For instance, a husband may not give his wife a bill of divorce unless he does so in her presence. If he placed it in her courtyard when she was not present, the divorce is not valid (Rambam *Sefer Nashim, Hilkhot Geirushin* 5:2 and *Sefer Kinyan, Hilkhot Zekhiya UMattana* 4:2).

One can act in a person's interest in his absence – זכין לאדם שלא בפניו: One can transfer ownership of an item that is of benefit to another even without his being present. Therefore, one can acquire a gift on behalf of another, and the item belongs to that person even though it did not reach his hands. If that person does not want to receive the gift, it is not transferred to him against his will (Rambam *Sefer Kinyan, Hilkhot Zekhiya UMattana* 4:2).

One threw a purse through this entrance of a house and it exited through another entrance – זרק ארנקי בפתח זה ויצא בפתח אחר: If a purse was thrown through a house without touching the ground, and the one who threw it had given the purse as a gift to the homeowner and then changed his mind while it was still in the air inside the house, the homeowner has not acquired it. This issue was not resolved in the Gemara and remains in doubt. Consequently, the purse remains in the possession of its owner (*Shulḥan Arukh, Ḥoshen Mishpat* 243:24).

LANGUAGE

Airspace [*avir*] – אויר: From the Greek ἀήρ, *aēr*, meaning air or space.

אֲמַר לֵיהּ רַב פַּפָּא לְרָבָא, וְאָמְרִי לָהּ רַב אַדָּא בַּר מַתְּנָה לְרָבָא, וְאָמְרִי לָהּ רָבִינָא לְרָבָא: לָאו הַיְינוּ מַתְנִיתִין, רָאָה אוֹתָן רָצִין אַחַר הַמְּצִיאָה, וְאָמַר רַבִּי יִרְמְיָה אָמַר רַבִּי יוֹחָנָן: וְהוּא שֶׁרָץ אַחֲרֵיהֶן וּמַגִּיעָן. וּבָעֵי רַבִּי יִרְמְיָה: בְּמַתָּנָה הֵיאַךְ? וְקִבְּלָהּ מִינֵּיהּ רַבִּי אַבָּא בַּר כָּהֲנָא: בְּמַתָּנָה אַף עַל פִּי שֶׁרָץ אַחֲרֵיהֶן וְאֵין מַגִּיעָן.

Rav Pappa said to Rava, and some say that it was Rav Adda bar Mattana who said this to Rava, and some say that it was Ravina who said this to Rava: Isn't this the same as the *halakha* in the mishna? As it is stated: If one saw people running after a found ownerless animal, and said: My field has effected acquisition of this animal for me, it has effected acquisition of it for him. And Rabbi Yirmeya says that Rabbi Yoḥanan says: And this *halakha* is true only in a case where he would be able to run after them and catch them. Rabbi Yirmeya raises a dilemma: Does one acquire animals that are given to him as a gift in such a scenario? Rabbi Abba bar Kahana accepted the premise of the dilemma of Rabbi Yirmeya, and ruled that in the case of a gift one acquires the animals even if he would not be able to run after them and catch them.

אֲמַר לֵיהּ: מִתְגַּלְגֵּל קָאָמְרַתְּ! שָׁאנֵי מִתְגַּלְגֵּל דִּכְמוּנָּח דָּמֵי.

Rava said to him: Are you saying that a purse flying through the air is comparable to an item that is rolling, i.e., moving on the ground? A rolling item is different, as it is regarded as though it has come to rest. At any given instant throughout its movement, the item rests on the ground. Therefore, the dilemma cannot be resolved from the mishna.

מתני׳ מְצִיאַת בְּנוֹ וּבִתּוֹ הַקְּטַנִּים, מְצִיאַת עַבְדּוֹ וְשִׁפְחָתוֹ הַכְּנַעֲנִים, מְצִיאַת אִשְׁתּוֹ – הֲרֵי אֵלּוּ שֶׁלּוֹ. מְצִיאַת בְּנוֹ וּבִתּוֹ הַגְּדוֹלִים, מְצִיאַת עַבְדּוֹ וְשִׁפְחָתוֹ הָעִבְרִים, מְצִיאַת אִשְׁתּוֹ שֶׁגֵּירְשָׁהּ אַף עַל פִּי שֶׁלֹּא נָתַן כְּתוּבָּה – הֲרֵי אֵלּוּ שֶׁלָּהֶן.

MISHNA With regard to the found item of one's minor son or daughter,[NH] i.e., an ownerless item that they found; the found item of his Canaanite slave or maidservant;[B] and the found item of his wife, they are his.[H] By contrast, with regard to the found item of one's adult son or daughter; the found item of his Hebrew slave[B] or maidservant;[H] and the found item of his ex-wife, whom he divorced,[H] even if he has not yet given her payment of the marriage contract that he owes her, they are theirs.

גמ׳ אָמַר שְׁמוּאֵל: מִפְּנֵי מָה אָמְרוּ מְצִיאַת קָטָן לְאָבִיו – שֶׁבְּשָׁעָה שֶׁמּוֹצְאָהּ מְרִיצָהּ אֵצֶל אָבִיו, וְאֵינוֹ מְאַחֵר בְּיָדוֹ.

GEMARA Shmuel says: For what reason did the Sages say that the found item of one's minor son or daughter belongs to his father? It is because the minor does not intend to acquire it for himself, as when he finds it, he runs with it to his father and does not retain it in his possession.

לְמֵימְרָא דְּסָבַר שְׁמוּאֵל קָטָן לֵית לֵיהּ זְכִיָּיה לְנַפְשֵׁיהּ מִדְּאוֹרָיְיתָא? וְהָתַנְיָא: הַשּׂוֹכֵר אֶת הַפּוֹעֵל – יְלַקֵּט בְּנוֹ אַחֲרָיו, לְמֶחֱצָה לִשְׁלִישׁ וְלִרְבִיעַ – לֹא יְלַקֵּט בְּנוֹ אַחֲרָיו. רַבִּי יוֹסֵי אוֹמֵר: בֵּין כָּךְ וּבֵין כָּךְ יְלַקֵּט בְּנוֹ וְאִשְׁתּוֹ אַחֲרָיו. וְאָמַר שְׁמוּאֵל: הֲלָכָה כְּרַבִּי יוֹסֵי.

The Gemara asks: Is this to say that Shmuel holds that a minor does not have the capability of acquiring property for himself by Torah law? But isn't it taught in a *baraita*: With regard to one who hires a salaried laborer to harvest his field, the son of the laborer may glean[B] fallen stalks from behind the laborer like all poor people who have a right to the stalks left in the field. But if one hires a laborer as a sharecropper, whether the laborer receives one-half, one-third, or one-quarter of the produce, his son may not glean stalks after him, as the laborer himself is considered a partial owner of the field and is consequently not considered poor. Rabbi Yosei says: In both this case and that case the laborer's son and wife[H] may glean after him. And Shmuel says that the *halakha* is in accordance with the opinion of Rabbi Yosei.

NOTES

The found item of one's minor son or daughter – מְצִיאַת בְּנוֹ וּבִתּוֹ הַקְּטַנִּים: Rashi and the Rambam hold that an item found by a minor daughter belongs to her father by Torah law. Several of the early commentaries disagree and hold that it belongs to the father by rabbinic law, in order to avoid enmity or jealousy on the part of the father (Rosh; Ran).

HALAKHA

The found item of one's minor son or daughter – מְצִיאַת בְּנוֹ וּבִתּוֹ הַקְּטַנִּים: If an item is found by children who are minors but not dependent on their father's table, it belongs to them. This is in accordance with the opinion of Rabbi Yoḥanan (Rambam *Sefer Nezikin*, *Hilkhot Gezeila VaAveda* 17:13; *Shulḥan Arukh*, *Ḥoshen Mishpat* 270:2).

The found item of members of one's household – מְצִיאַת בְּנֵי בֵיתוֹ: If an ownerless item is found by members of a household who are dependent on the father's table, even if they are adults, or if it is found by a wife, the item belongs to the father or husband, respectively. This is in accordance with the mishna and the opinion of Rabbi Yoḥanan (Rambam *Sefer Nezikin*, *Hilkhot Gezeila VaAveda* 17:13 and *Sefer Nashim*, *Hilkhot Ishut* 12:3, 21:1; *Shulḥan Arukh*, *Ḥoshen Mishpat* 270:2 and *Even HaEzer* 69:3).

The found item of his Hebrew slave or maidservant – מְצִיאַת עַבְדּוֹ וְשִׁפְחָתוֹ הָעִבְרִים: An ownerless item found by a Hebrew slave belongs to him. An item found by a Canaanite slave belongs to the master (Rambam *Sefer Nezikin*, *Hilkhot Gezeila VaAveda* 17:13; *Shulḥan Arukh*, *Ḥoshen Mishpat* 270:2).

The found item of his ex-wife whom he divorced – מְצִיאַת אִשְׁתּוֹ גְּרוּשָׁה: An item found by one's ex-wife belongs to her (Rambam *Sefer Nezikin*, *Hilkhot Gezeila VaAveda* 17:13; *Shulḥan Arukh*, *Ḥoshen Mishpat* 270:2).

The wife and the son of a laborer – אִשְׁתּוֹ וּבְנוֹ שֶׁל פּוֹעֵל: The wife and children of a hired laborer, even one who earns a percentage of the produce, are permitted to glean produce from behind him. This is in accordance with the opinion of Rabbi Yosei (Rambam *Sefer Zera'im*, *Hilkhot Mattenot Aniyyim* 4:11).

BACKGROUND

His Canaanite slave or maidservant – עַבְדּוֹ וְשִׁפְחָתוֹ הַכְּנַעֲנִים: The mishna is referring to a gentile slave or maidservant purchased by a Jew (see Leviticus 25:44–46). A gentile slave purchased by a Jew must be immersed in a ritual bath, and, if male, also circumcised. These acts signify a change in the slave's status. Though not yet a Jew in all respects, a Canaanite slave must observe all of the Torah's prohibitions and must fulfill all positive mitzvot that are not time bound. Although a Canaanite slave must serve his master for life and is inherited by his master's heirs, his master can emancipate him by handing him a bill of manumission. At that point the slave becomes fully Jewish, although the Sages required him to immerse again in a ritual bath to symbolize his conversion.

Hebrew slave – עֶבֶד עִבְרִי: A Hebrew slave is an adult male Jew who becomes the slave of another Jew. There are two ways in which a Jew can enter into slavery: The court can sell a thief into slavery if he does not possess the means to make restitution for his theft (Exodus 22:2); or, if a Jew becomes impoverished, he may choose to sell himself to seek relief from his poverty (Leviticus 25:39). A Hebrew slave sold by the court is emancipated after serving his master for six years (Exodus 21:2). One who sells himself as a slave may sell himself for six years or for a longer period. In the event of his master's death, a Hebrew slave is required to continue serving his master's son until the end of the period for which he was sold. If the master has no sons, the slave is not obligated to continue serving other heirs. In the Jubilee Year, all Hebrew slaves are emancipated irrespective of how long they have served (Leviticus 25:40). When a Hebrew slave attains his freedom in one of these manners, his master or his master's heirs must give him a severance gift (Deuteronomy 15:13–14). A Hebrew slave may also attain his freedom by paying his master the value of the remainder of the term for which he was sold.

Gleanings – לֶקֶט: The Torah prohibits the owner of a field from gleaning individual stalks that have fallen during the harvest (see Leviticus 19:9). If fewer than three stalks fall in one place, they are deemed gleanings and are considered the property of the poor.

אִי אָמְרַתְּ בִּשְׁלָמָא קָטָן אִית לֵיהּ זְכִיָּיה לְנַפְשֵׁיהּ, כִּי קָא מְלַקֵּט – לְנַפְשֵׁיהּ קָא מְלַקֵּט וַאֲבוּהּ מִינֵּיהּ קָא זָכֵי. אֶלָּא אִי אָמְרַתְּ קָטָן לֵית לֵיהּ זְכִיָּיה לְנַפְשֵׁיהּ, כִּי קָא מְלַקֵּט – לְאָבִיו קָא מְלַקֵּט, אֲבוּהּ עָשִׁיר הוּא, אַמַּאי אִשְׁתּוֹ וּבְנוֹ מְלַקֵּט אַחֲרָיו?

Granted, if you say that **a minor has** the capability of **acquiring** property **for himself,** Shmuel's opinion is understood, as **when** the son **gleans** stalks, **he gleans** them **for himself** and acquires them, **and his father** subsequently **acquires** them **from him** as a gift. Since the minor has no property of his own, his status is that of a poor person and it is permitted for him to glean stalks. **But if you say** that **a minor does not have** the capability of **acquiring** property **for himself,**[N] then **when he gleans** the stalks, **he gleans** them **for his father.** Since **his father is** considered **wealthy**[N] and is not entitled to the gleanings because he owns a portion of the produce, **why may his wife and son glean** stalks **after him?**

שְׁמוּאֵל טַעְמָא דְּתַנָּא דִּידַן קָאָמַר, וְלֵיהּ לָא סְבִירָא לֵיהּ.

The Gemara answers: In Shmuel's explanation, **Shmuel is stating the reason of the** ***tanna*** **of our** mishna, **but he himself does not hold accordingly.** Rather, Shmuel holds in accordance with the opinion of Rabbi Yosei that a minor can acquire property for himself.

וְסָבַר רַבִּי יוֹסֵי קָטָן אִית לֵיהּ זְכִיָּיה מִדְּאוֹרַיְיתָא? וְהָתְנַן: מְצִיאַת חֵרֵשׁ, שׁוֹטֶה וְקָטָן – יֵשׁ בָּהֶן מִשּׁוּם גֶּזֶל מִפְּנֵי דַּרְכֵי שָׁלוֹם, רַבִּי יוֹסֵי אוֹמֵר: גֶּזֶל גָּמוּר.

The Gemara asks: **And does Rabbi Yosei hold** that **a minor has** the capability of **acquiring** property **by Torah** law? **But didn't we learn** in a mishna (*Gittin* 59b): With regard to the **found items of a deaf-mute, an imbecile, or a minor,**[BH] i.e., lost items that they found, although they are not considered to be halakhically competent and are unable to acquire found items by Torah law, taking such items from them **is considered robbery,** by rabbinic law, **for the sake of the ways of peace.**[B] **Rabbi Yosei says:** This is **full-fledged robbery.**

וְאָמַר רַב חִסְדָּא: גֶּזֶל גָּמוּר מִדִּבְרֵיהֶן. נָפְקָא מִינָּהּ לְהוֹצִיאָהּ בְּדַיָּינִין.

And Rav Ḥisda says that Rabbi Yosei means that it is **full-fledged robbery by rabbinic** law.[N] And **the** practical **difference** between the opinion of the first *tanna* and Rabbi Yosei's opinion is that according to Rabbi Yosei, if the robber refuses to return the stolen item, **it is appropriated by the judges** and returned to its owner. In any event, it is evident from here that Rabbi Yosei also holds that a minor cannot acquire property for himself by Torah law.

אֶלָּא אָמַר אַבָּיֵי: עֲשָׂאוּהָ כְּמִי שֶׁהָלְכוּ בָּהּ נְמוּשׁוֹת, דַּעֲנִיִּים גּוּפַיְיהוּ מַסְּחִי דַּעְתַּיְיהוּ. סָבְרִי: בְּרֵיהּ דְּהֵיאַךְ מְלַקְּטִי לֵיהּ.

Rather, Abaye rejected the above explanation of Rabbi Yosei's opinion in the *baraita* with regard to gleaning, and **said:** The reason that according to Rabbi Yosei a sharecropper's son may glean after him despite the fact that he does not acquire property by Torah law is that in such a case the Sages **rendered** the field **like one through which the last gleaners have walked.** Once the poor people have finished gleaning stalks from a field, even wealthy people are permitted to collect whatever remains. In this case, **since** the sharecropper's son is walking behind him, the **poor** people **themselves dismiss** the notion of gleaning in this field **from their minds; they assume** that **the son of this** sharecropper **is gleaning for him** and that they will therefore not find any gleanings in this field. Since the poor people themselves have finished taking stalks from the field, the sharecropper's son can glean for his father.

אֲמַר לֵיהּ רַב אַדָּא בַּר מַתָּנָה לְאַבָּיֵי: וְכִי מוּתָּר לְאָדָם לְהַרְבִּיץ אֲרִי בְּתוֹךְ שָׂדֵהוּ כְּדֵי שֶׁיִּרְאוּ עֲנִיִּים וְיִבְרְחוּ?

Rav Adda bar Mattana said to Abaye: But how is it permitted for one to allow his son to follow him in the field, thereby causing all the poor people to leave? **Is a person permitted to have a lion crouch in his field**[H] **so that the poor** people **will see it and flee?**

אֶלָּא אָמַר רָבָא:

Rather, Rava stated an alternative explanation:

HALAKHA

Found items of a deaf-mute, an imbecile, or a minor – מְצִיאַת חֵרֵשׁ שׁוֹטֶה וְקָטָן: Although by Torah law an ownerless item found by a deaf-mute, an imbecile, or a minor does not belong to its finder, the Sages instituted an ordinance that the finder acquires it, for the sake of the ways of peace. Therefore, one who steals an item found by a deaf-mute, an imbecile, or a minor transgresses rabbinic law, but the stolen item is not returned by the court to the finder, in accordance with the opinion in the unattributed mishna (Rambam *Sefer Nezikin, Hilkhot Gezeila VaAveda* 17:12; *Shulḥan Arukh, Ḥoshen Mishpat* 270:1).

One who has a lion crouch in his field – מַרְבִּיץ אֲרִי בְּתוֹךְ שָׂדֵהוּ: It is prohibited for one to have a lion crouch in his field, i.e., to station someone or something frightening in his field, so that the poor will see it and flee without gleaning the gifts that are properly theirs (Rambam *Sefer Zera'im, Hilkhot Mattenot Aniyyim* 4:13).

NOTES

If you say that a minor does not have the capability of acquiring property for himself – אִי אָמְרַתְּ קָטָן לֵית לֵיהּ זְכִיָּיה לְנַפְשֵׁיהּ: The Gemara assumes that according to Rabbi Yosei a minor can acquire property by Torah law. If this were not so, the Sages would not institute a right of acquisition for a minor when by doing so they would diminish the right of acquisition from the poor (*Tosefot HaRosh*).

His father is wealthy – אֲבוּהּ עָשִׁיר הוּא: The Gemara defines a poor person as one who owns less than two hundred dinars. Therefore, some explain that the right of the sharecropper to a percentage of the produce is probably worth more than this amount (Ritva). Others hold that since the father has rights to a portion of the produce, it is considered to belong to him, and one is not permitted to take the gleanings from his own produce (*Tosafot*; Rosh).

Full-fledged robbery by rabbinic law – גֶּזֶל גָּמוּר מִדִּבְרֵיהֶן: This must be Rabbi Yosei's intent because he includes an imbecile, who has no deliberate intention and has no rights of acquisition by Torah law (*Penei Yehoshua*; *Torat Ḥayyim*).

BACKGROUND

A deaf-mute, an imbecile, or a minor – חֵרֵשׁ שׁוֹטֶה וְקָטָן: The members of these three categories are frequently grouped together because of their presumed limited intellectual capacity or their inability to act responsibly. They are neither obligated to perform mitzvot nor held responsible for any damage they cause. They also lack the legal capacity to act as agents. Although all three categories are often mentioned together, there are many differences between the *halakhot* governing each of them.

Ways of peace – דַּרְכֵי שָׁלוֹם: The phrase: Ways of peace, refers to various rabbinic ordinances instituted to foster peace and to prevent strife and controversy. (1) With regard to monetary cases, in certain instances the Sages rendered it prohibited for one to take property from another person who does not possess full formal legal ownership. (2) The Sages permitted certain lenient practices in dealings with a common, uneducated person, in order to prevent division between scholars and the common people. (3) The Sages instructed that charity be given to the gentile poor together with the poor of the Jewish people. Similarly, they instituted other practices to reduce friction between the Jewish people and other nations.

עָשׂוּ שֶׁאֵינוֹ זוֹכֶה כְּזוֹכֶה, מַאי טַעְמָא – עֲנִיִּים גּוּפַיְיהוּ נִיחָא לְהוּ, כִּי הֵיכִי דְּכִי אָגְרוּ לְדִידְהוּ נִלְקוֹט בְּנַיְיהוּ בַּתְרַיְיהוּ.

The Sages instituted an ordinance **rendering** a son of the sharecropper, **who does not** have the right to **acquire** property, **like one who** has the right to **acquire** property;[N] i.e., they granted him a special right to acquire the gleanings. **What is the reason** for this ordinance? This arrangement is **satisfactory for the poor people themselves, so that when they are hired** under similar terms **themselves, their sons will** be able to **glean** the stalks **after them.**

וּפְלִיגָא דְּרַבִּי חִיָּיא בַּר אַבָּא, דְּאָמַר רַבִּי חִיָּיא בַּר אַבָּא אָמַר רַבִּי יוֹחָנָן: לֹא גָּדוֹל – גָּדוֹל מַמָּשׁ, וְלֹא קָטָן – קָטָן מַמָּשׁ. אֶלָּא: גָּדוֹל וְסָמוּךְ עַל שֻׁלְחַן אָבִיו – זֶהוּ קָטָן, קָטָן וְאֵינוֹ סָמוּךְ עַל שֻׁלְחַן אָבִיו – זֶהוּ גָּדוֹל.

The Gemara comments: **And** Shmuel, in his above explanation of the mishna, **disagrees** with the opinion **of Rabbi Ḥiyya bar Abba. As Rabbi Ḥiyya bar Abba says** that **Rabbi Yoḥanan says:** The word **adult** in the mishna **is not** referring to **an actual adult,**[N] **and** the word **minor is not** referring to **an actual minor. Rather,** with regard to **an adult** son who is **dependent on** the food of **his father's table** for support, **this is** considered **a minor** in the context of the mishna. It is appropriate for one who is reliant on his father's support to give items that he finds to his father. And with regard to **a minor** son who is **not dependent**[N] **on** the food of **his father's table** for support, **this is** considered **an adult** in this context, and any lost item that he finds is his.

״מְצִיאַת עַבְדּוֹ וְשִׁפְחָתוֹ הָעִבְרִים הֲרֵי הוּא שֶׁל עַצְמָן״. אַמַּאי? לֹא יְהֵא אֶלָּא פּוֹעֵל, וְתַנְיָא: מְצִיאַת פּוֹעֵל לְעַצְמוֹ. בַּמֶּה דְּבָרִים אֲמוּרִים – בִּזְמַן שֶׁאָמַר לוֹ: נַכֵּשׁ עִמִּי הַיּוֹם, עֲדוֹר עִמִּי הַיּוֹם.

§ The mishna teaches: **The found item of his Hebrew slave or maidservant, it is theirs.** The Gemara asks: **Why** does it not belong to the master? **Let** the slave **be** considered **merely a laborer; and it is taught** in a *baraita*: **The found item of a laborer,**[H] i.e., a lost item that he found, belongs **to him** and not to his employer. **In what** case **is this statement,** that the item belongs to the laborer, **said?** It is said **when the employer** told the laborer to perform a specific task, e.g., he **said to him: Weed for me today,** or: **Till for me today.** Since the employer specified the task that he hired the laborer to perform, and that task did not include finding lost items, the laborer has rights to the item that he himself found.

אֲבָל אָמַר לוֹ עֲשֵׂה עִמִּי מְלָאכָה הַיּוֹם – מְצִיאָתוֹ לְבַעַל הַבַּיִת!

The *baraita* continues: **But** if the employer **said to** the laborer: **Work for me today,** without specifying the nature of the work, the **found item is the employer's,** as finding ownerless items is included within the general category of work. Since a Hebrew slave is duty-bound to perform all types of labor for his master, why doesn't his master acquire all items that he finds?

אָמַר רַבִּי חִיָּיא בַּר אַבָּא אָמַר רַבִּי יוֹחָנָן: הָכָא בְּעֶבֶד נוֹקֵב מַרְגָּלִיּוֹת עָסְקִינַן, שֶׁאֵין רַבּוֹ רוֹצֶה לְשַׁנּוֹתוֹ לִמְלָאכָה אַחֶרֶת.

Rabbi Ḥiyya bar Abba said that **Rabbi Yoḥanan said: Here we are dealing with a slave who pierces pearls** [*margaliyyot*],[LB] **which** is such a profitable activity that **his master would not want to transfer him to another** line of **work** even for a moment. Therefore his status is like that of a laborer who is hired to perform a specific task.

רָבָא אָמַר: בְּמַגְבִּיהַּ מְצִיאָה עִם מְלַאכְתּוֹ עָסְקִינַן.

Rava said: We are dealing with a case where the slave **lifts a found item** along **with** performing **his work.**[N] Since there is no need for him to interrupt his work in order to take the item, his taking the item costs his master nothing, so it belongs to the slave.

רַב פַּפָּא אָמַר: כְּגוֹן שֶׁשְּׂכָרוֹ לְלַקֵּט מְצִיאוֹת. וְהֵיכִי דָּמֵי? דְּאַקְּפֵי אַגְמָא בְּכַוְורֵי.

Rav Pappa said: An item found by a laborer belongs to his employer only in a case **where he hired him** specifically **to collect found items.** The Gemara asks: **But what are the circumstances** in which one would hire a person to find ownerless items? The Gemara answers: It is in a case **where a lake flooded** its shore **with fish,** and after the water receded, the fish remained on the shore. One would hire laborers to gather those fish.

הַאי שִׁפְחָה הֵיכִי דָּמֵי? אִי דְּאַיְיתִי שְׁתֵּי שְׂעָרוֹת – מַאי בָּעֲיָא גַּבֵּיהּ?

§ The mishna teaches that an item found by a Hebrew maidservant belongs to her. The Gemara asks: **What are the circumstances of this maidservant? If** the reference is to a maidservant **who has grown two** pubic **hairs,** which is a sign of adulthood, **why is she with** her master? A Hebrew maidservant who reaches adulthood is emancipated.

NOTES

Rendering one who does not acquire like one who has the right to acquire property – עָשׂוּ שֶׁאֵינוֹ זוֹכֶה כְּזוֹכֶה: The Rosh explains the specifics of this *halakha*, that the Sages instituted an ordinance rendering those poor people who had not yet gleaned as though they had acquired the gleanings, assuming ownership of them. It is then assumed that the poor people are willing to give up their portion, so that when they enter into similar arrangements themselves, their children will be able to glean the stalks after them. Therefore, the children of the sharecroppers may take the sheaves.

The word adult is not referring to an actual adult – לֹא גָּדוֹל גָּדוֹל מַמָּשׁ: The reason behind this explanation is that obviously any item found by an adult belongs to him; there is no reason to think that it should belong to his father. Therefore, Rabbi Yoḥanan explains that the issue is whether or not the son is financially independent (*Torat Ḥayyim*).

A minor son who is not dependent – קָטָן וְאֵינוֹ סָמוּךְ: This refers only to sons; with regard to a minor daughter, even if she is financially independent her father acquires any item that she finds (Ramban; Ran).

With a case where he lifts a found item with his work – בְּמַגְבִּיהַּ מְצִיאָה עִם מְלַאכְתּוֹ: Some explain that this is elucidating the case where an item found by a laborer belongs to his employer, i.e., it is a case where the laborer interrupts his work in order to pick up the item. In a case where a laborer lifts an item he finds without interrupting his work, it belongs to him.

HALAKHA

The found item of a laborer – מְצִיאַת פּוֹעֵל: A laborer may keep any ownerless item that he finds while on the job, whether he was hired to perform a specific task or for general work. If he was hired specifically to collect ownerless items, anything he finds belongs to his employer (Rambam *Sefer Mishpatim*, *Hilkhot Sekhirut* 9:11; *Shulḥan Arukh*, *Ḥoshen Mishpat* 270:3).

LANGUAGE

Pearls [*margaliyyot*] – מַרְגָּלִיּוֹת: From the Greek μαργαρίτης, *margaritēs*, or μαργαρίς, *margaris*, meaning pearl or gem.

BACKGROUND

Pierces pearls – נוֹקֵב מַרְגָּלִיּוֹת: Since pearls, especially valuable ones, were usually strung in necklaces, they had to be pierced. This was a very specialized form of craftsmanship that required expertise. The artisan would choose the ideal place to pierce the jewel, and the resultant hole had to be completely straight so as not to mar the beauty of the pearl. That craftsman was well paid, and a slave who could perform this task was considered highly valuable.

וְאִי דְּלָא אַיְיתִי שְׁתֵּי שְׂעָרוֹת, אִי אִיתֵיהּ לְאָב – דַּאֲבוּהּ הָוְיָא, וְאִי דְּלֵיתֵיהּ לְאָב – תֵּיפּוֹק בְּמִיתַת הָאָב.

And if she is a maidservant **who has not** yet **grown two** pubic **hairs** and is still considered a minor, then **if** her **father is** still alive, the found item **is her father's, and if** her **father is not** still alive, **she should have gone free with the death of her father.**

דְּאָמַר רֵישׁ לָקִישׁ: אָמָה הָעִבְרִיָּה קָנָה עַצְמָהּ בְּמִיתַת הָאָב מֵרְשׁוּת הָאָדוֹן מִקַּל וָחוֹמֶר! וְלָאו אִיתּוֹתַב רֵישׁ לָקִישׁ?

As Reish Lakish says: A Hebrew maidservant[H] **acquires herself** from the authority of her master **through the death of** her **father,** and this *halakha* is derived **from an *a fortiori*** inference: Signs indicating puberty release her from her master's authority but do not release her from her father's authority, as although she shows signs indicating puberty she remains under her father's authority with regard to certain matters. Therefore, is it not logical that her father's death, which releases her entirely from the father's authority, would release her from the authority of her master? Clearly, there is no situation where a Hebrew maidservant can acquire an item that she finds. The Gemara answers: **But wasn't** the opinion of **Reish Lakish conclusively refuted?** It is not accepted as *halakha*.

נֵימָא מֵהַאי נַמִי תֶּיהֱוֵי תְּיוּבְתָּא!

The Gemara suggests: **Let us say** that **there is a conclusive refutation** of his opinion **from this** mishna **as well.** If a Hebrew maidservant is emancipated once her father dies, there is no possible situation in which a Hebrew maidservant who finds an ownerless item acquires it for herself.

לֹא, לְעוֹלָם דְּאִיתֵיהּ לְאָב, וּמַאי הֲרֵי הֵן שֶׁלָּהֶן – לְאַפּוֹקֵי דְּרַבָּהּ.

The Gemara rejects this suggestion: This mishna is **not** a refutation of Reish Lakish's opinion, as perhaps it is **actually** referring to a case **where the father is** alive. **And what** is the meaning of the phrase: **They are theirs?** It does not mean that the item belongs to the maidservant; rather it is stated in order **to exclude** the possibility that it belongs **to her master.** The maidservant acquires the found item, and through her, her father acquires it.

"מְצִיאַת אִשְׁתּוֹ". גֵּירְשָׁהּ, פְּשִׁיטָא!

§ The mishna teaches that **the found item of his** ex-**wife,** whom he divorced, belongs to her, even if he has not yet given her payment of the marriage contract that he owes her. The Gemara asks: If **he divorced her,** it is **obvious** that the item is hers. Why does the mishna specify this?

הָכָא בְּמַאי עָסְקִינַן – בִּמְגוֹרֶשֶׁת וְאֵינָהּ מְגוֹרֶשֶׁת. דְּאָמַר רַבִּי זֵירָא אָמַר שְׁמוּאֵל: כׇּל מָקוֹם שֶׁאָמְרוּ חֲכָמִים מְגוֹרֶשֶׁת וְאֵינָהּ מְגוֹרֶשֶׁת – בַּעְלָהּ חַיָּיב בִּמְזוֹנוֹתֶיהָ.

The Gemara answers: **Here we are dealing with** a case **where** there is uncertainty whether **she is divorced or** whether **she is not divorced.**[HN] **As Rabbi Zeira says** that **Shmuel says: Everywhere that the Sages said** that there is uncertainty whether a woman **is divorced or** whether **she is not divorced, her husband** remains **obligated to** provide for **her sustenance.** Furthermore, the Sages instituted an ordinance that an item found by a wife belongs to her husband, and that this right is reciprocal to his obligation to provide for her sustenance. Therefore, one might reason that here too, since the husband is still obligated to provide for his wife he retains the right to items that she finds.

טַעְמָא מַאי אֲמוּר רַבָּנַן מְצִיאַת אִשָּׁה לְבַעְלָהּ – כִּי הֵיכִי דְּלָא תֶּיהֱוֵי לַהּ אֵיבָה, הָכָא – אִית לַהּ אֵיבָה וְאֵיבָה.

But this is not the *halakha*, as **what is the reason** that **the Sages said** that an item **found by a wife** belongs **to her husband?** It is **so that she should not be subject to** her husband's **enmity** due to the fact that he is supporting her and yet she keeps any item that she finds. **Here,** however, **let her be subject to much enmity.** He should resolve the uncertainty and finalize the divorce as soon as possible, and perhaps this enmity will facilitate reaching that goal.

מתני׳ מָצָא שְׁטָרֵי חוֹב, אִם יֵשׁ בָּהֶן אַחְרָיוּת נְכָסִים – לֹא יַחֲזִיר, שֶׁבֵּית דִּין נִפְרָעִין מֵהֶן. אֵין בָּהֶן אַחְרָיוּת נְכָסִים – יַחֲזִיר, שֶׁאֵין בֵּית דִּין נִפְרָעִין מֵהֶן, דִּבְרֵי רַבִּי מֵאִיר.

MISHNA With regard to one who **found promissory notes,**[H] **if they include a property guarantee** for the loan **he may not return** them to the creditor, **as,** if he were to return them, **the court** would then **use them to collect repayment** of the debts from land that belonged to the debtor at the time of the loan, even if that land was subsequently sold to others. If **they do not include a property guarantee, he returns** them to the creditor, **as** in this case **the court** will **not use them to collect repayment** of the debt from purchasers of the debtor's land. This is **the statement of Rabbi Meir.**

HALAKHA

A Hebrew maidservant – אָמָה הָעִבְרִיָּה: A Hebrew maidservant who reaches puberty is emancipated without having to pay anything (Rambam *Sefer Kinyan, Hilkhot Avadim* 4:5).

She is divorced or she is not divorced – מְגוֹרֶשֶׁת וְאֵינָהּ מְגוֹרֶשֶׁת: In any case of uncertainty with regard to a divorce, the husband is obligated to provide for his wife until it is certain that she is divorced (Rambam *Sefer Nashim, Hilkhot Ishut* 18:25; *Shulḥan Arukh, Even HaEzer* 93:2).

One who found promissory notes – מָצָא שְׁטָרֵי חוֹב: One who finds promissory notes may not return them to the creditor, even if they appear valid, and even if the debtor admits that he owes the money, in case the debtor and creditor colluded to repossess property that the debtor sold. The promissory notes may be returned to the creditor only if it is clear that they do not create a lien on the debtor's property and if the debtor admits that he owes the money (Rambam *Sefer Nezikin, Hilkhot Gezeila VaAveda* 18:1; *Shulḥan Arukh, Ḥoshen Mishpat* 65:6).

NOTES

She is divorced or she is not divorced – מְגוֹרֶשֶׁת וְאֵינָהּ מְגוֹרֶשֶׁת: In the Jerusalem Talmud it is explained that the reference is to a woman who is fully divorced, but whose husband has not yet paid her the entire value of her marriage contract. Until he does so, he is obligated to provide for her sustenance. The early commentaries disagree as to whether that opinion would be accepted in the Babylonian Talmud.

וַחֲכָמִים אוֹמְרִים: בֵּין כָּךְ וּבֵין כָּךְ לֹא יַחֲזִיר, מִפְּנֵי שֶׁבֵּית דִּין נִפְרָעִין מֵהֶן.

And the Rabbis say: In **both this** case **and that** case **he should not return** the promissory notes to the creditor, **as,** if he were to return them, **the court** would in any event **use them to collect repayment** of the loan from purchasers of the debtor's land.

גמ׳ בְּמַאי עָסְקִינַן? אִילֵימָא כְּשֶׁחַיָּיב מוֹדֶה, כִּי יֵשׁ בָּהֶן אַחֲרָיוּת נְכָסִים אַמַּאי לֹא יַחֲזִיר? הָא מוֹדֶה! וְאִי כְּשֶׁאֵין חַיָּיב מוֹדֶה, כִּי אֵין בָּהֶן אַחֲרָיוּת נְכָסִים אַמַּאי יַחֲזִיר? נְהִי דְּלָא גָּבֵי מִמְּשַׁעְבְּדֵי – מִבְּנֵי חֲרֵי מִגְבָּא גָּבֵי!

GEMARA **With what** case **are we dealing? If we say** it is a case **when** the **liable party,** i.e., the debtor, **admits** that he wrote the promissory notes and that the debts have not yet been repaid, then **when** the promissory notes **include a property guarantee, why should** the finder **not return** them to the creditor? **Doesn't** the debtor **admit** to the debts? **And if** it is in a case **when** the **debtor does not admit** to the debts, claiming that he dropped the promissory notes after he repaid his debts, then even **when** the promissory notes **do not include a property guarantee, why should** the finder **return** them to the creditor? **Granted,** the creditor **cannot collect** these debts **from liened** property that has been sold, but **he can collect from unsold** property. The returning of the promissory note would be disadvantageous to the borrower, who claims that he repaid the loan.

לְעוֹלָם כְּשֶׁחַיָּיב מוֹדֶה, וְהָכָא הַיְינוּ טַעְמָא: דְּחָיְישִׁינַן שֶׁמָּא כָּתַב לִלְוֹת בְּנִיסָן, וְלֹא לָוָה עַד תִּשְׁרֵי, וְאָתֵי לְמִטְרַף לָקוֹחוֹת שֶׁלֹּא כַּדִּין.

The Gemara answers: **Actually,** the mishna is referring to a case **when** the **liable party admits** to the debts, **and here, this is the reason** that the finder may not return the promissory notes: It is **that we are concerned** that **perhaps** the debtor **wrote**[N] in the promissory note that he would **borrow** the money **in Nisan but he did not** actually **borrow** the money **until Tishrei,** and between Nisan and Tishrei he sold land. These lands are not liened to the debt, as the liability to repay the loan took effect only when he actually borrowed the money. **And** the creditor **will come to repossess** the land that was sold between Nisan and Tishrei from the **purchasers, unlawfully.**

אִי הָכִי, כָּל שְׁטָרֵי דְּאָתוּ לְקַמָּן נֵיחוּשׁ לְהוּ הָכִי!

The Gemara asks: **If so,** if the court must be concerned that the date on a promissory note predates the actual loan, **we should likewise be concerned that all** promissory **notes that come before us** to the court are perhaps predated.

כָּל שְׁטָרֵי – לָא רִיעִי, הָנֵי – רִיעִי.

The Gemara answers: The credibility of **all** promissory **notes** in general has **not** been **compromised,** as they remain in the creditor's possession, which is the correct location in the case of an outstanding loan. The credibility of **these** promissory notes has been **compromised** by the fact that they were lost.

אֶלָּא הָא דִּתְנַן: כּוֹתְבִין שְׁטָר לְלֹוֶה אַף עַל פִּי שֶׁאֵין מַלְוֶה עִמּוֹ, לְכַתְּחִילָּה הֵיכִי כָּתְבִינְהוּ? נֵיחוּשׁ שֶׁמָּא כָּתַב לִלְוֹת בְּנִיסָן, וְלֹא לָוָה עַד תִּשְׁרֵי, וְאָתֵי לְמִטְרַף לָקוֹחוֹת שֶׁלֹּא כַּדִּין!

The Gemara asks: **But** with regard to **that which we learned** in a mishna (*Bava Batra* 167b): **One may write** a promissory **note for a borrower even if** the **lender is not with him** because it is the borrower who assumes liability based on the note, the question arises: **How can** one **write** this promissory note ***ab initio*****? Let us be concerned** that **perhaps** the borrower wants to **write** the note as he intends **to borrow** money **in Nisan, but** will ultimately **not borrow** the money **until Tishrei, and** the lender might then **come to repossess** the land that the borrower sells between Nisan and Tishrei from the **purchasers, unlawfully.**

אֲמַר רַב אַסִי:

Rav Asi said:

NOTES

That we are concerned that perhaps the debtor wrote, etc. – דְּחָיְישִׁינַן שֶׁמָּא כָּתַב וכו׳: It is evident from the continuation of the discussion that the concern here is not of collusion between the debtor and the creditor to claim that the loan occurred before it actually did. Rather, the concern is that the debtor mistakenly assumes that he borrowed the money on the date written in the promissory note, when in fact he borrowed it on a later date (Rashba; Ran).

בִּשְׁטָרֵי הַקְנָאָה, דְּהָא שַׁעְבֵּיד נַפְשֵׁיהּ.

This mishna is referring not to one who finds an ordinary promissory note but **to** one who finds **deeds of transfer.**[H] This refers to a promissory note that establishes a lien on the debtor's property from the date the note is written, regardless of when he borrows the money. **Because** the debtor **obligated himself** from that date, the creditor has the legal right to repossess his land from any subsequent purchasers.

אִי הָכִי, מַתְנִיתִין דְּקָתָנֵי אִם יֵשׁ בָּהֶן אַחֲרָיוּת נְכָסִים לֹא יַחֲזִיר וְאוֹקִימְנָא כְּשֶׁחַיָּיב מוֹדֶה, וּמִשּׁוּם שֶׁמָּא כָּתַב לִלְווֹת בְּנִיסָן וְלֹא לָוָה עַד תִּשְׁרֵי וְאָתֵי לְמִטְרַף לָקוֹחוֹת שֶׁלֹּא כַּדִּין, אַמַּאי לֹא יַחֲזִיר?

The Gemara asks: **If that is so,** the following difficulty arises: How will one account for the ruling of **the mishna** here, **which teaches** that **if** the promissory notes **include a property guarantee,** the finder **should not return** them to the creditor; **and we established** that the reference is to a case **when** the **debtor admits** that he still owes the debt **and** that the promissory note should not be returned **due to** suspicion that **perhaps** the debtor **wrote** it with the intention **to borrow** the money **in Nisan but did not** actually **borrow** it **until Tishrei, and** therefore, if the promissory note is returned to the creditor **he will come to repossess** the land from the **purchasers unlawfully.** If Rav Asi's explanation is correct, **why shouldn't** the finder **return** the document?

נֶחֱזֵי, אִי בִּשְׁטַר הַקְנָאָה – הָא שַׁעְבֵּיד לֵיהּ נַפְשֵׁיהּ, אִי בִּשְׁטָר דְּלָא הַקְנָאָה – לֵיכָּא לְמֵיחַשׁ, דְּהָא אָמְרַתְּ כִּי לֵיכָּא מַלְוֶה בַּהֲדֵיהּ לָא כָּתְבִינַן.

The Gemara elaborates: **Let us see** what the possibilities are. **If** the reference is **to a deed of transfer, didn't** the debtor **obligate himself** that his property can be collected for payment of the loan from the date that the deed of transfer was written? Conversely, **if** the reference is **to** a promissory **note that is not** a deed of **transfer, there is no** room for **concern, as you said** that in such a case, **when the lender is not** present **together with** the borrower, **we do not write** such a document.

אָמַר לָךְ רַב אַסִי: אַף עַל גַּב דִּשְׁטָרֵי דְּלָאו הַקְנָאָה כִּי לֵיכָּא מַלְוֶה בַּהֲדֵיהּ לָא כָּתְבִינַן, מַתְנִיתִין כֵּיוָן דִּנְפַל אִתְרַע לֵיהּ, וְחָיְישִׁינַן דִּלְמָא אִקְּרִי וּכְתוּב.

The Gemara answers: **Rav Asi** could have **said to you: Although we do not write** promissory **notes that are not** deeds of **transfer when the lender is not** present **together with** the borrower, with regard to the case in **the mishna** it can be explained that **since** the promissory note **was dropped,** its credibility **was compromised, and** consequently **we are concerned** that **perhaps it happened to have been written** in the absence of the lender, deviating from the standard procedure.

אַבַּיֵי אָמַר: עֵדָיו בַּחֲתוּמָיו זָכִין לוֹ, וַאֲפִילּוּ שְׁטָרֵי דְּלָאו הַקְנָאָה.

Abaye stated an alternative explanation of the mishna that allows one to write a promissory note for a borrower in the absence of the lender: The document's **witnesses, with their signatures, acquire** the lender's lien on the borrower's land **on** the lender's **behalf,** despite the fact that the loan did not occur yet. **And** this applies **even** with regard to promissory **notes that are not** deeds of **transfer.**

מִשּׁוּם דְּקַשְׁיָא לֵיהּ: כֵּיוָן דְּאָמְרַתְּ בִּשְׁטָרֵי דְּלָאו הַקְנָאָה כִּי לֵיתֵיהּ לְמַלְוֶה בַּהֲדֵיהּ לָא כָּתְבִינַן – לֵיכָּא לְמֵיחַשׁ דְּאִקְּרִי וּכְתוּב.

Abaye offered this explanation **because** Rav Asi's explanation was **difficult for him;**[N] **since you said with regard to** promissory **notes that are not** deeds of **transfer** that **we do not write** them **when the lender is not** present **together with** the borrower, **there is no** reason for **concern** that **perhaps** in the case of a found promissory note **it happened to be written** in the lender's absence.

אֶלָּא הָא דִּתְנַן: מָצָא גִּיטֵּי נָשִׁים וְשִׁחְרוּרֵי עֲבָדִים, דְּיָיתִיקֵי, מַתָּנָה וְשׁוֹבְרִים – הֲרֵי זֶה לֹא יַחֲזִיר, שֶׁמָּא כְּתוּבִים הָיוּ וְנִמְלַךְ עֲלֵיהֶם שֶׁלֹּא לִיתְּנָם. וְכִי נִמְלַךְ עֲלֵיהֶם מַאי הָוֵי? וְהָא אָמְרַתְּ עֵדָיו בַּחֲתוּמָיו זָכִין לוֹ!

The Gemara asks: **But** how can Abaye's opinion be reconciled with **that which we learned** in a mishna (18a): If one **found bills of divorce,** or bills **of manumission of slaves,** or **wills** [*deyaitiki*],[L] or deeds of **gift, or receipts, he may not return** them to the people who are presumed to have lost them. The reason is that **perhaps they were** only **written and** not delivered, because the one who wrote them subsequently **reconsidered about them** and decided **not to deliver them.** The Gemara asks: **If he reconsidered** and decided not to deliver **them, what of it? Didn't you say** that a document's **witnesses, with their signatures, acquire** it **on behalf of** the recipient? If so, why shouldn't it be returned to him?

HALAKHA

Deeds of transfer – שְׁטָרֵי הַקְנָאָה: A promissory note may be written for a debtor even if the creditor is not present with him. The Rif, the Rambam, and most other authorities rule that this applies only to a promissory note that states that the debtor's property is liened to the creditor from the date mentioned in it, in accordance with the opinion of Rav Asi. Rabbeinu Yitzḥak, the Rosh, and the *Tur* rule in accordance with the opinion of Abaye that this applies to any promissory note. The *Shakh* concludes that the *halakha* is in accordance with the opinion of the Rif, but that one who is in possession of such a promissory note can claim that he accepts the opinion of the Rosh, and the promissory note is not declared invalid (Rambam *Sefer Mishpatim, Hilkhot Malve VeLoveh* 23:5, 24:1; *Shulḥan Arukh, Ḥoshen Mishpat* 39:13).

NOTES

Because Rav Asi's explanation was difficult for him – מִשּׁוּם דְּקַשְׁיָא לֵיהּ: The early commentaries had a tradition that this section was not part of the Gemara itself, but was added later by Rav Yehudai Gaon.

Some question the assertion that Abaye's statement that the lien on the borrower's land applies from the time the witnesses sign the promissory note is due to his difficulty with Rav Asi's explanation. Since in any case the Gemara establishes later that according to Abaye, the reason that the mishna states that a found promissory note may not be returned to the creditor is due to the possibility of collusion, Abaye's current statement is unnecessary in order to understand the mishna. Therefore, the commentaries explain that the Gemara is merely describing why Abaye disagrees with Rav Asi's explanation, and not why he makes this particular statement (Ramban; *Tosafot*).

Others explain that because Abaye does not accept Rav Asi's interpretation of the mishna here, he is not compelled to interpret the mishna in tractate *Bava Batra* as referring exclusively to deeds of transfer. Consequently, he interprets that mishna as referring to all types of promissory notes, in accordance with the simple understanding of that mishna (Rashba; Ran).

LANGUAGE

Wills [*deyaitiki*] – דְּיָיתִיקֵי: From the Greek διαθήκη, *diatēkē*, meaning a will. The Sages interpret the word homiletically as *da teheh lemeikam*, meaning: This will stand.

NOTES

That the *tanna* suspects that there was repayment and collusion – דְּחָיֵישׁ לְפֵרָעוֹן וְלִקְנוּנְיָא: The Rosh asks why there is no suspicion that perhaps the debt was repaid and that the reason the debtor claims that it was not is because he intends to take another loan using the same promissory note. He answers that it is unreasonable to suspect that in order to save the small amount of money that it would cost to hire a scribe, the debtor would risk causing financial loss to the purchasers of the property he sold.

According to Shmuel…what is there to say – לִשְׁמוּאֵל...מַאי אִיכָּא לְמֵימַר: Although the Gemara can be explained by assuming that there is a *tanna* who does suspect repayment and collusion, nevertheless the Gemara prefers to give an answer that establishes the mishna in accordance with Shmuel's opinion (*Melo HaRo'im*).

A promissory note that does not include a property guarantee, the creditor collects neither from liened property nor from unsold property – שְׁטַר חוֹב שֶׁאֵין בּוֹ אַחֲרָיוּת נְכָסִים אֵין גּוֹבֶה לֹא מִמְּשַׁעְבְּדֵי וְלֹא מִבְּנֵי חֲרֵי: Some explain that it was uncommon to lend money without a property guarantee, so that if a promissory note was found without a property guarantee, it had clearly not been used (Ra'avad). Others explain that such a promissory note is invalid, as such a document has no legal significance, since it grants the creditor no additional rights beyond those received in the case of a loan by oral contract. Consequently, even the testimony of the witnesses signed on the promissory note is invalid, as testimony must be provided orally unless it is written on a valid legal document (Ramban).

הָנֵי מִילֵּי הֵיכָא דְּקָא מָטוּ לִידֵיהּ, אֲבָל הֵיכָא דְּלָא מָטוּ לִידֵיהּ – לָא אָמְרִינַן.

The Gemara answers: **This statement,** that a creditor acquires the lien on the debtor's land immediately when the witnesses sign the document, applies only in a case **where** the document **came into** the creditor's **possession; but** in a case **where** the document **did not come into his possession,** as it was never given to him, **we do not say** that.

אֶלָּא מַתְנִיתִין, דְּקָתָנֵי: מָצָא שִׁטְרֵי חוֹב, אִם יֵשׁ בָּהֶם אַחֲרָיוּת נְכָסִים – לֹא יַחֲזִיר. וְאוֹקִימְנָא כְּשֶׁחַיָּיב מוֹדֶה, וּמִשּׁוּם שֶׁמָּא כָּתַב לִלְווֹת בְּנִיסָן וְלֹא לָוָה עַד תִּשְׁרֵי.

The Gemara asks: **Rather,** how can **the mishna** be reconciled with Abaye's opinion? **As it teaches:** With regard to one who **found promissory notes, if they include a property guarantee, he may not return** them to the creditor. **And we established** that the mishna is referring to a case **when** the **liable party,** i.e., the debtor, **admits** to the debts, **and** nevertheless the finder may not return the note **due to** the suspicion that **perhaps he wrote** the promissory note with the intention **to borrow** the money **in Nisan but he did not** actually **borrow** it **until Tishrei.**

בִּשְׁלָמָא לְרַב אַסִי, דְּאָמַר בִּשְׁטָרֵי אַקְנָיְיתָא – מוֹקֵי לַהּ בִּשְׁטָרֵי דְּלָאו אַקְנָיְיתָא, וְכִדְאָמְרִינַן. אֶלָּא לְאַבָּיֵי, דְּאָמַר עֵדָיו בַּחֲתוּמָיו זָכִין לוֹ, מַאי אִיכָּא לְמֵימַר?

The Gemara elaborates: **Granted, according to Rav Asi, who says** that the *halakha* that a promissory note may be written for a borrower in the absence of the lender applies only **with regard to deeds of transfer,** the mishna can be **established** as referring **to** promissory **notes that are not** deeds of **transfer, and** it is **as we stated** above. **But according to Abaye, who says** that a document's **witnesses, with their signatures, acquire** the lien **on** the lender's **behalf, what is there to say?** Why shouldn't one return the promissory notes even if they include a property guarantee for the loan?

אָמַר לָךְ אַבָּיֵי: מַתְנִיתִין הַיְינוּ טַעְמָא – דְּחָיֵישׁ לְפֵרָעוֹן וְלִקְנוּנְיָא.

The Gemara answers that **Abaye** could have **said to you** that **this is the reason** for the ruling in **the mishna:** It is **that** the *tanna* **suspects** that there was **repayment and collusion.**[N] Although the debtor admits his debt, he is suspected to be lying, as after he repaid the debt he might have colluded with the creditor to repossess land that he sold during the period of the loan, and the debtor and creditor would split the money between them.

וְלִשְׁמוּאֵל, דְּאָמַר: לָא חָיְישִׁינַן לְפֵרָעוֹן וְלִקְנוּנְיָא, מַאי אִיכָּא לְמֵימַר? הָנִיחָא אִי סָבַר לַהּ כְּרַב אַסִי, דְּאָמַר בִּשְׁטָרֵי הַקְנָאָה – מוֹקֵי מַתְנִיתִין בִּשְׁטָרֵי דְּלָאו הַקְנָאָה, אֶלָּא אִי סָבַר כְּאַבָּיֵי, דְּאָמַר עֵדָיו בַּחֲתוּמָיו זָכִין לוֹ מַאי אִיכָּא לְמֵימַר?

The Gemara asks: **But according to Shmuel, who says** that **we do not suspect repayment and collusion, what is there to say?**[N] How can the mishna be explained? **This works out well if** Shmuel **holds in accordance with** the opinion of **Rav Asi, who says** that only **in** the case of **deeds of transfer** is it permitted to write a promissory note for a borrower in the absence of the lender. Accordingly, Shmuel **can establish** the mishna as referring **to** promissory **notes that are not** deeds of **transfer. But if** Shmuel **holds in accordance with** the opinion of **Abaye, who says** that a document's **witnesses, with their signatures, acquire** the lien **on** the creditor's **behalf, what is there to say?**

שְׁמוּאֵל מוֹקֵי לְמַתְנִיתִין כְּשֶׁאֵין חַיָּיב מוֹדֶה.

The Gemara answers: **Shmuel can establish the mishna** as referring to a case **when the** purported **liable party does not admit** to the debt, and therefore the finder may not return the promissory notes to the creditor.

אִי הָכִי, כִּי אֵין בָּהֶן אַחֲרָיוּת נְכָסִים אַמַּאי יַחֲזִיר? נְהִי דְּלָא גָּבֵי מִן מְשַׁעְבְּדֵי, מִבְּנֵי חֲרֵי מִגְבֵּי גָּבֵי!

The Gemara asks: **If so,** in a case **when** the promissory notes **do not include a property guarantee, why must** the finder **return** them to the purported creditor? **Granted,** the creditor **cannot collect** the debt **from liened** property that had been sold, but **he can collect** it **from** the debtor's **unsold** property, even though the debtor claims to be exempt.

שְׁמוּאֵל לְטַעְמֵיהּ, דְּאָמַר שְׁמוּאֵל, אוֹמֵר הָיָה רַבִּי מֵאִיר: שְׁטַר חוֹב שֶׁאֵין בּוֹ אַחֲרָיוּת נְכָסִים – אֵין גּוֹבֶה לֹא מִמְּשַׁעְבְּדֵי וְלֹא מִבְּנֵי חֲרֵי.

The Gemara answers: **Shmuel** conforms **to his** standard line of **reasoning, as Shmuel says** that **Rabbi Meir would say:** In the case of **a promissory note that does not include a property guarantee,** the creditor **collects neither from liened** property that has been sold **nor from unsold** property.[N] Therefore, there is no harm in the finder returning the promissory note to the creditor.

וְכִי מֵאַחַר שֶׁאֵינוֹ גּוֹבֶה אַמַּאי יַחֲזִיר? אָמַר רַבִּי נָתָן בַּר אוֹשַׁעְיָא: לָצוּר עַל פִּי צְלוֹחִיתוֹ שֶׁל מַלְוֶה.

The Gemara asks: **But since** the creditor **cannot collect** the debt, **why should** the finder **return** the promissory note? For what purpose can the creditor use it? **Rabbi Natan bar Oshaya says:** The **creditor** can use it **to cover the opening of his flask.**[N] Its only value is as a piece of paper.

וְנַהְדְּרֵיהּ לְהוּ לַלֹּוֶה לָצוּר עַל פִּי צְלוֹחִיתוֹ שֶׁל לֹוֶה! לֹוֶה הוּא

The Gemara asks: If the document has only the value of the paper, **let** the finder **return it to the debtor, to cover the opening of the debtor's flask.** The Gemara answers: **The debtor is**

NOTES

To cover the opening of his flask – לָצוּר עַל פִּי צְלוֹחִיתוֹ: Although earlier (7b) the Gemara considers it unreasonable that people would quarrel over a document that is worth only the value of the paper it is written on, here the issue is mentioned tangentially, as the mishna states that a promissory note that includes a property guarantee may not be returned, and the Rabbis hold that this is the *halakha* even with regard to a promissory note that does not include a property guarantee. The mishna therefore mentions the opinion of Rabbi Meir that a promissory note that does not include a property guarantee may be returned, even though its value is minimal (*Ein Yehosef*).

Perek **I**
Daf **13** Amud **b**

דְּאָמַר: לֹא הָיוּ דְּבָרִים מֵעוֹלָם.

the one **who says** that these **matters,** the loan, **never happened** and that the promissory note is forged. Therefore, he has no claim to the paper on which the promissory note is written.

אָמַר רַבִּי אֶלְעָזָר: מַחְלוֹקֶת בְּשֶׁאֵין חַיָּיב מוֹדֶה, דְּרַבִּי מֵאִיר סָבַר: שְׁטָר שֶׁאֵין בּוֹ אַחֲרָיוּת נְכָסִים – אֵינוֹ גּוֹבֶה לֹא מִמְּשַׁעְבְּדֵי וְלֹא מִבְּנֵי חֲרֵי, וְרַבָּנַן סָבְרִי: מִמְּשַׁעְבְּדֵי הוּא דְּלָא גָּבֵי, מִבְּנֵי חֲרֵי – מִגְבָּא גָּבֵי. אֲבָל כְּשֶׁחַיָּיב מוֹדֶה – דִּבְרֵי הַכֹּל יַחֲזִיר, וְלָא חָיְישִׁינַן לְפֵרָעוֹן וְלִקְנוּנְיָא.

§ **Rabbi Elazar says:** The **dispute** in the mishna between Rabbi Meir and the Rabbis is **in** a case **when** the purported **liable party does not admit** to the debt. **As, Rabbi Meir holds** that **with** a promissory **note that does not include a property guarantee,** one **can collect** a debt **neither from liened** property that has been sold **nor from unsold** property. **And the Rabbis hold** that **it is** only **from liened** property **that one cannot collect** a debt using this promissory note but that one **does collect** a debt **from unsold** property. **But** in a case **when** the **liable party admits** to the debt, **everyone agrees** that the finder **must return** the promissory note, **and we do not suspect** the creditor and the debtor of engaging in **repayment and collusion** [***veliknuneya***][L] to the detriment of one who purchased land from the debtor.

וְרַבִּי יוֹחָנָן אָמַר: מַחְלוֹקֶת כְּשֶׁחַיָּיב מוֹדֶה, דְּרַבִּי מֵאִיר סָבַר: שְׁטָר שֶׁאֵין בּוֹ אַחֲרָיוּת נְכָסִים – מִמְּשַׁעְבְּדֵי הוּא דְּלָא גָּבֵי, אֲבָל מִבְּנֵי חֲרֵי מִגְבָּא גָּבֵי. וְרַבָּנַן סָבְרִי: מִמְּשַׁעְבְּדֵי נָמֵי גָּבֵי. אֲבָל כְּשֶׁאֵין חַיָּיב מוֹדֶה – דִּבְרֵי הַכֹּל לֹא יַחֲזִיר, דְּחָיְישִׁינַן לְפֵרָעוֹן.

And Rabbi Yoḥanan says: The **dispute** is in a case **when** the **liable party admits** to the debt. **As, Rabbi Meir holds** that **it is** only **from liened** property **that one cannot collect** a debt using a promissory **note that does not include a property guarantee, but** one **does collect** a debt **from unsold** property. **And the Rabbis hold** that one **collects** a debt **from liened** property **too. But** in a case **when the liable party does not admit** to the debt, **everyone agrees** that the finder **may not return** the promissory note, **as we suspect** that perhaps there was **repayment.**

תַּנְיָא כְּוָותֵיהּ דְּרַבִּי יוֹחָנָן, וּתְיוּבְתָּא דְּרַבִּי אֶלְעָזָר בְּחֲדָא, וּתְיוּבְתָּא דִּשְׁמוּאֵל בְּתַרְתֵּי.

It is taught in a *baraita* **in accordance with** the opinion **of Rabbi Yoḥanan, and** from it there is also **a conclusive refutation of one** element of the opinion **of Rabbi Elazar**[N] **and a conclusive refutation of two** elements of the opinion **of Shmuel.**

מָצָא שִׁטְרֵי חוֹב וְיֵשׁ בָּהֶם אַחֲרָיוּת נְכָסִים, אַף עַל פִּי שֶׁשְּׁנֵיהֶם מוֹדִים – לֹא יַחֲזִיר לֹא לָזֶה וְלֹא לָזֶה. אֵין בָּהֶן אַחֲרָיוּת נְכָסִים, בִּזְמַן שֶׁהַלֹּוֶה מוֹדֶה – יַחֲזִיר, אֵין הַלֹּוֶה מוֹדֶה – לֹא יַחֲזִיר לֹא לָזֶה וְלֹא לָזֶה, דִּבְרֵי רַבִּי מֵאִיר.

The *baraita* teaches: In a case where one **found promissory notes and they include a property guarantee, even if both** the creditor and the debtor **agree** about the existence of the debt, the finder **should not return** it **to this** creditor **or to that** debtor. If **they do not include a property guarantee,** then in a case **when the debtor admits** to the debt, **one should return** the promissory note to the creditor. But if **the debtor does not admit** to the debt, **one should not return** it **to this** creditor **or to that** debtor. This is **the statement of Rabbi Meir.**

שֶׁהָיָה רַבִּי מֵאִיר אוֹמֵר: שְׁטָרֵי שֶׁיֵּשׁ בָּהֶם אַחֲרָיוּת נְכָסִים – גּוֹבֶה מִנְּכָסִים מְשׁוּעְבָּדִים, וְשֶׁאֵין בָּהֶם אַחֲרָיוּת נְכָסִים – גּוֹבֶה מִנְּכָסִים בְּנֵי חוֹרִין. וַחֲכָמִים אוֹמְרִים: אֶחָד זֶה וְאֶחָד זֶה גּוֹבֶה מִנְּכָסִים מְשׁוּעְבָּדִים.

The *baraita* continues: **As Rabbi Meir would say:** With promissory **notes that include a property guarantee, one can collect** the debt **from liened property; but** with those **that do not include a property guarantee,**[H] one **collects** the debt only **from unsold property. And the Rabbis say:** With **both this** type **and that** type of promissory note, **one can collect** the debt **from liened property.**

LANGUAGE

Collusion [*kenuneya*] – קְנוּנְיָא: From the Greek κοινωνία, *koinonia*, meaning partnership or association.

NOTES

A conclusive refutation of one element of the opinion of Rabbi Elazar – תְּיוּבְתָּא דְּרַבִּי אֶלְעָזָר בַּחֲדָא: Some early commentaries had a tradition that this section was not part of the original Gemara but was added later by the *ge'onim*. They challenge both the Gemara and Rashi's explanation of it and reject this entire section (Ramban; Rashba). One reason is that both elements of Shmuel's opinion that are refuted are shared by Rabbi Elazar, so it is unclear why the Gemara states that one element of Rabbi Elazar's opinion is refuted and two elements of Shmuel's opinion are refuted. Some explain that the division into two elements is not based on logical distinction but is done because Shmuel made two separate statements on two occasions, whereas Rabbi Elazar made only one statement (*Tosefot HaRash*). Others explain that while Shmuel states explicitly that there is no suspicion of repayment, Rabbi Elazar does not (Rabbeinu Ḥananel; see Ra'avad and Ran).

HALAKHA

A promissory note that does not include a property guarantee – שְׁטָר שֶׁאֵין בּוֹ אַחֲרָיוּת נְכָסִים: A promissory note that does not include a property guarantee can nevertheless be used to collect even from liened property that has been sold, in accordance with the opinion of the Rabbis, as the Gemara explains on the following *amud* (Rambam *Sefer Nezikin*, *Hilkhot Gezeila VaAveda* 18:1 and *Sefer Mishpatim*, *Hilkhot Malve VeLoveh* 18:3; *Shulḥan Arukh*, *Ḥoshen Mishpat* 39:1).

NOTES

We suspect collusion – חָיְישִׁינַן לִקְנוּנְיָא: Even if the reason not to return the promissory note is not suspicion of collusion but rather the possibility that it might be a pre-dated document, as Rav Asi holds (12b), this is nevertheless a refutation of the opinion of Rabbi Elazar (Rosh).

תְּיוּבְתָּא דְּרַבִּי אֶלְעָזָר בַּחֲדָא, דְּאָמַר: לְרַבִּי מֵאִיר שְׁטָר שֶׁאֵין בּוֹ אַחְרָיוּת נְכָסִים אֵינוֹ גּוֹבֶה מִנְּכָסִים מְשׁוּעְבָּדִים וְלֹא מִנְּכָסִים בְּנֵי חוֹרִין, וְקָאָמַר בֵּין לְרַבִּי מֵאִיר בֵּין לְרַבָּנַן לָא חָיְישִׁינַן לִקְנוּנְיָא,

This is **a conclusive refutation** of **one** element **of** the opinion **of Rabbi Elazar, who says** that **according to Rabbi Meir, with a** promissory **note that does not include a property guarantee** one **can collect** a debt **neither from liened** property that has been sold **nor from unsold** property. **And** Rabbi Elazar also **says** that **according to both Rabbi Meir and the Rabbis, we do not suspect** that there is **collusion** between the debtor and the creditor.

וּבָרַיְיתָא קָתָנֵי: שְׁטָר שֶׁאֵין בּוֹ אַחְרָיוּת נְכָסִים – מִמְּשַׁעְבְּדֵי הוּא דְּלָא גָּבֵי, הָא מִבְּנֵי חוֹרִין – מִגְבָּא גָּבֵי. וְקָתָנֵי בֵּין לְרַבִּי מֵאִיר בֵּין לְרַבָּנַן חָיְישִׁינַן לִקְנוּנְיָא, דְּקָתָנֵי: אַף עַל פִּי שֶׁשְּׁנֵיהֶם מוֹדִים – לֹא יַחְזִיר לֹא לָזֶה וְלֹא לָזֶה. אַלְמָא: חָיְישִׁינַן לִקְנוּנְיָא.

And the *baraita* **teaches** that with a promissory **note that does not include a property guarantee** the creditor **cannot collect** a debt **from liened** property, **but he can collect** it **from unsold** property. **And** the *baraita* also **teaches** that **according to** the opinions of **both Rabbi Meir and the Rabbis, we suspect** that there is **collusion** between the debtor and the creditor, **as it is taught** that if one found promissory notes that include a property guarantee, **even if both** the creditor and the debtor **agree** about the existence of the debt, the finder **should not return** it **to this** creditor **or to that** debtor. **Apparently, we suspect collusion.**[N] This refutes Rabbi Elazar's opinion that there is no suspicion of collusion.

וְהָא הָנֵי תַּרְתֵּי הוּא!

The Gemara asks: **But aren't these two** elements of Rabbi Elazar's statement that are refuted by the *baraita*? Why was it stated above that only one element is refuted?

Perek **I**
Daf **14** Amud **a**

NOTES

What is the reason for the opinion of the Rabbis – מַאי טַעֲמַיְיהוּ דְּרַבָּנַן: *Tosafot* ask how Shmuel was aware of this opinion of the Rabbis; he could not have been aware of the *baraita*, as the *baraita* constitutes a refutation of his aforementioned statements. Some explain that Shmuel was aware of the *baraita*, but he disagreed with it as far as explaining the opinions in the mishna is concerned, as it is proved from a subsequent mishna (20a) that there is no suspicion of collusion between the debtor and creditor (see 16b). But with regard to the ruling that a promissory note that does not include a property guarantee can be used to collect repayment from liened property that was sold, he accepts the opinion of the Rabbis in the *baraita* (Rosh). Others explain that once Shmuel heard the *baraita*, he retracted his opinion and offered an explanation of the opinion in the *baraita* (*Talmid Rabbeinu Peretz*).

Omission of the property guarantee is a scribal error – אַחְרָיוּת טָעוּת סוֹפֵר: Most commentaries hold that even if neither the debtor nor the creditor made any mention of this guarantee, the witnesses should tell the scribe to include this clause (Rashba; Ran).

HALAKHA

Omission of the property guarantee is a scribal error – אַחְרָיוּת טָעוּת סוֹפֵר: If a promissory note or deed of sale does not include a property guarantee, it is nevertheless considered as though such a clause is written; the omission of such a clause is attributed to scribal error. This is in accordance with the opinion of Rava stated on 15b (Rambam *Sefer Nezikin*, *Hilkhot Gezeila VaAveda* 18:1; *Sefer Kinyan*, *Hilkhot Mekhira* 19:3; and *Sefer Mishpatim*, *Hilkhot Malve VeLoveh* 18:3; *Shulḥan Arukh*, *Ḥoshen Mishpat* 39:1, 225:10).

חֲדָא הוּא, דְּחַד טַעַם הוּא, דְּמִשּׁוּם דְּקָאָמַר רַבִּי אֶלְעָזָר מַחְלוֹקֶת בְּשֶׁאֵין חַיָּיב מוֹדֶה – הוּא מְתָרֵץ הָכִי.

The Gemara answers: **It is** actually **one** element, **as** both elements have the same **one reason; because Rabbi Elazar says that** the **dispute** in the mishna is **in** a case **when** the **liable party does not admit** his debt, **he explains** Rabbi Meir's opinion **in this manner,** i.e., that a promissory note that does not include a property guarantee cannot be used to collect the debt even from unsold property.

תְּיוּבְתָּא דִּשְׁמוּאֵל בְּתַרְתֵּי; חֲדָא – כְּרַבִּי אֶלְעָזָר, דְּהָא מוֹקֵי מַתְנִיתִין בְּשֶׁאֵין חַיָּיב מוֹדֶה.

The Gemara elaborates on the statement that the *baraita* serves as **a conclusive refutation of two** elements of the opinion **of Shmuel: One** element is **like** the element of the opinion of **Rabbi Elazar** that was refuted, **as** Shmuel also **establishes** the dispute in **the mishna** as referring **to** a case **when** the **liable party does not admit** to the debt, and the *baraita* states that in such a case there is no dispute.

וַחֲדָא – דְּאָמַר שְׁמוּאֵל: מָצָא שְׁטָר הַקְנָאָה בַּשּׁוּק – יַחְזִיר לַבְּעָלִים, וְלָא חָיְישִׁינַן לְפֵרָעוֹן.

And the other one is that which **Shmuel says:** If one **found a deed of transfer in the marketplace,** in which it is stipulated that the debtor transfers the rights to his property from the date that the document was signed, **he must return** it **to** its **owner, and we do not suspect** that there was **repayment** and that there is collusion between the creditor and the debtor.

תְּיוּבְתָּא. דְּקָתָנֵי הָכָא: אַף עַל פִּי שֶׁשְּׁנֵיהֶם מוֹדִים – לֹא יַחְזִיר לֹא לָזֶה וְלֹא לָזֶה, אַלְמָא: חָיְישִׁינַן לְפֵרָעוֹן. וְכׇל שֶׁכֵּן הָכָא דְּלָא מוֹדֶה לָזֶה, דְּחָיְישִׁינַן לְפֵרָעוֹן.

There is **a conclusive refutation** of that statement as well, **as** the *baraita* **here teaches: Even if they both agree, he should return** it **neither to this** person **nor to that** person. **Apparently, we suspect** that there was **repayment. And all the more so here,** in the case of a deed of transfer, **when the liable party does not admit** that he owes money, the deed should certainly not be returned, **as we suspect** that there was **repayment.**

אָמַר שְׁמוּאֵל: מַאי טַעֲמַיְיהוּ דְּרַבָּנַן? סָבְרִי: אַחְרָיוּת טָעוּת סוֹפֵר הוּא.

§ **Shmuel said: What is the reason for** the opinion of **the Rabbis,**[N] who say that one can collect a debt from liened property even if the promissory note does not include a property guarantee? **They hold** that omission of the property **guarantee** from the promissory note **is a scribal error,**[NH] as one would certainly not lend money without a property guarantee.

אֲמַר לֵיהּ רָבָא בַּר אִיתַּי לְרַב אִידִי בַּר אָבִין: וּמִי אָמַר שְׁמוּאֵל הָכִי? וְהָאָמַר שְׁמוּאֵל: שֶׁבַח, שְׁפַר וְשִׁעְבּוּד צָרִיךְ לִימָּלֵךְ?

Rava bar Ittai said to Rav Idi bar Avin: Did Shmuel actually **say this**; i.e., that the omission of this clause is considered a scribal error? **But doesn't Shmuel say that enhancement, superior-quality land,**[N] **and a lien require consultation?** When a scribe writes a deed of sale for a field he must ask the seller whether to write explicitly that if there is a lien on the field, and the field is then repossessed from the buyer, in which case the seller must compensate the buyer for any enhancement of the value of the field that occurred while it was in his possession, that this compensation will be made from superior-quality land, and that he liens all of his land as security for this sale. This indicates that Shmuel holds that a property guarantee is not written in every promissory note.

לֵימָא מַאן דְּאָמַר הָא לָא אָמַר הָא?

The Gemara asks: **Shall we say that the one who says this** statement quoting Shmuel **does not say that**[N] statement quoting Shmuel? Perhaps it is a dispute between the *amora'im* who transmitted the statements of Shmuel.

לָא קַשְׁיָא: כָּאן – בִּשְׁטַר הַלְוָאָה, דְּלָא יָהֵיב אֱינָשׁ זוּזֵי בַּכְדִי. כָּאן – בְּמִקָּח וּמִמְכָּר, דְּעָבֵיד אֱינָשׁ דְּזָבֵין אַרְעָא לְיוֹמֵיהּ.

The Gemara answers: This is **not difficult. Here,** where Shmuel said that the omission of a property guarantee is a scribal error, it was **with regard to a promissory note, as a person does not give away his money for nothing.** When one lends his money, he requires a property guarantee. **There,** by contrast, where Shmuel said that a scribe must consult with the seller with regard to writing a property guarantee, it is **with regard to** a case of **buying and selling** land, **as a person is apt to purchase land for a day.** It is conceivable that the buyer is willing to risk that there is a prior lien on the land, thinking that even if he owns the property only for one day he can earn a profit.

כִּי הַהִיא דַּאֲבוּהּ בַּר אִיהִי זְבַן עֲלִיתָא מֵאַחְתֵּיהּ, אֲתָא בַּעַל חוֹב טַרְפָא מִינֵּיהּ. אֲתָא לְקַמֵּיהּ דְּמָר שְׁמוּאֵל. אֲמַר לֵיהּ: כְּתַבָה לָךְ אַחְרָיוּת? אֲמַר לֵיהּ: לָא. אֲמַר לֵיהּ: אִם כֵּן, זִיל לִשְׁלָמָא. אֲמַר לֵיהּ: וְהָא מָר הוּא דַּאֲמַר אַחְרָיוּת טָעוּת סוֹפֵר הוּא! אֲמַר לֵיהּ: הָנֵי מִילֵּי – בִּשְׁטָרֵי הַלְוָאָה, אֲבָל בִּשְׁטָרֵי מִקָּח וּמִמְכָּר – לָא, דְּעָבֵיד אֱינָשׁ דְּזָבֵין אַרְעָא לְיוֹמֵיהּ.

As evidence of this distinction, the Gemara gives an example: It is **like that** incident in **which Avuh bar Ihi**[P] **purchased a loft from his sister.** Her **creditor came and repossessed** the loft **from him. He came before Mar Shmuel** to file a claim against his sister. Shmuel **said to him: Did she write you a guarantee** in the deed of sale? **He said to** Shmuel: **No.** Shmuel **said to** him: **If so, go to peace** (see *Berakhot* 64a), as there is nothing that can be done. He **said to** Shmuel: **But wasn't it you, Master, who said** that omission of the **guarantee** of the sale from the document **is a scribal error?** Shmuel **said to him: This statement** applies only **to promissory notes, but with regard to deeds of buying and selling** it does **not** apply, **as a person is apt to purchase land for a day.**

אָמַר אַבָּיֵי: רְאוּבֵן שֶׁמָּכַר שָׂדֶה לְשִׁמְעוֹן בְּאַחְרָיוּת, וּבָא בַּעַל חוֹב דִּרְאוּבֵן וְקָא טָרֵיף לַיהּ מִינֵּיהּ – דִּינָא הוּא דְּאָזֵיל רְאוּבֵן וּמִשְׁתָּעֵי דִּינָא בַּהֲדֵיהּ, וְלָא מָצֵי אָמַר לֵיהּ: לָאו בַּעַל דְּבָרִים דִּידִי אַתְּ. דְּאָמַר לֵיהּ: דְּמַפְּקַתְּ מִינֵּיהּ – עֲלַי הָדַר.

§ **Abaye said:** Consider the case of **Reuven,**[B] **who sold a field to Shimon with** a property **guarantee, and Reuven's creditor came and repossessed** the field **from** Shimon, as he had a prior lien on the property. **It is the *halakha* that Reuven can go and litigate with** the creditor,[NH] and the creditor **cannot say to him: I am not legally answerable to you** since I am taking the field from Shimon. This is **because** Reuven can **say to** his creditor: That **which you take from him comes back to me,** as I sold the field to Shimon with a guarantee, so you cannot claim that I am not a legal party in this matter.

אִיכָּא דְּאָמְרִי: אֲפִילּוּ שֶׁלֹּא בְּאַחְרָיוּת נָמֵי, דְּאָמַר לֵיהּ: לָא נִיחָא לִי דְּלֶיהֱוֵי לְשִׁמְעוֹן תַּרְעוֹמֶת עֲלַי.

There are those **who say** that Abaye said: **Even** if Reuven sold the field to Shimon **without** a property **guarantee,** Reuven can dispute the legal claim in court, **as he can say to** the creditor: **It is not amenable to me that Shimon would have a grievance against me** for selling him property that was subsequently repossessed.

וְאָמַר אַבָּיֵי: רְאוּבֵן שֶׁמָּכַר שָׂדֶה לְשִׁמְעוֹן שֶׁלֹּא בְּאַחְרָיוּת, וְיָצְאוּ עָלֶיהָ עֲסִיקִין. עַד שֶׁלֹּא הֶחֱזִיק בָּהּ

And Abaye said: Consider the case of **Reuven, who sold a field to Shimon without** a property **guarantee, and disputants emerged**[H] disputing Reuven's prior ownership of the field. **As long as** Shimon **has not** yet **taken** actual **possession** of the land,

NOTES

Superior-quality land [*shefar*] – שְׁפַר: The Meiri maintains that the word *shefar* refers not to superior-quality land but to enhancement of the value of the field due to the buyer's investment in the land, as opposed to a rise in its value that occurs without any effort on the part of the owners.

The one who says this does not say that – מַאן דְּאָמַר הָא לָא אָמַר הָא: Rashi explains that there is a dispute among *amora'im* as to what Shmuel said. Others explain that although Shmuel explained the opinion of the Rabbis, he himself did not agree with it (Ritva).

Reuven can go and litigate with the creditor – דְּאָזֵיל רְאוּבֵן וּמִשְׁתָּעֵי דִּינָא בַּהֲדֵיהּ: *Tosafot* ask what difference it makes whether it is Reuven or Shimon who brings the case to court, as the court is required to present every possible claim that Reuven could make on behalf of Shimon. *Tosafot* offer several answers, one of which is that perhaps Reuven is sharper and better at litigation than Shimon. In *Ḥokhmat Manoaḥ* it is elaborated that perhaps Reuven can present claims that the judges would not have thought of, or make an unusual claim that the judges may not have made on behalf of Shimon. Others explain, citing Rashi, that Reuven may claim that the creditor also owes him money, which is a claim that only Reuven himself can make (Rid). Another explanation is that the reference is to a case where Reuven set aside this field as designated repayment for the debt, in which case only Reuven can remove that status and offer money instead (Rashba).

PERSONALITIES

Avuh bar Ihi – אֲבוּהּ בַּר אִיהִי: Avuh bar Ihi was a first-generation *amora* who lived in Babylonia. He apparently lived in Neharde'a, since he engaged in discussion with Shmuel, who presided over the yeshiva there. The Gemara relates that Avuh bar Ihi and his brother Binyamin were pious individuals, and one of them merited a visitation from Elijah the prophet.

BACKGROUND

Reuven – רְאוּבֵן: In constructing theoretical cases, the Gemara will occasionally assign names to parties in a case. The traditional names used in such instances are Reuven, Shimon, and Levi, names which would have been familiar to the Gemara's readers as those of Jacob's three oldest sons. This is not to suggest that the individuals in the example are necessarily presented as brothers, although this relationship might be implied when dealing with familial situations. Rachel and Leah are the names used when female characters are required.

HALAKHA

It is the *halakha* that Reuven can go and litigate with the creditor – דִּינָא הוּא דְּאָזֵיל רְאוּבֵן וּמִשְׁתָּעֵי דִּינָא בַּהֲדֵיהּ: If Reuven sells a field to Shimon without a property guarantee, and Levi, Reuven's creditor, subsequently repossesses it from Shimon, Reuven litigates with Levi in court, and Levi cannot claim that he is not legally answerable to Reuven. This is all the more so the case if he sold the field with a property guarantee. This is in accordance with the second explanation in the Gemara (Rambam *Sefer Kinyan*, *Hilkhot Mekhira* 19:9; *Shulḥan Arukh*, *Ḥoshen Mishpat* 226:1).

Sold a field…and disputants emerged – מָכַר שָׂדֶה...וְיָצְאוּ עָלֶיהָ עֲסִיקִין: If one sells a field to another, and after the purchaser acquired it, employing one of the methods of acquisition but before he made use of the field, claims are made contesting the seller's ownership of the field, the purchaser may withdraw from the transaction and be reimbursed. If the purchaser has already made use of the field, even if he merely walked along the borders, he cannot withdraw from the deal; rather, he must go to court against the claimant. If the claimant succeeds in removing the field from his possession, the purchaser may return to the seller for reimbursement (Rambam). The Rosh and the *Tur* hold that once he has paid the money and effected the transaction, the purchaser may no longer withdraw from the purchase (*Shulḥan Arukh*, *Ḥoshen Mishpat* 226:6).

יָכוֹל לַחֲזוֹר בּוֹ, מִשֶּׁהֶחֱזִיק בָּהּ – אֵינוֹ יָכוֹל לַחֲזוֹר בּוֹ. דְּאָמַר לֵיהּ: חַיְיתָא דִּקְטְרֵי סָבְרַתְּ וְקַבִּלַתְּ. מֵאֵימָתַי הָוְיָא חֲזָקָה? מִכִּי דָּיֵישׁ אַמִּצְרֵי.

he can withdraw from the transaction and is not required to pay for the land. **Once he has taken possession** of the land, **he cannot withdraw, as** Reuven, the seller, can **say to him:** The purchase of the land was like purchasing **a tied sack**[N] whose content is unknown and might not be worth anything. Since **you were aware** of that **and accepted** it, as you purchased it without a guarantee, you cannot withdraw your purchase. **From when is it** that he has taken **possession?** It is **from when he walks along the borders**[N] of the field to inspect them.

וְאִיכָּא דְּאָמְרִי: אֲפִילּוּ בְּאַחְרָיוּת נַמִי, דְּאָמַר לֵיהּ: אַחְוֵי טִרְפָּךְ וַאֲשַׁלֵּם לָךְ.

And there are those **who say: Even** if he bought the field **with** a property **guarantee,** the buyer cannot withdraw from the sale, **as** the seller can **say to him: Show me your** document of **authorization to repossess,** which a court provides to a buyer when the land he purchased is seized from him by a third party who demonstrated that it did not belong to the seller, **and** then **I will pay you.** I do not wish to cancel the sale and reimburse you unless it is clear that the field is being taken from you legally.

אִיתְּמַר, הַמּוֹכֵר שָׂדֶה לַחֲבֵירוֹ וְנִמְצֵאת שֶׁאֵינָהּ שֶׁלּוֹ, רַב אָמַר: יֵשׁ לוֹ מָעוֹת וְיֵשׁ לוֹ שְׁבָח, וּשְׁמוּאֵל אָמַר: מָעוֹת – יֵשׁ לוֹ, שְׁבָח – אֵין לוֹ.

§ **It was stated** that with regard to a case of **one who sells a field to another and it is found** subsequently **that it did not belong to** the seller, and the rightful owner repossesses the field from the buyer and the buyer then demands reimbursement from the seller, **Rav says** that the buyer **has** the right to be repaid the **money** that he paid for the field, **and** he also **has** the right to compensation for the **enhancement** of the value of the field while it was in his possession. **And Shmuel says** that **he has** the right to the **money, but he does not have** the right to compensation for the **enhancement.**

בָּעוּ מִינֵּיהּ מֵרַב הוּנָא: פֵּירַשׁ לוֹ אֶת הַשְּׁבָח מַהוּ? טַעְמָא דִּשְׁמוּאֵל – מִשּׁוּם דְּלָא פֵּירַשׁ שְׁבָחָא, וְהָכָא הָא פֵּירַשׁ לָהּ. אוֹ דִּלְמָא: טַעְמֵיהּ דִּשְׁמוּאֵל כֵּיוָן דְּלֵית לֵיהּ קַרְקַע – מֶחֱזֵי כְּרִבִּית. אֲמַר לְהוּ: אִין וְלָאו, וְרַפְיָא בִּידֵיהּ.

The students **raised a dilemma before Rav Huna: What is** the *halakha* if the seller **specified** that the buyer would receive payment for any **enhancement** in the value of the field in the event that the field is taken by the rightful owners? Is **the reason for** the opinion **of Shmuel because** the seller **did not specify** that the buyer would receive **the enhancement** when he sold him the field, **but here,** in this case, **he did specify it? Or perhaps Shmuel's reason is** that **since** the buyer is reimbursed but the seller **does not have** the right to the **land,** i.e., he is not given back the land, the transaction appears to have been a loan, and therefore payment for enhancement of the field **appears to be interest.** Rav Huna **said to them: Yes and no,** and the matter was **unclear to him.**

אִיתְּמַר, אָמַר רַב נַחְמָן אָמַר שְׁמוּאֵל: מָעוֹת – יֵשׁ לוֹ, שְׁבָח – אֵין לוֹ, אַף עַל פִּי שֶׁפֵּירַשׁ לוֹ אֶת הַשְּׁבָח. מַאי טַעְמָא? כֵּיוָן דְּקַרְקַע אֵין לוֹ – שְׂכַר מְעוֹתָיו עוֹמֵד וְנוֹטֵל.

It **was stated** that **Rav Naḥman says** that **Shmuel says** that **he has** the right to the **money,** but **he does not have** the right to the value of the **enhancement, even if** the seller **specified** in the deed of sale that he would compensate the buyer for the value of the **enhancement** in the event that the field was repossessed. **What is the reason? Since** the seller **does not have** the right to the **land,** the buyer appears to be **standing and taking payment for** the right to use **his money,** which is interest.

אֵיתִיבֵיהּ רָבָא לְרַב נַחְמָן: אֵין מוֹצִיאִין לַאֲכִילַת פֵּירוֹת, וְלִשְׁבַח קַרְקָעוֹת, וְלִמְזוֹן הָאִשָּׁה וְהַבָּנוֹת מִנְּכָסִים מְשׁוּעְבָּדִים, מִפְּנֵי תִּיקּוּן הָעוֹלָם.

Rava raised an objection to the statement of **Rav Naḥman:** It is taught in a mishna (*Gittin* 48b) that **one cannot appropriate liened property** that has been sold as payment **for consuming produce**[H] **or for enhancement of land,** cases that will be explained later, **or for the sustenance of** a man's **wife and** his **daughters**[H] after his death, to which he committed in his marriage contract. This is despite the fact that each of these financial liabilities or commitments predated the sale of the land. These ordinances were instituted by the Sages **for the betterment of the world,**[N] as these liabilities are not of a fixed amount, and the purchaser of the liened property cannot assess the risk he is assuming should some other person come to collect compensation from that property.

NOTES

A tied sack – חַיְיתָא דִּקְטְרֵי: Rashi interprets this phrase to mean a sack full of knots. Rashi in his commentary on *Bava Kamma*, as well as Rabbeinu Yehonatan, both explain that it is a tied sack full of air. In *Nimmukei Yosef* on *Bava Kamma* it is interpreted to mean a tied sack whose contents are unknown.

Walks along the borders – דָּיֵישׁ אַמִּצְרֵי: It is implied by Rashi's comments elsewhere (*Bava Kamma* 9a) that this is referring to a case where the parties have reached an agreement but the transaction has not as yet been finalized. Walking the borders of the land is a symbolic means of taking possession of the land and serves to finalize the transaction. According to *Tosafot*, it is referring to a case where the sale has already been finalized using one of the methods of acquisition; nevertheless, until the buyer has walked around the borders of the land he can still withdraw from the transaction and claim that it was mistaken, due to the claims of the disputants. A third explanation is that the buyer did not yet pay for the field but he finalized the transaction through one of the formal modes of acquisition. If the ownership of the field is contested, the buyer can withdraw from the transaction, unless he subsequently walked the borders, which demonstrates that he does not consider it a mistaken transaction. If he is unaware of any appeals contesting the ownership of the land, walking the borders has no legal significance (*Tur*; see Ra'avad).

The betterment of the world – תִּיקּוּן הָעוֹלָם: Rashi mentions two reasons for this ordinance, based on the Gemara in *Gittin* (50b): These obligations are not known publicly, and therefore the purchasers of the liened property are unable to take them into account. Furthermore, since these obligations have no fixed amount, it is impossible to know the full obligation of the seller.

HALAKHA

One cannot appropriate liened property for consuming produce – אֵין מוֹצִיאִין לַאֲכִילַת פֵּירוֹת...מִנְּכָסִים מְשׁוּעְבָּדִים: If one buys a field from a robber and consumes its produce, he must repay the value of that produce to the robbery victim, and he can then sue the robber. If the purchaser did not realize that the field was stolen, he can reclaim the value from liened property belonging to the robber. The above *halakhot* apply only if the purchaser did not know that the field was stolen. If he did know, he is not entitled to collect any compensation (*Shulḥan Arukh*, *Ḥoshen Mishpat* 373:2).

Sustenance of a man's wife and daughters – מְזוֹן הָאִשָּׁה וְהַבָּנוֹת: A man's wife and daughters receive their sustenance after his death from the unsold property that he left, but not from liened property that has been sold (Rambam *Sefer Nashim*, *Hilkhot Ishut* 18:13; *Shulḥan Arukh*, *Even HaEzer* 112:7).

מִמְּשַׁעְבְּדֵי הוּא דְּלָא מַפְּקִינַן, הָא מִבְּנֵי חוֹרִין – מַפְּקִינַן. וְקָתָנֵי מִיהָא: לִשְׁבַח קַרְקָעוֹת. מַאי לָאו בְּלוֹקֵחַ מִגַּזְלָן?

The mishna indicates that **that we do not appropriate liened** property for these purposes, **but we do appropriate unsold** property. **And in any event, it is taught** in the mishna that one of these purposes is **for the enhancement of land. What, is it not** referring **to** a case where one **purchases** a field **from a robber,**[N] in which case the field did not belong to the seller? And it says that the seller must pay the buyer the value of the field's enhancement, provided he has unsold property.

לָא, בְּבַעַל חוֹב.

The Gemara responds: **No,** it is referring **to** a case of **a creditor,** where one sold a field and his creditor subsequently repossessed it from the buyer due to the seller's prior debt to him. In that case, the sale of the land was valid, and it does not appear to have been a loan. Therefore, the seller's payment of the enhancement does not appear to be interest.

אִי בְּבַעַל חוֹב – אֵימָא רֵישָׁא: אֵין מוֹצִיאִין לַאֲכִילַת פֵּירוֹת, וְאִי בְּבַעַל חוֹב – בַּעַל חוֹב מִי אִית לֵיהּ פֵּירֵי? וְהָאָמַר שְׁמוּאֵל: בַּעַל חוֹב גּוֹבֶה אֶת הַשְּׁבָח, שְׁבָח – אִין, אֲבָל פֵּירוֹת – לָא!

The Gemara asks: **If** this mishna is referring **to** the case of **a creditor, say the first clause** of the mishna: **One cannot appropriate** liened property **for consuming produce.** This is apparently referring to a case where the field was full of unharvested produce and was appropriated from the buyer along with the produce. The buyer then claims payment for the value of the produce as well. **And if** the reference is **to the case of a creditor, does a creditor have** the right to appropriate **produce** from the buyer? **But doesn't Shmuel say** that **a creditor collects** the value of **the enhancement** of the field? This indicates that he **does** collect the value of **enhancement, but** he does **not** collect the **produce.**

אֶלָּא פְּשִׁיטָא בְּגוֹזֵל וְנִגְזָל, וּמִדְּרֵישָׁא בְּגוֹזֵל וְנִגְזָל – סֵיפָא נַמִי בְּגוֹזֵל וְנִגְזָל!

Rather, it is **obvious** that the mishna is referring **to** the case of **a robber,** who stole the field and sold it, **and a robbery victim,** who recovers his field, including the produce, from the buyer. **And from** the fact **that the first clause** is referring **to a robber and a robbery victim, the latter clause,** i.e., the case of the enhancement of land, is **also** referring **to a robber and a robbery victim.** Rava's objection to Shmuel's opinion remains.

מִידֵי אִרְיָא? הָא כִּדְאִיתָא וְהָא כִּדְאִיתָא.

The Gemara rejects the premise: **Are the cases comparable? This** case, with regard to consuming produce, is **as it is, and that** case, with regard to the enhancement of land, is **as it is.** The former case is referring to a case of robbery and the latter case is referring to the case of a creditor.

וְהָא לָא תָּנֵי הָכִי: לִשְׁבַח קַרְקָעוֹת כֵּיצַד? הֲרֵי שֶׁגָּזַל שָׂדֶה מֵחֲבֵירוֹ, וַהֲרֵי הִיא יוֹצְאָה מִתַּחַת יָדוֹ, כְּשֶׁהוּא גּוֹבֶה – גּוֹבֶה אֶת הַקֶּרֶן מִנְּכָסִים מְשׁוּעְבָּדִים, וּשְׁבָח גּוֹבֶה מִנְּכָסִים בְּנֵי חוֹרִין.

The Gemara asks: **But it is not taught that way** in a *baraita* that elaborates on the mishna, stating: **What** is the case in which one appropriates property **for enhancement of land?** It is a case where **one robbed another of a field and it is appropriated** by the court **from his possession. When he collects** payment, **he collects the principal,** i.e., the value of the field itself, **from liened property, and he collects** the **enhancement from unsold property.**[H]

הֵיכִי דָּמֵי? אִילֵימָא כִּדְקָתָנֵי, גַּזְלָן מִמַּאן גָּבֵי? אֶלָּא לָאו – כְּגוֹן שֶׁגָּזַל שָׂדֶה מֵחֲבֵירוֹ, וּמְכָרָהּ לְאַחֵר וְהִשְׁבִּיחָהּ.

The Gemara asks: **What are the circumstances** of the case? **If we say** that the case is **as it is taught**[N] in the *baraita,* which indicates that it is the robber who collects, **from whom does** the **robber collect?** Who owes him money? **Rather, is it not** referring to a case **where** one **robbed another of a field and sold it to another** person, i.e., to a third party, **and** that third party invested in the field and **enhanced it?** Accordingly, when the court appropriates the land from the purchaser, he collects the value of the enhancement from the unsold property of the robber who sold it to him. This interpretation poses a difficulty to Shmuel's opinion.

אֲמַר לָךְ: לָאו תֵּרוּצֵי קָא מְתָרְצַתְּ? תָּרֵיץ נַמִי בְּבַעַל חוֹב.

The Gemara answers: Shmuel could have **said to you: Did you not explain** the *baraita* by adding information, i.e., that the robber sold the field to a third party? If so, you could **also explain** that rather than referring to a robber, it is referring **to a creditor.** This interpretation would accord with the opinion of Shmuel.

NOTES

Payment of enhancement to one who bought from a robber – **שְׁבָח לְלוֹקֵחַ מִגַּזְלָן**: The early commentaries ask: If the true owner of the field profits from the enhancement, why should he not pay the purchaser, who caused the field to appreciate in value, for his profit? Some explain that the owner can claim that he is not legally answerable to the purchaser, and any claims that the purchaser has should be directed to the robber. If the robber then claims payment from the owner they will resolve the matter between themselves (*Ge'onim*).

Rashi avoids this question by explaining that the reference is to a case where the robber caused the field to depreciate in value and the purchaser then restored it to its prior value, so the land did not appreciate for the owner at all. Therefore, the purchaser has no claim against the owner.

Others explain that while the purchaser may recover from the owner any expenses from his investment in the field, he does not have the right to be paid the entire value of the enhancement (Rosh; *Tosafot*).

The Rashba explains that the reference is to natural enhancement of the value of the field, for which the owner owes nothing to the purchaser.

If we say as it is taught, etc. – **אִילֵימָא כִּדְקָתָנֵי וכו׳**: The Ritva asks why the Gemara does not suggest that the *baraita* means that the purchaser collects the principal from the robber's liened property and payment for the expenses invested in the enhancement in the field's value from the owner. He answers that the Gemara presumes that the *baraita* is referring to only one party that is liable to pay. This is true even according to Rav Ashi, who explains later (15a) that the *baraita* is taught disjunctively.

HALAKHA

He collects the principal from liened property and he collects the enhancement from unsold property – **גּוֹבֶה אֶת הַקֶּרֶן מִנְּכָסִים מְשׁוּעְבָּדִים וּשְׁבָח גּוֹבֶה מִנְּכָסִים בְּנֵי חוֹרִין**: When a creditor repossesses a field from a purchaser, although the purchaser collects the value of the field from the liened property of the seller, the enhancement in value that occurred since the sale may be collected only from the seller's unsold property (*Shulḥan Arukh, Ḥoshen Mishpat* 115:1).

HALAKHA

And dug pits, ditches, and caves in the field – וְחָפַר בָּהּ בּוֹרוֹת שִׁיחִין וּמְעָרוֹת: If one robs another of his land and damages it through his actions, e.g., by digging pits in it, the owner of the field collects payment for the damage from the unsold property of the robber. The same applies to payment for the produce of the field that was consumed by the robber (*Shulḥan Arukh*, *Hoshen Mishpat* 372:1).

תָּא שְׁמַע: לַאֲכִילַת פֵּירוֹת כֵּיצַד? הֲרֵי שֶׁגָּזַל שָׂדֶה מֵחֲבֵירוֹ, וַהֲרֵי הִיא יוֹצְאָה מִתַּחַת יָדוֹ. כְּשֶׁהוּא גּוֹבֶה – גּוֹבֶה אֶת הַקֶּרֶן מִנְּכָסִים מְשׁוּעְבָּדִים, וּפֵירוֹת גּוֹבֶה מִנְּכָסִים בְּנֵי חוֹרִין.

The Gemara suggests: **Come** and **hear** another *baraita* that elaborates on the mishna and poses a difficulty to the opinion of Shmuel: **What** is the case in which one appropriates property **for consuming produce?** It is the case of **one who robbed another of a field, and it is appropriated from his possession. When he collects** payment, **he collects the principal from liened property and he collects** the **produce from unsold property.**

הֵיכִי דָּמֵי? אִילֵימָא כִּדְקָתָנֵי – גַּזְלָן מִמַּאן גָּבֵי? אֶלָּא לָאו – כְּגוֹן שֶׁגָּזַל שָׂדֶה מֵחֲבֵירוֹ וּמְכָרָהּ לְאַחֵר וְהִשְׁבִּיחָהּ.

The Gemara asks: **What are the circumstances? If we say** that the case is **as it is taught** in the *baraita*, which indicates that it is the robber who collects, **from whom does** the **robber collect? Rather, is it not** referring to a case **where** one **robbed another of a field and sold it to** yet **another** person, **and** that third person **enhanced it?**

אָמַר רָבָא: הָכָא בְּמַאי עָסְקִינַן – כְּגוֹן שֶׁגָּזַל שָׂדֶה מֵחֲבֵירוֹ מְלֵאָה פֵּירוֹת, וְאָכַל אֶת הַפֵּירוֹת, וְחָפַר בָּהּ בּוֹרוֹת, שִׁיחִין וּמְעָרוֹת. בָּא נִגְזָל לִגְבּוֹת קֶרֶן – גּוֹבֶה מִנְּכָסִים מְשׁוּעְבָּדִים, בָּא נִגְזָל לִגְבּוֹת פֵּירוֹת – גּוֹבֶה מִנְּכָסִים בְּנֵי חוֹרִין.

Rava said: With what are we dealing here? It is a case **where** one **stole a field full of produce from another, and** he **consumed the produce and dug pits, ditches, and caves in** the field,[H] damaging it. When the **robbery victim comes to collect** the **principal,** the value of the field before it was damaged, **he collects** it **from** the robber's **liened property.** When the **robbery victim comes to collect** the value of the **produce** from the robber, **he collects** it **from unsold property.**

רַבָּה בַּר רַב הוּנָא אָמַר: כְּגוֹן

Rabba bar Rav Huna said: It is a case **where**

Perek **I**
Daf **15** Amud **a**

BACKGROUND

Thugs [*mesikin*] – **מְסִיקִין:** It appears that the term *mesikin* is referring to soldiers who were released from the Roman army. They would receive the right to land from the emperor, and they would dispossess the landowners they had defeated to claim this land. Sometimes they were given specific plots of land, and other times they were given permission to take whatever land they wished.

שֶׁנְּטָלוּהָ מְסִיקִין, בָּא נִגְזָל לִגְבּוֹת קֶרֶן – גּוֹבֶה מִנְּכָסִים מְשׁוּעְבָּדִים, בָּא נִגְזָל לִגְבּוֹת פֵּירוֹת – גּוֹבֶה מִנְּכָסִים בְּנֵי חוֹרִין.

gentile **thugs**[B] **took the field**[N] from the robber by force due to previous dealings between them. In that case, when the **robbery victim comes to collect** the **principal, he collects** it **from liened property,** and when the **robbery victim comes to collect** payment for the **produce,** he can **collect** only **from unsold property.**

רָבָא לָא אָמַר כְּרַבָּה בַּר רַב הוּנָא, הֲרֵי הִיא יוֹצְאָה מִתַּחַת יָדוֹ – בְּדִינָא מַשְׁמַע. וְרַבָּה בַּר רַב הוּנָא לָא אָמַר כְּרָבָא, הֲרֵי הִיא יוֹצְאָה מִתַּחַת יָדוֹ – בְּעֵינָא מַשְׁמַע.

The Gemara explains: **Rava did not state** his explanation of the *baraita* **in accordance with** the explanation of **Rabba bar Rav Huna,** because the phrase: **It is appropriated from his possession, indicates** that the field was taken from him **legally** and not by thugs. **And Rabba bar Rav Huna did not state** his explanation of the *baraita* **in accordance with** the explanation of **Rava,** because the phrase: **It is appropriated from his possession, indicates** that the field is appropriated **in** its **unadulterated form,** and was not damaged.

רַב אַשִׁי אָמַר: לְצַדְדִין קָתָנֵי: כְּגוֹן שֶׁגָּזַל שָׂדֶה מֵחֲבֵירוֹ מְלֵאָה פֵּירוֹת וְאָכַל אֶת הַפֵּירוֹת וּמָכַר אֶת הַשָּׂדֶה, בָּא לוֹקֵחַ לִגְבּוֹת קֶרֶן – גּוֹבֶה מִנְּכָסִים מְשׁוּעְבָּדִים, בָּא נִגְזָל לִגְבּוֹת פֵּירוֹת – גּוֹבֶה מִנְּכָסִים בְּנֵי חוֹרִין.

Rav Ashi stated that the *baraita* **teaches** its rulings **disjunctively.**[N] According to Rav Ashi, the *baraita* is referring to a case **where one robbed another of a field** while it was **full of produce, and he consumed the produce and sold the field.** When, after the true owner recovers the field from purchaser, the **purchaser comes to collect** the **principal** from the robber, i.e., the amount that he paid for the field, **he collects** it **from** the robber's **liened property.** When the **robbery victim comes to collect** payment for the **produce, he collects** only **from unsold property.**

NOTES

Thugs took the field – שֶׁנְּטָלוּהָ מְסִיקִין: Rashi writes that they took the field from the robber as a result of previous encounters with him, and he was the only Jew whose field was taken; if this were a widespread seizure of the property of Jews, it would be tantamount to a regional disaster, and the robber would be exempt (*Talmid Rabbeinu Peretz*).

Rav Ashi stated that the *baraita* teaches its rulings disjunctively – רַב אַשִׁי אָמַר לְצַדְדִין קָתָנֵי: The reason that Rav Ashi does not explain the *baraita* in the manner that Rava or Rabba bar Rav Huna explain it is due to the difficulties raised in the Gemara with regard to each of their explanations. They do not explain the *baraita* in the manner that Rav Ashi explains it because the assertion that the *baraita* is taught disjunctively is inconsistent with the straightforward understanding of the *baraita* (Ritva).

בֵּין לְרָבָא בֵּין לְרַבָּה בַּר רַב הוּנָא מִלְוֶה עַל פֶּה הוּא, וּמִלְוֶה עַל פֶּה אֵינוֹ גּוֹבֶה מִנְּכָסִים מְשׁוּעְבָּדִים!

The Gemara raises a difficulty: **According to both Rava and Rabba bar Rav Huna,** the money that the robber owes the robbery victim **has the status of a loan by oral** agreement,[H] as it is not accompanied by documentation, **and** one who is owed **a loan by oral** agreement **cannot collect from liened property.**

הָכָא בְּמַאי עָסְקִינַן – כְּשֶׁעָמַד בְּדִין וַהֲדַר זַבֵּין.

The Gemara answers: **Here we are dealing with** a case **where** the robber **stood trial**[HN] for his robbery and was found guilty, **and he subsequently sold** the land. Since he sold it after his liability was well known, the debt is equivalent to one that is written in a promissory note, and can be collected from liened property.

אִי הָכִי, פֵּירוֹת נַמִי! כְּשֶׁעָמַד בְּדִין עַל הַקֶּרֶן, וְלֹא עָמַד בְּדִין עַל הַפֵּירוֹת. וּמַאי פָּסְקָא? סְתָמָא דְּמִילְּתָא, כִּי תָּבַע אִינִישׁ – קַרְנָא תָּבַע בְּרֵישָׁא.

The Gemara asks: **If so,** the owner should collect payment for the **produce as well** as from liened property. The Gemara answers: It is referring to a case **when** the robber **stood trial for the principal, but did not** yet **stand trial for the produce.** The Gemara asks: **And why** was it stated **without qualification?** According to this explanation, the distinction is not between the principal and the produce but rather between debts for which the robber stood trial and those for which he did not stand trial. The Gemara answers: **The normal** way **of things** is that **when a person files a claim, he first claims the principal** and only afterward does he file claims with regard to other property, such as produce.

וְסָבַר שְׁמוּאֵל לוֹקֵחַ מִגַּזְלָן לֵית לֵיהּ שְׁבָחָא?

§ The Gemara questions the statement that Rav Naḥman cited in Shmuel's name: **But does Shmuel hold** that one who **buys** land **from a robber does not have** the right to the value of **the enhancement** of the land?

וְהָא אֲמַר לֵיהּ שְׁמוּאֵל לְרַב חִינָּנָא בַּר שֵׁילַת: אִמְלִיךְ וּכְתוֹב שׁוּפְרָא, שְׁבָחָא וּפֵירֵי.

But didn't Shmuel say to Rav Ḥinnana bar Sheilat, who was a scribe: When you write a deed of sale, **consult** with the parties, **and** if they agree, **write** that the seller commits to compensate the buyer, in the event that the land is appropriated from him, with **superior-quality** land, and for the value of the **enhancement** of the land **and** the **produce** as well? That was the standard formula for deeds of sale.

בְּמַאי? אִי בְּבַעַל חוֹב – מִי אִית לֵיהּ פֵּירֵי? וְהָאָמַר שְׁמוּאֵל: בַּעַל חוֹב גּוֹבֶה אֶת הַשֶּׁבַח, שֶׁבַח – אִין, אֲבָל פֵּירוֹת – לָא. אֶלָּא לָאו – בְּלוֹקֵחַ מִגַּזְלָן!

The Gemara clarifies: **To what** case is this statement referring? **If** it is a case **where** the seller's **creditor** repossesses the land, **does** a creditor **have** rights to the **produce? But doesn't Shmuel say** that **a creditor collects** the value of **the enhancement** of the field, indicating that he **does** collect the value of the **enhancement, but** he does **not** collect the **produce? Rather,** is it **not** referring **to** a case of one who **buys** land **from a robber,** and the owner subsequently repossesses it? This contradicts Shmuel's earlier statement that one who buys land from a robber does not have the right to the value of the enhancement.

אֲמַר רַב יוֹסֵף: הָכָא בְּמַאי עָסְקִינַן – כְּגוֹן שֶׁיֵּשׁ לוֹ קַרְקַע.

Rav Yosef said: Here we are dealing with a case **where** the robber **owns land,**[N] which he can return to the buyer instead of paying him money. In that case, the transaction appears to be a sale and not payment of interest for a loan.

אֲמַר לֵיהּ אַבַּיֵי: וְכִי מוּתָּר לִלְוֹת סְאָה בִּסְאָה בְּמָקוֹם שֶׁיֵּשׁ לוֹ קַרְקַע?

Abaye said to him: But is it permitted for one **to borrow a *se'a***[B] of grain **for** return of **a *se'a*** in a case **where he owns land?** The Sages render prohibited executing a loan of produce for return of the same amount of produce, lest the price rise in the interim, causing the debtor to return a higher value than he borrowed, which appears to be interest. This is the *halakha* even in a case where the borrower owns land. Similarly, in the case where the robber owns land, the payment of the value of the enhancement resembles the payment of interest.

אֲמַר לֵיהּ: הָתָם – הַלְוָאָה, הָכָא – זְבִינֵי.

Rav Yosef **said to him:** The distinction between the two cases is that **there,** with regard to borrowing a *se'a* and returning a *se'a,* the case in question involves **a loan,** whereas **here,** it is a case involving **a sale.** Since the field was bought from the robber, the additional value that the robber pays does not appear to be interest.

HALAKHA

Loan by oral agreement – מִלְוֶה עַל פֶּה: With regard to any loan that is not written in a promissory note, when the creditor claims repayment from the debtor, he collects only from property that has not been sold (*Shulḥan Arukh, Ḥoshen Mishpat* 39:1, 111:1).

Where the robber stood trial – כְּשֶׁעָמַד בְּדִין: If one who robs another of his field is sued in court and deemed liable to pay compensation beyond returning the field itself, e.g., if he destroyed the field or consumed its produce, the robbery victim collects his compensation even from property that the robber sold after the verdict (*Shulḥan Arukh, Ḥoshen Mishpat* 372:1).

NOTES

Where the robber stood trial – כְּשֶׁעָמַד בְּדִין: The commentaries ask: If a court ruling renders the debt equivalent to a written one, why does the Gemara later (17a) state that if the court deems one liable to pay, he can subsequently claim that he already paid, without bringing evidence? Such a claim is unacceptable in the case of a debt written in a promissory note. One answer is that the reference here is to a robber who refused to adhere to the court ruling; consequently, his later claim that he paid the debt is not accepted (Rif). Others explain that the Gemara here is referring to a case where the court wrote a document stating their ruling that he owes the money. The novel element of this statement is that although the document was written against the will of the one obligated to pay, it is valid (Rabbeinu Ḥananel; Rabbeinu Efrayim).

Where the robber owns land – שֶׁיֵּשׁ לוֹ קַרְקַע: In a case where the robber owns land, it is liened as a property guarantee to the buyer at the time of the transaction. Consequently, payment of the compensation resembles a transaction and not a loan with interest. Similarly, employing an act of acquisition over the reimbursement at the time of the initial transaction precludes resemblance to a loan with interest (Ritva). Although the liened land is worth more than the money the robber was paid, it is viewed as a sale at a discount (Ra'avad).

BACKGROUND

***Se'a* – סְאָה:** A *se'a* is a measure of dry volume first mentioned in Genesis (18:6). It is used by the Sages as a point of reference for all measures. Every *se'a* contains six *kav,* which equals twenty-four *log.* Estimates of the modern equivalent of a *se'a* range from 7.2 to 14.4 ℓ.

אִיכָּא דְּאָמְרִי, אֲמַר רַב יוֹסֵף: הָכָא בְּמַאי עָסְקִינַן – כְּגוֹן שֶׁקָּנוּ מִיָּדוֹ.

There are those who say that this is what **Rav Yosef said: Here we are dealing with** a case **where** the buyer **performed an act of acquisition** at the time he purchased the land **from** the robber's **possession,** thereby formalizing a condition that should the field be appropriated from him, he will be reimbursed for any enhancement in its value. Since he acquired this right at the time of the purchase, it does not appear as though he is receiving interest.

אֲמַר לֵיהּ אַבַּיֵי: וְכִי מוּתָּר לִלְוֹת סְאָה בִּסְאָה בְּמָקוֹם שֶׁקָּנוּ מִיָּדוֹ?

Abaye said to him: But is it permitted for one **to borrow a** ***se'a*** **for a** ***se'a*** in a case **where he performed an act of acquisition** formalizing such a condition at the time he purchased the land **from** the lender's **possession?** Isn't it still considered to be interest and therefore prohibited?

אֲמַר לֵיהּ: הָתָם – הַלְוָאָה, וְהָכָא – זְבִינֵי.

Rav Yosef **said to him: There,** with regard to borrowing a *se'a* and returning a *se'a*, it is a case involving **a loan,** whereas **here** it is a case involving **a sale.** Buying at a low price and selling for a higher price is not considered to be interest.

גּוּפָא, אָמַר שְׁמוּאֵל: בַּעַל חוֹב גּוֹבֶה אֶת הַשֶּׁבַח. אָמַר רָבָא: תֵּדַע, שֶׁכָּךְ כּוֹתֵב לוֹ מוֹכֵר לַלּוֹקֵחַ: אֲנָא אֵיקוּם וַאֲשַׁפֵּי וַאֲדַכֵּי וַאֲמָרֵיק זְבִינֵי אִילֵּין, אִינּוּן וַעֲמָלֵיהוֹן וְשִׁבְחֵיהוֹן וְאֵיקוּם קֳדָמָךְ, וְצָבֵי זְבִינָא דְּנַן וְקַבֵּיל עֲלוֹהִי.

The Gemara returns to discuss Shmuel's statement **itself** that was mentioned above. **Shmuel says: A creditor collects** the value of **the enhancement** of the land. **Rava says: Know** that this is true, **as this** is the standard formulation that **the seller writes to the buyer** in a deed of sale: **I will stand and silence and purify and cleanse**[N] **this sale,** i.e., I accept responsibility if the land is repossessed by my creditor. The text of the document continues: This applies to this property **itself, and the labor** invested **in it, and its enhancement; and I will present** its value **before you.** The witnesses then sign the document and attest: **And this seller consented**[N] **and accepted upon himself** all of the commitments enumerated in the document. Evidently, a creditor can collect the value of the enhancement.

אֲמַר לֵיהּ רַב חִיָּיא בַּר אָבִין לְרָבָא: אֶלָּא מֵעַתָּה, מַתָּנָה דְּלָא כָּתֵיב לֵיהּ הָכִי, הָכִי נַמִי דְּלָא טָרֵיף שִׁבְחָא? אֲמַר לֵיהּ: אִין.

Rav Ḥiyya bar Avin said to Rava: If that is so, in the case of **a gift, where** the owner **does not write this** formulation **to** the recipient in the deed of gift, would you **indeed** say **that** the creditor **does not repossess** the value of **the enhancement** of the land from the recipient of the gift? Rava **said to him: Indeed.**[H]

וְכִי יָפֶה כֹּחַ מַתָּנָה מִמֶּכֶר? אֲמַר לֵיהּ: אִין, יָפֶה וְיָפֶה.

Rav Ḥiyya bar Avin said to Rava: **But is the** legal **power of a gift stronger than** that of **a sale,** as in the case of a sale the buyer loses the value of the enhancement if the land is repossessed? Rava **said to him: Yes, it is indeed stronger.**[N] Since in a case of repossession, the recipient of the gift does not receive the value of the enhancement back from the one who gave him the gift, he is under no obligation to relinquish this value to the creditor.

אֲמַר רַב נַחְמָן: הָא מַתְנִיתָא מְסַיַּיע לֵיהּ לְמָר שְׁמוּאֵל, וְהוּנָא חַבְרִין מוֹקִים לָהּ בְּמִילֵּי אַחֲרִינֵי. דְּתַנְיָא: הַמּוֹכֵר שָׂדֶה לַחֲבֵירוֹ, וַהֲרֵי הִיא יוֹצְאָה מִתַּחַת יָדוֹ, כְּשֶׁהוּא גּוֹבֶה – גּוֹבֶה אֶת הַקֶּרֶן מִנְּכָסִים מְשׁוּעְבָּדִים, וְשֶׁבַח גּוֹבֶה מִנְּכָסִים בְּנֵי חוֹרִין.

Rav Naḥman said: This following ***baraita*** **supports** the opinion of **Mar Shmuel; but our colleague, Rav Huna, interprets it**[N] as referring **to other matters,** so it does not support Shmuel's opinion. **As it is taught** in a *baraita*: With regard to a case of **one who sells a field to another, and it is appropriated from** the buyer's **possession,** as it was liened to the seller's debt, **when** the buyer then **collects** compensation from the seller, **he collects the principal from liened property, and he collects** the **enhancement from unsold property.** Evidently, the value of the enhancement is also repossessed by the creditor.

NOTES

I will...cleanse [*amareik*] – **אֲמָרֵיק**: There are those who interpret this word to mean: I will complete, as it appears in *Yoma* 15a (*Melo HaRo'im*).

And this seller [*zevina*] **consented** – **וְצָבֵי זְבִינָא דְּנַן**: While many explain that the word *zevina* is referring to the seller, Rabbeinu Ḥananel explains that it is referring to the purchaser, stating that he agrees to this arrangement that if the field is repossessed from him, this is what he will receive (see Rambam; Ran; Ritva).

Indeed stronger – **יָפֶה וְיָפֶה**: Some commentaries explain this to mean that a gift has greater legal power than a sale with regard to other matters as well. For example, if one wishes to sell his field, the owners of the adjacent fields have precedence. This is not true if he wishes to give his field as a gift to a third party (*Talmidei Rabbeinu Yona*). Furthermore, when one sells a field, the assumption is that he does not include in the sale the pits and wells located in the field. When he gives a field as a gift, the assumption is that the pits and the wells are included (Ra'avad).

But our colleague Rav Huna interprets it – **וְהוּנָא חַבְרִין מוֹקִים לָהּ**: If Rav Naḥman is aware of an alternative explanation of the *baraita*, why does he mention it as proof for Shmuel's opinion? Furthermore, why does Rav Naḥman prefer to cite a proof from the *baraita* rather than from the mishna in *Gittin* cited earlier? The commentaries answer that rejecting the proof from the mishna would have been accomplished simply by establishing it as referring to a case where one purchases a field from a robber. It is more difficult to interpret the *baraita* in that manner because there is no mention of compensation for produce, leading to the assumption that it is referring to a case where a creditor repossesses the field (*Urim VeTummim*; *Ma'ayan HaḤokhma*; *Ḥokhmat Manoaḥ*).

HALAKHA

Paying enhancement in the case of a gift – **שֶׁבַח בְּמַתָּנָה**: If one gave another his field as a gift, and the creditor of the one who gave it subsequently came to collect the field for a debt, he may collect only what it was worth at the time that it was given as a gift; he may not collect the value of the field's enhancement due to the investment of the recipient. If the field appreciated in value on its own, the creditor may collect the entire value. Some say that even in such a case he may not collect the value of the enhancement (*Shulḥan Arukh*, *Ḥoshen Mishpat* 115:3, and in the comment of Rema).

וְהוּנָא חַבְרִין מוֹקִים לָהּ בְּמִילֵּי אַחֲרִינֵי – בְּלוֹקֵחַ מִגַּזְלָן.

But our colleague, Rav **Huna, interprets it** as referring **to other matters,** i.e., **to** the case of one who **buys** a field **from a robber.** In that case, the robbery victim is certainly entitled to the value of the enhancement of the land.

תַּנְיָא אִידָךְ: הַמּוֹכֵר שָׂדֶה לַחֲבֵירוֹ וְהִשְׁבִּיחָהּ, וּבָא בַּעַל חוֹב וּטְרָפָהּ. כְּשֶׁהוּא גּוֹבֶה, אִם הַשֶּׁבַח יוֹתֵר עַל הַיְּצִיאָה – נוֹטֵל אֶת הַשֶּׁבַח מִבַּעַל הַקַּרְקַע, וְהַיְּצִיאָה מִבַּעַל חוֹב. וְאִם הַיְּצִיאָה יְתֵירָה עַל הַשֶּׁבַח – אֵין לוֹ אֶלָּא הוֹצָאָה שִׁיעוּר שֶׁבַח מִבַּעַל חוֹב.

It is taught in **another** *baraita*: In a case of **one who sells a field to another,** and the buyer **enhances it, and** then **a creditor comes and repossesses** the field, in this case **when** the buyer **collects** compensation, the *halakha* is as follows: **If** the value of **the enhancement** of the field **is greater than the** buyer's **expenses** in generating that enhancement, **he takes** the difference in value between **the enhancement** and the expenses **from the owner of the land,** i.e., the seller, **and** he is compensated for **the expenses by the creditor. And if the expenses were greater than the enhancement** of the field, **he** receives compensation for his **expenses, only** up **to the value of** the **enhancement, from the creditor.**

וְהָא, שְׁמוּאֵל בְּמַאי מוֹקִים לָהּ? אִי בְּלוֹקֵחַ מִגַּזְלָן – קַשְׁיָא רֵישָׁא, דְּאָמַר שְׁמוּאֵל: לוֹקֵחַ מִגַּזְלָן לֵית לֵיהּ שְׁבָחָא. אִי בְּבַעַל חוֹב – קַשְׁיָא רֵישָׁא וְסֵיפָא, דְּאָמַר שְׁמוּאֵל: בַּעַל חוֹב גּוֹבֶה אֶת הַשֶּׁבַח!

The Gemara asks: **But how does Shmuel interpret** the *baraita*? **If** it is referring **to** one who **buys** a field **from a robber, the first clause** in the *baraita* poses **a difficulty** to Shmuel's opinion, **as Shmuel says** that one who **buys** a field **from a robber does not have** the right to compensation for **the enhancement** of the field, and the *baraita* states that the buyer is entitled to compensation for the enhancement. **If** it is referring **to a creditor,** then both **the first clause and the latter clause** in the *baraita* pose **a difficulty** to Shmuel's opinion, **as Shmuel says** that **a creditor collects the enhancement** of the field and needs to pay nothing.

אִיבָּעֵית אֵימָא בְּלוֹקֵחַ מִגַּזְלָן, כְּגוֹן שֶׁיֵּשׁ לוֹ קַרְקַע. אִי נַמִי – בְּשֶׁקָּנוּ מִיָּדוֹ.

The Gemara suggests two answers: **If you wish, say** that the *baraita* is referring **to** one who **buys** a field **from a robber,** in a case **where** the robber **owns land** with which he can compensate the buyer instead of paying him money. In that case, the compensation does not appear to be interest. **Alternatively,** it is referring **to** a case **where** the buyer **performed an act of acquisition** at the time he purchased the land **from** the robber's **possession,** thereby formalizing a condition that should the field be appropriated from him, he will be reimbursed for any enhancement in its value. Since the buyer acquired the enhancement at the time he paid for the field, it does not appear as if he is receiving interest.

אִיבָּעֵית אֵימָא: בְּבַעַל חוֹב, וְלָא קַשְׁיָא: כָּאן – בְּשֶׁבַח

If you wish, say instead that it is referring **to a creditor, but** nevertheless **it is not difficult** according to the opinion of Shmuel. **Here,** in the *baraita*, the reference is **to enhancement**

Perek **I**
Daf **15** Amud **b**

הַמַּגִּיעַ לִכְתֵפַיִם, כָּאן – בְּשֶׁבַח שֶׁאֵינוֹ מַגִּיעַ לִכְתֵפַיִם.

of the field **that reaches** one's **shoulders,**[N] i.e., the produce that grew due to the improvements made by the purchaser is almost fully grown and ripened, and it can soon be harvested and carried upon one's shoulders. At that point, the produce is considered independent of the land and is therefore not collected by the creditor unless he pays for the expenses. And **there,** in Shmuel's statement that the creditor collects the enhancement without paying compensation, the reference is **to enhancement that does not reach** one's **shoulders,** i.e., whose growth is not almost complete. At that point, the produce is considered to be part of the land.

וְהָא מַעֲשִׂים בְּכָל יוֹם, וְקָא מַגְבֵּי שְׁמוּאֵל אֲפִילּוּ בְּשֶׁבַח הַמַּגִּיעַ לִכְתֵפַיִם!

The Gemara asks: **But** there were **daily incidents** of this type, **and Shmuel would collect** payment from buyers **even** for **enhancement that reaches** one's **shoulders,** without requiring the creditors to compensate them for their expenses.

NOTES

Enhancement that reaches one's shoulders – שֶׁבַח הַמַּגִּיעַ לִכְתֵפַיִם: This phrase may be understood in several different ways. Most commentaries interpret it to mean produce that is fully grown and ready to be harvested and carried on the shoulders of a laborer (Rabbeinu Ḥananel; Rif; Rashi). Rashi qualifies this interpretation, stating that the produce is clearly not completely ready to be harvested, as if that were the case, it would not be liened to debts at all. A second interpretation is that the phrase is referring to any produce that will eventually be harvested and removed from the land. This category excludes enhancements to the field itself, such as enrichment of the soil or growth of its trees (*Tosafot* on *Bava Kamma* 95b; Rabbeinu Tam, *Sefer HaYashar*). A third interpretation is that it is referring to an enhancement that is the result of manual labor, rather than enhancements that occur without intervention (Rashba, citing Rabbeinu Tam; Ra'avad, citing Rav Hai Gaon).

HALAKHA

Can dismiss the creditor – מָצֵי מְסַלֵּיק לֵיהּ לְבַעַל חוֹב: When a creditor attempts to collect a field as payment of the debt owed to him by the individual who sold the field to its current owner, the current owner has the right to pay off the debt and retain the field. The creditor cannot demand payment in the form of the field. Nevertheless, if this field was set aside as designated repayment of the debt, the purchaser cannot dismiss the creditor by paying the debt in cash (Rambam *Sefer Mishpatim*, *Hilkhot Malve VeLoveh* 21:5; *Shulḥan Arukh*, *Ḥoshen Mishpat* 115:2).

Recognized that it was not the seller's – הִכִּיר בָּהּ שֶׁאֵינָהּ שֶׁלּוֹ: If one purchases a field with the knowledge that it is stolen property and then the owner recovers it, the purchaser is entitled to be reimbursed by the robber. Additionally, if he enhanced the value of the field, he may collect the value of the enhancement or the expenses incurred while enhancing the value of the property, whichever is less, from the true owner of the field. Some hold that he is not entitled to any compensation from the owner of the field (Rambam *Sefer Nezikin*, *Hilkhot Geneiva VaAveda* 9:7; *Shulḥan Arukh*, *Ḥoshen Mishpat* 373:1, and in the comment of Rema).

One who betroths his sister – הַמְקַדֵּשׁ אֶת אֲחוֹתוֹ: One who betroths his sister obviously realizes that the betrothal does not take effect. Therefore, the money that he gave her for the betrothal was certainly given as a gift. This is in accordance with the opinion of Shmuel (Rambam *Sefer Kinyan*, *Hilkhot Zekhiya UMattana* 6:20; *Shulḥan Arukh*, *Even HaEzer* 50:2).

LANGUAGE

Designated repayment [*apoteiki*] – אַפּוֹתֵיקִי: From the Greek ὑποθήκη, *hupotēkē*, meaning a pledge or mortgage.

NOTES

He does not have the right to be reimbursed for the enhancement – שֶׁבַח אֵין לוֹ: Since there clearly was no sale, the money paid for the land is essentially a loan. Consequently, if the purchaser is compensated for the enhancements he made to the field in addition to receiving back the money he paid to purchase the field, it would constitute a form of interest (*Ge'onim*).

But didn't Rav and Shmuel already disagree about this principle one time – וְהָא פְּלִיגֵי בֵּיהּ חֲדָא זִימְנָא: This question does not imply that a Sage would never repeat a statement that he had made. Rather, there is no reason to repeat the same principle in a different context if there is no additional novelty. Likewise, with regard to a halakhic dispute, there is no reason for the Sages to repeat the dispute in a second context if the foundation of the dispute is obviously identical.

לָא קַשְׁיָא: הָא – דְּמַסֵּיק בֵּיהּ כְּשִׁיעוּר אַרְעָא וְשִׁבְחָא, הָא – דְּלָא מַסֵּיק בֵּיהּ אֶלָּא כְּשִׁיעוּר אַרְעָא, דְּיָהֵיב לֵיהּ שִׁבְחֵיהּ וּמְסַלֵּיק לֵיהּ.

The Gemara answers that this is **not difficult; these** instances when Shmuel did not require the creditor to compensate the purchaser were cases **where** the creditor was **owed by** the debtor **the same amount** of money **as** the value of **the land and the enhancement. That** *baraita*, which states that the creditor must compensate the purchaser for the enhancement, is referring to a case **where he was owed by** the debtor **only the same amount** of money **as** the value of **the land,** without the enhancement, **as** in this case the creditor **gives** the buyer the value of **his enhancement** to the land **and** thereby **dismisses** from the buyer any claim to the land.

הָנִיחָא לְמַאן דְּאָמַר: אִי אִית לֵיהּ זוּזֵי לְלוֹקֵחַ – לָא מָצֵי מְסַלֵּיק לֵיהּ לְבַעַל חוֹב – שַׁפִּיר, אֶלָּא לְמַאן דְּאָמַר: כִּי אִית לֵיהּ זוּזֵי לְלוֹקֵחַ – מָצֵי מְסַלֵּיק לֵיהּ לְבַעַל חוֹב, נֵימָא לֵיהּ: אִילּוּ הֲוָה לִי זוּזֵי – הֲוָה מְסַלֵּקִינָךְ מִכּוּלָּהּ אַרְעָא, הָשְׁתָּא דְּלֵית לִי זוּזֵי – הַב לִי גְּרִבָּא דְּאַרְעָא בְּאַרְעָא שִׁיעוּר שִׁבְחַאי!

The Gemara asks: **This works out well according to the one who says** that even **if the purchaser has money, he is unable to dismiss** the **creditor** from his claim to the land by paying its value. **But according to the one who says** that **when** the **purchaser has money he can dismiss** the **creditor**[H] by paying the value of the land, **let** the purchaser **say to him: If I had money, I would have dismissed you from the entire** plot of **land. Now that I do not have** enough **money** to pay off the entire debt, **give me** at least **a** ***se'a*** **of land from the land** that you wish to repossess, which is **the amount of my enhancement.**

הָכָא בְּמַאי עָסְקִינַן – כְּגוֹן שֶׁעֲשָׂאוֹ אַפּוֹתֵיקִי, דְּאָמַר לֵיהּ לֹא יְהֵא לְךָ פֵּרָעוֹן אֶלָּא מִזּוֹ.

The Gemara answers: **Here we are dealing with** a case **where** the debtor, who sold this land to the purchaser, **set aside** his land as **designated repayment** [***apoteiki***][L] for the debt, **as he said to** the creditor: **You will be repaid only from this** piece of land. Consequently, the buyer cannot dismiss the creditor from any part of the land, even though he enhanced its value.

הִכִּיר בָּהּ שֶׁאֵינָהּ שֶׁלּוֹ וּלְקָחָהּ. אָמַר רַב: מָעוֹת – יֵשׁ לוֹ, שֶׁבַח – אֵין לוֹ. וּשְׁמוּאֵל אָמַר: אֲפִילּוּ מָעוֹת אֵין לוֹ.

§ In a case where one who bought a field from a robber **recognized that it was not** the seller's,[H] i.e., he knew that it was stolen property, **but he purchased it** nevertheless, when the true owner repossesses the field **Rav says** that the purchaser **has** the right to be reimbursed for the **money** that he paid for the field, but **he does not have** the right to be reimbursed for the **enhancement**[N] of the field in his possession. **And Shmuel says** that **he does not have** the right to be reimbursed **even** for the **money** he paid for the field, as he knew that the sale was invalid.

בְּמַאי קָמִיפַּלְגִי? רַב סָבַר: אָדָם יוֹדֵעַ שֶׁקַּרְקַע אֵין לוֹ, וְגָמַר וְנָתַן לְשׁוּם פִּקָּדוֹן. וְנֵימָא לֵיהּ לְשׁוּם פִּקָּדוֹן! סָבַר: לָא מְקַבֵּל.

The Gemara asks: **With regard to what** principle **do** Rav and Shmuel **disagree?** The Gemara answers: **Rav holds** that such **a person knows that** the sale is invalid and that **he does not have** the right to the **land, and** therefore **he** clearly **resolved to give** the money to the seller **as a deposit.** The Gemara asks: **But** if that is his objective, **let him say to** the seller explicitly that he is giving him the money **as a deposit.** The Gemara answers: The purchaser **thought** that the seller **would not accept** it as a deposit, and therefore he gave it to him in this fashion so that he would hold it for him in the interim.

וּשְׁמוּאֵל סָבַר: אָדָם יוֹדֵעַ שֶׁקַּרְקַע אֵין לוֹ, וְגָמַר וְנָתַן לְשׁוּם מַתָּנָה. וְנֵימָא לֵיהּ לְשׁוּם מַתָּנָה! כְּסִיפָא לֵיהּ מִילְּתָא.

And Shmuel holds that such **a person knows that he does not have** the right to the **land, and** therefore **he** clearly **resolved to give** the money to the seller **as a gift.** The Gemara asks: **But** if so, **let him say to** the seller that he is giving him the money **as a gift.** The Gemara answers: If he would say so explicitly, **the matter** would be **embarrassing for** the seller. Therefore, the purchaser used this ploy in order to give a gift to the seller.

וְהָא פְּלִיגֵי בֵּיהּ חֲדָא זִימְנָא, דְּאִיתְּמַר: הַמְקַדֵּשׁ אֶת אֲחוֹתוֹ, רַב אָמַר: מָעוֹת חוֹזְרִין, וּשְׁמוּאֵל אָמַר: מָעוֹת מַתָּנָה. רַב אָמַר: מָעוֹת חוֹזְרִין, אָדָם יוֹדֵעַ שֶׁאֵין קִידּוּשִׁין תּוֹפְסִין בַּאֲחוֹתוֹ, וְגָמַר וְנָתַן לְשׁוּם פִּקָּדוֹן. וְנֵימָא לַהּ לְשׁוּם פִּקָּדוֹן! סָבַר: לָא מְקַבְּלָה מִינֵּיהּ.

The Gemara asks: **But didn't** Rav and Shmuel already **disagree about** this principle **one time?**[N] **As it was stated** concerning **one who betroths his sister:**[H] **Rav says: The money** he gave for the betrothal **is returned,** since the betrothal does not take effect; **and Shmuel says:** This **money is a gift,** meaning that he wished to give a gift to his sister and he did so in this manner. **Rav says: The money** must be **returned** since **a person knows that betrothal does not take effect with his sister, and he decided to give** the money to her **for the purpose of a deposit.** The Gemara raises a difficulty: **And let him** explicitly **say to her** that he is giving her the money **for the purpose of a deposit.** The Gemara answers: **He thought she would not accept it from him.**

וּשְׁמוּאֵל אָמַר: מָעוֹת מַתָּנָה, אָדָם יוֹדֵעַ שֶׁאֵין קִידּוּשִׁין תּוֹפְסִין בַּאֲחוֹתוֹ, וְגָמַר וְנָתַן לְשׁוּם מַתָּנָה. וְנֵימָא לָהּ לְשׁוּם מַתָּנָה! כְּסִיפָא לָהּ מִילְּתָא.

And Shmuel says: The money is considered to be a gift because a person knows that betrothal does not take effect with his sister, and he decided to give the money to her for the purpose of a gift. The Gemara again raises a difficulty: And let him explicitly say to her that he is giving it to her for the purpose of a gift. The Gemara answers: He thought the matter would be embarrassing to her and she would refuse to accept the money. He therefore attempted to give it her by an alternative method.

צְרִיכָא, דְּאִי אִיתְּמַר בְּהָא – בְּהָא קָאָמַר רַב, דְּלָא עָבְדִי אִינָשֵׁי דְּיָהֲבִי מַתָּנוֹת לְנוּכְרָאָה. אֲבָל גַּבֵּי אֲחוֹתוֹ – אֵימָא מוֹדֶה לֵיהּ לִשְׁמוּאֵל.

The Gemara explains: It is necessary to present the disagreement in both instances because if it were stated only with regard to that case, of buying property from a robber, one might have reasoned that it is specifically in that case that Rav says that the money returns to the purchaser, as people do not tend to give gifts to non-relatives, and therefore it is clear that the purchaser intended for the money to be a deposit. But with regard to the case of one who betroths his sister, one might say that Rav concedes to Shmuel that the money was given as a gift. It is therefore necessary to present Rav's opinion in both cases.

וְאִי אִיתְּמַר בְּהָךְ – בְּהָךְ קָאָמַר שְׁמוּאֵל, אֲבָל בְּהָא – אֵימָא מוֹדֶה לֵיהּ לְרַב, צְרִיכָא.

And conversely, if the disagreement were stated only in that case, i.e., betrothal of one's sister, one might have reasoned that it is only in that case that Shmuel says the money is a gift, but in this case, where the purchaser is a non-relative, one might say that Shmuel concedes to Rav that the money is a deposit. It is therefore necessary to present the disagreement in both instances.

בֵּין לְרַב דְּאָמַר פִּקָּדוֹן, בֵּין לִשְׁמוּאֵל דְּאָמַר מַתָּנָה, הַאי לְאַרְעָא בְּמַאי קָא נָחֵית, וּפֵירוֹת הֵיכִי אָכֵיל?

The Gemara asks: Both according to Rav, who says that the money is a deposit, and according to Shmuel, who says that the money is a gift, when this purchaser takes possession of the land despite knowing that his acquisition is invalid, with what justification does he take possession of the land, and how does he justify consuming its produce?

סָבַר: אֲנָא אֵיחוּת לְאַרְעָא, וְאִיעֲבֵיד וְאֵיכוּל בְּגַוַּיהּ, כִּי הֵיכִי דַּהֲוָה קָא עָבֵיד אִיהוּ. לְכִי אָתֵי מָרֵיהּ דְּאַרְעָא, זוּזַאי נֶיהֱווֹ, לְרַב דְּאָמַר פִּקָּדוֹן – פִּקָּדוֹן, לִשְׁמוּאֵל דְּאָמַר מַתָּנָה – מַתָּנָה.

The Gemara answers that the purchaser reasons: I will take possession of the land,[N] and work it, and consume the produce that is in it, just as the seller would have done. And when the owner of the land comes and claims it, the money that I paid for it will be designated for a different purpose. According to Rav, who says that the money is a deposit, it will be a deposit, and according to Shmuel, who says that the money is a gift, it will be a gift.

אָמַר רָבָא: הִלְכְתָא, יֵשׁ לוֹ מָעוֹת וְיֵשׁ לוֹ שֶׁבַח, וְאַף עַל פִּי שֶׁלֹּא פֵּירַשׁ לוֹ אֶת הַשֶּׁבַח. הִכִּיר בָּהּ שֶׁאֵינָהּ שֶׁלּוֹ, וְלָקְחָהּ, מָעוֹת – יֵשׁ לוֹ, שֶׁבַח – אֵין לוֹ.

Rava said: With regard to the aforementioned halakhic disputes, the *halakha*[N] is that in a case where one bought a field and it turned out to be stolen, the purchaser has the right to demand that the seller return the money he paid for the land, and he also has the right to demand that the seller compensate him for the value of the enhancement, in accordance with the opinion of Rav. And this is the *halakha* even if the seller did not explicitly obligate himself to compensate him for the enhancement. But if the purchaser recognized that the field was not the seller's and he purchased it anyway, he has the right to demand that the seller return the money he paid for the land, but he does not have the right to demand compensation for the enhancement, in accordance with the opinion of Rav.

אַחְרָיוּת טָעוּת סוֹפֵר הוּא, בֵּין בְּשִׁטְרֵי הַלְוָאָה בֵּין בְּשִׁטְרֵי מִקָּח וּמִמְכָּר.

Rava issued another ruling with regard to a dispute cited above: Omission of the guarantee of the sale from the document is a scribal error.[H] This is the *halakha* both with regard to promissory notes and with regard to deeds of buying and selling, i.e., deeds of sale.

בְּעָא מִינֵּיהּ שְׁמוּאֵל מֵרַב: חָזַר וּלְקָחָהּ מִבְּעָלִים הָרִאשׁוֹנִים מַהוּ? אָמַר לֵיהּ: מָה מָכַר לוֹ רִאשׁוֹן לַשֵּׁנִי – כׇּל זְכוּת שֶׁתָּבֹא לְיָדוֹ.

§ Shmuel asked Rav: If one robbed another of a field and sold it, and then purchased it from the original owner,[NH] what is the *halakha*? Can the robber now repossess the field from the person to whom he sold it before he legally owned it? Rav said to him: No, he cannot. What did the first person, the robber, sell to the second person, the purchaser, when he sold him the field? He sold him any rights to the field that will come into his possession. Consequently, the rights that the robber has now acquired are transferred to the purchaser.

NOTES

I will take possession of the land, etc. – אֲנָא אֵיחוּת לְאַרְעָא וכו׳: Some commentaries explain that the buyer benefits from his actions insofar as he is not liable to pay for the produce that he consumes. The Ritva explains that there is no problem of interest in receiving reimbursement for the expenses he incurred in enhancing the value of the field, because he is entitled to reimbursement from the original owner rather than from the seller. This is in accordance with the principle that one who enhances the value of another person's field on his own initiative is reimbursed for his expenses.

Rava said, the *halakha* is, etc. – אָמַר רָבָא הִלְכְתָא וכו׳: Why did Rava not simply state that the *halakha* is in accordance with the opinion of Rav in these disputes? One possible reason is that Rava wished to clarify that the purchaser is paid for the enhancement even if the seller did not explicitly obligate himself to do so (Rashba; Rosh). Furthermore, Rava wished to add the principle that omission of a guarantee of compensation from a document is regarded as a scribal error, which was not stated by Rav (Ramban).

Then purchased it from the original owner – חָזַר וּלְקָחָהּ מִבְּעָלִים הָרִאשׁוֹנִים: Most commentaries understand this *halakha* to be referring to a case where the purchaser did not know that the land was stolen (Rabbeinu Ḥananel; Rif; Rashba). Some commentaries understand this to apply even when the purchaser did know (Ritva; Meiri).

HALAKHA

Omission of the guarantee of the sale from the document is a scribal error – אַחְרָיוּת טָעוּת סוֹפֵר: All promissory notes and deeds of transaction are treated as though they include a guarantee that if the field is repossessed, the seller will compensate the buyer for his loss, even if they do not contain any explicit guarantee. The omission of this guarantee is considered a scribal error, unless the document explicitly states that there is no such guarantee (Rambam *Sefer Nezikin*, *Hilkhot Gezeila VaAveda* 18:1; *Sefer Kinyan*, *Hilkhot Mekhira* 19:3; and *Sefer Mishpatim*, *Hilkhot Malve VeLoveh* 18:3; *Shulḥan Arukh*, *Ḥoshen Mishpat* 39:1, 111:1, 225:1).

Then purchased it from the original owner – חָזַר וּלְקָחָהּ מִבְּעָלִים הָרִאשׁוֹנִים: If one robbed another of a field and sold it, and subsequently bought it from the owner, the field now becomes the property of the one who bought it from the robber. The assumption is that the robber went to the trouble of buying the field in order to maintain his reliability (Rambam *Sefer Nezikin*, *Hilkhot Gezeila VaAveda* 9:9; *Shulḥan Arukh*, *Ḥoshen Mishpat* 374:1).

NOTES

What is the reason…it is preferable for him – **מַאי טַעְמָא...נִיחָא לֵיהּ**: Many commentaries interpret this question as asking why it is that the robber cannot repossess the field from the purchaser once he legally buys it from the original owner. If so, this question appears to be superfluous, as the Gemara already explained that he sold the purchaser whatever rights he would acquire in the land. Some explain that since those rights did not yet exist when the robber sold the land to the purchaser, the Gemara is asking why the sale is valid according to the opinion, accepted as *halakha*, that one cannot acquire an item that does not yet exist (Rashba). Others explain that the principle that one who sells property to another sells him all of his rights to the property could be implemented conversely: When the owner sold the field to the robber, he sold him all of his rights, including the right to repossess the field from the buyer. Therefore, the Gemara asks why Rav chooses to implement this principle such that the robber cannot repossess the field (*Tosefot HaRosh*).

מַאי טַעְמָא? מָר זוּטְרָא אֲמַר: נִיחָא לֵיהּ דְּלָא נִקְרְיֵיהּ גַּזְלָנָא, רַב אַשִׁי אֲמַר: נִיחָא לֵיהּ דְּלֵיקוּ בְּהֵימָנוּתֵיהּ.

The Gemara asks: **What is the reason** that the robber would buy the land he had already sold in order to retroactively uphold the sale? **Mar Zutra said: It is preferable for him**[N] **not to be called a robber** by the purchaser when the original owner demands he return the field. **Rav Ashi said: It is preferable for him to maintain his reliability,** i.e., to be considered an honest person.

מַאי בֵּינַיְיהוּ? אִיכָּא בֵּינַיְיהוּ דְּמִית לוֹקֵחַ. מַאן דְּאָמַר נִיחָא לֵיהּ דְּלָא לִקְרְיֵיהּ גַּזְלָנָא

The Gemara asks: **What is** the practical difference **between** these two opinions? The Gemara answers: The practical difference **between them is** in a case **where** the **purchaser died.** According to **the one who says** that the robber bought it because **it is preferable for him not to be called a robber,**

Perek **I**
Daf **16** Amud **a**

הָא מִית לֵיהּ. וּמַאן דְּאָמַר נִיחָא לֵיהּ דְּלֵיקוּם בְּהֵימָנוּתֵיהּ – בַּהֲדֵי בְּנֵי נַמִי נִיחָא לֵיהּ דְּלֵיקוּם בְּהֵימָנוּתֵיהּ.

in this case, since the purchaser already **died,** the owner is not present to call the seller a robber, so he presumably did not intend to retroactively validate the sale. **And** conversely, according to **the one who says** that he bought the land because **it is preferable for him to maintain his reliability, it is preferable for him to maintain his reliability with regard to** the purchaser's **children too.**

סוֹף סוֹף קָרוּ לֵיהּ בְּנֵי לוֹקֵחַ גַּזְלָנָא!

The Gemara challenges this distinction: **Ultimately, the purchaser's children** will also **call** the seller **a robber** if the field is appropriated from them. Therefore, there is no difference between the two explanations of Rav's ruling in a case where the purchaser has died.

אֶלָּא, אִיכָּא בֵּינַיְיהוּ דְּמִית גַּזְלָן. מַאן דְּאָמַר נִיחָא לֵיהּ לְאִינִישׁ דְּלָא לִקְרְיוּהוּ גַּזְלָן – הָא מִית לֵיהּ. לְמַאן דְּאָמַר נִיחָא לֵיהּ דְּלֵיקוּם בְּהֵימָנוּתֵיהּ – הָכִי נַמִי, אַף עַל גַּב דְּמִית, נִיחָא לֵיהּ דְּלֵיקוּם בְּהֵימָנוּתֵיהּ!

Rather, the practical difference **between them is** in a case **where** the **robber** himself **died,** and his children subsequently bought the field from its owner. According to **the one who says** that the motivation is that **it is preferable for a person not to be called a robber, he** already **died** and this motive is not applicable. While **according to the one who says** that his motivation is that **it is preferable for him to maintain his reliability,** in this case **also, even though** the robber **died,** it is still **preferable for him to maintain his reliability,** i.e., one is concerned about the reputation he will have after his death, not only while he is alive.

סוֹף סוֹף קָרוּ לִבְנֵיהּ בְּנֵי גַּזְלָנָא!

The Gemara rejects this distinction as well: **Ultimately,** if the sale is revoked after his death, people will **call his children the children of a robber.** Just as one does not want to be called a robber during his lifetime, one presumably does not want his children to be called the children of a robber after his death.

אֶלָּא, אִיכָּא בֵּינַיְיהוּ דִּיהֲבָהּ בְּמַתָּנָה. מַאן דְּאָמַר נִיחָא לֵיהּ דְּלֵיקוּם בְּהֵימָנוּתֵיהּ – מַתָּנָה נַמִי נִיחָא לֵיהּ דְּלֵיקוּם בְּהֵימָנוּתֵיהּ, מַאן דְּאָמַר נִיחָא לֵיהּ דְּלָא נִקְרְיוּהוּ גַּזְלָנָא – אָמַר לֵיהּ: מַאי גְּזֵלִינָא מִינָּךְ?

Rather, the practical difference **between them is** in a case **where** the robber **gave** the land to the recipient **as a gift**[H] rather than selling it. According to **the one who says** that **it is preferable for him to maintain his reliability,** in the case of **a gift also, it is preferable for him to maintain his reliability.** While according to **the one who says** that the motivation is that **it is preferable for him not to be called a robber,** in this case the robber could **say to** the recipient of the gift: **What did I rob you of?** You incurred no loss.

HALAKHA

Where the robber gave the land as a gift – **דִּיהֲבָהּ בְּמַתָּנָה**: If one robbed another of a field and gave it to someone else as a gift, and he then subsequently bought it from the robbery victim, the assumption is that he wishes to validate the gift. This is in accordance with the opinion that the robber's motivation is to maintain his reputation as a reliable individual (Rambam *Sefer Nezikin, Hilkhot Gezeila VaAveda* 9:9; *Shulhan Arukh, Hoshen Mishpat* 374:1).

פְּשִׁיטָא: זַבְנָהּ, אוֹרְתָהּ וִיהֲבָהּ בְּמַתָּנָה – לָאו לְאוֹקְמָהּ קַמֵּי לוֹקֵחַ קָא בָּעֵי.

§ The Gemara discusses various scenarios relating to the *halakha* of one who sold stolen land and then acquired it from the robbery victim. It is **obvious** that if, after selling the stolen land, the robber **sold it** again to another person, or **bequeathed it, or gave it as a gift,** it is clear that the robber **does not want to establish it before,** i.e., transfer ownership of it to, the original **buyer.** Therefore, the robber's purchase of the land from the robbery victim is not assumed to be for the purpose of validating the original sale. The buyer can demand compensation from the robber for the invalid sale, but the land remains in the possession of the second buyer or the recipient of the gift or the inheritance.

נָפְלָה לֵיהּ בִּירוּשָּׁה – יְרוּשָּׁה מִמֵּילָא הִיא, וְלָאו אִיהוּ קָא טָרַח אַבַּתְרָהּ.

Likewise, it is clear that if the land that he stole and then sold later **came into his** possession not by purchase but **as an inheritance,**[H] the buyer does not have the rights to it, as **an inheritance is** acquired **passively, and** the robber **did not make an effort to** acquire **it.** Here too, the buyer can claim only compensation and not the land itself.

גָּבֵי אִיהוּ בְּחוֹבוֹ, חָזֵינָא: אִי אִית לֵיהּ אַרְעָא אַחֲרִיתִי, וַאֲמַר הַאי בָּעֵינָא – לְאוֹקְמָהּ קַמֵּיהּ לוֹקֵחַ קָא בָּעֵי,

If the robber **collected** the land that he had sold as payment **for a debt** owed **to him**[H] by the robbery victim, **we** need to **see** the circumstances. **If** the robbery victim **has other land** from which the robber could have collected the debt, **and** nevertheless the robber **said: I want** to collect **this** land, apparently the robber **wanted to establish it before** the **buyer** and validate the sale.

וְאִי לָא – זוּזֵי הוּא דְּבָעֵי אִפָּרוּעֵי.

And if the robbery victim does **not** have other land, and the robber had no choice as to which land to collect, there is no reason to assume that the robber was attempting to validate the sale. **He** merely **wanted to be paid money** for his debt, and not to secure the land for the buyer.

יְהָבָהּ נִהֲלֵיהּ בְּמַתָּנָה – פְּלִיגִי בָּהּ רַב אַחָא וְרָבִינָא. חַד אָמַר: מַתָּנָה כִּירוּשָּׁה, דְּהָא מִמֵּילָא. וְחַד אָמַר: מַתָּנָה כְּמֶכֶר, דְּאִי לָאו דְּטָרַח וְאַרְצֵי קַמֵּיהּ – לָא הֲוֵי יָהֵיב לֵיהּ מַתָּנָה, לְהָכִי טָרַח וְאַרְצֵי קַמֵּיהּ, כִּי הֵיכִי דְּלֵיקוּם בְּהֵימָנוּתֵיהּ.

With regard to a case where the robbery victim **gave** the land **as a gift to** the robber,[H] **Rav Aḥa and Ravina disagree. One says** that a **gift** has the same status **as an inheritance, as** it is also acquired **passively, and one says** that **a gift** has the same status **as a sale.** This is **because were it not** for the fact **that** the robber **took the trouble to ingratiate himself with** the owner, **he would not have given** it **to him** as **a gift.** It is clearly **for this** reason that the robber **took the trouble to ingratiate himself with him,** i.e., **in order to** validate the sale and thereby **maintain his reliability.**

וְעַד אֵימַת נִיחָא לֵיהּ דְּלֵיקוּם בְּהֵימָנוּתֵיהּ? אָמַר רַב הוּנָא: עַד שְׁעַת הַעֲמָדָה בְּדִין.

The Gemara asks: **And until when** can it be assumed that the robber bought the land because **it is preferable for him**[H] **to maintain his reliability? Rav Huna says: Until the time of standing trial.**[N] Once the purchaser takes the robber to court, it is too late for the robber to protect his reputation, as the purchaser has demonstrated that he does not consider the robber to be trustworthy.

NOTES

Until the time of standing trial – עַד שְׁעַת הַעֲמָדָה בְּדִין: Some commentaries explain that this is referring to when the owner takes the purchaser to court in order to retrieve his property. Others say that it is referring to the point when the purchaser has already lost the field and takes the robber to court for selling him property that did not belong to him. After that point, the robber does not try to protect his reputation anymore, because the purchaser has already damaged his reputation by taking him to court (Rashba; Rabbeinu Yehonatan).

HALAKHA

Sold it again, bequeathed it, or gave it as a gift…came into his possession as inheritance – זַבְנָהּ אוֹרְתָהּ וִיהֲבָהּ בְּמַתָּנָה...נָפְלָה לֵיהּ בִּירוּשָּׁה: If one sold stolen property and then bought it from the robbery victim, and later sold it, bequeathed it, or gave it as a gift to another individual, he has thereby indicated that he was not interested in validating the original sale and did not acquire the property for the first one to whom he sold the stolen land. According to the Rema, this is the *halakha* only if the robber sold, bequeathed, or gave away the property before the first purchaser acquired the land. If he did so after the first purchaser acquired the land, his actions have no effect, as the land was already acquired by the first purchaser. If, after selling the land, the robber inherited it from the robbery victim, the land belongs to the robber, as there is no indication that he intends to validate the sale (Rambam *Sefer Nezikin, Hilkhot Gezeila VaAveda* 9:11; *Shulḥan Arukh, Ḥoshen Mishpat* 374:2).

Collected the land for a debt owed to him – גָּבֵי אִיהוּ בְּחוֹבוֹ: In a case where one robbed another of a field and then sold it, and later collected the field from the robbery victim as payment for a debt, if there were other fields that the robber could have collected from the owner and he chose to collect this field, it is apparent that he did so in order to validate his sale. Therefore, the field belongs to the purchaser. If there was no other field to collect, the assumption is that he merely intended to collect the debt (Rambam *Sefer Nezikin, Hilkhot Gezeila VaAveda* 9:12; *Shulḥan Arukh, Ḥoshen Mishpat* 374:3).

Gave the land as a gift to the robber – יְהָבָהּ נִהֲלֵיהּ בְּמַתָּנָה: There is no conclusion in the Gemara with regard to this dispute, and later authorities disagree as to the *halakha*. The principle is that the *halakha* follows the lenient opinion in monetary matters, meaning that the property remains in the possession of the individual currently holding it. The question is how that principle applies in this case. The *Gra* holds that the purchaser is considered to be in possession of the land and therefore keeps it, in accordance with the opinion that receiving the land as a gift is considered the same as buying it. The Rema holds that since it is disputed whether the purchaser acquired the land, it is not considered to be in his possession, and it belongs to the robber (Rambam *Sefer Nezikin, Hilkhot Gezeila VaAveda* 9:13; *Shulḥan Arukh, Ḥoshen Mishpat* 374:4).

And until when it is preferable for him, etc. – וְעַד אֵימַת נִיחָא לֵיהּ וכו׳: The assumption that the robber wishes to maintain his reliability, and that this motivates him to acquire the field for the purchaser, is limited in scope. Once the purchaser has sued the robber and the court has begun to announce that the robber's property is for sale in order to reimburse the purchaser, this assumption no longer applies. Consequently, if the robber then buys the field from the robbery victim, it is not assumed that he did so in order to validate his sale of the field to the purchaser (Rambam *Sefer Nezikin, Hilkhot Gezeila VaAveda* 9:10; *Shulḥan Arukh, Ḥoshen Mishpat* 374:1).

חִיָּיא בַּר רַב אָמַר: עַד דְּמָטְאָ אַדְרַכְתָּא לִידֵיהּ. רַב פַּפָּא אָמַר: עַד דְּמַתְחֲלָן יוֹמֵי אַכְרָזְתָּא.

Ḥiyya bar Rav says that the robber would still buy the land from the owner in order to maintain his reliability up **until** the time that a document of **authorization**[N] by the court to locate and seize property from the robber **comes into** the purchaser's **possession.** It is only once the robber avoids immediately reimbursing the purchaser and the court is compelled to authorize the purchaser to appropriate the robber's property that the robber's reliability is no longer a factor. **Rav Pappa says** that the robber's reliability remains a motive to acquire the field **until the days of announcement begin.** During the days of announcement the court assesses the value of the robber's property in order to compensate the purchaser.

מַתְקִיף לָהּ רָמִי בַּר חָמָא: מִכְּדִי, הַאי לוֹקֵחַ בְּמַאי קָנֵי לְהַאי אַרְעָא – בְּהַאי שְׁטָרָא, הַאי שְׁטָרָא חַסְפָּא בְּעָלְמָא הוּא!

§ **Rami bar Ḥama objects to** Rav's statement, the focal point of this discussion, that the robber transfers to the buyer any rights to the land that he might acquire; **after all, by** means of **what** mode of acquisition **does this purchaser acquire this land?**[N] It is **by** means of **this deed** of sale that the robber gave him. The purchase is invalid, as **this document is merely a shard,** since the robber did not own, at the time of the sale, the land he purported to sell.

אֲמַר לֵיהּ רָבָא: תְּהֵא בְּמַאֲמִינוֹ, בְּהַהוּא הֲנָאָה דְּלָא קָאָמַר לֵיהּ מִידֵּי, וְקָא סָמֵיךְ עֲלֵיהּ – טָרַח וּמַיְיתִי לֵיהּ, גָּמַר וּמַקְנֵי לֵיהּ.

Rava said to him in response: **Let** Rav's statement be understood as applying **to** a case where the buyer said to the robber that **he trusts him** to resolve the legal issue. **By** virtue of **that satisfaction that** the robber received from the buyer's **not having said anything to him** to question his rights to the land, **but** rather having **relied on him,** the robber therefore **takes the trouble and brings to him** the opportunity to purchase the land and **resolves to transfer** the land's **ownership to him.**[N]

מְתִיב רַב שֵׁשֶׁת: מַה שֶּׁאִירַשׁ מֵאַבָּא מָכוּר לְךָ, מַה שֶּׁתַּעֲלֶה מְצוּדָתִי מָכוּר לְךָ – לֹא אָמַר כְּלוּם. מַה שֶּׁאִירַשׁ מִן אַבָּא הַיּוֹם מָכוּר לְךָ, מַה שֶּׁתַּעֲלֶה מְצוּדָתִי הַיּוֹם מָכוּר לְךָ – דְּבָרָיו קַיָּימִין!

Rav Sheshet raises an objection to Rav's statement from a *baraita* that states that if one says: **That which I will inherit from my father is** hereby **sold to you,** or: **That which my net will catch is sold to you, he has said nothing,**[HB] as one cannot sell that which he does not yet own. But if one says: **That which I will inherit from my father today**[H] is hereby **sold to you,** or: **That which my net will catch today is sold to you, his statement stands.** The first *halakha* of the *baraita* indicates that one cannot sell that which he does not yet own, which contradicts Rav's ruling.

אֲמַר רָמִי בַּר חָמָא: הָא גַּבְרָא וְהָא תְּיוּבְתָּא!

Rami bar Ḥama said about this objection: **This is the** great **man and this is his refutation** of Rav's opinion; i.e., this refutation is compelling.

אֲמַר רָבָא: גַּבְרָא קָא חָזֵינָא, וּתְיוּבְתָּא לָא קָא חָזֵינָא. הָכָא – סָמְכָא דַּעְתֵּיהּ, וְהָכָא – לָא סָמְכָא דַּעְתֵּיהּ. הָכָא סָמְכָא דַּעְתֵּיהּ – דְּאָזֵיל טָרַח וּמַיְיתִי לֵיהּ, כִּי הֵיכִי דְּלָא נִקְרְיֵיהּ גַּזְלָנָא, הָכָא לָא סָמְכָא דַּעְתֵּיהּ.

Rava said in response: **I see** that he is a great **man, but I do not see the conclusive refutation. Here,** in the case of validating a sale, the purchaser **relies** on the seller and is confident he will acquire the land; **but there,** in the case of the *baraita*, the purchaser **does not** fully **rely** on the seller. The Gemara explains: **Here,** in the case of validating the sale, the purchaser **relies** on the seller **to go take the trouble and provide him** with the land **so that he will not be called a robber.** Whereas **there,** in the case of the *baraita*, the purchaser **does not** fully **rely** on the seller, as it is uncertain whether the seller will actually inherit his father's property or catch anything with his net.

שַׁלְחוּהָ לְקַמֵּיהּ דְּרַבִּי אַבָּא בַּר זַבְדָּא, אֲמַר לְהוּ: זוֹ אֵינָהּ צְרִיכָה לִפְנִים. אֲמַר רָבָא: זוֹ צְרִיכָה לִפְנִים וְלִפְנֵי לִפְנִים, הָכָא – סָמְכָא דַּעְתֵּיהּ, וְהָכָא – לָא סָמְכָא דַּעְתֵּיהּ.

The Gemara relates that the Sages **sent** Rav Sheshet's objection and presented **it before Rabbi Abba bar Zavda** for his evaluation. Rabbi Abba bar Zavda **said to them: This** objection **need not** be introduced **inside**[N] the study hall for further clarification, as it is clear and compelling. **Rava** disagreed and **said: This** objection **needs** to be brought **inside** the study hall **and inside the innermost** area of the study hall. In other words, it should be examined carefully, as it is not compelling. This is because **here,** the purchaser **relies** on the seller, whereas **there,** in the case of the *baraita*, the purchaser **does not** fully **rely** on the seller.

NOTES

Authorization – **אַדְרַכְתָּא**: This is referring to a legal document drafted by the court authorizing a creditor to locate and take possession of any property belonging to his debtor in repayment of the debt.

By means of what does this purchaser acquire this land – **הַאי לוֹקֵחַ בְּמַאי קָנֵי לְהַאי אַרְעָא**: The early commentaries are troubled by the fact that this question was seemingly answered earlier (15b), as the Gemara explained that when the robber bought the land from the robbery victim, his intention was to acquire it for the purchaser. The Rashba explains that the question here refers specifically to the case where the robber collected the land as payment for a debt. In this case the answer mentioned earlier is insufficient (Rashba). Others suggest that the earlier explanation is insufficient in any case, as even if the robber intends to acquire the land for the purchaser, the robbery victim and the purchaser do not have this in mind. Therefore, the Gemara inquires further, asking by which legal mechanism the purchaser acquires the land. The Gemara's answer is that the satisfaction that the robber received is equivalent to a monetary payment, which effects a transfer of ownership from the robber to the purchaser (Rivash; Ran).

Takes the trouble and brings to him and resolves to transfer its ownership to him – **טָרַח וּמַיְיתִי לֵיהּ גָּמַר וּמַקְנֵי לֵיהּ**: Some commentaries maintain that the phrase: And resolves to transfer its ownership, indicates that the robber must inform the robbery victim that he is acquiring the land for the benefit of the purchaser. As a result, the robbery victim also intends that the land be transferred to the possession of the purchaser (Rosh).

This objection need not be introduced inside – **זוֹ אֵינָהּ צְרִיכָה לִפְנִים**: Rashi explains that the objection is clear and compelling; however, he also cites the explanation of the *ge'onim* that the objection is insubstantial. According to this understanding, Rava's reply is that, in fact, it requires very extensive thought. Another interpretation is that it is referring to bringing the question inside the study hall for evaluation by the great Sages (Ritva). Yet another interpretation of Rabbi Abba bar Zavda's statement is that this question should not be hidden but rather publicized, as it is compelling (*Tosefot HaRash*). Finally, there is a variant text cited in the *Arukh* that reads: This need not be brought inside, or even to the periphery of the inside. That is to say, not only is there no reason to bring this question into the study hall, there is not even a need to bring it to the corridor leading to the study hall. According to that reading, the point is that the objection does not present a real difficulty.

HALAKHA

He has said nothing – **לֹא אָמַר כְּלוּם**: One cannot sell an item that he does not own, just as one cannot sell an item that does not yet exist. Consequently, if one sells a field that he expects to buy, or fish that he expects to catch in his net, or his expected inheritance, the transaction does not take effect. According to the Rema, if one sells a specific item that he expects to inherit, the sale is valid (Rambam *Sefer Kinyan, Hilkhot Mekhira* 22:5; *Shulḥan Arukh, Ḥoshen Mishpat* 211:1).

That which I will inherit from my father today – **מַה שֶּׁאִירַשׁ מֵאַבָּא הַיּוֹם**: The Sages instituted an ordinance that if necessary, an heir may sell a small amount of property that he stands to inherit, in order to procure whatever funds are necessary for the funeral of his relative who is dying. Similarly, they instituted that a destitute fisherman may sell the fish that he will catch that day, so that he will have food to eat (Rambam *Sefer Kinyan, Hilkhot Mekhira* 22:6; *Shulḥan Arukh, Ḥoshen Mishpat* 211:2).

BACKGROUND

He has said nothing – **לֹא אָמַר כְּלוּם**: This statement is based on the halakhic principle that one cannot transfer ownership of an item that has not yet come into being. This principle applies not only with regard to an item that does not yet exist, e.g., produce that has not yet grown, but also with regard to an item that is not yet in one's possession. Additionally, one cannot transfer ownership of an item to a person who is not yet born. Only in certain exigent circumstances did the Sages accord legal validity to transactions of this kind.

הֲוָה עוּבְדָא בְּפוּמְבְּדִיתָא וְאוֹתְבֵיהּ. אֲמַר לְהוּ רַב יוֹסֵף: זוֹ אֵינָהּ צְרִיכָה לִפְנִים. וְאָמַר לֵיהּ אַבָּיֵי: צְרִיכָה לִפְנִים וְלִפְנֵי לִפְנִים, הָכָא – סָמְכָא דַּעְתֵּיהּ, הָכָא – לָא סָמְכָא דַּעְתֵּיהּ.

There was an incident in Pumbedita[B] where the court ruled in accordance with the opinion of Rav, **and** the Sages **refuted** the ruling based on the *baraita* cited earlier. **Rav Yosef said to them: This** objection **need not** be introduced **inside** the study hall for further clarification, as the objection is clear and compelling. **And Abaye said to him:** It **needs** to be brought **inside** the study hall **and inside the innermost** area of the study hall, as **here** the purchaser **relies** on the seller, whereas **there** the purchaser **does not** fully **rely** on the seller.

וּמַאי שְׁנָא רֵישָׁא וּמַאי שְׁנָא סֵיפָא? אָמַר רַבִּי יוֹחָנָן: סֵיפָא מָה שֶׁאִירַשׁ מֵאַבָּא הַיּוֹם – מִשּׁוּם כְּבוֹד אָבִיו, מַה שֶּׁתַּעֲלֶה מְצוּדָתִי הַיּוֹם

The Gemara asks concerning the *baraita* cited earlier: **And what is different in the first clause,** where the sale is not valid, **and what is different in the latter clause,** where the sale is valid? In both cases, the seller does not yet own the merchandise. **Rabbi Yoḥanan said:** In **the latter clause,** when the seller states: I am selling **that which I will inherit from my father today,** he does so **for the honor of his father.** He believes that his father will die that day, and his intention is to raise money for the burial. Consequently, the Sages instituted an ordinance that the sale is valid. Similarly, in the case of a person who says: **That which my net will catch today** is sold to you,

BACKGROUND

Pumbedita – **פּוּמְבְּדִיתָא**: A city on the Euphrates River, northwest of Neharde'a, Pumbedita was an important center of the Babylonian Jewish community for many generations. As early as the Second Temple period, Pumbedita was called the Diaspora, as it was considered the center of Babylonian Jewry. After Neharde'a was destroyed in a war, some scholars from its yeshiva relocated to Pumbedita, and from then on Torah study continued there without interruption until the end of the geonic period.

The scholars of Pumbedita were particularly famous for their acumen. The most famous heads of the Pumbedita Yeshiva were its founder Rav Yehuda, Rabba, Rav Yosef, Abaye, Rav Naḥman bar Yitzhak, Rav Zevid, and Rafram bar Pappa. The Pumbedita Yeshiva was still prominent in the geonic period as well, often overshadowing the yeshiva of Sura. The last heads of the Pumbedita Yeshiva were the renowned *ge'onim* Rav Sherira Gaon and his son, Rav Hai Gaon.

Perek **I**
Daf **16** Amud **b**

מִשּׁוּם כְּדֵי חַיָּיו.

the Sages instituted an ordinance that the sale is effective **because** of their concern **for his** immediate **livelihood.**[N]

אָמַר רַב הוּנָא אָמַר רַב: הָאוֹמֵר לַחֲבֵירוֹ שָׂדֶה שֶׁאֲנִי לוֹקֵחַ, לִכְשֶׁאֶקָּחֶנָּה קְנוּיָה לָךְ מֵעַכְשָׁיו – קָנָה.

§ The Gemara continues to discuss the matter of selling property that one does not yet own. **Rav Huna says** that **Rav says:** With regard to **one who says to another:** With regard to the **field that I** am about to **buy,**[H] **when I buy it,** it will be retroactively **transferred to your ownership from now,** the stipulation takes effect, and once he buys it, the second party has **acquired** the field.

אָמַר רָבָא: מִסְתַּבְּרָא מִילְּתָא דְּרַב בְּשָׂדֶה סְתָם, אֲבָל בְּשָׂדֶה זוֹ – לָא, מִי יֵימַר דְּמִזַּבֵּין לָהּ נִיהֲלֵיהּ?

Rava said: The statement of Rav is reasonable only **with regard to an unspecified field,** as one is capable of buying a field. **But with regard to** a case where one says to another that he is selling him **this** specific **field** that is not yet in his possession, the transaction does **not** take effect, as **who is to say that** the current owner will **sell it to him?** Since it is not in his power alone to purchase the field, it is tantamount to an entity that has not yet come into being, and therefore he cannot sell it to anyone.

וְהָאֱלֹהִים! אָמַר רַב אֲפִילּוּ בְּשָׂדֶה זוֹ. מִכְּדִי, רַב כְּמַאן אֲמָרָהּ לִשְׁמַעְתֵּיהּ – כְּרַבִּי מֵאִיר, דְּאָמַר: אָדָם מַקְנֶה דָּבָר שֶׁלֹּא בָּא לָעוֹלָם,

The Gemara emphatically rejects Rava's qualification of Rav's statement in the form of an oath: **By God! Rav said** his statement **even in** a case where the seller said: **This field. After all, in accordance with whose** opinion **did Rav state his *halakha*?** It was **in accordance with** the opinion of **Rabbi Meir, who says** that **a person can transfer ownership of an entity that has not** yet **come into the world.**

NOTES

Because of concern for his livelihood – **כְּדֵי חַיָּיו**: Rav Hai Gaon understands this to mean that his sale is valid only in a case where it is necessary for the fisherman's immediate livelihood, i.e., what he needs to sustain himself for a single day. Others disagree with this qualification. They explain that while concern for one's livelihood was what motivated the Sages to validate the sale, once they instituted this ordinance, it applies in any event (see Ramban; Ran).

HALAKHA

The field that I am about to buy – **שָׂדֶה שֶׁאֲנִי לוֹקֵחַ**: If one sells a field that is not yet in his possession, the sale is invalid, and both the buyer and the seller can withdraw from the sale. This is contrary to the opinion of Rav, who accepts the opinion of Rabbi Meir that one can sell an item that has not yet come into being (*Shulḥan Arukh*, *Ḥoshen Mishpat* 211:1).

דתניא: האומר לאשה התקדשי לי לאחר שאתגייר לאחר שתתגיירי לאחר שאשתחרר לאחר שתשתחררי לאחר שימות בעליך לאחר שיחלוץ לך יבמיך לאחר שתמות אחותיך – אינה מקודשת,

As it is taught in a *baraita*: With regard to **one who says to a woman: Be betrothed to me after I convert,**[H] or: **After you convert,** or if he is a slave and says: **After I am freed,** or if she is a maidservant and he says: **After you are freed,** or if he says to a married woman: **After your husband dies,** or if he says to a widow waiting for her *yavam* to perform the ritual through which he frees her from her levirate bonds [*ḥalitza*]: **After your *yavam***[B] **performs *ḥalitza***[B] **with you,**[N] or if he says to his wife's sister: **After your sister dies** (see Leviticus 18:18), in all these cases **she is not betrothed.** Since he cannot betroth her at the present moment, his attempt at betrothal is ineffective.

רבי מאיר אומר: מקודשת.

Rabbi Meir says: She is betrothed. Rabbi Meir holds that one can acquire that which is not yet available, and the acquisition will take effect once the item is available. In this case as well, the betrothal will take effect once it becomes possible for her to become betrothed to him.

והא אשה כשדה זו דמיא, ואמר רבי מאיר מקודשת.

And isn't the case of betrothing a specific **woman comparable to** the case of selling **this** specific **field? And** yet, **Rabbi Meir says** that **she is betrothed.** It is therefore clear that Rav, who accepts the opinion of Rabbi Meir, holds that the sale is effective even if the seller specified a particular field.

אמר שמואל: המוצא שטר הקנאה בשוק – יחזירו לבעלים, דאי משום דכתב ללות ולא לוה – הא שעבד נפשיה, ואי משום פרעון – לא חיישינן לפרעון, דאם איתא דפרעיה – מקרע הוה קרע ליה.

§ **Shmuel says:** With regard to **one who finds a deed of transfer,** i.e., a promissory note that establishes a lien on the debtor's property from the date it is written, regardless of whether or not he borrows the money at that time, **in the marketplace, he must return it to** its **owner,** i.e., the creditor, **as, if** one were to be concerned **because** of the possibility **that** the debtor **wrote** the note intending **to borrow** money, **but did not borrow** it in the end, he is nevertheless liable, since **he committed himself** to pay at the time it was written. **And if** one were to be concerned **because of** the possibility that **repayment** had already taken place, this is not a justified concern, as in general **we are not concerned** that there was **repayment, as, if it were so that** the debtor had **repaid it, he** certainly **would have torn up** the note.

אמר רב נחמן: אבא מן ספרי דייני דמר שמואל הוה, והוינא כבר שיתא כבר שבע, ודכרנא דהוו מכרזי ואמרי: הני שטרי אקנייתא דמשתכחי בשוקא – נהדרינהו למרייהו,

Rav Naḥman[P] **said: My father was** one **of the scribes of the judges of Mar Shmuel, and I was about six** or **seven years old,**[N] **and I remember that they made an announcement, saying: Those deeds of transfer that are found in the marketplace should be returned to their owners,** the creditors, in accordance with the opinion of Shmuel.

אמר רב עמרם אף אנן תנינא: כל מעשה בית דין – הרי זה יחזיר, אלמא: לא חיישינן לפרעון. אמר ליה רבי זירא: מתניתין בשטרי חלטאתא ואדרכתא, דלאו בני פרעון נינהו.

Rav Amram said: We, too, learn similarly in a mishna (20a): **One must return any court enactment,** i.e., a promissory note that has been authenticated by the court, to its owner. **Apparently, we are not concerned** that there may have been **repayment. Rabbi Zeira said to him: The mishna** is not proof for Shmuel's ruling, as it is stated not with regard to all court enactments but **with regard to bills of foreclosure,** which award property to a creditor as payment for the debt owed to him, **and bills of authorization**[N] to locate and seize property from the debtor, both of **which are not subject to repayment.**

HALAKHA

Be betrothed to me after I convert – התקדשי לי לאחר שאתגייר: In a case where a man says to a woman: You are hereby betrothed to me after I convert, or: After you convert, or after any condition comes into effect that would enable him to betroth her, since he cannot betroth her at that moment, the betrothal is ineffective even when the stipulated circumstance materializes. This is in accordance with the opinion of the Rabbis in the *baraita* (Rambam *Sefer Nashim, Hilkhot Ishut* 7:14; *Shulḥan Arukh, Even HaEzer* 40:5).

BACKGROUND

Your *yavam* – יבמיך: A man whose married brother died without children is obligated by Torah law to marry his deceased brother's widow or perform *ḥalitza* (see Deuteronomy 25:5–10). As long as neither levirate marriage nor *ḥalitza* has taken place, it is prohibited for the widow to marry another man. By Torah law, levirate marriage is effected by the act of sexual intercourse. The Sages instituted the practice of *ma'amar*, in which the deceased husband's brother, the *yavam*, betroths the widow, the *yevama*, even though this betrothal is not effective by Torah law without intercourse. Sexual intercourse consummates the marriage between the deceased's brother and the widow, and she is thereafter considered his wife in all respects. Nowadays, in most Jewish communities the *yavam* is required to free his *yevama* of her obligation through *ḥalitza*, and he is not permitted to marry her through levirate marriage.

Ḥalitza – חליצה: Through the ceremony of *ḥalitza*, the widow of a man who died without children is freed from the obligation to marry one of her deceased husband's brothers, and she is permitted to remarry (Deuteronomy 25:7–10). The term *ḥalitza*, literally meaning removal, is derived from the central element of this ceremony, which involves the removal by the widow of a special sandal from the foot of one of her deceased husband's brothers. *Ḥalitza* must be performed before a rabbinical court. The *halakhot* governing this ceremony are discussed in detail in tractate *Yevamot*.

NOTES

After your *yavam* performs *ḥalitza* with you – לאחר שיחלוץ לך יבמיך: The underlying assumption is that the levirate bonds, which prohibit the *yevama* from marrying anyone other than her *yavam*, render betrothal ineffective. This is difficult, as the *halakha* is that only prohibitions against sexual intercourse that subject transgressors to the punishment of *karet* render betrothals ineffective, whereas the prohibition against a *yevama* marrying or engaging in intercourse with a man who is not her *yavam* is not punishable by *karet*. Apparently, this *tanna* agrees with the opinion of Rav that this prohibition is an exception to the general *halakha*, due to an interpretation of the verses that invalidates betrothal in this case (Rashba).

About six or seven years old – כבר שיתא כבר שבע: Normally, testimony with regard to what one saw as a minor is not valid. In this case, however, Rav Naḥman was merely confirming a *halakha* that was already known (Ya'avetz).

Bills of foreclosure and bills of authorization – שטרי חלטאתא ואדרכתא: A bill of authorization is a legal document drafted by the court authorizing a creditor to locate and take possession of any property belonging to his debtor in repayment of the debt. As for a bill of foreclosure, some explain that this is referring to a promissory note that specifies land that will serve as security for repayment of the loan (Rashba). In *Tosefot HaRid*, the text is emended and the mention of bills of authorization deleted, as after a bill of authorization is written, the debtor can repay the debt and have the bill torn up; there is no need for a deed of sale to be written for the property that the debtor wishes to retain.

PERSONALITIES

Rav Naḥman – רב נחמן: Rav Naḥman bar Ya'akov was a Babylonian *amora* of the second and third generations of *amora'im*. While he also cites statements of both Rav and Shmuel, his primary teacher was Rabba bar Avuh, Rav's student. Rav Naḥman acquired most of his Torah knowledge at the yeshiva in Meḥoza. While he never formally headed one of the Babylonian academies, many of the Sages of the next generation were his students, including the great *amora* Rava.

In his youth, Rav Naḥman was already recognized as a prodigy. He married Yalta, a member of the Exilarch's family, who was a learned and strong-willed woman. Subsequently, Rav Naḥman was appointed a judge in the Exilarch's court in Neharde'a. In that capacity, Rav Naḥman became an expert in monetary matters, to the extent that the Gemara concludes that in monetary matters his opinion is always accepted.

While Rav Naḥman was known to have a forceful personality, he was also considered to be one of the most pious men of his generation, and the Gemara cites numerous examples of his acts of kindness.

אֲמַר רָבָא: וְהָנֵי לָאו בְּנֵי פֵּרָעוֹן נִינְהוּ? וְהָא אָמְרִי נְהַרְדְּעֵי: שׁוּמָא הָדַר עַד תְּרֵיסַר יַרְחֵי שַׁתָּא. וַאֲמַר אַמֵּימָר: אֲנָא מִנְּהַרְדְּעָא אֲנָא, וּסְבִירָא לִי דְּשׁוּמָא הָדַר לְעוֹלָם.

Rava said to him: **And are these** bills **not subject to repayment? But didn't** the Sages **of Neharde'a say** that after property is repossessed in order to pay an unpaid debt based on the court's **appraisal** of its value, the property is **returned** if the debtor pays the debt **until twelve months of the year** have passed after the repossession? **And** furthermore, **Ameimar said: I am from Neharde'a, and** nevertheless, **I hold that** property repossessed based on **an appraisal** of an article's value can **always be returned.**[H] If the debtor pays his debt, he can reclaim his property at any point. Consequently, even bills of foreclosure or authorization might be obsolete, and nevertheless the mishna states that one who finds them must return them to the creditor.

אֶלָּא אֲמַר רָבָא: הָתָם הַיְינוּ טַעְמָא, דְּאָמְרִי: אִיהוּ הוּא דְּאַפְסֵיד אַנַּפְשֵׁיהּ, דִּבְעִידָּנָא דִּפְרָעֵיהּ אִבָּעֵי לֵיהּ לְמִקְרְעֵיהּ לִשְׁטָרֵיהּ, אִי נַמִּי – לְמִכְתַּב שְׁטָרָא אַחֲרִינָא עִילָּוֵיהּ.

Rather, Rava said that the mishna is not proof for the ruling of Shmuel for a different reason: **There, this is the reason** that the documents are returned: **As I can say** that if the debtor has already repaid his debt, **it is he who caused the loss to himself, as at the time he repaid** his debt **he should have** either **ripped** up the **document,** or **alternatively,** he should have demanded of the creditor **to write another document for** the debtor's redeemed property, returning it to him.

דְּמִדִּינָא אַרְעָא לָא בָּעֲיָא לְמֵיהְדַּר, וּמִשּׁוּם וְעָשִׂיתָ הַיָּשָׁר וְהַטּוֹב בְּעֵינֵי ה׳ הוּא דַּאֲמוּר רַבָּנַן תֶּהְדַּר, הִלְכָּךְ מֵרֵישָׁא הוּא דְּקָא זָבֵין, אִיבָּעֵי לֵיהּ לְמִכְתַּב שְׁטַר זְבִינֵי.

The reason for a new document to be written is **that according to the** letter of the **law, the land need not be returned** by the creditor to the debtor, **and it is due to** the principle: **"You shall do that which is right and good**[N] **in the eyes of the Lord"** (Deuteronomy 6:18), **that the Sages said** that the land **should be returned. Therefore,** it is as though the debtor **is purchasing it anew,** and the creditor **must write a bill of sale.**

גַּבֵּי שְׁטַר חוֹב מַאי אִיכָּא לְמֵימַר? אִם אִיתָא דִּפְרָעֵיהּ אִיבָּעֵי לֵיהּ לְמִיקְרְעֵיהּ לִשְׁטָרֵיהּ. אֵימוּר, אִשְׁתַּמּוּטֵי קָא מִשְׁתַּמֵּיט לֵיהּ, דַּאֲמַר לֵיהּ: לִמְחָר יָהֵבְנָא לָךְ, דְּהַשְׁתָּא לֵיתֵיהּ גַּבַּאי. אִי נַמִּי – אַפְשִׁיטֵי דְּסָפְרָא זָיֵיר לֵיהּ.

The Gemara explains why this reasoning is not applicable to deeds of transfer or other promissory notes. **With regard to** a found **promissory note, what is there to say** to justify returning it to the creditor? That **if it is so that** the debtor **repaid** the debt, **he should have ripped up** the promissory **note?** This is not so, as one could **say** that the creditor **avoided** returning the note, **as he said to him: Tomorrow I will give you** the note, **as it is not with me now. Alternatively,** the creditor may have **held back** the note as security **for** the debtor's payment of **the fee of the scribe** who wrote the promissory note. Consequently, it is possible that the debtor was never given back the note and was unable to rip it up, through no fault of his own.

אָמַר רַבִּי אַבָּהוּ אָמַר רַבִּי יוֹחָנָן: הַמּוֹצֵא שְׁטַר חוֹב בַּשּׁוּק, אַף עַל פִּי שֶׁכָּתוּב בּוֹ הֶנְפֵּק – לֹא יַחֲזִירוּ לַבְּעָלִים.

§ **Rabbi Abbahu says** that **Rabbi Yoḥanan says:** With regard to **one who finds a promissory note in the marketplace, even if a ratification**[B] of the court **is written in it, he may not return it to the owner,** i.e., the creditor.

לָא מִיבַּעְיָא הֵיכָא דְּלָא כָּתוּב בּוֹ הֶנְפֵּק – דְּאִיכָּא לְמֵימַר כָּתַב לִלְוֹת וְלֹא לָוָה, אֶלָּא אֲפִילּוּ כָּתוּב בּוֹ הֶנְפֵּק, וּמַאי נִיהוּ – דְּמְקוּיָּם, לֹא יַחֲזִיר, דְּחָיְישִׁינַן לְפֵרָעוֹן.

The Gemara explains: **It is not necessary** to say that one should not return the promissory note in a case **where a ratification is not written in it,** as in that case **there is** room **to say** that the debtor **wrote** it intending **to borrow** money, **but he did not** end up **borrowing** it, and therefore the creditor has no rights to the promissory note. **But even if a ratification is written in it,** one should not return it. **And what is** this authorization? It is an approval **that** the promissory note has been **ratified** by the court, which examined the note and the signatures of the witnesses and found everything to be in order. The reason **one may not return** the promissory note to the creditor is **that we are concerned** that **repayment** has already taken place.

אֵיתִיבֵיהּ רַבִּי יִרְמְיָה לְרַבִּי אַבָּהוּ: כׇּל מַעֲשֵׂה בֵּית דִּין הֲרֵי זֶה יַחֲזִיר! אֲמַר לֵיהּ: יִרְמְיָה בְּרִי, לֹא כׇּל מַעֲשֵׂה בֵּית דִּין שָׁוִים, אֶלָּא כְּגוֹן שֶׁהוּחְזַק כַּפְרָן.

Rabbi Yirmeya raised an objection to Rabbi Abbahu from the mishna that states (20a): **One must return any court enactment,** i.e., a promissory note that has been authenticated by the court, to its owner. Apparently there is no concern about repayment. Rabbi Abbahu **said to him: Yirmeya, my son, not all court enactments are equal. Rather,** the ruling that one must return such a document applies only in a case **where** the debtor **has the presumptive status of one who denies**[N] his debts, and therefore, if he claims the debt was repaid, his claim is not accepted.

HALAKHA

That repossession based on an appraisal can always be returned – דְּשׁוּמָא הָדַר לְעוֹלָם: When a debtor, whose land was seized by the creditor, pays his debt, the seized land returns to the debtor. The reason for this ordinance is the Torah's mandate that one do that which is right and good, which requires one to go beyond the letter of the law when doing so does not entail financial loss. Some hold that the right to repay the loan and reclaim the land is limited to the debtor and his heirs. It does not apply if the debtor sold the land to another person and the creditor then collected it from that purchaser. In such a case, the purchaser cannot repay the loan at a later date and thereby redeem the land (Rema). The ability to reclaim property is limited to land, and it does not apply to movable property (Rambam *Sefer Mishpatim, Hilkhot Malve VeLoveh* 22:16; *Shulḥan Arukh, Ḥoshen Mishpat* 103:9).

NOTES

You shall do that which is right and good – וְעָשִׂיתָ הַיָּשָׁר וְהַטּוֹב: The Ramban (Leviticus 19:2) explains that the Torah instructs one to act in an ethical and moral manner, beyond its explicit prescriptions. There are specific *halakhot* that the Sages instituted as applications of this concept. Some of these were instituted as absolute legal obligations enforceable by the rabbinical court, while others were formulated merely as guidelines for laudable ethical behavior (Maharatz Ḥayyut).

Where the debtor has the presumptive status of one who denies – שֶׁהוּחְזַק כַּפְרָן: Some commentaries explain that this is referring to one who was proven to have lied in another situation, and it is certainly the case that one who had previously lied with regard to this debt is no longer believed if he claims that he repaid his debt (Ra'avad). Others hold that even if he lied with regard to this debt, the document may not be returned to the creditor, as the fact that it appears to have been discarded is an indication that the debt had been repaid (Rashba; *Tosafot*).

BACKGROUND

Ratification – הֶנְפֵּק: This term refers to the endorsement of a legal document by the court certifying that it has examined the document and the signatures of the witnesses and found everything to be in order. A promissory note with such an endorsement may be presented for collection and requires no further substantiation.

אֲמַר רָבָא: וּמִשּׁוּם דְּהוּחְזַק כַּפְרָן חֲדָא זִמְנָא, תּוּ לָא פָּרַע כְּלָל? אֶלָּא אֲמַר רָבָא: מַתְנִיתִין בִּשְׁטַר חַלְטָאתָא וְאַדְרַכְתָּא, וְכִדְרַבִּי זֵירָא.

In response to this explanation of that mishna, **Rava said: But** does it necessarily follow that just **because** a debtor **assumed the presumptive status of one who denies** his debts after **one time** that he did so, he will **never again repay** a debt that he owes, and therefore the promissory note should be returned to his creditor? **Rather, Rava said: The mishna** is referring **to a bill of foreclosure,** or a bill of **authorization,** which are not subject to repayment, **in accordance with** the explanation **of Rabbi Zeira.**

וְכַפְרָן, הוֹאִיל וַאֲתָא לִיָדָן נֵימָא בֵּיהּ מִלְּתָא. דַּאֲמַר רַב יוֹסֵף בַּר מִנְיוֹמִי אָמַר רַב נַחְמָן: אָמְרוּ לוֹ צֵא תֵּן לוֹ

The Gemara adds: **And** with regard to the topic of **one who denies** his debts, **since it came to us, let us say something about it. As Rav Yosef bar Minyumi said** that **Rav Naḥman said:** If the court **said to** the litigant against whom they ruled: **Go** and **give** the other litigant what you owe **him,**

Perek **I**
Daf **17** Amud **a**

וְאָמַר: פְּרַעְתִּי – נֶאֱמָן. בָּא מַלְוֶה לִכְתּוֹב – אֵין כּוֹתְבִין וְנוֹתְנִין לוֹ.

and later on the debtor **said: I repaid** him, his claim is **deemed credible.** He must take an oath and is exempt from payment. Therefore, if the **creditor comes** and asks the court **to write** an authorization for him to appropriate the property of the debtor, **they do not write** an authorization **and give** the document **to him.**[H]

״חַיָּיב אַתָּה לִיתֵּן לוֹ״, וְאָמַר: פְּרַעְתִּי – אֵינוֹ נֶאֱמָן. בָּא מַלְוֶה לִכְתּוֹב – כּוֹתְבִין וְנוֹתְנִין לוֹ.

By contrast, if the court merely said: **You are liable**[N] **to give him** what you owe him, but did not complete the process by saying: Go and give it to him, **and** later on the debtor **said: I repaid** the debt, his claim **is not deemed credible.** The assumption is that since he did not pay on his own without the need for litigation, he does not intend to pay until the court finalizes its verdict against him. Therefore, since the debtor is suspected of lying, the creditor takes an oath and collects what he is owed. In this case, if the **creditor comes** and asks the court **to write** an authorization for him to appropriate the property of the debtor, **they write** the document **and give** it **to him.**

רַב זְבִיד מִשְּׁמֵיהּ דְּרַב נַחְמָן אָמַר: בֵּין ״צֵא תֵּן לוֹ״ בֵּין ״חַיָּיב אַתָּה לִיתֵּן לוֹ״ וְאָמַר פָּרַעְתִּי – נֶאֱמָן. בָּא מַלְוֶה לִכְתּוֹב – אֵין כּוֹתְבִין וְנוֹתְנִין לוֹ.

Rav Zevid says in the name of Rabbi Naḥman: Both in the case where the court said: **Go** and **give him** what you owe him, **and** in the case where the court said: **You are liable to give him,** if the debtor subsequently **said: I repaid** the debt, his claim is **deemed credible.** Therefore, if the **creditor comes** and asks the court **to write** an authorization, **they do not write** the document **and give** it **to him.**

אֶלָּא, אִי אִיכָּא לְפַלּוֹגֵי – הָכִי הוּא דְּאִיכָּא לְפַלּוֹגֵי. אָמְרוּ לוֹ צֵא תֵּן לוֹ וְאָמַר פָּרַעְתִּי, וְהָעֵדִים מְעִידִין אוֹתוֹ שֶׁלֹּא פְּרָעוֹ, וְחָזַר וְאָמַר פָּרַעְתִּי – הוּחְזַק כַּפְרָן לְאוֹתוֹ מָמוֹן.

Rather, if there is room **to make a distinction** between different cases, **this is how there is** room **to distinguish**[H] between them: If the court **said to** the debtor: **Go** and **give him** what you owe him, **and** subsequently the debtor **said: I repaid** the debt, **and the witnesses testify** concerning **him that he did not repay it**[N] when the debt was demanded in their presence, **and** later the debtor **said again: I repaid** the debt, in such a case, the debtor **has assumed the presumptive status of one who denies**[N] his debts with regard **to that money,** and he is no longer believed when he claims that he repaid the debt unless witnesses substantiate his claim.

NOTES

Go give him…you are liable – צֵא תֵּן לוֹ...חַיָּיב אַתָּה: In contrast to *Tosafot*, who follow the straightforward meaning of the Gemara, the Ritva understands that there is actually no halakhic distinction between these two declarations by the court. According to his interpretation, both are equal expressions of a final verdict. The Gemara is referring only to the fact that the debtor could mistakenly believe that when the judges say: You are liable to pay, it was not the final verdict and they are still deliberating the matter.

And the witnesses testify concerning him that he did not repay it – וְהָעֵדִים מְעִידִין אוֹתוֹ שֶׁלֹּא פְּרָעוֹ: There are various interpretations of this statement. Rashi interprets this to mean that they testify that the creditor demanded payment and the debtor refused to pay. The *ge'onim* and several of the early commentaries interpret that the debtor claims to have repaid the debt at a specific time, and the witnesses contradict this and testify that he did not repay the debt at that time (Ramban; see Ritva).

Assumed the presumptive status of one who denies – הוּחְזַק כַּפְרָן: There are those who explain that since the debtor is a confirmed liar, he must repay the debt in the presence of witnesses so as not be accused of lying about the repayment (Rashba). Rabbi Elḥanan Wasserman suggests that since he is a confirmed liar, he is disqualified from making any further claims about this matter, and therefore his claim of repayment is not accepted without the support of witnesses or a receipt.

HALAKHA

They do not write and give to him – אֵין כּוֹתְבִין וְנוֹתְנִין לוֹ: With regard to a case where one of the litigants admitted that he was liable to pay, and the judges said: Go and give the claimant what you owe him, or said: You are liable to pay him, if the litigant later claimed that he paid, his claim is accepted after he takes an oath of inducement. Therefore, if the other litigant later asks the court to write a document attesting to the admission, the court does not write it, as the money may have already been repaid (Rambam *Sefer Mishpatim, Hilkhot To'en VeNitan* 7:5; *Shulḥan Arukh, Ḥoshen Mishpat* 39:9, 79:12).

This is how there is room to distinguish – הָכִי הוּא דְּאִיכָּא לְפַלּוֹגֵי: If one of the litigants was found liable, and the judges said: Go and give the claimant what you owe him, and later he claimed that he repaid the debt, but witnesses testified that they were with him the entire time during which he claims to have paid, and he did not pay, the liable party assumes the status of one who denies his debts with regard to that case. If the judges merely said to him: You are liable to pay, and he later said that he repaid the debt, even if witnesses contradict this claim of his, he has not assumed the status of one who denies his debts with regard to that case (Rambam *Sefer Mishpatim, Hilkhot To'en VeNitan* 7:6; *Shulḥan Arukh, Ḥoshen Mishpat* 79:13).

"חַיָּיב אַתָּה לִיתֵּן לוֹ" וְאָמַר פָּרַעְתִּי, וְהָעֵדִים מְעִידִין אוֹתוֹ שֶׁלֹּא פָּרַע, וְחָזַר וְאָמַר פָּרַעְתִּי – לֹא הוּחְזַק כַּפְרָן לְאוֹתוֹ מָמוֹן.

By contrast, if the court said: **You are liable to give him** what you owe him, **and** subsequently the debtor **said: I repaid** the debt, **and the witnesses testify** concerning **him that he did not repay** the debt when it was demanded in their presence, **and** later the debtor **said again: I repaid,** in this case, the debtor **does not assume the presumptive status of one who denies** his debts **with regard to that money.** His claim that he repaid the debt in the absence of witnesses is accepted after he takes an oath to that effect.

מַאי טַעְמָא – אִשְׁתַּמּוּטֵי הוּא קָא מִשְׁתַּמֵּיט מִינֵּיהּ, סָבַר: עַד דְּמְעַיְּינוּ בִּי רַבָּנַן בְּדִינִי.

What is the reason that he is not presumed to be lying? It is because before the court verdict was finalized, the debtor was merely trying to **evade** the creditor, **thinking** to himself: Since the court has not yet finalized the verdict, I can delay payment **until the Sages** in the court **investigate my case** further, as I am not actually liable to pay until the verdict is finalized.

אָמַר רַבָּה בַּר בַּר חָנָה אָמַר רַבִּי יוֹחָנָן: "מָנֶה לִי בְּיָדְךָ", וְהַלָּה אוֹמֵר: אֵין לְךָ בְּיָדִי כְּלוּם, וְהָעֵדִים מְעִידִים אוֹתוֹ שֶׁיֵּשׁ לוֹ, וְחָזַר וְאָמַר: פָּרַעְתִּי – הוּחְזַק כַּפְרָן לְאוֹתוֹ מָמוֹן.

Rabba bar bar Ḥanna says that **Rabbi Yoḥanan says:** If one says to another: I have **one hundred dinars in your possession** that you borrowed from me, **and the other says** in response: **Nothing** of yours **is in my possession, and the witnesses testify** concerning **him that,** in fact, **he does have** such a debt, **and subsequently** the debtor **said: I repaid** the debt, in that case the debtor **assumes the presumptive status of one who denies** his debts **with regard to that money.**[H]

כִּי הָא דְּשַׁבְּתַאי בְּרֵיהּ דְּרַבִּי מָרִינוּס כְּתַב לַהּ לְכַלְּתֵיהּ אִיצְטְלָא דְמֵילְתָא בִּכְתוּבָּתָהּ, וְקִבְּלָהּ עֲלֵיהּ. אִירְכַּס כְּתוּבָּתָהּ. אָמַר לַהּ: לֹא הָיוּ דְּבָרִים מֵעוֹלָם. אָתוּ סָהֲדֵי וְאָמְרִי: אִין, כְּתַב לַהּ. לְסוֹף אָמַר לְהוּ: פְּרַעְתִּיהָ. אֲתָא לְקַמֵּיהּ דְּרַבִּי חִיָּיא, אָמַר לֵיהּ: הוּחְזַקְתָּ כַּפְרָן לְאוֹתָהּ אִיצְטְלָא.

It is like the ruling in **this** case, **where Shabbtai, son of Rabbi Marinus, wrote** a pledge **to** give **his daughter-in-law a cloak** [*itztela*][NL] **of fine wool** [*demileta*][L] **in her marriage contract, and** he **accepted upon himself** the status of a guarantor for the contract. **Her marriage contract was lost,** and there was a disagreement between the parties as to its content. Shabbtai **said to her: These matters never occurred;** I never wrote that I would give you such a cloak. **Witnesses** then **came and said: Yes, he did write her** this pledge. **Ultimately, he said to them: I paid it,** i.e., I gave her the cloak. This case **came before Rabbi Ḥiyya.** He **said to** Shabbtai: **You have assumed the presumptive status of one who denies** his debts **with regard to that cloak.** His claim was therefore not accepted, even by means of an oath.

אָמַר רַבִּי אָבִין אָמַר רַבִּי אֶלְעָא אָמַר רַבִּי יוֹחָנָן: הָיָה חַיָּיב לַחֲבֵירוֹ שְׁבוּעָה, וְאָמַר נִשְׁבַּעְתִּי וְהָעֵדִים מְעִידִין אוֹתוֹ שֶׁלֹּא נִשְׁבַּע, וְחָזַר וְאָמַר נִשְׁבַּעְתִּי – הוּחְזַק כַּפְרָן לְאוֹתָהּ שְׁבוּעָה.

Rabbi Avin says that **Rabbi Ela says** that **Rabbi Yoḥanan says:** If one **was obligated** to take **an oath to** counter **another** person's claim brought against him, **and** later **he said: I took the oath,**[N] **and the witnesses testify** against **him that he did not take an oath** when it was demanded of him in their presence, **and** the defendant subsequently **said again: I took the oath, he assumes the status of one who denies** his obligations **with regard to that oath.**

אָמְרוּהָ קַמֵּיהּ דְּרַבִּי אַבָּהוּ. אָמַר לְהוּ: מִסְתַּבְּרָא מִלְּתָא דְּרַבִּי אָבִין – שֶׁנִּתְחַיֵּיב שְׁבוּעָה בְּבֵית דִּין, אֲבָל חִיֵּיב עַצְמוֹ שְׁבוּעָה – [נֶאֱמָן], עָבֵיד אִינִישׁ דְּמִקְרֵי וְאָמַר. אַהַדְרוּהָ קַמֵּיהּ דְּרַבִּי אָבִין, אָמַר לְהוּ: אֲנָא נַמִּי בְּבֵית דִּין אֲמַרִי.

The Rabbis stated this ruling **before Rabbi Abbahu. He said to them: Rabbi Avin's statement is reasonable** in a case **where** one **was obligated by a court to take an oath. But** if one voluntarily **obligated himself** to take **an oath,** and he later claims that he took the oath, he is **deemed credible.** This is because **a person is prone to say incidentally**[N] that he will take an oath and then change his mind; this does not render him a liar. The Rabbis then **brought** Rabbi Abbahu's analysis **back to Rabbi Avin** and presented it **before** him. Rabbi Avin **said to them: I also said** this *halakha* specifically with regard to one who was obligated **by a court** to take an oath, as Rabbi Abbahu explained.

אִיתְּמַר נַמִּי, אָמַר רַבִּי אָבִין אָמַר רַבִּי אֶלְעָא אָמַר רַבִּי יוֹחָנָן: הָיָה חַיָּיב לַחֲבֵירוֹ שְׁבוּעָה בְּבֵית דִּין, וְאָמַר נִשְׁבַּעְתִּי, וְהָעֵדִים מְעִידִין אוֹתוֹ שֶׁלֹּא נִשְׁבַּע, וְחָזַר וְאָמַר נִשְׁבַּעְתִּי – הוּחְזַק כַּפְרָן לְאוֹתָהּ שְׁבוּעָה.

It was also stated that **Rabbi Avin says** that **Rabbi Ela says** that **Rabbi Yoḥanan says:** If one **was obligated by a court** to take **an oath to** counter the claim of **another** person, **and** he subsequently **said: I took the oath, and the witnesses testify** against **him that he did not take an oath** when it was demanded of him in their presence, **and** later the defendant **said again: I took the oath, he has assumed that status of one who denies** his obligations **with regard to that oath.**[H] This wording is explicitly in accordance with Rabbi Abbahu's explanation.

HALAKHA

The debtor assumes the presumptive status of one who denies his debts with regard to that money – **הוּחְזַק כַּפְרָן לְאוֹתוֹ מָמוֹן**: If the defendant completely denied owing money and was contradicted by witnesses, and he subsequently claimed that he repaid the debt, his claim is not accepted, as he has the presumptive status of one who denies his debts, and he is liable to pay. This is in accordance with the opinion of Rabbi Yoḥanan (Rambam *Sefer Mishpatim, Hilkhot To'en VeNitan* 6:1; *Shulḥan Arukh, Ḥoshen Mishpat* 79:5).

He has assumed that status of one who denies his obligations with regard to that oath – **הוּחְזַק כַּפְרָן לְאוֹתָהּ שְׁבוּעָה**: With regard to a case where the court obligated one to take an oath, and subsequently the other litigant demanded an oath of him, if he claims that he already took the oath on a certain day, and witnesses testify that he did not take an oath that day, he assumes the presumptive status of one who denies his obligations with regard to that oath. If he was not obligated by the court to take an oath, rather, he committed voluntarily to take an oath, in that case if he claims to have taken the oath already, even if witnesses contradict him, he does not assume the status of one who denies his obligations. This is in accordance with the conclusion of the Gemara (Rambam *Sefer Mishpatim, Hilkhot To'en VeNitan* 7:5; *Shulḥan Arukh, Ḥoshen Mishpat* 87:27).

NOTES

Wrote a pledge to give his daughter-in-law a cloak – **כְּתַב לַהּ לְכַלְּתֵיהּ אִיצְטְלָא**: Some explain that this means that he wrote in the marriage contract that she had brought such a cloak into the marriage, which renders the husband liable to give her such a cloak in the event that she is widowed or divorced. Shabbtai, her father-in-law, who was the guarantor of the marriage contract, then accepted upon himself the obligation to provide such a cloak (Rid).

And he said, I took the oath – **וְאָמַר נִשְׁבַּעְתִּי**: If the defendant's claim is not contradicted by witnesses, is he automatically exempt from taking an oath, or must he take an oath of inducement that he had already taken an oath, just as any defendant who completely denies the claim brought against him is obligated to take an oath? The Rosh maintains that an oath of inducement is required only when one denies a monetary claim, and not when he denies an obligation to take an oath (Rosh). In *Halakhot Gedolot* the distinction is drawn between the denial of an obligation to take an oath mandated by Torah law, in which case the defendant is obligated to take an oath of inducement over his denial, and the denial of an obligation to take an oath mandated by rabbinic law. In the latter case, the defendant does not take an oath of inducement, as there is a principle that one rabbinic ordinance does not apply to another rabbinic ordinance, and here both of these oaths are mandated by rabbinic law.

Say incidentally – **מִקְרֵי וְאָמַר**: Some explain that this is referring to one who commits to taking an oath outside of court. Since he can renege on his commitment to take an oath, he is also believed when he says that he took it (Meiri). Others explain that people sometimes appear to be committing to take an oath when that is not actually their intention (*Ge'onim*).

LANGUAGE

Cloak [*itztela*] – **אִיצְטְלָא**: From the Greek στολίς, *stolis*, meaning garment or cloak.

Fine wool [*meilat*] – **מֵילַת**: Possibly related to the Greek Μίλητος, *Milētos*, the name of the ancient Greek city of Miletus in Asia Minor, where the finest wool was produced in antiquity. Another explanation is that it derives from the Greek μηλωτή, *mēlotē*, meaning wool.

אָמַר רַבִּי אַסִּי אָמַר רַבִּי יוֹחָנָן: הַמּוֹצֵא שְׁטַר חוֹב בַּשּׁוּק וְכָתוּב בּוֹ הֶנְפֵּק, וְכָתוּב בּוֹ זְמַנּוֹ, בּוֹ בַּיּוֹם – יַחֲזִירוֹ לַבְּעָלִים.

§ **Rabbi Asi says** that **Rabbi Yoḥanan says:** With regard to **one who finds a promissory note in the marketplace, and a ratification is written in it, and the date of** the loan **is written in it,** and evidently it was written **on that same day, he must return it to the owner,**[H] i.e., the creditor.

אִי מִשּׁוּם כָּתַב לִלְווֹת וְלֹא לָוָה – הָא כָּתוּב בּוֹ הֶנְפֵּק, אִי מִשּׁוּם פֵּרָעוֹן – לִפְרִיעָה בַּת יוֹמָא לָא חָיְישִׁינַן.

The Gemara explains why there is no concern that perhaps the debtor does not owe the money: **If** one were to be concerned **because** perhaps the debtor **wrote** the promissory note intending **to borrow** money, **but** he ultimately **did not borrow** it, this is not a concern, as **a ratification is written in** the promissory note. Since only the creditor would have brought the note for ratification, it is clear that the loan occurred. And **if** one were to be concerned **because** perhaps there was **repayment,** this is not a concern, as **we are not concerned** that there was **repayment on the** same **day**[N] that the loan was taken, since normally one would not take a loan for less than one day.

אֲמַר לֵיהּ רַבִּי זֵירָא לְרַבִּי אַסִּי: מִי אָמַר רַבִּי יוֹחָנָן הָכִי? הָא אַתְּ הוּא דְּאָמְרַתְּ מִשְּׁמֵיהּ דְּרַבִּי יוֹחָנָן: שְׁטָר שֶׁלָּוָה בּוֹ וּפְרָעוֹ – אֵינוֹ חוֹזֵר וְלֹוֶה בּוֹ, שֶׁכְּבָר נִמְחַל שִׁיעְבּוּדוֹ.

Rabbi Zeira said to Rabbi Asi: Does Rabbi Yoḥanan actually **say this? Isn't it you who said in the name of Rabbi Yoḥanan** that one **who borrowed** money and wrote a promissory **note for** the loan, **and** subsequently **repaid** the debt, **may not reuse it to borrow**[H] another time, **as its lien is already forgiven** by virtue of the repayment? A promissory note is valid only for the debt for which it was written.

אֵימַת? אִילֵימָא לְמָחָר וּלְיוֹמָא חֲרָא – מַאי אִרְיָא שֶׁכְּבָר נִמְחַל שִׁעְבּוּדוֹ? תֵּיפּוֹק לֵיהּ דַּהֲוָה לֵיהּ מוּקְדָּם, וּתְנַן: שְׁטָרֵי חוֹב הַמּוּקְדָּמִין – פְּסוּלִין.

Rabbi Zeira explains: **When** did the debtor take the second loan? **If we say** that it was **the day after** the first loan, when the promissory note was written, **or another** later **date,** then Rabbi Yoḥanan's statement is difficult. **Why** does he **specifically** give as the reason for the promissory note's disqualification: **As its lien is already forgiven?** Instead, he should **derive** the disqualification of the promissory note from the fact **that it is antedated,** i.e., dated prior to the actual loan, **and we learned** in a mishna (*Shevi'it* 10:5): **Antedated promissory notes**[H] **are invalid.**[N] Therefore, Rabbi Yoḥanan could not have been referring to a case where the second loan took place after the date of the first loan.

אֶלָּא לָאו – בְּיוֹמֵיהּ, אַלְמָא: פָּרְעִי אֱינָשֵׁי בְּיוֹמֵיהּ!

Rather, is Rabbi Yoḥanan's statement **not** referring to a case where the second loan took place **on the** same **day** as the first loan? **Evidently, people do** occasionally **repay** their loans **on the** same **day** as they take the loan.

אֲמַר לֵיהּ: מִי קָא אָמִינָא דְּלָא פָּרְעִי כְּלָל? דְּלָא שְׁכִיחִי אֱינָשֵׁי דְּפָרְעִי בְּיוֹמֵיהּ קָא אָמִינָא.

Rabbi Asi **said to him: Did I say that** people **do not repay** their loans on the same day **at all?** Rather, **I said that** it is **uncommon** for **people to repay** their loans **on the same day.** Therefore, if a note is found on the same day it was written, it is reasonable to assume that it has not yet been repaid, even though there is a remote possibility that it has.

רַב כָּהֲנָא אָמַר: כְּשֶׁחַיָּיב מוֹדֶה. אִי הָכִי מַאי לְמֵימְרָא?

Rav Kahana says an alternative explanation: Rabbi Yoḥanan is referring to a case **when** the **liable party,** i.e., the debtor, **admits**[N] to the debt. The Gemara asks: **If that is so, what** is the purpose **of stating** that the note may be returned? This is obvious.

HALAKHA

He must return it to the owner – יַחֲזִירוֹ לַבְּעָלִים: If a promissory note is found on the day it was written, and the debtor admits to the debt, it must be returned to the creditor. In the *Shulḥan Arukh*, this *halakha* is limited to a case where the promissory note contains a ratification, an opinion that is defended by some of the later commentaries (*Ketzot HaḤoshen*; *Netivot HaMishpat*). The *Shakh* and the *Gra* disagree and hold that it must be returned regardless of whether or not it contains a ratification (Rambam *Sefer Nezikin, Hilkhot Gezeila VaAveda* 18:2; *Shulḥan Arukh, Ḥoshen Mishpat* 65:7).

May not reuse it to borrow – אֵינוֹ חוֹזֵר וְלֹוֶה בּוֹ: A promissory note that was written for a loan that was repaid cannot be reused for another loan, even if the second loan takes place on the same day and there would be no issue of the note being antedated. This is because the lien on the debtor's property that was created by the promissory note has been removed. The Rema maintains, citing the Mordekhai, that it is possible to reuse the promissory note if a new lien is established. This can be accomplished through a new act of acquisition performed by the creditor or if the note is transferred again in the presence of witnesses (Rambam *Sefer Mishpatim, Hilkhot Malve VeLoveh* 14:7; *Shulḥan Arukh, Ḥoshen Mishpat* 48:1, 57:2).

Antedated promissory notes – שְׁטָרֵי חוֹב הַמּוּקְדָּמִין: Antedated promissory notes are invalid. According to the *Shulḥan Arukh*, this means that the Sages penalized the creditor by disallowing use of such a promissory note to collect property that was sold. The Rema interprets this *halakha* to mean that an antedated promissory note is completely invalid and cannot be used to collect repayment at all. Nevertheless, if the debtor admits to the loan, the admission itself is basis for collection of the debt from unsold property (Rambam *Sefer Mishpatim, Hilkhot Malve VeLoveh* 23:1; *Shulḥan Arukh, Ḥoshen Mishpat* 43:7).

NOTES

We are not concerned that there was repayment on the same day – לִפְרִיעָה בַּת יוֹמָא לָא חָיְישִׁינַן: There is no suspicion of collusion between the creditor and the debtor, as people presumably would not collude for the sake of such minor gain as being able to repossess property from people who bought land from the debtor earlier that same day (Rabbeinu Peretz). Others explain that if they wished to collude they could have simply written a new note on that same day, without mention of the time when the loan took place, instead of reusing the original note, as the exact time is usually not written on a promissory note (Rashba; Ran).

Antedated promissory notes are invalid – שְׁטָרֵי חוֹב הַמּוּקְדָּמִין פְּסוּלִין: Rabbi Yoḥanan and Reish Lakish disagree as to whether such notes are completely invalid, or whether their use is merely limited to collecting property that was sold from the time that the loan actually took place (Jerusalem Talmud).

When the liable party admits – כְּשֶׁחַיָּיב מוֹדֶה: The Rif and the Rambam understand that even in this case, the promissory note is returned to the creditor only if it contains an authentication of the court, as Rav Kahana's comments serve as a clarification of the statement of Rabbi Yoḥanan. There are those who disagree, maintaining that even if there is no authentication, since the debtor admits to the debt the promissory note should be returned to the creditor (*Tosafot*; Rashba; Ran; see *Shakh*).

מַהוּ דְּתֵימָא: הַאי מִפְרַע פְּרָעֵיהּ, וְהַאי דְּקָא אֲמַר לָא פְּרַעְתִּיהָ – מִשּׁוּם דְּקָבָעֵי מֶהֱדַר לְמִזְפָּא בֵּיהּ זִמְנָא אַחֲרִיתִי, וְלִפְשִׁיטֵי דְּסָפְרָא חָיֵישׁ, קָא מַשְׁמַע לָן דְּאִם כֵּן מַלְוֶה גּוּפֵיהּ לָא שָׁבַק, סָבַר: שָׁמְעִי בֵּי רַבָּנַן וּמַפְסְדִי לִי.

The Gemara answers: **Lest you say** that even if **this** debtor admits to the debt, perhaps he actually **repaid** it, **and** the fact **that** the debtor **says: I did not repay it, is because he wants to go back** and use the promissory note **to borrow** money **again. And** the reason he prefers to claim that he did not repay the first debt is that he is **concerned about** saving **the scribe's fee** that he would have to pay for another promissory note. Therefore, Rabbi Yoḥanan **teaches us** that this possibility need not be taken into account, **as, if that were so,** the **creditor himself would not allow** such a scheme. He would be afraid to act in such a manner, **thinking: The Sages will hear about me** that I reused the note, **and will cause me to lose** the payment owed to me.

מַאי שְׁנָא מֵהָא, דִּתְנַן: מָצָא שִׁטְרֵי חוֹב, אִם יֵשׁ בָּהֶן אַחֲרָיוּת נְכָסִים – לֹא יַחֲזִיר,

The Gemara asks: In **what** way **is** this case **different from that which we learned** in a mishna (12b): With regard to one who **found promissory notes, if they include a property guarantee** for a loan, **he may not return** them to the creditor.

וְאוֹקִימְנָא כְּשֶׁחַיָּיב מוֹדֶה, וּמִשּׁוּם שֶׁמָּא כָּתַב לִלְווֹת בְּנִיסָן וְלֹא לָוָה עַד תִּשְׁרֵי, וְאָתֵי לְמִטְרַף לָקוֹחוֹת מִנִּיסָן וְעַד תִּשְׁרֵי שֶׁלֹּא כְּדִין.

And we interpreted this mishna as referring to a case **when the liable party admits** to the debt. **And** the reason the promissory notes may not be returned is **due to** the concern that **perhaps** the debtor **wrote** the note in order **to borrow** the money **in Nisan, but** he ultimately **did not borrow** it **until Tishrei, and** the creditor will **come to unlawfully repossess** land from **purchasers** who bought the debtor's land **between Nisan and Tishrei.** He is entitled to collect land only from those who bought land from the debtor after the loan took place, causing the lien on the debtor's land to take effect.

וְלָא אָמְרִינַן דְּאִם כֵּן מַלְוֶה גּוּפֵיהּ לָא שָׁבֵיק, דַּאֲמַר לֵיהּ: כְּתוֹב שְׁטָרָא אַחֲרִינָא בְּתִשְׁרֵי דְּדִלְמָא שָׁמְעִי רַבָּנַן וּמַפְסְדִי לִי.

The Gemara points out the contradiction between this mishna and Rabbi Kahana's explanation of Rabbi Yoḥanan's statement: **And** this indicates that **we do not say that if that were so,** if the promissory note were antedated, the **creditor himself would not allow** the debtor to use it, **as he would say to him: Write another note** dated properly **in Tishrei, lest the Sages hear** about the fact that the date is incorrect **and** disqualify the promissory note, **causing me to lose** the money.

אָמְרִי: הָתָם מִשּׁוּם דְּאִית לֵיהּ רַוְוחָא, דְּקָא טָרֵיף לָקוֹחוֹת מִנִּיסָן וְעַד תִּשְׁרֵי – מֵינָח נִיחָא לֵיהּ, וְלָא אֲמַר וְלָא מִידֵּי. הָכָא, כֵּיוָן דְּלֵית לֵיהּ רַוְוחָא, דְּסוֹף סוֹף שְׁטָרָא הָאִידָּנָא כְּתִיב, מַאי אִיכָּא דְּקָטָרֵיף לָקוֹחוֹת – בִּשְׁטָר שֶׁנִּמְחַל שִׁיעְבּוּדוֹ לָא שָׁבֵיק.

The Gemara answers: The Sages **say** that **there,** in the case of the mishna, **since** the creditor **benefits** by using this promissory note, **as** he can **repossess** land from **purchasers** who bought from the debtor **between Nisan and Tishrei, it is satisfactory to him, and he does not say anything** to the debtor about using this promissory note. By contrast, **here,** in the case to which Rabbi Yoḥanan is referring, **since** the creditor **does not benefit** from reusing the promissory note, **as ultimately, the note is written** for the **current** date, **what is there** for him **to repossess** from **purchasers** by means of the note that he cannot repossess by means of a new promissory note? Therefore, **he would not allow** the debtor to borrow more money from him **with** a promissory **note whose lien was forgiven,** as this would result only in risk and have no potential benefit.

אָמַר רַבִּי חִיָּיא בַּר אַבָּא אָמַר רַבִּי יוֹחָנָן: הַטּוֹעֵן אַחַר מַעֲשֵׂה בֵּית דִּין

§ **Rabbi Ḥiyya bar Abba says that Rabbi Yoḥanan says:** With regard to **one who claims** to have repaid a debt that has **already** been established by **a court enactment,**[N] i.e., a rabbinic ordinance obligating one to pay a debt, e.g., the main sum in a marriage contract, but he has no witnesses,

NOTES

One who claims…a court enactment – הַטּוֹעֵן אַחַר מַעֲשֵׂה בֵּית דִּין: Rashi explains that this is referring to one who claims to have repaid his debt. The Ba'al HaMaor suggests an alternative interpretation, according to which the reference is to one who refuses to pay his debt that is based on a court enactment, e.g., payment of a marriage contract, unless he is given the document. Rabbi Yoḥanan rules that one does not have the right to make such a demand; he merely has the right to receive a receipt.

NOTES

Court enactment – מַעֲשֵׂה בֵּית דִּין: This phrase, used in the upcoming discussions in the Gemara, has two entirely different meanings. Here it is referring to an ordinance of the Sages that establishes certain financial rights, e.g., the main sum a wife receives as part of her marriage contract and the inheritance rights of her children. Since these rights were instituted by the Sages, they are rendered enactments of the court and are equivalent to written legal documents. The other meaning of the expression is any financial document that has been ratified and validated by the court. Other early commentaries explain the expression in slightly different ways.

Any court enactment is considered like one who is holding a promissory note in his hand – כָּל מַעֲשֵׂה בֵּית דִּין כְּמַאן דְּנָקֵיט שְׁטָרָא בִּידֵיהּ דָּמֵי: Normally a document is written expressing the intent and consent of all parties. In cases where the Sages enacted obligations to pay specific monetary sums in specific cases, the liability to pay is independent of the intent or consent of the one who is liable (see Ra'avad; Ran).

Had I not lifted up the shard for you – אִי לָאו דִּדְלַאי לָךְ חַסְפָּא: Were it not for Rabbi Yoḥanan's statement, one could have understood the *halakha* in the mishna as deriving not from a principle, but from specific exigent circumstances that apply to marriage contracts. One could say that since it was prohibited to write marriage contracts during periods of persecution, the Sages instituted an ordinance that a woman could collect the payment she deserved with a bill of divorce instead (see *Ḥokhmat Manoaḥ*).

HALAKHA

Produced a bill of divorce and there was no accompanying marriage contract – הוֹצִיאָה גֵּט וְאֵין עִמּוֹ כְּתוּבָּה: In cases where a woman produces a bill of divorce without presenting a marriage contract and demands the payment of her marriage contract, there is a distinction between two scenarios: If it is in a place where the practice is not to write a marriage contract, she collects the main sum of her marriage contract. If it is in a place where the practice is to write a marriage contract, then she does not collect even the main sum of the marriage contract. In such a case, the husband takes an oath of inducement to counter her claim and is exempt from payment. The *Gra* maintains that this is in accordance with the opinion of Shmuel, mentioned in *Ketubot* (89a). The Rosh holds that it is in accordance with the opinion of Rabbi Yoḥanan, and that Abaye's opinion is a clarification of Rabbi Yoḥanan's opinion (Rambam *Sefer Nashim*, *Hilkhot Ishut* 16:18; *Shulḥan Arukh*, *Even HaEzer* 100:12).

לֹא אָמַר כְּלוּם. מַאי טַעְמָא – כָּל מַעֲשֵׂה בֵּית דִּין כְּמַאן דְּנָקֵיט שְׁטָרָא בִּידֵיהּ דָּמֵי.

he has said nothing. His claim is not accepted. **What is the reason** that he is not believed? It is because one who is owed **any** money based on **a court enactment**[N] **is** considered **like one who is holding** a promissory **note in his hand,**[N] against which a claim of repayment is not accepted without supporting evidence.

אֲמַר לֵיהּ רַבִּי חִיָּיא בַּר אַבָּא לְרַבִּי יוֹחָנָן: וְלָא מִשְׁנָתֵינוּ הִיא זוֹ – הוֹצִיאָה גֵּט וְאֵין עִמּוֹ כְּתוּבָּה – גּוֹבָה כְּתוּבָּתָהּ!

Rabbi Ḥiyya bar Abba said to Rabbi Yoḥanan: But what are you adding? **Isn't this** principle stated in **a mishna** (*Ketubot* 88b), which teaches: If a woman **produced a bill of divorce, and there was no accompanying marriage contract,**[H] **she collects** payment **of her marriage contract?** This is an example of Rabbi Yoḥanan's principle that a court enactment enables one to collect a debt even without the relevant document.

אֲמַר לֵיהּ: אִי לָאו דִּדְלַאי לָךְ חַסְפָּא, לָא מַשְׁכַּחַתְּ מַרְגָּנִיתָא תּוּתַהּ.

Rabbi Yoḥanan **said to him:** True, this mishna is a source for my principle; but **had I not lifted up the shard for you,**[N] **you would not have found a pearl beneath it.**[B] In other words, if Rabbi Yoḥanan had not pointed out the principle, Rabbi Ḥiyya bar Abba would not have realized that it was underlying the ruling of the mishna.

אָמַר אַבָּיֵי: מַאי מַרְגָּנִיתָא? דִּלְמָא בִּמְקוֹם שֶׁאֵין כּוֹתְבִין כְּתוּבָּה עָסְקִינַן, דְּגֵט הַיְינוּ כְּתוּבָּתָהּ. אֲבָל בִּמְקוֹם שֶׁכּוֹתְבִין כְּתוּבָּה, אִי נְקִיטָא כְּתוּבָּה – גָּבְיָא, אִי לָא – לָא גָּבְיָא.

Abaye said: What qualifies this proof as **a pearl?** It is not a compelling proof, as **perhaps** in the mishna **we are dealing with a place where they do not write a marriage contract, as** in such a place, a woman's **bill of divorce is** the same as **her marriage contract. But in a place where they do write a marriage contract, if she is holding a marriage contract** then **she collects** payment, and **if not, she does not collect** payment. There is no proof from the mishna in support of Rabbi Yoḥanan's principle.

הֲדַר אָמַר אַבָּיֵי: לָאו מִלְּתָא הִיא דַּאֲמַרִי. דְּאִי סָלְקָא דַּעְתָּךְ בִּמְקוֹם שֶׁאֵין כּוֹתְבִין כְּתוּבָּה עָסְקִינַן, אֲבָל בִּמְקוֹם שֶׁכּוֹתְבִין כְּתוּבָּה, אִי נְקִיטָא כְּתוּבָּה – גָּבְיָא, אִי לָא – לָא גָּבְיָא, אַלְמָנָה מִן הָאֵירוּסִין בְּמַאי גָּבְיָא?

Abaye then said: What I said is not correct. As, if it enters your mind that **we are dealing with a place where they do not write a marriage contract, but in a place where they do write a marriage contract, if she is holding a marriage contract** then **she collects** payment, and **if not she does not collect** payment, then **through what** means **does a widow from** her **betrothal**[B] **collect** payment of her marriage contract? She has neither a marriage contract nor a bill of divorce.

בְּעֵדֵי מִיתַת בַּעַל – לִטְעוֹן וְלֵימָא: פְּרַעְתִּיהָ. וְכִי תֵּימָא: הָכִי נָמֵי, אִם כֵּן מָה הוֹעִילוּ חֲכָמִים בְּתַקָּנָתָן?

If it is suggested that she can collect payment **by** means of **witnesses to the death of** her **husband, let** the husband's heir, from whom she is demanding payment, **claim and say: I paid it;** she has no proof that she did not receive the money. **And if you would say that** indeed, the heir can claim that he has paid what he owes, **if so, what did the Sages accomplish with their ordinance** that a widow from betrothal receives payment of her marriage contract? The heirs can always exempt themselves.

BACKGROUND

Had I not lifted up the shard for you, you would not have found a pearl beneath it – אִי לָאו דִּדְלַאי לָךְ חַסְפָּא לָא מַשְׁכַּחַתְּ מַרְגָּנִיתָא תּוּתַהּ: This expression can be understood as simply referring to a pearl hidden underneath a shard, i.e., a precious item concealed under a worthless one. *Tosafot* suggest a more sophisticated interpretation of the metaphor. They understand that the reference is not to a shard of earthenware but to the shell that contains the pearl, as shard and shell have the same word in Aramaic. This image alludes to the notion that by noticing the shell one may discover a pearl inside.

Betrothal – אֵירוּסִין: A Jewish wedding comprises two distinct stages. Betrothal is the first stage of the marriage process. After betrothal, the couple is considered married with regard to the *halakhot* of forbidden sexual intercourse, e.g., adultery. For the woman to be able to marry another man, divorce is necessary. At this stage the betrothed couple may not yet live together as man and wife, and most of the couple's mutual obligations do not yet apply. The second stage of the marriage occurs when the bride and groom come under the bridal canopy, and it immediately confers both the privileges and the responsibilities associated with marriage upon the newlywed couple. After this second stage, if one spouse dies, all the *halakhot* of mourning for a close blood relation apply to the surviving spouse. If the wife of a priest dies, he is required to render himself ritually impure to bury her. All the monetary rights and obligations that apply to married couples take effect after marriage. Nowadays, betrothal and marriage are both performed in a single ceremony, but in talmudic times there was usually a yearlong gap between the two.

אָמַר לֵיהּ מַר קַשִׁישָׁא בְּרֵיהּ דְּרַב חִסְדָּא לְרַב אַשִׁי: וְאַלְמָנָה מִן הָאֵירוּסִין דְּאִית לַהּ כְּתוּבָּה מְנָא לַן?

Mar Kashisha, son of Rav Ḥisda, said to Rav Ashi, questioning the underlying assumption of Abaye: **And from where do we** derive **that a widow from** her **betrothal**[N] **has** the right to receive payment of her **marriage contract?**

אִילֵימָא מֵהָא דִּתְנַן: נִתְאַרְמְלָה אוֹ נִתְגָּרְשָׁה, בֵּין מִן הָאֵירוּסִין וּבֵין מִן הַנִּשּׂוּאִין – גּוֹבָה אֶת הַכֹּל. דִּלְמָא הֵיכָא דִּכְתַב לַהּ.

If we say that this *halakha* is derived **from that which we learned** in a mishna (*Ketubot* 54b): If a woman **became widowed or divorced, whether from betrothal or from marriage, she collects all** that she is entitled to, both the main sum of her marriage contract instituted by the Sages and the additional sum that her husband added; that mishna cannot serve as a source for the *halakha* that a widow from her betrothal has the right to receive payment of her marriage contract. As **perhaps** the mishna is referring to a case **where** the husband **wrote** a marriage contract **for her,**[H] but if he did not, she does not receive any money at all.

וְכִי תֵּימָא: מַאי לְמֵימְרָא? לְאַפּוֹקֵי מִדְּרַבִּי אֶלְעָזָר בֶּן עֲזַרְיָה, דְּאָמַר: שֶׁלֹּא כָּתַב לָהּ אֶלָּא עַל מְנָת לְכוֹנְסָהּ אִצְטְרִיכָא לֵיהּ.

And if you would say: In that case, **what** is the purpose **of stating** this *halakha* since it is obvious that she can collect payment if she has a written contract, then one could respond that it is stated **to exclude** the opinion **of Rabbi Elazar ben Azarya, who says** that a widow from betrothal does not receive that which the husband committed to pay in the marriage contract, **as he wrote** the marriage contract **only on the condition** that he would **marry her.** He did not intend to obligate himself in a situation where he died before their marriage. Therefore, it **was necessary for** the mishna to mention that a widow from betrothal who has a written marriage contract collects payment.

דַּיְקָא נָמֵי, דְּקָתָנֵי: גּוֹבָה אֶת הַכֹּל, אִי אָמְרַתְּ בִּשְׁלָמָא דִּכְתַב לַהּ – הַיְינוּ דְּקָא תָּנֵי גּוֹבָה אֶת הַכֹּל, אֶלָּא אִי אָמְרַתְּ דְּלָא כָּתַב לַהּ

The language of the mishna **is also precise** according to this understanding, **as it teaches: She collects all** that she is entitled to. **Granted, if you say that** the mishna is referring to a case where the husband **wrote her** a marriage contract, **this is** why the mishna **teaches** that **she collects all** that she is entitled to, i.e., even the amount that the husband added to the main sum of the marriage contract. **But if you say that** it is referring a case where **he did not write her** a marriage contract,

NOTES

A widow from betrothal – אַלְמָנָה מִן הָאֵירוּסִין: The early commentaries note that there are actually numerous sources for the payment of a marriage contract to a betrothed woman. They offer various explanations for why the Gemara did not utilize those proofs for this *halakha*. Some explain that all of the sources deal only with payment in the case of divorce, whereas the Gemara is questioning the existence of payment in the case of widowhood (Ran). Alternatively, perhaps the Gemara is questioning only whether the marriage contract of a betrothed woman is a rabbinic ordinance that has the status of a court enactment or merely a custom, which is not equivalent to a court enactment (Ritva).

HALAKHA

Where he wrote a marriage contract for her – הֵיכָא דִּכְתַב לַהּ: If a man betrothed a woman and did not write a marriage contract, the Rambam holds that she does not receive any payment if he dies or divorces her. There are those who hold that she is entitled to receive payment of the main sum of a marriage contract from the unsold property of the husband (Rosh; Ran; *Tur*). The Rema notes that the custom is that she does not receive payment of the marriage contract (Rambam *Sefer Nashim, Hilkhot Ishut* 10:11; *Shulḥan Arukh, Even HaEzer* 55:6).

Perek **I**
Daf **18** Amud **a**

מַאי גּוֹבָה אֶת הַכֹּל? מָנֶה וּמָאתַיִם הוּא דְּאִית לַהּ.

then **what** is meant by the wording: **She collects all** that she is entitled to? **What she has is** only the main sum of the marriage contract of **one hundred or two hundred dinars**[N] that she can collect. Clearly, the mishna is referring to a case where the husband wrote a marriage contract, and it does not indicate that a betrothed widow receives payment of her marriage contract.

וְאֶלָּא מִדְּתָנֵי רַב חִיָּיא בַּר אַמֵּי: אִשְׁתּוֹ אֲרוּסָה, לֹא אוֹנֵן וְלֹא מִטַּמֵּא לָהּ, וְכֵן הִיא לֹא אוֹנֶנֶת וְלֹא מִטַּמְּאָה לוֹ, מֵתָה – אֵינוֹ יוֹרְשָׁהּ, מֵת הוּא – גּוֹבָה כְּתוּבָּתָהּ.

And if one would say that the marriage contract of a betrothed woman is **instead** derived **from that which Rav Ḥiyya bar Ami teaches,** that is also difficult. He teaches: **One does not enter acute mourning**[N] on the day of the death of **his betrothed wife,**[H] **nor may he become ritually impure at her** funeral[N] if she dies, if he is a priest; **and similarly, she does not enter acute mourning for him** if he dies, **and she may not become ritually impure at his** funeral.[N] If **she dies, he does not inherit her** property. If **he dies, she collects** payment of **her marriage contract.**

HALAKHA

His betrothed wife – אִשְׁתּוֹ אֲרוּסָה: If a betrothed woman dies, and her husband is a priest, he may not become ritually impure at her funeral. He does not inherit her property and is not responsible for her burial. Similarly, if a betrothed man dies, the betrothed wife is not obligated to become impure at his funeral (Rambam *Sefer Shofetim, Hilkhot Evel* 2:3 and *Sefer Nashim, Hilkhot Ishut* 22:3; *Shulḥan Arukh, Yoreh De'a* 373:4, 374:4, and *Even HaEzer* 55:5).

NOTES

One hundred or two hundred dinars – מָנֶה וּמָאתַיִם: The main sum of a marriage contract is two hundred dinars for a virgin or one hundred dinars for a non-virgin (*Ketubot* 10b).

Acute mourning – אוֹנֵן: The period of acute mourning is observed on the day of the death of one's wife, husband, father, mother, son, daughter, brother, or sister. The mourner is exempt from all positive mitzvot from the time of the death of the relative until after the burial. At that point his status changes from that of an acute mourner to that of a mourner.

Nor may he become ritually impure at her funeral – וְלֹא מִטַּמֵּא לָהּ: Rashi, in his commentary on tractate *Yevamot* (29b), explains that a priest is permitted to become impure only for a relative that is considered: "His kin, that is near to him" (Leviticus 21:2). One understanding of Rashi is that whereas one's betrothed wife is considered his kin, she is not considered to be near to him, and therefore a priest is not permitted to become impure at her funeral. This understanding has a basis in the Jerusalem Talmud (*Yevamot* 6:4) as well.

And may not become ritually impure at his funeral – וְלֹא מִטַּמְּאָה לוֹ: Several early commentaries maintain that this statement is inaccurate, as there is no prohibition against a woman becoming impure at anyone's funeral, even if she is of priestly lineage. In tractate *Yevamot* (29b) Rashi explains that the reference is to the pilgrimage Festivals, when everyone must remain in a state of ritual purity, and therefore a betrothed wife may not become ritually impure at the funeral of her betrothed.

NOTES

You should have torn up – אִיבָּעֵי לָךְ לְמִיקְרְעֵיהּ: It is necessary to tear up the bill of divorce, rather than write on it that the marriage contract was paid, because the writing can be erased, allowing her to collect payment a second time (*Ḥokhmat Manoaḥ*; Maharam Schiff).

Found bills of divorce – גִּיטֵּי נָשִׁים: Since a bill of divorce is ineffective without the husband's authorization, why would one think that it should be returned to the wife? In *Penei Yehoshua* it is suggested that one might reason that a husband is more likely to be careful not to lose a bill of divorce that he has not yet given, whereas a wife is more likely to lose it once she has received it. Therefore, the wife is probably the one who lost it. Furthermore, one normally does not write a bill of divorce before he is ready to give it to his wife.

Wills – דְּיָיתִיקֵי: Wills may not be returned to the beneficiary. Despite the fact that the writer of the will has the ability to change his bequest, in which case the returning of the document to the beneficiary would be of no consequence, there is a concern that he may die from his illness before he has a chance to change it (Meiri).

דִּלְמָא דִּכְתַב לָהּ. וְכִי תֵּימָא: דִּכְתַב לָהּ מַאי לְמֵימְרָא – מֵתָה אֵינוֹ יוֹרְשָׁהּ אִיצְטְרִיכָא לֵיהּ!

If it is derived from here that a betrothed woman receives payment of a marriage contract, this is not proof, as **perhaps** this too is referring to a case **where he wrote** a marriage contract **for her. And if you would say that** if it is referring to a case where **he wrote her** a marriage contract, **what** is the purpose **of stating** this? One could answer that while this clause is obvious, **it was necessary for** Rav Ḥiyya bar Ami to state that conversely, if **she dies, he does not inherit her** property.

אֶלָּא, אַבָּיֵי מִגּוּפָהּ דְּמַתְנִיתִין קָא הֲדַר בֵּיהּ. דְּאִי סָלְקָא דַּעְתָּךְ בְּמָקוֹם שֶׁאֵין כּוֹתְבִין כְּתוּבָּה עָסְקִינַן, דְּגֵט הַיְינוּ כְּתוּבָּתָהּ – אַטּוּ גֵּט מָנֶה מָאתַיִם כְּתִיב בֵּיהּ?

Rather, Abaye retracted his objection to Rabbi Yoḥanan's proof from the mishna, not because of the case of a widow from betrothal, but due to an indication **from** within **the mishna itself. Because if it enters your mind** that **we are dealing with a place where they do not write a marriage contract, where** a woman's **bill of divorce is** effectively **her marriage contract,** and therefore she can use her bill of divorce to collect payment of her marriage contract, that does not make sense; **is it written in a bill of divorce** that the husband is liable to pay the wife the **one hundred** or **two hundred dinars** she is owed? In fact, this is not written in a bill of divorce.

וְכִי תֵּימָא: כֵּיוָן דְּתַקִּינוּ רַבָּנַן לְמִגְבָּא לָהּ – כְּמַאן דִּכְתִיב בֵּיהּ דָּמֵי, לִטְעוֹן וְלֵימָא: פָּרַעְתִּי.

And even **if you would say** that **since the Sages instituted** that **she** use the bill of divorce **to collect** her marriage contract, **it is considered as though** the liability of the husband to pay one hundred or two hundred dinars **is written in it,** and it would still be problematic to say that the bill of divorce is sufficient for her to collect payment. The husband **should** still be able to **claim** that he is exempt, **and say: I** already **paid** it.

וְכִי תֵּימָא: דְּאָמְרִינַן לֵיהּ אִי פְּרַעְתָּהּ – אִיבָּעֵי לָךְ לְמִיקְרְעֵיהּ, אָמַר לָן: לָא שַׁבְקַתַן, אָמְרָה: בָּעֵינָא לְאִנְּסוּבֵי בֵּיהּ.

And if you would say that if the husband would state such a claim, **we would say to him: If,** in fact, **you paid her, you should have torn up**[N] the bill of divorce, and **he could** respond and **say to us: She did not allow** me to tear it up, because **she said: I need** the bill of divorce **to remarry, by** using **it** as proof that I am divorced.

וְכִי תֵּימָא: אָמְרִינַן לֵיהּ אִיבָּעֵי לָךְ לְמִיקְרְעֵיהּ וּמִכְתַּב אַגַּבֵּיהּ: גִּיטָּא דְּנַן דִּקְרַעֲנוּהוּ, לֹא מִשּׁוּם דְּגִיטָּא פְּסוּלָה הוּא, אֶלָּא כִּי הֵיכִי דְּלָא תִּגְבֵּי בֵּיהּ זִמְנָא אַחֲרִיתִי – אַטּוּ כׇּל דְּמַגְבֵּי בְּבֵי דִינָא מַגְבֵּי?

And if you would say that **we would** then **say to him: You should have torn up** the bill of divorce **and written on the back of it:** The reason **that we tore up this bill of divorce is not because it is an invalid bill of divorce,** but **rather** it is **in order that** the woman **not collect** payment of her marriage contract **again with it,** this suggestion is not always applicable. **Does everyone who collects** payment of a marriage contract **collect** payment **in court,** where it is possible to write such a legal statement? Therefore, the suggestion that a bill of divorce serves as a marriage contract remains untenable. This leads to the conclusion that the basis for collecting payment of a marriage contract where such a document does not exist must be a court enactment, in accordance with the interpretation of Rabbi Yoḥanan.

מתני׳ מָצָא גִּיטֵּי נָשִׁים וְשִׁחְרוּרֵי עֲבָדִים, דְּיָיתִיקֵי, מַתָּנָה וְשׁוֹבְרִין – הֲרֵי זֶה לֹא יַחֲזִיר, שֶׁאֲנִי אוֹמֵר: כְּתוּבִין הָיוּ, וְנִמְלַךְ עֲלֵיהֶן שֶׁלֹּא לִתְּנָן.

MISHNA If **one found bills of divorce,**[NB] **or** bills of **manumission of slaves,**[B] or **wills,**[N] or deeds of **a gift, or receipts, he may not return** these items to the one who is presumed to have lost them, **as I say** it is possible that **they were written and** then the writer **reconsidered about them** and decided **not to deliver them.**

BACKGROUND

Bills of divorce – גִּיטֵּי נָשִׁים: The basic text of a bill of divorce includes the declaration of the husband that he divorces his wife, mentioning both of their names and the names of their fathers, and that she is permitted to marry any other man. The document must contain the date when it was written and the signatures of two witnesses. In talmudic times a bill of divorce could be written privately by a scribe at the request of the husband. In later generations it became customary for a bill of divorce to be written in a rabbinical court that had expertise in this field so that no halakhic difficulties would arise that might lead to the invalidation of the bill of divorce.

Bills of manumission of slaves – שִׁחְרוּרֵי עֲבָדִים: Canaanite slaves and maidservants must receive a bill of manumission in order to be emancipated. Alternatively, another person can purchase their freedom from the master. After obtaining their freedom, they have all the obligations and privileges of a Jew and have the status of a convert. Even though they had already immersed in a ritual bath when they began their service, the Sages required them to immerse a second time, similar to the immersion of converts.

גמ׳ טַעְמָא – דְּנִמְלַךְ שֶׁלֹּא לִתְּנָן, הָא אָמַר תְּנוּ – נוֹתְנִין, וַאֲפִילּוּ לִזְמַן מְרוּבֶּה.

GEMARA It can be inferred from the mishna that the only **reason that** these documents are not returned is that there is a concern that the person obligated by the document **reconsidered with regard to them** and decided **not to deliver them. But** if the writer **says: Give** this found document to the intended recipient, the finder **must give**[N] it to him. **And** since the mishna places no limitation on this, presumably this is the *halakha* **even** if **a long time** passed since it was lost, and there is no concern that perhaps the document belongs to someone else with the same name.

וּרְמִינְהוּ: הַמֵּבִיא גֵּט וְאָבַד הֵימֶנּוּ, מְצָאוֹ לְאַלְתַּר – כָּשֵׁר, אִם לָאו – פָּסוּל!

And the Gemara **raises a contradiction** from a mishna (*Gittin* 27a): With regard to an agent **who was bringing a bill of divorce** to a woman, **and it was lost by him,** if he **found it immediately,** the bill of divorce is still **valid. If not,** then it is **not valid,** as it is possible that the bill of divorce that he found is not the same one that he lost, and this second bill of divorce belongs to someone else whose name and wife's name are identical to the names of the husband and wife in the lost bill of divorce.

אָמַר רַבָּה: לָא קַשְׁיָא, כָּאן – בְּמָקוֹם שֶׁהַשַּׁיָּירוֹת מְצוּיוֹת, כָּאן – בְּמָקוֹם שֶׁאֵין הַשַּׁיָּירוֹת מְצוּיוֹת.

Rabba says: This is **not difficult,** because **there,** in tractate *Gittin*, the mishna is stated **with regard to a place where caravans** passing through **are common,** and there is a concern that the found bill of divorce belongs to someone else with the identical name. By contrast, the mishna **here** is stated **with regard to a place where caravans** passing through **are uncommon,** so there is no such concern.

וַאֲפִילּוּ בְּמָקוֹם שֶׁהַשַּׁיָּירוֹת מְצוּיוֹת – וְהוּא שֶׁהוּחְזְקוּ שְׁנֵי יוֹסֵף בֶּן שִׁמְעוֹן בְּעִיר אַחַת.

The Gemara adds: **And even in a place where caravans** passing through **are common,** there is not always a concern that the bill of divorce may belong to another man with an identical name, **and** this concern **is** only **where** it **has been established** that there are **two** men named, for example, **Yosef ben Shimon**[N] in that **one city.**

דְּאִי לָא תֵּימָא הָכִי – קַשְׁיָא דְּרַבָּה אַדְּרַבָּה. דְּהַהוּא גִּיטָּא דְּאִשְׁתַּכַּח בֵּי דִינָא דְּרַב הוּנָא, דַּהֲוָה כָּתוּב בֵּיהּ: בְּשְׁוִירֵי מָתָא דְּעַל רָכִיס נַהֲרָא. אֲמַר רַב הוּנָא:

As, if you do not say so, that this concern is taken into account only in a place where it is known that there are two people with this same name, then there is a **difficulty** presented in the form of a contradiction between this statement **of Rabba and** another statement **of Rabba. As** there was **a certain bill of divorce that was found** in **the court of Rav Huna, in which it was written** that the bill of divorce was written **in Sheviri City, which** is located **on the Rakhis River. Rav Huna said** about this:

Perek **I**
Daf **18** Amud **b**

חָיְישִׁינַן לִשְׁנֵי שְׁוִירֵי. וַאֲמַר לֵיהּ רַב חִסְדָּא לְרַבָּה: פּוּק עַיֵּין בָּהּ, דִּלְאוּרְתָּא בָּעֵי מִינָּךְ רַב הוּנָא. נְפַק דַּק וְאַשְׁכַּח, דִּתְנַן: כָּל מַעֲשֵׂה בֵּית דִּין – הֲרֵי זֶה יַחֲזִיר.

We are concerned about the possibility that there are **two** cities named **Sheviri**[N] and that this bill of divorce may belong to someone else who lives in the other Sheviri, and therefore it should not be returned. **And Rav Ḥisda said to Rabba** about this issue: **Go out** and **examine** this *halakha*, **as in the evening Rav Huna**[P] **will ask you** about it. **He went out, examined it, and discovered** a relevant source, **as we learned** in a mishna (20a): **One must return any court enactment,**[N] i.e., a promissory note that has been authenticated by the court, to its owner. Since the bill of divorce was found in the court, it is in this category and must be returned.

NOTES

But if the writer says, give, the finder must give – **הָא אָמַר תְּנוּ נוֹתְנִין:** Several commentaries question the validity of this inference, for different reasons. The Rashba says that perhaps there is collusion between the one who wrote the document and the recipient to use this document even though it is invalid, as the Gemara suggests later (19a). He answers that the inference is based on the fact that the mishna defines the issue as being the concern that the one who wrote the document changed his mind, whereas in the previous mishna (12b) this is not mentioned. This indicates that the suspicion that there is collusion, which exists in the case of the previous mishna, does not exist in this case. Furthermore, the Gemara may be relying on the *baraita* cited later (18b), which states explicitly that if the one who wrote the document says to deliver it to its intended recipient, it should be delivered to him. Others suggest that the basis for this inference is contextual. Since with regard to a will or receipt there is no reason not to give it to the intended recipient if the one who wrote it issues instructions to do so, the same apparently holds true with regard to bills of divorce or manumission (*Torat Ḥayyim*).

And this concern is only where it has been established that there are two men named Yosef ben Shimon – **וְהוּא שֶׁהוּחְזְקוּ שְׁנֵי יוֹסֵף בֶּן שִׁמְעוֹן:** If it has been established that there is another couple in the city that have the same names, how can the bill of divorce be returned to one of them, even if it was found in a place where caravans do not pass? Some answer that since only one of the couples is known to have lost a bill of divorce, it can be returned to them (*Tosafot*; Rosh).

NOTES

We are concerned about two Sheviri – **חָיְישִׁינַן לִשְׁנֵי שְׁוִירֵי:** Several commentaries maintain that Rav Huna did not state this as a halakhic ruling but as a problem that requires examination. That is why he asked Rabba about it. This is supported by the fact that the Gemara speaks of a dispute between Rabbi Zeira and Rabba, but not of one between Rav Huna and Rabba. Others explain that Rav Huna said this only to sharpen the minds of his students by challenging them to prove that it is wrong (*Shita Mekubbetzet*). There are those who do hold that this is, in fact, Rav Huna's halakhic opinion (Gra).

Any court enactment – **כָּל מַעֲשֵׂה בֵּית דִּין:** It seems that Rabba is deriving this *halakha* with regard to ritual matters from monetary matters, which seems to run counter to the principle that one cannot derive the *halakhot* of these two domains from each other. In fact, that is not the case, as Rabba understands the phrase: Court enactments, as including those that concern ritual matters as well (*Talmid Rabbeinu Peretz*).

PERSONALITIES

Rav Huna – **רַב הוּנָא:** One of the great second-generation Babylonian *amora'im*, Rav Huna was most closely associated with his teacher, Rav. Rav Huna was of aristocratic descent, from the house of the Exilarchs, but despite that lineage, he lived in abject poverty for many years. Later in life he became wealthy and lived comfortably, and he distributed his resources for the public good. Rav Huna was the greatest of Rav's students, to the extent that Shmuel, Rav's colleague, used to treat him deferentially and direct questions to him. After Rav's death Rav Huna became the head of the yeshiva of Sura and filled that position for forty years. His prominence in Torah and his loftiness of character helped make the yeshiva of Sura the preeminent center of Torah for many centuries. Because of Rav Huna's extensive Torah knowledge, the *halakha* is almost invariably ruled in accordance with his opinion in disputes with his colleagues and contemporaries. The only exception is in monetary matters, where the rulings are in accordance with the opinion of Rav Naḥman.

Rav Huna had many students, some of whom studied exclusively with him. Moreover, Rav's younger students remained to study with Rav Huna, his disciple, after Rav's death. Rav Huna's son, Rabba bar Rav Huna, was one of the greatest Sages of the following generation.

וְהָא בֵּי דִינָא דְּרַב הוּנָא דְּכִי מָקוֹם שֶׁהַשַּׁיָּירוֹת מְצוּיוֹת דָּמֵי, וְקָא פָּשֵׁיט רַבָּה דְּיַחֲזִיר. אַלְמָא: אִי הוּחְזְקוּ שְׁנֵי יוֹסֵף בֶּן שִׁמְעוֹן – אִין, אִי לָא – לָא.

The Gemara concludes its proof that even in a place where passing caravans are common, the concern that the bill of divorce belongs to another couple applies only if it is known that there is another couple in the same locale with the same names as those written in the bill of divorce: **And the court of Rav Huna**[N] **is comparable to a place where** passing **caravans are common,** as many people from different places pass through for judgment. **And** yet, **Rabba resolved that** if one finds a bill of divorce there, **he should return** it. **Evidently** he holds that **if** it is **established** that there are **two** people named **Yosef ben Shimon** in the city, then there is **indeed** a concern and the document should not be returned, but **if not,** there is **no** concern.

עֲבַד רַבָּה עוּבְדָּא בְּהַהוּא גִּיטָּא דְּאִשְׁתְּכַח בֵּי כִּיתָּנָא דְּפוּמְבְּדִיתָא כִּשְׁמַעֲתֵיהּ.

The Gemara relates that **Rabba performed an action,** i.e., issued a practical ruling, **with regard to a certain bill of divorce that was found** in **a flax house in** the city of **Pumbedita, in accordance with his** ***halakha,*** and he instructed that the bill of divorce should be returned.

אִיכָּא דְּאָמְרִי: הֵיכָא דְּמְזַבְּנֵי כִּיתָּנָא, וְהוּא שֶׁלֹּא הוּחְזְקוּ, אַף עַל גַּב דִּשְׁכִיחִין שַׁיָּירָתָא.

There is disagreement as to the exact details of the case. **There are** those **who say** that this occurred in the place **where** people **sell flax, and** it is **specifically** because it **was not established** that two couples with the same names lived in the city where the bill of divorce was written that Rabba ruled that the bill of divorce should be returned **despite** the fact **that** passing **caravans are common** there.

וְאִיכָּא דְּאָמְרִי: הֵיכָא דְּתָרוּ כִּיתָּנָא, וְאַף עַל גַּב דְּהוּחְזְקוּ, דְּלָא שְׁכִיחָא שַׁיָּירוֹת.

And there are those **who say** that it occurred in the place **where** people **soak flax,**[N] **and** he ruled that the bill of divorce should be returned **even though it was established** that there were two couples with the same names living in the city where the bill of divorce was written, **as** passing **caravans are uncommon** there.

רַבִּי זֵירָא רָמֵי מַתְנִיתִין אַבָּרַיְיתָא וּמְשַׁנֵּי: תְּנַן: הַמֵּבִיא גֵּט וְאָבַד הֵימֶנּוּ, מְצָאוֹ לְאַלְתַּר – כָּשֵׁר, וְאִם לָאו – פָּסוּל. וּרְמִינְהִי: מָצָא גֵּט אִשָּׁה בַּשּׁוּק, בִּזְמַן שֶׁהַבַּעַל מוֹדֶה – יַחֲזִיר לָאִשָּׁה, אֵין הַבַּעַל מוֹדֶה – לֹא יַחֲזִיר לֹא לָזֶה וְלֹא לָזֶה.

Similarly, **Rabbi Zeira raises a contradiction between the mishna and a** ***baraita,***[N] **and he resolves** the contradiction employing the same distinction. **We learned** in the mishna: With regard to an agent **who was bringing a bill of divorce** to a woman **and he lost it,** if **he found it immediately,**[H] the bill of divorce is still **valid, but if not, it is not valid. And** Rabbi Zeira **raises a contradiction** between this mishna and a *baraita* that states: If one **found a woman's bill of divorce in the marketplace,** in a case **when the husband admits**[H] that he wrote and gave it to the wife, the finder **must return** it **to the wife;** but if **the husband does not admit** to this, **he may return** it **neither to this one,** the husband, **nor to that one,**[N] the wife.

קָתָנֵי מִיהַת: בִּזְמַן שֶׁהַבַּעַל מוֹדֶה – יַחֲזִיר לָאִשָּׁה, וַאֲפִילּוּ לִזְמַן מְרוּבֶּה!

In any event, the *baraita* **teaches** that in a case **when the husband admits** that he wrote it, the finder **must return** it **to the wife, and** this is the *halakha* **even** if it was found **after a long time.**

וּמְשַׁנֵּי: כָּאן – בְּמָקוֹם שֶׁהַשַּׁיָּירוֹת מְצוּיוֹת, וְכָאן – בְּמָקוֹם שֶׁאֵין הַשַּׁיָּירוֹת מְצוּיוֹת.

And Rabbi Zeira **answers** that **here,** in the case of the mishna, the bill of divorce is valid only if it is found immediately, as it is a case where it is found **in a place where** passing **caravans are common. And there,** in the *baraita*, the bill of divorce can be returned even if it was found after a long time, as it is a case where it is found **in a place where** passing **caravans are uncommon.**

אִיכָּא דְּאָמְרִי: וְהוּא שֶׁהוּחְזְקוּ דְּלָא נֶהְדַּר, וְהַיְינוּ דְּרַבָּה. אִיכָּא דְּאָמְרִי: אַף עַל גַּב דְּלָא הוּחְזְקוּ לָא נֶהְדַּר, וּפְלִיגָא דְּרַבָּה.

The Gemara compares the rulings of Rabba and Rabbi Zeira. **There are** those **who say,** with regard to Rabbi Zeira's statement that the finder should not return the bill of divorce in a place where passing caravans are common: **And** this applies **specifically** in a case **where** it is **established** that there are two couples in the town with the same names. In that case, Rabbi Zeira holds **that** the bill of divorce **should not be returned, and this is** the same ruling as that **of Rabba. And there are** those **who say:** In a place where passing caravans are common, **even if** it is **not established** that there are two couples with the same names, the bill of divorce **should not be returned, and** Rabbi Zeira **disagrees with** the ruling **of Rabba.**

NOTES

The court of Rav Huna – בֵּי דִינָא דְּרַב הוּנָא: Commentaries differ as to whether it is specifically Rav Huna's court that is considered like a place where passing caravans are common, or whether any court has this status and Rav Huna's court is merely cited as an example, as that is where the incident occurred (*Shita Mekubbetzet*; *Ma'ayan HaḤokhma*).

Where people soak flax – הֵיכָא דְּתָרוּ כִּיתָּנָא: This indicates that localities are defined in a very limited way for the purpose of this *halakha*. If, for example, caravans frequent one part of a city, it does not mean that the entire city is deemed a place frequented by caravans. Rather, the specific location frequented by the caravans has that status (Ritva).

Raises a contradiction between the mishna and a ***baraita*** – רָמֵי מַתְנִיתִין אַבָּרַיְיתָא: Instead of this *baraita*, Rabbi Zeira could have mentioned the mishna taught later in this chapter (20a), which states that one who finds bills of *ḥalitza* or refusal must return them. He chose to employ the *baraita* because it explicitly refers to bills of divorce (Ritva).

He may return it neither to this one nor to that one – לֹא יַחֲזִיר לֹא לָזֶה וְלֹא לָזֶה: The reason not to return it to the wife is the concern that the bill of divorce had not been given to her, and therefore the divorce did not actually take place. The reason it may not be given to the husband is that he might falsely use it as proof that he already paid the marriage contract (Rashi on *Gittin* 27a). Others explain that the reason not to give the bill of divorce to the husband is the concern that it is an invalid bill of divorce and that he might nevertheless use it (Rashba). This concern is mentioned in the Jerusalem Talmud as well.

HALAKHA

Found it immediately – מְצָאוֹ לְאַלְתַּר: If a bill of divorce was lost by an agent who was in the process of transporting it, and it was later found, the *halakha* depends on the circumstances. If it was found immediately, or if it has a distinguishing mark, or if the witnesses who are signed on it testify that they signed only one bill of divorce for a husband and wife with these names, the bill of divorce is valid and may be returned to the agent, in accordance with the opinions of Rabbi Yirmeya and Rav Ashi. Otherwise, the Rif and the Rosh hold that if it was found in a place where caravans pass frequently, or if it is known that there are two sets of husbands and wives in that town with the same names, it may not be returned. If neither of these conditions exist, it may be returned. This is in accordance with the opinion of Rabbi Zeira, and not that of Rabba. The Rambam maintains that if it was found in a place where caravans do not pass frequently it may be returned, even if it is known that there are two sets of husbands and wives in that town with the same names. In a place where caravans pass frequently, it may be returned only if it was found immediately or if it has an identifying feature. This in accordance with Rambam's alternative interpretation of Rabbi Zeira's opinion (Rambam *Sefer Nashim*, *Hilkhot Geirushin* 3:9; *Shulḥan Arukh*, *Even HaEzer* 133:4).

When the husband admits – בִּזְמַן שֶׁהַבַּעַל מוֹדֶה: In a case where a bill of divorce was found in the marketplace, even if the wife is unable to describe it by means of a distinguishing mark, if the husband admits that he wrote it and issues instructions to give it to her, it may be given to her, and she is thereby divorced. Similarly, if the husband claims that he has already divorced her, it should be returned to her. If he does not admit that he wrote it, it should not be returned to either of them. This is in accordance with the *baraita* (Rambam *Sefer Nezikin*, *Hilkhot Gezeila VaAveda* 18:6; *Shulḥan Arukh*, *Even HaEzer* 153:1).

בִּשְׁלָמָא רַבָּה לָא אָמַר כְּרַבִּי זֵירָא – מַתְנִיתִין אַלִּימָא לֵיהּ לְאַקְשׁוּיֵי. אֶלָּא רַבִּי זֵירָא, מַאי טַעְמָא לָא אָמַר כְּרַבָּה?

The Gemara asks: **Granted, Rabba does not state** his explanation **in accordance with** that of **Rabbi Zeira** and raise a contradiction from the *baraita*, as **he** holds that **a mishna** serves as **a stronger** basis **for raising a difficulty** than a *baraita*, as the Mishna, redacted by Rabbi Yehuda HaNasi, employs more precise language; **but what is the reason** that **Rabbi Zeira does not state** his explanation **in accordance with** that of **Rabba** and raise a contradiction from the Mishna?

אָמַר לָךְ: מִי קָא תָּנֵי: הָא אָמַר תְּנוּ – נוֹתְנִין וַאֲפִילּוּ לִזְמַן מְרוּבֶּה? דִּלְמָא הָא אָמַר תְּנוּ – נוֹתְנִין, וּלְעוֹלָם כִּדְקַיְימָא לָן – לְאַלְתַּר.

The Gemara answers: Rabbi Zeira could have **said to you: Does** the mishna actually **teach that** if the one who wrote the document **says: Give** it to the intended recipient, the finder **must give** it to him, **and** that this is the *halakha* **even** if **a long time** passed since it was lost? This was only an inference from the mishna. **Perhaps** the mishna merely means to indicate **that** if the writer **says: Give** it to the intended recipient, the finder **must give** it to him, **but actually,** this is to be understood **as we maintain** in the mishna in *Gittin*, that this *halakha* applies only if the document was found **immediately.** Therefore, Rabbi Zeira posed his question from the *baraita*.

לְמַאן דְּאָמַר לְרַבִּי זֵירָא בְּמָקוֹם שֶׁהַשַּׁיָּירוֹת מְצוּיוֹת וְאַף עַל גַּב שֶׁלֹּא הוּחְזְקוּ שְׁנֵי יוֹסֵף בֶּן שִׁמְעוֹן, וּפְלִיגָא דְּרַבָּה, בְּמַאי קָא מִיפַּלְגִי?

The Gemara asks: **According to the one who says** that **according to** the opinion of **Rabbi Zeira** a document may not be returned **in a place where** passing **caravans are common, and** this is the *halakha* **even if** it was **not established** that there are **two** people named **Yosef ben Shimon** in town, **and he disagrees with Rabba, with regard to what do** Rabbi Zeira and Rabba **disagree?** What is the foundation of their dispute?

רַבָּה סָבַר: דְּקָתָנֵי כׇּל מַעֲשֵׂה בֵּית דִּין הֲרֵי זֶה יַחֲזִיר דְּאִשְׁתַּכַּח בְּבֵית דִּין עָסְקִינַן, וּבֵית דִּין כְּמָקוֹם שֶׁהַשַּׁיָּירוֹת מְצוּיוֹת, וְהוּא שֶׁהוּחְזְקוּ – לֹא יַחֲזִיר, לֹא הוּחְזְקוּ – יַחֲזִיר.

The Gemara answers: **Rabba maintains** his opinion based on the mishna (20a) **that teaches: One must return any court enactment.** He understands that **we are dealing with** a document **that was found in court, and a court is equivalent to a place where** passing **caravans are common. And** therefore, he maintains that it is **specifically** in a place **where** it is **established** that there are two people with the same name that the finder **should not return** the document to its presumed owner; but in a place where it is **not established** that there are two people with the same name, **he should return** it.

וְרַבִּי זֵירָא אָמַר לָךְ: מִי קָתָנֵי כׇּל מַעֲשֵׂה בֵּית דִּין שֶׁנִּמְצְאוּ בְּבֵית דִּין? כׇּל מַעֲשֵׂה בֵּית דִּין יַחֲזִיר קָתָנֵי, וּלְעוֹלָם דְּאִשְׁתַּכַּח אַבָּרָאֵי.

And Rabbi Zeira, who disagrees with Rabba, could have **said to you: Does** the mishna **teach** that one must return **any court enactment that was found in court? It teaches** that **one must return any court enactment,** without specifying the location where the court enactment was found, **and** it is **actually** referring to a case **where** the documents **were found outside** the court. If it was found inside the court, it should not be returned. Therefore, Rabbi Zeira was not convinced by Rabba's proof.

רַבִּי יִרְמְיָה אָמַר: כְּגוֹן דְּקָא אָמְרִי עֵדִים: מֵעוֹלָם לֹא חָתַמְנוּ אֶלָּא עַל גֵּט אֶחָד שֶׁל יוֹסֵף בֶּן שִׁמְעוֹן.

Rabbi Yirmeya states an alternative resolution to the contradiction between the mishna here and the *baraita*, on the one hand, and the mishna in *Gittin* on the other: A found bill of divorce should be returned only in a case **where** the **witnesses** who signed the bill of divorce **say: We have never signed a bill of divorce of** a person named **Yosef ben Shimon other than** this **one,** in which case there is no concern that the bill of divorce belongs to someone else.

אִי הָכִי, מַאי לְמֵימְרָא? מַהוּ דְּתֵימָא: לֵיחוּשׁ דִּלְמָא אִתְרְמֵי שְׁמָא כִּשְׁמָא, וְעֵדִים כְּעֵדִים – קָא מַשְׁמַע לָן.

The Gemara asks: **If that is so, what** is the purpose **of stating** that one returns the bill of divorce? Since it clearly belongs to him, there is no question that it must be returned to him. The Gemara answers that it is necessary **lest you say** that **one should be concerned** that **perhaps it happened** that another bill of divorce was written in which **the names** of the husband and the wife **are identical to the names** of the husband and wife of the second bill of divorce, **and** the names of the **witnesses** on that bill of divorce **are identical to** the names of the **witnesses**[N] on this bill of divorce, when in fact they are different witnesses. To counter this, the mishna **teaches us** that this is not a concern.

NOTES

The names are identical to the names and the witnesses are identical to the witnesses – שְׁמָא כִּשְׁמָא וְעֵדִים כְּעֵדִים: This possibility is truly remote, as the handwriting of the two witnesses would also have to be identical, as otherwise the identity of the witnesses would be clarified during the process of authentication (*Shita Mekubbetzet*).

NOTES

Where he says, there is a hole in the bill of divorce – דְּקָא אָמַר נֶקֶב יֵשׁ בּוֹ: This is stated in the singular, indicating that it is the husband or the agent who is describing the bill of divorce by means of the distinguishing mark. There is also a variant text that has the plural verb: They say. According to that text, it is referring to the witnesses. The practical difference between these two versions of the text is that the claim of the husband or agent is accepted only if he describes the distinguishing mark before seeing the found bill of divorce. By contrast, witnesses are relied upon to identify the document even after they have seen it (Rabbeinu Peretz).

Whether a lost item is returned on the basis of distinguishing marks by Torah law or whether it is by rabbinic law – סִימָנִים אִי דְּאוֹרַיְיתָא אִי דְּרַבָּנַן: The commentaries ask why the distinguishing marks should not be acceptable enough to counter the concern that there are two people with the same name, even if the validity of this evidence is by rabbinic law, since the concern itself is taken into account only by rabbinic law. Some answer that it is based on the principle that the Sages modeled their ordinances on Torah law. For this reason, if distinguishing marks are not sufficient evidence for matters that require proof by Torah law, they are also insufficient for concerns that are taken into account by rabbinic law (*Ḥokhmat Manoaḥ*). Others explain that since the issue at hand is a bill of divorce, which is a matter of Torah law, all evidence must meet the standard of Torah law, even though the specific concern in this case is taken into account by rabbinic law (*Penei Yehoshua*; *Yeshuot Ya'akov*). Others suggest that the rabbinic law of accepting distinguishing marks is limited to monetary matters, where the court has the authority to nullify ownership, but does not apply to ritual matters (see Meiri).

רַב אַשִׁי אָמַר: כְּגוֹן דְּקָא אָמַר נֶקֶב יֵשׁ בּוֹ בְּצַד אוֹת פְּלוֹנִית.

Rav Ashi stated another resolution to the contradiction: The bill of divorce should be returned only in a case **where** the person claiming to have lost it provides a clear-cut distinguishing mark, e.g., **he says: There is a hole in** the bill of divorce[N] **next to such and such a letter.**

וְדַוְקָא בְּצַד אוֹת פְּלוֹנִית, אֲבָל נֶקֶב בְּעָלְמָא – לָא.

The Gemara comments: **And** Rav Ashi permits one to return such a bill of divorce **specifically** when the one claiming to have lost it says that the hole is **next to such and such a letter,** as that is a clear-cut distinguishing mark. **But** if he said **only** that it had **a hole** without mentioning its precise location, one should **not** return the bill of divorce, as that is not considered a clear-cut distinguishing mark.

רַב אַשִׁי מְסַפְּקָא לֵיהּ: סִימָנִים, אִי דְּאוֹרַיְיתָא אִי דְּרַבָּנַן.

The Gemara explains: **Rav Ashi is uncertain whether** a lost item is returned to its owner on the basis of **distinguishing marks by Torah law** or **whether** it is **by rabbinic law.**[N] Therefore, in the case of a bill of divorce, he holds that one may rely only on a clear-cut distinguishing mark, as everyone agrees that a lost item is returned to its owner on the basis of a clear-cut distinguishing mark by Torah law.

רַבָּה בַּר בַּר חָנָה

The Gemara relates that **Rabba bar bar Ḥana**

Perek **I**
Daf **19** Amud **a**

NOTES

Visual recognition – טְבִיעוּת עֵינָא: The early commentaries note that while recognition should be more accurate than distinguishing marks, it is not subject to empirical verification and therefore relies on personal credibility. Therefore, the court accepts recognition only when performed by a Torah scholar. In ritual matters, any person may rely on his recognition of an item, e.g., that one knows that a particular piece of meat is kosher.

HALAKHA

Due to visual recognition – מִשּׁוּם טְבִיעוּת עֵינָא: If the agent bringing a bill of divorce to a wife lost it, and it was subsequently found, and he identified it or its container by means of recognition, the bill of divorce is valid. If he is an ignoramus, he has the credibility to identify the bill of divorce by means of recognition only if he could have made a more advantageous claim, e.g., in the case where he himself found it and could have claimed that he never lost it (*Beit Yosef*, citing *Tosafot*). A Torah scholar always has the credibility to identify lost items through recognition. In the *Maggid Mishne* (*Sefer Nashim*, *Hilkhot Gittin* 3:9) it is noted that no one has the status of a Torah scholar in this sense nowadays (*Shulḥan Arukh*, *Even HaEzer* 132:4).

אִירְכַּס לֵיהּ גִּיטָּא בֵּי מִדְרְשָׁא. אֲמַר: אִי סִימָנָא – אִית לִי בְּגַוֵּיהּ, אִי טְבִיעוּת עֵינָא – אִית לִי בְּגַוֵּיהּ, אַהַדְרוּהּ נִיהֲלֵיהּ. אֲמַר: לָא יָדַעְנָא אִי מִשּׁוּם סִימָנָא אַהַדְרוּהּ נִיהֲלִי, וְקָא סָבְרִי: סִימָנִין דְּאוֹרַיְיתָא. אִי מִשּׁוּם טְבִיעוּת עֵינָא אַהַדְרוּהּ נִיהֲלִי, וְדַוְקָא – צוּרְבָא מֵדְרַבָּנַן, אֲבָל אִינִישׁ דְּעָלְמָא – לָא.

lost a bill of divorce, which had been given to him to deliver, **in the study hall.** When it was found, **he said: If** they request **a distinguishing mark, I have** one **for it. If** it depends on **visual recognition,**[N] **I have** methods of recognition **for it. They returned** the bill of divorce **to him. He said** afterward: **I do not know if they returned it to me due to the distinguishing mark** that I supplied, **and they hold** that **distinguishing marks** are used to return lost items **by Torah law,** or **if they returned it to me due to** my **visual recognition,**[H] **and** it was **specifically** because I am **a Torah scholar,** as Torah scholars are relied upon when they say that they recognize an item, **but an ordinary person** would **not** be relied upon to recognize the item and have it returned to him.

גּוּפָא, מָצָא גֵּט אִשָּׁה בַּשּׁוּק, בִּזְמַן שֶׁהַבַּעַל מוֹדֶה – יַחְזִיר לָאִשָּׁה, אֵין הַבַּעַל מוֹדֶה – לֹא יַחְזִיר לֹא לָזֶה וְלֹא לָזֶה.

§ The Gemara discusses **the** matter **itself** cited above: If one **found a woman's bill of divorce in the marketplace,** in a case **when the husband admits** that he wrote and gave it, the finder **must return** it **to the wife.** If **the husband does not admit** to this, the finder **may neither return** it **to this one,** the husband, **nor to that one,** the wife.

בִּזְמַן שֶׁהַבַּעַל מוֹדֶה – מִיהָא יַחְזִיר לָאִשָּׁה, וְלֵיחוּשׁ שֶׁמָּא כָּתַב לִיתֵּן בְּנִיסָן, וְלֹא נְתָנוֹ לָהּ עַד תִּשְׁרֵי, וַאֲזַל בַּעַל זַבֵּין פֵּירֵי מִנִּיסָן וְעַד תִּשְׁרֵי, וּמַפְּקָא לְגִיטָּא דִּכְתַב בְּנִיסָן וְאָתְיָא לְמִטְרַף לָקוֹחוֹת שֶׁלֹּא כַּדִּין!

In any event, the *baraita* states that **when the husband admits** that he wrote and gave it, the finder **must return** it **to the wife.** The Gemara challenges: **But let us suspect** that **perhaps he wrote** the bill of divorce intending **to give it in Nisan, but did not give** it **to her until Tishrei, and the husband went** and sold the **produce** of his wife's property in the interim, **between Nisan and Tishrei,** since the divorce had not yet taken effect. **And** the wife might then **produce the bill of divorce, which he wrote in Nisan, and come to repossess** the produce from the **purchasers unlawfully.**

הָנִיחָא לְמַאן דְּאָמַר כֵּיוָן שֶׁנָּתַן עֵינָיו לְגָרְשָׁהּ שׁוּב אֵין לְבַעַל פֵּירוֹת – שַׁפִּיר, אֶלָּא לְמַאן דְּאָמַר יֵשׁ לְבַעַל פֵּירוֹת עַד שְׁעַת נְתִינָה, מַאי אִיכָּא לְמֵימַר?

This works out well according to the one who says that once he has decided to divorce her, the husband no longer has the rights to his wife's **produce.** Since the husband had no right to sell the produce, the wife repossessed it rightfully. **But according to the one who says** that **the husband has** rights to his wife's **produce until the** actual **time of giving** the bill of divorce, **what is there to say?**

כִּי אָתְיָא לְמִטְרַף אָמְרִינַן לַהּ: אַיְיתִי רְאָיָה אֵימַת מְטָא גִּיטָּא לִידָךְ.

The Gemara answers: **When she comes to repossess** the produce, **we say to her:** First **bring proof** as to **when the bill of divorce came into your possession,** and then we will allow you to repossess the sold produce.

וּמַאי שְׁנָא מִשְּׁטָרֵי חוֹב? דִּתְנַן: מָצָא שִׁטְרֵי חוֹב, אִם יֵשׁ בָּהֶן אַחְרָיוּת נְכָסִים – לֹא יַחֲזִיר, וְאוֹקִימְנָא כְּשֶׁחַיָּיב מוֹדֶה, וּמִשּׁוּם שֶׁמָּא כָּתַב לִלְווֹת בְּנִיסָן וְלֹא לָוָה עַד תִּשְׁרֵי, וְקָא טָרֵיף לָקוֹחוֹת שֶׁלֹּא כַּדִּין.

The Gemara asks: **But in what** way **is it different from promissory notes? As we learned** in a mishna (12b): With regard to one who **found promissory notes, if they include a property guarantee** for the loan, **he may not return** them to the creditor. **And we interpreted** the mishna as referring to a case **where the liable party admits** that he has not yet repaid the debt, **and** the reason the promissory note cannot be returned is **due to** the possibility that **perhaps he wrote** it intending **to borrow** money **in Nisan, but** ultimately **did not borrow** it **until Tishrei, and** the creditor might therefore use the promissory note to **unlawfully repossess** property that the debtor sold between Nisan and Tishrei from the **purchasers.**

הָתָם נַמִי לִיהֲדַר, וְכִי אָתֵי לְמִטְרַף – נֵימָא לֵיהּ: אַיְיתִי רְאָיָה אֵימַת מְטָא שְׁטַר חוֹב לִידָךְ!

According to the Gemara's suggestion with regard to a bill of divorce, **there,** in the case of a promissory note, it **should also be returned, and when** the creditor **comes to repossess** the debtor's property that was sold in the interim, **let** the court **say to him:** First **bring proof** as to **when** the **promissory note came into your possession.**

אָמְרִי: הָכָא, גַּבֵּי גֵּט אִשָּׁה, אָתֵי לוֹקֵחַ וְתָבַע. אָמַר: הַאי דְּהַדְרוּהּ נִיהֲלַהּ רַבָּנַן לְגִיטָּא – מִשּׁוּם דְּלָא תַּעֲגִין וְתֵיתִיב, הַשְׁתָּא דְּקָא אָתְיָא לְמִטְרַף – תֵּיזִיל וְתֵיתֵי רְאָיָה אֵימַת מְטָא גִּיטָּא לִידָהּ.

The Sages **say** that it is not comparable. **Here, with regard to a woman's bill of divorce,** the **purchaser will come and demand** that the wife prove when it was given to her, as he will **say** to himself: The fact **that the Sages returned the bill of divorce to her** was only **so that she would not dwell** alone as **a deserted wife**[B] and not be able to remarry for lack of a bill of divorce. **Now that she is coming to repossess** the property her husband sold me, **she should go and bring proof** as to **when the bill of divorce came into her possession.**

הָכָא, גַּבֵּי שְׁטַר חוֹב, לָא אָתֵי לוֹקֵחַ וְתָבַע, מִדְּאַהַדְרוּהּ נִיהֲלֵיהּ רַבָּנַן לִשְׁטַר חוֹב – פְּשִׁיטָא, לְמַאי הִלְכְתָא אַהַדְרוּהּ נִיהֲלֵיהּ – לְמִטְרַף הוּא, שְׁמַע מִינָּהּ קָמוּ רַבָּנַן בְּמִילְּתָא, וּמִקַּמֵּי דִּידִי מְטָא שְׁטָרָא לִידֵיהּ.

By contrast, **here, with regard to a promissory note, the purchaser will not come and demand** proof, because he will infer **from** the fact **that the Sages returned** the **promissory note to him** that it is **obviously** valid from the date written in it. After all, **for what** ***halakha*** **did** the court **return it to him? It** was clearly in order **to repossess** property with it. Therefore, he will **conclude from it: The Sages clarified the matter and** determined that, in fact, this promissory **note came into the possession of** the creditor **prior to my** purchase of property from the debtor.

״שִׁחְרוּרֵי עֲבָדִים״ וְכוּ׳. תָּנוּ רַבָּנַן: מָצָא שְׁטַר שִׁחְרוּר בַּשּׁוּק, בִּזְמַן שֶׁהָרַב מוֹדֶה – יַחֲזִיר לָעֶבֶד, אֵין הָרַב מוֹדֶה – לֹא יַחֲזִיר לֹא לָזֶה וְלֹא לָזֶה.

§ The mishna teaches: Bills of **manumission of slaves** that are found should not to be returned. **The Sages taught** in a *baraita*: If one **found a bill of manumission in the marketplace,**[H] in a case **when the master admits** that he gave the bill to the slave, **one should return** it **to the slave. If the master does not admit** to it, **one should neither return** it **to this** person, the master, **nor to that** person, the slave.

HALAKHA

Found a bill of manumission in the marketplace – מָצָא שְׁטַר שִׁחְרוּר בַּשּׁוּק: If one found a bill of manumission in the marketplace and the master mentioned in it does not admit to its validity, the finder should not return it to either the master or the slave. If the master admits that he wrote it and intended to give it to his slave, the finder should give it to the slave, thereby freeing him. Nevertheless, the slave cannot repossess property that he purchased and his master sold after the bill of manumission was dated but before the bill of manumission was given (Rambam *Sefer Nezikin, Hilkhot Gezeila VaAveda* 18:8; *Shulhan Arukh, Hoshen Mishpat* 65:13).

BACKGROUND

She would not dwell alone as a deserted wife – דְּלָא תַּעֲגִין וְתֵיתִיב: A woman whose husband has deserted her, or whose husband has disappeared, is referred to as an *aguna*, a deserted wife. Since a Jewish marriage can be dissolved only by either establishing that the husband is dead or through a bill of divorce given by the husband, the status of a deserted wife can be resolved only if she obtains a bill of divorce or is able to provide valid testimony that her husband has died. Many leniencies were instituted with regard to the kinds of evidence of her husband's death that are acceptable in order to prevent a woman from remaining a deserted wife.

HALAKHA

It is in a slave's interest to leave his master's authority and attain freedom – זְכוּת הוּא לָעֶבֶד שֶׁיּוֹצֵא מִתַּחַת רַבּוֹ לְחֵירוּת: The *halakha* is in accordance with the opinion of the Sages who maintain that it is in a slave's interest to be freed (Rambam *Sefer Kinyan, Hilkhot Avadim* 6:1, and *Kesef Mishne* there).

Gift of a healthy person is like the gift of a person on his deathbed – מַתְּנַת בָּרִיא שֶׁהִיא כְּמַתְּנַת שְׁכִיב מְרַע: If a healthy person gives another person a gift by means of a deed of gift, writing in it: This gift is given from today and after my death, the gift takes effect after his death and he cannot retract it (Rambam *Sefer Kinyan, Hilkhot Zekhiya UMattana* 12:14; *Shulḥan Arukh, Hoshen Mishpat* 257:6).

בִּזְמַן שֶׁהָרַב מוֹדֶה מִיהָא – יַחֲזִיר לָעֶבֶד, וְאַמַּאי? נֵיחוּשׁ שֶׁמָּא כָּתַב לִיתֵּן לוֹ בְּנִיסָן, וְלֹא נָתַן לוֹ עַד תִּשְׁרֵי, וַאֲזַל עַבְדָּא וְקָנָה נְכָסִין מִנִּיסָן וְעַד תִּשְׁרֵי, וְאָזֵיל הָרַב וְזַבְּנִינְהוּ, וּמַפֵּיק לֵיהּ לְשִׁחְרוּר דִּכְתַב בְּנִיסָן, וְקָא טָרֵיף לָקוֹחוֹת שֶׁלֹּא כַּדִּין.

The Gemara asks: **In any event,** the *baraita* states that **when the master admits** that he gave the bill of manumission to the slave, the one who found it **should return** it **to the slave. But why** should he return it? **Let us suspect** that **perhaps he wrote** the bill of manumission intending **to give it to him in Nisan, but** he **did not give** it **to him until Tishrei, and the slave went and bought property** in the interim, **between Nisan and Tishrei,** at which time he was still a slave, in which case the property belongs to his master, **and the master** then **went and sold** that property. **And** if the bill of manumission is returned to the slave, he might **produce** the bill of **manumission, which** his master **wrote in Nisan,** in order to claim that the property was not his master's to sell, **and repossess** the property from the **purchasers unlawfully.**

הָנִיחָא לְמַאן דְּאָמַר זְכוּת הוּא לָעֶבֶד שֶׁיּוֹצֵא מִתַּחַת רַבּוֹ לְחֵירוּת, וּכְאַבַּיֵּי דְּאָמַר עֵדָיו בַּחֲתוּמָיו זָכִין לֵיהּ – שַׁפִּיר. אֶלָּא לְמַאן דְּאָמַר חוֹב הוּא לָעֶבֶד שֶׁיּוֹצֵא מִתַּחַת רַבּוֹ לְחֵירוּת, מַאי אִיכָּא לְמֵימַר?

This works out well according to the one who says that **it is in a slave's interest to leave his master's authority and attain freedom**[H] **and in accordance with** the opinion of **Abaye, who says** that when a document serves the interests of its intended recipient, **its witnesses, with their signatures, acquire** it **on his behalf.** Accordingly, a slave attains freedom at the moment his bill of manumission is signed, even if it is given to him at a later date. Therefore, the *halakha* in the *baraita* works out **well. But according to the one who says** that **it is against a slave's interests to leave his master's authority and attain freedom,**[N] **what is there to say?**

דְּכִי אָתֵי לְמִטְרַף אָמְרִינַן לֵיהּ: אַיְיתִי רְאָיָה אֵימַת מְטָא שִׁחְרוּר לִידָךְ.

The Gemara answers **that when** the slave **comes to repossess** the property, **we say to him: Bring proof** as to **when** the bill of **manumission reached your possession** and you were freed.

״דְּיַיתִּיקִי מַתָּנָה״ וכו׳. תָּנוּ רַבָּנַן: אֵיזוֹ הִיא דְּיַיתִּיקִי – דָּא תְּהֵא לְמֵיקָם וְלִהְיוֹת, שֶׁאִם מֵת – נְכָסָיו לִפְלוֹנִי. מַתָּנָה, כָּל שֶׁכָּתוּב בּוֹ מֵהַיּוֹם וּלְאַחַר מִיתָה.

§ The mishna teaches: If one found **wills** [*deyaytiki*] or deeds of **gift,** he should not return them. **The Sages taught** in a *baraita*: **What** is considered **a** ***deyaytiki*** and is collected by the designated recipient after the death of the giver? It is a deed that states: **This deed will be to stand** [*da tehe lemeikam*] **and exist as** proof that **if** this person **dies, his property** is to be given **to so-and-so.** An ordinary deed of **gift,** by contrast, is **any** deed **in which it is written:** This gift is given **from today and after** the **death** of the giver.

אַלְמָא: אִי כְּתִיבָא מֵהַיּוֹם וּלְאַחַר מִיתָה – הוּא דְּקָנֵי, וְאִי לָא – לָא קָנֵי!

The Gemara asks: **Apparently, only if it is written** in the deed: **From today and after** the **death** of the giver, the recipient **acquires** the gift, **and otherwise, he does not acquire** the gift. Is there no deed of gift that is effective even without the clause: And after my death?

אָמַר אַבַּיֵּי, הָכִי קָאָמַר: אֵיזוֹ הִיא מַתְּנַת בָּרִיא שֶׁהִיא כְּמַתְּנַת שְׁכִיב מְרַע, דְּלָא קָנֵי אֶלָּא לְאַחַר מִיתָה – כָּל שֶׁכָּתוּב בָּהּ מֵהַיּוֹם וּלְאַחַר מִיתָה.

Abaye said that **this is** what **the** *baraita* **is saying: What** deed of **gift of a healthy person is** considered **like** the deed of **gift of a person on his deathbed,**[HNB] **in that** the recipient **acquires** it **only after** the **death** of the giver? It is **any** deed **in which it is written:** This gift is given **from today and after** the giver's **death.**

NOTES

It is against a slave's interests to leave his master's authority and attain freedom – חוֹב הוּא לָעֶבֶד שֶׁיּוֹצֵא מִתַּחַת רַבּוֹ לְחֵירוּת: The Gemara reports various incidents in which people sought to become slaves. This was especially the case with older people. The reason for this is that the master would normally provide for the slave until his death, whereas a free person must support himself. Some limit the perspective that it is against a slave's interests to attain freedom to cases where the master is a priest, as this enables the slave to partake of *teruma*. Once he is freed, the slave loses this source of sustenance (*Tosafot* on *Gittin* 12b).

Gift of a healthy person is like the gift of a person on his deathbed – מַתְּנַת בָּרִיא שֶׁהִיא כְּמַתְּנַת שְׁכִיב מְרַע: Some early commentaries explain that the ownership of the property is transferred to the recipient immediately, but the owner retains the rights to the profit generated from the property during his lifetime (Rashi; Ramban; Ritva). Others maintain that the ownership is transferred in its entirety, with the exception that the one who gave it has the right to retract the gift at any point (Rashba; Ran).

BACKGROUND

A person on his deathbed – שְׁכִיב מְרַע: According to *halakha*, one on his deathbed is given exceptional powers to assign his property to others without many of the ordinary requirements that such a transfer usually entails. The Sages recognized the unique physical and emotional state of a dying person and were concerned with the possibility that such a person would become distraught that his final wishes would not be fulfilled. To alleviate this concern they ruled that an oral gift on one's deathbed is considered equivalent to a deed of gift that has been signed, sealed, and delivered. Consequently, the stated desire of one on his deathbed for his property to be transferred takes effect even if witnesses were not formally appointed and a formal act of acquisition was not performed.

טַעְמָא דְּלָא אָמַר תְּנוּ, הָא אָמַר תְּנוּ – נוֹתְנִין.

§ The mishna teaches that these documents may not be returned to the one who is presumed to have lost them, as perhaps the one who wrote them reconsidered and decided not to deliver them. The Gemara infers: **The reason** that these deeds may not be returned is **that** the one who wrote them **doesn't say** to the finder: **Give** them to their intended recipient. **But if he says: Give** them, the finder **must give** them.

וּרְמִינְהוּ: מָצָא דַּיְיתִקָאוֹת, אַפּוֹתִיקָאוֹת וּמַתָּנוֹת, אַף עַל פִּי שֶׁשְּׁנֵיהֶם מוֹדִין – לֹא יַחְזִיר לֹא לָזֶה וְלֹא לָזֶה!

And the Gemara **raises a contradiction** to that inference from a *baraita* that states that if one **found wills,** or deeds of **designated repayment, or** deeds of **gift, even if both** the one who wrote the deed and its intended recipient **agree** that it is valid, **he should return** it **neither to this** person **nor to that** person.

אָמַר רַבִּי אַבָּא בַּר מֶמֶל: לָא קַשְׁיָא,

Rabbi Abba bar Memel said: This is **not difficult.**

Perek **I**
Daf **19** Amud **b**

הָא – בְּבָרִיא, וְהָא – בִּשְׁכִיב מְרַע.

This *halakha* applies **in** a case of a gift given by **a healthy person,**[N] **and that** *halakha* applies **in** a case of a gift given by **a person on his deathbed.**

מַתְנִיתִין דְּקָתָנֵי הָא אָמַר תְּנוּ נוֹתְנִין – בִּשְׁכִיב מְרַע, דְּבַר מֵהֲדַר הוּא.

The Gemara explains: **The mishna that teaches that** if the giver **says: Give** it to its intended recipient, the finder **must give** it, applies **in** a case of a gift given by **a person on his deathbed, who is capable of retracting** his gift.

דְּאָמְרִינַן: מַאי אִיכָּא לְמֵימַר, דִּלְמָא כְּתַבָהּ מֵעִיקָּרָא לְהַאי, וְאִמְּלִיךְ וְלָא יְהָבָהּ נִיהֲלֵיהּ, וַהֲדַר כְּתָבָהּ לְאִינִישׁ אַחֲרִינָא וִיהָבֵיהּ נִיהֲלֵיהּ – הַשְׁתָּא קָא הָדַר בֵּיהּ מֵהַהוּא דִּיהָבָהּ נִיהֲלֵיהּ.

Therefore, the finder must give the deed to the recipient, **as we say:**[N] **What is there to say** as a reason for not returning the deed? One might suggest that **perhaps** the giver **initially wrote** a deed of gift **for this** person, **but** then **reconsidered and did not give it to him, and then he wrote** a second deed of gift **for another person and** thereby **gave** his property **to him.** And **now** that his first deed was found, he wishes to **retract** his gift to **that** second person **to whom he gave** the property, by dishonestly validating the first deed.

אִי בְּמַתְּנַת בָּרִיא יְהָבָהּ לֵיהּ – לֵית לֵיהּ פְּסֵידָא, דְּכִי נָפְקָא תַּרְתֵּי – בָּתְרַיְיתָא זָכֵי, דְּהָא הֲדַר בֵּיהּ מִקַּמַּיְיתָא.

This attempt to retract his latter gift will not succeed. **If he gave** his property **to** the recipient of the second deed of gift **as the gift**[H] **of a healthy person,** then the second recipient **incurs no loss** by the first deed being given to its intended recipient. This is **because, when the two** deeds **are produced** in court, the recipient of **the later** one **acquires** the property, **as** the owner evidently **retracted the first** gift. Since one who gave away his property while on his deathbed can subsequently retract his gift, the second recipient acquires the property.

אִי בְּמַתְּנַת שְׁכִיב מְרַע נַמִּי יְהָבָהּ נִיהֲלֵיהּ – לֵית בָּהּ פְּסֵידָא, דְּבָתְרַיְיתָא זָכֵי, דְּקָא הָדַר בֵּיהּ מִקַּמַּיְיתָא.

So too, if he gave it to the second person **as the gift of a person on his deathbed, he incurs no loss.** This is **because** the recipient of **the later** deed **acquires** the property, **as** the giver evidently **retracted** his gift to **the first** recipient.

כִּי קָתָנֵי בְּבָרַיְיתָא אַף עַל פִּי שֶׁשְּׁנֵיהֶם מוֹדִים לֹא יַחְזִיר לֹא לָזֶה וְלֹא לָזֶה – בְּבָרִיא, דְּלָאו בַּר מֵהֲדַר הוּא.

And **when the** *baraita* **teaches** that **even if both** the one who wrote the deed and its intended recipient **agree** that it is valid, the one who found it **should neither return** it **to this** person **nor to that** person, it is referring **to** the case of a gift given by **a healthy person, who is not able to retract** his gift.

NOTES

A healthy person – בְּבָרִיא: This suggestion that the *baraita* is referring to the gift of a healthy person seems untenable, as the *baraita* explicitly speaks of wills. The Ran explains that the reference is to the gift of a person on his deathbed that has the status of the gift of a healthy person, as a formal act of acquisition was performed; the gift of a person on his deathbed does not require such an act.

As we say, etc. – דְּאָמְרִינַן וכו׳: The Ramban notes that elaborate expositions such as this are later additions to the Gemara from Rav Yehudai Gaon.

HALAKHA

Gift – מַתָּנָה: If one finds a deed of gift, even in a case where the giver admits to its validity, he should not return it to the recipient unless the deed of gift contains a stipulation to the effect that the giver can retract it at any point or that it was a deed of transfer. If one finds a document attesting to the gift of a person on his deathbed, and the giver is still alive and instructs that the document be given to the recipient, one should give it to the recipient. If the giver died, even if the heirs instruct that the document be given, one should not give it to the recipient unless it is a deed of transfer. This is in accordance with the conclusion of the Gemara (Rambam *Sefer Nezikin, Hilkhot Gezeila VaAveda* 18:9–10; *Shulḥan Arukh, Ḥoshen Mishpat* 65:14).

דְּאָמְרִינַן: דִּלְמָא כְּתָבָהּ לְהַאי מֵעִיקָּרָא, וְאִמְּלִיךְ וְלָא יְהָבָהּ לֵיהּ, וַהֲדַר כְּתָבָהּ לְאִינִישׁ אַחֲרִינָא וִיהָבָהּ לֵיהּ, הָשְׁתָּא קָא הָדַר בֵּיהּ מֵהַהוּא דִּיהָבָהּ לֵיהּ, וְסָבַר: מִהְדַּר – לָא מָצֵינָא הָדַרְנָא בִּי, אֵימַר לְהוּ דַּאֲנָא לְהַאי יְהַבְתָּא, וְנִיהַדְרוּ נִיהֲלֵיהּ כְּתָבָא, כִּי הֵיכִי דְּכִי מַפֵּיק הַאי כְּתָבָא דְּקַדֵּים – זָכֵה בֵּיהּ הוּא.

Therefore, one may not return the deed, **as we say** that **perhaps** the giver **initially wrote** a deed of gift **for this** person **but** then **reconsidered and did not give it to him, and then he wrote** a second deed of gift **for another person and** thereby **gave** his property **to him;** and **now** he wishes to **retract** his gift to **that** second person **to whom he gave** the property, **thinking:** Since **I cannot retract** the gift legally, **I will say to** the court **that I gave** the first deed of gift **to this** first person, **and they will return the deed** of gift **to him, in order that when he produces this deed** of gift, **which** is dated **earlier, he will** thereby **acquire** the property.

אֶלָּא אָמְרִינַן לֵיהּ אֲנַן: הַאי כְּתָבָא, לָא יָהֲבִינַן לֵיהּ לְהַאי, דִּלְמָא מִכְתַּב כְּתַבְתְּ, מִיהַב לָא יְהַבְתְּ נִיהֲלֵיהּ, וִיהַבְתָּהּ לְאִינִישׁ אַחֲרִינָא וְקָא הָדַרְתְּ בֵּיהּ. אִי לָא יְהַבְתָּהּ לְאִינִישׁ אַחֲרִינָא וְקָא בָּעֵית דְּתִתְבָּהּ לְהַאי – כְּתִיב לֵיהּ הָשְׁתָּא כְּתָבָא אַחֲרִינָא וִיהֲבֵיהּ נִיהֲלֵיהּ, דְּאִי יְהַבְתְּ לְאִינִישׁ אַחֲרִינָא – לֵית בָּהּ פְּסֵידָא, דְּקַדֵּים זָכֵי.

Rather, we say to the giver: **We will not give this document to this** person, as **perhaps you wrote** it but **did not give it to him, and** then **you gave** the property **to another person, and you** now wish to **retract** your gift to **him** unlawfully. Therefore, **if** in fact **you did not give** this property as a gift **to another person, and you wish to return it to this** person, then do the following: **Write another deed** of gift **for him now and give it to him,** so **that if you did** previously **give** the property **to another person,** he will **incur no loss, as the earlier** recipient **acquires** the gift.

מַתְקִיף לָהּ רַב זְבִיד: וְהָא אִידִי וְאִידִי דְּיַיתְּקָאוֹת קָא תָּנֵי! אֶלָּא אֲמַר רַב זְבִיד: הָא וְהָא בִּשְׁכִיב מְרַע, וְלָא קַשְׁיָא: הָא – בֵּיהּ, וְהָא – בִּבְרֵיהּ.

Rav Zevid objects to this distinction between the mishna and *baraita*, asking: **But don't this** mishna **and that** *baraita* both **teach** *halakhot* with regard to **wills?** How can Rabbi Abba bar Memel explain that the *baraita* is referring to the gift of a healthy person? **Rather, Rav Zevid said** that both **this** mishna **and that** *baraita* are referring **to** the gift of **a person on his deathbed, and** nevertheless, the contradiction between them is **not difficult; this** mishna is referring **to him,** the giver himself, who authorizes the return of the will to its intended recipient, **and that** *baraita* is referring **to** a case where the giver died, and **his son** is the one who is authorizing the return of the will.

מַתְנִיתִין דְּקָא אָמַר תְּנוּ נוֹתְנִין – בִּדִידֵיהּ, דְּבַר מִהְדַּר הוּא. דְּאָמְרִינַן: אִי נַמִי יְהָבָהּ לְאִינִישׁ אַחֲרִינָא – לֵית בָּהּ פְּסֵידָא, דְּקַמָּא וּבַתְרָא – בַּתְרָא זָכֵי, דְּהָא הֲדַר בֵּיהּ מִקַּמָּא.

The Gemara explains: **The mishna, which** indicates that if the giver **says: Give** it to the recipient, the finder must **give** it to him, is referring **to** a case where the giver **himself** authorizes giving the will, **as he is capable of retracting** it. Therefore, there is no harm in giving the will to the recipient, **as we say** that **even if** in the meantime **he** already **gave** the property **to another person,** the latter recipient **incurs no loss.** This is **because** in a case where there are two wills, **a first one and a last one,** the recipient of **the last one acquires** the property, as the owner evidently **retracted the first** will.

כִּי קָא תָּנֵי בְּבָרַיְיתָא אַף עַל פִּי שֶׁשְּׁנֵיהֶם מוֹדִים, לֹא יַחֲזִיר לֹא לָזֶה וְלֹא לָזֶה – בִּבְרֵיהּ.

And **when the** *baraita* **teaches** that **even if both** the one who wrote the deed and its intended recipient **agree** that it is valid, the one who found it **should neither return** it **to this** person **nor to that** person, it is referring **to** a case where the one who wrote it died, and it is **his son** who authorizes its return to the recipient.

דְּאָמְרִינַן: דִּלְמָא כָּתַב אֲבוּהּ לְהַאי, וְאִמְּלִיךְ וְלָא יְהָבֵיהּ נִיהֲלֵיהּ. וּבָתַר אֲבוּהּ כָּתַב אִיהוּ לְאִינִישׁ אַחֲרִינָא, וִיהָבָהּ לֵיהּ. וְהָשְׁתָּא קָא הָדַר בֵּיהּ מֵהַהוּא, סָבַר: מִהְדַּר לָא מָצֵינָא הָדַרְנָא בִּי, אֵימַר לְהוּ דְּאַבָּא יְהָבָהּ לֵיהּ לְהַאי, וְנֶתְבּוּ לֵיהּ כְּתָבֵיהּ וְנֵיזִיל וְנַפֵּיק מִינֵּיהּ – דְּהוּא זָכֵי, וְנִפְלוֹג בַּהֲדֵיהּ.

In that case, the deed may not be returned, **as we say** that **perhaps his father wrote** the deed of gift **for this** person **and** then **reconsidered and did not give it to him, and after his father** died, the son **wrote** a deed of gift giving the property **to another person and gave it to him. And now** the son wishes to **retract that** gift, **thinking:** Since **I cannot retract** the gift legally, **I will say to** the court **that my father gave** his deed of gift **to this** first person, **and they will return him his deed** of gift, **and he will** then **go and appropriate** the property **from the one who** legally acquired the property, **as he will** be successful in **acquiring** it, **and I will divide** it **with him.**

הִלְכָּךְ אָמְרִינַן לֵיהּ אֲנַן: הַאי כְּתָבָא לָא יָהֲבִינַן לֵיהּ לְהַאי, דְּדִלְמָא מִכְתַּב כְּתָבֵיהּ אֲבוּהּ, מִיהַב לָא יְהָבָהּ לֵיהּ, וִיהַבְתֵּיהּ אַתְּ לְאִינִישׁ אַחֲרִינָא וְקָא הָדַרְתְּ בֵּיהּ.

Therefore, we say to the son: **We will not give this deed to this** person, **as perhaps** your **father wrote it but did not give it to him, and then you gave** the property **to another person, and** now **you** wish to **retract** your gift.

אֶלָּא אִי קוּשְׁטָא קָא אָמְרַתְּ דִּיהַב לֵיהּ אֲבוּךְ – זִיל אַתְּ הָשְׁתָּא כְּתוֹב לֵיהּ שְׁטָרָא אַחֲרִינָא דְּאִי נָמֵי לָא יְהָבָהּ לֵיהּ אֲבוּהּ, וּכְתַבְתֵּיהּ אַתְּ לְאִינִישׁ אַחֲרִינָא – לֵית בָּהּ פְּסֵידָא, דְּקַמָּא וּבַתְרָא – קַמָּא זָכֵי.

Rather, if you are telling the truth that your father gave him this property, then you should **go now and write another deed** of gift **for him,** so **that even if** your **father did not give him** this property, **and you wrote** a deed of gift giving this property **to another person,** he will **incur no loss.** This is **because** in a case where there are two deeds of gift, **a first one and a last one,** the recipient of **the first one acquires** the property.

תָּנוּ רַבָּנַן: מָצָא שׁוֹבֵר, בִּזְמַן שֶׁהָאִשָּׁה מוֹדָה – יַחֲזִיר לַבַּעַל, אֵין הָאִשָּׁה מוֹדָה – לֹא יַחֲזִיר לֹא לָזֶה וְלֹא לָזֶה.

§ **The Sages taught** in a *baraita*: If one **found a receipt** for payment of a marriage contract,[H] in a case **when the wife admits** that it was paid, **he should return** it **to the husband. If the wife does not admit** that it was paid, **he should neither return it to this** person, the husband, **nor to that** person, the wife.

בִּזְמַן שֶׁהָאִשָּׁה מוֹדָה מִיהַת – יַחֲזִיר לַבַּעַל, וְלֵיחוּשׁ דִּלְמָא כָּתְבָה לִיתֵּן בְּנִיסָן, וְלֹא נְתָנָהּ עַד תִּשְׁרֵי, וְאָזְלָה וְזַבְּנָתָהּ לִכְתוּבָּה בְּטוֹבַת הֲנָאָה מִנִּיסָן עַד תִּשְׁרֵי,

In any event, the *baraita* states that **when the wife admits** that it was paid, one **should return** the receipt **to the husband.** The Gemara asks: **But let us suspect** that **perhaps** the wife **wrote** the receipt intending **to give** it to the husband **in Nisan, but** ultimately **she did not give** it to him **until Tishrei, and she went** and **sold**[N] **her marriage contract for financial advantage** in the interim, **between Nisan and Tishrei.** In other words, she received a sum of money and in exchange agreed that if she were to be divorced or widowed and become entitled to payment of her marriage contract, the money would belong to the purchaser of the rights to her marriage contract.

וּמַפֵּיק לֵיהּ לְשׁוֹבֵר דִּכְתִיב בְּנִיסָן, וְאָתֵא לְמִטְרַף לָקוֹחוֹת שֶׁלֹּא כַּדִּין!

And then after the couple is divorced, and the purchaser collects payment of the marriage contract from the husband, the husband will **produce the receipt that was written in Nisan and** will **come to repossess** property **from** the **purchasers unlawfully.**

אָמַר רָבָא:

Rava said:

HALAKHA

Found a receipt for a marriage contract – מָצָא שׁוֹבֵר: If one found a receipt that a wife wrote, attesting that she received payment of her marriage contract, and she admits that it is valid, the finder should give it to the husband. If she does not admit to its validity, he should not return it to either of them (Rambam *Sefer Nezikin, Hilkhot Gezeila VaAveda* 18:11; *Shulḥan Arukh, Ḥoshen Mishpat* 65:18 and *Even HaEzer* 110:2).

NOTES

And she went and sold, etc. – וְאָזְלָה וְזַבְּנָתָהּ וכו׳: Ostensibly, this suspicion exists with regard to any lost item that is returned to its owner as perhaps the owner sold it to someone else in the interim. The Ritva explains that in the case of a lost item, there is a public announcement that the item was found, and the person who bought it could also come and describe its distinguishing marks. In this case, by contrast, the document is returned to the person for whom it was written.

Perek **I**
Daf **20** Amud **a**

שְׁמַע מִינָּהּ אִיתָא לְדִשְׁמוּאֵל. דְּאָמַר שְׁמוּאֵל: הַמּוֹכֵר שְׁטַר חוֹב לַחֲבֵירוֹ וְחָזַר וּמְחָלוֹ – מָחוּל, וַאֲפִילּוּ יוֹרֵשׁ מוֹחֵל.

Conclude from the fact that this suspicion is not taken into account that the *halakha* **of Shmuel is accepted. As Shmuel says:** In the case of **one who sells a promissory note to another, and** the seller **then forgives**[HN] the debt of the debtor, **it is forgiven,** since the debtor essentially had a non-transferable obligation to the creditor alone, **and even** the creditor's **heir can forgive** the debt. Therefore, if the wife did engage in the deception mentioned above, it was within her rights, as she is able to forgive the debt of the marriage contract.

אַבָּיֵי אָמַר: אֲפִילּוּ תֵּימָא לֵיתֵיהּ לְדִשְׁמוּאֵל, הָכָא בְּמַאי עָסְקִינַן – בְּשֶׁשְּׁטַר כְּתוּבָּה יוֹצֵא מִתַּחַת יָדָהּ. וְרָבָא אָמַר: אִי מִשּׁוּם שְׁטַר כְּתוּבָּה – חָיְישִׁינַן לִשְׁתֵּי כְתוּבּוֹת.

Abaye said: This is not conclusive proof. **Even if you say** that the *halakha* **of Shmuel is not** accepted, **here we are dealing with** a case **where the marriage contract emerges from her possession,** which indicates that she did not sell it. **And Rava** disagreed with Abaye and **said: If** the reason there is no suspicion that she sold her marriage contract is **due to** the fact that the **marriage contract** emerged from her possession, this reason is insufficient, as **we** should **suspect** that there might be **two marriage contracts.**[N]

HALAKHA

One who sells a promissory note to another and then forgives – הַמּוֹכֵר שְׁטַר חוֹב לַחֲבֵירוֹ וְחָזַר וּמְחָלוֹ: If one sells a promissory note to another and later forgives the debt, the debt is forgiven and the promissory note is void. If the person who sold the promissory note died, his heirs are able to forgive the debt. This is in accordance with the opinion of Shmuel (Rambam *Sefer Kinyan, Hilkhot Mekhira* 6:11; *Shulḥan Arukh, Ḥoshen Mishpat* 66:23).

NOTES

And then forgives – וְחָזַר וּמְחָלוֹ: There are various explanations for the ability of a creditor to forgive a debt after he sold it. One opinion is that the sale of a promissory note is valid only by rabbinic law, and therefore, the creditor can still forgive the debt by Torah law (Rambam; *Tosafot*, citing Rabbeinu Yitzḥak of Dampierre and Rabbeinu Tam). Rabbeinu Tam is also cited as explaining that a creditor can sell his right to collect the property that is liened to the debt, but the debtor's personal obligation to repay the debt is solely to the creditor. Therefore, once the creditor forgives the personal obligation, the debt and its lien are automatically void. The Ra'avad holds that when a creditor sells a promissory note, the lien is not transferred at all, and the debtor does not actually become obligated to the buyer. In *Sefer Hashlama* it is explained that the purchaser of the promissory note cannot demand payment from the debtor at all; rather, he must ask the creditor to demand the payment on his behalf (see also Ra'avad). According to the conclusion of the Gemara, the purchaser can demand compensation from the creditor if he forgives the lien. The early commentaries disagree as to whether this is referring to the entire value of the debt or only to the amount he paid for the promissory note.

We suspect that there might be two marriage contracts – חָיְישִׁינַן לִשְׁתֵּי כְתוּבּוֹת: In such a case, since the receipt does not specify to which marriage contract it refers, both are void (Ritva).

BACKGROUND

Refusal – מֵיאוּן: A girl under the age of twelve and a half can be married off by her father. If her father is no longer alive, Torah law mandates that she, as a minor, cannot marry. Nevertheless, the Sages instituted that a girl's mother or brothers may marry her off before she reaches the age of twelve if they secure her consent. The girl may later terminate this marriage before she reaches the age of twelve by performing an act of refusal, i.e., declaring that she does not want the marriage. In such a case, no bill of divorce need be written. When a girl performs the act of refusal, the marriage is nullified retroactively, and she is considered never to have been married at all. Most of the *halakhot* of refusal are discussed in tractate *Yevamot*.

HALAKHA

Any court enactment – כָּל מַעֲשֵׂה בֵּית דִּין: If one found a document of appraisal, a document concerning food, a bill of *ḥalitza* or refusal, a document that records litigants' claims, a document in which litigants declare the judges that they selected, or any other document that constitutes a court enactment, he must return it to its presumed owner. This is because the court would not have issued this document unless it was clearly valid (Rambam *Sefer Nezikin*, *Hilkhot Gezeila VaAveda* 18:13; *Shulḥan Arukh*, *Ḥoshen Mishpat* 65:12 and *Sma* there).

If one found a document among his documents – מָצָא שְׁטָר בֵּין שְׁטָרוֹתָיו: If one found a document in his possession and is unsure as to who gave it to him and what its status is, the document must be set aside until Elijah the prophet comes (Rambam *Sefer Mishpatim*, *Hilkhot Malve VeLoveh* 16:11; *Shulḥan Arukh*, *Ḥoshen Mishpat* 65:1).

LANGUAGE

Container [*deluskema*] – דְּלוּסְקְמָא: This word, or its variant, *geluskema*, is apparently derived from the Greek γλωσσόκομον, *glossokomon*, meaning case or box.

וְאַבַּיֵּי אֲמַר: חֲדָא, לִשְׁתֵּי כְתוּבּוֹת לָא חָיְישִׁינַן. וְעוֹד, שׁוֹבֵר בִּזְמַנּוֹ טָרֵיף. אַבַּיֵּי לְטַעְמֵיהּ, דְּאָמַר: עֵדָיו בַּחֲתוּמָיו זָכִין לוֹ.

And Abaye said in response: **First, we are not concerned about** the remote possibility of **two marriage contracts. And furthermore,** even if there is only one marriage contract, which was sold before the receipt was given to the husband, the receipt is valid, as **a receipt** can be used to **repossess** property **from** the **time** it was written, even if it was given on a later date. In saying this, **Abaye** conforms **to his** standard line of **reasoning, as he says** that once a monetary document is written for someone, **the document's witnesses, with their signatures, acquire** it **on his behalf.**

מתני׳ מָצָא אִיגְּרוֹת שׁוּם וְאִיגְּרוֹת מָזוֹן, שִׁטְרֵי חֲלִיצָה וּמֵיאוּנִין, וְשִׁטְרֵי בֵירוּרִין וְכָל מַעֲשֵׂה בֵּית דִּין – הֲרֵי זֶה יַחֲזִיר.

MISHNA If one **found documents of appraisal** of a debtor's property for the purpose of debt collection; **or documents concerning food,**[N] which were drawn up when one accepted upon himself to provide sustenance for another; **documents of *ḥalitza*; or** documents of **refusal**[B] of a girl upon reaching majority to remain married to the man to whom her mother or brothers married her as a minor after the death of her father; **or documents of *beirurin*,** a concept that will be explained in the Gemara; **or any court enactment,**[H] e.g., a promissory note that has been authenticated by the court, in all of these cases, the finder **must return** the document to its presumed owner.

מָצָא בַּחֲפִיסָה אוֹ בִּדְלוּסְקְמָא תַּכְרִיךְ שֶׁל שְׁטָרוֹת אוֹ אֲגוּדָּה שֶׁל שְׁטָרוֹת – הֲרֵי זֶה יַחֲזִיר. וְכַמָּה אֲגוּדָּה שֶׁל שְׁטָרוֹת – שְׁלֹשָׁה קְשׁוּרִין זֶה בָּזֶה. רַבָּן שִׁמְעוֹן בֶּן גַּמְלִיאֵל אוֹמֵר: אֶחָד הַלֹּוֶה מִשְּׁלֹשָׁה – יַחֲזִיר לַלֹּוֶה, שְׁלֹשָׁה הַלּוִֹין מִן הָאֶחָד – יַחֲזִיר לַמַּלְוֶה.

If one **found** documents **in a *ḥafisa* or in a *deluskema*,**[L] both of them types of containers, or if he found **a roll of documents or a bundle of documents, he must return** them. **And how many** documents are considered to be **a bundle of documents?** It is **three** that are **tied together. Rabban Shimon ben Gamliel says:** If the documents make reference to loans of **one** person **who borrowed** money **from three** people, the finder **must return** them **to the debtor,** as they were presumably in his possession before being lost. If the documents make reference to loans of **three** people **who borrowed** money **from one** person, **he must return** them **to the creditor,** as they were presumably in his possession before being lost.

מָצָא שְׁטָר בֵּין שְׁטָרוֹתָיו וְאֵינוֹ יוֹדֵעַ מַה טִּיבוֹ – יְהֵא מוּנָּח עַד שֶׁיָּבוֹא אֵלִיָּהוּ. אִם יֵשׁ עִמָּהֶן סִמְפּוֹנוֹת – יַעֲשֶׂה מַה שֶּׁבַּסִּמְפּוֹנוֹת.

If one **found a document among his documents**[HN] that were given to him by other people as a trustee, **and he does not know what its nature is,** i.e., he does not remember who gave it to him or whether the debt mentioned in it has been paid, the document **is placed** aside **until Elijah** the prophet **comes** and clarifies the issue through his prophecy. **If there are cancellations of contracts** [*simponot*] **among them, he should do what** is stated **in the *simponot*.**

גמ׳ מַאי שִׁטְרֵי בֵירוּרִין? הָכָא תַּרְגְּמוּ: שִׁטְרֵי טַעֲנָתָא, רַבִּי יִרְמְיָה אֲמַר: זֶה בּוֹרֵר לוֹ אֶחָד וְזֶה בּוֹרֵר לוֹ אֶחָד.

GEMARA What is meant by **documents of *beirurin*? Here,** in Babylonia, the Sages **interpret** it to mean **documents** recording each litigant's clarification [*beirur*] **of** his **claims**[N] in a court case. **Rabbi Yirmeya,** who lived in Eretz Yisrael, **said:** It is referring to cases where **this** litigant **chooses** [*borer*] **one** judge, **and that** litigant **chooses one** judge, and they choose the third judge for the case. The two litigants sign a document in which they declare which judges they choose.

״וְכָל מַעֲשֵׂה בֵּית דִּין הֲרֵי זֶה יַחֲזִיר״. הַהוּא גִּיטָּא דְּאִשְׁתַּכַּח בֵּי דִינָא דְּרַב הוּנָא, דַּהֲוָה כְּתִיב בֵּיהּ: בְּשַׁוִירִי מָתָא דְּעַל רָכִיס נַהֲרָא. אֲמַר רַב הוּנָא:

§ The Gemara addresses that which the mishna states: **And** with regard to **any court enactment,** the one who found it **must return** it to its presumed owner. The Gemara relates: There was **a certain bill of divorce that was found in the court of Rav Huna, in which it was written** that the bill of divorce was written **in Sheviri City, which is** located **on the Rakhis River. Rav Huna said** about this:

NOTES

Documents of appraisal or documents concerning food – אִיגְּרוֹת שׁוּם וְאִיגְּרוֹת מָזוֹן: The Ritva maintains that the expression: Documents of appraisal, refers to the court's appraisal of the debtor's property prior to the court's sale of it to pay his debt. Documents concerning food, according to the Ritva, are documents that the court produces authorizing the appropriation of a person's property in order to pay for his wife's and daughters' sustenance.

If one found a document among his documents – מָצָא שְׁטָר בֵּין שְׁטָרוֹתָיו: There are *ge'onim* who hold that this *halakha* applies not only to a third party serving as a trustee, but also to a creditor who finds a promissory note among his documents and is unsure whether the debt was repaid (*Sefer HaTerumot*).

Documents recording each litigant's clarification of his claims – שִׁטְרֵי טַעֲנָתָא: This refers to the court records of the litigants' claims. These records are kept so that the litigants cannot add to their original claims or later deny points that they already conceded (Rashbam).

An additional interpretation of documents of *beirurin* is given in the Jerusalem Talmud: These documents give power of attorney to investigators to look into a dispute.

חָיְישִׁינַן לִשְׁנֵי שְׁוִירִי. אֲמַר לֵיהּ רַב חִסְדָּא לְרַבָּה: פּוּק עַיֵּין, דִּלְאוֹרְתָּא בָּעֵי לָהּ רַב הוּנָא מִינָּךְ. נְפַק דָּק וְאַשְׁכַּח, דִּתְנַן: כׇּל מַעֲשֵׂה בֵּית דִּין הֲרֵי זֶה יַחֲזִיר.

We are concerned for the possibility that there are **two** cities named **Sheviri,** and that this bill of divorce may belong to someone else who lives in the other Sheviri, and therefore it should not be returned. **Rav Ḥisda said to Rabba: Go out** and **examine** this *halakha,* **as in the evening Rav Huna will ask you** about it. **He went out, examined** it, **and discovered** a relevant source, **as we learned** in the mishna: With regard to **any court enactment,**[N] the one who found it **must return** it to its presumed owner. Since this bill of divorce was found in court, it belongs to this category and should be returned.

אֲמַר לֵיהּ רַב עַמְרָם לְרַבָּה: הֵיכִי פָּשֵׁיט מָר אִיסּוּרָא מִמָּמוֹנָא? אֲמַר לֵיהּ: תְּרָדָא! שְׁטָרֵי חֲלִיצָה וּמֵיאוּנִין תְּנַן.

Rav Amram said to Rabba: How can the Master resolve the *halakha* in the case of a bill of divorce, which is **a ritual matter, from** the mishna, which discusses **monetary matters?** Rabba **said to him: Fool,**[N] **we learned** in the mishna that this *halakha* applies in the case of **documents of *ḥalitza*** and documents of **refusal** as well, which are ritual matters.

פְּקַע אַרְזָא דְּבֵי רַב. מָר אָמַר: מִשּׁוּם לְתַאי דִּידִי פְּקַע, וּמָר אָמַר: מִשּׁוּם לְתַאי דִּידִי פְּקַע.

At that point, the supporting **cedar beam of the study hall dislodged. One Sage said:** It was **due to my fortune** that it **dislodged,** as you spoke to me offensively, **and the other Sage said:** It was **due to my fortune** that it **dislodged,** as it was you who spoke to me offensively.

״מָצָא בַּחֲפִיסָה אוֹ בִּדְלוּסְקְמָא״. מַאי חֲפִיסָה? אָמַר רַבָּה בַּר בַּר חָנָה: חֵמֶת קְטַנָּה. מַאי דְּלוּסְקְמָא? אָמַר רַבָּה בַּר שְׁמוּאֵל: טְלִיקָא דְּסָבֵי.

§ The mishna teaches: If one **found** documents **in a *ḥafisa***[H] **or in a *deluskema,*** he must return them. The Gemara asks: **What is a *ḥafisa*? Rabba bar bar Ḥana says:** It is **a small flask. What is a *deluskema*? Rabba bar Shmuel says:** It is **a container** [*telika*][L] used **by the elderly.**

״תַּכְרִיךְ שֶׁל שְׁטָרוֹת אוֹ אֲגוּדָּה שֶׁל שְׁטָרוֹת״ וכו׳. תָּנוּ רַבָּנַן: כַּמָּה הוּא תַּכְרִיךְ שֶׁל שְׁטָרוֹת – שְׁלֹשָׁה כְּרוּכִין זֶה בָּזֶה. וְכַמָּה הִיא אֲגוּדָּה שֶׁל שְׁטָרוֹת – שְׁלֹשָׁה קְשׁוּרִין זֶה בָּזֶה.

The mishna teaches: If one found **a roll**[B] **of documents**[H] **or a bundle**[B] **of documents,** he must return them. **The Sages taught** in a *baraita*: **How many** documents **constitute a roll of documents?** A roll is **three** documents **rolled together. And how many constitute a bundle of documents?** A bundle is **three** documents **tied together.**

שְׁמַעַתְּ מִינַּהּ – קֶשֶׁר סִימָן.

The Gemara infers: **Conclude from it** that if one lost an item that has a knot, the type of **knot** can serve as **a distinguishing mark** by means of which the owner can describe the item, and it therefore must be returned to him.

הָא תָּנֵי רַבִּי חִיָּיא שְׁלֹשָׁה כְּרוּכִין זֶה בָּזֶה!

The Gemara rejects this inference: **Doesn't Rabbi Ḥiyya teach** that the reference is to **three** documents that are **rolled together?**[N] The fact that they are rolled together is what serves as a distinguishing mark, rather than the knots.

BACKGROUND

Roll – תַּכְרִיךְ:

Roll of documents

Bundle – אֲגוּדָּה:

Bundle of documents

NOTES

Any court enactment – כׇּל מַעֲשֵׂה בֵּית דִּין: Apparently, Rabba was referring to the entire mishna and not merely to this phrase. Rav Amram thought that he was referring only to this specific phrase, and he therefore challenged Rabba's answer.

Fool [*terada*] – תְּרָדָא: There are several versions of the word *terada*, as well as various interpretations of it. Rashi here understands it to mean one who is crazy. In *Zevaḥim* (25b) he interprets it to mean a confused fool. In *Karetot* (18b) it means either a fool or a lazy person. In *Bava Kamma* (105b) the word is rendered *tedura*. There, Rashi explains that it means one who is lacking in wisdom. Some *ge'onim* read the word as *terara*, meaning a slobbering fool (Rabbeinu Ḥananel; *Arukh*).

Three documents rolled together – שְׁלֹשָׁה כְּרוּכִין זֶה בָּזֶה: It seems that Rabbi Ḥiyya did not emend the language of the mishna but rather reinterpreted the phrase: Tied together, to mean intertwined, rather than meaning tied together by means of some other object, e.g., a rope or string (Rosh).

HALAKHA

If one found documents in a *ḥafisa* – מָצָא בַּחֲפִיסָה: If one finds a document in a container, and another comes and describes a distinguishing mark on the container, the finder must return it to him. If one proclaimed that he found a document, and another described it by stating that it was placed in such and such a container that is not standard for keeping documents, it is considered a valid description and the container, along with the document, must be returned (Rambam *Sefer Nezikin, Hilkhot Gezeila VaAveda* 18:3; *Shulḥan Arukh, Ḥoshen Mishpat* 65:9).

A roll of documents – תַּכְרִיךְ שֶׁל שְׁטָרוֹת: If one found three or more documents rolled together, he should proclaim that he found documents. If someone claims the documents by stating the number of documents, they should be returned to him, and it is not necessary for him to clarify the manner in which they were rolled together (Rambam *Sefer Nezikin, Hilkhot Gezeila VaAveda* 18:3; *Shulḥan Arukh, Ḥoshen Mishpat* 65:10).

LANGUAGE

Container [*telika*] – טְלִיקָא: Possibly derived from the Greek θύλακος, *thulakos*, meaning sack or bag.

אִי הָכִי, הַיְינוּ תַּכְרִיךְ! תַּכְרִיךְ, כָּל חַד וְחַד בְּרֹאשָׁהּ דְּחַבְרֵיהּ, אֲגוּדָּה – דְּרָמוּ אַהֲדָדֵי וּכְרוּכוֹת.

The Gemara asks: **If so,** this case **is** identical to the case of **a roll** of documents, which is also mentioned in the mishna. What is the difference between a roll and a bundle? The Gemara answers: **A roll** is referring to a case where **each and every one** of the documents is located **at the top of another one,** i.e., they are rolled together such that the top of each page is near the bottom of the previous page. **A bundle,** by contrast, is referring to a case **where they are located one on top of the other and rolled** together.

מַאי מַכְרִיז? מִנְיָן.

The Gemara asks: **What** does the person who found the documents **proclaim** so that the owner can claim it? The Gemara answers: He proclaims the **number** of documents that he found, and the owner can describe them by saying that they were rolled together.

מַאי אִרְיָא תְּלָתָא? אֲפִילּוּ תְּרֵין נַמִי!

The Gemara asks: If so, **why** does the *tanna* teach **specifically** a case of **three** documents? **Even** if **two** documents are found, they can **also** be returned in this manner.

אֶלָּא כִּדְאָמַר רָבִינָא: טִבְעָא מַכְרִיז, הָכָא נַמִי: שְׁטָרֵי מַכְרִיז.

Rather, the finder proclaims his find in a manner **similar to that which Ravina said:** If one finds coins, he simply **proclaims** that he found **coins,** without specifying the number. **Here too,** the finder **proclaims** that he found **documents,** and the owner describes them by both their exact number and the fact that they were rolled together. Therefore, if there are only two documents the description is deficient, as the number two is already implicit in the finder's proclamation that he found documents, which is plural.

״רַבָּן שִׁמְעוֹן בֶּן גַּמְלִיאֵל אוֹמֵר אֶחָד הַלֹּוֶה מִשְּׁלֹשָׁה יַחֲזִיר לַלֹּוֶה״ וכו׳. דְּאִי סָלְקָא דַּעְתָּךְ דְּמַלְוִין נִינְהוּ, מַאי בָּעוּ גַּבֵּי הֲדָדֵי?

§ The mishna teaches that **Rabban Shimon ben Gamliel says:** If one finds three promissory notes that make reference to the loans of **one** person **who borrowed from three** people,[NH] **he must return** them **to the debtor.** The Gemara explains: The reason for this is **that if it enters your mind that these** promissory notes **belong to** the **creditors, what are they doing together** in one place?

דִּלְמָא לְקִיּוּמִינְהוּ אָזְלִי? דִּמְקַיְּימֵי.

The Gemara suggests: **Perhaps** the three creditors all **went** to court in order **to ratify** their promissory notes,[N] and the notes were lost together there. The Gemara responds that the mishna is referring to a case **where** the promissory notes **are ratified.**

דִּלְמָא מִידָא דְּסָפְרָא נְפוּל? לָא מַשְׁהֵי אִינִישׁ קִיּוּמֵיהּ בִּידָא דְּסָפְרָא.

The Gemara asks: **Perhaps** they **fell from** the **hand of the scribe** of the court after he ratified them. The Gemara answers: **A person does not leave his ratified** promissory note **in the possession of the scribe.** Therefore, the most likely scenario is that the promissory notes were lost by the debtor.

״שְׁלֹשָׁה שֶׁלָּווּ מֵאֶחָד יַחֲזִיר לַמַּלְוֶה״ וכו׳. דְּאִי סָלְקָא דַּעְתָּךְ דְּלֹוִין נִינְהוּ מַאי בָּעוּ גַּבֵּי הֲדָדֵי?

§ The mishna teaches: If the promissory notes make reference to the loans of **three** people **who borrowed from one** person, the one who found them **must return** them **to the creditor.** The Gemara explains: The reason for this is **that if it enters your mind that these** promissory notes **belong to** the **debtors, what are they doing together?**

דִּלְמָא לְמִכְתְּבִינְהוּ אָזְלִי? דִּכְתִיבִי בִּתְלָת יְדֵי סָפְרֵי.

The Gemara asks: **Perhaps** the three **went** to one scribe **to write** the promissory notes, and the notes were then lost together. The Gemara answers that the mishna is referring to a case **where** the promissory notes **are written in the handwriting of three** different **scribes.**

וְדִלְמָא לְקִיּוּמִינְהוּ אָזְלִי? מַלְוֶה מְקַיֵּים שְׁטָרֵיהּ, לֹוֶה לָא מְקַיֵּים שְׁטָרֵיהּ.

The Gemara suggests: **And perhaps** the three debtors **went** to the court in order **to ratify** the promissory notes, and they lost them there. The Gemara answers: It is the **creditor** who **ratifies his** promissory **note;** the **debtor does not ratify his** promissory **note.**

״אִם יֵשׁ עִמָּהֶן סִמְפּוֹנוֹת יַעֲשֶׂה מַה שֶּׁבַּסִּמְפּוֹנוֹת״. אָמַר רַב יִרְמְיָה בַּר אַבָּא אָמַר רַב: סִמְפּוֹן הַיּוֹצֵא מִתַּחַת יְדֵי מַלְוֶה, אַף עַל פִּי שֶׁכָּתוּב בִּכְתַב יָדוֹ – אֵינוֹ אֶלָּא כִּמְשַׂחֵק, וּפָסוּל.

§ The mishna teaches: **If there are cancellations of contracts** [*simponot*] **among** one's documents, **he should do what is** stated **in the** *simponot*. The Gemara cites that which **Rav Yirmeya bar Abba says** that **Rav says:** With regard to **a** *simpon* **that emerges from the possession of a creditor,**[H] **even if it is written in his own handwriting** and is clearly not forged, **it is** considered **as though he were merely jesting**[N] **and the** *simpon* **is invalid.**

NOTES

One person who borrowed from three people – אֶחָד הַלֹּוֶה מִשְּׁלֹשָׁה: The Meiri explains that under these circumstances, the promissory notes do not need to be rolled together; the fact that they are referring to one person who borrowed from three different people is sufficient. In *Sma*, which cites the Rosh, the ruling is that even in this case, the promissory notes must be rolled together for them to be returned (see also *Ḥiddushei HaRim*).

Perhaps the three all went to ratify their promissory notes – דִּלְמָא לְקִיּוּמִינְהוּ אָזְלִי: Some explain that the concern is not that the promissory notes may have been lost by the creditors, but rather that they may have been lost by the scribe, or his messenger, in the process of returning the ratified promissory notes to the creditors (Rabbi Ovadya Bartenura; Maharam Schiff).

As though he were merely jesting [*mesaḥek*] – אֵינוֹ אֶלָּא כִּמְשַׂחֵק: The wording cited in the Jerusalem Talmud is: He was dealing [*mitasek*] with his documents. In other words, he did not write the *simpon* for immediate use, but rather for it to be given the debtor when he repays the debt (*Penei Moshe*).

HALAKHA

One who borrowed from three people – אֶחָד הַלֹּוֶה מִשְּׁלֹשָׁה: If one found three ratified promissory notes of three creditors who lent to one debtor, he must return them to the debtor, without the debtor having to provide a distinguishing mark. He may not return them to the creditors, even if they provide distinguishing marks. If the promissory notes are not ratified, he should return them only to a debtor who provides a distinguishing mark.

If one found promissory notes of one creditor who lent to three different debtors, and they reflect the handwriting of three different scribes, he should give them to the creditor, even if the creditor does not provide a distinguishing mark. If they reflect the handwriting of one scribe, he should return them to one who provides a distinguishing mark. This is in accordance with the opinion of Rabban Shimon ben Gamliel, whose opinions that are stated in the Mishna are almost always accepted (Rambam *Sefer Nezikin, Hilkhot Gezeila VaAveda* 18:4; *Shulḥan Arukh, Ḥoshen Mishpat* 65:11).

A *simpon* that emerges from the possession of a creditor – סִמְפּוֹן הַיּוֹצֵא מִתַּחַת יְדֵי מַלְוֶה: A *simpon* that is found in the possession of the creditor, stating that one of his promissory notes is repaid, is invalid. But if the promissory note to which the *simpon* refers is found among torn documents, the promissory note is invalidated and the debt is therefore considered to have been repaid (Rambam *Sefer Mishpatim, Hilkhot Malve VeLoveh* 16:8; *Shulḥan Arukh, Ḥoshen Mishpat* 65:18).

לָא מִבַּעְיָא כָּתוּב בִּכְתַב יַד סוֹפֵר, דְּאִיכָּא לְמֵימַר סָפְרָא אִתְרְמֵי לֵיהּ וּכְתַב, אֶלָּא אֲפִילּוּ כָּתוּב בִּכְתַב יָדוֹ – פָּסוּל. סָבַר: דִּלְמָא מִתְרְמֵי וְאָתֵי בֵּין הַשְּׁמָשׁוֹת, וְקָא פָּרַע לִי, דְּאִי לָא יָהֵיבְנָא לֵיהּ לָא יָהֵיב לִי זוּזֵי, אֶכְתּוֹב אֲנָא, דְּכִי אַיְיתִי לִי זוּזֵי – אֶתֵּן לֵיהּ.

The Gemara explains: **It is not necessary** to state this *halakha* in a case where **it is written in the handwriting of a scribe, as it can be said** that **he happened to** have an opportunity to have **the scribe** write the *simpon*, **and** therefore he had him **write** it before the debt was repaid. **But even** in a case where **it is written in the handwriting of** the creditor **it is invalid.** The creditor may have written the *simpon* himself before the debt was repaid, **thinking: Perhaps** the debtor **will happen to come at twilight** on the eve of Shabbat **and** wish to **repay me.** I should prepare a document of cancellation, **as, if I do not give him** one, **he will not give me the money. I will** therefore **write** the document now, so **that when he brings me** the **money, I will give** it **to him.**

תְּנַן: אִם יֵשׁ עִמָּהֶן סִמְפּוֹנוֹת – יַעֲשֶׂה מַה שֶּׁבַּסִּמְפּוֹנוֹת!

The Gemara challenges the statement of Rav based on that which **we learned** in the mishna: **If there are** *simponot* **among** one's documents, **he should do what is stated in the** *simponot*. This is apparently referring to *simponot* that are in the possession of the creditor.

כִּדְאָמַר רַב סָפְרָא: שֶׁנִּמְצָא בֵּין שְׁטָרוֹת קְרוּעִין, הָכָא נַמִּי: שֶׁנִּמְצְאוּ בֵּין שְׁטָרוֹת קְרוּעִין.

The Gemara answers that the mishna is to be understood **in accordance with** that **which Rav Safra said** in response to another difficulty: It is referring to a case **where the** *simpon* **was found among torn documents.** This indicates that the *simpon* is valid, as had the debt not been repaid, the creditor would not have put the *simpon* note among torn documents. **Here too,** the mishna is referring to a case **where** the *simpon* **was found among torn documents.**

תָּא שְׁמַע: נִמְצָא לְאֶחָד בֵּין שְׁטָרוֹתָיו שְׁטָרוֹ שֶׁל יוֹסֵף בֶּן שִׁמְעוֹן פָּרוּעַ – שְׁטָרוֹת שְׁנֵיהֶם פְּרוּעִין!

Come and **hear** another challenge to Rav's statement from a mishna (*Bava Batra* 172a): If **one found among his documents** a *simpon* that says: The debt mentioned in **the** promissory **note of Yosef ben Shimon**[H] **is repaid,** and there are two people by that name who owe him money, the debts mentioned in **the promissory notes of both of them are** considered **repaid,** as each can claim that the cancellation is referring to his debt, and the burden of proof rests upon the creditor. Apparently, a *simpon* that is found in the possession of the creditor is valid.

כִּדְאָמַר רַב סָפְרָא: שֶׁנִּמְצָא בֵּין שְׁטָרוֹת קְרוּעִין, הָכָא נַמִּי – שֶׁנִּמְצָא בֵּין שְׁטָרוֹת קְרוּעִין.

The Gemara answers that this mishna, too, is to be understood **in accordance with** that **which Rav Safra said** in response to another difficulty: It is referring to a case **where** the *simpon* **was found among torn documents. Here too,** the mishna is referring to a case **where** the *simpon* **was found among torn documents.**

תָּא שְׁמַע: שְׁבוּעָה שֶׁלֹּא פְּקָדָנוּ אַבָּא, וְשֶׁלֹּא אָמַר לָנוּ אַבָּא, וְשֶׁלֹּא מָצָאנוּ בֵּין שְׁטָרוֹתָיו שֶׁל אַבָּא שֶׁשְּׁטָר זֶה פָּרוּעַ!

Come and **hear** another challenge to Rav's statement from a mishna (*Shevuot* 45a): If orphans who inherited their father's property demand repayment of a debt owed to their father from the orphans of the debtor, they are required to take an oath stating: We take **an oath that** our **father did not instruct us**[H] on his deathbed that the debt mentioned in this promissory note was repaid and it should be returned to the debtor, **nor did** our **father say to us**[N] on an earlier date that it was repaid, **nor did we find among the documents of** our **father** a *simpon* stating **that this** promissory **note** was **repaid.** This too, seems to indicate that a *simpon* is valid even if it is found in the possession of the creditor.

אָמַר רַב סָפְרָא: שֶׁנִּמְצָא בֵּין שְׁטָרוֹת קְרוּעִין.

The Gemara answers by citing the statement of **Rav Safra,** who **said** in this context that this reference is to a case **where** the *simpon* **was found among torn documents.**

תָּא שְׁמַע: סִמְפּוֹן שֶׁיֵּשׁ עָלָיו עֵדִים: יִתְקַיֵּים בְּחוֹתְמָיו! אֵימָא: יִתְקַיֵּים מֵחוֹתְמָיו,

Come and **hear** another challenge from a *baraita*: **A** *simpon* **upon which witnesses** are signed **is ratified by** means of **its signatories.** The court verifies the validity of the witnesses' signatures and thereby ratifies the document. This too seems to include a *simpon* that is in the possession of the creditor. The Gemara answers: **Say** that the *baraita* reads: **Is ratified** by obtaining confirmation **from its signatories,**

HALAKHA

Among his documents the promissory note of Yosef ben Shimon – בֵּין שְׁטָרוֹתָיו שְׁטָרוֹ שֶׁל יוֹסֵף בֶּן שִׁמְעוֹן: There are different opinions with regard to a case where a creditor lent money to two people who have the same name, and he possesses a promissory note for each debt, stating clearly to which debtor the promissory note is referring, and a *simpon* is found but it is unclear which debt was canceled. In the *Shulḥan Arukh* it is stated that if the *simpon* is ratified, and the promissory notes were found among torn documents, both promissory notes are voided. The Maharshal adds that the same applies if the notes were found among notes that recorded loans that were repaid, rather than torn up. The *Shakh* and the *Gra* hold that the promissory notes are voided if either the *simpon* is ratified or the promissory notes were found among torn documents (Rambam *Sefer Mishpatim, Hilkhot Malve VeLoveh* 24:8; *Shulḥan Arukh, Ḥoshen Mishpat* 49:9).

Our father did not instruct us – שֶׁלֹּא פְּקָדָנוּ אַבָּא: If a creditor died, and his heirs demand payment of the debt, producing a promissory note as proof, and the debtor claims that he repaid the debt, and the heirs respond that they do not know whether that is the case, the debtor is liable to pay. If the debtor wishes, he can demand that they take an oath that their father never told them that the debt was repaid, and that they never found any document among his papers indicating that it was repaid (Rambam *Sefer Mishpatim, Hilkhot Malve VeLoveh* 17:1–2; *Shulḥan Arukh, Ḥoshen Mishpat* 108:5).

NOTES

Our father did not instruct us nor did our father say to us – שֶׁלֹּא פְּקָדָנוּ אַבָּא וְשֶׁלֹּא אָמַר לָנוּ אַבָּא: Rashi explains that their father neither told them so on his deathbed nor previously. The Meiri explains that their father neither told them directly nor through a messenger. Others explain that he neither instructed them to return this promissory note, nor told them that the debt was repaid (Rabbeinu Peretz).

דְּשָׁיְילִינַן לְהוּ לְסָהֲדֵי אִי פְּרוּעַ, אִי לֹא פְּרוּעַ.

as we ask the witnesses whether the loan was **repaid** or **whether** it was **not repaid.**

תָּא שְׁמַע: סִמְפּוֹן שֶׁיֵּשׁ עָלָיו עֵדִים – כָּשֵׁר. מַאי עֵדִים – עֵדֵי קִיּוּם.

Come and **hear** another challenge from a *baraita*: **A** ***simpon*** **upon which witnesses** are signed[H] **is valid.** Apparently, it is valid even if it is found in the possession of the creditor, as no distinction is made. The Gemara answers: To **what witnesses** is the *baraita* referring? It is referring to **witnesses of ratification.** The fact that the *simpon* was ratified by the court proves its validity.

הָכִי נַמִי מִסְתַּבְּרָא, מִדְּקָתָנֵי סֵיפָא: וְשֶׁאֵין עָלָיו עֵדִים – פָּסוּל. מַאי אֵין עָלָיו עֵדִים? אִילֵימָא דְּלֵיכָּא עִלָּוֵיהּ עֵדִים כְּלָל – צְרִיכָא לְמֵימַר דְּפָסוּל? אֶלָּא לָאו – עֵדֵי קִיּוּם.

The Gemara notes that **this too stands to reason, from** the fact **that** the *baraita* **teaches** in **the latter clause: And** a *simpon* **upon which witnesses** are **not** signed **is invalid. What** is meant by the expression: **Upon which witnesses** are **not** signed? **If we say** that it means **that there are no witnesses** signed **on it at all, does it need to be said that it is invalid? Rather,** is it **not** referring to a *simpon* on which witnesses are signed, just not **witnesses of ratification?**

גּוּפָא, סִמְפּוֹן שֶׁיֵּשׁ עָלָיו עֵדִים – יִתְקַיֵּים בְּחוֹתְמָיו, אֵין עָלָיו עֵדִים, וְיוֹצֵא מִתַּחַת יְדֵי שָׁלִישׁ אוֹ שֶׁיּוֹצֵא לְאַחַר חִיתּוּם שְׁטָרוֹת – כָּשֵׁר.

The Gemara discusses **the** ***baraita*** **itself** cited above: **A** ***simpon*** **upon which witnesses** are signed **is ratified by** means of **its signatories.** If **there are no witnesses** signed **on it, but** the *simpon* **emerges from the possession of a third party**[HN] serving as a trustee, **or if it emerges after the signing of** the **documents,**[H] i.e., the *simpon* was written on the promissory note beneath the content of the note and the witnesses' signatures, it is **valid.**

יוֹצֵא מִתַּחַת יְדֵי שָׁלִישׁ – דְּהָא הֵימְנֵיהּ מַלְוֶה לְשָׁלִישׁ. יוֹצֵא לְאַחַר חִיתּוּם שְׁטָרוֹת נַמִי, דְּאִי לָאו דִּפְרִיעַ – לָא הֲוָה מֵרַע לֵיהּ לִשְׁטָרֵיהּ.

The Gemara explains: The reason that it is valid if it **emerges from the possession of a third party** is **that** the **creditor granted credibility to** the **third party** by placing the *simpon* in his possession. **So too,** the *simpon* is valid in a case where **it emerges after the signing** of the **documents, as, if not** for the fact **that** the debt **was repaid,** the creditor **would not have undermined his note** by allowing the *simpon* to be written on it.

הדרן עלך שנים אוחזין

HALAKHA

A ***simpon*** **upon which witnesses are signed** – **סִמְפּוֹן שֶׁיֵּשׁ עָלָיו עֵדִים**: If a receipt for payment of a debt is found in the possession of the creditor, and it includes the signature of witnesses and is ratified, the debtor is exempt from payment. If it is not ratified, the witnesses must be asked in person about the debt. If they say that they do not know whether the debt was repaid, or if they are not available for questioning, the receipt is worthless (*Shulḥan Arukh, Ḥoshen Mishpat* 65:18).

If there are no witnesses signed on it but it emerged from the possession of a third party – **אֵין עָלָיו עֵדִים וְיוֹצֵא מִתַּחַת יְדֵי שָׁלִישׁ**: If a receipt for payment of a debt was in the possession of a third party serving as a trustee for the promissory note, the receipt is accepted as valid, even if the receipt was seen in the trustee's possession before he testified that the debt was repaid, and even if it does not include the signatures of witnesses, and even if the trustee died and cannot be asked whether the debt was actually repaid. But this is the *halakha* only if the promissory note and the receipt are both in the possession of the third party; otherwise the receipt is not accepted as valid, even if the third party testifies that the debt was repaid, unless it is signed by witnesses and ratified. This is in accordance with the opinion of Rabbeinu Tam (Rambam *Sefer Mishpatim, Hilkhot Malve VeLoveh* 16:8; *Shulḥan Arukh, Ḥoshen Mishpat* 65:19).

Or if it emerges after the signing of the documents – **שֶׁיּוֹצֵא לְאַחַר חִיתּוּם שְׁטָרוֹת**: If a *simpon* is written on the promissory note itself, it is valid even if it is in the possession of the creditor, and even if it is not signed by witnesses (Rambam *Sefer Mishpatim, Hilkhot Malve VeLoveh* 16:10; *Shulḥan Arukh, Ḥoshen Mishpat* 65:20).

NOTES

But the ***simpon*** **emerges from the possession of a third party** – **וְיוֹצֵא מִתַּחַת יְדֵי שָׁלִישׁ**: The commentaries disagree as to the meaning of this clause. Some explain that both the promissory note and the *simpon* had been in the possession of the trustee (Rabbeinu Tam). They explain that if only the *simpon* were in his possession, perhaps he had never been appointed by the creditor as a trustee (Ra'avad). Others understand that only the *simpon* was in his possession because had the promissory note also been in his possession, the trustee's testimony that the debt was repaid would be accepted even without a *simpon* (Rashba; Rosh; Ran)

Summary of **Perek I**

One of the key conclusions of this chapter is that, contrary to the opinion of Sumakhos, in the case of a dispute between litigants the burden of proof rests upon the claimant. Therefore, the chapter dealt at length with questions of how the court should rule when it is not clear which litigant has presumptive ownership of the property and which is considered the claimant.

The chapter established that merely sighting an ownerless item or declaring one's acquisition of it is ineffective. The intent to acquire it must be expressed through a valid act of acquisition. Acquisition can also be effected by placing the item in one's courtyard, or, by extension, in the four square cubits surrounding one's person, provided that one had intent to acquire the item in question and no one else had prior rights to it.

The court's basic presumption, to the degree that it is not contradicted by known facts, is that neither litigant is being deliberately deceitful. Furthermore, even when it is clear that the claim of one of the litigants must be false, the court assumes that he is not necessarily lying outright. Rather, the assumption is that he is trying to avoid payment temporarily, and he does not lose his basic credibility as a result. Therefore, one who is suspect with regard to financial dishonesty is not consequently suspect with regard to oaths. This is the basis for the ability of an oath to provide final clarification of the validity of a litigant's claims.

Another matter discussed in the chapter is the rights of those who are indirectly affected by the litigation. Where their rights will be affected by a ruling of the court, and there is no way to ensure that they will not be harmed, the matter is frozen.

In a case where the claim of one of the parties is completely unreasonable, the claim of the other party is accepted, even without proof.

Image **Credits**

My Notes

My Notes

My Notes